PHILIPPE PAUL GRAF VON SÉGUR

Napoleon und die Große Armee in Rußland

Aus dem Französischen
von Joseph Appollinaris Honoratius von Theobald

Herausgegeben und eingeleitet
von Peter Berglar

VERLAG SCHIBLI-DOPPLER
BIRSFELDEN-BASEL

Lizenzausgabe
der Verlage Carl Ed. Schünemann KG, Bremen

Gesamtherstellung Druck- und Buchbinderei-Werkstätten
May & Co Nachf., Darmstadt
Printed in Germany
ISBN 3-85883-024-0

EINLEITUNG

Napoleon und Europa bis zum Jahre 1812

I.

Als Napoleon I. am 22. Juni 1815, nach dem seltsam faszinierenden Epilog der Hundert Tage, der von einem genialen Regisseur nicht wirkungsvoller zum Abschluß einer weltgeschichtlichen Tragödie hätte erfunden werden können, in dem Schlößchen Malmaison vor den Toren von Paris zum zweitenmal und damit endgültig abdankte, da endete eine Übergangsepoche Europas, eine Zwischenphase der Wandlungen – teils als retardierendes Moment zu werten, teils als riesiger Umschmelzungsprozeß –, die mit der Gestalt des korsisch-französischen Imperators fast völlig zur Deckung gelangt war. Von der Peripetie seiner welthistorischen Bahn, dem Moment, da sein Gestirn aus der Konstellation sonnenhaften Herrschaftstriumphes in die des nachtdunklen Absturzes überwechselt, berichtet das Buch Ségurs.

Der Zusammenbruch von 1812 ist als ›Anfang vom Ende‹ des napoleonischen Reiches zwar allgemein bekannt, aber um die Katastrophe in ihrem ganzen Ausmaß zu verstehen, bedarf es einiger erinnernder Hinweise, die deren Ursachen erhellen sollen. Es ist nicht leicht, die einmaligen Faktoren, die in der Persönlichkeit Napoleons liegen, von denen zu trennen, die kontinuierlich aus der europäischen und allgemeinen Weltentwicklung hervorgehen. Das Revolutionsjahrzehnt von 1789 bis 1799 hatte in Überspannung und Überspitzung an sich berechtigter und notwendiger Forderungen, welche mit den Parolen ›Freiheit‹, ›Gleichheit‹, ›Menschenrechte‹ zwar schlagwortartig, aber doch im Kern treffend zu umreißen sind, schließlich die Grundlagen eines geordneten sozialen Zusammenlebens in Frankreich zerrüttet. Wir können uns den Zustand der Wirrnis, der inneren Unsicherheit – von Leib und Leben, Recht und Gewissen, Handel und Verkehr – und des Überdrusses an der neuen Freiheit, die so mit Schlächtereien befleckt worden war, kaum kraß genug vorstellen – *neben* dem Stolz auf die Emanzipation des Bürgertums, dem nationalen Hochgefühl, der Bejahung einer gesellschaftlichen Erneuerung. Zustimmung und Ablehnung verbanden sich zu dem einen einzigen übermächtig anschwellenden Ruf nach *Ordnung*. Um die neue Freiheit in positive Leistung umsetzen zu können, bedurfte es der Sicherung des Erreichten, die wiederum von der Stetigkeit und Autorität eines Rechtsstaates abhing.

Zwar hatte mit dem Sturz Robespierres am 9. Thermidor (27./28. Juli) 1794 die Revolution den Zenit des Schreckens überschritten, aber das Land war unter der Direktorialregierung zerrissen geblieben: auf der einen Seite hatten die ›Muscadins‹, eine Jugendbewegung, die Abschaffung der Revolutionstribunale und die Schließung der Jakobinerclubs, die Verfemung der ›phrygischen Mütze‹ und der Marseillaise erzwungen, auf der anderen Seite hatte in Südfrankreich der sogenannte ›weiße Terror‹ begonnen, Vendée und Bretagne waren weithin den Royalisten zugefallen, die Emigranten hatten eine Landung auf der Insel Quiberon versucht; gegen die dritte Verfassung der Republik vom 22. September 1795 war es zu Aufständen der Pariser ›Sektionen‹ gekommen, der Revolte vom 13. Vendémiaire (5. Oktober), die der General Bonaparte niedergeschlagen hatte. Dem Direktorium war es zwar gelungen, die Inflation zu liquidieren und eine kommunistische Aufstandsbewegung zu unterdrücken (1796), aber von einer Festigkeit des Regimes war keine Rede. Innerhalb des Direktoriums gab es eine Richtung, die mit Österreich und mit den Emigranten unter dem Prinzen Condé konspirierte, und als auf Napoleons Befehl General Augereau am 18. Fructidor (4. September) 1797 den ›Rat der Fünfhundert‹ und den ›Rat der Alten‹ von den unsicheren Elementen säuberte, waren von diesem Tag an die übriggebliebenen und triumphierenden Direktoren Barras, Rewbell, La Révellière ein im Grunde von ihrem siegreichen Feldherrn abhängiges Triumvirat.

So war Bonaparte eigentlich schon seit 1797 der Mann der Stunde, wenngleich er noch am Rande des Kraftfeldes stand. Jugendlicher Heros und genialer Feldherr, der die erste Koalition zu Paaren trieb und Italien eroberte, war er kraft seines persönlichen und militärischen Nimbus in das Zentrum der Macht getrieben worden.

Letztlich müssen wir darin eine Konsequenz der Tatsache erblicken, daß sich die Gewichte der französischen Entwicklung verlagert hatten: von der Innenpolitik auf die Außenpolitik, von der Neugestaltung des eigenen Landes auf die Beeinflussung Europas, von der nationalen Konzentration auf die übernationale Expansion. Und in dem Maße, in dem sich die Kräfte der Nation kriegerisch nach außen entfalteten, mußten sie auch wieder formend und konsolidierend nach innen zurückwirken. So wurde der Mann, der der Herr des Militärs war, auch der Herr des Staates. Als durch den Staatsstreich des 18. Brumaire (9. November) 1799 Napoleon zum Ersten Konsul und Staatsoberhaupt aufstieg, empfand Frankreich dies in weiten Kreisen mehr als eine Normalisierung denn als eine neue Umwälzung.

Seit sieben Jahren führte das revolutionäre Land gegen das übrige Europa, welches sich in wechselnden Koalitionen zusammenfand, Krieg. Das Auf und Ab des ersten Koalitionskrieges, der von 1792 bis 1799 dauerte und in dem neben Österreich und Preußen auch England, Spanien, Portugal, das Königreich Neapel, die Niederlande gegen Frankreich angetreten waren, kann hier nicht behandelt werden. Entscheidend bleibt das Eingreifen Bonapartes. Nachdem Preußen im April 1795, Spanien, Neapel, Portugal im Sommer des gleichen Jahres aus der Koalition ausgeschieden waren, standen Österreich und England allein. Jenes, in zahlreichen Schlachten auf dem italienischen Kriegsschauplatz geschlagen, mußte trotz seiner Erfolge in Süddeutschland den Frieden von Campo Formio (17. Oktober 1797) schließen, der Frankreich im ohnehin schon fast ganz eroberten Italien freie Hand verschaffte. England aber sollte in Ägypten getroffen werden. Das militärisch sinnlose Unternehmen scheiterte, die Engländer siegten in der Seeschlacht von Abukir (1. August 1799) und brachten sogleich eine zweite Koalition zusammen, der Rußland und wieder Österreich angehörten. Doch auch diese wurde von Napoleon zersprengt. Für die Schilderung der verwickelten Einzelheiten ist hier kein Raum; es genügt festzustellen, daß schon das Schicksalsthema in Leben und Werk Napoleons unüberhörbar aufklingt: das Verhältnis zu England. Ohne die Seemacht war die Einigung Europas nicht möglich. An dieser Tatsache, die ein Lebensgesetz Europas auszudrücken scheint, wird Napoleon scheitern.

In den einundzwanzig Jahren von 1793 bis 1814 gibt es ganze vierzehn Monate des Friedens zwischen England und Frankreich – es ist die Spanne vom Abschluß des Vertrages von Amiens am 25. März 1802 bis zum Wiederausbruch des Krieges am 16. Mai 1803 – eine winzige Episode im kolossalischen Drama des Kampfes um Europa. Aus diesem Kampf schien Napoleon als Sieger hervorzugehen. Der Kontinent lag ihm ein Jahrzehnt lang zu

Füßen, in abgestuften Abhängigkeitsverhältnissen, die von der direkten Einbeziehung ins ›Grande Empire‹ über Vasallenstaaten und zwangsbeherrschte Territorien bis zu scheinfreien Bundesgenossen reichten. Wenn man dieses Dezennium von 1802 bis 1812 aus der Nähe betrachtet, so fällt vielleicht am meisten das ruhelose Hin und Her in der ›Neuordnung‹ Europas auf, die Willkür der Staatenbildungen und -umbildungen, der dauernde Wechsel der Throne und der Tausch der Kronen, die wie in einem Gesellschaftsspiel weitergereicht werden, die Schnelligkeit und Oberflächlichkeit der Grenzziehungen, die Unstetigkeit der Organisation. Dieses Empire macht in keinem Augenblick den Eindruck solider Festigkeit, es verliert nie das Aussehen eines gigantischen Provisoriums, man wird trotz aller Triumphe und aller Schrecken, trotz des vergossenen Blutes und der straffen ›Gleichschaltung‹ das Gefühl nicht los, einer ›großen Oper‹ beizuwohnen, in der die Akteure auf- und abtreten, ihren Part deklamieren, in der die Kulissen – pomphafte, bunte, reiche Kulissen und doch Pappe und Talmi – nach Belieben aufgebaut, umgestellt, weggeräumt werden können. Das ist ein Charakteristikum der napoleonischen Ära, daß dauernd, vom Beginn bis zum Ende, das Große, Kühne, Ernste, ja Furchtbare neben dem Parvenühaften, Gewöhnlichen, Lächerlichen und Unseriösen liegt, und nicht nur daneben, sondern beides oft unentwirrbar ineinander verschlungen, untrennbar verzahnt.

Ohne Zweifel wurde Napoleon zunächst nicht als Zwingherr, sondern als Retter aus dem Chaos, Befreier von Unsicherheit, Bürge für Ordnung und stetige Entwicklung angesehen – und zwar keinesfalls bloß in Frankreich. Auch die Italiener, die Polen und sogar manche spanische Kreise setzten in ihrer Sehnsucht nach Freiheit, Einheit, Selbstständigkeit auf Napoleon – wie es übrigens auch nicht an Deutschen fehlte, die der Groll gegen unwürdigen Absolutismus und tyrannische Kleinstaaterei zu oft treuen enthusiastischen Anhängern des französischen Herrschers machte.

Die Enttäuschung kam, mußte kommen – das lag mehr noch in der Art dessen, der sie betrieb, als in der Natur der Sache –, doch sie griff nur langsam um sich. In der Konsulatszeit zwischen 1799 und 1804 war noch nichts davon zu merken, und in der Tat fallen in diesem Jahrfünft die größten konstruktiven Leistungen Napoleons mit dem Höchstmaß an Zuneigung und Vertrauen Frankreichs – und nicht nur Frankreichs – zu ihm zusammen. Die napoleonische Reorganisation und Zentralisierung der Verwaltung bildet das Fundament, auf dem der französische Staat bis heute ruht. Der Code civil (abgeschlossen 1804) faßte die über achttausend Gesetze der Revolutionszeit zusammen und führte den Gleichheitsgrundsatz – jeder Bürger ist vor dem Gesetz gleich – erstmalig in der Rechtsgeschichte der europäischen Völker durch: auch dies eine Großtat, auf der seither wie selbstverständlich alle Gesetzbücher der Erde fußen. Der Erste Konsul gründete die ›Banque de France‹, die die wirtschaftlich bereits gebesserte Lage des Landes weiterhin festigte. Er schuf für Frankreich – später teilweise auch in den besetzten Ländern – ein großartiges Straßennetz, zu vergleichen nur mit der Leistung der Römer auf diesem Gebiet. Er gründete das für das ganze Land verbindliche einheitliche Unterrichtswesen, welches sich durch jene straffe, nahezu militärische Disziplin, gepaart mit hohem Leistungsstand, auszeichnet, das es noch heute zu etwas Einmaligem in Europa macht. Er stiftete den Orden der Ehrenlegion – den Goethe nie ablegte – als Sinnbild der innerpolitischen Versöhnung der Franzosen und als Ausdruck der gleichen Chance aller Bürger, sich für Verdienste anerkannt zu sehen. Schließlich, vielleicht eine seiner bedeutsamsten Taten überhaupt, hob er das Verbot der Revolution, in Frankreich die christliche Religion öffentlich auszuüben, wieder auf; das Konkordat des Jahres 1801 brachte der katholischen Kirche zwar nicht mehr die Rechte und den Besitz aus der Zeit des Ancien Régime zurück, aber dafür doch die Wiedereinsetzung und Anerkennung als ›die Religion der Mehrheit des französischen Volkes‹.

Verschiedene Plebiszite belohnten diese staatsmännischen Leistungen Napoleons mit gewaltigen Stimmenmehrheiten: 1802 wurde er so zum Ersten Konsul auf Lebenszeit, 1804 zum Kaiser gewählt; in der Abstimmung über die Erblichkeit der Kaiserwürde wurden 3,5 Millionen Stimmen dafür und 2579 dagegen abgegeben. Von nun an folgte Schlag auf Schlag: das Deutsche Reich wird aufgelöst, der Rheinbund gebildet (1806), Österreich durch zwei Niederlagen seiner Großmachtstellung beraubt (1805 und 1809), Preußen niedergeworfen und fast sequestriert (1806 und 1807); in Spanien besteigt Joseph Bonaparte 1807 den Thron; Schweden und Dänemark sind stillhaltende Bundesgenossen; Italien, die Schweiz, Dalmatien, die Niederlande und Nordwestdeutschland mit Bremen, Hamburg, Lübeck, Oldenburg werden nach und nach dem ›großfranzösischen Reich‹ einverleibt (bis 1810); mit Rußland, dem 1807 geschlagenen, wird der Freundschaftsvertrag von Tilsit geschlossen. Napoleon hat zwischen 1810 und 1812 eine Machtposition erreicht, von der aus ein weiterer Anstieg kaum noch denkbar war.

II.

Napoleon ist ein Sohn der Revolution – aber er zerbricht nicht zuletzt gerade an den Kräften, die diese Revolution erst geweckt und aktiviert hat: am Nationalbewußtsein und am personalen Freiheitsanspruch der Bürger. Die Engländer, durch ihre Insellage seit Jahrhunderten national selbstbewußter und individualistischer als die Festlandvölker, also weniger empfänglich, wollen kein Europa als bonapartische Familienpfründe, so wie sie hundertvierzig Jahre später kein Europa als Hitlersches Rassezuchtlabor wollen. Und als es Napoleon nicht gelingt, diesen Gegner auszuschalten, ist, ohne daß er es weiß, sein Schicksal besiegelt; der Abbruch des Lagers von Boulogne, im Sommer 1805, von wo die Invasion nach England erfolgen sollte, beendet im Grunde jede Chance, ein Reich von Dauer errichten zu können.

Die offenkundige Unüberwindbarkeit Britanniens stärkt den Nationen des ›Festland-Randes‹, Spanien und Portugal, den Rücken, auch sie *wollen* nicht der napoleonischen Ländermasse zugeschlagen werden – wollen es nicht aus emotionalen Gründen, Gründen des Traditionsgefühls, der dynastischen Treue und der mittelalterlichen Religiosität, die einem Napoleon, einem Rationalisten und Pragmatiker aufklärerischer Provenienz, bis zum Ende unbegreiflich bleiben. So muß er in Spanien die ersten handfesten Niederlagen einstecken – zum ersten Male gelingt eine Unterwerfung nicht; die Kämpfe dort zwischen 1808 und 1813 kosten und binden hunderttausende Soldaten, welche auf den anderen Kriegsschauplätzen, wo die Entscheidungen auf Leben und Tod für das Empire fallen, in Rußland 1812 und in Deutschland 1813, fehlen.

Wie im Westen England, so steht im Osten, gleichsam als Kontrapunkt im Riesenschlachtengemälde des napoleonischen Zeitalters, Rußland als der schicksalhafte Feind auf. Sie erheben sich nicht unabhängig voneinander. Sie ergänzen sich gegenseitig, ihre Motive korrespondieren miteinander. Wie im Westen die

Weite des Meeres dem Gewaltherrscher paroli bietet, so im Osten die Weite des Raumes. Kein griechischer Tragödiendichter hätte furchtbarere Verstrickung in zwanghaftes Schicksalsgesetz, das sich erfüllen muß, was auch immer Held und Opfer tun oder lassen mag, erfinden können: von einem bestimmten Zeitpunkt im Leben Napoleons an – über dessen Festsetzung sich streiten läßt – schnürt jeder Schritt, jede Handlung, jede Entscheidung wie jede Unentschiedenheit des Kaisers das Netz nur enger um ihn. Darin Ödipus gleich, nähert ihn sein Fuß, wohin er ihn auch setzt, dem Abgrund; und bleibt er stehen, rückt der Abgrund auf ihn zu. Talleyrand, des Kaiserreichs scharfsichtiger Beobachter, weiß und sieht dies klar, lange vor seinem Herrn, und während dieser, gemäß seinem Worte ›ich fühle mich nach einem Ziele hingetrieben, das ich nicht kenne‹, die tragische Bahn vollendet, weil er *muß*, befördert jener die Katastrophe, weil er *weiß*.

Damit rühren wir schon an Talleyrands so folgenschweren Verrat am Kaiser während des Erfurter Fürstentages von 1808; doch ehe wir davon sprechen, müssen wir noch einmal zurückgreifen. Preußen hatte in völliger Verkennung der Kräfteverhältnisse und anscheinend uneingedenk des österreichischen Schicksals von 1805 sich allein Napoleon entgegengestellt und war niedergeworfen worden – in Berlin residierte der Sieger und dekretierte als Antwort auf die britische Blockade der Küste zwischen Brest und Hamburg die Kontinentalsperre (21. November 1806), die für Frankreich und alle ihm Verbündeten den gesamten Verkehr mit England, jeglichen Handel und jegliche Korrespondenz, verbot. Wenn dieses Berliner Dekret nicht Papier bleiben, sondern zur wirksamen Waffe gegen England werden sollte, dann mußte der *ganze* Kontinent, ohne Ausnahme, so fest in Napoleons Hand sein, daß er die Einhaltung der Kontinentalsperre erzwingen konnte. Hier aber überschätzte der Kaiser seine Möglichkeiten; er überforderte die Kräfte seines Landes und, indem er England abzuschneiden meinte, dem aber immer noch genügend Durchschlupfe nach dem Festland und außerdem die weite nichteuropäische Welt offenstanden, isolierte und würgte er in Wahrheit sein eigenes Reich derart, daß gerade auch die Erstikkungsangst der gepreßten Völker ihre Kräfte gegen ihn und zur Abschüttelung des verhaßten Joches mobilisierte.

Vor diesem Hintergrund wandelt sich unmerklich jeder neue Triumph Napoleons zur Niederlage: so auch der ihn scheinbar aller Sorgen für die Zukunft überhebende Friede mit Rußland im Vertrage von Tilsit (9. Juli 1807) und die ›Bezauberung‹ des Zaren Alexander, die Napoleon dort so vollständig gelang, daß er glaubte, jener ließe sich zu einer Art von ›Junior-Partner‹ bei der Teilung der Welt machen.

Es ist eine theatralische Szene im Geschmack der Zeit, die sich da auf dem Floß in der Memel am 25. Juni 1807 abspielt: man umarmt und küßt sich brüderlich, die Waffen ruhen, in allem wird Einigung erzielt – meist allerdings zu Lasten Rußlands, denn es hat trotz des unentschiedenen Ausgangs der Schlacht bei Preußisch-Eylau (7./8. Februar) das Treffen bei Friedland (14. Juni) und damit den Krieg verloren. ›Ich hasse die Engländer nicht weniger als Sie‹, behauptet Alexander – ›ein sehr schöner, junger guter Kaiser!‹ meint Napoleon; ›gegen niemanden‹, schreibt der Zar, ›hatte ich größere Voreingenommenheit als gegen ihn, aber nach einer Unterhaltung von dreiviertel Stunden war sie wie ein Traum verschwunden ...‹ Das Resultat dieser Faszination ist ein Schutz- und Trutzbündnis zwischen Napoleon und Alexander: Rußland wird der Kontinentalsperre beitreten, das von Napoleon aus ehemals preußischen Gebietsfetzen Polens gebackene Großherzogtum Warschau unter dem König von Sachsen, des Franzosenkaisers treuestem Paladin, anerkennen, Cattaro und die ionischen Inseln in der Adria, die seit dem zweiten Koalitionskrieg von den Russen besetzt sind, wieder herausgeben und die Donaufürstentümer Moldau und Walachei räumen. Preußen, dessen König in Tilsit als quantité négligeable behandelt wird, büßt die Hälfte seines Bestandes ein und wird nur dem neuen Freund Alexander zuliebe auf der Landkarte belassen. Dieser stimmt auch der ›freien Stadt Danzig‹ unter einem französischen Kommissar und der Bildung des Königreichs Westfalen aus preußischen, braunschweigischen und kurhessischen Beute-Gebieten zu. Rußlands Haben-Seite bei diesem Geschäft bleibt mager: es darf sich aus der polnischen Konkursmasse das bis dahin preußische Bialystok einverleiben, erhält freie Hand gegen Schweden, dem es Finnland abnehmen möchte, und gegen die Türkei, mit der es im fünften russisch-türkischen Krieg (1806 bis 1812) steht.

Um sich vor der Öffentlichkeit als Friedensengel zu präsentieren, versprechen sich die beiden Kaiser, gegenseitig bei ihren Feinden zu vermitteln: Napoleon bei den Türken, Alexander bei den Engländern. Falls England diese Vermittlung bis zum

1. November 1807 nicht angenommen hat, soll Rußland mit ihm und seinen Anhängern – Dänemark, Schweden, Portugal – brechen; zeigt sich die Türkei gegen die französische Vermittlung renitent, soll ihr europäischer Besitz – wohlweislich jedoch ohne Konstantinopel! – aufgeteilt werden.

Wir sind hier auf diesen Vertrag von Tilsit deshalb so ausführlich eingegangen, weil jeder seiner Punkte, der scheinbar der endgültigen Befriedung Europas dient, in Wirklichkeit zur Kriegsursache von 1812 wird.

III.

In dem Jahrfünft zwischen Tilsit und dem Beginn des Rußlandfeldzuges, das Napoleon auf der Höhe seiner Macht sieht, kann man eine Veränderung seines Charakters feststellen.

Wenn er auch immer noch eine faszinierende Herrschergestalt ist, deren dämonischem Einfluß viele sich nur schwer entziehen – kein geringerer als Goethe, der den Kaiser 1808 in Erfurt kennenlernte, hat dies immer wieder bezeugt –, so verliert er doch nach und nach an Entschlußkraft und vor allem an Selbstkritik. Er erliegt mehr und mehr den cäsarischen Verführungen und wandelt sich zum Despoten, der weder ein Gespräch will, noch fremde Meinung oder gar Widerspruch oder selbstständiges Handeln verträgt. Er wird zum großen ›Monologisten‹ – ein in der Entwicklung der absoluten Machthaber immer wieder zu beobachtender Zug. Er redet nur noch alleine, und er redet über alles. Aus dem ›Robespierre zu Pferde‹ wird ein mit den alten legalen Monarchen wetteifernder Potentat, etwas dicklich, mit schütterem Haar, einer Erzherzogin als zweiter Gemahlin, einem Sohn, dem alle Hoffnungen gelten, einer ziemlich nichtsnutzigen Sippe und einem mediokren Hofstaat. Die ›Intellektuellen‹, die er ›Metaphysiker‹ nennt, sollte ›man ins Wasser werfen‹, ›sie sind Ungeziefer‹. Man muß ›säubern‹, denn ›wir können keine Opposition brauchen‹. Durch sein Zerwürfnis mit dem Papsttum – Pius VII. wird aus Rom vertrieben, verhaftet und erst in Savona, später in Fontainebleau gefangengesetzt – steht die katholische Kirche trotz ihrer Wiedereinsetzung in Frankreich dem Kaiserreich stumm-ablehnend gegenüber. Für Napoleon hat Religion ohnehin nur ›den Wert einer Kuhpockenimpfung, welche, indem sie unsere Liebe zum Wunder befriedigt, uns vor den

Scharlatanen und Zauberkünstlern schützt‹. ›Die Priester‹, meint er immerhin, ›sind mehr wert als die Cagliostro, Kant und alle deutschen Träumer‹. Als 1812 der Krieg beginnt, der ihm zum Verhängnis wird, ist der Kaiser ein Mann, der – wie Octave Aubry einmal schreibt – ›vorzeitig verbraucht ist von der Welt, die er geschaffen hat‹.

Wie der Herr, so seine Diener. Von der an sich richtigen Erkenntnis ausgehend, daß sein Thron nicht isoliert dastehen, sondern mit dem Volksganzen durch eine Zwischenschicht verbunden sein müsse, durch einen Adel, in den jeder durch Verdienst aufsteigen könne, hat Napoleon zwischen 1804 und 1814 einunddreißig Herzöge, vierhundertzweiundfünfzig Grafen, eintausendfünfhundert Barone und ebenso viele Chevaliers ›gemacht‹ – die Könige, Großherzöge, Prinzen, Fürsten seiner eigenen Sippe nicht mitgerechnet. Theoretisch hatte Napoleon recht, wenn er von diesem an der Erhaltung seiner Dynastie interessierten Neuadel unbedingte Treue erwartete und in ihm ein wichtiges Bollwerk sowohl gegen eine jakobinische Reaktion als auch eine bourbonische Restauration erblickte – aber eben nur theoretisch, denn alle diese nun Saturierten wollten endlich in den ruhigen Genuß ihrer auf unzähligen Schlachtfeldern erworbenen Pfründe gelangen, und sie befürchteten, ihrerseits ebenfalls mit Recht, daß gerade die Unersättlichkeit und das ruhelose Weltherrschaftsstreben des Kaisers zum Zusammenbruch des Reiches und damit auch zum Ende ihrer Herrlichkeit führen werde. ›Ich sehe wohl, meine Herren‹, fuhr dieser sie 1812 an, ›daß Sie keine Lust mehr haben, Krieg zu führen‹.

Längst hat der Kaiser aufgehört, soldatischer Kamerad seiner Marschälle zu sein, die er einst beflügelte und mit sich riß; mit den Jahren nehmen sein Zynismus, seine Menschenverachtung zu, und so schließt er selbst die tiefere Anhänglichkeit, die in Herz und Gemüt wurzelt, allmählich aus; er will sie im Grund gar nicht, weil er nicht Vertraute wünscht, sondern Untertanen.

So ist es nur natürlich, daß sich in der obersten ›Funktionärsschicht‹ seines Reiches Persönlichkeiten kaum ausbilden können. Wohl gibt es tollkühne Draufgänger wie Murat, den König von Neapel, unerschütterlich tapfere und kaltblütige Haudegen wie Ney, treue Pflichtmenschen wie Eugen Beauharnais, den Vicekönig von Italien, ›indessen‹, so schreibt der Historiker Willy Andreas, ›mit der einen Ausnahme von Davoust entwickelte sich unter ihm keiner zum Feldherrn größeren Stils‹. Überall wo Napoleon selbst anwesend ist, werden höchste Leistungen vollbracht, aber wo er fehlt, greift militärisches Versagen um sich – so zum Beispiel auf der Iberischen Halbinsel.

Zu der menschlichen Wandlung tritt eine immer krassere Wirklichkeitsblindheit. Der unübertroffene Rechner in allen *eigenen* Aktionen, der nicht das winzigste Detail ausläßt, *verrechnet* sich immer von neuem in den Aktionen und Reaktionen der *anderen.* Wäre er nur ein Mann kühlen Wägens gewesen, wie etwa Talleyrand, so hätte er sich ›ausrechnen‹ können, daß Frankreichs Kräfte niemals dazu reichten, auf Dauer Europa ›zwangszuintegrieren‹ – aber stärker noch als dieses *Wägen* in den oberen Schichten seines Wesens war das *Wagen,* das triebhaft aus dem Kern der Persönlichkeit wie eine Elementarkraft wirkte, solange seine Weltstunde währte.

Sie näherte sich dem Ende.

Schon beim Erfurter Fürstentag (27. September bis 14. Oktober 1808) begann der Verrat und heimliche Abfall unter seinen nächsten Mitarbeitern und den Verbündeten. Hier in Erfurt wollte Napoleon vor aller Welt die Einmütigkeit der ›Großen Zwei‹ demonstrieren – ›Europa soll stillgehalten werden‹, sagte er zu Caulaincourt, ›durch das Gemälde der beiden einigen Kaiser!‹ Er scheute keine Mühe, Alexander zu umwerben und ihre ›Liebe auf den ersten Blick‹ vom Vorjahr wieder aufleben zu lassen; er appellierte an die entzündbare Phantasie des russischen Kaisers und entwarf Pläne zur Eroberung Indiens, ja, er lockte sogar mit der Möglichkeit, Rußland könne Konstantinopel erwerben. Alexander, scheinbar Feuer und Flamme, sparte nicht mit ›Freundschaftsbeweisen‹; er hatte England den Krieg erklärt, allerdings mehr ›pro forma‹, er stimmte dem Spanienfeldzug Napoleons zu und er versprach Waffenhilfe gegen Österreich. Dafür wurden ihm die Donaufürstentümer und Finnland zugesprochen, und die Franzosen sollten binnen kurzem aus Preußen abziehen.

Aber Talleyrand – einst Bischof von Autun, der sich der Revolution anschloß, Außenminister (1797–1807) und Herzog von Napoleons Gnaden, auch nach der Entlassung aus diesem Amt der begabteste und skrupelloseste Diplomat des Empire – entzog diesem seinen Beistand. Er sah Frankreich durch Napoleons Maßlosigkeit gefährdet und beschwor in heimlichen Zusammenkünften den Zaren, ›ein Verbündeter des französischen Volkes zu werden, dem an Napoleons Eroberungen jenseits des Rheins, der Alpen und der Pyrenäen nichts liege‹. Die Folgen seiner von nun an auf den Sturz Napoleons zielenden geheimen diplomatischen Tätigkeit in Petersburg und Wien waren 1809 der militärische Alleingang Österreichs gegen Napoleon, den es auf Grund russischer Zusicherung wagte, in dem es aber noch einmal unterlag; dann 1812 die feste Haltung Alexanders, der nicht zuletzt auf Grund der Talleyrandschen Information einen Friedensschluß ablehnte, und schließlich 1813 und 1814 die Niederlage des Kaisers und die Unnachgiebigkeit der Verbündeten, die seine Abdankung erzwang. Auf dem Wiener Kongreß aber errang dann Talleyrand den überwältigenden Erfolg für Frankreich, daß es ohne Verluste aus dem Zusammenbruch des napoleonischen Reichs hervorging.

IV.

Werfen wir, am Vorabend des Krieges, noch einen Blick auf Rußland. Sprunghaft, unberechenbar und stimmungslabil wie der Charakter des Zaren Paul I. (1796–1801) war auch seine Politik gewesen, deren Erbe der Sohn Alexander antrat. Innenpolitisch hatte Paul zwar die Vorrechte des Adels beschnitten, die Lage der Bauern zu bessern gesucht und die Thronfolge durch Gesetz geregelt, aber infolge seiner Willkür, seines Hangs zu Schikanen und seines überspannten militärischen Drills sich dennoch bei allen Ständen verhaßt gemacht; außenpolitisch hatte er einen dem Lande unnützen, wenn nicht gar schädlichen Schaukelkurs gesteuert, der von der Entsendung eines Expeditionskorps ins Mittelmeer, nach Malta, den Ionischen Inseln und Italien während des zweiten Koalitionskrieges gegen die französische Republik hinüberwechselte zum Bündnis mit dem Ersten Konsul, zu starr englandfeindlicher Haltung, welche sogar mit der Schließung der russischen Häfen für englische Waren die Kontinentalsperre gewissermaßen vorwegnahm, und zum Aufgebot eines Kosakenheeres, um mit Napoleon gemeinsam Britisch-Indien zu erobern, ein Vorhaben, das allerdings im Keim erstickte.

Nach der Ermordung Pauls änderte sich an den von ihm entwickelten Tendenzen der russischen Politik zunächst nicht viel. Auch Alexander gab sich anfänglich für ›liberale Ideen‹ aufgeschlossen und schien während der Amtsführung des Ministers

Speranskij eine freiheitlichere Struktur des Staatswesens schaffen zu wollen. Jedoch blieben alle Ansätze im Beginn stecken, und der Sturz Speranskijs zeigte die Rückkehr zur uneingeschränkten Autokratie, zugleich aber auch die endgültige Abkehr von der englandfeindlichen, napoleonfreundlichen Außenpolitik an. Unter dem Eindruck der verheerenden Wirkung, welche die Kontinentalsperre für die wirtschaftliche Lage Rußlands zeitigte, ständig gereizt durch Napoleons auf ein ›Groß-Polen‹ zielende Pläne und gekränkt durch den deutlichen Widerstand der Franzosen gegen die russischen Wünsche, die europäische Türkei und Konstantinopel zu annektieren – schwenkte Alexander Schritt für Schritt auf die englische, antinapoleonische Linie ein.

1809 spornte er die Erhebung Österreichs indirekt an und leistete Napoleon bei ihrer Niederwerfung keine Hilfe.

Durch Erlaß vom 31. Dezember 1810 hob er die Kontinentalsperre für Rußland auf; neutrale Schiffe erhielten Einfuhrerlaubnis, bei gleichzeitiger Einfuhrsperre für französische Waren.

Im Jahre 1811 nahm er mit Schweden (Kronprinz Bernadotte) Verbindung auf, die am 5. April 1812 zu einem gegen Frankreich gerichteten Kriegsbündnis führte.

Am 25. April 1812 forderte der Zar ultimativ die vollständige Räumung Preußens, Schwedisch-Pommerns und aller Festungen östlich der Elbe und verlangte für den ihm verwandten, 1810 seines Landes beraubten Großherzog von Oldenburg Wiedergutmachung im Großherzogtum Warschau.

Damit war der russisch-französische Krieg unausweichlich geworden. Für Napoleon lag die Konstellation ungünstig: am 28. Mai 1812 schloß Rußland mit der Türkei den Bukarester Frieden und wurde dadurch frei für das bevorstehende Ringen; der englisch-amerikanische Krieg (1812 bis 1814) konnte dem auf der ›inneren Linie‹ fechtenden Napoleon keine Entlastung bringen; in Spanien aber stand Wellington in der Offensive gegen Madrid und band an dreihunderttausend französische Soldaten. So tritt der Imperator die ›Flucht nach vorn‹ an. Während er noch einmal in Dresden alle seine Trabanten, Vasallen, Unterworfenen, alle diese deutschen Fürsten, die ihm Truppenkontingente stellen müssen, um sich versammelt (17. bis 29. Mai) – diesmal wagen auch der König von Preußen und der Kaiser von Österreich nicht zu fehlen –, vollzieht sich der Aufmarsch der ›Grande Armée‹, und am 24. Juni 1812 überschreitet Napoleon, ohne Kriegserklärung, die Grenze des russischen Reiches.

V.

Viele Historiker haben darauf hingewiesen, daß Napoleon diesen Rußlandfeldzug nicht ›gewollt‹ hat. Kein Zweifel, er wäre mit Alexander lieber in Frieden geblieben. Napoleon ›wollte‹ vielleicht überhaupt keine Kriege – so hat er es im Exil auf St. Helena behauptet, und es ist dies durchaus nicht ganz unglaubhaft, aber er wollte *sich*, er mußte sich in den Taten des Machthungers und der Herrschaft erfüllen, und dieses ›Wollen-Müssen‹ barg, wie ein Samenkorn die ganze Frucht, alle Folgen in sich: die endlosen Kriege, die Unzahl der Opfer, die vergänglichen und die dauerhaften Veränderungen im Leben Europas und den eigenen Untergang.

Längst schon ist die Napoleon-Literatur kaum noch überschaubar. Wer sich, durch Ségurs Buch angeregt, mit dem korsischen Imperator und seinem Zeitalter eingehender befassen will, der sei auf das Werk ›Das Zeitalter Napoleons und die Erhebung der Völker‹ von Willy Andreas, dem Heidelberger Historiker, hingewiesen, das, von Rankeschem Geiste durchweht, die zur Zeit umfassendste und gründlichste deutsche Darstellung dieser Epoche gibt und auch eine umfangreiche Bibliographie enthält. Die Urteile über Napoleon reichen von der äußersten Verdammung, etwa bei einem Jean Savant (›Napoleon, wie er wirklich war‹), bis zur Vergöttlichung bei Leon Bloy (›Die Seele Napoleons‹) oder gar Gleichsetzung mit Christus bei Mereschkowskij (›Napoleon‹). Wir wissen, daß Goethe sich der Ausstrahlung des gewaltigen Mannes nicht entziehen konnte und wiederholt in einer Weise auf ihn zu sprechen kam, die den damaligen nationalen Gefühlen durchaus entgegenstand. Riemer berichtet uns, Goethe habe am 3. Februar 1807, also noch vor der persönlichen Begegnung mit dem Kaiser, zu ihm gesagt: ›Außerordentliche Menschen wie Napoleon treten aus der Moralität heraus. Sie wirken zuletzt wie physische Ursachen, wie Feuer und Wasser. Ja, schon jeder, der aus der Subordination heraustritt – denn die ist das Moralische – ist insofern unmoralisch. Wer von seinem Verstande zum Schaden anderer Gebrauch macht oder diese auch nur einschränkt, ist insofern unmoralisch. Jede Tugend übt Gewalt aus, wie auch jede Idee, die in die Welt tritt, anfangs tyrannisch wirkt.‹ Dieses Wort bietet einen Schlüssel zum Verständnis und zur – soweit das überhaupt möglich ist – gerechten Beurteilung des geschichtlichen Phänomens Napoleon, indem es auf die a priori ethisch wertneutrale Elementarkraft der ›reinen Natur‹ einerseits und auf die a posteriori, nämlich von der Gegebenheit einer Menschheitsgemeinschaft her, notwendig sittlich gerichtete Haltung – hier ›Subordination‹ genannt – andererseits hinweist. Im Konflikt zwischen beiden, im Auseinanderklaffen und Gegeneinanderwirken von naturhaft-individuellem Trieb und moralisch-sozialer Zucht gründet die tragische Diskordanz der Geschichte und in ihr auch die des napoleonischen Schicksals.

Der Rußland-Feldzug

Keine Einleitung vermag zu der packenden und ergreifenden Darstellung des napoleonischen Rußland-Feldzugs durch den Grafen Philippe-Paul de Ségur etwas ›hinzuzutun‹. Der Herausgeber hat daher nur die Aufgabe, einige Fakten in Erinnerung zu rufen.

Die Armee, die Napoleon gegen Rußland führte, umfaßte das letzte Aufgebot, das sein Machtspruch aus dem unterworfenen Europa herauspressen konnte. Neben dreihunderttausend Franzosen marschierten einhundertachtzigtausend Deutsche, großenteils Rheinbundtruppen, zwanzigtausend Preußen und dreißigtausend Österreicher, ferner ungefähr neunzigtausend Polen und Litauer, zweiunddreißigtausend Italiener, Illyrer, Spanier, Portugiesen. Insgesamt wurden nach und nach sechshunderttausend Mann nach Rußland geworfen. ›Binnen zwei Monaten wird Rußland mich um Frieden bitten‹, sagte der Kaiser und glaubte es. Trotz des nichts Gutes verheißenden spanischen Exempels lag ihm der Gedanke fern, daß er diesmal nicht gegen einen Fürsten, nicht gegen eine Regierung, sondern gegen ein großes, religiös und national fanatisiertes Volk anzutreten hatte.

Zwar gab es am Zarenhof eine Partei, die für Verständigung mit Napoleon eintrat, darunter der Bruder des Zaren, Großfürst Konstantin, und der Kanzler Rumjanzew, aber sie konnte sich gegen die sachlich und moralisch stärkere Gruppe derer, die zum Durchhalten mahnten, gegen die Zarinmutter, den Freiherrn vom Stein, Clausewitz, Ernst Moritz Arndt, den ehemaligen schwedischen General Armfeldt, Madame de Staël nicht durchsetzen. In Erinnerung vor allem auch an Talleyrands Worte zu Erfurt blieb Alexander unbeugsam.

Am 14. Juli mußten die Russen das befestigte Lager Drissa, (zwischen Dünaburg und Witebsk), wo sie die Franzosen erwarten und ihnen standhalten wollten, räumen. Barclay de Tolly, der eine der beiden russischen Heerführer, konnte seine zerstreuten Korps sammeln; Bagration, der andere, entkam dank der Unfähigkeit des die rechte französische Flügelarmee befehligenden Jérôme Bonaparte. Beide vereinigten sich in Smolensk, wo vom 15. bis 17. August heftige Kämpfe tobten. Alle Versuche, Barclay und Bagration durch großangelegte Umgehungsmanöver abzuschneiden, mißlangen; indem sie in die Tiefe Rußlands zurückwichen, zogen sie Napoleon nach.

Als die Österreicher am 12. August Gorodeczno, die Preußen am 18. August Polozk erreicht hatten, beschloß Napoleon, in der Illusion befangen, auf diese Weise den Frieden erzwingen zu können, den Weitermarsch nach Moskau. Der Versuch Kutusows, des Nachfolgers Barclays, die alte Hauptstadt zu retten, scheiterte in der Schlacht bei Borodino am 7. September, die mit einem sehr fragwürdigen Sieg der Franzosen endete und diese dreißigtausend, die Russen fünfzigtausend Tote kostete. Schon war die Große Armee auf knapp hundertfünfzigtausend Mann zusammengeschmolzen, und Napoleon, wie Clausewitz einmal schreibt, ›in der strategischen Auszehrung‹ begriffen, als am 15. September Moskau erreicht wurde. Vom 16. bis 19. September brennt die Stadt, auf Befehl ihres Gouverneurs Rostopschin angezündet, völlig nieder. Napoleons Friedensangebote bleiben unbeantwortet, seine rückwärtigen Verbindungen sind auf das äußerste bedroht, der erste Frost bricht herein – da befiehlt er den Rückmarsch auf Smolensk. Am 19. Oktober verläßt die Armee Moskau.

Im Gefecht von Malo-Jaroslawez, – der Ort wechselte achtmal den Besitzer – schlug der Versuch fehl, eine südliche Rückzugsstraße über Kaluga zu gewinnen. Die Armee mußte auf den Weg zurückschwenken, auf dem sie vor wenigen Wochen erst hergekommen war. Was nun folgt, ist jedermann aus den Schulbüchern bekannt. Im strengen Winter, von überlegenen russischen Kräften pausenlos verfolgt, geht die Grande Armée zugrunde. Mit dreißigtausend noch kampffähigen Soldaten erreicht Napoleon am 26. November die Beresina, und von der Einschließung durch drei russische Armeen bedroht, gelingt ihm vom 26.

bis 28. November der Übergang über den Fluß bei Studjanka. Es ist eine seiner größten Taten, und auch der Brückenschlag über die eisschollentreibende Beresina, im konzentrierten russischen Feuer von Jérômes früherem Kriegsminister General Eblé und seinen Pionieren ausgeführt, gehört für alle Zeiten in die Reihe der heroischen soldatischen Leistungen. Wir kennen das Bild: der Kaiser, abgesessen, marschiert, bekleidet mit einer polnischen Fellmütze und einem grünsamtenen Überrock über der abgetragenen Uniform, gestützt auf einen Birkenstock, inmitten seiner Garde einher. In Malodezno verfaßt er das berühmte 29. Bulletin, das die Katastrophe der Großen Armee der Welt mitteilt und mit den berüchtigten Worten schließt: ›Die Gesundheit seiner Majestät war nie besser.‹ Am 5. Dezember verläßt er in Smorgony die Truppe und eilt nach Paris. Etwa zehntausend Soldaten gelangen noch geordnet über Wilna und Kowno nach Königsberg; vierzigtausend Nachzügler und Versprengte stellen sich nach und nach ein. Vierhunderttausend Mann sind gefallen, hunderttausend gefangen. Der Feldzug ist zu Ende, die Grande Armée vernichtet, Napoleons Stern erlischt.

Graf Ségur und sein Werk

Die Zeitgenossen sind sich, wie aus zahlreichen Zeugnissen hervorgeht, der Größe und, bis dahin, Einmaligkeit der Katastrophe durchaus bewußt gewesen. Ganz Europa empfand die Wende, die von diesem militärischen Zusammenbruch ausging. Die Tat des preußischen Generals Yorck, der auf eigene Verantwortung mit den Russen die Neutralitätskonvention von Tauroggen (30. Dezember) schloß, die Erhebung Preußens im Frühjahr 1813, schließlich die Allianz nahezu sämtlicher Staaten des Kontinents zur Befreiung vom Napoleonischen Joch waren die unmittelbaren Folgen.

Die Erregung über das dramatische Geschehen des Jahres 1812 zittert auch in dem Bericht des Grafen Ségur nach. Er weiß, daß er Zeuge und Mitwirkender bei einer Tragödie von antikem Ausmaß gewesen ist, und er vermittelt diese Erregung, dieses Wissen nicht nur seinen Lesern der Erstausgabe von 1824, sondern auch ebenso noch uns heute, im Jahre 1965.

Philippe-Paul Graf von Ségur wurde 1780 in Paris geboren. Er entstammte einer ebenso angesehenen wie begabten Familie, deren Mitglieder Offiziere, Politiker, Hofbeamte, Künstler und Schriftsteller – des öfteren alles dies in einem – gewesen waren. Die literarische Ader besaß auch Philippe-Paul in hohem Maße. Mit Fünfzehn schrieb er Gedichte, mit Siebzehn sogenannte Vaudevilles (volkstümliche Lieder mit satirischem Einschlag). Sein besonderes, von Vater gefördertes Interesse galt der Geschichte. Er studierte intensiv die klassischen Geschichtsschreiber, deren Darstellungskunst ihm zum Vorbild wurde. Als Enkel eines Marschalls von Frankreich und Sohn eines in den amerikanischen Feldzügen von La Fayette ausgezeichneten Offiziers, wählte auch er die militärische Laufbahn.

Als zwanzigjähriger Leutnant focht er im zweiten Koalitionskrieg unter Moreau und nahm an der Schlacht bei Hohenlinden (2. Dezember 1800) teil. Zur Armee Macdonald versetzt, kämpfte er im Kanton Graubünden gegen die Österreicher. Über diesen Feldzug schrieb er sein erstes Buch ›Lettres sur la Campagne de Macdonald‹, Paris 1802, das ihn bereits als guten Militärschriftsteller zeigt. Als Hauptmann lernte er im Jahre 1804 den jungen Kaiserhof kennen, an dem sein Vater die Stellung des ›grand maître des cérémonies‹ innehatte. Von nun an blieb sein Lebensweg dem Napoleons bis zu dessen Sturz ununterbrochen verbunden: Invasionslager von Boulogne – Austerlitz – Neapel (im Gefolge des Königs Josephe Bonaparte) – Jena und Auerstädt – Nazielsk hießen die nächsten Stationen; hier wurde er am 9. Februar 1807 verwundet und von den Russen gefangengenommen; dem nahe bei Moskau als Kriegsgefangenen Internierten brachte der Friede von Tilsit die Freiheit zurück. 1808 focht er in Spanien, wurde Oberst und von neuem verwundet. 1810 schickte ihn Napoleon in diplomatischer Mission an die skandinavischen Höfe. 1811 zum Brigadegeneral befördert und in den kaiserlichen Stab versetzt, machte er als Adjutant den ganzen Rußlandfeldzug mit. 1813 und 1814 schlug er sich in Deutschland und Frankreich mit gewohnter Tapferkeit. Doch seine militärische Laufbahn war zu Ende. Ludwig XVIII. ließ ihm zwar seinen Dienstgrad, verwendete ihn aber nicht weiter, weil er, dem Kaiser treu, auch während der Hundert Tage des Jahres 1815 in Napoleons Armee gekämpft hatte.

Damit wurde ihm der Weg freigegeben, als Historiker und Schriftsteller das zu verarbeiten und zu verdichten, was er zum großen Teil selbst miterlebt hatte – ein langer Weg übrigens, denn erst im Jahre 1873, im vierundneunzigsten Lebensjahr, starb er, der letzte der Rußlandveteranen von 1812, Mitglied der Académie Française, Generalleutnant und Pair von Frankreich, Zeuge des Zweiten Kaiserreichs und seines Zusammenbruchs von 1870.

Ségurs erstes großes Werk ›l'Histoire de Napoléon et de la Grande Armée en 1812‹ erschien 1824 in zwei Bänden bei Beaudoin zu Paris. Acht Jahre lang hatte er Material gesammelt, gesichtet und Vorarbeiten geleistet; es wurde nicht nur sein stärkstes, eindrucksvollstes und wirkmächtigstes Buch, sondern geradezu sein ›Schicksalswerk‹. Als das Buch herauskam, erregte es sofort einen Sturm der Anteilnahme – zustimmender und ablehnender.

Frankreichs Staatsschiff trieb damals schwerfällig auf dem Brackwasser der Restauration und Reaktion dahin – dem Hochmut der Bourbonen und des Altadels, der Korruptheit der neureichen Bourgeoisie stand die Armut der verabschiedeten napoleonischen Offiziere und Soldaten, die feindselige Verbitterung aller während des Kaiserreichs Bevorzugten und nun Diffamierten gegenüber. Ségur aber, von allen Ressentiments frei, hatte als erster den Mut gefunden, eine Schilderung Napoleons, seines Systems, seiner Armee zu wagen, die sich ebenso von nachträglicher Herabsetzung wie von nachträglicher Verherrlichung fernhielt. Es war ein Buch, nicht aus Komplexen geboren und nicht Komplexen dienend, sondern frei in der Meinungsäußerung, nobel in der Gesinnung, um Gerechtigkeit und Objektivität des Urteils bemüht. Gerade *das* aber weckte Verärgerung, Widerstand, ja Empörung. Das Buch konnte den Bourbonenanhängern, zumal den neuen, nicht gefallen, denn die Größe von Napoleons Genie leuchtete aus jeder Zeile hervor, und jedes Kapitel brachte den heroischen Zauber, durch den er seine Armee zusammengehalten hatte, die Bravour und den fast mythisch zu nennenden Glanz einzelner Gestalten, wie etwa Neys und Murats, in Erinnerung. Auf der anderen Seite aber senkte das Werk auch den Bonapartisten manchen Stachel ins Fleisch: Ségur war nicht blind gegenüber den verhängnisvollen Zügen in Napoleons Charakter, die zur Katastrophe geführt hatten; er scheute nicht die Kritik am Feldherrn, am Herrscher, am Menschen Napoleon – und er verschwieg oder beschönigte auch nicht die Mängel der Personen in der Umgebung des Kaisers.

So konnte es denn nicht fehlen, daß sich alle in irgendeiner Weise an einem neuralgischen Punkt Getroffenen zu einem Chorus der Entrüstung zusammenfanden: an der Spitze General Gourgaud, der Napoleons Verbannung auf St. Helena geteilt hatte und nun in schärfsten, ja beleidigenden Ausdrücken das Ségursche Buch zurückwies. Es kam zwischen den beiden Generälen zum Duell, in welchem Ségur verwundet wurde.

Wir können diese heftigen Reaktionen nur so verstehen, daß die gewaltige Erschütterung durch das Empire und seinen jähen Untergang noch nicht lange genug zurücklag, um Gerechtigkeit zu ermöglichen. Seit 1789 war Frankreich nicht mehr zur Ruhe gekommen, vor fünfunddreißig Jahren hatte die Revolution begonnen, seit neun Jahren erst schwiegen die Waffen, die Wunden waren noch nicht verheilt, viele schuldige und unschuldige Akteure der wilden Zeit lebten noch – es konnte gar nicht anders sein, als daß Ségurs Werk gerade *durch* seine Ausgewogenheit und Leidenschaftslosigkeit – wobei übrigens die Anhänglichkeit an und die Bewunderung für Napoleon nie verleugnet wird – ›Sensation‹ in dieses Wortes weitester Bedeutung machte.

Ségur schrieb trotz seiner oben erwähnten langjährigen Vorbereitungen keine *geschichtswissenschaftliche* Arbeit. Der Wert seiner Darstellung liegt nicht auf dem Gebiet historischer *Forschung;* die Kritik vieler seiner Zeitgenossen, besonders mancher ehemaliger Kameraden, machte sich nicht zuletzt darin Luft, daß man dem Autor allerlei Fehler, Ungenauigkeiten, Irrtümer nachwies – auch dies kein ungewöhnlicher Vorgang.

Uns aber, die Leser von heute, braucht das alles nicht mehr zu kümmern. Die historische Wahrheit, soweit sie sich im Detail der Fakten niederschlägt, ist erforscht, das Napoleonische Zeitalter sogar besonders gut durchleuchtet. Da aber historische Wahrheit *mehr* ist als die Ansammlung von Tatsachen, da zu ihr auch das geistige, psychische ›Klima‹ einer Epoche gehört, welches sich aus Stimmungen, Gedanken, Hoffnungen, Irrtümern und Haltungen der Menschen ebenso zusammenbraut, wie es sie bestimmt, kann man, will man gemäß dem Rankewort wissen, ›wie es denn wirklich gewesen‹, nicht an dem Epos des Grafen Ségur vorbeigehen. In *diesem* Sinne liefert es einen großen, nicht veralteten Beitrag zur Erkenntnis der geschichtlichen Wahrheit.

Im Grand Dictionnaire von Larousse, 1875, heißt es: ›Das Gemälde, das er von den Schrecken dieses berühmten Rückzugs entworfen hat, weist ihn in der Tat als Geschichtsschreiber aus. Sein nüchterner Stil gibt ein wirklichkeitsnahes Bild, und eine ergreifende Gefühlsstärke beseelt diese Seiten von zugleich so beredter und so schmerzlicher Wahrheit ...‹

Dem ist nichts hinzuzufügen. Ségur plante die ›Geschichte Frankreichs‹, die sein Vater begonnen und bis zum Tode Ludwigs XI. gebracht hatte, fortzusetzen. Im Zuge dieser Arbeit veröffentlichte er 1834 ›l'Historie de Charles VIII.‹, die jedoch keinen Erfolg hatte. 1839 erschien ›Éloge du maréchal Lobau‹, Lobrede auf den Marschall Lobau (Georges Mouton, Graf von Lobau, 1812 Adjutant Napoleons), und 1873, in seinem Todesjahr, das Buch ›l'Histoire et Mémoires‹, Geschichte und Erinnerung, in dem Ségur noch einmal das große Thema seines Lebens, die Jahre mit und um Napoleon, aufklingen läßt und es mit dem größeren, der Geschichte des Kaiserreichs, verschmilzt.

Bleibende Bedeutung gewann und behielt nur sein Werk über die Rußland-Tragödie, das sich wie ein gewaltiger Gobelin vor den Augen des Lesers entrollt. Es weht darin etwas von Homerischem Atem, und weil gerade wir Deutschen, die auch einen verhängnisvollen Krieg gegen Rußland geführt haben, vielleicht in besonderem Maße Verständnis und Ergriffenheit angesichts des ›historischen Vorbilds‹ eigenen Unglücks zeigen werden, fühlte sich der Verlag ermutigt, diese ›Ilias von 1812‹ erneut zu edieren.

Zur vorliegenden Ausgabe

Das Werk des Grafen Ségur hatte in Deutschland großen und nachhaltigen Erfolg. Schon ein Jahr nach dem Ersterscheinen in Frankreich kam es 1825 bei Cotta in Stuttgart und Tübingen in deutscher Übersetzung heraus. Es erlebte während des ganzen neunzehnten Jahrhunderts zahlreiche Neuauflagen und Neuausgaben; die letzte besorgte F. M. Kircheisen, der so überaus produktive Napoleonforscher, im Jahre 1908.

Als sich Verlag und Herausgeber Gedanken darüber machten, in welcher Gestalt ›Die Geschichte Napoleons und der Großen Armee im Jahre 1812‹ (so lautet der originale Titel) nach nunmehr 57 Jahren dem deutschen Publikum erneut dargeboten werden sollte, stellte sich, nach Prüfung der verschiedenen deutschsprachigen Ausgaben, sogleich Einigkeit darüber her, daß man unbedingt auf die deutsche Erstausgabe zurückgehen müsse. Denn diese erwies sich als die mit weitem Abstand eindrucksvollste. Das liegt daran, daß der königlich-württembergische Generalmajor Joseph Appollinaris Honoratius von Theobald (1772–1837), ein Zeitgenosse Ségurs, ein Mitlebender und Miterlebender eben jener Epoche war, von der das Buch handelt, *und* zugleich ein hervorragender Übersetzer. So deckt sich seine Übertragung mit dem französischen Original in dem Maße, in dem der deutsche Rheinbundoffizier und Ségur, der Adjutant Napoleons, den Geist des gleichen Zeitalters vertreten und dessen, gerade aus unserem Abstand betrachtet, doch weithin gemeinsame Sprache sprechen. Wer die kleine, im Grunde aber reizvolle Mühe nicht scheut, sich in den für uns etwas ungewohnten Stil der zwanziger Jahre des vorigen Jahrhunderts hineinzulesen, wird sich *reichlich belohnt* finden durch die plastische Ausdruckskraft und farbige Realität einer Sprache, die noch nicht verleugnet, daß sie die Sprache Goethes ist.

Der Ségur-Theobaldsche Text blieb also unverändert erhalten. Die Rechtschreibung wurde der heutigen, wie sie der ›Duden‹ ausweist, angeglichen, ebenso die durch den partizipienreichen Stil mitunter komplizierte Interpunktion. Der Herausgeber hielt es für vertretbar, die uns *geläufigen* russischen Ortsbezeichnungen in der heute üblichen Schreibweise zu bringen, die unbekannten aber – zum Teil kleine, kaum noch festzustellende, zum Teil anders heißende oder nicht mehr bestehende Dörfer – in der alten Schreibweise zu belassen.

Die Stoffmasse wurde neu gegliedert, wobei jedoch die chronologische Folge der Erzählung, so wie das Original sie bietet, unverändert erhalten blieb. Während Ségur sein Werk in zwölf ›Bücher‹ einteilte, erschien dem Herausgeber eine Beschränkung auf acht, denen er die Titel nach den Feldzugsetappen gab, gerechtfertigt, weil er die ersten drei, welche den Zeitraum von 1807 bis zum Kriegsbeginn erzählen, ausgeschieden hat. Die Wirkung des Buches hat dadurch gewonnen, denn Ségurs *Stärke* liegt in der Schilderung des eigentlichen Feldzugsgeschehens, während seine vorbereitenden politischen Exkursionen entbehrlich sind. *Diese* Seite jener Epoche entnimmt der Leser der einleitenden Darstellung.

Die Kapiteleinteilung des Originals wurde durchweg unverändert übernommen und jedem Kapitel – zum leichteren Verständnis des Lesers – eine stichwortartige Inhaltsangabe vorangestellt.

Um den Eindruck der militärischen Katastrophe nicht abzuschwächen, ist der Abfall des Yorckschen Korps weggelassen und die Darstellung mit dem Tage abgeschlossen worden, an dem die Trümmer der Großen Armee Ostpreußen erreichten. Die Kürzungen im laufenden Text sind geringfügig. In keinem Fall wurde etwas Wesentliches, Sinngebendes gestrichen, in keinem Fall etwas hinzugefügt.

Bei Fußnoten, Anmerkungen und Erklärungen von Fachausdrücken galt als editorisches Prinzip, das zum Verständnis Nötige dem Leser unserer Tage an die Hand zu geben, ohne das Buch durch einen zu umfangreichen ›Apparat‹ zu überfrachten.

Peter Berglar

An die Veteranen der Grossen Armee

Meine Kriegsgefährten!

Es folgt hier die Geschichte der Großen Armee und ihres Anführers in dem verhängnisvollen Jahre 1812. Zunächst denjenigen unter euch gewidmet, die durch das Klima des Nordens entwaffnet, dem Vaterlande nur noch durch das Andenken ihres Unglücks und ihres Ruhms dienen können. Auf eurer glorreichen Bahn zum Stillstand gebracht, lebt ihr weit mehr in der Vergangenheit als in der Gegenwart; wenn aber die Erinnerungen so groß sind, so ist es wahrlich auch erlaubt, von diesen zu leben. Ich besorge also nicht, eure so teuer erkaufte Ruhe zu stören, wenn ich euch an die unheilbringendste eurer Waffentaten erinnere. Wer von uns weiß nicht, daß der vom Unglück betroffene Mensch im Schoße seiner Dunkelheit unwillkürlich nach dem Stern seiner schöneren Tage zurückblickt, wenn auch der Glanz desselben die Klippe, an der sein Glück gescheitert ist, und die Trümmer eines ungeheuern Schiffbruchs beleuchten sollte. Auch mich, ich bekenne es, führt ein unwiderstehliches Gefühl unablässig auf jene für das Ganze wie für den Einzelnen so unglückliche Epoche zurück. Ich weiß nicht, welch trauriges Vergnügen mein Gedächtnis darin findet, auf den schmerzlichen Spuren, die ihm von so vielen Schrecknissen geblieben sind, zu verweilen und solche wieder in sich zu erneuern. Ist denn auch die Seele stolz auf ihre tiefen und zahlreichen Narben? Liebt sie, dieselben zu zeigen? Mag sie sich derselben rühmen? Oder ist nach der Begierde des Wissens vielleicht das erste Bedürfnis derselben, ihre Empfindungen mitzuteilen? Fühlen und Gefühle erwecken – sind das vielleicht die mächtigsten Triebfedern unserer Seele?

Woher mir nun aber auch das Gefühl kommen mag, das mich hinreißt – ich kann nicht umhin, die Eindrücke darzustellen, die ich im Laufe dieses unseligen Krieges erhalten habe. In der Muße, die mir geworden ist, will ich meine zerstreuten und durcheinandergeworfenen Erinnerungen entwirren, ordnen und zusammenfassen. Auch die eurigen, meine Kriegsgefährten, nehme ich in Anspruch. Lasset so große, so teuer erkaufte Erinnerungen nicht verlorengehen, sie sind ja das einzige Gut, das der Gegenwart von der Vergangenheit geblieben ist. Gegen so viele Feinde allein seid ihr rühmlicher gefallen, als diese sich erhoben haben. So wisset denn das Los der Besiegten ohne Beschämung zu tragen, erhebt die edle Stirne, die allen Blitzen Europas getrotzt hat; schlagt nicht länger die Augen nieder, die so viele Hauptstädte, so viele besiegte Könige gesehen haben! Ihr habt freilich eine schönere Ruhe verdient, aber wie sie auch sei, es hängt von euch ab, einen würdigen Gebrauch davon zu machen. Überliefert der Geschichte eure Erinnerungen; die Einsamkeit und die Stille des Unglücks sind ihren Arbeiten förderlich, und möge endlich die Wahrheit, die in der langen Nacht der Widerwärtigkeit immer gegenwärtig ist, für euch ihr Licht nicht vergebens ausstrahlen!

Was mich betrifft, so werde ich mich des bald peinlichen, bald erhebenden Vorrechts bedienen zu sagen, was ich gesehen habe; ich werde mit einer vielleicht zu gewissenhaften Genauigkeit selbst das kleinste Detail des Geschehenen darstellen; allein ich habe geglaubt, daß es nichts Geringfügiges gibt an jenem außerordentlichen Mann und jenen riesenhaften Taten, ohne die wir nicht wüßten, wie weit die Kraft, die Herrlichkeit und das Unglück des Menschen reichen kann.

ERSTES BUCH

Von Paris nach Witebsk

ERSTES KAPITEL

Napoleons Aufbruch an der Spitze der Großen Armee – Triumphzug von Paris durch Deutschland bis Dresden – Demonstration seiner Macht auf dem Fürstentag zu Dresden – Alexander I. von Rußland zum Kampfe bereit – Napoleon schätzt Alexander falsch ein.

Am 9. Mai 1812 verläßt Napoleon, bis dahin immer Sieger, einen Palast, in den er nur besiegt zurückkehren sollte.

Von Paris bis Dresden zog er wie im Triumph fort. Sein Weg führte ihn zunächst durch das östliche Frankreich, das ihm sehr ergeben war und, glücklicher als das westliche und südliche, ihn nur durch seine Wohltaten und seine Siege kannte. Zahlreiche und glänzende Armeen, von dem fruchtbaren Deutschland angezogen, marschierten durch diese Gegenden, in stolzem Selbstgefühl, hoffend, sich bald mit neuem Ruhme zu bedecken. Da sie überall den Markt belebten und viel Geld verzehrten, so ward die Gerechtigkeit des Krieges hier nicht in Zweifel gezogen.

Später, als unsere Bulletins frohe Botschaft dahin brachten, geriet die Einbildungskraft in Flammen, erstaunt, sich von der Wirklichkeit übertroffen zu sehen. Begeisterung ergriff diese Völker wie zu den Zeiten von Austerlitz und Jena. Zahlreiche Gruppen umringten die Couriere, man hörte sie mit Entzücken und trennte sich nur unter dem Rufe: Es lebe der Kaiser, es lebe unsere brave Armee!

Bekanntlich ist dieser Teil Frankreichs von jeher kriegerisch gewesen, er ist Grenzland; man wächst dort unter dem Geräusch der Waffen auf, diese sind in Ehren gehalten. Man sagte sich hier, dieser Krieg würde Polen, das von Frankreich so geliebte Polen befreien, die asiatischen Barbaren, von denen Europa bedroht sei, in ihre Wüsten zurückwerfen und dem Kaiser abermals alle Früchte des Sieges verschaffen. Werden diese alsdann nicht den östlichen Provinzen zuteil werden? Hatten sie bis dahin nicht ihren Wohlstand dem Kriege zu verdanken gehabt, durch welchen der ganze Verkehr Frankreichs mit Europa in ihre Hände gekommen war? Und in der Tat, das jetzt überall blockierte Reich lebte und gedieh in Beziehung auf seine Handelsverhältnisse nur durch Vermittlung seiner östlichen Provinzen.

Seit zehn Jahren waren die Straßen derselben mit Reisenden jedes Standes bedeckt, die da kamen, um die Große Nation, ihre mit jedem Tag sich verschönernde Hauptstadt, die Meisterwerke jeder Kunst und jedes Jahrhunderts, vom Sieg dort zusammengebracht, zu bewundern, besonders aber den außerordentlichen Mann anzustaunen, der im Begriffe stand, den Nationalruhm zu einer bis jetzt noch nicht gesehenen Höhe zu erheben. In ihren Interessen zufriedengestellt, in ihrer Eitelkeit geschmeichelt, verdankten die Bewohner des östlichen Frankreich alles dem Siege, sie erkannten dies auch und begleiteten den Kaiser mit ihren besten Wünschen; mit jubelndem Zuruf, mit Ehrenbögen, mit jeder Feierlichkeit ward er überall empfangen.

In Deutschland fand er vielleicht weniger Ergebenheit, vielleicht noch mehr Huldigungen. Besiegt und unterworfen, waren die Deutschen, sei es nun aus Eitelkeit oder aus Hang zum Wunderbaren, geneigt, in Napoleon ein übermenschliches Wesen zu sehen. Erstaunt und wie außer sich durch die allgemeine Bewegung fortgerissen, bemühten sich diese gutmütigen Völker, das in Wahrheit zu sein, was sie scheinen mußten.

Sie fanden sich zu beiden Seiten der Straße ein, auf welcher der Kaiser kommen mußte; ihre Fürsten verließen ihre Residenzen, eilig in die Städte sich drängend, wo der Gebieter ihres Schicksals auf einige Augenblicke verweilen würde. Die Kaiserin und ein zahlreicher Hof folgten dem Kaiser, der den schrecklichen Wechselfällen eines in weiter Entfernung zu führenden, entscheidenden Krieges so entgegenging, wie man als Sieger aus einem solchen zurückkommt. So war er früher nicht in die Schlachten gezogen.

Er hatte gewünscht, den Kaiser von Österreich, mehrere Könige und eine Menge Fürsten in Dresden bei seiner Durchreise zu sehen. Dies geschah; alle kamen, die einen durch Hoffnung, die andern durch Furcht getrieben; er hatte dabei keinen andern Zweck, als sich seiner Macht zu versichern, sie zu zeigen und zu genießen.

Sein Ehrgeiz fand Gefallen daran, mit dem österreichischen Kaiser, dem Haupt eines altertümlichen Hauses, im Angesichte von ganz Deutschland gleichsam ein Familienfest zu feiern. Er meinte, diese glänzende Versammlung von Fürsten müsse mit der Isolierung des russischen Herrschers einen auffallenden Kontrast bilden und ihn vielleicht durch das Gefühl seiner Verlassenheit schrecken. Endlich schien auch die Vereinigung der verbündeten Monarchen dem russischen Krieg den Charakter eines europäischen zu geben.

Zu Dresden befand er sich in der Mitte von Deutschland, diesem die Gemahlin, die Tochter der Cäsaren zeigend. Ganze Völkerschaften hatten sich erhoben, um den Gefeierten zu sehen, Reiche und Arme, Edelleute und Plebejer, Freunde und Feinde, alle waren herbeigeströmt. Neugierig drängten sie sich in den Gassen, auf den Straßen, auf den öffentlichen Plätzen, ganze Tage und Nächte hindurch, den Blick auf die Türen und Fenster seines Palastes heftend. Nicht seine Krone, nicht seine Herrlichkeit, nicht die Pracht seines Hofes, ihn allein wollen sie betrachten, sich ein Bild von ihm in die Seele prägen, um ihren Mitbürgern, ihren Kindern sagen zu können, daß sie Napoleon von Angesicht zu Angesicht gesehen hätten.

Es fehlte nicht an Dichtern, die sich nicht schämten, ihn auf den Schaubühnen zu vergöttern; ganze Völker waren gewissermaßen seine Schmeichler geworden.

Und diese Huldigung der Bewunderung wurde von den Königen und ihren Völkern fast auf die gleiche Weise dargebracht. Der eine Teil wartete nicht, bis ihm der andere das Zeichen gab. Von beiden Teilen geschah alles zumal und im Einklang, doch waren die inneren Gesinnungen nicht dieselben.

Wir andern waren bei dieser merkwürdigen Zusammenkunft neugierig, welche Hingebung von den Fürsten, welcher Stolz von Napoleon dabei würde bewiesen werden. Wir vertrauten auf die Klugheit des letzteren, wir hofften, daß er, von so vieler Macht gesättigt, verschmähen würde, dieselbe zu mißbrauchen. Aber wie sollte der, der noch als Untergebener selbst zu seinem Vorgesetzten nur im Tone des Befehls gesprochen hatte und jetzt als Sieger und Herr allen gebieten konnte, sich in die kleinlichen Regeln eines aufmerksamen Betragens fügen können? Und doch benahm er sich mit Mäßigung und suchte sogar zu gefallen, aber man sah, daß er sich Gewalt antat, und er wollte dies auch merken lassen. Auf Besuch bei diesen Fürsten schien er mehr ihr Wirt als ihr Gast zu sein.

Auf der anderen Seite gewann es das Ansehen, als ob die

Monarchen und ihre Völker in Erwägung seines Stolzes und in der Überzeugung, daß man ihn nur noch durch sich selbst besiegen könne, sich nur darum so sehr vor ihm erniedrigten, um ihn durch eine übertriebene Ergebung zu verblenden.

Im Umgang mit ihm zeigten ihre Stellung, ihre Worte und selbst der Ton ihrer Stimme, wie sehr sie sein Gewicht fühlten. Alle waren nur für ihn allein da; sie enthielten sich beinahe jeder Erörterung, immer bereit, seine Überlegenheit anzuerkennen, die er schon allzusehr fühlte. Ein Oberlehnsherr hätte von seinen Vasallen kaum mehr verlangen können.

Sein Lever gewährte noch einen auffallenderen Anblick; man sah hier souveräne Fürsten, die Erscheinung des Siegers von Europa gewärtigend und so unter seine Offiziere gemischt, daß diese sich einander warnten, nicht unwillkürlich die neuen Höflinge, mit denen sie sich zusammenfanden, zu drängen. So verschwand in Gegenwart Napoleons jeglicher Unterschied, denn er war so gut ihr Gebieter als der unsrige; eine gemeinschaftliche Abhängigkeit schien alles um ihn her auf gleichen Fuß zu setzen. Vielleicht hat damals der übel verhaltene militärische Stolz einiger französischer Generäle diese Fürsten beleidigt; man glaubte sich bis zu ihnen erhoben, denn welches auch der Adel und der Rang des Besiegten sein möge, der Sieger ist immer seinesgleichen.

Die Vernünftigeren unter uns konnten dergleichen nicht ohne Schrecken sehen; sie sagten, aber mit gedämpfter Stimme, wer solchergestalt alles aus den Fugen reiße ohne Furcht, in dieser Umwälzung selbst mit fortgerissen zu werden, müsse sich selbst für ein übernatürliches Wesen halten. Sie sahen diese Monarchen den Palast Napoleons mit Ingrimm verlassen, sie glaubten dieselben zu hören, wenn sie des Nachts allein mit ihren Ministern ihrem Unwillen über die erlittenen Kränkungen Luft machten.

So vieles hatte diese Fürsten erbittert; wie unangenehm war für sie das Gedränge, durch das sie sich Platz machen mußten, um bis zur Tür ihres übermütigen Gebieters zu gelangen, vor der ihrigen aber wollte sich niemand zeigen. Alles, selbst ihre Völker, schien ihnen den Rücken zu wenden, denn wie konnte man jenem zujauchzen, ohne ihrem Unglück Hohn zu sprechen? Sie waren also nur nach Dresden gekommen, um Napoleons Siegesglanz zu erhöhen; er triumphierte über sie; jeder Ruf der Bewunderung, der ihm galt, war für sie ein Vorwurf; seine

Größe war ihre Erniedrigung, seine Siege waren ihre Niederlagen.

In solchen Worten ergoß sich ohne Zweifel ihr Unmut, und mit jedem Tage grub sich der Haß tiefer in ihre Brust ein. Einer dieser Fürsten entzog sich diesem peinlichen Verhältnis durch eine plötzliche Abreise. Die Kaiserin von Österreich, deren Familie durch den General Bonaparte um ihre Besitzungen in Italien gekommen war, konnte insbesondere ihre Abneigung nicht verbergen. Sie verriet dieselbe durch unwillkürliche Äußerungen, die von Napoleon bemerkt und durch Lächeln in Schranken gehalten wurden; die schöne und geistvolle Fürstin aber unterließ nichts, um ihr Gefühl in jede Brust zu gießen.

Die Kaiserin von Frankreich trug absichtslos selbst dazu bei, ihre Stiefmutter zu verstimmen, indem sie dieselbe durch den Glanz ihres Putzes überstrahlte; wenn Napoleon dieses abstellen wollte, so widerstand sie, weinte sogar, und der Kaiser gab aus Zärtlichkeit, Ermüdung oder Zerstreuung nach; man versichert auch noch, diese Fürstin habe, uneingedenk ihres deutschen Ursprungs, die deutsche Eigenliebe durch unziemende Vergleichungen zwischen ihrem alten und neuen Vaterlande gekränkt; Napoleon verwies ihr dieses auf die schonendste Weise; denn dieser Patriotismus, den er selbst gepflanzt hatte, gefiel ihm, und er glaubte, solche Mißgriffe durch Geschenke wiedergutmachen zu können.

Zu Dresden mußten also viele gekränkt und in ihrer Eigenliebe verletzt werden, wennschon Napoleon, der sich bemüht hatte zu gefallen, es allen recht gemacht zu haben glaubte. Da seine Armee noch zurück war, so beschäftigte er sich daselbst mit seiner Politik. General Lauriston, französischer Botschafter zu Petersburg, erhielt Befehl, den russischen Kaiser um die Ermächtigung zu bitten, ihm nach Wilna gewisse definitive Vorschläge überbringen zu dürfen. General Narbonne, Adjutant von Napoleon, begab sich nach dem Hauptquartier des Kaisers Alexander, um diesem Fürsten die friedlichen Gesinnungen Frankreichs zu bezeugen und ihn – wie man sagt – nach Dresden zu locken. Der Erzbischof von Mecheln wurde nach Warschau geschickt, um den Aufschwung des polnischen Patriotismus zu leiten. Der König von Sachsen hielt sich gefaßt, das Großherzogtum zu verlieren, dafür wurde ihm aber die Aussicht auf eine gehaltvollere Entschädigung gegeben.

Indessen war es gleich anfangs aufgefallen, daß sich der König von Preußen nicht auch am kaiserlichen Hofe zu Dresden eingefunden hatte; man erfuhr aber bald, daß ihm dieser gleichsam verboten war, was diesen Fürsten um so mehr besorgt machen mußte, je weniger er sich irgendeiner Schuld bewußt war. Sein Erscheinen konnte nur Verlegenheiten herbeiführen; allein auf den Zuspruch von Narbonne entschließt er sich, doch zu kommen. Als man dem Kaiser seine Ankunft meldet, will ihn dieser zuerst nicht einmal annehmen und sagt in seinem Unmut: er wisse gar nicht, was dieser Fürst von ihm wolle, ob es an seinen Briefen und ewigen Beschwerden nicht schon genug sei, warum er ihn auch noch mit seiner Gegenwart belästigen müsse? er bedürfe seiner nicht! Aber Duroc läßt nicht nach und erinnert daran, daß man Preußens gegen Rußland bedürfe; da öffnen sich diesem Monarchen die Türen des Kaisers. Er wurde zwar frostig, aber doch mit der Achtung empfangen, die seinem hohen Rang gebührte. Man ließ sich die neuen Versicherungen seiner Ergebenheit, von der er vielfache Beweise gab, gefallen. Man sagt, es sei diesem Monarchen damals Hoffnung auf die deutschen Provinzen Rußlands, wohin seine Truppen bestimmt waren, gemacht worden. Man versichert sogar, daß er nach deren Eroberung förmlich in den Besitz derselben gesetzt zu werden verlangt habe. Von einer künftigen Bewerbung des Kronprinzen um die Hand einer Nichte Napoleons soll auch die Rede gewesen sein. Dadurch sollten die Dienste belohnt werden, die Preußen in diesem neuen Kriege leisten würde. Napoleon wollte, wie er sagte, es mit dieser Macht versuchen. Durch Vermittlung dieses Familienbandes konnte sich also Friedrich den Besitz seiner geschmälerten Krone sichern. Indessen fehlt es an Beweisen, daß er sich durch die Aussicht auf eine solche Verbindung nach dem Beispiel des Kronprinzen von Spanien habe verführen lassen.

So huldigten damals die Herrscher der Macht Napoleons, zum Beweise, daß das Gesetz der Notwendigkeit keine Ausnahme zulasse und daß die Hoffnung des Gewinns und die Furcht des Verlustes über Fürsten wie über Privatmänner alles vermögen.

Napoleon war noch des Resultates gewärtig, das die Unterhandlungen von Lauriston und Narbonne haben würden. Er hoffte den Kaiser Alexander schon durch den Anblick seiner vereinigten Armee und durch den drohenden Glanz zu besiegen, der von Dresden ausging. Er selbst gestand dies einige Tage später zu Posen, wo er zu General Dessolles sagte: »Da der Kaiser

Alexander durch den Kongreß in Dresden nicht zum Frieden vermocht worden ist, so ist dieser nur noch vom Kriege zu erwarten.«

An demselben Tage sprach er von nichts als von seinen alten Siegen; es schien, als grabe er sich in die Vergangenheit ein, aus Besorgnis wegen der Zukunft, und als fühlte er das Bedürfnis, sich mit seinen glorreichsten Erinnerungen gegen eine große Gefahr zu waffnen. Die angebliche Charakterschwäche seines Gegners war für ihn zu einem notwendigen Postulat geworden. Am Vorabend einer so großen Invasion trug er noch Bedenken, dieselbe als unausbleiblich anzusehen, denn er hatte nicht mehr das Bewußtsein seiner Untrüglichkeit, welche Kraft und Jugendfeuer gewähren, nicht mehr das Vorgefühl des Sieges, das zum Siege führt.

Im übrigen war sein Gerede vom Frieden nicht bloß ein Ausdruck friedlicher Gesinnungen, sondern zugleich auch eine Kriegslist: er wollte dadurch die Russen, falls sie noch auseinanderlagen, einschläfern, um sie dann überfallen zu können, oder dieselben, falls sie schon vereinigt waren, so kühn machen, daß sie ihm standhielten, wonach der Krieg entweder durch einen Handstreich oder durch einen Sieg beendigt worden wäre. Aber Lauriston war nicht empfangen worden, und Narbonne, der zurückkam, sagte aus, er habe bei den Russen weder Kleinmut noch Übermut bemerkt; aus allem, was ihm der Kaiser gesagt, gehe hervor, daß er den Krieg einem schimpflichen Frieden vorziehe, daß er die Schlacht mit einem so furchtbaren Gegner vermeiden, sich aber zu jedem Opfer entschließen werde, um den Krieg in die Länge zu ziehen und den Franzosen zu verleiden.

Diese Antwort, die dem Kaiser in dem Vollglanz seiner Herrlichkeit zukam, wurde verschmäht. Dabei muß ich mir, um alles zu sagen, noch die Bemerkung erlauben, daß ein moskowitischer Großer auch dazu beigetragen hat, Napoleon zu täuschen. Selbst in Irrtum befangen oder Verstellung übend, hatte ihn dieser Moskowiter zu überreden gewußt, daß sein Beherrscher aus Mangel an Beharrlichkeit sich durch Unfälle leicht abschrecken lasse. Unglücklicherweise wurde der Kaiser durch die Erinnerung an die Gefälligkeit, die Alexander zu Tilsit und Erfurt bewiesen hatte, in diesem Wahne bestärkt.

Er blieb bis zum 29. Mai in Dresden, die Huldigungen genießend, die man ihm brachte, in der Mitte eines Hofes, den Könige und Fürsten, aus den ältesten Häusern Deutschlands entsprossen, um ihn, den aus sich selbst gebornen Herrscher, bildeten. Er liebte, wie es schien, die auffallendsten Erscheinungen zu vervielfältigen und gleichsam gemein zu machen, damit seine Erhebung auf den Thron nicht als einzig dastünde, und er und die Welt daran gewöhnt würden.

ZWEITES KAPITEL

Organisationsmängel bei den rückwärtigen Verbindungen in Polen, besonders hinsichtlich der Lebensmittelversorgung – Plünderungen im Durchmarschgebiet – Zwistigkeiten zwischen den Marschällen Davoust und Berthier – der Kaiser begibt sich über Posen, Thorn, Danzig nach Königsberg.

Voll Ungeduld, die Russen zu schlagen und den Huldigungen der Deutschen zu entgehen, verläßt endlich Napoleon Dresden. Er hält sich zu Posen nur so lange auf, als nötig ist, um den Polen zu gefallen. Warschau, wo die Angelegenheiten des Krieges ihn nicht zunächst hinrufen und wo er nur die Politik wiedergefunden haben würde, läßt er unbesucht. Er verweilt in Thorn, um die Festungswerke, die Magazine, die Besatzung zu besehen. Hier läßt sich das Geschrei der Polen, die von unsern Alliierten unerbittlich geplündert und mißhandelt werden, zuerst vernehmen. Napoleon erteilte darüber dem König von Westfalen strenge, selbst mit Drohungen begleitete Verweise; allein man weiß, daß diese nicht soviel auf sich haben, und daß Napoleon nach Entladung seines Zorns, wie aller seiner übrigen Affekte, jedesmal in einen Zustand von Abspannung und Erschlaffung gerät. Im Grunde trägt er selbst die Schuld an den Unordnungen, über die er aufgebracht ist, denn wenn auch von der Oder bis zur Weichsel und bis an den Njemen die Lebensmittel in hinreichender Menge und auf den gehörigen Punkt zusammengebracht sind, so fehlt es dagegen an der weniger leicht fortzuschaffenden Fourage. Schon haben sich unsere Reiter genötigt gesehen, die Fruchtfelder abzumähen und das Stroh von den Dächern zu nehmen, um sich Futter für ihre Pferde zu verschaffen. Freilich haben nicht alle sich damit begnügt; allein wenn man einmal eine Unordnung zuläßt, wie kann man die andere verbieten?

Jenseits des Njemen ging es noch ärger zu: der Kaiser hatte auf eine Menge leichter Fuhrwerke und auf große Rüstwagen gerechnet, von denen jeder mehrere tausend Pfund in einem sandigen Lande fahren sollte, wo Wagen mit einigen Zentnern beladen, kaum durchkommen; die Mannschaft zu diesem Fuhrwerke war in Bataillons und Escadrons abgeteilt. Jedes leichte Fuhrwesens-Bataillon bestand aus sechshundert Wagen und konnte sechstausend Zentner Mehl fahren; das schwere Fuhrwesens-Bataillon, bei dem die Wagen von Ochsen gezogen wurden, führte viertausendachthundert Zentner; außerdem gab es noch sechsundzwanzig Fuhrwesens-Escadrons, zum Transport militärischer Gerätschaften bestimmt; ferner eine Menge Wagen mit Werkzeugen aller Art, tausende von Spital- und Artilleriefuhren, sechs Brücken-Parks und einen Belagerungs-Park.

Die Proviantwagen sollten ihre Ladungen in den an der Weichsel errichteten Magazinen einnehmen. Als die Armee über diesen Fluß ging, erhielt sie Befehl, sich sogleich auf fünfundzwanzig Tage mit Lebensmitteln zu versehen, die sie jedoch erst jenseits des Njemen angreifen sollte. Im übrigen blieben die meisten dieser Fuhrwerke zurück, entweder wegen fehlerhafter Organisation der Fuhrwesens-Bataillons, oder aber, weil die Wagen für den Boden zu schwer, die Entfernungen zu beträchtlich, die Entbehrungen und die Strapazen zu groß waren; genug, der größte Teil dieser Wagen erreichte kaum die Weichsel.

Man versah sich während des Marsches und nahm in diesem fruchtbaren Lande Pferde, Wagen, Schlachtvieh, Lebensmittel aller Art, mit einem Worte, alles weg. Man kam damit nur bis an den Njemen, wo der ganze Ertrag dieser mit so vieler Gewalttätigkeit aufgegriffenen Beute wegen des Gedränges bei dem Übergang und wegen der Schnelligkeit der ersten Kriegsmärsche mit der größten Gleichgültigkeit im Stich gelassen wurde.

Diese harten Maßregeln ließen sich jedoch wenigstens zum Teil durch die Wichtigkeit des Zweckes rechtfertigen. Es kam darauf an, die russische Armee, sie mochte nun entweder noch auseinanderliegen oder bereits beisammen sein, zu überfallen und mit vierhunderttausend Mann einen Handstreich auszuführen. Der Krieg, die schlimmste aller Plagen, würde dadurch um vieles abgekürzt worden sein. Da unsere langen und plumpen Wagenreihen unseren Marsch nur aufhalten mußten, so war es zweckmäßiger, vom Lande zu leben und dieses in der Folge dafür wieder zu entschädigen – allein es geschah das notwendige wie das vermeidliche Übel; denn wer weiß da eine Grenze zu beobachten, welcher Befehlshaber konnte gutstehen für so viele Offiziere und Soldaten, die im Lande zerstreut waren, um dessen Hilfsquellen aufzutreiben? Wem sollte man klagen, wer sollte strafen? Alles geschah in reißendem Lauf, da gab es keine Zeit, die Schuldigen zu richten oder auch nur ausfindig zu machen, zwischen dem heutigen Tag und dem gestrigen war so vieles vorgefallen; die Geschäfte eines Monats hatten sich in einen Tag zusammengedrängt. Und dann gaben einige Chefs selbst das Beispiel, es entstand ein Wettstreit, wer es am ärgsten treiben würde. In diesem Punkt wurden wir Franzosen zum Teil von unseren Alliierten übertroffen; wir waren in allem ihre Lehrer gewesen; indem sie aber unsere guten Eigenschaften nachahmten, übertrieben sie auch unsere Fehler. Die rohe und plumpe Weise, mit der sie plünderten, mußte empören.

Der Kaiser aber wollte Ordnung mitten in der Unordnung. Einige Individuen, durch das Klagegeschrei zweier alliierter Völker bezeichnet, wurden von seinem Zorne getroffen; dieser und jener General erhielt im Tagesbefehl der Armee, d. h. im Tagesbefehl von Europa, einen Verweis, jene Brigade wurde aufgelöst, diesem und jenem wurde gedroht ...

Von Thorn ging Napoleon die Weichsel abwärts, er vermeidet Graudenz, das preußisch ist, und sendet einen Artillerie-Offizier mit einigen Feuerwerkern in diese für die Sicherheit der Armee wichtige Festung, angeblich, um Patronen dort verfertigen zu lassen; der wahre Zweck blieb geheim; denn die zahlreiche preußische Garnison war auf ihrer Hut, und der Kaiser, der schon weitergegangen war, dachte nicht mehr daran.

Zu Marienburg sah er den Marschall Davoust wieder, der aus angeborenem oder angenommenem Stolz nur den für sein Oberhaupt anerkennen wollte, dem Europa gehorchte; zufolge seines unabhängigen, hartnäckigen und beharrlichen Charakters will er sich in die Umstände ebensowenig fügen als in die Menschen. Im Jahr 1809, wo er einige Tage unter Berthier stand, hatte er diesem den Gehorsam versagt und dadurch eine Schlacht gewonnen und die Armee gerettet, daher zwischen beiden ein schrecklicher Haß, der während des Friedens im stillen zunahm, da sie voneinander entfernt lebten, Berthier zu Paris, Davoust zu Hamburg. Dieser Krieg aber brachte sie wieder zusammen.

Die Kräfte Berthiers fingen an nachzulassen. Seit 1805 war ihm jeder Krieg verhaßt. Es war seine Arbeitsamkeit und sein Gedächtnis, wodurch er sich auszeichnete: zu jeder Stunde des Tages und der Nacht Meldungen zu empfangen und zu erstatten und Befehle auszufertigen, das verstand er. Diesmal wollte er sich aber auch herausnehmen, selbst zu befehlen; dies nahm Davoust übel, und bei ihrer ersten Zusammenkunft in Marienburg entspann sich zwischen beiden in Gegenwart des Kaisers ein heftiger Streit.

Davoust sprach sich mit vieler Derbheit aus und ging so weit, daß er Berthier der Unfähigkeit oder der Verräterei beschuldigte. Beide waren in Drohungen gegeneinander ausgebrochen, und als hierauf Berthier abgetreten war, sagte Napoleon, von dem argwöhnischen Charakter Davoust's angesteckt: »Es geschieht zuweilen, daß ich an der Treue meiner ältesten Waffengefährten zweifle, dies tut mir aber so wehe, daß ich mich beeile, einen so grausamen Argwohn wieder loszuwerden.«

Während Davoust vielleicht das gefährliche Vergnügen genoß, seinen Feind gedemütigt zu haben, begab sich der Kaiser nach Danzig, und Berthier, voll Rachgier, folgte ihm dahin. Von da an schien Davoust von seinem Ruhm, seinem Diensteifer, von allem, was er zur Beförderung der neuen Unternehmung getan hatte und wodurch er sich hätte empfehlen sollen, nur Schaden zu haben. Der Kaiser hatte ihm geschrieben, man werde den Krieg in einem entblößten, vom Feinde verwüsteten Lande führen, wo man darauf gefaßt sein müsse, sich selbst zu genügen. Davoust antwortet ihm mit Aufzählung aller Vorkehrungen, die er bereits getroffen hat: er hat siebzigtausend Mann, die völlig organisiert und auf fünfundzwanzig Tage mit Lebensmitteln versehen sind. Jede Compagnie hat ihre Maurer, Bäcker, Schneider, Schuster, Waffenschmiede und Handwerker aller Art; seine Armee ist wie eine Kolonie, sie führt Handmühlen mit sich. Er hat alle Bedürfnisse vorausgesehen und die Mittel vorbereitet, dieselben zu befriedigen.

Eine so besonnene Tätigkeit hätte Beifall verdient, sie mißfiel aber und wurde übel gedeutet. Der Kaiser gab hämischen Bemerkungen Gehör. Dieser Marschall, hieß es, will alles vorausgesehen, alles angeordnet, alles getan haben. Ist denn der Kaiser nur Zeuge dieser Unternehmung? Soll Davoust allein die Ehre davon haben? »Es scheint in der Tat«, rief der Kaiser aus, »daß er es ist, der die Armee befehligt.«

Man ging noch weiter, man rührte alte Besorgnisse wieder auf: war es nicht Davoust, der nach der Schlacht von Jena den Kaiser vermocht hatte, nach Polen zu ziehen; ist es nicht auch wieder er, der den polnischen Krieg gewollt hat? Er, der schon so große Güter in diesem Lande besitzt, der sich durch seine strenge Rechtlichkeit bei den Polen beliebt gemacht hat und der beschuldigt wird, nach ihrem Throne zu streben?

Diese Einflüsterungen verfehlten ihren Zweck nicht auf Napoleon, der entweder einen Ehrgeiz, der es dem seinigen gleichtun wollte, nicht leiden mochte, oder sich durch das methodische Wesen Davoust's in einem unregelmäßigen Kriege immer mehr beengt fühlen mußte. Und so entzog er zum Teil sein Vertrauen einem kühnen, beharrlichen und besonnenen Krieger, immer mehr zu Murat sich hinneigend, dessen Verwegenheit ihm besser zusagte. Im übrigen hatte Napoleon an der Uneinigkeit zwischen seinen Generalen eben kein Mißfallen; denn er erhielt dadurch manchen Aufschluß, ihr Zusammenhalt dagegen würde ihn immer nur beunruhigt haben.

Von Danzig begab sich der Kaiser am 12. Juni nach Königsberg, wo er die Besichtigung seiner Magazine und des zweiten Stützpunktes auf seiner Operationslinie vollendete. Vorräte von Lebensmitteln, unermeßlich wie die Unternehmung, der sie dienen sollten, waren dort zusammengebracht und nicht das mindeste Detail versäumt worden. Der tätige und rastlose Geist Napoleons war mit diesem wichtigen und schwierigen Teil seiner Unternehmung ganz und gar beschäftigt. Er ließ es an Ermahnungen, Vorschriften und selbst an Geld nicht fehlen, wie seine Korrespondenz es bezeugt. Den Tag über sagte er seine Vorschriften in die Feder, und in der Nacht stand er öfters auf, um dieselben zu wiederholen. Ein gewisser General erhielt von ihm an einem Tage sechs Depeschen, die sich alle auf denselben Gegenstand bezogen. In einer derselben bemerkt man folgende Stelle: Wenn man sich nicht vorsieht, so werden für Massen wie diese die Mehlvorräte in keinem Lande ausreichen. An einer anderen Stelle sagt er: es müssen alle Rüstwagen verwendet werden, um Mehl, Brot, Reis, Gemüse, Branntwein nebst allem, was für die Spitäler erforderlich ist, zu führen. Alle meine Bewegungen haben zum Zweck, eine Masse von vierhunderttausend Mann auf einen Punkt zu vereinigen, da ist alsdann nichts vom Lande zu hoffen, sondern man muß alles bei sich haben.

Aber einerseits waren die Transportmittel nicht gehörig berechnet, und andererseits ließ er sich, sobald die Bewegung einmal begonnen hatte, nicht mehr halten.

DRITTES KAPITEL

Napoleon besichtigt zwischen Königsberg und Gumbinnen mehrere Armeekorps – Meister der soldatischen Psychologie – die Armee erreicht die russische Grenze – die Gruppierung der Großen Armee – Plünderungen – die Qualität der Armee – Abhängigkeit der Marschälle und Generäle vom Kaiser – der Geist der Armee.

Auf dem Wege von Königsberg nach Gumbinnen hält Napoleon Heerschau über mehrere Armeekorps, wobei er mit heiterer, offener Miene und oft in barschem Tone zu den Soldaten sprach, wohl wissend, daß diese schlichten und abgehärteten Menschen die Barschheit für Offenheit, die Derbheit für Stärke und das hochfahrende Wesen für edlen Anstand halten, und daß die feinen Sitten und die Grazie, die einige aus unseren Salons mitbringen, ihnen als Schwäche und als Weichlichkeit vorkommen und wie die Töne einer fremden, ihnen unbekannten Sprache den Eindruck des Lächerlichen auf sie machen.

Nach seiner Gewohnheit schreitet er an den Reihen hin; er weiß, welche Feldzüge jedes Regiment mit ihm gemacht hat. Bei den ältesten Soldaten verweilt er und mit einem von einer vertraulichen Liebkosung begleiteten Wort erinnert er den einen an die Schlacht bei den Pyramiden, andere an die Schlachten von Marengo, Austerlitz, Jena und Friedland.[1] Und der Veteran, der sich von seinem Kaiser erkannt glaubt, brüstet sich in der Mitte seiner jüngeren Waffengefährten, von denen er beneidet wird.

Napoleon, weitergehend, übersieht auch die jüngsten Soldaten nicht und scheint ihre geringsten Bedürfnisse zu kennen; er fragt sie, ob ihre Hauptleute für sie Sorge tragen, ob sie ihren Sold pünktlich erhalten, ob sie ihr Feldzeug im Stande haben; er läßt ihre Tornister sich zeigen.

Vor der Mitte des Regiments bleibt er stehen, erkundigt sich nach den erledigten Stellen und fragt mit lauter Stimme nach denjenigen, die dazu am besten taugen. Die ihm genannt werden, ruft er zu sich, da hört man die Fragen: Wie viele Dienstjahre? Welche Feldzüge? Welche Wunden? Welche Taten? Dann ernennt er sie zu Offizieren und läßt sie sogleich in seiner Gegenwart auf die von ihm angezeigte Weise als solche anstellen.

Lauter Dinge, die dem Soldaten gefallen. Sie sagen unter sich: dieser große Kaiser, der ganzen Nationen das Urteil spreche, beschäftige sich mit ihnen bis ins kleinste Detail hinab; sie seien seine älteste, seine wahre Familie. So weiß er ihnen den Krieg, den Ruhm und seine Person wert zu machen.

Die Armee zog von der Weichsel an den Njemen, der von Grodno bis Kowno mit jener eine parallele Linie beschreibt. Zwischen beiden fließt in schiefer Richtung der Pregel, der mit Schiffen voll Lebensmitteln bedeckt war; zweihunderttausend Mann erreichten denselben an vier verschiedenen Punkten, wo sie Brot und einige Fourage fanden. Diese Vorräte gingen mit ihnen den Fluß aufwärts, solange es der Lauf desselben gestattete.

Als die Armee sich von ihrer Flotte trennen mußte, nahm sie von dieser so viele Lebensmittel, als nötig waren, um über den Njemen zu kommen, einen Sieg vorzubereiten und nach Wilna zu gelangen. Dort rechnete der Kaiser auf die Vorräte der Einwohner, auf jene des Feindes und auf die seinigen, die er von Danzig durch das Frische Haff, auf dem Pregel, der Deine, dem Friedrichs-Kanal und der Wilia wollte kommen lassen.

Wir hatten jetzt die russische Grenze erreicht, wo die Armee vom rechten zum linken Flügel oder in der Richtung von Süden nach Norden mit der Front gegen den Njemen aufgestellt war, wie folgt: auf dem äußersten rechten Flügel befand sich Fürst Schwarzenberg mit vierunddreißigtausend Österreichern aus Galizien kommend und auf dem Marsche nach Drogiczin begriffen; links von ihm zog der König von Westfalen an der Spitze von rund achtzigtausend Westfalen, Sachsen und Polen von Warschau gegen Bialystok und Grodno. Weiter links bei Marienpol und Pilony war der Vizekönig[2] beschäftigt, neunundsiebzigtausendfünfhundert Bayern, Italiener und Franzosen zu vereinigen; dem Vizekönig zunächst befand sich der Kaiser mit zweihundertzwanzigtausend Mann, die von dem König von Neapel, dem Fürsten von Eckmühl, den Herzögen von Danzig, Istrien, Reggio und Elchingen befehligt waren; sie kamen von Thorn, Marienwerder und Elbing und waren am 23. Juni in der Gegend von Nogarisky, eine Stunde oberhalb Kowno, in eine einzige Masse vereinigt. Auf dem äußersten linken Flügel endlich stand Macdonald bei Tilsit mit zweiunddreißigtausendfünfhundert Preußen, Bayern und Polen.

Alles war bereit. Von sechshundertsiebzehntausend Mann, die von den Ufern des Guadalquivir, des Kalabrischen Meeres und der Weichsel waren herbeigerufen worden, hatten sich bereits vierhundertachtzigtausend Mann mit sechs Brücken und einem

Belagerungs-Park, einigen tausend Wagen mit Lebensmitteln, zahllosen Herden von Ochsen, tausenddreihundertzweiundsiebzig Geschützen, tausenden von Munitions- und Spitalwagen auf einige Schritte von dem russischen Grenzflusse eingefunden; der größere Teil von den Proviantwagen jedoch war noch zurück.

Sechzigtausend Österreicher, Preußen und Spanier kamen, um ihr Blut für den Sieger von Wagram, Jena und Madrid zu vergießen, für denjenigen, der Österreich viermal niedergeworfen und Preußen zertrümmert hatte und noch mit schwerer Hand Spanien bedrückte, und doch blieben ihm alle getreu.

Wenn man erwog, daß der dritte Teil von Napoleons Armee aus Fremden oder Feinden bestand, so wußte man nicht, über was man sich mehr zu wundern habe, ob über die Verwegenheit des einen oder die Hingebung der andern. So benutzte einst Rom seine Eroberungen zu neuen Eroberungen.

Uns Franzosen fand er voll des besten Willens. Die Soldaten waren gewöhnt und hatten Gefallen daran, in fremden Ländern als Sieger zu gebieten. Die jüngsten unter ihnen wollten auch etwas tun, dessen sie sich rühmen und von dem sie in müßigen Stunden nach der Sitte der Soldaten mit Übertreibung reden konnten. Dazu kam noch die Hoffnung auf Beute; denn gleichwie Napoleon zufolge seines Ehrgeizes seine Soldaten oft durch übertriebene Forderungen mißmutig gemacht hatte, so hatten diese dagegen durch ihre Ausschweifungen seinen Ruhm getrübt. Man mußte sich verstehen, und seit dem Jahre 1805 war man einig geworden: sie ertrugen seinen Ehrgeiz, er duldete ihr Plündern.

Dieses Plündern ist jedoch eigentlich nur von den Lebensmitteln zu verstehen, die man bei dem Ausbleiben regelmäßiger Lieferungen oft ohne alles Maß von den Einwohnern erpreßte.

Die Nachzügler, die wegen der Gewaltmärsche oftmals sehr zahlreich waren, trieben das Plündern auf eine weit sträflichere Weise. Dergleichen Ausschweifungen wurden aber nie geduldet. Um solchen Einhalt zu tun, ließ Napoleon Gensd'armen und Streifparteien hinter der Armee zurück, und wenn diese Nachzügler wieder bei ihren Regimentern eintrafen, wurde von ihren Offizieren oder, wie bei Austerlitz, sogar von ihren Kameraden eine Untersuchung mit ihnen vorgenommen und hierauf gegen die Schuldigen strenges Recht geübt.

Die Mannschaft von den letzten Aushebungen war freilich zu

jung und zu schwach, aber die Armee zählte doch noch sehr viele kräftige und anstellige Männer, die, mit den bedenklichen Lagen vertraut, sich durch nichts verblüffen ließen. Man erkannte sie sogleich an ihrer kriegerischen Miene und Haltung, sowie an ihren Reden. Ihre Erinnerungen und ihre Erwartungen bezogen sich alle auf den Krieg, nur von diesem sprachen sie; ihre Offiziere waren ihrer würdig oder wurden es, denn um das Ansehen seiner Stelle über solche Männer zu behaupten, mußte man Narben aufzuweisen haben und seine Taten anführen können.

Was die alten Generäle betrifft, so waren einige von ihnen nicht mehr jene schlichten und rauhen Krieger der Republik. Die Würden, die Strapazen, das Alter und besonders der Kaiser hatten zum Teil ihren Charakter geschwächt. Napoleon gebot durch Beispiele und Lehre den Luxus, der, wie er sagte, ein Mittel sei, sich bei der Menge Ansehen zu verschaffen; vielleicht sollte auch dadurch die Sparsamkeit verhindert werden, die zur Unabhängigkeit führt; denn da er die Quelle der Reichtümer war, so lag ihm viel daran, diese unentbehrlich zu machen und so jedermann an sich zu fesseln; deswegen hatte er seine Generäle in einen Kreis gebannt, aus dem zu entkommen nicht leicht war; sie wurden von ihm stets vom Bedürfnis zur Verschwendung und von der Verschwendung zum Bedürfnis getrieben, das er allein zu befriedigen imstande war.

Mehrere von ihnen hatten nichts als ihr Gehalt und wurden dadurch an ein Wohlleben gewöhnt, das sie nicht mehr aufgeben mochten. Wenn er Güter verlieh, so geschah es auf dem eroberten Boden, sie kamen also durch den Krieg in Gefahr und konnten nur durch den Krieg behauptet werden.

Um aber alle in der Abhängigkeit von sich zu erhalten, dazu genügte der Ruhm – für die einen ein Genuß, für andere eine Leidenschaft, für alle aber ein Bedürfnis; und Napoleon, der seinem Jahrhundert und selbst der Geschichte gebot, spendete diesen Ruhm, und wenn er denselben auch zu einem sehr hohen Preise anschlug, so wagte doch niemand, darauf zu verzichten. Man hätte sich geschämt, in Gegenwart des Starken seine Schwäche zu bekennen und stillezustehen auf einer Bahn, auf der er, der Hochgestiegene, immer noch höher stieg.

Dann war der Lärm dieser Unternehmung sehr anlockend, das Gelingen derselben schien gewiß: man dachte sich eine militärische Reise nach Petersburg und Moskau, noch eine letzte Anstrengung, durch welche, wie man glaubte, alles abgetan sein würde; eine letzte Gelegenheit, die man bereuen würde, nicht ergriffen zu haben. Man fürchtete durch die Erzählungen der Teilnehmer einst belästigt zu werden und durch den Sieg des heutigen Tages den des gestrigen in eine ferne Vergangenheit zurückgesetzt und gleichsam alt gemacht zu sehen; man hatte aber keine Lust, mit diesem zu altern!

Und wie dem Kriege – dem allgegenwärtigen – entgehen? Es war nicht gleichgültig, auf welchem Schlachtfelde man focht: hier – sagte man sich – würde Napoleon befehlen, anderswo würde man zwar für dieselbe Sache, aber unter einem andern Führer kämpfen.

Ein mit diesem geteilter Ruhm würde dem Kaiser fremd bleiben, von dem doch alle Herrlichkeit und alles Glück abhänge, und man wußte, daß er, sei es aus Neigung oder aus Politik, nur diejenigen, deren Ruhm an den seinigen erinnerte, vorzüglich zu bedenken und die Taten, die nicht zugleich die seinigen waren, weniger großmütig zu belohnen pflegte. Man mußte also zu der von ihm befehligten Armee gehören, daher das Bestreben von jung und alt, zu dieser zu kommen. Wo hat je ein Herrscher über so viele Mittel geboten! Es gab keine Hoffnung, der er nicht hätte schmeicheln, die er nicht hätte wecken und sättigen können.

Endlich liebten wir in ihm den Gefährten unserer Mühseligkeiten, den Feldherrn, der uns zum Ruhm geführt hatte; die Bewunderung, die er einflößte, das Erstaunen, das er erregte, taten unserer Eigenliebe wohl, denn mit ihm teilten wir alles.

Was die auserwählte Jugend betrifft, die in jenen ruhmvollen Tagen unsere Lager füllte, so war die Aufwallung, in die sie geriet, begreiflich genug. Wer von uns ist in seinen Jugendjahren durch die großen Kriegstaten der Alten und unserer Vorfahren nicht begeistert worden? Gesetzt nun, es hätten sich, so lange wir in dieser Stimmung waren, die Überlieferungen der Geschichte für uns plötzlich verwirklicht, wir hätten diese Wunder, statt sie zu lesen, mit eigenen Augen vor uns gesehen und, an Ort und Stelle versetzt, an der Seite der tapferen Ritter, deren abenteuerlicher und glänzender Ruhm unsere jugendliche und lebhafte Einbildungskraft entzündet hatte, einen Platz für uns offen gefunden; wer von uns würde sich besonnen und sich nicht voll freudiger Hoffnung, voll Verachtung einer verhaßten und schimpflichen Ruhe an sie angeschlossen haben?

So dachten damals die aufblühenden Geschlechter, die sich

ihrem Ehrgeize kühn überlassen durften! O der herrlichen und gücklichen Zeit, wo der französische Soldat, durch den Sieg überall Herr, sich besser dünkte als der Monarch oder der Fürst, durch dessen Land er zog! Es schien ihm, als herrschten die Könige Europas nur mit Erlaubnis seines Kaisers und seiner Waffen.

So wurden die einen durch Gewohnheit, andere durch die Langeweile der Kantonierungs-Quartiere, die meisten durch die Neuheit der Sache und besonders durch die Liebe zum Ruhm, alle aber durch Nacheiferung fortgerissen. Dazu kam noch das Vertrauen auf den immer glücklichen Anführer und die Hoffnung eines baldigen Sieges, der den Krieg mit einem Schlag beendigen und uns an den väterlichen Herd zurückführen würde; denn oft war der Krieg für die Armee Napoleons, wie einst für einige Freiwillige von dem Hofe Ludwigs XIV., weiter nichts als eine einzige Schlacht oder eine glänzende und kurze Reise gewesen.

Jetzt sollte es an die Grenzen von Europa gehen, wohin noch keine europäische Armee gedrungen war. Die Säulen des Herkules sollten gesetzt werden. Die Größe der Unternehmung, die Aufregung von ganz Europa, das daran teilnahm, das gewaltige Wesen einer Armee von vierhunderttausend Mann zu Fuß und achtzigtausend Mann zu Pferd, so viel Lärm, so viele Kriegstöne setzten auch den Veteranen in Schwung, auch die Gleichgültigsten mußten im Strome der allgemeinen Bewegung fortgerissen werden.

Endlich war, auch abgesehen von all diesen Motiven, der Kern der Armee gut, und jede gute Armee will den Krieg.

VIERTES KAPITEL

Tagesbefehl Napoleons – Proklamation Alexanders – die russische Armee – der ursprüngliche Feldzugsplan Napoleons – die Rolle der beiden Flügel der Großen Armee.

Napoleon, mit dem Zustande seiner Armee zufrieden, erklärt sich gegen dieselbe, wie folgt: »Soldaten«, sagt er, »der zweite polnische Krieg beginnt. Der erste endete zu Friedland und zu Tilsit. Zu Tilsit hatte Rußland Frankreich ewige Freundschaft und England den Krieg geschworen. Jetzt bricht es seine Eidschwüre. Es verweigert jede Erklärung über sein seltsames Betragen, bis unsere Adler wieder über den Rhein zurück, unsere Alliierten ihm also preisgegeben sind. Rußland wird von dem Verhängnis fortgerissen, sein Los muß ihm werden. Hält es uns denn für entartet? Wären wir nicht mehr die Soldaten von Austerlitz? Zwischen der Schande und dem Krieg läßt es uns die Wahl. Wir werden uns nicht lange besinnen. Laßt uns aufbrechen, über den Njemen gehen und den Krieg auf seinen Boden tragen. Der zweite polnische Krieg wird für die französischen Waffen ebenso glorreich als der erste sein; der Friede aber, den wir schließen werden, soll durch sich selbst verbürgt dem unseligen Einfluß, den Rußland seit fünfzig Jahren auf die Angelegenheiten von Europa ausübt, ein Ziel setzen«.

Diese Worte, damals für prophetisch gehalten, entsprachen allerdings einer beinahe fabelhaften Unternehmung; das Schicksal anzurufen und ihm zu vertrauen, ziemte sich doch wohl für den, der im Begriff stand, so viele Menschen und so vielen Ruhm in dessen Gewalt zu geben.

Der Kaiser Alexander sprach auch zu seinen Soldaten, aber ganz anders. Einige wollten in diesen Proklamationen den Unterschied zwischen beiden Völkern, zwischen beiden Herrschern und ihrer gegenseitigen Stellung erkennen. Und in der Tat, die Proklamation des defensiven Teils war einfach und gemäßigt, die des offensiven Teils dagegen kühn und dem Siege vorgreifend, die erste hielt sich an die Religion, die zweite an das Schicksal, jene baute auf die Liebe zum Vaterland, diese auf die Liebe zum Ruhm. Von der Wiederherstellung Polens, dem wahren Motiv des Krieges, schwiegen beide.

Wir marschierten gegen Osten und hatten den Norden zur Linken, den Süden zur Rechten. Im Süden und Osten, in Wolhynien zu Wilna und Minsk, in ganz Litauen und Samogizien waren alle Wünsche für uns. Kurland und Livland, im Norden gelegen, erwarteten schweigend ihr Schicksal.

Alexanders Armee, dreimal hunderttausend Mann stark, hielt die genannten Völker im Zaum. Von den Ufern der Weichsel, von Dresden, sogar schon von Paris aus hatte Napoleon diese Armee richtig beurteilt und gesehen, daß ihr Zentrum, von Barclay befehligt, sich von Wilna und Kowno bis Lida und Grodno ausdehne und rechts an die Wilia, links an den Njemen sich anlehne.

Der Njemen deckte zugleich die Front der Russen, da er,

von Grodno bis Kowno nordwärts fließend und die Grenze von Litauen bildend, unsere Angriffslinie in dieser Strecke durchschnitt. Bis Grodno und von Kowno an ist dagegen der Lauf dieses Flusses gegen Westen gerichtet.

Südlich von Grodno, bei Wolkowiz ersetzten fünfundsechzigtausend Mann unter Bagration diese natürliche Grenze durch ihre Bajonets, nördlich von Kowno, zu Roßiana und Keidani, taten sechsundzwanzigtausend Mann unter Wittgenstein dasselbe.

Zu gleicher Zeit versammelte sich eine andere sogenannte Reserve-Armee von fünfzigtausend Mann zu Lutsk in Wolhynien, um diese Provinz im Zaum zu halten und Schwarzenberg zu beobachten. Sie war einstweilen Tormasow anvertraut, so lange, bis der Vertrag, der zu Bukarest unterzeichnet werden sollte, Tschitschakow und dem besten Teil der Moldauer Armee erlauben würde, zu ihm zu stoßen.[3]

Alexander und unter ihm Barclay de Tolly, sein Kriegsminister, leiteten alle diese Streitkräfte. Sie bildeten drei Armeen, und zwar: die erste Westarmee unter Barclay, die zweite Westarmee unter Bagration und die Reservearmee unter Tormasow. Noch zwei andere Korps wurden zusammengezogen: das eine zu Mozyr in der Gegend von Bobruisk, das andere zu Riga und Dünaburg; die Reserven waren zu Wilna und Swenziani. Endlich erhob sich ein weitläufiges verschanztes Lager vor Drißa in einer Krümmung der Düna.

Der französische Kaiser sah ein, daß diese Stellung hinter dem Njemen weder für die Offensive noch für die Defensive tauge und der russischen Armee eben keine vorteilhafte Rückzugslinie eröffne und daß es möglich wäre, diese auf einer Strecke von sechzig Stunden ausgebreitete Armee zu überfallen und auseinanderzusprengen, wie es denn auch wirklich geschehen ist. Er sah ferner ein, daß der linke Flügel von Barclay und die ganze Armee von Bagration, die zu Lida und Wolkowiz aufgestellt die Sümpfe der Beresina im Rücken hatten, in diese geworfen und gefangen oder doch durch einen raschen und direkten Angriff auf Kowno und Wilna von ihrer durch Swenziani und das verschanzte Lager von Drißa bezeichneten Operationslinie abgeschnitten werden könnten.

Schon waren Doctorow und Bagration von dieser Linie getrennt; denn statt die an die Düna führenden Straßen mit ihren Massen und in Verbindung mit Alexander besetzt zu halten, um dieselben entweder zu verteidigen oder als Rückzugslinien zu benützen, hatten sie ihre Stellung vierzig Stunden weiter rechts genommen.

Darum hat Napoleon seine Streitkräfte in fünf Armeen abgeteilt. Während Schwarzenberg mit seinen dreißigtausend Österreichern aus Galizien vorbrechend und diese für weit stärker ausgebend Tormasow im Schach hält und die Aufmerksamkeit Bagrations nach dem Süden hin zieht; während der König von Westfalen mit seinen achtzigtausend Mann diesen General bei Grodno beschäftigt, ohne ihn anfangs lebhaft zu drängen; während der Vizekönig von Italien bei Pilony sich bereit hält, sich zwischen eben diesen Bagration und Barclay einzuschieben, während endlich Macdonald auf dem äußersten linken Flügel, von Tilsit ausgehend, das nördliche Litauen überzieht und den rechten Flügel von Wittgenstein überflügelt, will er, Napoleon, sich mit zweimal hunderttausend Mann auf Kowno, auf Wilna und auf seinen Nebenbuhler werfen, und ihn mit einem Schlage vernichten.

Weicht der russische Kaiser, so drängt er ihn und wirft ihn nach Drißa und bis zu dem Anfangspunkt seiner Operationslinie zurück. Zu gleicher Zeit schickt er starke Abteilungen aus seiner rechten Flanke, um Bagration und alle Korps des russischen linken Flügels zu umwickeln, nachdem er sie durch seinen plötzlichen Einbruch von ihrem rechten Flügel getrennt haben wird.

Ich beeile mich, die Geschichte unserer beiden Flügel-Korps in gedrängter Kürze zu geben, indem es mir darum zu tun ist, baldmöglichst auf das Zentrum zurückzukommen und die großen Begebenheiten, die sich daselbst zugetragen haben, in einem ununterbrochenen Zusammenhang darzustellen.

Macdonald befehligte den linken Flügel, der an das Baltische Meer sich stützend den russischen rechten Flügel umging, Reval, dann Riga und die ganze Gegend bis Petersburg hin bedrohte. Unter den Mauern von Riga, wo Macdonald bald genug ankam, ward der Krieg festgehalten und, wenn schon ohne große Bedeutung, von diesem General doch mit Klugheit, Einsicht und Ruhm geführt. Sein Rückzug ward ihm weder vom Feind noch von dem Winter, sondern von Napoleon allein geboten.

Für seinen rechten Flügel hatte der Kaiser auf Unterstützung von seiten der Türkei gerechnet; diese blieb aus; er hatte geglaubt, daß die russische Armee von Wolhynien der allgemeinen rückgängigen Bewegung Alexanders folgen würde, aber Tormasow drang im Gegenteil in unseren Rücken vor. Die französische Armee war daher bloßgestellt und in diesen weitläufigen Ebenen mit einer Umgehung bedroht. Da die Natur hier nicht, wie auf dem linken Flügel, die Mittel zur Deckung an die Hand gab, so mußte man sich selbst genügen, sich auf sich selbst stützen. Vierzigtausend Sachsen, Österreicher und Polen blieben hier als Beobachtungskorps stehen.

Tormasow ward geschlagen, aber eine andere Armee, durch den Frieden von Bukarest disponibel geworden, vereinigte sich mit den Trümmern der ersten. Sofort nahm der Krieg hier einen ganz defensiven Charakter an und ward, wie sich vermuten ließ, ohne allen Nachdruck geführt, obgleich man dieser österreichischen Armee polnische Truppen und einen französischen General zugeteilt hatte, der schon seit langer Zeit, ungeachtet mancher erlittenen Unfälle, in sehr gutem und, wie es scheint, nicht unverdientem Rufe stand.

Kein Vorteil, kein Nachteil war entscheidend, aber die Bedeutung dieses beinahe bloß aus Österreichern bestehenden Korps wurde immer wichtiger, als die Große Armee sich auf dasselbe zurückzog. Es wird sich nun später zeigen, ob Schwarzenberg dem Vertrauen derselben entsprochen, ob er uns an der Beresina hat umzingeln lassen, und ob es wahr ist, daß er damals nur noch ein bewaffneter Zeuge dieses großen Kampfes hat sein wollen.

FÜNFTES KAPITEL

Napoleon, an der Spitze des Zentrums, rekognosziert das Njemen-Ufer und befiehlt den Brückenschlag über den Fluß – Eröffnung der Feindseligkeiten – Übergang über den Njemen – erste Verluste durch Witterungseinfluß – Napoleon in Kowno – sinnlose Aufopferung einer polnischen Gardeschwadron – Einzug in Wilna.

Zwischen ihren zwei Flügelkorps marschierte die Große Armee, in drei Massen abgeteilt, an den Njemen; und zwar der König von Westfalen mit achtzigtausend Mann in der Richtung von Grodno, der Vizekönig von Italien mit fünfundsiebenzigtausend Mann in der Richtung von Pilony, Napoleon mit zweimal hundertzwanzigtausend Mann nach Nogarisky, einem drei Stunden oberhalb Kowno gelegenen Pachthof. Am

23. Juni vor Tagesanbruch erreichte die Kolonne des Kaisers den Njemen, ohne ihn jedoch zu sehen. Der Saum des großen preußischen Waldes von Pilwiski und die Hügel entlang dem Flusse verbargen diese große Armee, die im Begriff stand, denselben zu überschreiten.

Napoleon, der bis dahin in seinem Reisewagen gefahren war, stieg um zwei Uhr des Morgens zu Pferd. Er rekognoszierte den russischen Fluß nicht vermummt, wie man fälschlich angegeben hat; in die Schatten der Nacht gehüllt, ging er an diese Grenze, über die er fünf Monate später auch wieder zur Nachtzeit zurückkommen sollte. Als er vor dem Flusse erschien, stürzte plötzlich sein Pferd und warf ihn auf den Sand. Eine Stimme rief: »Dies ist eine schlimme Vorbedeutung, ein Römer würde umkehren!« Man weiß nicht, ob diese Worte von ihm oder von jemand aus seinem Gefolge gesprochen worden sind.

Nach beendigter Rekognoszierung befahl er, daß am Abend desselben Tages bei dem Dorfe Poniemon drei Brücken über den Fluß geschlagen werden sollten. Hierauf zog er sich in sein Hauptquartier zurück, wo er denselben ganzen Tag zubrachte, bald unter seinem Zelte, bald in einem polnischen Hause kraftlos ausgestreckt, in der drückenden Hitze von keinem Lüftchen gekühlt, und vergebens Ruhe suchend.

Mit Einbruch der Nacht naht er sich dem Flusse wieder; einige Sappeurs fuhren in einem Nachen zuerst hinüber. Erstaunt landen sie und steigen ohne Hindernis am russischen Ufer aus. Hier finden sie den Frieden, nur auf ihrer Seite ist der Krieg; alles ist ruhig in diesem fremden Lande, das ihnen so drohend geschildert worden. Unterdessen erschien bei ihnen ein schlichter Kosakenoffizier, der eine Patrouille befehligte. Er ist allein, scheint sich in tiefem Frieden zu glauben und nicht zu wissen, daß ganz Europa bewaffnet vor ihm steht. Er fragt diese Fremden, wer sie sind – »Franzosen«, erwiderten sie ihm. »Was wollt ihr?« versetzte der Offizier, »warum kommt ihr nach Rußland?« – »Euch zu bekriegen! Wilna zu nehmen, Polen zu befreien!« erwiderte ihm barsch einer der Sappeurs. Sofort zieht sich der Kosak zurück und verschwindet in einem Gehölze, auf welches drei unserer Soldaten, von ihrer Hitze hingerissen und um den Wald zu sondieren, ihre Gewehre abfeuern.

Drei Flintenschüsse, kaum hörbar und nicht erwidert, gaben also das Zeichen, daß der Feldzug eröffnet sei und eine große Invasion begonnen habe.

Dieses erste Kriegssignal brachte den Kaiser sehr auf, es mag nun Klugheit oder Ahnung der Grund hiervon gewesen sein. Dreihundert Schützen gingen sogleich über den Fluß, um das Brückenschlagen zu beschützen.

Hierauf traten alle französischen Kolonnen aus den Tälern und aus dem Walde hervor und rückten unter dem Schutze einer dichten Finsternis in der größten Stille an den Fluß; man hätte sie berühren müssen, um sie zu erkennen. Es durfte kein Feuer aufgemacht, kein Funke geschlagen werden; man ruhte mit den Waffen in der Hand, wie in Gegenwart des Feindes. Der grüne Roggen, von einem starken Tau benetzt, diente den Menschen zum Lager, den Pferden zum Futter.

Die Nacht, ihre Kühle, die den Schlaf störte, ihre Dunkelheit, welche die Stunden verlängert, die Bedürfnisse vermehrt und den Gebrauch der Augen hindert – man mag sich nun umsehen und dadurch zerstreuen oder in den Blicken anderer eine Aufmunterung suchen wollen – die Gefahren des kommenden Tages, alles vereinigte sich, diese Lage ernst und bedeutend zu machen; aber die Erwartung eines großen Tages hielt aufrecht. Napoleons Proklamation war soeben verlesen worden: man wiederholte sich in der Stille die merkwürdigsten Stellen, und der Genius der Eroberung entflammte unsere Einbildungskraft.

Die russische Grenze lag vor uns. Schon drangen unsere Blicke durch die Dämmerung, um Besitz zu nehmen von dem Lande, das unserem Ruhme verheißen war. Es schien uns, als hörten wir den Freudenruf der Litauer bei der Annäherung ihrer Befreier, als stünden sie flehend an den Ufern des Flusses, uns mit Sehnsucht erwartend. Hier fehlte uns alles, dort glaubten wir alles zu finden: die Befriedigung unserer Bedürfnisse, eine liebreiche Aufnahme, eine dankbare Behandlung. Was liegt, dachten wir, an einer schlechten Nacht, da der Tag doch bald wiederkommen muß mit seiner Hitze und allen seinen Täuschungen! Der Tag kam, zeigte uns aber nur eine dürre Sandwüste, von düsteren Waldungen begrenzt.

Kleinmütig sahen wir jetzt auf unsere Armee zurück, deren gewaltige Erscheinung unsern Stolz und unsere Hoffnung bald wieder emporhob.

Dreihundert Schritte vom Fluß, auf dem höchsten Punkte der Gegend, stand das Zelt des Kaisers. Alle Hügel umher, ihre Abhänge, die Täler dazwischen waren mit Menschen und Pferden bedeckt. Sobald die Sonne über allen diesen beweglichen Massen, im Spiegel ihrer blanken Rüstungen und Waffen erglänzend, aufgegangen war, erfolgte das Zeichen, und die ganze unermeßliche Menge fing sogleich an, sich in drei Kolonnen gegen die drei Brücken zu ergießen. Man sah diese dem Flusse sich nahen und, zu den Brücken gelangt, sich verengen und verlängern, um darüber zu kommen und diesen fremden Boden zu erreichen, den sie bald verwüsten, aber auch bald darauf mit ihren kläglichen Trümmern bedecken sollten.

Der Eifer war so groß, daß zwei Divisionen des Vortrabs, die sich um die Ehre stritten, zuerst über den Fluß zu gehen, auf dem Punkte waren, aneinander zu geraten; es kostete einige Mühe, sie zur Ruhe zu bringen. Napoleon beeilte sich, den Fuß auf russischen Boden zu setzen, und tat diesen ersten Schritt in sein Verderben ohne alles Straucheln. Er hielt anfangs bei der Brücke und ermutigte durch seine Blicke die Soldaten, die ihn mit ihrem gewöhnlichen Rufe begrüßten und heiterer schienen als er. Es mag ein so großes Beginnen ihm das Herz beengt oder die übermäßige Hitze seinen geschwächten Körper niedergedrückt oder der Umstand ihn verstimmt haben, daß er noch keinen Feind getroffen hatte.

Endlich ergreift ihn die Ungeduld, plötzlich sprengt er querfeldein in den Wald, der das Ufer begrenzt; er jagt mit verhängtem Zügel dahin und scheint in seiner Eile den Feind ganz allein erreichen zu wollen. In dieser Richtung legt er wohl mehr als eine Stunde zurück, immer in derselben Einsamkeit; kehrt dann, da er keinen Ausweg findet, wieder um und begibt sich, dem Laufe des Flusses folgend, mit seiner Garde noch Kowno.

Man glaubte, das Geschütz brummen zu hören, wir horchten unterwegs genau auf, in welcher Gegend der Kampf beginne, allein mit Ausnahme von einigen Kosaken-Trupps zeigte sich an diesem Tage sowie an den folgenden der Himmel allein als unser Feind. Denn kaum war der Kaiser über den Fluß gegangen, als ein dumpfes Getöse die Luft bewegte. Bald trübte sich der Tag, der Wind erhob sich und führte uns das düstere Rollen des Donners zu. Dieser drohende Himmel, diese Erde ohne Obdach erfüllte uns mit Bangen. Einige von uns, früher voll Begeisterung, wurden ganz kleinlaut darüber und wollten eine schlimme Vorbedeutung darin sehen. Sie glaubten, daß diese feurigen Wolken sich über unseren Häuptern sammelten und sich auf dieses Land herabsenkten, um uns den Eingang in dasselbe zu verwehren.

Dieses Ungewitter war in der Tat ganz im Stile der Invasion. Mehrere Stunden hindurch wurden die schweren und schwarzen Wolken immer dichter und lasteten auf der ganzen Armee. Von ihrem rechten bis zu ihrem linken Flügel in einer Strecke von fünfzig Stunden wurde diese von Blitzstrahlen gefährdet und mit Regengüssen überschüttet. Die Landstraßen und die Felder wurden unter Wasser gesetzt, und die drückende Hitze sprang plötzlich in eine empfindliche Kälte um. Zehntausend Pferde gingen auf dem Marsche und besonders in den darauf folgenden Biwaks zugrunde. Viele Wagen blieben ohne Bespannung im Sande zurück, auch viele Menschen erlagen.

Der Kaiser, der gegen die erste Wut des Sturmes Schutz in einem Kloster gefunden hatte, ging, sobald es tunlich war, nach Kowno ab, wo die größte Unordnung herrschte. Schon hörte man nicht mehr auf den Donner, das Rollen desselben über unserem Haupte ward nicht mehr beachtet, denn wenn auch ein in dieser Jahreszeit gewöhnliches Phänomen einigen von uns höchst ominös vorgekommen war, so ist doch für die Mehrzahl die Zeit der Vorbedeutungen vorüber. Die Zweifelsucht, scharfsinnig bei den einen, sorglos und plump bei den andern, irdische Leidenschaften, dringende Bedürfnisse haben die Seele des Menschen von dem Himmel abgezogen, von dem sie ausgegangen und in den sie wieder zurückkehren wird. Auch sah die Armee in diesem großen Mißgeschick bloß ein zur Unzeit eingetretenes natürliches Ereignis. Weit entfernt, darin einen Wink des Himmels zu erkennnen, der einen Krieg, für den sie übrigens nicht verantwortlich war, mißbilligte, zürnte sie nur dem Schicksale, das zufälligerweise eine so schreckliche Erscheinung herbeigeführt hatte.

An demselben Tage schloß sich noch ein besonderer Unglücksfall an die allgemeine Not an. Vorwärts Kowno findet Napoleon die Brücke über die Wilia von den Kosaken abgebrochen und Oudinot dadurch im Marsch aufgehalten. Unwillig darüber und in der Absicht zu zeigen, daß er keinem Hindernis weiche, befiehlt er einer Schwadron von seiner polnischen Garde, sich in die Wilia zu werfen; und diese auserlesenen Soldaten gehorchten ohne Zaudern.

Zuerst konnten sie ganz gut fortkommen und Ordnung halten; als ihnen das Wasser höher ging, verdoppelten sie ihre Anstrengungen, und so erreichten sie schwimmend bald die Mitte des Flusses, hier aber wurden sie von der Gewalt des

Stromes ergriffen; die Pferde, dadurch scheu gemacht, kommen von der Bahn ab und treiben mit dem Strome fort, ohne zu schwimmen; ihre Reiter wehren sich um ihr Leben, so gut sie können, aber sie mühen sich vergebens ab und ergeben sich, von ihrer Kraft verlassen, in ihr Schicksal. Ihr Untergang ist unvermeidlich, aber sie haben sich ihrem Vaterlande, vor dessen Augen und für dessen Befreier, geopfert. Im Augenblick von den Wellen verschlungen zu werden, blicken sie zu Napoleon auf unter dem Ruf: Es lebe der Kaiser! Man bemerkte besonders drei, die, als sie noch den Mund über dem Wasser hatten, diesen Ruf wiederholten und gleich darauf untersanken. Die Armee war von Entsetzen und Bewunderung ergriffen.

Was Napoleon betrifft, so befahl er mit großer Lebhaftigkeit und Bestimmtheit dasjenige, was not tat, um den größten Teil zu retten, wobei er jedoch eben nicht sonderlich gerührt schien, vielleicht, weil ihm die Selbstbeherrschung zur Gewohnheit geworden war oder weil er die Rührung im Kriege für Schwäche ansah, wovon er kein Beispiel geben dürfe und die er bemeistern müsse, oder aber endlich, weil er größere Unglücksfälle voraussah, gegen die der eben erzählte in nichts verschwand.

Nachdem die Brücke über die Wilia wiederhergestellt war, konnte Marschall Oudinot mit dem zweiten Korps den Weg nach Keidani einschlagen; während dieser Zeit ging der Überrest der Armee noch über den Njemen, wozu derselbe drei volle Tage brauchte. Die italienische Armee ging erst den 29. Juni vorwärts Pilony über diesen Fluß, die Armee des Königs von Westfalen kam erst den 30. Juni nach Grodno.

Von Kowno kam Napoleon in zwei Tagen bis an die Defileen*, durch welche die Ebene von Wilna verteidigt wird. Hier wartete er auf Nachrichten von seinen Vorposten, hoffend, daß ihm Alexander die Eroberung von Wilna streitig machen würde; schon hört er mit vielem Vergnügen einige Flintenschüsse fallen, als ihm gemeldet wird, daß der Feind die Stadt geräumt habe; bekümmert und unzufrieden rückt er jetzt vor und beschuldigt die Generäle seines Vortrabs, daß sie die russische Armee hätten entwischen lassen. Dem General Montbrun, dem tätigsten von allen, macht er insbesondere diesen Vorwurf und gerät so in Zorn, daß er ihn bedroht. Dergleichen hat jedoch

* bedeutet hier: Engpaß.

nichts auf sich: diese Heftigkeit ist ohne irgendeine Folge und bei einem so tätigen Manne noch merkwürdiger als tadelnswert, insofern dadurch bewiesen wird, welche große Wichtigkeit er einem baldigen Sieg beimißt.

Noch in vollem Zorn weiß er seinen Einzug in Wilna sehr zweckmäßig anzuordnen. Polnische Regimenter müssen den Zug eröffnen und schließen; allein weit mehr von dem Rückzug der Russen als von dem lärmenden Ausdruck der Bewunderung und Erkenntlichkeit der Litauer in Anspruch genommen, eilte er durch die Stadt und auf die Vorposten, wo die besten Husaren vom achten Regiment, in einem Walde angegriffen und sich selbst überlassen, soeben den Anstrengungen der russischen Garde erlagen; ein Ségur, der sie befehligte, war nach einer verzweifelten Gegenwehr mit Wunden bedeckt gefallen. Der Feind hatte seine Brücken und seine Magazine verbrannt. Er floh auf mehreren Straßen in der Richtung von Drißa. Napoleon ließ alles, was vom Feuer verschont geblieben war, einsammeln, die Kommunikationen* wiederherstellen und Alexander durch die Reiterei von Murat verfolgen. Zu gleicher Zeit schob er das Korps von Ney weiter links zur Unterstützung von Oudinot, der in demselben Tage Wittgenstein von Deweltowo bis Wilkomir zurückwarf; darauf kam er nach Wilna zurück, um daselbst Alexanders Stelle einzunehmen.

Hier warteten seiner die aufgelegten Karten, die Kriegsberichte und viele Offiziere, die gekommen waren, seine Befehle einzuholen. Hier befand er sich auf dem Kriegsschauplatz und im Mittelpunkt des bewegtesten kriegerischen Lebens; es mußten die wichtigsten und dringendsten Entschlüsse gefaßt, Märsche angeordnet, Magazine, Spitäler errichtet und Operationslinien gezogen werden.

Da gab es vieles zu fragen, zu lesen und zu vergleichen, damit endlich die Wahrheit, die immer zu fliehen und sich unter tausend Antworten und widersprechenden Berichten zu verbergen scheint, entdeckt und festgehalten würde.

Damit war es noch nicht genug. Napoleon hatte in Wilna einen neuen Staat einzurichten, die europäische Politik, den Krieg in Spanien, die Regierung von Frankreich zu leiten; seine politische, militärische und administrative Korrespondenz nahm ihn gebieterisch in Anspruch; denn dies war so seine Gewohn-

* das ist: die Verbindungen zu den rückwärtigen Truppenteilen.

heit, wenn eine große Begebenheit zu erwarten stand, durch die seine Antworten und Verfügungen immer mehr oder weniger bestimmt wurden; daher zog er sich bald in seine Gemächer zurück, wo er sich unverzüglich aufs Bett warf, nicht etwa um zu schlafen, sondern um ungestörter denken zu können. Es währte nicht lange, so fuhr er plötzlich wieder auf, um die Befehle, die er soeben durchdacht hatte, seinem Sekretär zu diktieren.

Es trafen alsdann Berichte von Warschau und von der österreichischen Armee ein; die Eröffnungsrede des polnischen Landtags mißfiel dem Kaiser; indem er sie wegwarf, sagte er: »Das sind französische Phrasen, es sollten polnische sein!« In Beziehung auf die Österreicher verbarg man ihm nicht, daß er in der ganzen Armee auf niemand rechnen dürfe als auf ihren Anführer, und diese Versicherung schien ihm zu genügen.

SECHSTES KAPITEL

Begeisterung der Litauer und Polen – Wunsch nach einem neuen polnischen Königreich, das auch Litauen einschließen soll – hinhaltende Antwort Napoleons – Enttäuschung der Polen und Mißstimmung der Litauer – schon zu Beginn des Feldzugs Klagen über mangelnde Manneszucht – Marodeur-Unwesen – erste schlimme Wirkungen der russischen Rückzugstaktik – von Anfang an Mängel in der Organisation des Verpflegungsnachschubs.

Indessen rührte alles in den Herzen der Litauer einen zwar noch nicht erstorbenen, aber schon veralteten Patriotismus wieder auf: hier der übereilte Rückzug der Russen und die Gegenwart Napoleons, dort der Ruf der Unabhängigkeit, der von Warschau herkam, besonders der Anblick jener polnischen Helden, die sich ehedem mit der Freiheit verbannt hatten und jetzt mit derselben zurückkehrten. Auch waren die ersten Tage ganz der Freude gewidmet, alle Herzen schienen davon überzuströmen.

Im Innern der Wohnungen sowie an den Fenstern und den öffentlichen Plätzen gab sich überall dasselbe Gefühl kund. Man wünschte sich Glück, man umarmte sich auf den Straßen. Die Greise erschienen wieder in der alten Landestracht, welche an die Ideen von Ruhm und Unabhängigkeit erinnerte. Bei dem Anblick der Nationalfahnen, die soeben wieder aufgepflanzt wurden, vergossen sie Tränen der Freude; eine ungeheure Volksmenge folgte ihnen, mit Freudengeschrei die Luft erfüllend. Allein diese bei den einen unüberlegte und bei den andern nur angefachte Begeisterung dauerte nicht lange.

Die Polen des Großherzogtums waren ihrerseits stets von edelstem Enthusiasmus beseelt: der Freiheit würdig, opferten sie derselben alle Güter, für welche die meisten Menschen ihre Freiheit hingeben. Auch bei dieser Gelegenheit verleugneten sie ihre Gesinnungen nicht. Der Reichstag zu Warschau, als General-Conföderation sich konstituierend, erklärte die Wiederherstellung des Königreichs Polen, berief die Wahlversammlungen, lud ganz Polen ein, sich zu verbünden, forderte die in der russischen Armee dienenden Polen auf, Rußland zu verlassen, ließ sich durch einen Obersten Rat vertreten, hielt übrigens die bestehende Ordnung aufrecht und schickte endlich eine Deputation an den König von Sachsen und eine Adresse an Napoleon.

Der Senator Wibicki überbringt sie ihm nach Wilna. Er sagt ihm: die Polen seien weder durch Friedensschlüsse, noch durch den Krieg, sondern einzig durch Verrat zu Unterwürflingen geworden, sie seien folglich von Rechts wegen vor Gott und vor den Menschen frei, und es sei jetzt ihre Pflicht, dieses ihr Recht geltend zu machen; sie forderten daher die Unabhängigkeit ihrer noch in der Sklaverei befindlichen Brüder, der Litauer; sie böten sich zum Vereinigungspunkt der ganzen polnischen Familie an, dazu aber sei nötig, daß derjenige, welcher dem Jahrhundert seine Geschichte diktiere, in welchem die Vorsehung ihre ganze Gewalt niedergelegt habe, diese von ihr gewiß nicht mißbilligten Anstrengungen unterstütze; sie kämen daher, um Napoleon den Großen zu bitten, die einzigen Worte auszusprechen: *es werde das Königreich Polen.* Dieses würde dadurch sofort ins Leben gerufen, alle Polen würden sich dem Oberhaupt der vierten französischen Dynastie weihen, für den die unermeßliche Zeit der Jahrhunderte nur ein Augenblick, der Raum nur ein Punkt sei.

Napoleon erwiderte: »Edle Herren, Abgeordnete der polnischen Conföderation! Ich habe mit Interesse gehört, was Sie mir soeben gesagt haben. Als Pole würde ich denken und handeln wie Sie, würde wie Sie in der Versammlung zu Warschau gestimmt haben. Die Vaterlandsliebe ist die erste Pflicht des zivilisierten Menschen. In meiner Lage habe ich so viele Interessen auszugleichen, so viele Pflichten zu erfüllen. Wenn ich während der ersten, zweiten oder dritten Teilung Polens regiert hätte, so würde ich meine Völker bewaffnet haben, um dasselbe zu verteidigen. Sobald mich der Sieg in den Stand gesetzt hatte, in Ihrer Hauptstadt oder in einem Teil Ihrer Provinzen die alten Gesetze wieder ins Leben zu rufen, habe ich es getan, ohne den Krieg, in welchem das Blut meiner Untertanen forthin geflossen wäre, verlängern zu wollen. Ich liebe Ihre Nation! Sechzehn Jahre lang habe ich Ihre Soldaten auf den Schlachtfeldern von Italien und Spanien an meiner Seite gesehen. Ich billige, was Sie getan haben, ich ermächtige Sie zu den Anstrengungen, die Sie machen wollen. Ich werde alles tun, was ich vermag, um Ihren Zweck zu befördern. Sind Ihre Anstrengungen einmütig, so dürfen Sie hoffen, Ihre Feinde zur Anerkennung Ihrer Rechte zu zwingen; aber in so entfernten und weitläufigen Gegenden ist ein glücklicher Erfolg nur von den Anstrengungen der ganzen Bevölkerung zu erwarten.

Bei meinem ersten Einmarsch in Polen habe ich dieselbe Sprache geführt. Dem damals Gesagten muß ich noch beifügen, daß ich dem Kaiser von Österreich die Integrität seiner Staaten garantiert habe und daß ich deswegen keinen Schritt oder keine Unternehmung zugeben kann, die zum Zweck hat, ihn in dem ruhigen Besitze der ihm gebliebenen polnischen Provinzen zu stören.

Suchen Sie es dahin zu bringen, daß Litauen, Samogizien, Witebsk, Polozk, Mohilew, Wolhynien, die Ukraine und Podolien von demselben Geiste beseelt werden, den ich in Groß-Polen wahrgenommen habe, dann wird die Vorsehung Ihre gute Sache mit dem besten Erfolge krönen. Diese Ergebenheit Ihrer Provinzen, die sie so interessant macht und Ihnen so viele Ansprüche auf meine Achtung und meinen Schutz gibt, werde ich belohnen, soweit es die Verhältnisse nur immer gestatten werden.«[4]

Die Polen, die sich, wie sie glaubten, an den obersten Schiedsrichter der Welt, an denjenigen gewendet hatten, von dem jedes Wort wie ein Gesetz, wie ein Dekret galt, und auf den keine politische Rücksicht etwas vermöge, wußten nicht, was sie aus einer so vorsichtigen Antwort machen sollten und fingen nachgerade an, Napoleons Absichten in Zweifel zu ziehen. Dadurch wurde der Eifer der einen gelähmt, die Lauheit der anderen gerechtfertigt, alle aber stutzten. Selbst in seiner Nähe frug man sich um die Beweggründe dieser Klugheit, die unzeitig schien und die man an ihm nicht gewohnt war.

Welches auch seine Beweggründe hierfür gewesen sein mögen, es sollte das Ansehen haben, als machten sich die Litauer selbst frei; und da er zugleich eine Regierungsbehörde für sie einsetzte und ihnen alles bis auf die Regungen ihres Patriotismus vorschrieb, so kamen beide, er und sie, in eine falsche Stellung, worin alles in Fehler, Widersprüche und halbe Maßregeln ausarten mußte. Bald verstand man sich nicht mehr, und ein gegenseitiges Mißtrauen war die unausbleibliche Folge davon. Für so viele Opfer, welche die Polen bringen sollten, verlangten sie bestimmte Zusicherungen. Da aber die Vereinigung in ein einziges Königreich nicht war ausgesprochen worden, so nahm die bei Ergreifung großer Entschlüsse gewöhnliche Sorglichkeit zu, und nachdem sie einmal das Vertrauen zu ihm verloren hatten, so verloren sie auch bald das Zutrauen zu sich selbst.

Zu jener Zeit ernannte er sieben Litauer zur Ergänzung der neuen Regierung; seine Wahl war in mancher Hinsicht unglücklich und mißfiel dem eifersüchtigen Stolz eines schwer zu befriedigenden Adels.

Von den vier litauischen Provinzen, Wilna, Minsk, Grodno und Bialystok genannt, hatte jede ihre Regierungskommission und einen im Lande geborenen Unterpräfekten, jede Gemeinde sollte ihren Gemeinderat haben. Aber Litauen ward eigentlich doch von einem kaiserlichen Kommissar und von vier französischen Auditoren*, die den Titel Intendant führten, regiert.

Kurz, diese vielleicht unvermeidlichen Fehler und besonders die Unordnung in der Armee, der nur die Wahl blieb, entweder zu verhungern oder ihre Alliierten zu plündern, mußten uns alle Gemüter entfremden. Dem Kaiser konnte dies nicht entgehen: er hatte auf vier Millionen Litauer gerechnet, und nur einige Tausend leisteten ihm Beistand! Das allgemeine Aufgebot des Adels, von ihm auf mehr als hunderttausend Mann geschätzt, hatte ihm eine Ehrenwache bestimmt, und es fanden sich nur drei berittene Edelleute bei ihm ein. Das volkreiche Wolhynien rührte sich nicht. So lange er glücklich war, machte er sich nicht viel aus diesem Kaltsinn; unglücklich geworden, beklagte er sich nicht darüber, entweder aus Stolz, oder aus Gerechtigkeit.

* Ursprünglich richterliche Beamten der Kurie. Seit dem Dreißigjährigen Kriege Personen der Militärgerichtsbarkeit.

Wir, in stetem Vertrauen auf ihn und auf uns selbst, kümmerten uns anfangs nur wenig um die Gesinnungen der Litauer. Als aber unsere Streitkräfte zu schwinden anfingen, blickten wir um uns her, und mit unserer Aufmerksamkeit erwachten unsere Ansprüche. Drei litauische Generäle, bedeutend durch ihre Namen, ihre Güter und ihre Gesinnungen folgten dem Kaiser. Diesen warfen die französischen Generäle endlich den Kaltsinn ihrer Landsleute vor und priesen dagegen den musterhaften Eifer, den die Warschauer im Jahr 1806 bewiesen hatten. Dies gab Anlaß zu einem lebhaften Streit, der, wie mehrere ähnliche, die man zusammenfassen muß, bei Napoleon zunächst dem Ort, wo er arbeitete, geführt wurden. Da man auf beiden Seiten Wahrheit sagte, und die gegenseitigen Behauptungen in diesen Gesprächen sich zwar bekämpfen, aber nicht aufheben, so ist es unmöglich, darüber wegzugehen.

Diese Generäle antworteten also: sie glaubten, die Freiheit, die wir ihnen gebracht hätten, wohl aufgenommen zu haben; jeder liebe aber in der Weise seines Charakters; die Litauer seien kälter als die Polen und folglich weniger mitteilend; überhaupt könnten die Gefühle dieselben sein, wenn auch der Ausdruck verschieden wäre.

Übrigens seien die Verhältnisse nicht zu vergleichen: im Jahr 1806 hätten die Franzosen zuerst die Preußen geschlagen und dann Polen von ihnen befreit, dermalen werde die Befreiung Litauens verkündet, noch ehe Rußland besiegt worden; wenn daher die Polen eine siegreiche und gesicherte Freiheit mit Entzücken aufgenommen hätten, so sei es nicht zu verwundern, daß die Litauer, denen eine noch unsichere und gefährliche Freiheit angeboten worden, eine ernsthaftere Stimmung zeigten; man erkaufe ein Gut doch nicht mit derselben Miene, mit welcher man es zum Geschenk annehme; vor sechs Jahren habe man sich in Warschau mit Freudenfesten abgeben können, jetzt müsse man zu Wilna, wo man die ganze Macht der Russen gesehen habe, wo man ihre Armee unversehrt wisse und die Gründe ihres Rückzugs kenne, sich auf Schlachten vorbereiten.

Und mit welchen Mitteln? Warum man ihnen denn die Freiheit nicht im Jahr 1807 gebracht habe! Damals sei Litauen reich und bevölkert gewesen; seitdem sei es durch die Kontinentalsperre um seinen Wohlstand gekommen und geflissentlich durch die Russen entvölkert worden, die so viele Rekruten ausgehoben und weggeführt und neuerlich viele Gutsbesitzer und Bauern mit Vieh und Wagen fortgeschleppt hätten.

Sie fügten noch hinzu: das Jahr 1811 sei ein Fehljahr gewesen. Das Getreide sei in Litauen, zufolge seiner natürlichen Beschaffenheit, dem Verderben mehr ausgesetzt als anderswo. Warum man sich aber nicht an die südlichen Provinzen wende? Dort fehle es nicht an Menschen, nicht an Pferden, nicht an Lebensmitteln aller Art. Man dürfe nur Tormasow und seine Armee daraus vertreiben; Schwarzenberg habe vielleicht diesen Auftrag. Es frage sich aber, ob es wohl geraten sei, den Österreichern, diesen argwöhnischen Usurpatoren von Galizien, die Befreiung von Wolhynien zu übertragen, ob diese wohl der Freiheit einen Sitz neben der Sklaverei gönnen würden? Warum man denn nicht Franzosen oder Polen hinsende? Freilich müßte man in diesem Fall langsamer zu Werk gehen, den Krieg methodischer führen und größere Vorkehrungen treffen. Napoleon aber, der in so weiter Entfernung von seinen Staaten und wegen des großen Aufwandes, den die Unterhaltung seiner Armee erfordere, sich beeilen müsse, laufe dem Sieg nach und opfere alles der Hoffnung auf, den Krieg mit einem Schlage zu beendigen.

Hier unterbrach man sie, indem alle die vorgebrachten Gründe, obgleich wahr, nicht als hinreichende Entschuldigungen gelten konnten. Man sagte ihnen, sie verschwiegen den Hauptgrund der Gleichgültigkeit ihrer Landsleute; dieser bestünde in der eigennützigen Anhänglichkeit der Großen an die listige Politik der Russen, die ihrer Eigenliebe schmeichelnd, ihre Gebräuche ehrend, ihnen ihre Rechte auf die Bauern verbürgten, welche durch die Franzosen ihre Freiheit erhalten sollten. Man fügte noch hinzu: die Nationalunabhängigkeit werde ihnen um diesen Preis ohne Zweifel zu teuer sein.

Dieser Vorwurf, der zwar gegründet, aber nicht persönlich gemeint war, brachte die drei Generäle in Harnisch, und einer von ihnen sagte in seiner Hitze: »Gewiß, wir markten nicht um die Freiheit, allein es will uns doch gedünken, daß man sie uns nicht auf eine uneigennützige Weise anbietet. Allenthalben geht euch das Gerücht von euren Unordnungen voran, die nicht partiell sind, da eure Armee auf ihrem Marsch einen Raum von fünfzig Stunden einnimmt. In Wilna sind ungeachtet der wiederholten Befehle eures Kaisers die Vorstädte geplündert worden; man setzt dort Mißtrauen in eine Freiheit, die sich hinter der Zügellosigkeit herschleppt.

Was erwartet ihr denn von unserem Eifer? Ein vergnügtes, heiteres Gesicht, Freudengeschrei, Worte des Dankes? Aber jeder von uns muß täglich hören, daß seine Dörfer, daß seine Scheunen verwüstet sind; denn das wenige, was die Russen nicht mit sich fortgeschleppt haben, verschlingen eure ausgehungerten Kolonnen. Auf ihren geflügelten Märschen entsenden sie unzählige Landstreifer seitwärts, gegen die man auf der Hut sein muß. Was wollt ihr noch weiter? Daß unsere Landsleute euch mit ihrem Getreide, mit ihren Herden entgegenkommen, daß sie in völliger Rüstung sich einfinden und sich bereit erklären, euch zu folgen? Was können sie euch geben? Eure Plünderer nehmen alles! Werft einmal von hier aus einen Blick nach dem Eingang des kaiserlichen Hauptquartiers, seht jenen Mann dort! Er ist beinahe nackt, er seufzt und erhebt flehend die Hände! Wohlan, dieser Unglückliche, der euer Mitleiden erregt, ist einer von jenen Edelleuten, die euch beistehen sollen; gestern kam er mit seiner Tochter, seinen Vasallen und seinem Vermögen herbeigeeilt, um eurem Kaiser seine Dienste anzubieten, aber er ist den Plünderern in die Hände gefallen und aller seiner Habe beraubt worden, er ist nicht mehr Vater, kaum ist er noch Mann.«

Ein jeder seufzte und eilte, ihm beizuspringen; Franzosen, Deutsche und Litauer, alle beklagten einstimmig diese Unordnungen, keiner konnte ein Mittel dagegen finden, denn wie wollte man die Mannszucht in so großen Massen herstellen, die so rasch vorwärts getrieben und von so vielen in Sitten, Charakter und Abstammung verschiedenen Chefs angeführt, vom Plündern zu leben gezwungen waren?

In Preußen hatte die Armee nur auf zwanzig Tage Lebensmittel gefaßt; dies genügte, um Wilna nach einer gewonnenen Schlacht zu erreichen, der Sieg mußte das übrige tun. Aber durch die Flucht des Feindes ward dieser aufgeschoben, der Kaiser konnte seine Zufuhren abwarten; allein, nachdem er die Russen überfallen und voneinander getrennt hatte, wollte er seine Beute nicht fahren lassen, seinen Vorteil nicht aufgeben und so schickte er viermalhunderttausend Mann, auf zwanzig Tage verpflegt, den flüchtigen Russen in einem Lande nach, wo zwanzigtausend Schweden unter Karl XII. nichts zu leben gefunden hatten.

Es war dies kein Mangel an Vorsicht, denn unzählige Ochsen folgten der Armee, der größte Teil in Herden, die übrigen an Proviantwagen gespannt, ihre Treiber waren in Bataillons abgeteilt; und obgleich viele von diesen schwerfälligen Tieren von ihren Treibern im Unmut erschlagen wurden oder aus Elend zugrunde gingen, so kamen doch auch viele davon nach Wilna und Minsk und selbst bis nach Smolensk – aber zu spät. Sie konnten bloß von den Rekruten und den nachfolgenden Ergänzungsmannschaften benutzt werden.

Auf der andern Seite war in Danzig so viel Getreide zusammengebracht, daß die ganze Armee hätte davon leben können; das Magazin zu Königsberg wurde damit ergänzt, von da wurden die Lebensmittel auf großen Schiffen den Pregel hinauf bis Welau und von da auf kleineren Schiffen bis Insterburg geschafft; andere Zufuhren gingen zu Lande von Königsberg nach Labiau, und von da auf dem Njemen und der Wilia bis Kowno und Wilna. Nachdem aber die Wilia ausgetrocknet war, mußte man auf ein anderes Mittel der Fortschaffung bedacht sein.

Napoleon, der die Lieferanten haßte, wollte einen Park von litauischen Wagen eingerichtet wissen. Es wurden auch fünfhundert derselben zusammengebracht, nachdem er sie aber gesehen hatte, wollte er nichts mehr davon und erlaubte endlich, daß man mit den Juden, den einzigen Handelsleuten in diesem Lande, diesfalls ein Übereinkommen traf; und so kamen endlich die in Kowno zurückgebliebenen Lebensmittel in Wilna an, nachdem die Armee diese Stadt schon verlassen hatte.

SIEBTES KAPITEL

Das Unwesen der Plünderei psychologisch beleuchtet – Hunger und Erschöpfungserscheinungen schon von Litauen an – ernste Vorstellungen des Marschalls Mortier – Selbsttäuschung Napoleons.

Die große Kolonne des Zentrums litt am meisten: sie folgte dem Weg, den die Russen verwüstet und den der französische Vortrab vollends ausgezehrt und verödet hatte. Die Kolonnen auf den Seitenwegen fanden die notwendigsten Lebensmittel, verfuhren aber nicht mit der gehörigen Ordnung, um dieselben aufzubringen und zu sparen.

Demnach fällt der große Jammer, den dieser schleunige Marsch nach sich zog, Napoleon nicht ganz zur Last, denn die Ordnung und Disziplin erhielt sich in Davoust's Armee, die daher auch weniger von der Hungersnot litt; dasselbe läßt sich auch größtenteils von der Armee des Prinzen Eugen sagen. In diesen beiden Korps wurde das Plündern, wenn man dazu seine Zuflucht nahm, mit Methode und Maß getrieben, nur das notwendige Übel geschah. Man hielt den Soldaten dazu an, seinen Bedarf auf mehrere Tage selbst zu tragen, und verhinderte ihn, diesen zu verschleudern. Anderswo hätten also dieselben Vorsichtsmaßregeln getroffen werden können, allein die Gewohnheit, in fruchtbaren Ländern Krieg zu führen, oder ein einseitiger Diensteifer bewirkte, daß viele Chefs mehr an das Streit- als an das Verpflegungswesen dachten*.

Auch war Napoleon in den meisten Fällen gezwungen, einen solchen Unfug um so eher hingehen zu lassen, als er nur allzugut wußte, daß dem Soldaten die eigenmächtige Selbstverpflegung behage, daß sie ihn wegen des Gewinns, den sie gewährt, mit dem Krieg befreunde, seiner Eigenliebe schmeichle, durch die Gewalt, die sie ihm manchmal über die höherstehenden Klassen einräumt; daß sie für ihn ganz den Reiz eines Krieges der Armen gegen den Reichen habe, und daß das Vergnügen, der Stärkere zu sein und davon Beweise zu geben, unaufhörlich dabei eintrete.

Bei der Nachricht von diesen Ausschweifungen gerät er jedoch in Zorn, er spricht in öffentlichen Proklamationen seine Drohungen aus und befiehlt den hierzu besonders aufgestellten, aus Franzosen und Litauern bestehenden Korps, dieselben in Vollzug zu setzen: und wir, bei dem Anblick solcher Plünderer aufgebracht, wir wollen mit der Strafe nicht säumen. Wenn man ihnen nun das Brot und das geraubte Vieh wieder abgenommen hatte und hierauf die einen mit dem Blick der Verzweiflung, die andern mit Tränen in den Augen sich entfernen sah; wenn man sie murmeln hörte, daß man, nicht zufrieden, ihnen nichts zu geben, ihnen auch noch alles wegnehme und sie wolle Hungers sterben lassen – alsdann beschuldigte man sich selbst einer Barbarei gegen die Seinigen, man rief sie zurück, um ihnen ihren Raub wieder zuzustellen; denn nur die gebieterische Notwendigkeit trieb zum Plündern, der Offizier selbst lebte bloß von dem Anteil, den ihm seine Soldaten von dem Geplünderten zukommen ließen.

So außerordentliche Verhältnisse mußten Greuel herbeiführen. Wie sollten diese rohen und bewaffneten Menschen, von so vie-

* »Streitwesen« bedeutet hier ganz allgemein Kriegsgerät, sofern es zum Kampf erforderlich ist.

len dringenden Bedürfnissen in die äußerste Versuchung gesetzt, sich mäßigen können? Ausgehungert kamen sie bei den Wohnungen an und verlangten zu essen; allein, entweder verstand man sie nicht, oder man lehnte ihre Forderung ab. Die Einwohner konnten nicht sogleich Rat schaffen, sie – nicht länger warten. Man stritt und zankte sich, es währte nicht lange, und die Hungernden, toll geworden, warfen in Hütten und Schlössern alles durcheinander, und da doch keine Lebensmittel zum Vorschein kommen wollten, so beschuldigten sie im Wahnsinn ihrer Verzweiflung die Einwohner, es mit dem Feinde zu halten und rächten sich an den Eigentümern durch Vernichtung ihres Besitztums.

Einige gaben sich den Tod, ehe sie so weit gingen, andere, und zwar die jüngsten, taten dieses, nachdem sie so weit gegangen waren; sie drückten die Stirne an die Mündung ihrer Gewehre an und schossen sich mitten auf dem Wege durch den Kopf. Aber mehrere wurden ganz verstockt, eine Ausschweifung riß sie zu einer andern fort, so wie man oft durch Schläge, die man austeilt, sich selbst ereifert. Unter diesen rächten einige Vagabunden ihre Leiden sogar an den Personen; mitten in dieser unfreundlichen Natur entmenschten sie sich; und in dieser Entfernung sich selbst überlassen, glaubten sie, es sei ihnen alles erlaubt, und sie seien durch das, was sie litten, berechtigt, auch andere leiden zu machen.

In einer so zahlreichen, aus so vielen Nationen zusammengezogenen Armee mußten sich auch mehr Übeltäter befinden, als in andern. Die Ursachen von so vielem Unglück führten noch neues herbei: schon durch den Hunger geschwächt, mußte man sich in Eilmärschen fortbewegen, um demselben zu entgehen und den Feind zu erreichen. Sobald die Nacht kam, wurde haltgemacht, und die Soldaten verliefen sich haufenweise in die Häuser, wo sie aus Müdigkeit und aus Mangel an Nahrung auf elendes Stroh hinfielen.

Den Rüstigsten blieb nur noch der Mut übrig, das Mehl, das sie fanden, zu einem Teige zu kneten und die Backöfen zu heizen, die in diesen hölzernen Häusern nie fehlen. Andere vermochten es kaum über sich, einige Schritte von da zur Zubereitung einiger Nahrungsmittel das nötige Feuer aufzumachen. Ihre Offiziere, erschöpft wie sie, befahlen ohne den gehörigen Nachdruck die Beobachtung einiger Vorschriften, versäumten aber nachzusehen, ob man ihnen auch gehorche; da war denn der kleinste Funken, der aus dem Backofen fuhr oder den Biwaks entsprühte, genug, ein Schloß, ein Dorf in Brand zu stecken und den unglücklichen Soldaten, die sich dahin geflüchtet hatten, den Untergang zu bereiten; übrigens waren diese Unglücksfälle in Litauen nur selten.

Dem Kaiser war all dies nicht unbekannt, allein er war nun einmal im Zug. Schon von Wilna an hatte dieser Unfug stattgefunden; der Herzog von Treviso* unter andern setzte ihn davon in Kenntnis. Vom Njemen bis nach Wilna hat er, wie er sagt, nichts als verwüstete Häuser gesehen, nichts als im Stich gelassene Proviant- und Munitionswagen, man findet sie auf den Straßen und in den Feldern zerstreut, umgestürzt, offen, ihrer Effekten beraubt und ausgeplündert, gerade als wenn sie vom Feinde wären genommen worden, man glaubt sich auf den Rückzugsweg einer geschlagenen Armee versetzt. Zehntausend Pferde sind durch den kalten Regen des Ungewitters und durch den grünen Roggen, ihre einzige und ungewohnte Nahrung, zugrunde gegangen, sie bedecken und versperren die Straßen mit ihren toten Körpern, die einen unerträglichen Gestank ausdünsten, schon sind mehrere Soldaten von der jungen Garde Hungers gestorben.

Bis dahin hatte Napoleon ruhig zugehört, hier fällt er aber plötzlich ein; er waffnet sich gegen den Schmerz mit dem Unglauben und ruft aus: »Das ist unmöglich! Wo ist ihr zwanzigtägiger Vorrat? Gut angeführte Soldaten sterben nie Hungers!«

Ein General war gegenwärtig; da richtet Napoleon die Rede an ihn, fordert ihn auf und bestürmt ihn mit Fragen, und dieser General antwortet, entweder aus Schwäche oder weil er seiner Sache nicht gewiß war, daß diese Unglücklichen nicht Hungers, sondern an den Folgen der Trunkenheit gestorben seien.

Und jetzt ist der Kaiser überzeugt, daß man ihm die Not seiner Soldaten übertreibe. In Beziehung auf das übrige bemerkt er, daß man wohl den Verlust von Pferden, von einigen Wagen und selbst die Verwüstung von einigen Wohnungen übersehen müsse, das sei ein Strom, der sich verlaufe, fuhr er fort, das sei die schlimme Seite des Kriegs, ein Übel, das zum Guten führe. Man müsse dem Unglück seinen Anteil lassen. Seine Schätze, seine Wohltaten würden alles wieder gut machen. Ein großes Resultat leiste Ersatz für alles. Hierzu sei ein Sieg erforderlich;

* Marschall Mortier (1768–1835).

wenn ihm nur die Mittel bleiben, einen solchen davonzutragen, so sei es schon genug.

Der Herzog meinte dagegen, man könne diesen Zweck durch einen methodischen Marsch, auf dem auch die Magazine folgen könnten, erreichen; er wurde aber nicht angehört. Als sich dieser Marschall, der gerade aus Spanien gekommen war, darüber bei einigen beklagte, antworteten ihm diese: es sei nicht zu leugnen, daß der Kaiser, wenn von Übeln, die er nun einmal für unvermeidlich halte, die Rede sei, unwillig werde, da er zufolge seiner Politik eines schnell eintretenden und entscheidenden Erfolges bedürfe.

Sie setzten noch hinzu: sie sähen wohl ein, daß die Gesundheit ihres Herrn geschwächt sei, doch bemerke derselbe bei der Notwendigkeit, sich in immer gefährlichere Lagen zu werfen, nicht ohne Verdruß die Schwierigkeiten, an denen er vorübergehe, und die sich hinter ihm zusammentürmen, Schwierigkeiten, welche er gegenwärtig mit Verachtung behandle, um deren Wichtigkeit zu verbergen und um selbst die zu deren Überwindung nötige Geistesstärke zu behalten. Besorgt und verdrießlich über die neue gefährliche Lage, in die er sich erst geworfen habe, und voll Ungeduld, sich wieder herauszuwickeln, lasse er seine Armee vorwärts und immer vorwärts marschieren, um alles bälder zu beenden.

So war Napoleon gezwungen, sich selbst zu verblenden. Es ist bekannt genug, daß seine Minister größtenteils keine Schmeichler waren. Die Tatsachen, die Menschen sprachen laut genug, aber was konnten sie ihn lehren, was war ihm unbekannt? Waren alle seine Zurüstungen nicht von der weitsehendsten Klugheit eingegeben? Was konnte man ihm sagen, das er nicht schon hundertmal gesagt und geschrieben hätte? Erst nachdem er alles bis ins kleinste Detail vorgesehen, gegen alle Ungelegenheiten Vorkehrungen getroffen und alles zu einem besonnenen und methodischen Krieg angeordnet hatte, gab er alle diese Vorsichtsmaßregeln auf, ließ er alle diese Vorbereitungen fahren und sich von der Gewohnheit, von der Notwendigkeit kurzdauernder Kriege, rascher Siege und baldiger Friedensschlüsse hinreißen.

ACHTES KAPITEL

Botschaft des Kaisers Alexander – ablehnende Haltung Napoleons – Caulaincourt, ein Gegner des Rußlandfeldzugs, fühlt sich vom Kaiser beleidigt – konsequente Ausweich- und Rückzugsmanöver der Russen – vergeblich sucht Napoleon eine Schlacht – neuer Operationsplan.

Unter diesen bedenklichen Umständen war Balachow, ein Minister des Kaisers von Rußland, als Parlamentär auf den Vorposten erschienen und angenommen worden, und die Armee, die bereits im Eifer nachgelassen hatte, hoffte auf den Frieden.

Durch diesen Parlamentär ließ Alexander Napoleon sagen: es sei noch Zeit zum Unterhandeln; ein Krieg, dessen Ende wegen des Bodens, des Klimas und des Charakters der Russen sich nicht absehen lasse, habe begonnen, aber jede Annäherung sei noch nicht ausgeschlossen, von einem Ufer des Njemen zum andern könne man sich noch immer verstehen. Balachow setzte noch besonders hinzu: wie sein Herr vor Europa erkläre, daß er nicht der angreifende Teil sei; wenn sein Botschafter zu Paris seine Pässe verlangt habe, so sei dies noch nicht als Friedensbruch zu betrachten, und die Franzosen befänden sich demnach in Rußland ohne alle Kriegserklärung.

Im übrigen wurden von Balachow keine neuen Vorschläge weder schriftlich überreicht noch mündlich gemacht.

Die Wahl des Parlamentärs blieb nicht unbemerkt, er war russischer Polizeiminister und hatte als solcher die Vermutung für sich, ein guter Beobachter zu sein. Vielleicht war er gekommen, sein Talent bei uns zu üben. Napoleon besann sich nicht lange: sollte er, der sich in Paris nicht zu mäßigen gewußt, in Wilna nachgeben? Was mußte Europa davon denken? Wo wäre das würdige Resultat von so vielen und so beschwerlichen Märschen, von so gewaltigen Verrückungen, von so großem Aufwand für den Staat wie für die Individuen? Man würde sich dadurch für überwunden bekennen. Und dann hatte Napoleon durch die Sprache, die er seit seiner Abreise von Paris gegen so viele Fürsten geführt, sich nicht minder verbindlich gemacht als durch seine Handlungen, so daß er seinen Alliierten sowohl als seinen Feinden gegenüber in Verlegenheit hätte kommen müssen.

Man behauptet, er habe sich im Gespräch mit Balachow nicht enthalten können zu sagen: warum er denn eigentlich nach Wilna gekommen sei, was der Kaiser von Rußland von ihm wolle, ob er glaube, es mit ihm aufnehmen zu können, er, der nur ein General der Parade sei? Was ihn betreffe, so sei sein Kopf sein einziger Ratgeber, alles gehe von da aus, aber, fuhr er fort, wen wird denn der Kaiser Alexander zu Rat ziehen, wen wird er den Franzosen entgegenstellen? Er hat nur drei Generäle, Kutusow, den er nicht liebt, weil er ein Russe ist, Bennigsen, schon seit sechs Jahren zu alt und nunmehr kindisch geworden, und Barclay: dieser wird manövrieren, er ist brav und versteht den Krieg, aber er ist ein General für den Rückzug; und dann setzt er noch hinzu: ihr glaubt alle den Krieg zu verstehen, weil ihr das Werk von Jomini* gelesen habt; allein, wenn euch dieses den Krieg hätte lehren können, glaubt ihr denn, daß ich den Druck desselben gestattet hätte?

So erzählen die Russen, es ist aber gewiß, daß er bei dieser Gelegenheit auch noch gesagt hat: »Der Kaiser Alexander hat übrigens gute Freunde selbst in meinem Hauptquartier, sehen Sie da Caulaincourt! Er tritt für Ihren Kaiser in die Schranken, und ist ein Russe im französischen Lager«.**

Vielleicht verstand Caulaincourt nicht ganz, daß Napoleon durch diese Worte sich in ihm einen Unterhändler, den Alexander gerne sehen würde, vorbehalten wolle; denn sobald Balachow abgetreten war, ging er hastig auf den Kaiser zu und sagte ihm mit erhobener Stimme: er fühle sich von ihm beleidigt, er sei ein Franzose und ein guter Franzose, er habe es bewiesen und wolle es ihm noch einmal beweisen, indem er ihm wiederhole, daß dieser Krieg ein unpolitischer, gefährlicher Krieg sei, der die Armee, Frankreich und ihn selbst zugrunde richten müsse. Übrigens könne er nach einer solchen Beleidigung nicht mehr bei ihm bleiben und bitte sich eine Division in Spanien aus, wo niemand dienen wolle; je weiter er ihn von sich entfernen werde, desto lieber solle es ihm sein.

Der Kaiser suchte ihn zu beruhigen; da er sich aber kein Gehör verschaffen konnte, so zog er sich zurück, von Caulaincourt fortwährend mit Vorwürfen verfolgt. Berthier, bei diesem Auf-

* Antoine-Henri Jomini († 1869), schweizerischer Offizier und Kriegstheoretiker in französischen und russischen Diensten, Begründer der Petersburger Militärakademie.

** Diese Bemerkung bezieht sich darauf, daß der Großstallmeister Graf Caulaincourt, Herzog v. Vicenza (1773–1827) – von 1807 bis 1811 Botschafter in Petersburg – strikt gegen den Rußlandkrieg Napoleons eingestellt war und daraus keinerlei Hehl gemacht hatte.

tritt gegenwärtig, bemühte sich vergebens, den Streit zu vermitteln. Auch Bessières, der mehr rückwärts stand und den aufgebrachten Caulaincourt an den Kleidern zurückhalten wollte, hatte nichts über ihn vermocht. Den folgenden Tag konnte Napoleon nur durch förmliche und wiederholte Befehle es dahin bringen, daß sein Oberststallmeister bei ihm blieb. Endlich beruhigte er ihn durch Liebkosungen und durch die Versicherung einer Achtung und Zuneigung, wie sie Caulaincourt so ganz verdiente. Balachow ward mit mündlichen und unannehmbaren Vorschlägen abgefertigt.

Alexander antwortete nicht darauf. Man hatte die Wichtigkeit des Schrittes, den er soeben getan, nicht recht zu würdigen gewußt. Fortan wollte Alexander mit Napoleon nichts mehr zu schaffen haben: vor einem unwiderruflich entschiedenen Bruch hatte er sein letztes und darum allerdings merkwürdiges Wort gesprochen.

Murat aber jagte dem Sieg, dem sehnlich gewünschten, nach; die Reiterei des Vortrabs befehligend, hatte er endlich den Feind auf der Straße von Swenziani erreicht, von wo er denselben gegen Druja trieb. Jeden Morgen schien ihm der russische Nachtrab entgangen zu sein, jeden Abend griff er den wiedergefundenen und vorteilhaft gestellten an, aber nach einem langen Marsch zu spät am Tag und mit Truppen, die noch keine Speise zu sich genommen hatten, so daß nie ein erhebliches Resultat zustande kam.

Andere Generäle folgten auf andern Straßen derselben Richtung. Oudinot, sogleich bei Kowno über die Wilia gegangen, hatte schon in Samogizien nordwärts von Wilna zu Deweltowo und Wilkomir den Feind eingeholt und trieb ihn vor sich her gegen Dünaburg hin; er marschierte links von Ney und Murat, welcher rechts von Nansouty begleitet war. Die Düna war seit dem 15. Juli in der Strecke von Disna bis Dünaburg von Murat, Montbrun, Sebastiani, Nansouty, Oudinot und Ney und von drei Divisionen unter dem Grafen von Lobau* gefaßt.

Oudinot, der seine Richtung gegen Dünaburg genommen hatte, sondierte diese Stadt, welche zu befestigen die Russen sich vergebens bemüht hatten. Diese zu exzentrische Bewegung des Herzogs von Reggio mißfiel dem Kaiser. Die beiderseitigen Armeekorps waren durch die Düna voneinander geschieden.

* Georges Mouton (1770–1838), Adjutant des Kaisers.

Oudinot ging jetzt am linken, Wittgenstein am rechten Ufer hinauf; jener, um sich Murat zu nähern, dieser, um sich mit Barclay zu vereinigen, Dünaburg blieb von beiden Teilen unbeachtet.

Auf seinem Marsche bemerkte Wittgenstein von dem rechten Ufer aus Druja und die Reiterei von Sebastiani, die diese Stadt mit zu weniger Vorsicht besetzt hielt. Durch die Nacht ermutigt, schickte er eines von seinen Korps über den Fluß, und den 15. Juli morgens wurden die französischen Vorposten überfallen, eine Brigade fast ganz aufgehoben und Sebastiani zum Weichen gebracht. Hierauf zog Wittgenstein sein Korps wieder an sich und setzte seinen Marsch fort, seine Gefangenen, worunter sich ein französischer General befand, mit sich führend. Dieser Handstreich ließ Napoleon eine Schlacht hoffen. In der Meinung, daß Barclay die Offensive ergreife, stellte er auf einen Augenblick seinen Marsch nach Witebsk ein, um seine Truppen zu konzentrieren und je nach den Umständen zu verwenden. Seine Hoffnung war jedoch nur von kurzer Dauer.

Während dieser Ereignisse hatte Davoust zu Osmiana südlich von Wilna schon einige Vorläufer von Bagration, der bereits mit Unruhe einen Ausweg nach dem Norden suchte, zu Gesicht bekommen. Mit Ausnahme eines Sieges war der schon zu Paris entworfene Plan bis jetzt gelungen. Napoleon hatte die zu weit gedehnte Verteidigungslinie des Feindes plötzlich auf einem einzigen Punkt gefaßt und durchbrochen und so die größte Masse derselben bis an die Düna geworfen, während Bagration, erst fünf Tage später angegriffen, noch am Njemen stand. Es war dies in einem Zeitraum von mehreren Tagen und auf einer Strecke von achtzig Stunden dasselbe Manöver, das von Friedrich dem Zweiten* auf einer Strecke von einer Meile und in Zeit von einigen Stunden oftmals ausgeführt worden ist.

Schon hatten Doctorow und mehrere Divisionen, von einer dieser getrennten Massen zur andern irrend, ihre Rettung bloß der großen Ausdehnung des Landes, dem Zufall und allen den Ursachen zu danken, die da machen, daß man im Kriege nicht weiß, was ganz in der Nähe bei dem Feinde vorgeht.

Mehrere haben behauptet, man sei bei dieser ersten Invasionsbewegung etwas zu vorsichtig oder auch zu saumselig zu Werke

* gemeint: Friedrich der Große und seine Operationen während der Schlesischen Kriege.

gegangen; schon von der Weichsel an sei die zum Angriff bestimmte Armee auf erhaltenen Befehl mit allen Vorsichtsmaßregeln einer angegriffenen Armee marschiert. Nachdem einmal der Angriff geschehen und Alexander auf der Flucht gewesen, hätte der Vortrab Napoleons rascher an den beiden Ufern der Wilia hinaufrücken und die Armee von Italien dieser Bewegung näher folgen sollen. Vielleicht wäre alsdann Doctorow, der den linken Flügel von Barclay befehligte und seinen Weg quer über unsere Angriffslinien nehmen mußte, um von Lida nach Swenziani zu kommen, zum Gefangenen gemacht worden. Pajol warf ihn nach Osmiana zurück, aber er entkam über Smorgoni und ließ nur einiges Gepäck im Stich. Napoleon warf die Schuld davon auf den Prinzen Eugen, obgleich er diesem alle Bewegungen vorgeschrieben hatte.

Bald aber wurde Wilna und die Umgegend von der italienischen und der bayrischen Armee, dem ersten Korps und der Garde besetzt. Hier auf seinen Karten liegend, die er, kurzsichtig wie Alexander der Große und Friedrich II., zunächst vor sich haben mußte, folgte Napoleon der russischen Armee mit den Augen und sah sie in zwei ungleiche Massen zerlegt; die eine mit dem Kaiser bei Drißa, die andere unter Bagration bei Myr.

Achtzig Stunden vorwärts von Wilna wird Litauen von Altrußland durch die Düna und den Dnjepr geschieden. Anfangs in paralleler Richtung von Osten nach Westen fließend, lassen diese beiden Flüsse einen Raum zwischen sich, der etwa fünfundzwanzig Stunden breit und ein unebener, mit Wald bedeckter morastiger Boden ist. So kommen sie aus dem inneren Rußland bis an seine Grenzen; aber auf dieser Höhe wenden sie sich zu gleicher Zeit und gleichsam in Übereinstimmung, der eine bei Orcha nach dem Süden, der andere in der Gegend von Witebsk nach Nordwest, und in dieser neuen Richtung bezeichnen sie durch ihren Lauf die Grenzen von Litauen und Altrußland.

Jener enge Raum, welchen die genannten Flüsse zwischen sich lassen, bevor sie eine so entgegengesetzte Richtung nehmen, scheint der Eingang und gleichsam das Tor des moskowitischen Reiches zu sein. Hier ist der Knoten der Straßen, die nach den beiden Hauptstädten des Reiches hinführen.

Auf diesen merkwürdigen Punkt blieben die Blicke Napoleons geheftet. Alexanders Rückzug gegen Drißa ließ denjenigen voraussehen, welchen Bagration von Grodno über Osmiana, Minsk und Doktzizy oder über Borisow gegen Witebsk versuchen würde. Um sich nun diesem Rückzug zu widersetzen, ließ Napoleon Davoust mit zwei Infanterie-Divisionen, mit den Kürassieren von Valence und mehreren Brigaden leichter Reiterei sogleich nach Minsk abrücken.

Auf dem rechten Flügel soll der König von Westfalen Bagration auf Davoust werfen, den dadurch von Alexander abgeschnittenen nötigen, das Gewehr zu strecken, und sich hierauf des ganzen Laufs des Dnjeprs bemächtigen. Auf dem linken Flügel sollen Murat, Oudinot und Ney, die bereits bei Drißa stehen, Barclay und den russischen Kaiser beobachten und in Schach halten. In der Mitte will Napoleon mit seiner Garde, mit der italienischen und bayrischen Armee und drei von Davoust übriggebliebenen Divisionen zwischen Davoust und Murat gegen Witebsk vorrücken, bereit, sich nach Umständen an den einen oder den andern anzuschließen. Auf diese Art stellt, dringt und schiebt er sich zwischen die beiden feindlichen Armeen hinein und über dieselben hinaus, hält beide nicht nur durch die Zentralstellung, sondern auch durch die gleichzeitige Bedrohung der beiden Hauptstädte Alexanders voneinander getrennt. Das übrige sollte durch die Umstände bestimmt werden.

Diesen Plan hatte er am 10. Juli zu Wilna entworfen und noch an demselben Tag für einen seiner Generale, und zwar für denjenigen ausfertigen lassen, der am meisten zu seiner Vollziehung beitragen sollte.

Die bereits angefangene Bewegung wurde sofort allgemein.

NEUNTES KAPITEL

Feindberührung zwischen Marschall Davoust und dem Fürsten Bagration – dieser wird eingeschlossen – er entkommt infolge des Versagens von Jérôme – Gefecht bei Mohilew – Bagration kann sich mit Barclay nahe Smolensk vereinigen – zu langer Aufenthalt Napoleons in Wilna – das Nachlassen seiner Gesundheit.

Der König von Westfalen, der bei Grodno über den Njemen gegangen war, zog damals an dem rechten Ufer dieses Flusses hinauf, um bei Biliza wieder auf das linke zu gehen, die Armee von Bagration rechts zu überflügeln, sie in die Flucht zu jagen und zu verfolgen.

Diese sächsisch-westfälisch-polnische Armee hatte einen tüchtigen General gegenüber und auf einem schwierigen Boden ein schweres Stück Arbeit: sie mußte die Hochebene von Litauen überziehen. Hier befinden sich die Quellen der Flüsse, die ihre Gewässer in das Schwarze und Baltische Meer ergießen und wegen ihres geringen Gefälles nur langsam fortschleichen, leicht austreten und das Land weit und breit überschwemmen. Einige schmale Straßendämme, auf diesen hier und da mit Wald besetzten und morastigen Ebenen aufgeworfen, bilden lange Defileen, die Bagration leicht gegen den König von Westfalen verteidigen konnte. Dieser griff sehr nachlässig an, nur sein Vortrab holte den Feind dreimal ein, und zwar zu Nowogrodek, Myr und Romanow. Das erste Treffen war ganz zum Vorteil der Russen, in den beiden andern blieb Latour-Maubourg Meister eines blutigen und lange bestrittenen Schlachtfeldes.

Zu gleicher Zeit ging Davoust, von Osmiana kommend, dem russischen General bei Minsk und Ygumen in den Rücken und besetzte den Ausgang der Defileen, durch die Bagration, von dem König von Westfalen verfolgt, kommen mußte.

Zwischen diesem General und seinem Rückzugspunkt befand sich ein Fluß, der, in einem verpesteten Sumpf entsprungen, seinen unsichern, langsamen und schwerfälligen Lauf mitten durch einen faulen Moorgrund nimmt; seine schlammigen Gewässer fließen gegen Südosten, sein Name hat durch unsere großen Unglücksfälle eine traurige Berühmtheit erhalten*.

Die hölzernen Brücken und Knüppeldämme, die man, um zu diesem Flusse zu gelangen, über die Moräste legen mußte, die denselben begleiten, führen nach einer auf seinem linken Ufer gelegenen Stadt, Borizow genannt; dieses linke Ufer ist im ganzen genommen weniger niedrig als das rechte. Dies gilt von allen Flüssen, die hierzulande in der Richtung des Meridians sich ergießen**. Wie Asien Europa, so beherrscht ihr östliches Ufer jederzeit das westliche.

An diesem wichtigen Übergangspunkt war Davoust dem General Bagration zuvorgekommen, indem er am 8. Juli Minsk und das ganze Land von der Wilia an bis an die Beresina besetzt hatte. Als daher der russische Fürst, von Alexander nach dem Norden berufen, seine leichten Truppen zuerst gegen Lida, dann nacheinander gegen Olzanin, Vieznowo, Trobi, Bolzoi und Sa-

* Die Beresina.
** Nach Süden.

beniki vorschob, so trafen diese immer auf Davoust und waren genötigt, sich auf ihr Hauptkorps zurückzuziehen. Ein neuer Versuch, den sie hierauf sich etwas zurück und rechts ziehend auf Minsk machten, gelang ihnen nicht besser; auch hier fanden sie Davoust wieder: eine schwache Abteilung dieses Marschalls kam daselbst zu einem Tor herein, als der Vortrab von Bagration sich am andern zeigte, worauf sich denn der Russe wieder seitwärts in seine Sümpfe zurückzog.

Als Napoleon dies erfuhr und Bagration mit seinen vierzigtausend Russen, von Alexander abgeschnitten, zwischen zwei Flüssen und zwei Armeen eingeengt sah, rief er aus: »Ich habe sie!«, und in der Tat, es bedurfte kaum dreier Märsche, um Bagration vollends einzuschließen. Allein eine Veränderung, die Napoleon jetzt dadurch vornahm, daß er den König von Westfalen, mit dem er höchst unzufrieden war, unter die Befehle von Davoust stellte, verdarb diesen Plan wieder.

Dieser Befehl Napoleons war nämlich in dem Augenblick eingetroffen, wo Bagration, von Minsk zurückgeworfen, keinen andern Rückzugsweg mehr hatte als eine lange und enge Straße, die durch die Moräste von Nieswig, Schluz, Glusk und Bobruisk führt. Davoust schrieb nun dem König: er möchte die Russen lebhaft in diesem Defilee drängen, dessen Ausgang er bei Glusk besetzen wolle, so daß Bagration nicht mehr hätte durchkommen können. Allein der König, schon erbost über die Vorwürfe, die man ihm wegen der Ungewißheit und Langsamkeit seiner ersten Operation gemacht hatte, wollte von keinem Untertanen Befehle annehmen und verließ die Armee, ohne sich ablösen zu lassen, und wenn man Davoust glauben will, selbst ohne einem seiner Generäle den soeben erhaltenen Befehl mitzuteilen. Man ließ ihn ungehindert nach Westfalen zurückgehen, seine Garde aber sollte er nicht mit sich nehmen, wozu er sich dann auch verstand.

Indessen erwartete Davoust Bagration vergebens bei Glusk. Dieser General, von der westfälischen Armee nicht mehr echt gehetzt, konnte sich nochmals südwärts wenden, Bobruisk gewinnen, dort über die Beresina gehen und endlich den Boristhenes bei Bikow erreichen. Es ist aber unstreitig, daß selbst hier noch, wenn anders die westfälische Armee einen Chef gehabt, und dieser die Russen mehr gedrängt und zu der Zeit Bikow besetzt hätte, als sie zu Mohilew wieder auf Davoust stießen, Bragration entweder hätte siegen oder sich ergeben müssen. Denn es hat sich gezeigt, daß der russische Fürst nur bei Bobruisk über die Beresina kommen und nur bei Bikow, vierzig Stunden südlich von Orcha und sechzig Stunden von Witebsk, dem Orte seiner Bestimmung, den Boristhenes erreichen konnte.

Als er sich von seiner ursprünglichen Richtung so weit abgedrängt sah, eilte er, dieselbe wieder zu gewinnen und ging deshalb bis nach Mohilew am Dnjepr hinauf, aber auch hier war ihm Davoust wie bei Lida dadurch wieder zuvorgekommen, daß er seinen Übergang über die Beresina auf derselben Stelle wie einst Karl XII. bewerkstelligt hatte.

Der französische Marschall war jedoch keineswegs gefaßt, den russischen Fürsten auf dem Wege von Mohilew zu treffen, er hatte ihn vielmehr schon auf dem linken Ufer des Dnjepr geglaubt. Die gleichzeitige Überraschung der beiderseitigen Feldherrn fiel anfangs zum Vorteil des russischen aus, der seinem Gegner ein ganzes leichtes Reiterregiment abnahm. Bagration hatte damals fünfunddreißigtausend, Davoust nur zwölftausend Mann, der letztere wählte sich ein erhöhtes, von einer tiefen Schlucht gedecktes und zwischen zwei Gehölzen eingeengtes Terrain zu seiner Aufstellung. Ungeachtet sich die Russen auf diesem Schlachtfelde nicht ausbreiten und von ihrer Überlegenheit keinen Gebrauch machen konnten, so besannen sie sich doch nicht lange und griffen mit der inneren Überzeugung an, daß sie den Sieg davontragen würden; sie dachten nicht einmal daran, die Waldungen zu benützen, um die rechte Flanke von Davoust zu umgehen.

Diese Moskowiter haben in der Folge ausgesagt, daß der Gedanke, sich gegenüber von Napoleon zu befinden, sie mitten im Treffen geschreckt und außer Fassung gebracht habe. Ein jeder feindliche General glaubte, ihn vor sich zu haben: Bagration zu Mohilew, und Barclay zu Drißa. Man wollte ihn allenthalben und zu gleicher Zeit gesehen haben. So vergrößert und vervielfältigt der Ruf den Mann von Genie und verleiht ihm gewissermaßen die Eigenschaft eines übernatürlichen Wesens, das, nicht an die Bedingungen des Raums gebunden, überall und zu gleicher Zeit gegenwärtig sein kann.

Die Russen griffen mit vielem Ungestüm und vieler Beharrlichkeit, aber ohne Zusammenhang an. Bagration, derb zurückgewiesen, mußte abermals rechtsum kehrtmachen. Er ging nun bei Nowoibikow über den Dnjepr und von da ins Innere von Rußland, um sich endlich oberhalb Smolensk mit Barclay zu vereinigen.

Napoleon hielt es unter seiner Würde, diese Vereitlung seines Plans dem Verdienst des feindlichen Generals zuzuschreiben. Er legte sie seinen Generälen zur Last. Schon fühlte er, daß seine Gegenwart überall nötig und eben deswegen überall unmöglich war. Der Kreis seiner Operationen hatte sich so sehr erweitert, daß er, genötigt im Mittelpunkt zu bleiben, auf der ganzen Umfangslinie fehlte. Seine Generäle, überdrüssig wie er, zu unabhängig voneinander, durch zu große Räume voneinander geschieden und zu gleicher Zeit zu abhängig von ihm, wollten weniger wagen und alles mehr seinen Befehlen anheimstellen. Sein Einfluß wurde durch die großen Entfernungen geschwächt, es war eine zu große Seele, die einem so großen Körper not tat. Die seinige, so groß sie auch sein mochte, wollte nicht mehr genügen.

Aber am 16. Juli war endlich die ganze Armee in Bewegung, während alles sich beeilte, alles sich anstrengte, blieb er noch zurück in Wilna, das er befestigen ließ. Er befahl dort die Errichtung von elf litauischen Regimentern und bestellte den Herzog von Bassano* zum Gouverneur von Litauen und in Beziehung auf administrative, politische und selbst militärische Gegenstände zu demjenigen Organ, das seine Verbindung mit Europa und mit den Befehlshabern der Armeekorps, die nicht nach Moskau bestimmt waren, vermitteln sollte.

Diese scheinbare Untätigkeit Napoleons in Wilna dauerte zwanzig Tage. Da er sich hier im Mittelpunkt seiner Operationen mit einer starken Reserve befand, so glaubten alle, daß er den rechten Zeitpunkt abwarte, um je nach den Umständen sich zu Davoust, Murat oder Macdonald zu begeben. Andere dachten, daß er durch die Organisation von Litauen und durch die Politik von Europa, der er in Wilna näher war, oder auch durch die Überzeugung in dieser Stadt zurückgehalten werde, bis zur Düna hin keine Hindernisse zu finden, die seiner würdig wären. Und hierin hat er sich auch nicht geirrt, ist aber vielleicht dadurch zum Übermut verleitet worden: die übereilte Räumung Litauens durch die Russen schien ihn wirklich zu verblenden.

Außer diesen Beweggründen, die Napoleon zu dem vielleicht zu sehr verlängerten Aufenthalt in Wilna bestimmen mochten, gaben jene, die am meisten um ihn waren, noch einen anderen an.

* Hugues-Bernard Maret (1763–1839), zeitweilig Außenminister Napoleons.

Sie sagten sich untereinander: dieses große Genie, dessen Tätigkeit und Kühnheit immer mehr zunehme, werde nicht mehr wie ehemals von einer kräftigen Gesundheit unterstützt; sie verwunderten sich, ihren Herrn nicht mehr wie vordem gegen die brennende Hitze der Atmosphäre unempfindlich zu finden; sein auffallendes Fettwerden in der neuesten Zeit schien ihnen der Vorbote einer zu frühe eintretenden Entkräftung zu sein.

Einige wollten diese zunehmende Dickleibigkeit den Bädern zuschreiben, deren er sich häufig bediente. Sie wußten nicht, daß dieselben, weit entfernt eine weichliche Gewohnheit zu sein, ihm unentbehrlich waren als Mittel gegen ein von Natur bedeutendes und bedenkliches Leiden, das er aus Politik geheimhalten mußte, um seinen Feinden nicht eine grausame Hoffnung zu geben.[5]

Solchen unvermeidlichen und unseligen Einfluß haben die geringfügigsten Ursachen auf das Schicksal der Nationen. Bei der Darstellung jener tief gedachten Entwürfe, welche die kühnste und für Europa vielleicht nützlichste Unternehmung mit dem besten Erfolge krönen sollten, wird es sich bald genug zeigen, wie die Natur in dem entscheidenden Augenblicke auf den Feldern von Moskau das Genie gelähmt hat, und der Mensch hinter dem Helden zurückgeblieben ist. Nicht durch seine zahlreichen Bataillone, durch einen stürmischen Tag – durch ein plötzliches Fieber ist Rußland gerettet worden.

Es wird billig und zweckmäßig sein, sich dieser Bemerkung zu erinnern, wenn ich bei der Beschreibung der Schlacht an der Moskwa alle die Klagen und sogar die Vorwürfe wiederholen werde, die eine auffallende Untätigkeit und Kraftlosigkeit den ergebensten Freunden und den beharrlichsten Verehrern dieses großen Mannes entlockt haben. Die meisten von ihnen sowie diejenigen, welche seither über diese Schlacht geschrieben, wußten nichts von den physischen Leiden eines Feldherrn, der sich alle Mühe gab, die Ursache seiner Niedergeschlagenheit zu verbergen. Was vor allen Dingen ein Unglück war, ist von diesen Zeugen zum Fehler gestempelt worden.

Wenn man übrigens, achthundert Stunden von seinem Vaterlande entfernt, nach so vielen Mühen und Opfern den Sieg sich entreißen und eine schreckliche Zukunft beginnen sieht, so wird man freilich zur Strenge geneigt und man leidet zu sehr, um gerecht sein zu können.

Was mich betrifft, so werde ich dasjenige, was ich gesehen

habe, nicht verschweigen, überzeugt, daß die Wahrheit die schönste und würdigste Huldigung ist für einen so großen Mann und einen so hochverdienten Feldherrn, der aus allem, selbst aus den ungünstigsten Ereignissen, unermeßlichen Vorteil zu ziehen gewußt und sich auf eine Höhe geschwungen hat, auf der sein Ruhm der Nachwelt in fast ungetrübter Klarheit leuchten wird.

ZEHNTES KAPITEL

Napoleon beschließt, Witebsk zu besetzen, und erhofft sich dort eine siegreiche Schlacht – der Krieg erscheint wie eine mühsame Reise – die Russen kommen Napoleon in Witebsk zuvor – Napoleon erreicht die Düna – Gefecht in der Nähe von Ostrowno – Witebsk wird erreicht.

Endlich erfährt er, daß seine Befehle vollzogen sind, daß seine Armee beisammen ist, daß eine Schlacht ihn erwartet. Da reist er den 16. Juli um halb zwölf Uhr des Nachts von Wilna ab, verweilt am 17. während der größten Tageshitze in Swenziani und kommt den 18. nach Glubokoje. Hier bleibt er in einem Kloster, von dem aus der tiefer gelegene Ort ihm eher eine Gruppe von Hütten wilder Menschen als ein europäischer Wohnort zu sein schien.

Eine Adresse der Russen an die Franzosen war soeben in seiner Armee verbreitet worden. Er fand harte Wahrheiten darin, aber durch eine unnütze und ungeschickte Aufforderung zur Desertion entweiht. Diese Adresse erregte seinen Zorn; in seiner Entrüstung diktiert er eine Antwort, die er zerreißt, dann eine andere, mit der er ebenso verfährt, endlich eine dritte, die ihm recht ist. Es ist dieselbe, die man damals, angeblich von einem französischen Grenadier verfaßt, in den öffentlichen Blättern zu lesen bekam. So diktierte er selbst die unbedeutendsten Briefe, die von seinem Kabinett oder seinem Generalstab ausgingen. Seine Minister und Berthier mußten es sich gefallen lassen, bloß seine Sekretäre zu sein. In seinem schwerfällig gewordenen Körper war sein Geist tätig geblieben. Die Harmonie zwischen beiden fehlte, und dies war eine der Hauptursachen unserer Unglücksfälle.

Mitten in dieser Beschäftigung erfährt er, daß Barclay am 18. Juli sein Lager von Drißa verlassen habe und nach Witebsk marschiere. Diese Bewegung öffnet ihm die Augen. Durch die

Schlappe, die Sebastiani bei Druja erlitten, und besonders durch den Regen und schlechten Zustand der Wege aufgehalten, sieht Napoleon vielleicht zu spät ein, daß die Besitznahme von Witebsk dringend und entscheidend und die einzige durchaus offensive Maßregel sei, insofern dadurch die Flüsse und die beiden feindlichen Armeen isoliert werden. Von dieser Stellung aus konnte er die unvollständige Armee seines Gegners im Rücken fassen, diesem den südlichen Teil seines Reiches verschließen, ihn in einem ungleichen Kampfe überwältigen. Sollte ihm aber auch Barclay in dieser Hauptstadt zuvorgekommen sein, so wird er sie ohne Zweifel verteidigen wollen, und dann ist vielleicht der schon längst gewünschte Sieg gefunden, der an der Wilia vergebens war gesucht worden.

Sofort gibt er allen seinen Korps eine konzentrische Richtung nach Beszenkowiczi und beruft Murat und Ney, damals bei Polozk, wo Oudinot zurückbleiben muß, eben dahin. Er für seine Person begibt sich von Glubokoje, woselbst er sich mit seiner Garde, mit der italienischen Armee und drei Divisionen von Davoust befunden hatte, nach Kamen, und zwar zu Wagen, aber bei Nacht, entweder durch die Umstände dazu gezwungen oder aber vielleicht, um die Soldaten nicht sehen zu lassen, daß ihr Feldherr ihre Beschwerden nicht mehr mit ihnen teilen könnte.

Auf den bisherigen Märschen hatte der größte Teil der Armee anfangs zu seinem großen Befremden noch keinen Feind gesehen. Man gewöhnte sich allmählich daran: den Tag über gaben die Neuheit der Gegenstände und die Ungeduld, an Ort und Stelle zu kommen, Beschäftigung; abends hatte man mit der Wahl oder der Herstellung eines Obdachs, mit Aufsuchung und Zubereitung von Lebensmitteln vollauf zu tun. Man war durch all dergleichen so sehr in Anspruch genommen, daß man eher glaubte, eine mühsame Reise zu machen, als Krieg zu führen. Wenn aber der Feind und der Krieg immer auf diese Weise zurückweichen, wie weit sollte man ihnen denn noch nachgehen? Endlich, am 25. Juli, hörte man von Beszenkowiczi her den Donner des Geschützes, und die Armee hoffte wie der Kaiser auf einen Sieg und den Frieden.

Bei dem genannten Ort war Prinz Eugen auf Doctorow gestoßen, der den Nachtrab von Barclay führte und, diesem von Polozk nach Witebsk folgend, zur Deckung seines Marsches Beszenkowiczi auf dem linken Ufer der Düna besetzt hatte.

Als er die Stadt räumte, steckte er die dortige Dünabrücke in Brand; der Vizekönig, Meister der Stadt, besichtigte die Düna und stellte die Kommunikation zwischen beiden Ufern wieder her, was von einigen wenigen auf dem anderen Ufer zurückgelassenen feindlichen Truppen nur schwach behindert wurde. Napoleon eilte herbei und besah zum erstenmal diesen Fluß, seine neueste Eroberung; er tadelte unverhohlen und mit Recht den fehlerhaften Bau der Brücke, die ihn zum Herrn der beiden Ufer machte.

Er ging auch noch auf das jenseitige Ufer, nicht etwa aus läppischer Eitelkeit, sondern um sobald wie möglich mit eigenen Augen zu sehen, wie weit die russische Armee auf ihrem Marsch von Drißa nach Witebsk gekommen sei, und hiernach zu beurteilen, ob er sie noch diesseits von Witebsk einholen oder ihr dort zuvorkommen könne. Allein die Richtung, die der feindliche Nachtrab nahm, und die Ausssagen von einigen Gefangenen überzeugten ihn, daß Barclay den General Wittgenstein zur Beobachtung von Oudinot zurückgelassen und Witebsk bereits erreicht, sogar schon Anstalten getroffen habe, um die Defileen, die nach dieser Hauptstadt führen, zu verteidigen.

Nachdem Napoleon auf dem rechten Ufer nur die letzte Abteilung des russischen Nachtrabs gesehen hatte, ging er wieder nach Beszenkowiczi zurück, wo seine Armeen vom Norden und vom Westen her soeben ankamen. Seine in Beziehung auf den Marsch gegebenen Befehle waren mit einer solchen Pünktlichkeit vollzogen worden, daß alle diese Korps, die zu verschiedenen Zeiten und auf verschiedenen Straßen vom Njemen aufgebrochen waren, sich ungeachtet so vielfacher Hindernisse nach einer Trennung von einem Monat und hundert Stunden von dem Scheidepunkt auf einmal alle zu Beszenkowiczi vereinigt fanden und daselbst an demselben Tag und zu derselben Stunde eintrafen.

Es ging darum dort auch sehr unordentlich her: zahlreiche Kolonnen von Reiterei, von Infanterie und Artillerie zeigten sich von allen Seiten, um den Durchgang sich streitend. Durch Strapazen und Hunger gereizt und verstimmt, konnte keiner erwarten, bis er den Ort seiner Bestimmung erreicht hatte.

Zu gleicher Zeit wimmelte es auf den Straßen der Stadt von Stabsoffizieren, Ordonnanzreitern und Reitknechten mit Hand- und Packpferden; die Stadt durchtobend, suchten die einen Lebensmittel, die andern Fourage, einige ein Obdach; man rannte auf- und durcheinander, und als der Zulauf mit jedem Augenblicke zunahm, so war es bald ein völliges Chaos.

Hier sind hastige Adjutanten, die dringende Befehle zu bestellen haben, vergebens bemüht, sich Bahn zu machen; die Soldaten hören nicht auf ihre Aufforderung, selbst nicht auf ihre Befehle, daher lärmende Händel, zu gleicher Zeit wirbeln die Trommeln, die Fuhrknechte fluchen und toben; man hört das Rollen der Kanonen und der Munitionswagen, das Kommandowort der Offiziere; man rauft sich in den Häusern, die einen wollen den Eingang derselben erstürmen, die andern, die sich darin schon eingerichtet haben, setzen sich zur Wehr.

Endlich vor Mitternacht entwirrten sich alle diese Massen, die schon fast ganz untereinander gemischt waren, dieser Truppenhaufen verlief sich nach Ostrowno, und in Beszenkowiczi folgte die tiefste Stille auf den schrecklichen Lärm.

Diese Zusammenziehung, die vielfachen Befehle, die von allen Seiten eingingen, die Schnelligkeit, mit der alle Armeekorps selbst in der Nacht vorgerückt waren, alles schien für den folgenden Tag eine Schlacht anzukündigen. Napoleon, der den Russen in Witebsk nicht hatte zuvorkommen können, wollte sie jetzt dort angreifen. Sie aber, auf dem rechten Ufer der Düna nach dieser Stadt gekommen, hatten diese nur durchzogen und kamen uns entgegen, um die langen Defileen, die dahin führen, zu verteidigen.

Am 25. Juli war Murat mit seiner Reiterei auf dem Marsche nach Ostrowno. Zwei Stunden von diesem Dorfe zogen Domon, Coëtlosquet und Carignan mit dem achten Husarenregiment in Kolonne auf einer breiten, durch eine doppelte Reihe von großen Birken bezeichneten Straße voran und waren im Begriff, den Gipfel eines Hügels zu erreichen, auf dem sie nur den schwächsten Teil eines Korps zu Gesicht bekamen, das aus drei Reiterregimentern von der russischen Garde und sechs Kanonen bestand. Nicht ein Schütze deckte diese Linie.

Die Chefs des achten Husarenregiments glaubten, zwei andere Regimenter, die mit ihnen zu derselben Division gehörten und rechts und links der Straße über die Felder marschierten, von dieser aus aber wegen der Bäume nicht recht gesehen werden konnten, seien schon voraus. Allein diese Regimenter hatten haltgemacht, und das achte Regiment, das schon weit über dieselben hinaus war, rückte noch immer vorwärts, in der Meinung, daß die Truppe, die es auf etwa hundertundfünfzig

Schritte vor sich durch die Bäume erblickte, eben die zwei Regimenter seien, die es einholen wollte.

Dadurch, daß die Russen ganz unbeweglich blieben und sich nicht von der Stelle rührten, wurden die genannten Offiziere vollends getäuscht. Den Befehl anzugreifen halten sie für einen Irrtum und lassen den angeblichen Feind durch einen Offizier rekognoszieren, rücken aber noch immer unbesorgt in ihrer alten Richtung fort. Es vergeht kein Augenblick, so wird ihr Offizier mit Säbelhieben empfangen, vom Pferde gerissen, gefangengenommen, und das feindliche Geschütz zielt auf ihre Husaren. Jetzt stürzen sie mit dem größten Ungestüm und in der kürzesten Richtung auf dieses Geschütz los, nehmen es, werfen und überwältigen das im Mittelpunkt der feindlichen Linie stehende Regiment, und fallen hierauf dem Regiment des rechten Flügels, das wie besinnungslos stehen geblieben war, in den Rücken und schlagen es gleichfalls. Mitten in diesem zweiten Siege bemerken sie das Regiment des linken Flügels, das vom Schrecken ergriffen, soeben den Rückzug antreten wollte, da wenden sie sich schnell und geschickt mit allem, was sie zusammenbringen können, gegen diesen dritten Feind, der, mitten in seiner Bewegung angegriffen, auseinandergesprengt wird.

Durch diesen Vorteil ermutigt, treibt Murat den Feind in den Wald von Ostrowno, worin er sich zu verstecken scheint; dieser Monarch wollte ihm nachsetzen, fand aber den heftigsten Widerstand.

Die Stellung von Ostrowno war gut gewählt: sie beherrschte die Umgegend, man sah darin, ohne selbst gesehen zu werden; eine große Heerstraße fiel senkrecht in dieselbe ein. Sie hatte die Düna zur Rechten, eine Schlucht vor der Front und dichte Waldungen auf ihrer Oberfläche und zur Linken, überdies war sie den Magazinen nahe und deckte diese sowie auch Witebsk, die Hauptstadt jener Gegenden. Ostermann eilte herbei, um beide zu verteidigen.

Murat, der als siegreicher König sein Leben ebenso verschwenderisch aufs Spiel setzte, wie er es vordem als gemeiner Reiter getan, beharrte darauf, den Wald zu nehmen, trotz des heftigen Feuers, durch das derselbe verteidigt wird; er bemerkt aber bald, daß mit einem ersten Anlaufe nichts auszurichten ist. Das von den Husaren des achten Regiments gewonnene Terrain wird ihm streitig gemacht, und die Spitze seiner Kolonne, die aus den Divisionen Brujaire und Saint-Germain und dem achten Infanterieregimente besteht, muß sich gegen eine ganze Armee behaupten.

Man verteidigte sich dort, wie Sieger pflegen, dadurch nämlich, daß man selbst angriff. Jedes feindliche Korps, das unsere Flanken bedrohte, ward selbst wieder angegriffen, die Reiterei in den Wald zurückgeworfen und die Infanterie mit Säbelhieben auseinandergetrieben. Indessen ermüdete man über der Siegesarbeit, als die Division Delzon herbeikam; der König brachte diese schnell in die rechte Flanke und nach dem Rückzugsweg des Feindes, der, dadurch beunruhigt, den Sieg nicht länger streitig machte.

Die dortigen Defileen ziehen sich mehrere Stunden Weges fort. An demselben Abend stieß der Vizekönig wieder zu Murat, und am folgenden Tage erblickten sie die Russen in einer neuen Stellung. Pahlen und Konownizin waren zu Ostermann gestoßen. Schon waren die beiden französischen Prinzen, nachdem sie den linken Flügel der Russen zum Stillstand gebracht hatten, damit beschäftigt, den Truppen ihres rechten Flügels die Stellung zu bezeichnen, von der sie, als von einer Basis aus, ihren Angriff vortragen sollten, als sich plötzlich auf ihrem linken Flügel ein großes Geschrei hören läßt. Sie sehen hin, zweimal greift die Reiterei und die Infanterie dieses Flügels den Feind an, zweimal werden sie zurückgeworfen, und jetzt werden die Russen dreister und kommen in Massen aus ihren Waldungen hervor, ein fürchterliches Geschrei erhebend. Die Kühnheit und der Eifer des Angriffs ist auf ihre Seite übergegangen, bei den Franzosen dagegen zeigt sich die Unsicherheit und das bestürzte Wesen derer, die sich in einer defensiven Lage befinden.

Ein Bataillon Kroaten und das vierundachtzigste Regiment versuchten vergebens zu widerstehen; sie schmolzen zusammen; vor ihnen häuften sich die Leichen, hinter ihnen war das Feld mit solchen besät, die als wirklich oder angeblich Verwundete, als Träger oder Wärter von diesen oder aus irgendeinem Vorwand sich aus dem Gefecht zurückgezogen. Das ist die erste Einleitung zu einer Niederlage: schon fingen die Kanoniere, eine immer auserlesene Truppe, an, sich mit ihren Kanonen zurückzuziehen, weil sie sich nicht mehr unterstützt sahen. Es ließ sich der Augenblick voraussehen, wo die Truppen von allen Waffen, in der Flucht nach demselben Defilee begriffen, in eine Unordnung geraten würden, in der die Führer vergebens gebieten, vergebens sich abmühen, und alle Elemente des Widerstandes, durcheinander geworfen, nichts mehr vermögen.

Man sagt, daß Murat, hierüber aufgebracht, sich an die Spitze eines Regiments polnischer Lanzenreiter gestellt habe, und daß diese, durch die Gegenwart des Königs angefeuert, durch seine Worte begeistert und bei dem Anblick der Russen von Wut entbrannt, ihm ohne Zaudern gefolgt waren. Murat wollte sie bloß in Bewegung setzen und an den Feind bringen; es lag ihm nicht daran, sich mit ihnen ins Handgemenge zu begeben, wo er weder sehen noch befehlen konnte. Allein da die Polen, die ihre Lanzen eingelegt hatten und die ganze Breite des Terrains einnahmen, mit verhängtem Zügel ihm nachjagten, so konnte er weder ausweichen noch stillehalten und war also genötigt, vor der Front des Regiments, wo er als Redner gesprochen hatte, als Vorfechter den Angriff zu machen, was er denn auch wohlgemut getan hat.

Zu gleicher Zeit eilte General Anthouard zu den Kanonieren, und Prinz Eugen zu dem hundertundsechsten Regiment, das er vorrücken ließ. General Piré griff den linken Flügel des Feindes an und umging ihn, sie wurden wieder Meister des Glücks, und flüchtend zogen sich die Russen wieder in ihre Waldungen zurück.

Indessen fuhren sie fort, mit der größten Hartnäckigkeit auf ihrem linken Flügel einen dichten Wald zu verteidigen, der, weit gegen uns vorspringend, unsere Schlachtordnung teilte. Verblüfft und betäubt durch das heftige Feuer, das aus diesem Walde kam, wagte das zweiundneunzigste Regiment weder vorwärts noch rückwärts zu gehen, gleich sehr die Schande und die Gefahr scheuend und doch keine von beiden vermeidend; allein der Herzog von Abrantès* und General Russel eilten herbei, um dieses Regiment, jener mit Worten, dieser durch sein Beispiel zu ermutigen, und so ward der Wald endlich doch genommen.

Durch die Wegnahme dieses Waldes sah sich eine starke Kolonne, die unsern rechten Flügel hatte umgehen wollen, selbst umgangen. Murat, der es zuerst bemerkte, zog sofort den Degen und rief: »Die Tapfersten mögen mir folgen!« Allein dieses Land ist mit Schluchten durchschnitten, die den Rückzug der Russen begünstigten, sie zogen sich tief in den Wald hin-

* Marschall Junot (1771–1813).

ein, der noch zwei Stunden fortzieht und der letzte Schleier ist, der uns Witebsk verbarg.

Der König von Neapel und der Vizekönig hielten es für bedenklich, nach einem so hitzigen Gefecht sich noch weiter in ein so bedecktes Land hineinzuwagen, und besannen sich darüber noch, als eben der Kaiser ankam. Durch sie von allem, was schon geschehen und noch zu tun war, in Kenntnis gesetzt, begab sich Napoleon vorerst auf den höchsten und dem Feinde zunächst liegenden Gipfel, von wo aus er, über allen Hindernissen schwebend, das Geheimnis dieser Wälder, die Masse dieser Hügel bald ergründet und durchschaut hatte. Er erteilte sofort seine Befehle, und diese Wälder, die der Kühnheit der beiden Prinzen Schranken gesetzt hatten, wurden sofort ganz durchschritten: noch an demselben Abend konnte Witebsk von der Höhe seines doppelten Hügels aus unsere Schützen in die Ebene, von der es zunächst umgeben ist, hervorbrechen sehen.

Hier hielt den Kaiser alles auf: die Menge der feindlichen Wachfeuer auf dieser Ebene, das unbekannte Land, die Notwendigkeit, dasselbe zu rekognoszieren, um den Divisionen ihre Richtung zu geben, besonders aber die Zeit, die eine so zahlreiche Kolonne bedurfte, um sich aus dem langen Defilee, in dem sie stak, herauszuwinden.

Man hielt daher an, um Atem zu holen, sich zu erkennen, sich zu sammeln, sich mit Speise zu laben und seine Waffen für den folgenden Tag instand zu setzen. Napoleon schlief in seinem Zelt auf einer Anhöhe links der Hauptstraße und hinter dem Dorfe Kukowiaczi.

ELFTES KAPITEL

Eine Voreiligkeit Murats löst ein Gefecht aus – die russische Armee sammelt sich am jenseitigen Dünaufer – Napoleon erwartet die Schlacht um Witebsk – in der Nacht ziehen sich die Russen zurück und geben die Stadt kampflos preis – Kriegsrat und neue Entschlüsse – Napoleon erklärt, in Witebsk das Jahr 1813 für einen neuen Feldzug abwarten zu wollen.

Am 27. Juli erschien der Kaiser noch vor Tagesanbruch auf den Vorposten. Die ersten Strahlen des Tages zeigten ihm endlich die russische Armee auf einer hochgelegenen, alle Zugänge von Witebsk beherrschenden Ebene gelagert. Am Fuße dieser

Stellung floß die Luczissa in einem tief eingeschnittenen Bett. Vorwärts derselben und die Zugänge zu ihr gleichsam verwehrend, standen zehntausend Reiter mit etwas Infanterie: diese mit dem rechten Flügel auf der Hauptstraße, mit dem linken in einem hochliegenden Gehölze; die ganze Reiterei rechts der Infanterie in zwei Treffen und an die Düna gelehnt.

Die russische Front war nicht mehr unserer Kolonne gegenüber, sondern etwas links von dieser, denn sie hatte ihre Richtung nach dem Flusse genommen, der einen einwärts gehenden Bogen beschreibend sich von uns entfernte. Die französische Kolonne mußte erst auf einer schmalen Brücke über die Schlucht gehen, durch die sie von dem neuen Schlachtfelde geschieden war, und dann nach einer Viertelschwenkung links, die Truppen des rechten Flügels vorne haben, sich links entwickeln, um den Fluß zum Behuf der Anstützung zu gewinnen. Schon hatte eine isolierte Anhöhe am Rande dieser Schlucht zunächst der Brücke und links der Heerstraße die Aufmerksamkeit des Kaisers auf sich gezogen; von dort, wo er seitwärts des Schlachtfeldes wie der Zeuge bei einem Zweikampf stand, konnte er die beiden Armeen übersehen.

Zweihundert Pariser, Voltigeurs vom neunten Linienregiment, kamen zuerst über die Schlucht und wurden sofort im Angesicht der russischen Reiterei an die Düna gewiesen, wo sie den linken Flügelpunkt der neuen Schlachtordnung bezeichneten. Das sechzehnte Jägerregiment zu Pferd und einige Stücke leichten Geschützes folgten ihnen. Die Russen sahen uns mit Gelassenheit an sich vorbeiziehen und unseren Angriff vorbereiten.

Ihre Untätigkeit kam uns zustatten, aber der König von Neapel, durch die vielen Blicke, die auf ihn fielen, in Versuchung gesetzt, überließ sich seiner gewöhnlichen Hitze und warf das sechzehnte Jägerregiment auf die ganze russische Reiterei. Mit Schaudern sah man jetzt die schwache französische Linie auf ihrem Marsche über einen von tiefen Schluchten durchschnittenen Boden, gebrochen, gegen die feindlichen Massen anrücken. Diese Unglücklichen, die sich geopfert sahen, gingen mit Zaudern einem gewissen Untergang entgegen und kehrten bei der ersten Bewegung, welche die Lanzenträger der russischen Garde machten, wieder um. Aber durch die Schluchten, zwischen denen sie sich wieder durchziehen mußten, auf ihrer Flucht aufgehalten, wurden sie erreicht und in diese Abgründe geworfen, wo viele ihren Tod fanden; die übrigen flüchteten sich zu dem dreiundfünfzigsten Linienregiment, das sie in Schutz nahm.

Durch diesen glücklichen Erfolg ermuntert, drangen die russischen Lanzenreiter bis zum Fuße des Hügels vor, von dem aus Napoleon den Armeekorps ihre Richtung anwies. Einige Jäger der französischen Garde, die abgesessen waren, um dem Gebrauch gemäß einen Kreis um ihn zu schließen, beschossen dieselben aus ihren Karabinern. Die solchergestalt Zurückgewiesenen trafen auf ihrem Rückwege jene zweihundert Voltigeurs, die nach der Niederlage des sechzehnten Regiments zwischen den beiden Armeen allein zurückgeblieben waren, und griffen sie ungesäumt an; da hefteten sich alle Blicke auf diesen Punkt. Auf beiden Seiten hielt man diese Voltigeurs für verloren; sie allein verzweifelten noch nicht an sich selbst. Zuerst erreichten ihre Kapitäns kämpfend ein mit Gesträuch bewachsenes, von Klüften zerrissenes Terrain am Ufer der Düna. Dort sammelten sie sich alle, von ihrer Kriegserfahrung, von dem Bedürfnis eines gegenseitigen Beistandes und von der Gefahr Rat nehmend. Alsdann, wie es im Schwalle der Gefahr immer der Fall ist, sahen sie sich einander an, die Jüngeren die Älteren, und alle ihre Offiziere, um in deren Blicken zu lesen, was sie zu fürchten, zu hoffen oder zu tun hätten. Sie fühlten sich voll Zuversicht, und indem einer auf den anderen rechnete, baute ein jeder mehr auf sich selbst.

Das Terrain ward mit Geschicklichkeit benutzt. Die russischen Lanzenträger, in das Gesträuch verwickelt und durch die Erdrisse aufgehalten, streckten vergebens ihre langen Speere voran; während sie sich Bahn zu machen suchten, fielen sie und ihre Pferde von den Kugeln getroffen zu Boden und machten durch ihre Körper das Terrain noch unzugänglicher. Endlich ließen sie ab. Ihre Flucht, das Freudengeschrei unserer Armee, der Ehrenorden, vom Kaiser den Tapfersten sogleich zugesendet, seine Worte, die Europa gelesen hat – alles verkündete diesen wackeren Soldaten ihren Ruhm, den sie selbst noch nicht ahnten, weil diejenigen, die schöne Taten vollbringen, selbst immer am wenigsten daraus machen; sie glaubten sich auf dem Punkte, getötet oder gefangen zu werden, und sahen sich beinahe in demselben Augenblick mit Sieg und mit Ehre gekrönt.

Indessen griffen die italienische Armee, die Reiterei von Murat und drei Divisionen des ersten Korps, seit Wilna von dem Grafen von Lobau befehligt, die Hauptstraße und die

Waldungen, den Stützpunkt des feindlichen linken Flügels, an. Das Gefecht war hitzig aber nicht von langer Dauer. Der russische Vortrab zog sich eiligst hinter die Schlucht der Luczissa zurück, um nicht in diese geworfen zu werden, und jetzt war die ganze feindliche Armee, achtzigtausend Mann stark, auf dem anderen Ufer vereinigt.

Ihre trotzige Fassung in einer so festen Stellung und im Angesichte einer Hauptstadt führte Napoleon irre. Er glaubte, daß sie es sich zur Ehrenpflicht machen würden, sich hier standhaft zu verteidigen. Es war erst elf Uhr; da ließ er das Gefecht abbrechen, um ruhig die ganze Front der feindlichen Schlachtordnung begehen und sich auf eine entscheidende Schlacht für den folgenden Tag vorbereiten zu können. Er nahm zuerst seinen Standpunkt auf einer kleinen Erhöhung, wo er mitten unter den Schützen sich sein Frühstück geben ließ. Von hier beobachtete er den Feind, von welchem eine Kugel jemand von seinem Gefolge, der nahe bei ihm stand, verwundete. Die folgenden Stunden wurden dazu verwendet, das Terrain zu durchlaufen, zu erforschen und die übrigen Armeekorps zu erwarten.

Napoleon kündigte eine Schlacht auf den folgenden Tag an; er nahm von Murat mit den Worten Abschied: »Morgen früh um fünf Uhr die Sonne von Austerlitz!« Diese Worte erklären, warum die Feindseligkeiten mitten im Tage, mitten in den besten Fortschritten eingestellt wurden, durch welche die Soldaten sich so ermutigt fühlten. Diese erstaunten über eine Untätigkeit, die in demselben Augenblicke eingetreten war, als sie endlich die Armee erreicht hatten, der sie solange nachgezogen waren. Murat, durch dieselbe Hoffnung schon so oft getäuscht, bemerkte dem Kaiser, daß Barclay jetzt sich bloß darum so dreist zeige, damit er sich während der Nacht desto ungestörter zurückziehen könne. Als er seinen Herrn nicht überreden konnte, ließ er auf eine sehr verwegene Weise sein Zelt an dem Ufer der Luczissa beinahe mitten unter den Feinden aufschlagen, in der Hoffnung, dort um so bälder ihren Rückzug erfahren und stören zu können, und aus Geschmack an abenteuerlichen Streichen.

Murat irrte, und doch sprach der Erfolg für ihn. Napoleon, der recht hatte, ward dagegen durch diesen widerlegt; so treibt der Zufall sein Spiel. Der Kaiser hatte die Absichten von Barclay ganz richtig beurteilt. Der russische General, in der Meinung,

Bagration sei noch in der Gegend von Orcha, hatte sich zu einer Schlacht entschlossen, um diesem die Zeit zu verschaffen, sich mit ihm zu vereinigen. Erst durch die Nachricht, die ihm in der Nacht zukam, daß Bagration über Nowoibikow gegen Smolensk zurückgezogen sei, ward er vermocht, seinen Entschluß wieder aufzugeben.

Murat ließ dem Kaiser auch wirklich am 28. Juli mit Tagesanbruch melden, daß von den Russen nichts mehr zu sehen sei und daß er sich aufmachen werde, dieselben zu verfolgen. Napoleon aber beharrte auf seiner Meinung und behauptete hartnäckig, daß die ganze feindliche Armee noch da sei und man daher sehr vorsichtig vorrücken müsse. Darüber ging Zeit verloren, doch stieg er endlich zu Pferde, und bei jedem Schritt verschwand seine Täuschung; denn er befand sich bald mitten in dem Lager, das die Russen soeben verlassen hatten.

Alles zeugte in diesem Lager von wahrer Kriegskunst: die glückliche Wahl desselben, das Ebenmaß in allen seinen Teilen, die genau befolgte Bestimmung jedes einzelnen Teils und die dadurch bewirkte Ordnung und Reinlichkeit. Im übrigen war nichts vergessen worden, kein Gewehr, keine Geräte, auch wollte sich außerhalb des Lagers nicht die mindeste Spur zeigen von der Richtung, die die Russen auf ihrem plötzlichen und nächtlichen Marsch genommen hatten. Es schien bei ihnen weit mehr Ordnung zu herrschen als bei uns; besiegt, gaben sie uns durch ihren Rückzug Lehren, die für die Sieger fast immer verloren sind, sei es, daß das Glück übermütig macht, oder daß man das Unglück abwartet, um sich zu bessern.

Ein russischer Soldat, unter einem Gebüsche im Schlaf überrascht, war das einzige Resultat dieses Tages, der entscheidend hätte sein sollen. Die Stadt Witebsk war ebenso verlassen als das russische Lager. Nur einige Juden und die Jesuiten waren dageblieben, man konnte nichts aus ihnen herausbringen. Auf allen Straßen wurden vergeblich Nachforschungen angestellt. Hatten die Russen ihren Weg nach Smolensk genommen? Oder waren sie an der Düna hinaufgegangen? Endlich zog uns ein unregelmäßiger Pulk Kosaken nach der letzteren Richtung fort, während Ney die erstere einschlug. Wir legten sechs Stunden in einem tiefen Sand, in einem dichten Staub und einer erstickenden Hitze zurück und blieben die Nacht über bei Aghaponovchtchina.

Während die Armee von der Hitze ausgetrocknet, vor Durst

lechzend, hungrig und abgemattet zu ihrer Erquickung nichts als schlammiges Wasser fand, hielten Napoleon, der König von Neapel, der Vizekönig und der Fürst von Neuchâtel* Kriegsrat unter den kaiserlichen Zelten, die man in dem Hofe eines Schlosses und auf einer Anhöhe links der Hauptstraße aufgeschlagen hatte.

Dieser so sehnlich gewünschte und verfolgte Sieg war uns also abermals wie bei Wilna entgangen. Man hatte den russischen Nachtrab allerdings eingeholt, aber war es auch in Wahrheit der Nachtrab ihrer Armee? War es nicht viel wahrscheinlicher, daß Barclay sich über Rudnia nach Smolensk geflüchtet hatte? Bis wohin wird man demnach die Russen verfolgen müssen, um sie endlich zur Schlacht zu bringen? Die Notwendigkeit, das wiedereroberte Litauen zu organisieren, Magazine und Spitäler zu errichten, einen neuen Waffenplatz, einen neuen Stützpunkt für eine schon so furchtbar verlängerte Operationslinie zu gründen – mußte nicht alles dieses rätlich machen, an den Grenzen von Rußland stehen zu bleiben?

Der Kaiser ermüdete, faßte endlich einen Entschluß. Der Lauf der Düna und des Dnjepr bezeichneten die französische Linie. An den Ufern dieser beiden Flüsse und in dem offenen Raum zwischen denselben bezog die Armee die folgenden Kantonierungsquartiere: Poniatowsky mit seinen Polen zu Mohilew; Davoust mit dem ersten Korps zu Orcha, Dubrowna und Luibowitschi; Murat, Ney, die italienische Armee und die Garde von Orcha und Dubrowna bis Witebsk und Suray. Die Vorposten kamen nach Lyadi, Minkowo und Wely, denen von Barclay und Bagration gegenüber; denn diese beiden feindlichen Armeen hatten sich endlich in dem zwischen den beiden Flüssen befindlichen Raum vereinigt, nachdem die erste über die Düna, auf der Straße von Drißa nach Witebsk, vor dem Kaiser geflohen, die zweite über die Beresina und den Dnjepr, dann über Bobruisk, Bikow und Smolensk den Händen Davousts entgangen war.

Die großen, von der Hauptarmee detachierten Korps standen wie folgt: zur Rechten Dombrowsky vor Bobruisk und vor dem zwölftausend Mann starken Korps des russischen Generals Härtel.

Zur Linken der Herzog von Reggio und St. Cyr bei Polozk

* Marschall Berthier (1753–1815), der Generalstabschef Napoleons.

und Biloe auf der Straße von Petersburg, die Wittgenstein mit dreißigtausend Mann verteidigte.

Auf dem äußersten linken Flügel Macdonald mit fünfunddreißigtausend Preußen und Polen vor Riga. Sie dehnten sich rechts gegen die Aa und Dünaburg aus.

Zu gleicher Zeit besetzten Schwarzenberg und Regnier mit dem österreichischen und sächsischen Korps in der Gegend von Slonym den Zwischenraum vom Njemen zum Bug, Warschau und den Rücken der Großen Armee deckend, der von Tormasow bedroht war. Der Herzog von Belluno* war mit einer Reserve von vierzigtausend Mann von der Weichsel her im Anmarsch. Endlich wurde eine elfte Armee zu Stettin unter Augereau gebildet.

Zu Wilna war der Herzog von Bassano mit den Abgeordneten mehrerer Höfe geblieben. Dieser Minister regierte Litauen, korrespondierte mit allen Chefs, fertigte ihnen die von Napoleon erhaltenen Instruktionen zu und betrieb den Nachschub von Lebensmitteln, Rekruten, Nachzüglern.

Sobald der Kaiser alles dieses verfügt hatte, kam er mit seinen Garden nach Witebsk zurück. Als er hier am 28. Juli in sein Hauptquartier eintrat, nahm er seinen Degen ab und sagte, indem er denselben auf die Karten warf, womit seine Tische bedeckt waren: »Hier will ich einstweilen bleiben, mich umsehen und besinnen, meine Armee sammeln und ausruhen lassen und Polen organisieren. Der Feldzug von 1812 ist zu Ende, der von 1813 muß das übrige tun!«

* Marschall Victor, eigentlich Claude-Victor Perrin (1764–1841).

ZWEITES BUCH
Von Witebsk nach Smolensk

ZWÖLFTES KAPITEL

Napoleon will sich in Witebsk für die Überwinterung einrichten – ›für den russischen Krieg sind drei Jahre erforderlich‹ – der Entschluß Napoleons, Moskau zu erobern.

Nach der Eroberung von Litauen war der Zweck des Krieges erreicht, und doch schien dieser kaum begonnen zu haben; denn man hatte zwar den Raum, nicht aber die Menschen besiegt. Die russische Armee war noch unversehrt, ihre beiden Flügel, durch den Ungestüm eines ersten Angriffes voneinander getrennt, hatten sich soeben vereinigt. Man war in der schönsten Jahreszeit. In dieser Lage glaubte sich Napoleon unwiderruflich veranlaßt, an dem Boristhenes und an der Düna haltzumachen. Diesmal sich selbst über seine Absichten täuschend, konnte er andere um so besser täuschen.

Schon hatte er auf seinen Karten seine Verteidigungslinie gezogen: das Belagerungsgeschütz ist nach Riga bestimmt, an diese befestigte Stadt wird der linke Flügel der Armee sich anlehnen und, durch Dünaburg und Polozk verstärkt, einen kräftigen Verteidigungskrieg führen. Witebsk, das so leicht zu befestigen ist, wird mit seinen waldbedeckten Anhöhen dem Zentrum zum verschanzten Lager dienen. Von da an ist die Stellung der Armee durch die Beresina und die Moräste, auch durch den Boristhenes gedeckt und nur von wenigen Durchgängen und Defileen durchschnitten, die sich mit einer geringen Truppenzahl verteidigen lassen. Zum Stützpunkt des rechten Flügels dieser ausgedehnten Linie ist Bobruisk bestimmt, und der Befehl schon gegeben, sich dieser Festung zu bemeistern. Im übrigen zählt man auf den Aufstand der volkreichen Provinzen des Südens, mit ihrer Hilfe kann Schwarzenberg den Tormasow vertreiben, und die Armee wird sich durch die zahlreichen Kosaken derselben verstärken. Einer der größten Grundeigentümer dieser Provinzen, ein in jeder Hinsicht, selbst durch seine Gestalt ausgezeichneter Herr hat sich eingefunden, um sich an die Befreier seines Vaterlandes anzuschließen; ihm will der Kaiser den Oberbefehl über den Aufstand übertragen.

In dieser Stellung kann es an nichts fehlen: Macdonald wird aus Kurland, Oudinot aus Samogizien, der Kaiser aus den fruchtbaren Ebenen von Glubokoje seine Lebensmittel beziehen; die südlichen Provinzen werden das ihre leisten, und dann hat die Armee ihr Hauptmagazin zu Danzig und große Zwischenmagazine zu Wilna und Minsk, und so ist sie mit dem Land, das sie soeben befreit hat, in die innigste Verbindung gebracht. Hier sind der Boden, die Flüsse, die Sümpfe, die Produkte, die Bewohner zu einem großen Verteidigungssystem vereinigt.

Dies war der Plan Napoleons. Man sah ihn damals Witebsk und die Umgegend durchstreifen, um das Land kennenzulernen, das er auf längere Zeit zu bewohnen gesonnen war. Es wurden allerlei Anstalten gegründet, auch sechsunddreißig Backöfen errichtet, die auf einmal neunundzwanzigtausend Pfund Brot liefern konnten. Man blieb nicht bloß beim Nützlichen stehen, sondern war auch auf Verschönerungen bedacht. Der Platz vor dem Palaste des Kaisers war durch einige steinerne Gebäude entstellt; der Kaiser befahl seiner Garde, dieselben niederzureißen und den Schutt wegzuschaffen. Er denkt sogar an die Vergnügungen des Winters: es sollen Schauspieler von Paris nach Witebsk kommen, und da diese Stadt von ihren Einwohnern verlassen ist, sollen Zuschauerinnen von Warschau und Wilna dahin eingeladen werden.

Damals leuchtete ihm noch sein guter Stern. Glücklich, wenn er die Regungen seiner Ungeduld nicht für Eingebungen seines Genius gehalten hätte! Was man aber auch sagen mag, er ist nur durch sich selbst verführt worden; denn in ihm kam alles nur von ihm selbst, und man führte seine Klugheit vergebens in Versuchung. Vergebens versprach ihm damals einer seiner Marschälle, die Russen durch Proklamationen zum Abfall zu bringen, die von den Offizieren seines Vortrabs unter ihnen verbreitet werden sollten. Einige Polen, die, wie alle Verbannten, sich mit überspannten Hoffnungen schmeichelten, hatten diesen General durch unbesonnene Versprechungen zu betören gewußt.

Am stärksten und am meisten ist er aber durch Murat angestiftet worden. Dieser König, den die Ruhe ermüdete, und der, von Ruhmbegierde glühend, die Russen in seiner Nähe wußte, vermochte sich nicht länger zu halten. Er verläßt den Vortrab, kommt nach Witebsk, wo er, bei dem Kaiser allein, sich seiner Hitze überläßt. Er beschuldigt die russische Armee der Feigheit; wenn man ihn hört, so scheint es, als hätte sie sich nicht an dem bestimmten Orte eingefunden, gerade, wie wenn von einem Zweikampf die Rede gewesen wäre; sie sei in Schrecken gebracht und würde vor seiner leichten Reiterei zerstieben. Napoleon, der über diesen Ausbruch lächeln mußte, erwiderte darauf: »Lieber Murat! der erste russische Feldzug ist jetzt beendigt, wir wollen unsere Adler hier aufpflanzen. Unsere Stellung ist durch zwei große Flüsse bezeichnet; laßt uns dieselbe durch Blockhäuser verstärken, deren Feuer sich überall kreuze; laßt uns ein Viereck bilden, die Kanonen in den Ecken und außerhalb aufstellen; der innere Raum werde von unsern Quartieren und unsern Magazinen eingenommen; das Jahr 1813 soll uns in Moskau, das Jahr 1814 in Petersburg sehen; für den russischen Krieg sind drei Jahre erforderlich.«

So liebte er, alles auf den kürzesten Ausdruck zu bringen: eine Armee von vierhunderttausend Mann war ihm wie ein Regiment.

Bald aber stimmte sein Tun sehr übel zu seiner Rede, und jedermann war erstaunt, als die großen Vorkehrungen, die nötig waren, mit der größten Gleichgültigkeit betrieben wurden. Auf dem linken Flügel erhielt Macdonald weder Befehl noch die Mittel, Riga zu nehmen, auf dem rechten Flügel mußte Bobruisk genommen werden. Diese Festung liegt in einem weit gedehnten und tiefen Morast, und es war eine Reiterabteilung, die den Auftrag erhielt, dieselbe zu belagern.

Vordem pflegte Napoleon nie einen Befehl zu geben, dem man nicht Folge leisten konnte, aber seit dem preußischen Kriege, wo so viele Wunder geschehen waren, wollte man keine Unmöglichkeit mehr gelten lassen. Man fuhr fort, zu befehlen, denn es sollte alles versucht werden, weil bis dahin alles gelungen war. Dies veranlaßte im Anfang große Anstrengungen, die nicht immer glücklich ausfielen. Man wurde mißmutig, aber der Herrscher bestand auf seinem Willen. Da er sich gewöhnt hatte, alles zu befehlen, so gewöhnte man sich hinwiederum daran, nicht alles auszuführen.

Indessen wurde Dombrowsky vor dieser Festung mit seiner polnischen Division zurückgelassen, deren Stärke Napoleon mit achttausend Mann angab, ob er schon sehr gut wußte, daß sie damals nur zwölfhundert Mann stark war. Aber das war so seine Art, entweder weil er glaubte, daß ihm dieses nachgesprochen und der Feind dadurch getäuscht werden würde, oder weil er durch diese übertriebene Schätzung seinen Generälen zu verstehen geben wollte, wieviel er von ihnen erwarte.

Übrigens wurde die Armee von ihrem Feldherrn mit Gnadenbezeigungen überhäuft. Wenn er Verwundeten begegnete, so ließ er sie haltmachen, befrug sie, wie es ihnen gehe, erkundigte sich nach der Beschaffenheit ihrer Wunden, und wo sie solche erhalten hätten, und verließ sie nicht eher, als bis er sie durch Worte getröstet und durch reiche Gaben unterstützt hatte.

Besonders aufmerksam bewies er sich gegen seine Garde. Er selbst hielt täglich Musterung über sie, wobei er Lob und manchmal auch Tadel spendete, der jedoch meistens nur die Verpflegungsbeamten traf. Dies gefiel den Soldaten und gab ihren Klagen eine andere Richtung. Oftmals schickte er der ihm zunächst stehenden Schildwache einen Trunk Weines von seiner Tafel. Einmal ließ er den Kern seiner Garde unter Gewehr treten, er sollte einen neuen Anführer erhalten; mit seiner Stimme, seiner Hand und seinem Degen stellte er diesen vor und umarmte ihn hierauf in Gegenwart der Mannschaft. Solches Betragen ward von einigen als Dank für das Vergangene, von andern als Ermunterung für die Zukunft ausgelegt.

Letzteren war es nicht entgangen, daß Napoleon in den ersten Tagen neue Friedensvorschläge von dem Kaiser Alexander gehofft und das Elend und die Verminderung seiner Armee in Erwägung gezogen hatte.

Man mußte doch der langen Reihe der Nachzügler und der Kranken Zeit lassen; jenen, ihre Korps einzuholen, diesen, die Spitäler zu erreichen; man mußte diese Spitäler erst errichten, Lebensmittel zusammenbringen, die Pferde wieder instand setzen; und das Geschütz, die Pontons und andere Fuhrwerke, die sich in dem Sande von Litauen noch abmühten, erwarten. Seine Korrespondenz mit Europa mußte ihn auch beschäftigen; endlich ward er auch durch die große Hitze aufgehalten; denn in diesem schon durch sein Klima verteidigten Lande ist die Hitze wie die Kälte unerträglich. In dieser tückischen Atmosphäre erschlafften unsere Körper und sollten dadurch, wie es scheint, für die bald einbrechende Kälte nur um so empfindlicher gemacht werden.

Der Kaiser litt davon nicht weniger als andere. Als er sich aber ausgeruht hatte und kein Friedensbote von Alexander kommen wollte, auch seine ersten Anstalten getroffen waren, ergriff ihn die Ungeduld; er wurde unruhig, sei es, daß der an rastlose Tätigkeit gewohnte Mann, unfähig, sich in die Ruhe zu finden, die Gefahr einem langweiligen Zuwarten vorzog, oder daß ihn, wie die meisten Menschen, die Aussicht auf neuen Gewinn mehr in Anspruch nahm als die Sorge, das bereits Gewonnene zu erhalten, oder als die Furcht, eben dasselbe zu verlieren.

Zu dieser Zeit nahm der Gedanke an die Eroberung von Moskau seine Seele ganz in Besitz. Dort fanden seine Besorgnisse ihre Grenze, seine Hoffnungen ihr Ziel. Durch Moskau war für ihn alles gegeben; und jetzt ließ sich allmählich voraussehen, daß ein so lebhafter, feuriger, an die kürzesten Wege gewöhnter Geist nicht acht Monate lang mit Warten zubringen würde, wenn das Ziel so nahe lag, wenn es in zwanzig Tagemärschen erreicht werden konnte.

Im übrigen wolle man einen so außerordentlichen Mann nicht nach Schwächen beurteilen, die der menschlichen Natur ankleben: man wird ihn bald selbst hören, man wird sehen, wie sehr seine militärische Stellung durch seine politische verwickelt worden. Weiter hinaus wird man sich geneigt fühlen, den Entschluß, den er zu fassen im Begriffe steht, weniger zu tadeln, wenn man sehen wird, daß das Schicksal Rußlands durch einen einzigen gesunden Tag bedingt war, der dem Kaiser auf dem Schlachtfelde an der Moskwa gefehlt hat.

Zuerst schien er einen solchen vermessenen Gedanken sich selbst nicht eingestehen zu wollen, aber nach und nach ermutigt er sich, denselben ins Auge zu fassen; dann überlegt er die Sache, und die Unschlüssigkeit, die seine Seele quält, bemächtigt sich seiner ganzen Person. Man sah ihn in seinen Gemächern herumwandeln, wie verfolgt von der gefährlichen Versuchung; nichts vermag ihn festzuhalten; alle Augenblicke nimmt er seine Arbeit vor, legt sie beiseite und nimmt sie wieder vor; er geht, ohne sich dabei ein Ziel zu setzen, fragt nach der Zeit, sieht nach dem Wetter, dann hält er, in tiefes Nachdenken versunken, wieder still; jetzt trillert er etwas vor sich hin und geht wieder weiter.

In seiner bangen Verlegenheit sagt er in abgebrochenen Worten zu denjenigen, auf die er trifft: »Je nun, was werden wir tun, werden wir hier bleiben oder weiter vorwärtsgehen, wie kann man auf einer so rühmlichen Bahn stehen bleiben?« Er wartet die Antwort nicht ab, geht weiter und scheint irgend etwas oder irgend jemand zu suchen, um mit dessen Hilfe zu einem Entschluß zu kommen.

Niedergedrückt von der Last eines solchen Gedankens und von seiner Unschlüssigkeit gleichsam überwältigt, wirft er sich endlich auf eines der Ruhebetten, die er auf den Fußboden seiner Gemächer hat legen lassen; sein von der Hitze und der Spannung seiner Seelenkräfte erschöpfter Körper ist beinahe ohne Bedeckung; so bringt er einen Teil des Tages in Witebsk zu. Aber wenn sein Körper ruht, so ist sein Geist nur um so tätiger. Wie viele Motive treiben ihn nach Moskau! Wie die Langeweile von sieben Wintermonaten in Witebsk aushalten! Er, der immer angegriffen hat, soll sich also auf Verteidigung beschränken, zu einer Rolle sich entschließen, die seiner unwürdig ist, auf die er sich nicht versteht, und die seinem Genie gar nicht zukommt?

Und dann ist zu Witebsk nichts entschieden, und doch, wie weit ist er schon von Frankreich entfernt! Sollte er im Angesichte von Europa hier stehen bleiben, er, der sich bisher durch nichts aufhalten ließ? Müßte diese Unternehmung durch eine längere Dauer nicht noch gefährlicher werden? Soll er Rußland die Zeit gönnen, sich ganz zu waffnen? Bis zu welchem Zeitpunkt kann er wohl seine ungewisse Lage verlängern, ohne den Zauber seiner Unbesiegbarkeit, der durch den Widerstand Spaniens ohnehin schon gelitten hat, noch mehr zu schwächen, und ohne in Europa eine gefährliche Hoffnung zu wecken? Was wird man wohl denken, wenn man erfährt, daß der dritte Teil seiner Armee krank oder zerstreut von der Fahne abwesend sei? Es tut also not, durch den Glanz eines großen Sieges zu blenden und so viele Opfer unter einem Haufen von Lorbeeren zu verbergen.

Fortan sieht er in Witebsk nur die Langeweile, allen Aufwand, alle Ungelegenheiten, alle Nachteile einer defensiven Stellung. Zu Moskau sieht er dagegen den Frieden, den Überfluß, den Ersatz der Kriegskosten und einen unsterblichen Ruhm. Er beredet sich, daß es für ihn keine Klugheit mehr gebe als die Verwegenheit; daß es sich mit allen gewagten Unternehmungen verhalte wie mit den Mißgriffen, die nicht ohne Gefahr begonnen, aber oft mit Vorteil durchgesetzt werden; daß sich dieselben in der Regel nur durch ihren Erfolg rechtfertigen lassen, daß also die gegenwärtige Unternehmung vollendet, die Welt in Erstaunen gesetzt und Alexander durch ein Übermaß von Kühnheit zu Boden geworfen werden müssse, damit für so großen Verlust voller Ersatz erzielt werde.

Dieselbe Gefahr also, die ihn vielleicht hätte bestimmen sollen, an den Njemen zurückzugehen oder an der Düna zu bleiben, dieselbe Gefahr treibt ihn vorwärts nach Moskau! So geht es, wenn man sich in einer falschen Stellung befindet: man hat nur noch die Wahl unter Fehlern; nur von denen des Feindes oder vom Zufall läßt sich noch etwas hoffen.

Und nun hat er sich entschieden, er erhebt sich plötzlich, gleichsam, um der Überlegung nicht Zeit zu lassen, ihn wieder in die Ungewißheit zurückzuwerfen. Schon ganz auf die Ausführung bedacht, eilt er zu seinen Karten. Er sieht darauf Smolensk und Moskau, die große, die heilige Stadt, Namen, die er mit Wohlgefallen wiederholt, und durch die er noch heftiger versucht zu werden scheint. Bei diesem Anblick von seinem furchtbaren Gedanken entflammt, scheint er, wie vom Kriegsdämon besessen: der Ton seiner Stimme wird härter, sein Blick funkelnd, und wild der Ausdruck seines Gesichts; man geht ihm aus dem Wege, sowohl aus Schrecken als aus Ehrfurcht; aber endlich ist sein Plan fertig, sein Entschluß gefaßt, sein Weg gefunden, und jetzt kehrt die Ruhe wieder in seine Seele zurück; von seiner schweren Bürde entbunden, zeigt er in seinen Gesichtszügen eine sanfte und heitere Fröhlichkeit.

DREIZEHNTES KAPITEL

Die Vertrauten des Kaisers widersprechen seinem Plan – der Kaiser bleibt bei seinem Entschluß, der von zahlreichen Frontgenerälen, von Schmeichlern und Subalternen unterstützt wird.

Nachdem einmal sein Entschluß feststand, lag ihm sehr daran, daß seine Umgebung dadurch nicht mißmutig gemacht würde, denn er meinte, die Überzeugten müßten ihm eifriger dienen als die blind Gehorchenden; dann beurteilte er auch die Gesinnungen der Armee nach den ihrigen; endlich war ihm, wie allen Menschen, der stille Gram seiner Vertrauten sehr zuwider. Blicke der Mißbilligung und Meinungen, der seinigen entgegengesetzt, ertrug er nicht.

Noch ist zu bemerken, daß diejenigen, die ihm beistimmten,

eben dadurch einen Teil der Verantwortlichkeit übernahmen, die er vielleicht allein nicht tragen wollte.

Von seinen Vertrauten aber äußerte jeder seinen Widerspruch auf eine seinem Charakter angemessene Weise. Berthier durch eine traurige Haltung, durch Klagen und selbst durch Tränen; Lobau und Caulaincourt durch offene Freimütigkeit; der erste zeigte eine schroffe und kalte Derbheit, die bei einem so tapfern Krieger verzeihlich ist, der zweite war beharrlich bis zum Eigensinn und rasch bis zur Heftigkeit. Der Kaiser wies ihre Bemerkungen mit übler Laune zurück und rief, indem er sich besonders an seinen Adjutanten und an Berthier wendete, aus: er habe seine Generäle zu reich gemacht; sich auf der Jagd zu ergötzen, ihre kostbaren Wagen in Paris glänzen zu lassen, das sei ihnen das liebste, der Krieg sei ihnen ohne Zweifel verleidet.

Auf solche ehrenrührige Bemerkungen konnte man nicht antworten, man ließ den Kopf hängen und fügte sich. In einer Aufwallung von Ungeduld hatte Napoleon zu einem General seiner Garde gesagt: »Sie sind auf dem Biwak geboren und werden auch dort sterben.«

Duroc gab seine Mißbilligung zuerst durch ein kaltes Stillschweigen, dann durch bestimmt gefaßte Antworten, durch wahrhafte Berichte und durch kurze Bemerkungen zu erkennen. Der Kaiser antwortete ihm: er wisse wohl, daß die Russen ihn nur zu locken suchten, man müsse aber doch noch bis Smolensk vorgehen, dort wolle er sich festsetzen, und wenn Rußland im Jahr 1813 nicht Friede gemacht hätte, so wäre es verloren. Smolensk sei der Schlüssel zu den beiden Straßen von Petersburg und Moskau; man müsse diesen fassen, alsdann könne er zu gleicher Zeit nach beiden Hauptstädten vorrücken, um in der einen alles zu zerstören und in der andern alles zu erhalten.

Der Großmarschall* bemerkte dem Kaiser hierauf: er würde den Frieden in Smolensk und in Moskau ebensowenig finden, als in Witebsk; und sich so weit von Frankreich zu entfernen, sei bei der zweideutigen Stimmung der Preußen eine bedenkliche Sache.

Der Kaiser aber erwidert: daß, da in einem solchen Falle der russische Krieg keine günstigen Aussichten mehr darböte, er davon abstehen, seine Waffen gegen Preußen kehren, und diesem die Kriegskosten aufbürden würde.

* Marschall Berthier.

Es kam die Reihe an Daru; dieser Minister ist ein geradsinniger, unbeugsamer, unerschütterlicher Mann.

Die große Frage, den Marsch nach Moskau betreffend, wurde im Beisein von Berthier in acht aufeinanderfolgenden Stunden abgehandelt; der Kaiser befragte seinen Minister um seine Meinung über diesen Krieg. Daru erwiderte: dieser Krieg sei nicht national, nicht durch die Einführung einiger englischer Waren nach Rußland, selbst nicht durch die Wiederherstellung des Königreichs Polen genugsam motiviert, weder der Zweck noch die Notwendigkeit desselben werde von den Truppen und selbst nicht von ihnen eingesehen, es sei auf alle Fälle ratsam, haltzumachen.

Dagegen schrie der Kaiser laut auf: ob man ihn denn für einen Unsinnigen halte, ob man glaube, daß er den Krieg aus Neigung führe, ob man ihn nicht habe sagen hören, der spanische und der russische Krieg seien für Frankreich zwei Krebsschäden, die dessen Lebenskraft verzehren müßten.

Er wolle den Frieden, aber zum Unterhandeln gehörten ihrer zwei, er sei bis jetzt allein; vom Kaiser Alexander habe er noch keinen Buchstaben gesehen, warum er denn in Witebsk warten solle? Wollte er nach Wilna zurückkehren, so würde nur die Verpflegung, nicht aber die Verteidigung dort besser bestellt sein; er würde demnach bis an die Weichsel zurückgehen und ganz Litauen aufgeben müssen, statt daß er dagegen zu Smolensk entweder eine entscheidende Schlacht oder wenigstens einen festen Platz und eine Stellung am Dnjepr hoffen könnte.

»Noch ist kein Blut geflossen«, setzte er hinzu, »und Rußland ist zu groß, um nachzugeben, ohne geschlagen zu haben, Alexander kann erst nach einer großen Schlacht sich zu Unterhandlungen verstehen. Wenn es sein muß, werde ich diese Schlacht an den Toren der heiligen Stadt aufsuchen, und ich werde sie gewinnen. In Moskau erwartet mich der Friede. Wenn aber Alexander nach bezahlter Ehrenschuld noch den Frieden verweigert, so werde ich mit den Bojaren oder auch mit der Bevölkerung dieser Hauptstadt unterhandeln: sie ist ansehnlich und in einer Masse beisammen, folglich aufgeklärt genug, um ihre Interessen zu verstehen und die Freiheit zu begreifen.« Er schloß, indem er sagte: Petersburg werde von Moskau gehaßt, er würde die Eifersucht zwischen beiden Hauptstädten benutzen; die Resultate derselben ließen sich gar nicht berechnen.

Daru antwortete ihm: der Krieg sei ein Spiel, das er gut spiele, in dem er immer gewinne und das er also vermutlich auch gern spiele. Hier seien aber nicht sowohl die Menschen als die Natur zu besiegen, schon sei die Armee durch Desertion, Krankheit oder Hungersnot um ein Drittel vermindert.

Wenn die Lebensmittel zu Witebsk fehlen, wie wird es erst später damit bestellt sein, wenn man noch weiter vorgerückt sein wird? Die Offiziere, die man ausschickt, um dergleichen aufzutreiben, bleiben entweder ganz aus oder kommen mit leeren Händen zurück. Das bißchen Mehl und das Schlachtvieh, dessen man habhaft werden kann, wird sogleich von der Garde verschlungen. Die anderen Korps sagen von dieser, daß sie alles wegnehme und gleichsam eine bevorrechtete Klasse bilde. Die Proviant- und Rüstwagen, die Ochsenherden haben nicht folgen können, die Spitäler können die Kranken nicht fassen, es fehlt dort an Raum, Lebens- und Arzneimitteln.

Demnach ist es zweckmäßig haltzumachen, um so mehr, als von Witebsk an auf die guten Gesinnungen der Einwohner nicht mehr zu rechnen ist. Zufolge seiner geheimen Befehle sind diese sondiert worden, aber vergebens. Was ist da von der Freiheit zu erwarten, wo sie nicht einmal dem Namen nach bekannt ist, wie soll man diese Völker fassen, die halb wild, ohne Eigentum, ohne Bedürfnisse sind? Was kann man ihnen nehmen, was geben? Das Leben ist ihr einziges Gut, dieses können sie in grenzenlose Räume flüchten.

Berthier setzte noch hinzu: die Russen hätten, falls wir weiter vorrückten, unsere verlängerten Flanken, die Hungersnot und ihren mächtigen Winter für sich; wollte aber der Kaiser haltmachen, so würde ihm der Winter zustatten kommen, er würde den Krieg in seiner Gewalt haben und in seiner Nähe festhalten, statt dem trügerischen, flüchtigen und unsteten nachzulaufen.

Solche Einwendungen wurden von Daru und Berthier gemacht, der Kaiser hörte sie gelassen an, unterbrach sie aber auch zuweilen durch einen Vortrag von spitzfindigen Gründen, indem er die Frage nach seinen Wünschen, und je nachdem er sich gedrängt fühlte, so oder anders stellte. So unangenehm aber auch die Wahrheiten sein mochten, die er zu hören bekam, so hörte und beantwortete er sie doch mit aller Geduld; in dieser ganzen Erörterung zeigte er in seinen Reden, seinen Worten, seinen Gebärden und allen seinen Äußerungen eine höchst merkwürdige Nachsicht, Einfachheit und Gutmütigkeit, die er übrigens im Umgang mit seinen Vertrauteren fast niemals verleugnet hat.

Daher kommt es auch, daß er trotz seines großen Unglücks noch jetzt von denen geliebt ist, die ihn näher gekannt haben.

Der Kaiser, wenig befriedigt, ließ nach und nach mehrere Generäle seiner Armee zu sich kommen, die, von ihm befragt, wohl wußten, was sie zu antworten hatten. Einige dieser Generäle, als geborne Soldaten gewohnt, seiner Stimme zu gehorchen, waren in diesen Besprechungen so unterwürfig gegen ihn als auf dem Schlachtfelde. Andere erwarteten, um ihre Meinung zu sagen, den Ausgang: vor dem Manne, der stets glücklich gewesen war, wollten sie nicht von ihren Besorgnissen reden, nicht ihre Meinung sagen, die vielleicht durch den Erfolg beschämt werden konnte.

Die meisten erklärten sich beifällig, wohl wissend, daß, wenn sie auch auf die Gefahr zu mißfallen zum Stillstand rieten, der Marsch demungeachtet stattfinden würde. Da einmal neue Gefahren bestanden werden sollten, wollten sie diesen lieber freiwillig zu trotzen scheinen; auch schien es ihnen geratener, mit ihm unrecht als recht gegen ihn zu haben.

Einer von ihnen aber begnügte sich nicht damit, dem Kaiser beizustimmen, sondern er ermunterte ihn auch noch in seinem Vorhaben, indem er aus strafbarem Ehrgeiz die Zuversicht desselben durch übertriebene Angaben, den Zustand seiner Division betreffend, erhöhte. Denn nach so vielen Strapazen, die von keiner Gefahr begleitet gewesen, wird es den Anführern zu einem großen Verdienst angerechnet, wenn sie die größte Anzahl von Soldaten bei den Adlern zu erhalten gewußt hatten. Man faßte dadurch den Kaiser an seiner schwächsten Seite, und die Zeit der Belohnungen kam heran. Der, von dem die Rede ist, verbürgte, um zu gefallen, die Kriegslust seiner Soldaten, deren abgemagerte Gesichter übel zu einer solchen Schmeichelei stimmten. Der Kaiser glaubte an diese Kriegslust, weil sie ihm gefiel, und weil er die Soldaten nur bei den Musterungen sah, wo seine Gegenwart, der militärische Prunk, die zahlreiche Versammlung die Gemüter in Schwung setzten, und wo alles, selbst der geheime Befehl der Anführer, die Begeisterung gebot.

Aber nur mit seiner Garde beschäftigte er sich auf diese Weise. In der Armee beklagten sich die Soldaten über seine Abwesenheit. Sie sagten: sie bekämen ihn nur an den Schlachttagen zu sehen, nur wenn vom Sterben, nie wenn vom Leben die Rede sei; sie seien alle nur für ihn da, er aber scheine sich nicht viel um sie zu bekümmern.

So klagten die Leidenden, ohne jedoch recht einzusehen, daß ein solcher Übelstand von diesem Feldzug unzertrennlich sei. Man mußte die Armeekorps weit auseinanderziehen, damit sie in diesen öden Gegenden zu leben fänden; dadurch blieb Napoleon von den Seinen entfernt, kaum konnte seine Garde in seiner Nähe Lebensmittel und Unterkunft finden, die übrige Armee war außer seinem Bereich. Es waren allerdings einige Mißgriffe gemacht worden, man hatte, unbekannt auf wessen Befehl, im kaiserlichen Hauptquartier mehrere Zufuhren von Lebensmitteln, die für andere Korps bestimmt waren, für die Garde weggenommen. Diese Gewalttätigkeit, zu der noch die Eifersucht kam, mit der man die auserlesenen Korps anzusehen pflegt, mußte Mißvergnügen in der Armee erregen.

Die Ehrfurcht für den Sieger von Europa und die Notwendigkeit hielten jedoch das Ganze noch immer zusammen. Man stak schon zu tief in der Gefahr. Um schnell wieder herauszukommen, mußte man einen Sieg haben, und diesen konnte nur er verschaffen. Die großen Namen von Smolensk und Moskau schreckten nicht. Durch das, was in andern Zeiten gewöhnliche Menschen zurückgescheucht haben würde: durch ein unbekanntes Land, durch neue Völker, durch die Entfernung, die alles vergrößert, fanden sich dagegen diese Menschen angezogen, sie gefielen sich nur in abenteuerlichen Lagen, denen Gefahren und immer neue Wagstücke einen ganz eigentümlichen Reiz geben. So rührige Menschen, die alles gekostet und versucht hatten, mußten etwas Neues haben.

Damals kannte der Ehrgeiz keine Schranken, alles flößte die Liebe des Ruhms ein, man war auf eine endlose Bahn gestellt. Und was hätte nicht ein großer Kaiser auszurichten vermocht, der zu seinen Soldaten, die ihm den Sieg von Austerlitz erfochten hatten, sagen konnte: »Gebt euern Söhnen meinen Namen, ich erlaube es euch, und wenn einer darunter unser würdig ist, so mache ich ihn zu meinem Erben und ernenne ihn zu meinem Nachfolger.«

Geplänkel auf dem linken Flügel – kleinere Gefechte mit wechselnden Erfolgen – Napoleon erhält die Nachricht vom russisch-türkischen Friedensschluß in Bukarest – er befiehlt den Aufbruch der Armee in Richtung Smolensk, wo er eine Entscheidungsschlacht erwartet.

Indessen hatte die Vereinigung der beiden Flügel der russischen Armee in der Gegend von Smolensk Napoleon genötigt, seinen Armeekorps eine mehr konzentrische Richtung zu geben. Noch war kein Zeichen zum Angriff erfolgt, aber der Krieg umlagerte ihn und schien sein Genie durch Vorteile in Versuchung zu führen, durch Unfälle herauszufordern.

Zu seiner Linken hatte der Herzog von Reggio am 1. August durch einen kühnen Marsch auf Sebecz bis nach Jacubowo den linken Flügel von Wittgenstein soeben umgangen. Dieser feindliche General, der, bei Drißa zurückgelassen, die Straße von Sebecz nach Petersburg decken sollte und sowohl auf Oudinot als auf Macdonald Rücksicht nehmen mußte, befand sich zwischen den beiden Straßen, die von Polozk und Dünaburg nach Sebecz führen. Als er sich am 30. Juli links von Oudinot umgangen sah, so eilte er herbei, entschlossen, durch einen Sieg diesen Zweig seiner Operationslinie wieder aufzufassen.

Durch diesen Entschluß ist Oudinot in dem seinigen wankend gemacht worden. Nach einem zweitägigen Kampf hat der französische Marschall seinen Vorteil aufgegeben: in einer beengten, vom feindlichen Feuer ganz umfaßten Stellung hat er sich nicht durch einen Angriff Luft gemacht, sondern den Rückzug gewählt. Der russische General ist dadurch noch kühner geworden und hat Unordnung in unsern Rückzug gebracht; einige hundert Gefangene sind mit vielem Fuhrwesen in die Hände von Koulniew gefallen.

Wittgenstein, durch diesen leichten Vorteil erhitzt, strebt nach größeren Resultaten. In seinem Siegesrausch läßt er Koulniew mit zwölftausend Mann über die Drißa gehen, um die Generäle Albert und Legrand zu verfolgen. Diese hatten hinter einem Hügel haltgemacht, und da der russische General sich unklugerweise in ein Defilee wagt, das zwischen ihnen und dem Flusse liegt, so stürzen sie plötzlich auf ihn los, werfen ihn über den Haufen, töten ihn und nehmen ihm acht Kanonen und zweitausend Gefangene ab.

Koulniew starb, wie man sagt, eines heldenmütigen Todes.

Eine Kanonenkugel hatte ihm beide Schenkel zerschmettert und ihn unter seine eigenen Kanonen geschleudert. Als er hier die Franzosen anrücken sah, riß er sich seine Ehrenzeichen ab und soll, um sich selbst für seine Verwegenheit an Ort und Stelle zu bestrafen, den Seinigen befohlen haben, ihn liegen zu lassen.

Mit dem Sieg ging die Vermessenheit von den Russen zu den Franzosen über, die, durch diesen unerwarteten Vorteil erhitzt, vergessen, welchem Fehler sie denselben verdanken, diesen Fehler, ohne es zu ahnen, nachahmen und im größten Ungestüm den flüchtigen Russen nacheilen. So legt der französische Vortrab auf die unbesonnenste Weise zwei Stunden Wegs zurück und wird seine Tollkühnheit erst dann gewahr, als er die russische Armee vor sich erblickt. Oudinot, der hierauf wieder über die Drißa zurückgeworfen wird, büßt seine erhaltenen Vorteile wieder ein und muß sogar, nachdem Wittgenstein wieder Verstärkungen an sich gezogen hat, bis nach Polozk zurück, worauf Wittgenstein seine erste Stellung bei Oßweia ungehindert wieder bezieht. Napoleon, hierüber aufgebracht, schickt jetzt St. Cyr mit den Bayern in diese Gegend, wodurch das dortige Armeekorps auf fünfunddreißigtausend Mann gebracht wird.

Fast zu gleicher Zeit erhielt man zu Witebsk die Nachricht, daß der Vortrab des Vizekönigs einige Vorteile erfochten habe, daß aber Sebastiani im Mittelpunkt, unweit des Dnjepr, bei Inkowo von der Überzahl überwältigt und geschlagen worden sei.

Damals befahl Napoleon dem Herzog von Bassano, den Türken mit jedem Tage neue Siegesnachrichten, gleichviel, ob wahre oder falsche, zugehen zu lassen, damit dieselben dadurch bewogen würden, ihren Frieden mit den Russen noch aufzuschieben. Er war mit diesem Gegenstand noch beschäftigt, als die Nachricht nach Witebsk kam, daß die Russen den Abschluß des Friedens von Bukarest durch Kanonen-Salven verkündet und gefeiert hätten.

Dieser von Kutusow unterzeichnete Friede war am 14. Juli ratifiziert worden.

Napoleon, durch Duroc hiervon benachrichtigt, ist darüber sehr bekümmert. Zuerst beschuldigt er Maret, die Unterhandlungen zu schläfrig betrieben zu haben, dann klagt er die Unfähigkeit der Türken, die durch den Frieden immer mehr verlören als durch den Krieg, endlich die treulose Politik seiner Alliierten an, die in dieser Entfernung und in dem Dunkel des Serails ohne

Zweifel gegen ihren gemeinsamen Beherrscher sich vereinigt haben werden.

Durch diese Begebenheit wird ihm ein schneller Sieg nur um so unentbehrlicher, jede Friedenshoffnung ist verschwunden, er hat soeben die russischen Proklamationen gelesen, die in einer für rohe Völker verständlichen Schreibart abgefaßt waren.

Napoleon entschließt sich. Sein Entschluß ist, ohne verwegen zu sein, groß und kühn wie die ganze Unternehmung. Wenn er sich von Oudinot entfernt, so hat er ihn vorher durch St. Cyr verstärkt und ihm befohlen, sich mit Macdonald in Verbindung zu setzen. Wenn er auf den Feind losgeht, so vertauscht er zugleich diesem gegenüber, in dessen Bereich und ohne daß er es ahnt, seine bisherige Operationslinie von Witebsk gegen diejenige von Minsk. Sein Manöver ist so gut berechnet, seine Generäle sind so sehr an Pünktlichkeit, Genauigkeit und an das Geheimnis gewöhnt, daß er in Zeit von vier Tagen mit einer Masse von hundertfünfundachtzigtausend Mann auf der linken Flanke und im Rücken eines Feindes angekommen sein wird, der die Franzosen in der Richtung von Witebsk vergebens aufgesucht hat und dieselben überfallen wollte.

Indessen wird er durch den Umfang und die Vielheit der Operationen, die überall seine Gegenwart erheischen, noch in Witebsk festgehalten. Nur durch Vermittlung seiner Briefe kann er allenthalben gegenwärtig sein. Sein Kopf allein arbeitet, und er überläßt sich der Hoffnung, daß seine dringenden und wiederholten Befehle hinreichen werden, selbst die Natur zu besiegen.

Die Armee, sich selbst verpflegend, lebte von einem Tage zum andern, sie hatte nicht auf vierundzwanzig Stunden Lebensmittel, und er befiehlt ihr, sich damit auf vierzehn Tage zu versehen. Er ist unaufhörlich mit Diktieren beschäftigt. Am 10. August läßt er an den Fürsten von Eckmühl acht Befehle und fast eben so viele an jeden seiner andern Unterführer ausfertigen. Durch sie beruft er alles zu sich, zufolge seines Grundsatzes, »daß der Krieg nichts anders sei als die Kunst, auf einem gegebenen Punkte mehr Menschen zusammenzubringen als der Feind.« Er schreibt also an Davoust: »Lassen Sie Latour-Maubourg einrücken; wenn der Feind, wie ich zu glauben befugt bin, bei Smolensk standhält, so wird es zu einer entscheidenden Schlacht kommen, und wir können alsdann nicht stark genug sein. Orcha wird der Armee zum Knotenpunkt dienen. Alles läßt vermuten, daß bei Smolensk eine große Schlacht vorfallen werde. Es sind also Spitäler vonnöten, und zwar zu Orcha, Dombrowna, Mohilew, Kochanowo, Bobré, Borizow und Minsk.«

Und jetzt zum ersten Male zeigt er eine lebhafte Besorgnis wegen der Vorräte zu Orcha. Am 10. August gibt er in demselben Augenblick, wo er diesen Brief diktiert, den Befehl zum Aufbruch. In Zeit von vier Tagen soll seine ganze Armee auf dem linken Ufer des Dnjepr in der Gegend von Lyadi versammelt sein. Am 13. verließ er Witebsk, wo er vierzehn Tage verweilt hatte.

FÜNFZEHNTES KAPITEL

Neuer Operationsplan Napoleons – anstrengender Marsch bis Krasnoje – die Rolle der Juden in diesem Gebiet – erfolgreiches Gefecht Murats – Zweifel am guten Ausgang des Feldzugs in der engsten Umgebung des Kaisers.

Durch die Schlappe von Inkowo war Napoleon soeben zu einem Entschluß vermocht worden. Zehntausend russische Reiter hatten in einem Vortrabsgefecht die Reiterei von Sebastiani geworfen. Der geschlagene General, der von ihm erstattete Bericht, die Dreistigkeit des Angriffs, die Hoffnung, das dringende Bedürfnis einer entscheidenden Schlacht – alles bestimmte den Kaiser zu glauben, daß die russische Armee sich zwischen der Düna und dem Dnjepr befinde und gegen die Mitte unserer Kantonierungsquartiere im Anzug sei; und dies war auch in der Tat der Fall.

Die Große Armee lag in ihren Quartieren zerstreut, man mußte sie zusammenziehen. Napoleon hatte sich entschlossen, mit seiner Garde, der italienischen Armee und drei Divisionen von Davoust an den Russen vorbeizuziehen, seine Operationslinie von Witebsk gegen diejenige von Orcha zu vertauschen und sich endlich mit hundertfünfundachtzigtausend Mann auf dem linken Ufer des Dnjepr in die linke Flanke der feindlichen Armee zu werfen. Durch den Fluß gedeckt, will er diese überflügeln und ihr in Smolensk zuvorkommen. Gelingt ihm dies, so ist die russische Armee nicht nur von Moskau, sondern auch von der Mitte und dem Süden des Reichs abgeschnitten und in den Norden verwiesen, und gegen Bagration und Barclay zusammen ist alsdann alles dasjenige ausgeführt, was zu Witebsk gegen Barclay allein vergebens war versucht worden.

Die Operationslinie einer so großen Armee sollte also plötzlich verändert, zweihunderttausend Mann, auf einem Raume von mehr als fünfzig Stunden zerstreut, sollten mit einem Schlag ohne Wissen des Feindes in seinem Bereich und auf seiner linken Flanke vereinigt werden. Dies ist ohne Zweifel einer jener großen Entschlüsse, die, ebenso schnell und ebenso gut ausgeführt als gedacht, mit einemmal die ganze Gestalt des Kriegs verändern, das Schicksal der Staaten entscheiden und das Genie der Eroberer in seinem vollen Glanze zeigen.

Wir waren auf dem Marsch, und von Orcha bis Lyadi bildete die französische Armee auf dem linken Ufer des Dnjepr eine einzige lange Kolonne. In dieser Masse zeichnete sich das erste Korps unter Davoust durch die in seinen Divisionen herrschende Ordnung und Gleichförmigkeit aus; die Sorgfalt, mit der diese Soldaten verpflegt und mit der sie dazu angehalten wurden, ihre Lebensmittel, die der leichtsinnige Soldat so gerne verschleudert, zu sparen und zu erhalten; endlich die Vollzähligkeit dieser Divisionen, die glückliche Frucht einer strengen Disziplin, all dies mußte die Aufmerksamkeit und die Bewunderung der Armee auf sich ziehen. Die Division Gudin fehlte; ein unrichtig geschriebener Befehl war schuld daran, daß sie vierundzwanzig Stunden lang in morastigen Wäldern sich herumtreiben mußte; endlich kam sie doch, aber um dreihundert Streiter geschwächt, denn dergleichen Fehler werden nur durch übertriebene Märsche wiedergutgemacht, auf denen die Schwächlichsten unterliegen. Der Kaiser legte den Marsch über den mit Wald bedeckten Bergrücken, der die Düna von dem Boristhenes scheidet, in einem Tage zurück und ging bei Raßaßna über den letzteren Fluß.

Er schlief in seinem Zelt vorwärts von Raßaßna. Den anderen Tag marschierte die ganze Armee in schlagfertiger Ordnung. Der Kaiser ritt in der Mitte. Der Vortrab trieb zwei Kosakenpulks vor sich her, die nur so viel Widerstand leisteten, als nötig war, um die zur Zerstörung der Brücken und Vernichtung einiger Heuschober erforderliche Zeit zu gewinnen. Die von dem Feind geräumten Ortschaften wurden sogleich geplündert. Man ging in großer Eile und Unordnung vorwärts.

Über die Gewässer kam man nur durch Furten, die bald genug verdorben waren, die folgenden Regimenter gingen alsdann anderswo über, wo sie konnten, man bekümmerte sich wenig darum, der Generalstab achtete nicht auf dergleichen. An den gefährlichen Stellen oder bei den Scheidewegen blieb niemand zurück, es schien, als ob jedes Armeekorps, jede Division, jeder einzelne Soldat allein für sich da wäre, wie wenn das Schicksal eines jeden nicht auch von dem Schicksal des andern abgehangen hätte.

Man ließ überall Nachzügler und verirrte Leute zurück, die Offiziere gingen gleichgültig an ihnen vorüber. Es wäre da zuviel zu tun gewesen, und man war zu sehr mit sich beschäftigt, als daß man sich auch noch um andere hätte bekümmern können. Viele von diesen zurückgebliebenen Leuten waren Marodeurs, die eine Krankheit oder eine Wunde vorschützten, um sich alsdann auf die Seite zu schleichen. Man hatte nicht Zeit, dergleichen zu hindern, und es wird auch überall geschehen, wo große Massen mit solcher Eile vorwärts getrieben werden, denn in einer allgemeinen Unordnung kann keine innere Ordnung bestehen.

Bis nach Lyadi hin schienen uns die Dörfer eher jüdische als polnische Wohnorte zu sein. Die Litauer flohen zuweilen bei unserer Ankunft, die Juden blieben. Nichts würde sie vermocht haben, ihre elenden Wohnungen zu verlassen. Man erkannte sie an ihrer schnarrenden Aussprache, an ihrer geläufigen und geflügelten Rede, an der Lebhaftigkeit ihrer Bewegungen, an ihren durchdringenden Blicken, ihren langen und zugespitzten Gesichtszügen. Der lange, geschmeidige und magere Wuchs, der hastige Gang, endlich ihr gewöhnlich roter Bart, ihre langen schwarzen Talare, die nur durch einen ledernen Gürtel um die Lenden befestigt sind – durch all dieses unterscheiden sie sich von den litauischen Bauern, mit denen sie nur den Schmutz gemein haben.

In früheren Zeiten hat sie ihre Religion, heutzutage aber das Andenken an ein lange erlittenes Unrecht zu Menschenfeinden gemacht. Früher bedienten sie sich der Waffen, jetzt der List. Dieses Volk ist den Russen ein Greuel, vielleicht, weil es ein abgesagter Feind alles Bilderdienstes ist, wo dagegen die Moskowiter die Verehrung der Bilder bis zur Abgötterei treiben. Sei es nun Aberglaube oder wetteifernde Gewinnsucht – die Russen haben den Juden das Land verboten. Diese rächten sich dafür mit unmächtigem Haß, aber sie verabscheuten weit mehr noch unser Plünderungssystem. Feinde von jedermann, Kundschafter von beiden Armeen, verkauften sie die eine der anderen, aus Groll, aus Furcht, oder in Gemäßheit der Umstände.

Über Lyadi hinaus, wo das russische Gebiet seinen Anfang nimmt, verschwinden die Juden, doch fühlten wir bald genug, daß sie uns abgingen. Man vermißte besonders ihren tätigen und betriebsamen Eigennutz, von dem durch Geld alles zu erhalten war, ihr deutsches Rotwelsch, die einzige Sprache, die wir in diesen Wüsten verstanden, und die ihnen allen geläufig ist, weil sie dieselbe in ihrem Verkehr nicht entbehren können.

Am 15. August des Nachmittags um drei Uhr bekam man Krasnoje zu Gesicht, wo ein russisches Regiment den Marschall Ney vergebens aufzuhalten suchte. Nachdem diese hölzerne Stadt im ersten Anlauf genommen war, sah man jenseits derselben sechstausend Mann russischer Infanterie, die, in zwei Kolonnen abgeteilt, sich unter dem Schutz einiger Escadrons zurückzogen; es war dies das Korps von Newerowskoi.

Auf dem für die Reiterei geeigneten Boden machte Murat als Reitergeneral sein Recht geltend. Da aber die Brücken von Krasnoje abgetragen waren, mußte sich die französische Reiterei weit links ziehen und durch schlechte Furten langsam defilieren*, um endlich an den Feind zu gelangen. Nachdem dieses geschehen war, flößte die Schwierigkeit des Terrains, das man zunächst im Rücken hatte, sowie die gute Fassung der Russen Bedenklichkeiten ein. Man wollte sich erst sammeln und dann deployieren**, und verlor dadurch Zeit. Doch war die feindliche Reiterei nach einem ersten Angriff über den Haufen geworfen. Newerowskoi, jetzt im Stiche gelassen, nahm seine zwei Kolonnen zusammen und bildete daraus ein volles und dicht geschlossenes Viereck, das von der französischen Reiterei weder durchdrungen noch gesprengt werden konnte.

Man muß sogar gestehen, daß unsere ersten Angriffe zwanzig Schritte vor der Front der Russen ins Stocken gerieten. Sooft sich diese zu sehr gedrängt fühlten, machten sie rechtsum kehrt, erwarteten uns stehenden Fußes, gaben Feuer und benutzten alsdann sogleich die dadurch bei uns entstandene Unordnung, um wieder weiterzukommen.

Man sah, wie ihre Kosaken mit ihren Lanzen auf diejenigen Soldaten losschlugen, die nicht gehörig aufgeschlossen blieben oder aus den Gliedern treten wollten; denn unsere Escadrons waren immer bei der Hand, erspähten jede Blöße und fingen alles auf, was sich von der Masse entfernte.

* hier im Sinne von ›hindurchziehen‹.

** in der militärischen Fachsprache (von le deploiement): sich entfalten, aufmarschieren.

Es war für Newerowskoi ein sehr kritischer Augenblick alsdann eingetreten, als seine Kolonne, links der Straße im Roggenfeld marschierend, von einer dichten Reihe starker Palisaden, die einem langen Acker zur Einfassung dienten, aufgehalten wurde. Seine Soldaten, von den unsrigen ereilt, fanden nicht mehr Zeit, diese Schranke zu durchbrechen, und Murat ließ die Württemberger auf sie los, um sie zu entwaffnen. Während aber die Spitze der russischen Kolonne das Hindernis überstieg, machten die letzten Glieder Front, blieben stehen und gaben Feuer. Bestürzt, wie sie waren, schossen sie freilich größtenteils in die Luft, aber in solcher Nähe, daß die württembergischen Pferde, durch den Pulverdampf, das Feuer und den Knall scheu geworden, in die größte Unordnung gerieten.

Die Russen, den Augenblick benutzend, setzten die Schranke, die ihnen so verderblich hätte werden sollen, zwischen uns und sich, formierten ihre Kolonne wieder und gewannen Boden. Endlich kam einiges französisches Geschütz, das allein in diese lebendige Mauer eine Bresche legen konnte. Jetzt drangen unsere Escadrons herein, aber nicht tief, weil die Pferde in dieser zähen und dichten Masse gleichsam steckenblieben.

Newerowskoi sputete sich, um ein Defilee zu erreichen, wo Grouchy den Befehl hatte, ihm zuvorzukommen. Aber dieser General und seine Reiterei kamen zu spät, sei es, daß sie sich zu weit links gezogen hatten, oder daß die Beschaffenheit des Bodens keine schnellere Bewegung gestattete, oder daß Grouchy die Wichtigkeit derselben nicht ahnte.[6] Diese war aber groß, weil sich zwischen Smolensk und Murat nichts befand als dieses russische Korps, nach dessen Niederlage Smolensk ohne alle Verteidigung überrascht, ohne Gefecht erobert und die russische Armee von ihrer Hauptstadt abgeschnitten werden konnte. Aber es gelang endlich dieser russischen Division, eine Gegend zu gewinnen, wo ihre Flanken durch Waldungen gedeckt waren.

Newerowskoi hatte sich wie ein Löwe zurückgezogen, aber doch zwölfhundert Tote, tausend Gefangene und acht Kanonen verloren. Der französischen Reiterei blieb die Ehre des Tages.

Der Zufall fügte es, daß dieser Vorteil gerade an dem Namenstag des Kaisers errungen ward. Die Armee dachte nicht daran, diesen zu feiern: die Stimmung der Menschen und alle übrigen Verhältnisse paßten nicht zu einem Feste. Ein leerer Zuruf wäre in diesen weiten Einöden verhallt. In unserer Lage gab es keinen Festtag als den Tag eines vollständigen Sieges.

Murat und Ney aber, als sie dem Kaiser von dem, was vorgefallen, Bericht erstatteten, wollten demselben durch eine Salve von hundert Kanonenschüssen eine Beziehung auf diesen Tag geben. Der Kaiser tadelte dies und bemerkte, daß man das französische Pulver in Rußland nicht so verschwenden sollte. Man antwortete ihm aber, daß es russisches, soeben erbeutetes Pulver sei. Bei dem Gedanken, sein Namensfest auf Kosten des Feindes feiern zu lassen, mußte Napoleon lächeln, und man fand, daß diese Schmeichelei von einer ganz besondern Art sich für solche Männer zieme.

Prinz Eugen brachte auch seine Glückwünsche; der Kaiser sagte ihm: »Alles schickt sich zu einer Schlacht an, ich werde sie gewinnen, und dann werden wir Moskau zu sehen bekommen.«

Der Prinz schwieg und begnügte sich, dem Marschall Mortier, der ihn darüber ausfrug, zu sagen: »Moskau wird uns verderben.«

So fing man schon damals an zu mißbilligen.

Duroc, der Behutsamste von allen, der Freund, der Vertraute des Kaisers, sagte laut, daß sich der Zeitpunkt unserer Rückkehr gar nicht absehen lasse. Man sprach sich jedoch nur im engeren Kreise auf diese Weise aus, denn man sah wohl ein, daß, wenn die Sache einmal beschlossen sei, alle zu der Ausführung mitwirken und, je größer die Gefahr sei, desto mehr Mut zeigen müßten, da jedes entmutigende Wort ein wahrer Verrat sein würde. Darum sah man auch diejenigen, die im Zelt des Kaisers durch Stillschweigen oder durch Worte ihre Mißbilligung zu erkennen gaben, die größte Heiterkeit und Zuversicht gleichsam zur Schau stellen. Ein solches Benehmen war ihnen durch die Ehre geboten, der große Haufe aber legte es als Schmeichelei aus.

Newerowskoi, der sehr gelitten hatte, warf sich eiligst nach Smolensk und ließ nur einige Kosaken zurück, um die Fourage verbrennen zu lassen, doch blieben die Häuser verschont.

Der Gegensatz zwischen den russischen Oberkommandierenden Barclay und Bagration lähmt die russische Führung – die Russen wünschen eine Schlacht zur Verteidigung Altrußlands – die Niederlage Newerowskois veranlaßt den schleunigen Rückzug auf Smolensk – die Vorhut unter Ney erreicht Smolensk – Napoleon erwartet die Schlacht – Barclay ist entschlossen, sie zu vermeiden.

Während die Große Armee solchergestalt am linken Ufer des Dnjepr hinaufzog, glaubten Barclay und Bagration, die zwischen diesem Fluß und dem See Casplia in der Gegend von Inkowo standen, noch die ganze französische Armee vor sich zu haben. Schon zweimal hatten sie, durch die dringenden Vorstellungen des General-Quartiermeisters bewogen, den Entschluß gefaßt, die Linie unserer Kantonierungs-Quartiere zu durchbrechen, aber, durch die Kühnheit dieses Gedankens wieder geschreckt, die bereits begonnene Bewegung ebensooft wieder eingestellt. Zu verzagt endlich, um nur von sich selbst Rat zu nehmen, schienen sie jetzt die Entscheidung der Begebenheiten und unsern Angriff abwarten zu wollen, um ihre Verteidigung danach einzurichten.

Die Uneinigkeit zwischen diesen beiden Generälen gab sich auch durch die Unsicherheit ihrer Bewegungen kund. Zufolge ihrer Stellung, ihres Charakters und selbst ihrer Abstammung mußten beide wie zwei feindliche Pole einander abstoßen. Barclay, ein kaltblütiger, wissenschaftlich gebildeter, methodischer und beharrlicher Mann, von Geburt und nach seiner Sinnesart ein Deutscher*, wollte selbst den Zufall berechnen und alles seiner Taktik, nichts dem Glücke verdanken. Bagration, ein alter Russe aus der Schule Suwarows, hatte den Instinkt einer kühnen und durchgreifenden Kriegsweise und stand nur ungern unter dem Befehle eines Generals, der weniger Dienstjahre zählte; schrecklich in der Schlacht, kannte er kein anderes Buch als die Natur, keine andere Wissenschaft als die Erinnerungen seines Lebens, keinen Rat als die Eingebungen seines Mutes.

An der Grenze von Altrußland angekommen, schämte sich dieser alte Russe bei dem Gedanken, ohne Gefecht noch weiter zurückzuweichen. In der Armee teilte jedermann seine Kampf-

* Irrtum Ségurs: Barclay de Tolly war schottischer Abkunft.

lust. Diese ward gereizt einerseits durch den patriotischen Stolz der Edelleute, den Vorteil von Inkowo, die Untätigkeit Napoleons zu Witebsk und durch die schneidenden Reden derjenigen, die keine Verantwortlichkeit hatten; andererseits durch die Stimmung der Kaufleute, Bauern und Soldaten, die uns bereit sahen, ihren heiligen Boden zu betreten, und einen solchen Greuel verfluchten. Alle verlangten daher eine Schlacht.

Barclay allein widersetzte sich. Sein Plan, fälschlich England zugeschrieben, lag schon seit dem Jahre 1807 in seiner Seele. Allein er mußte seine Armee wie die unsrige bekämpfen und, obgleich Obergeneral und Minister, war er doch nicht Russe, nicht Sieger genug, um das Vertrauen der Russen zu gewinnen. Er hatte nur das Vertrauen seines Kaisers.

Bagration und seine Offiziere nahmen Anstand, ihm zu gehorchen. Es kam darauf an, den heimatlichen Boden zu verteidigen und sich für das allgemeine Beste aufzuopfern. Diese Frage betraf jedermann, und jedermann glaubte daher, daß ihm darüber ein Urteil zustehe. In ihrem Unglück weckte die Klugheit ihres Generals ihr Mißtrauen, während wir im Glück, mit Ausnahme einiger Kommandeure, blindlings auf die Kühnheit unseres bisher immer glücklichen Feldherrn vertrauten; denn im Glück ist der Oberbefehl eine leichte Sache, niemand untersucht, ob Klugheit oder Glück das Ruder führe. So geht es den Feldherrn: glücklich, finden sie blinden Gehorsam, unglücklich, allgemeinen Tadel.

Barclay konnte jedoch dem allgemeinen Impuls nicht ganz widerstehen; er mußte einen Augenblick nachgeben, seine Streitkräfte bei Rudnia vereinigen und den Versuch wagen, die zerstreute französische Armee zu überfallen. Aber der schwache Streich, den sein Vortrab bei Inkowo geführt hat, macht ihn ängstlich, er zittert, hält inne und verliert mehrere Tage durch Märsche und Gegenmärsche, weil er Napoleon bald vor sich, bald in seiner rechten Flanke, überall, nur nicht in seiner linken Flanke, die er durch den Dnjepr gedeckt zu haben glaubt, mit jedem Augenblick zu sehen fürchtet. So zauderte er noch, als plötzlich das Notgeschrei von Newerowskoi in seinem Lager widerhallt. Sofort war von keinem Angriff mehr die Rede, man ergriff die Waffen und eilte nach Smolensk, um diese Stadt zu verteidigen.

Schon bedrohten Murat und Ney dieselbe, jener mit seiner Reiterei auf der Seite, wo der Dnjepr in die Stadt tritt, der andere mit seiner Infanterie da, wo dieser Fluß die Stadt verläßt, und zwar auf einem mit Wald bedeckten, von tiefen Schluchten durchschnittenen Boden. Dieser Marschall stützte seinen linken, Murat seinen rechten Flügel an den Fluß, und Poniatowsky kam soeben von Mohilew, um letzteren zu verstärken.

In dieser Gegend wird der Dnjepr durch zwei steile Hügel eingeengt, auf diesen ist Smolensk erbaut und gewährt den Anblick von zwei Städten, die durch den Fluß geschieden und durch zwei Brücken miteinander verbunden werden; der Stadtteil auf dem rechten Ufer ist der jüngere, ganz für den Verkehr bestimmt und offen, beherrscht aber den anderen, von dem er gewissermaßen nur die Vorstadt ist.

Die Altstadt, auf der Bergplatte und den Abhängen des linken Ufers erbaut, hat eine Ringmauer, fünfundzwanzig Fuß hoch, achtzehn Fuß dick, dreitausend Klafter lang, und wird durch neunundzwanzig starke Türme, durch eine schlechte Citadelle und durch einen breiten Graben verteidigt, der die Stelle eines bedeckten Weges vertritt. Die von Erde aufgeführte Citadelle hat fünf Bollwerke und beherrscht die Straße von Orcha. Einige Außenwerke und Vorstädte bei dem Tore von Mohilew und vom Dnjepr sind durch eine Schlucht gedeckt, die sich fast entlang der ganzen Stadt hinzieht und in der Nähe des Dnjepr, in der Gegend der Citadelle, eine größere Vertiefung bildet.

Bei dem Anblick von Smolensk konnte der feurige Ney sich nicht mehr halten: vielleicht waren ihm die Wunder des preußischen Kriegs, wo Reiter mit dem Säbel in der Faust Festungen genommen hatten, zur Unzeit eingefallen, vielleicht wollte er die erste russische Festung vorläufig rekognoszieren – er kam aber der Stadt zu nahe und erhielt einen Streifschuß am Hals. Darüber aufgebracht, hetzte er unter dem dichtesten Kugelregen ein Bataillon* gegen die Citadelle, das bald zwei Drittel seiner Mannschaft verlor. Die übrigen drangen bis zur Ringmauer vor, von der nur wenige wieder zurückkamen. Man sprach nur wenig von dem Heldenstück dieser Soldaten, weil es ein Fehler des Generals war und zu nichts führen konnte.

Etwas kälter geworden, zog sich Ney auf einen sandigen, mit Bäumen bewachsenen, zunächst dem Dnjepr gelegenen Hügel

* Es war dies das württembergische Fußjäger-Bataillon König. (Anmerkung des Übersetzers)

zurück, wo er sich in der Gegend umsah. Es währte nicht lange, so glaubte er jenseits des Dnjepr eine Truppenmasse zu entdekken, die sich bewegte. Da eilt er zum Kaiser und führt ihn durch Vertiefungen und Gebüsche, damit er von der Stadt aus nicht gesehen werde, auf den Platz.

Von diesem Standpunkt aus sah Napoleon in einer Staubwolke lange schwarze Kolonnen und den Schimmer unzähliger Waffen. Diese Massen schritten so rasch vorwärts, daß sie zu laufen schienen. Barclay und Bagration waren mit etwa hundertundzwanzigtausend Mann, mit der ganzen russischen Armee im Anmarsch.

Napoleon darüber hoch erfreut, rieb sich die Hände und rief aus: »Endlich fasse ich sie einmal!«

Es war klar, daß diese überraschte Armee sich nach Smolensk werfen, durch die Stadt ziehen, sich unter ihren Mauern entwickeln und die so sehr gewünschte Schlacht liefern würde. Der entscheidende Augenblick für Rußland war also gekommen.

Alsbald bereitet er seine ganze Schlachtlinie und wies jedem seinen Platz an. Davoust und Graf Lobau sollen sich rechts von Ney aufstellen; dann kommt die Garde als Reserve in die Mitte, dann die italienische Armee. Der Platz für Junot und die Westfalen, die aus Versehen den Weg verfehlt hatten, ward vorläufig bezeichnet. Murat und Poniatowsky bildeten den rechten Flügel der Armee.

Schon bedrohten sie die Stadt, wurden aber jetzt bis an den Saum eines Gehölzes zurückgewiesen. Die große Ebene zwischen diesem Gehölz und dem Dnjepr wurde dem Feinde gleichsam zum Schlachtfeld überlassen. So gestellt hatte die französische Armee Engnisse und Abgründe im Rücken, allein Napoleon kümmerte sich wenig um den Rückzug, er dachte nur an den Sieg.

Indessen gingen Bagration und Barclay mit geflügelten Schritten nach Smolensk zurück – jener, um die Stadt durch eine Schlacht zu retten, dieser, um die Flucht der Einwohner und die Räumung der Magazine zu sichern, entschlossen, uns nichts als einen Schutthaufen zu lassen.

Die beiden russischen Generäle kamen fast atemlos auf den Höhen des rechten Ufers an und faßten sich erst wieder, als sie sich noch im Besitze der Brücken sahen.

Napoleon ließ um diese Zeit den Feind durch einen Schwarm von Schützen necken, um ihn auf das linke Ufer zu locken und eine Schlacht auf den folgenden Tag einzuleiten.

Man versichert, daß Bagration sich zu dieser würde haben verleiten lassen, allein Barclay wollte ihn einer solchen Versuchung nicht aussetzen und entsandte ihn nach Elnia; er selbst übernahm die Verteidigung der Stadt.

Nach der Angabe von Barclay war der größte Teil unserer Armee auf dem Marsche nach Elnia begriffen, um sich zwischen Moskwa und der russischen Armee aufzustellen.

Später ist es von den Russen selbst Napoleon zum Fehler angerechnet worden, daß er sich nicht zu diesem Manöver entschlossen hat. Aber haben sie auch wohl bedacht, daß er sich dadurch der größten Gefahr ausgesetzt haben würde, von aller Verbindung mit seinen Verstärkungen, seinen Armeen und mit ganz Europa abgeschnitten zu werden? Man versteht sich nur wenig auf die Schwierigkeiten einer solchen Bewegung, wenn man sich wundert, daß dieselbe nicht in Zeit von zwei Tagen jenseits eines Flusses, in einem unbekannten Lande, mit solchen Massen, und noch mitten in einem noch nicht vollendeten Manöver, gleichsam aus dem Stegreif, ausgeführt worden ist.

Wie dem nun sei, Bagration begann noch am Abend des 16. August seine Bewegung nach Elnia.

Napoleon, der sein Zelt in der Mitte des ersten Treffens, beinahe auf Kanonenschußweite von Smolensk, und am Rande der Schlucht hatte aufschlagen lassen, welche die Stadt umgibt, beruft Murat und Davoust zu sich. Der erste will bei den Russen einige Bewegungen bemerkt haben, die auf einen Rückzug deuten, denn vom Njemen an ist er gewöhnt, dieselben entwischen zu sehen, er glaubt darum nicht an eine Schlacht auf den morgenden Tag. Davoust war anderer Meinung. Was Napoleon betrifft, so trug er kein Bedenken, das zu glauben, was er so sehnlich wünschte.

SIEBZEHNTES KAPITEL

Die Russen ziehen sich in Richtung auf Moskau weiter zurück – sinnloser Sturm auf Smolensk – in der Nacht räumen die Russen die Stadt und zünden sie an – die Franzosen besetzen eine Trümmerstätte.

Am 17. August war Napoleon schon mit Tagesanbruch durch die Hoffnung aus dem Schlafe geweckt worden, die russische Armee vor sich in Schlachtordnung zu sehen; aber auf dem dieser Armee überlassenen Schlachtfeld hatte sich noch niemand gezeigt; dessenungeachtet beharrte er auf seiner Täuschung, die auch von Davoust geteilt wurde. Dalton, einer der Generäle dieses Marschalls, will feindliche Bataillons aus der Stadt kommen und sich aufstellen gesehen haben. Der Kaiser ergreift diese Hoffnung, die von Ney wie von Murat vergebens bestritten wird.

Während er aber noch hofft und zuwartet, nimmt Belliard, der sich Gewißheit verschaffen will, einige Reiter, wirft damit eine Kosakenbande oberhalb der Stadt in den Dnjepr und sieht alsdann auf dem entgegengesetzten Ufer die Straße von Smolensk nach Moskau mit Geschütz und Truppen bedeckt, die im Marsch begriffen sind. Es ist jetzt klar, daß die Russen sich zurückziehen; der Kaiser wird sofort benachrichtigt, daß keine Schlacht zu hoffen sei, daß aber dem Feind auf seinem Rückzug durch das diesseitige Geschütz Abbruch geschehen könne.

Belliard schlug sogar vor, einen Teil der Armee über den Fluß gehen zu lassen, um dem russischen Nachtrab, der den Auftrag hatte, Smolensk zu verteidigen, den Rückzug abzuschneiden. Aber die Reiter, die ausgesandt wurden, um eine Furt aufzusuchen, legten zwei Stunden Wegs zurück, ohne eine solche zu finden und verloren mehrere Pferde, die ertranken, und doch gab es eine Stunde oberhalb der Stadt eine sehr breite und bequeme Furt. Napoleon selbst war in seinem Eifer vergebens auf diese Entdeckung ausgegangen*.

Von dem an schien er Smolensk nur als einen Posten zu betrachten, den man im Sturm und auf der Stelle nehmen müsse. Allein Murat, der, wenn er nicht durch die Gegenwart des Feindes erhitzt war, der Klugheit Gehör gab und hier bei einem Sturm mit seiner Reiterei nichts zu schaffen hatte, bekämpfte diesen Entschluß.

Eine so gewaltige Anstrengung schien ihm unnütz, da die Russen von selbst zurückgingen. In Beziehung auf das Projekt, dieselben einzuholen, äußerte er sich aber dahin, daß, da sie keine Schlacht wollten, man sie schon weit genug verfolgt habe, und daß es daher Zeit sei, jetzt haltzumachen.

* Der württembergische General v. Hügel erhielt von Marschall Ney den Befehl, mit sechs württembergischen Bataillonen, dem Rest der Portugiesen, die noch ein Regiment bildeten, und einem französischen Bataillon durch eine Furt, zunächst der Stadt, über den Dnjepr zu gehen und den Vortrab des dritten Korps zu machen.

(Anmerkung des Übersetzers)

Der Kaiser antwortete darauf, und es entspann sich zwischen beiden ein Gespräch, dessen Inhalt man nicht hat erfahren können. Da aber Murat bald darauf bekannt hat, »daß er sich vor seinem Bruder auf die Knie geworfen und ihn beschworen habe, haltzumachen, daß aber Napoleon von nichts hören wolle als von Moskau, wo er Ehre, Ruhm, Ruhe, mit einem Worte, alles zu finden glaube, daß dieses Moskau unser Verderben sein werde!« – so läßt sich leicht vermuten, was der Gegenstand ihres Zwistes gewesen sein mag.

Indessen war Befehl zu einem allgemeinen Sturm gegeben worden. Ney mußte die Citadelle, Davoust und Lobau die Vorstädte angreifen, durch welche die Stadtmauern gedeckt waren. Poniatowsky, der sich schon mit sechzig Kanonen am Ufer des Dnjepr befand, mußte an diesem Fluß wieder hinab und bis in die daran stoßende Vorstadt gehen, um die Brücke des Feindes zu zerstören und dadurch der Garnison allen Rückzug unmöglich zu machen, zu gleicher Zeit sollte die Artillerie der Garde mit ihren Zwölfpfündern die Stadtmauern beschießen. Da aber diese Mauern viel zu dick waren, so tat sie es nicht, sondern bestrich mit ihrem Feuer den bedeckten Weg, der dadurch rein gehalten wurde.

Alles gelang zu gleicher Zeit, mit Ausnahme des Angriffs von Ney, des entscheidendsten von allen, der aber vernachlässigt wurde. Der Feind war plötzlich in seine Mauern zurückgeworfen, alles, was sich nicht beeilen konnte, kam um, aber die Bahn unserer stürmenden Kolonnen war mit Blut, mit Verwundeten und Leichnamen bezeichnet.

Nachdem man bis an den Fuß der Einfassungsmauer gekommen war, suchte man in den genommenen Vorwerken und äußersten Gebäuden Schutz gegen das feindliche Kanonenfeuer. Das Kleingewehrfeuer dauerte noch fort; das Geprassel desselben, durch den Widerhall an den Mauern verdoppelt, schien immer lebhafter zu werden; der Kaiser, dessen müde, wollte seine Truppen zurückziehen; so wurde der Fehler, den Ney gestern sich mit einem Bataillon erlaubt hatte, heute von der ganzen Armee wiederholt. Der erste Fehler hatte drei- bis vierhundert Menschen gekostet, der zweite kostete deren fünf- bis sechstausend. Allein Davoust beredete den Kaiser, auf dem Angriff zu beharren.

Die Nacht kam. Napoleon zog sich in sein Zelt zurück, das heute auf einem vorsichtiger gewählten Punkte war aufgeschlagen worden. Graf Lobau, der den Graben genommen hatte, es aber darin nicht länger aushalten konnte, ließ Haubitzen in die Stadt feuern, um den Feind daraus zu vertreiben. Auf dieses sah man in der Stadt viele dichte und schwarze Rauchsäulen aufsteigen und Flammen aufschießen, die bald in eine einzige ungeheure Flamme über ganz Smolensk zusammenschlugen und diese Stadt in Asche legten.

Graf Lobau erschrak über ein so großes Unheil, das er angerichtet zu haben glaubte. Der Kaiser vor seinem Zelte sitzend, betrachtete schweigend dieses gräßliche Schauspiel. Da man nicht wissen konnte, woher es entstanden sei und was dasselbe zu bedeuten habe, so blieb man die Nacht über unter Gewehr.

Gegen drei Uhr Morgens wagte sich ein Unteroffizier von Davoust an den Fuß der Mauer und erstieg dieselbe ohne Geräusch. Ermutigt durch die Stille, die um ihn herrschte, drang er bis in die Stadt vor, wo er zu seinem großen Schrecken plötzlich von mehreren Stimmen den slawischen Dialekt sprechen hörte. Schon dachte er an Tod oder Gefangenschaft, als ihn das eben anbrechende Tageslicht in denjenigen, die er für Feinde gehalten hatte, Polen, die zu dem Korps von Poniatowsky gehörten, erkennen ließ. Diese waren zuerst in die Stadt gekommen, sobald Barclay dieselbe verlassen hatte.

Nachdem Smolensk untersucht und geöffnet worden, zog die Armee mit klingendem Spiel, in der größten Ordnung und mit gewohntem Prunk durch die noch rauchenden und blutigen Trümmer der Stadt. Sie triumphierte gleichsam über die verlassenen Ruinen und hatte nur sich selbst zum Zeugen ihres Ruhms. Es war dies ein Schauspiel ohne Zuschauer, ein Sieg fast ohne Gewinn, ein blutiger Ruhm, durch den Rauch, der uns umgab und unsere einzige Eroberung zu sein schien, auf eine prägnante Weise bezeichnet.

ACHTZEHNTES KAPITEL

Napoleon besichtigt das leere und zerstörte Smolensk – er bekommt die Nachricht von einem siegreichen Gefecht Regniers gegen Tormasow – schwere Besorgnisse des Kaisers und seiner Ratgeber.

Als Smolensk besetzt und das Feuer darin soviel wie möglich gelöscht war, schickte sich Napoleon an, seine unfruchtbare Eroberung in Augenschein zu nehmen. Er konnte sich nicht länger bergen, daß ihm der Sieg, das einzige Ziel seines Strebens, hier wie am Njemen wie zu Wilna und Witebsk abermals entgangen war. Nach seiner Gewohnheit besuchte er zuerst das Schlachtfeld, um den Wert des Angriffs, das Verdienst des Widerstandes zu würdigen und den gegenseitigen Verlust zu schätzen.

Er fand dasselbe mit vielen russischen und nur mit wenigen französischen Leichen besät. Die meisten waren entkleidet, besonders die französischen, die man an der helleren Hautfarbe, an dem schwächeren Knochenbau und an den weniger derben Muskeln erkannte. Daß der Kaiser bei dieser traurigen Musterung über Tote und Sterbende litt, war in seinen Gesichtszügen zu lesen, obgleich die Politik, die ihm zur zweiten Natur geworden, die erste bald zum Schweigen brachte.

Im übrigen war diese Berechnung der Leichen den Tag nach einer Schlacht ebenso trügerisch als abstoßend; denn nur die russischen waren noch alle da, den größten Teil der unsrigen hatte man weggeschafft, in Gemäßheit der Sitte, unseren Soldaten einen so niederschlagenden Anblick zu ersparen, und zufolge des ganz natürlichen Bestrebens, erst für die eigenen Verwundeten zu sorgen, erst die eigenen Toten zu bestatten, ehe man an die feindlichen dachte.

Dessenungeachtet schrieb der Kaiser nach Frankreich, daß er am gestrigen Tage weit weniger Leute verloren habe als der Feind, daß die Eroberung von Smolensk ihn zum Herrn der russischen Salinen mache, und daß sein Finanzminister auf eine weitere Einnahme von vierundzwanzig Millionen zählen könne. Es ist kaum wahrscheinlich, daß er sich einem solchen Wahne überlassen habe. Man muß annehmen, daß er, so erfahren in der Kunst, andere zu täuschen, diese an sich selbst habe versuchen wollen.

Indem er die Besichtigung des Schlachtfeldes fortsetzte, kam er an ein Tor der Citadelle zunächst dem Dnjepr und gegenüber der Vorstadt auf dem rechten Ufer, die von den Russen noch besetzt war. Dort nahm er in Gegenwart von Ney, Davoust, Berthier, Duroc, Lobau und eines anderen Generals vor einer Hütte seinen Sitz auf einigen übereinandergelegten Strohmatten, nicht sowohl um den Feind zu beobachten, als um seine beengte Brust zu erleichtern und in dem bereitwilligen Eifer seiner Generäle eine Ermutigung gegen die Tatsachen und gegen sein eigenes Gefühl zu suchen.

Er sprach lange mit großer Lebhaftigkeit und in einem fort: welche Schande für Barclay, den Schlüssel von Altrußland ohne Schlacht überliefert zu haben, nachdem ihm ein so vorteilhaftes Schlachtfeld angeboten worden. Eine feste Stadt, an einem Flusse gelegen, durch die er seinen Angriff unterstützen und verstärken und im Fall einer Niederlage seinen Rückzug sichern konnte!

Und gegen wen würde er denn haben auftreten müssen? Gegen eine Armee, die allerdings zahlreich, aber auf ein zu enges, rückwärts durch Defileen und Abgründe geschlossenes Schlachtfeld beschränkt gewesen sei und sich gleichsam seinen Streichen dargeboten habe. Aber Barclay sei unschlüssig geblieben, mit Rußland sei es also aus. Die russische Armee sei nur da, um den Fall ihrer Städte zu sehen, nicht um dieselben zu verteidigen. Denn wo würde Barclay ein vorteilhafteres Terrain, eine bessere Stellung finden, er, der Smolensk verlasse, von ihm selbst das heilige, das starke Smolensk, der Schlüssel von Moskau, das Bollwerk von Rußland, das Grab der Franzosen genannt. Man werde die Wirkung eines solchen Verlustes auf die Russen sehen: die Soldaten aus Litauen, selbst die von Smolensk, würden bald ihre Reihen verlassen, entrüstet, daß man ihre Hauptstadt preisgegeben habe, ohne eine Schlacht zu wagen.

Napoleon setzte noch hinzu: die Schwäche der russischen Divisionen sei durch zuverlässige Berichte erwiesen, die meisten von ihnen hätten schon viel gelitten, sie ließen sich im Detail aufreiben, der Kaiser Alexander würde bald keine Armee mehr haben; die zusammengetriebenen, mit Piken bewaffneten Bauern, die man im Gefolge ihrer Bataillone erblicke, zeigten genugsam, in welcher Verlegenheit sich ihre Generäle befänden.

Während Napoleon so sprach, umzischten ihn die Kugeln der russischen Schützen; doch von seinem Gegenstande hingerissen, achtete er nicht darauf und ereiferte sich immer mehr über den feindlichen General und seine Armee, als ob er diese, in Ermangelung eines Sieges, mit seinen Gründen hätte aufreiben wollen. Man antwortete ihm nicht, denn es war klar, daß er keinen Rat verlangte, daß er sich alles selbst gesagt hatte und, mit der eigenen Überzeugung ringend, durch einen Strom von gewagten Behauptungen sich und andere betören wollte.

Nachdem der Kaiser auf diese Weise eine Stunde lang gesprochen, schloß er, einen Blick auf das vom Feind beinahe ganz geräumte rechte Ufer werfend, mit der Erklärung, daß die Russen Weiber seien und sich für überwunden bekennten. Er suchte sich selbst zu überreden, daß sie durch den Verkehr mit Europa ihre rohe und wilde Tapferkeit eingebüßt hätten. Allein sie hatten in den vorigen Kriegen etwas gelernt und standen jetzt auf dem Punkte, wo die Nationen mit allen ihren ursprünglichen Vorzügen auch schon einige erworbene verbinden.

Er stieg endlich wieder zu Pferde. Einige Schritte von da stellte sich ein Offizier ein, der von einer Sendung ins Hauptquartier des Fürsten von Schwarzenberg soeben zurückgekommen war und die Nachricht brachte, daß Tormasow zwischen Minsk und Warschau schon unsere Operationslinie erreicht, bei Kobryn eine sächsische Brigade aufgehoben, das Großherzogtum überzogen und Warschau in Schrecken gesetzt hatte, daß aber Regnier den Fürsten von Schwarzenberg zu Hilfe gerufen habe, und Tormasow alsdann wieder bis Gorodeczna zurückgewichen sei, wo er am 12. August zwischen zwei Defileen, auf einer von Waldungen und Morästen umgebenen Ebene eine Stellung genommen, der man nur von hinten in der linken Flanke beikommen konnte.

Regnier, so einsichtsvoll vor dem Gefecht, ein trefflicher Kenner des Terrains, verstand sich darauf, die Schlachten vorzubereiten. Wenn aber der Walplatz sich belebte und mit Menschen und Pferden sich füllte, war er nicht mehr derselbe Mann, die Raschheit der Bewegungen schien ihn zu verblüffen. Er hatte auch diesmal auf den ersten Blick die schwache Seite der Russen erspäht, statt aber sich mit Ungestüm und in Masse daraufzuwerfen, begnügte er sich mit partiellen, aufeinanderfolgenden Angriffen.

Dadurch gewann Tormasow Zeit, den Regimentern, Brigaden und Divisionen, wie sie nach und nach zum Vorschein kamen, gleichstarke Abteilungen entgegenzusetzen. Mit Hilfe dieses verlängerten Kampfes verschaffte er sich den Schutz der Nacht und brachte seine Armee aus einer Stellung, wo sie durch einen raschen und gleichzeitigen Angriff hätte zertrümmert werden müssen; doch verlor er dabei einige Kanonen, viel Fuhrwerk und viertausend Mann und zog sich hinter den Styr zurück, wo Tschitschakow mit der Donauarmee zu ihm stieß.

Dieses wenngleich nicht entscheidende Gefecht befreite das Großherzogtum, warf die Russen auf diesem Punkt in die Defensive zurück und gab dem Kaiser Zeit, eine Schlacht zu gewinnen.

Während dieser Berichterstattung schien Napoleon auf die erhaltenen Vorteile nur insofern einen Wert zu legen, als sie zur Bestätigung seines Wahnes dienten, von dem er uns soeben unterhalten hatte. Noch ganz mit seinem ersten Gedanken beschäftigt, ohne den Adjutanten auszufragen, gleichsam an das erste Gespräch wiederum anknüpfend, rief er uns zu: »Sie sehen, daß diese Elenden sich sogar von den Österreichern schlagen lassen!« Einen ängstlichen Blick um sich werfend, setzte er noch hinzu: »Ich hoffe, daß nur Franzosen mir zuhören« und stellte hierauf an den Adjutanten die Frage, ob er sich auf die Redlichkeit des Fürsten von Schwarzenberg verlassen könne? Dieser verbürgte sich dafür und betrog sich auch nicht, obgleich der Ausgang gegen ihn zu zeugen geschienen hat.

All dieser Wortschwall des Kaiser bewies nur, daß er sich in seinen Erwartungen getäuscht und von neuen Zweifeln ergriffen fühlte; denn wenn seine Sachen gut standen, war er nicht so mitteilsam und machte weniger Worte. Endlich ging es nach Smolensk hinein, und als Graf Lobau beim Anblick der starken Mauern ausrief: »Das taugt zu einem Waffenplatz für unsere Kantonierungsquartiere!«, so antwortete er auf diesen Wink nur mit einem strengen Blick.

Dieser Blick nahm aber bald einen andern Ausdruck an, als er nur noch auf Trümmer und dampfende Aschenhaufen fiel, zwischen denen unsere Verwundeten hinschlichen, auf denen eingeschrumpfte und verkohlte Menschengerippe lagen. Ein solcher Greuel der Verwüstung erschütterte ihn. Welche Siegesfrucht! Diese Stadt, wo seine Soldaten endlich ein Obdach, Lebensmittel und eine reiche Beute zum Lohn für so viele Mühen finden sollten, war nichts als eine Ruine, auf der sie ihr Biwak beziehen mußten. Allerdings übte er großen Einfluß auf die

Seinigen, aber konnte dieser Einfluß auch ihre Natur meistern? Was mußten sie von ihm denken?

Und hier blieb das Elend der Armee nicht ohne Dolmetscher. Napoleon mußte erfahren, daß seine Soldaten untereinander die Frage aufwarfen, zu welchem Zweck man sie achthundert Stunden weit habe in diese Gegenden marschieren lassen, wo sie nichts als Sumpfwasser, den Hunger und Brandstätten zu ihrem Lager fänden?

Selbst manche Generäle fingen an nachzulassen; einige blieben als krank zurück, andere murrten. Was half es ihnen, daß der Kaiser sie bereichert, verheiratet und mit Palästen beschenkt hatte, wenn sie ihren Reichtum nicht genießen konnten, wenn sie ewig von Haus entfernt zu Witwern wurden, wenn sie in fernen Landen, auf dem nackten Boden, unter einem rauhen Himmel schlafen mußten; denn mit jedem Jahre werde der Krieg mühevoller, weil die neuen Eroberungen den Schauplatz eines endlosen Krieges immer weiter hinausschöben; bald würde Europa nicht mehr genügen und auch Asien beibezogen werden.

Die Generäle, die dem Kaiser zunächst standen, waren über seine Zuversicht erstaunt: ob er denn nicht schon gewissermaßen über Europa hinausgerückt sei, wenn nun Europa sich gegen ihn erhöbe, so blieben ihm keine andern Untertanen als seine Soldaten, kein anderes Reich als sein Lager, und von diesen Soldaten bestünde der dritte Teil aus Fremden, also aus künftigen Feinden. So sprachen Murat und Berthier. Napoleon, den es verdroß, in seinen zwei nächsten Gehilfen dieselbe Besorgnis wiederzufinden, gegen die er in seinem Inneren ankämpfte, ließ seine ganze üble Laune gegen sie aus; denn das ist die Sitte der Fürsten, daß sie diejenigen, auf die sie sich am meisten verlassen können, oft am wenigsten schonen.

Nachdem er seinen Unmut durch einen Strom von Worten entladen hatte, wollte er die Mißhandelten wieder an sich ziehen, allein diese hielten sich entfernt, und der Kaiser suchte jetzt seine Heftigkeit durch Liebkosungen wiedergutzumachen, indem er Berthier *seine Frau* und seine Aufwallungen *häusliche Zwiste* nannte.

Murat und Ney verließen ihn, von traurigen Ahnungen über den Ausgang eines Krieges erfüllt, den sie zufolge ihres Charakters beim ersten Anblick der Russen nicht umhinkonnten, wieder mit dem größten Nachdruck zu führen; denn diese Männer, ganz zum Handeln geschaffen, überließen sich gerne der ersten ganz folgenlosen Aufwallung ihres Gefühls. Alles von ihnen kam unerwartet, die Gelegenheit riß sie fort. Von Natur ungestüm, änderten sie bei jedem Schritt ihre Sprache, ihre Entwürfe, ihre Stimmung und zeigten sich, wie das Terrain, in stets wechselnder Gestalt.

NEUNZEHNTES KAPITEL

Physische und moralische Leiden der Truppe – Napoleons bewußt zwiegesichtiges Verhalten gegenüber seinen Truppenführern.

Um diese Zeit fanden sich Rapp und Lauriston im kaiserlichen Hauptquartier ein. An den letzteren, der von Petersburg kam, richtete Napoleon keine Frage – ohne Zweifel aus Besorgnis, von seinem ehemaligen Adjutanten, dessen Freimütigkeit und dessen Meinung über diesen Krieg er kannte, nur unangenehme Dinge zu hören.

Aber Rapp, der unseren Fußtapfen gefolgt war, konnte nicht schweigen: Die Armee sei erst hundert Stunden über den Njemen hinaus, und doch sei mit ihr schon eine große Veränderung vorgegangen. Die Offiziere, die aus Frankreich kommend der Armee mit Postpferden nachgeeilt wären, kämen erschrocken an; es wolle ihnen nicht einleuchten, wie man auf einem nicht angefochtenen Vormarsch so viele Trümmer zurücklassen könne, mehr bald als nach einer Niederlage.

In Deutschland und bis zur Oder hin glaubten sich die jungen Soldaten, durch tausend Gegenstände an Frankreich erinnert, noch nicht ganz von ihrem Vaterlande getrennt; sie seien heiter und voll guten Mutes. Aber jenseits der Oder, wo der Boden, seine Erzeugnisse, seine Bewohner, die Kleidertracht, die Sitten, selbst die Wohnungen einen fremdartigen Anblick gewährten, fingen sie an, sich über den zurückgelegten Weg zu verwundern, und ihre Gesichter trügen schon das Gepräge der Ermüdung und des Überdrusses. Selbst der Gedanke der Rückkehr sei entmutigend, und doch heiße es immer nur: vorwärts. Von Frankreich an aber seien die Strapazen größer, die Labsale dagegen seltener geworden.

Und so war es auch: zuerst ging der Wein aus; dann das Bier, selbst der Branntwein, zuletzt mußte man mit Wasser vorliebnehmen, und auch dieses fehlte zuweilen. Derselbe Fall war es mit den Nahrungsmitteln und den andern Lebensbedürfnissen. Durch diese fortschreitenden Entbehrungen mußte aber nicht nur der Körper, sondern auch der moralische Mut geschwächt werden.

Von unbekannten Besorgnissen erfüllt, zogen die Soldaten durch diese ungeheuren, einförmigen, stillen und düsteren Tannenwälder. Entlang den hohen, bis an die Wipfel abgeschälten Bäumen hinschleichend, erschraken sie über ihr Unvermögen in dieser unermeßlichen Einsamkeit. Seltsame und ängstliche Gedanken über die Beschaffenheit dieser unbekannten Länder stiegen in ihnen auf, und von einem geheimen Grauen ergriffen, nahmen sie Anstand, noch tiefer in eine solche Wüste einzudringen.

Aus diesen physischen und moralischen Leiden, diesen Entbehrungen, diesen unaufhörlichen Biwaks, die in den nördlichen Gegenden ebenso schädlich sind wie unter dem Äquator, aus der durch so viele tote, auf der Heerstraße unverscharrt gebliebene Körper verpesteten Luft hatten sich zwei schreckliche Seuchen entwickelt: die Ruhr und das Nervenfieber. Die Deutschen, die weniger Nervenkraft haben als die Franzosen und nicht so mäßig sind wie diese, auch an einer Sache, die ihnen fremd schien, weniger Anteil nahmen, erlagen zuerst[7]. Von zweiundzwanzigtausend Bayern, die über die Oder gegangen waren, hatten nur elftausend die Düna erreicht. Dieser Kriegsmarsch kostete den Franzosen ein Viertel, den Alliierten die Hälfte ihrer Armee.

Jeden Tag brachen die Regimenter in Ordnung aus den Biwaks auf, aber schon nach den ersten Schritten verlängerten sich ihre Reihen, die Schwächsten konnten nicht mehr folgen, vergebens mühten sich diese Unglücklichen ab, sie sahen ihre Gefährten und ihre Adler sich immer mehr entfernen, endlich verloren sie dieselben ganz aus dem Gesicht und fielen dann mutlos zur Erde. Die Straßen, die Säume der Wälder waren mit ihnen besät; man sah welche, die Kornähren abrissen, um die Körner zu verzehren; dann suchten sie oft vergebens das nächste Spital oder nächste Dorf zu erreichen. Viele kamen um.

Aber nicht bloß die Kranken blieben auf diese Weise hinter der Armee zurück. Es fehlte nicht an Soldaten, die aus Überdruß oder aus Hang zum Beutemachen ihre Fahnen freiwillig verließen, und diese waren nicht die am wenigsten Entschlossenen. Es folgten bald viele dem einmal gegebenen Beispiele; sie bildeten jetzt förmliche Banden und ließen sich in den Schlössern und Dörfern zunächst der Heerstraße nieder, wo sie im Überfluß lebten. Es befanden sich darunter weniger Franzosen als Deutsche; aber man bemerkte, daß jede dieser unabhängigen Körperschaften immer einen Franzosen zu ihrem Führer hatte.

Rapp, ein Zeuge dieser Unordnungen, ermangelte nicht, dem Kaiser mit seiner gewohnten Freimütigkeit alles unumwunden zu sagen. Allein dieser begnügte sich zu antworten: »Ich werde einen großen Schlag tun, und dann wird sich alles wieder einfinden.«

Gegen Sebastiani ließ er sich weitläufiger aus. Dieser berief sich auf die eigenen Worte Napoleons, der ihm zu Wilna gesagt hatte, daß er nicht über die Düna hinausgehen werde, indem ein weiteres Vorrücken noch in diesem Jahr der Armee den Untergang bringen würde.

Sebastiani legte wie die andern großes Gewicht auf den Zustand der Armee. »Dieser Zustand ist – ich weiß es - abscheulich«, erwiderte der Kaiser. »Schon seit Wilna haben die Nachzügler ein Viertel der Armee betragen, dermalen machen sie zwei Drittel derselben aus. Eben darum ist keine Zeit mehr zu verlieren; man muß den Frieden erzwingen, er ist in Moskau. Überdies kann diese Armee, zufolge ihrer Zusammensetzung und wegen ihrer Zerrüttung, nicht stehen bleiben. Die Bewegung allein ist es, was dieselbe noch hält. Man kann an ihrer Spitze vorrücken, aber nicht haltmachen, nicht zurückgehen. Sie ist eine Armee für den Angriff, nicht für die Verteidigung, eine Operations- aber keine Positionsarmee.«

So sprach er zu seinen Vertrauten, anders zu seinen Divisionsgenerälen. Jenen enthüllte er die Beweggründe, die ihn vorwärts trieben, diesen verschwieg er dieselben sorgfältig und schien mit ihnen in Beziehung auf das Haltmachen einverstanden zu sein. So erklären sich die Widersprüche, die man an seinen Reden bemerkte.

Noch an demselben Tage sagte er auf den Straßen von Smolensk, in der Mitte des Korps von Davoust und umgeben von den Generälen, deren Abteilungen bei dem gestrigen Sturm am meisten gelitten hatten: die Einnahme von Smolensk, die er ihnen verdanke, sei ein wichtiger Vorteil; er sehe die Stadt als einen wichtigen Posten zur Deckung seiner Kantonierungsquartiere an.

»Meine Linie«, fuhr er fort, »ist jetzt sicher gestellt; laßt uns hier stehenbleiben! Hinter diesem Wall kann ich meine Truppen wieder sammeln, sie ausruhen lassen, meine Verstärkungen und meine Vorräte von Danzig abwarten. Jetzt ist ganz Polen erobert und gedeckt. Das Resultat ist bedeutend genug. In zwei Monaten ist geschehen, was man nur von zwei Kriegsjahren hätte erwarten können. Man kann also zufrieden sein. Von jetzt an bis zum Frühjahr muß man Litauen organisieren und eine unüberwindliche Armee wiederherstellen. Sollte uns der Friede in unsern Winterquartieren nicht aufgesucht haben, so werden wir denselben alsdann in Moskau erobern.«

Dann eröffnete er dem Marschall, daß, wenn er ihm Befehl gäbe, noch über Smolensk hinauszugehen, es keinen anderen Zweck habe, als die Russen noch um einige Tagmärsche weiter zu entfernen, daß er ihm aber ausdrücklich verböte, sich in ein ernstliches Gefecht einzulassen. Freilich hat er zugleich Murat und Ney, die zwei verwegensten unter seinen Generälen, mit der Führung des Vortrabs beauftragt und den vorsichtigen und methodischen Davoust ohne sein Wissen unter die Befehle des feurigen Königs von Neapel gestellt. So schien sein Geist zwischen zwei Entschlüssen zu schwanken und der Widerspruch seiner Worte in seine Handlungen überzugehen. Doch konnte man bei diesem innern Kampf bemerken, wie seine Ungeduld seine bessere Einsicht beherrschte, und wie sie alles anordnete, um Verhältnisse herbeizuführen, durch die er unwiderruflich fortgerissen werden mußte.

ZWANZIGSTES KAPITEL

Ney besetzt die hochgelegene Vorstadt von Smolensk auf dem jenseitigen Dnjepr-Ufer – die Russen haben auch hier nur ein brennendes Trümmerfeld hinterlassen – schwere Vorhutkämpfe Neys – sein blutiger Sieg bei Valutina – Bravour Murats und Versagen Junots – Fehler Napoleons?

Indessen verteidigten die Russen noch die Vorstadt auf dem rechten Ufer des Dnjepr. Auf unserer Seite benutzte man den Tag des achtzehnten und die Nacht des neunzehnten zur Wiederherstellung der Brücken; am 19. August ging Ney vor Tagesanbruch über den Fluß, die brennende Vorstadt leuchtete ihm. Er fand vorerst keine Feinde als die Flammen und begann, den langen und steilen Abhang zu ersteigen, auf welchem die Vorstadt erbaut ist. Seine Truppen gingen langsam, mit Vorsicht und auf tausend Umwegen, um dem Brand auszuweichen, den die Russen sehr geschickt angelegt hatten, indem er überall in den Weg trat und die wichtigsten Zugänge versperrte.

Ney und seine vordersten Soldaten rückten in diesem feurigen Labyrinth in aller Stille vor, mit spähendem Blicke und lauschendem Ohr, nicht ohne Besorgnis, auf dem Gipfel dieser steilen Höhe die Russen zu finden und von ihnen durch einen raschen Angriff in die Flammen und in den Fluß geworfen zu werden. Zu ihrer großen Beruhigung entdeckten sie jedoch, da sie den höchsten Punkt erreicht hatten, bei dem Scheidewege von Moskau und Petersburg nur einen Kosakenhaufen, der sich auf diesen beiden Straßen alsdann davonmachte. Da es an Gefangenen, an Einwohnern und an Spionen fehlte, so konnte man wie bei Witebsk nur das Terrain befragen. Der Feind aber hatte auf beiden Straßen gleich viele Spuren zurückgelassen, so daß der Marschall sich genötigt sah, zwischen beiden Straßen bis gegen Mittag haltzumachen.

Inzwischen wurde der Übergang über den Dnjepr auf mehreren Punkten bewerkstelligt, und die Straßen nach den beiden Hauptstädten bis auf eine Stunde Wegs rekognosziert, wo man dann die russische Infanterie auf der Straße von Moskau zu sehen bekam. Ney hatte diese bald eingeholt. Da aber diese Straße dem Ufer des Dnjepr folgt, so mußte er über dessen Seitengewässer setzen. Jedes von diesen fließt in einem Tale, von dem die eine Seitenwand dem Feinde zur Stellung diente, und daher genommen werden mußte.

Die erste Stellung, diejenige an der Stubna, hielt nicht lange auf, aber die zweite, auf dem Hügel von Valutina, an dessen Fuße die Kolowdnia fließt, veranlaßte einen furchtbaren Kampf.

Man hat die Ursache dieses Widerstandes einer alten Überlieferung des Nationalruhms zugeschrieben, nach welchem dieses Schlachtfeld ein durch den Sieg geweihter Boden sein soll. Allein ein solcher Aberglauben, der den russischen Soldaten noch ganz gut kleidet, vermag wohl schon lange nichts mehr über den heller sehenden Patriotismus seiner Generäle. Die Notwendigkeit war es, die ihnen diesen Kampf aufdrang. Man hat gesehen, wie die Straße von Moskau, am Dnjepr hinaufführend, von dem auf dem jenseitigen Ufer aufgestellten französischen Geschütz gefaßt werden mußte, und begreift, daß Barclay sich derselben nicht bedienen konnte, ohne sein Geschütz und sein ganzes Fuhrwerk der größten Gefahr auszusetzen und zugleich die Richtung seines Marsches kundzugeben.

Die Straße von Petersburg bildet mit dem Dnjepr einen bedeutenden Winkel. Zwei morastige Seitenwege lösen sich rechts von derselben ab, der eine zwei, der andere vier Stunden von Smolensk, sie führen durch Wälder und fallen nach einer großen Ausbeugung wieder in die große Straße von Moskau ein; der eine bei Bredichio zwei Stunden jenseits Valutina, der andere noch weiter zu Slobpnewa.

Barclay wagte es, so viele Pferde und so viele Wagen in diese Defileen zu weisen. Diese lange und schwerfällige Kolonne hatte also zwei große Kreisbögen zu beschreiben, von denen die Straße von Smolensk nach Moskau, auf welcher Ney herankam, die Sehne machte. Mit jedem Augenblick geriet durch einen umgeworfenen Wagen, ein versunkenes Pferd oder einen abgerissenen Zugstrang alles ins Stocken, während der Donner des französischen Geschützes immer näher kam. Schon schien es, daß die russische Kolonne eingeholt und bei dem Defilee, aus dem sie sich herauswinden wollte, gefaßt würde.

Nach einem beschwerlichen Marsch erreichte endlich der Convoy* die große Straße in einem Augenblick, wo er von den Franzosen nur noch durch die Höhe von Valutina und die Kolowdnia geschieden war. Ney hatte soeben den Übergang über die Stubna erzwungen, allein Korf, auf Valutina zurückgeworfen, hatte die Kolonne, die zunächst vor ihm marschierte, zu Hilfe gerufen. Man versichert, diese, schlecht angeführt, habe gestrauchelt, bis Woronzow, der die Wichtigkeit dieser Stellung begriff, den Chef derselben wieder umzukehren vermochte.

Die Russen verteidigten sich, um ihre Kanonen, ihre Verwundeten und ihr Gepäck zu retten, die Franzosen griffen an, um dies alles zu nehmen. Napoleon war anderthalb Stunden Wegs hinter Ney zurückgeblieben. Da er nur an ein Vortrabsgefecht glaubte, so schickte er Gudin dem Marschall zu Hilfe, sammelte die andern Divisionen und kehrte nach Smolensk zurück. Aber dieses Gefecht ward zu einer Schlacht gesteigert, dreißigtausend Mann kamen auf beiden Seiten nach und nach

* eigentlich Geleitzug, besonders bei Schiffen; hier die Marschkolonne mit Troß.

ins Feuer. Soldaten, Offiziere und Generäle, alles wurde handgemein und focht mit der äußersten Wut. Die Nacht selbst hielt nicht auf. Als endlich Ney nach großer Anstrengung und vielem Blutvergießen die Höhe erstürmt hatte, wo er nur Tote und Sterbende und dichte Finsternis fand, ließ er das Feuer einstellen und unter Beobachtung der größten Stille die Bajonette vorhalten. Als die Russen nichts mehr hörten, wurden sie auch still und benutzten die Finsternis zum Behuf ihres Rückzugs.

Die Russen hatten von ihrer Niederlage fast ebensoviel Ehre wie wir von unserm Sieg. Beiden Gegnern war ihr Vorhaben gelungen, der eine war Sieger geblieben, und der andere erst besiegt worden, nachdem er das Geschütz, das Gepäck und die Verwundeten der russischen Armee gerettet hatte. Einer der feindlichen Generäle, der mitten unter unsern Soldaten noch standhielt, glaubte dadurch zu entkommen, daß er die französischen Kommandowörter nachsprach. Man erkannte ihn aber bei dem Schein des Gewehrfeuers und nahm ihn gefangen; andere russische Generäle waren gefallen, aber die Große Armee hatte in dieser Beziehung den größten Verlust erlitten.

General Gudin, der seinem Pferd nicht traute, war an der schlecht wiederhergestellten Brücke der Kolowdnia abgesessen, um zu Fuß über dieselbe zu gehen. Da geschah es, daß ihm durch eine am Boden streifende Kanonenkugel die beiden Schenkel zerschmettert wurden. Als die Kunde von diesem Unglück dem Kaiser zukam, brachte sie im Hauptquartier alles in Stillstand, alles war bestürzt, der Sieg von Valutina hatte gleichsam sein Gewicht verloren.

Gudin starb zu Smolensk, wo der Kaiser ihm vergebens jede Hilfe hatte reichen lassen. Sein Leichnam ward in der Citadelle bestattet. Er war ein guter Bürger, guter Gemahl und Vater, ein unerschrockener General, gerecht und mild und zugleich rechtschaffen und talentvoll. Ein seltener Verein in einer Zeit, wo sittliche Menschen oft ohne Talent und talentvolle Menschen oft unsittlich sind.

Die Russen, darüber verwundert, daß man sie nur in der Front angegriffen hatte, glaubten, Murat verstünde weiter nichts, als der Straße zu folgen, sie nannten ihn daher spottweise den »*General der Heerstraßen*«. Ein Urteil, das, nur aus den Begebenheiten erschlossen, nicht richtig war; denn während Ney angriff, sicherte ihm Murat mit seiner Reiterei die Flanken, ohne dieselbe in einem von Wald und Morast bedeckten Lande verwenden zu können. Während aber beide mit einem Frontalangriff sich begnügen mußten, erwarteten sie den Angriff von Junot, der mit den Westfalen den Feind in der Flanke fassen sollte.

Von der Stubna an entfernt sich die Hauptstraße von dem Dnjepr, um links die Höhen zu gewinnen und dadurch die morastigen Seitenbäche dieses Flusses zu umgehen. Man hatte aber einen Seitenweg entdeckt, der alle die morastigen Gründe zwischen dem Dnjepr und der Hauptstraße in der kürzesten Richtung durchschneidet und hinter dem Hügel von Valutina wieder in diese einfällt.

Diesen Seitenweg nun hatte Junot eingeschlagen, nachdem er bei Prudiszi auf das diesseitige Ufer des Dnjepr gekommen war. Er gelangte auf demselben bald hinter den linken Flügel der Russen und in die Flanke der Kolonnen, die zur Unterstützung des Vortrabs umgekehrt waren. Man durfte nur angreifen, so war der Sieg entschieden; denn wenn diejenigen, die dem Marschall Ney entgegenstanden, hinter sich ein Gefecht gehört hätten, so würden sie ihre Fassung verloren haben, und unter so vielen auf einer einzigen Straße zusammengedrängten Menschen, Pferden und Wagen hätte notwendig die größte Unordnung entstehen müssen. Allein Junot, brav für seine Person, schwankte als Truppenführer, seine Verantwortlichkeit verblüffte ihn.

Indessen war Murat, in der Überzeugung, daß Junot an den Ort seiner Bestimmung gekommen sein müsse, sehr verwundert, nichts von seinem Angriffe zu hören. Die Festigkeit, welche die Russen gegen Ney beweisen, läßt ihn die Wahrheit ahnen, sofort verläßt er seine Reiterei, eilt fast allein durch die Sümpfe und die Wälder zu Junot und wirft ihm seine Untätigkeit vor.

Dieser entschuldigt sich: er habe keinen Befehl anzugreifen, seine westfälische Reiterei sei schlaff, es sei ihr kein rechter Ernst, sie werde sich nicht entschließen, die feindlichen Bataillone niederzureiten.

Darauf antwortet Murat durch die Tat. Er eilt an die Spitze dieser Reiter, die unter einem andern Führer ganz andere Leute werden. Er reißt sie mit sich fort, wirft sie auf die Russen, deren Schützen alsbald vertrieben werden, kommt dann wieder zu Junot und sagt: »Jetzt vollende! Dein Ruhm, Dein Marschallstab ist dort!« Als er aber hierauf wieder zu den Seinigen zurückkehrt, bleibt der bestürzte Junot unbeweglich. So lange in der Nähe von Napoleon, dessen Tätigkeit alles anordnete, das Ganze wie das Einzelne, hatte er nur zu gehorchen gelernt; er verstand sich nicht auf das Befehlen, er war nicht daran gewöhnt, es fehlte ihm an Erfahrung; endlich war er durch Strapazen und Wunden vor der Zeit alt geworden.

Daß Napoleon diesem General die Ausführung eines so wichtigen Manövers übertragen hatte, war niemand aufgefallen: jedermann wußte, daß er ihm, seinem ältesten Adjutanten, aus Gewohnheit anhing. Aus geheimer Schwäche trennte er sich ungerne von einem Offizier, durch dessen Gegenwart er an alle seine Siege, an all sein Glück erinnert wurde, auch mochte es seiner Eitelkeit schmeicheln, daß seine Zöglinge, auf deren Ergebenheit er überdies wohl am meisten rechnen konnte, seine Armeen befehligten.

Nachdem er aber am folgenden Tag sich durch eigene Anschauung überzeugt hatte, daß nicht von da, wo Gudin gefallen, sondern von da, wo Junot gestanden, der wahre Angriff hätte erfolgen sollen, so ereiferte er sich über den letzteren so sehr, daß er den General Rapp zu sich berief, um ihm zu sagen: er nehme dem Herzog von Abrantès sein bisheriges Kommando ab und schicke ihn von der Armee weg, er habe den Marschallstab auf immer verloren, der von ihm begangene Fehler werde uns vielleicht den Weg nach Moskau versperren; er, Rapp, solle die Westfalen befehligen, er spreche ihre Sprache und werde sie schon an den Feind heranzubringen wissen. Rapp schlug aber die Stelle seines alten Waffengefährten aus und besänftigte den Kaiser, dessen Zorn, wenn er einmal in Worten ausgebrochen war, sich bald wieder legte.

Aber nicht bloß dem linken, auch dem rechten Flügel des Feindes hatte die äußerste Gefahr gedroht. Morand, einer der Divisionsgeneräle von Davoust, war in dieser Richtung durch hochgelegene Wälder fortgerückt und befand sich schon zu Anfang des Gefechtes auf der Flanke der Russen, wenn er noch einige Schritte weiter zurücklegte, so brach er im Rücken ihres rechten Flügels hervor; sein plötzliches Erscheinen würde ohne Zweifel den Sieg entschieden, denselben vollendet haben. Allein Napoleon, der das Terrain nicht kannte, ließ ihn auf den Punkt zurückholen, wo er und Davoust haltgemacht hatten.

Man frug sich in der Armee, warum der Kaiser sich nicht eingefunden habe, um die nötige, anders nicht mögliche Einheit in die Operationen seiner Unterfeldherren zu bringen, die voneinander unabhängig zu demselben Zwecke hinwirken sollten. Allein, er war nach Smolensk zurückgekehrt, entweder weil er sich zu ermüdet fühlte, oder weil er kein so ernsthaftes Gefecht voraussah, oder endlich, weil er bei der Notwendigkeit, sich mit allem zumal zu beschäftigen, nirgends zu rechter Zeit und ungeteilt sein konnte. In der Tat, seine Regentengeschäfte, durch die vorangegangenen Schlachttage unterbrochen, fingen an, sich zu häufen, er mußte in seinen Portefeuilles wieder einmal aufräumen und so vieles, was in administrativer und politischer Hinsicht not tat, abmachen, endlich legte er auch großen Wert darauf, seine Beschlüsse von Smolensk aus zu datieren.

Darum, als Borelli, einer der Generäle von Murat kam, um Hilfe zu verlangen, ließ er ihn warten und war so sehr beschäftigt, daß sich sogar ein Minister ins Mittel legen mußte, um dem General Zutritt zu verschaffen. Der Bericht desselben machte großen Eindruck auf Napoleon: »Was sagen Sie da«, rief er aus, »sollte man da vorne nicht stark genug sein! Bringt denn der Feind etwa sechzigtausend Mann ins Gefecht! Ist es denn eine Schlacht?« Er gab nun sogleich den Befehl an Davoust, Ney und Murat zu unterstützen, und nahm dann ruhig seine Arbeit wieder vor, die Schlachtsachen auf den andern Tag verschiebend, denn es war bereits Nacht geworden. Später ließ ihm die Aussicht auf eine Schlacht keine Ruhe, und er erschien mit den ersten Strahlen des Tages auf den Feldern von Valutina.

EINUNDZWANZIGSTES KAPITEL

Napoleon auf dem Schlachtfeld von Valutina – der Kaiser verleiht Orden und Ehrungen – ganz Smolensk ein einziges Lazarett – die Leiden der Verwundeten und Kranken – Napoleon beginnt in den Bränden und Zerstörungen aller geräumten Orte den russischen Plan zu erkennen – Begegnung des Kaisers mit einem Popen – der russische Feldzug ein ›Volkskrieg‹.

Dort standen die Soldaten von Ney und jene von der verwaisten Division Gudin in Reihe und Gliedern auf den Leichen ihrer erschlagenen Freunde und Feinde, unter halb zerknickten Bäumen. Der von den Kämpfen festgetretene Boden war von Kugeln durchfurcht und besät mit Waffentrümmern, mit Kleiderfetzen, Geschirren, umgeworfenen Wagen und abgerissenen

Gliedmaßen; denn das sind die Trophäen des Krieges, das der Schmuck eines Siegesfeldes.

Die Bataillons von Gudin zeigten sich um so stolzer, je mehr sie zusammengeschmolzen waren. In ihrer Nähe roch man noch die verbrannten Patronen und das Pulver, von dem der Boden und ihre Kleidungsstücke durchdrungen, ihre Gesichter noch geschwärzt waren. Der Kaiser konnte nicht an ihrer Front hinuntergehen, ohne über Bajonette, von der Gewalt des Stoßes eingebogen, oder über Leichen schreiten zu müssen.

Aber er kam, um diese gräßlichen Gegenstände mit Ruhm zu bedecken, sein Dank verwandelte dieses Totenfeld in ein Triumphfeld, auf dem während einiger Stunden nur hohes Selbstgefühl und der befriedigte Ehrgeiz herrschten.

Er fühlte, daß es Zeit sei, seine Soldaten durch Worte und durch Belohnungen zu stärken, auch haben seine Blicke niemals so viel Gewogenheit gezeigt. Er erklärte ausdrücklich, dieses Gefecht sei die schönste Waffentat in unserer Kriegsgeschichte; die Soldaten, zu denen er spreche, seien Männer, mit denen man die Welt erobern könne, ihre gefallenen Brüder seien eines unsterblichen Todes gestorben. So sprach er, wohl wissend, daß besonders in der Mitte einer solchen Zerstörung der Gedanke an Unsterblichkeit vor die Seele tritt.

In seinen Belohnungen war er splendid. Das 12., 21., 127. Linien- und das 17. leichte Infanterie-Regiment erhielten siebenundachtzig Ordenszeichen, außer den Beförderungen; es waren dies die Regimenter von Gudin. Bis dahin hatte das 127. Regiment noch keinen Adler gehabt, denn zu jener Zeit mußte man seine Fahne auf einem Schlachtfelde verdienen, um zu beweisen, daß man dieselbe auch darauf zu behaupten wissen werde. Der Kaiser gab ihm jetzt einen Adler mit eigner Hand. Auch das Korps von Ney wurde bedacht. Seine Belohnungen waren an sich selbst sowohl als durch die Form großartig. Er erhöhte den Wert seines Geschenks durch die Art, mit der er es gab. Er ließ nach und nach jedes Regiment gleichsam in einen Familienkreis zusammentreten. In diesem Kreise rief er mit lauter Stimme die Offiziere, Unteroffiziere und Soldaten auf, frug nach den Tapfersten oder den Glücklichsten unter den Tapferen und belohnte sie sogleich. Die Offiziere bezeichneten, die Soldaten bestätigten, der Kaiser genehmigte. So wurden, wie er selbst gesagt hat, die Wahlen auf der Stelle im Kreise vor ihm gemacht und dann durch den Zuruf der Truppen bestätigt.

Dieses väterliche Benehmen, das den schlichten Soldaten zum Kriegsgefährten des Herrn von Europa erhob, diese Formen, die noch immer die unvergeßlichen Gebräuche der Republik darstellen, entzückten sie, sie sahen einen Monarchen, aber den Monarchen der Revolution, sie liebten einen emporgekommenen Herrscher, der auch ihnen aufhalf, der auch den Geringsten ermutigte.

Außerhalb des Kreises seiner Soldaten versetzte ihn die ernste Haltung von Ney und Murat und die Rede des Fürsten Poniatowsky, eines ebenso freimütigen und klugen Ratgebers als unerschrockenen Kriegsmannes, bald wieder in eine kühlere Stimmung. Nachdem noch ferner die schwüle Hitze des Tages auf ihm gelastet und er die Nachricht erhalten hatte, daß der Feind in einer Entfernung von acht Stunden noch nicht eingeholt sei, fühlte er sich entzaubert. Die Stöße seines Wagens auf den Trümmern des Gefechts, als er nach Smolensk zurückfuhr, das Gedränge auf der Straße, durch die lange Reihe von Verwundeten, die sich fortschleppten oder gefahren wurden, veranlaßt, die Karren, zur Fortschaffung abgestoßener oder amputierter Gliedmaßen bestimmt, denen er in Smolensk begegnete – mit einem Wort, alles, was außerhalb der Schlachtfelder gräßlich und abscheulich ist, mußte ihn vollends entwaffnen. Aus Smolensk war ein einziges ungeheures Spital geworden, und das Stöhnen, das sich von dort hören ließ, überwältigte das Siegesgeschrei, das von den Feldern von Valutina soeben aufgestiegen war.

Die Berichte der Ärzte lauteten schrecklich. In diesen Ländern hat man keinen andern als Kornbranntwein, den man mit narkotischen Kräutern versetzt. Unsere jungen Soldaten, von Hunger und Strapazen erschöpft, glaubten sich durch dieses Getränk zu stärken, allein das tückische Feuer desselben hat sie überreizt und krank gemacht.

Andere, weniger mäßig oder schon mehr geschwächt, sind mit Schwindeln befallen, betäubt und schlafsüchtig geworden; auf den Straßen und in den Gräben niedergekauert, scheinen sie mit trüben, halbgeöffneten und tränenden Augen ihrer allmählichen Auflösung gleichgültig entgegenzusehen; ohne Laut und ohne Seufzer hauchen sie das Leben aus.

Zu Wilna können die Spitäler nur sechstausend Kranke fassen; man hat dieselben in Klöstern, Kirchen, Synagogen und Scheunen untergebracht. In diesen zum Teil ungesunden, zu wenigen und überfüllten Gebäuden sind die Kranken oft ohne Speise, ohne Betten, ohne Decken, selbst ohne Stroh und ohne Heilmittel; es fehlt an Ärzten, so daß selbst die Spitäler dazu beitragen, Krankheiten zu erzeugen, statt solche zu heilen.

Zu Witebsk sind vierhundert russische Verwundete auf dem Schlachtfeld liegen geblieben, dreihundert andere sind von der Armee in der Stadt zurückgelassen worden, und da die Einwohner sich an die Armee angeschlossen haben, so sind diese Unglücklichen, von denen man nichts gewußt hat, drei Tage lang ohne Hilfe, durcheinander, Sterbende unter Toten, im scheußlichsten Gestank gelegen. Man hat sie endlich gesammelt und mit unsern auch siebenhundert Verwundeten vereinigt. Unsere Chirurgen haben ihre eigenen Hemden und selbst diejenigen dieser Unglücklichen zu ihrem Verbande gebraucht; denn schon ist die Leinwand ausgegangen.

Wenn endlich die Wunden dieser armen Menschen sich schließen, und zu ihrer völligen Wiederherstellung nichts mehr nötig ist als eine gesunde Nahrung, so gehen sie aus Mangel derselben zugrunde. Russen wie Franzosen kommen nur selten mit dem Leben davon. Diejenigen, die durch den Verlust eines Gliedes oder durch ihre Schwäche verhindert werden, Lebensmittel aufzusuchen, erliegen zuerst. Dieses Unglück wiederholt sich überall, wo der Kaiser noch nicht war oder nicht mehr ist, indem seine Gegenwart alles herbei – seine Abreise alles nach sich zieht, und weil seine Befehle nur in seiner Nähe genau befolgt werden.

Zu Smolensk fehlt es nicht an Spitälern, man hat fünfzehn Gebäude von Backsteinen aus dem Brande gerettet, selbst Branntwein und Wein, auch einige Arzneimittel gefunden, und unsere Reserve-Spitalwagen haben uns endlich auch eingeholt. Die Wundärzte arbeiten Tag und Nacht, man ist erst in der zweiten Nacht, und schon fehlt alles, um die Verwundeten zu verbinden. Es ist keine Leinwand mehr da, man muß sie durch Papier ersetzen, das man in den Archiven gefunden hat. Pergamentstücke dienen statt der Binden und Lappen, Werg und Baumwolle von den Birken als Charpie.*

Unsere Chirurgen verlieren im Drang der Geschäfte die Besinnung. Seit drei Tagen ist ein Spital von hundert Verwundeten vergessen und nur durch einen Zufall wieder entdeckt worden;

* Scharpie, ein veralteter Ausdruck für zerzupfte Leinwand als Verbandmaterial.

Rapp ist in diesen Ort der Verzweiflung gedrungen. Ich werde meine Leser mit aller weiteren Schilderung verschonen, denn wozu die Empfindungen mitteilen, die schmerzlich in der Seele bleiben? Rapp verschwieg dem Kaiser auch nicht den geringsten Umstand; dieser ließ seinen eigenen Wein und mehrere Goldstücke unter die Unglücklichen austeilen, von denen das zähe Leben noch nicht gewichen war, oder die sich durch die ekelhafteste Speise erhalten hatten.

Zu diesen erschütternden Nachrichten gesellte sich für den Kaiser noch eine sehr niederschlagende Betrachtung. Der Brand von Smolensk erschien ihm nicht mehr als die Wirkung eines unglücklichen Zufalls, selbst nicht als eine Tat der Verzweiflung, sondern als das Ergebnis eines kalten Entschlusses der Russen. Diese hatten das Werk der Zerstörung mit derselben Ordnung betrieben, die man nur zum Behuf der Erhaltung beobachtet.

An demselben Tage sollten ihn die mutigen Antworten eines Popen, des einzigen, den man in Smolensk fand, noch besser über die blinde Wut belehren, die man dem ganzen russischen Volk eingeflößt hatte. Sein Dolmetscher, durch diesen Haß in Schrekken gesetzt, führte den Popen vor den Kaiser. Der ehrwürdige Priester warf ihm zuerst mit Festigkeit seine vermeintlichen Entheiligungen vor, nicht wissend, daß der russische General selbst die Magazine der Kaufleute und die Kirchen hatte in Brand stecken lassen und uns an diesen Greueln schuld gab, damit die Kaufleute und die Bauern ihre Sache nicht von der des Adels trennen möchten.

Der Kaiser hörte ihn mit Aufmerksamkeit an und sagte ihm: »Aber ist denn Ihre Kirche verbrannt worden?« »Nein, Sire«, erwiderte der Pope, »Gott der Allmächtige wird sie in Schutz nehmen, denn ich habe alle die Unglücklichen, die der Brand ohne Obdach gelassen hat, darin aufgenommen.« Napoleon antwortete gerührt: »Sie haben recht, Gott wird über die unschuldigen Schlachtopfer dieses Krieges wachen und Sie für ihren Mut belohnen. Gehen Sie, mein würdiger Priester, auf Ihren Posten zurück; wenn alle Popen Ihrem Beispiel gefolgt und nicht feigerweise ihrem himmlischen Berufe untreu geworden wären, wenn sie nicht die Tempel verlassen hätten, die ihre Gegenwart allein heiligen kann, so würden meine Soldaten diese heiligen Schutzörter verschont haben, denn wir sind alle Christen, euer Gott ist unser Gott.«

Mit diesen Worten entließ der Kaiser den Priester unter guter

Bedeckung und mit Hilfsgaben beschenkt wieder nach seinem Tempel. Ein herzzerreißendes Geschrei erhob sich bei dem Anblick der Soldaten, die dieses Heiligtum betraten; eine Menge erschrockener Weiber und Kinder drängten sich um den Altar, aber der Pope sprach zu ihnen mit erhobener Stimme: »Seid getrost, ich habe Napoleon gesehen und mit ihm gesprochen. Ha! wie hat man uns betrogen, meine Kinder, der Kaiser von Frankreich ist nicht, wie man ihn uns geschildert hat. Wisset, daß er und seine Soldaten denselben Gott wie wir erkennen und anbeten. Der Krieg, den er führt, ist kein Religionskrieg, sondern ein politischer Krieg mit unserem Kaiser, seine Soldaten bekämpfen nur die unsrigen und erwürgen nicht, wie man uns gesagt hatte, Greise, Weiber und Kinder. Beruhigt euch also und laßt uns Gott danken, von der peinlichen Pflicht befreit zu sein, sie wie Heiden, Gottlose und Mordbrenner hassen zu müssen!« Hierauf stimmte der Pope ein Dankgebet an, das alle weinend nachsprachen.

Diese Worte bewiesen aber eben, wie sehr man diese Nation getäuscht hatte. Die übrigen Einwohner waren geflohen. Fortan war es also nicht mehr die russische Armee allein, es war die Bevölkerung, es war ganz Rußland, das vor uns zurückwich, und mit dieser Bevölkerung sah der Kaiser eines seiner mächtigsten Eroberungsmittel seinen Händen entschlüpfen.

ZWEIUNDZWANZIGSTES KAPITEL

Die systematische Fanatisierung der Russen – Rußland ein schlimmeres, weil unermeßliches Spanien – die drei Alternativen: Marsch auf Kiew, Petersburg oder Moskau.

Schon zu Witebsk hatte der Kaiser zwei vertraute Männer ausgesandt, um die Gesinnung dieser Völker zu erforschen. Die Aufgabe war, sie für die Freiheit zu gewinnen und durch einen mehr oder weniger verbreiteten Aufstand in unsere Sache zu verwickeln. Man hat sich aber nur an wenige vereinzelte elende Bauern wenden können, die von den Russen vielleicht als Spione unter uns waren zurückgelassen worden. Dieser Versuch diente also nur dazu, daß sein Vorhaben kund wurde, und die Russen nur um so mehr sich gegen ihn in acht nahmen.

Eigentlich fand Napoleon, der es mehr mit den Königen als

mit den Völkern hielt, keinen rechten Geschmack an diesem Mittel, darum bediente er sich desselben auch ohne Nachdruck. Später, in Moskau, erhielt er mehrere Zuschriften von verschiedenen Familienhäuptern, worin sie darüber klagten, daß sie von den Gutsherren wie das Vieh nach Gefallen verkauft oder vertauscht würden; sie verlangten von Napoleon die Aufhebung der Leibeigenschaft und erklärten sich bereit, sich an die Spitze partieller Aufstände zu stellen, mit dem Versprechen, solche bald weiter zu verbreiten.

Diese Anerbietungen wurden abgelehnt; man hätte unter einem Barbarenvolk eine barbarische Freiheit, eine unbändige und entsetzliche Zügellosigkeit gesehen; frühere Vorgänge konnten in dieser Beziehung zum Maßstab dienen. Diese Furcht behielt bei Napoleon die Oberhand; sie verriet sich in seinen Äußerungen und bestimmte ihn, nichts mehr zum Behuf einer Bewegung zu versuchen, über die er nicht Herr geblieben wäre.

Im übrigen trauten die russischen Grundherren ihren Sklaven durchaus nicht. Unter allen Gefahren, von denen sie umgeben waren, erschien ihnen diejenige, die ihnen von diesen drohte, als die dringendste. Sie wirkten vor allen Dingen auf das Gemüt dieser Unglücklichen, die durch jede Art der Knechtschaft abgestumpft waren. Die Priester, denen sie zu glauben gewöhnt sind, mußten sie durch trügerische Worte täuschen. Diese schilderten uns als ein Heer von Dämonen, vom Antichrist angeführt, als höllische Geister, deren Anblick Abscheu errege; unsere Gefangenen in Rußland haben auch bemerkt, daß das Kochgeschirr und die Gerätschaften, deren sie sich bedient hatten, von diesen Unglücklichen nicht mehr für sich, sondern nur für die unreinsten Tiere gebraucht wurden.

Indessen kamen wir heran, und die Ungereimtheit dieser Märchen mußte sich bald zeigen; da flüchten sich diese Edelleute mit ihren Sklaven in das Binnenland, als wollten sie einer großen Seuche entgehen. Reichtümer, Wohnungen, alles, was die letzteren an den Boden fesseln oder uns dienen könnte, wird aufgeopfert. Sie setzen den Hunger, das Feuer, die Wüste zwischen sich und uns; denn diese große Maßregel galt ebensosehr ihren Sklaven als uns. Fortan mußte also nicht etwa ein Krieg mit Königen, sondern ein Kastenkrieg, ein Parteikrieg, ein Religionskrieg, ein Volkskrieg, jeglicher Krieg zugleich geführt werden.

Und jetzt übersieht der Kaiser ganz das Ungeheure seiner

Unternehmung, die mit jedem Schritt, den er vorwärts tut, größer erscheint. Solange er nur Könige vor sich fand, hatte er, mächtiger als alle, ein leichtes Spiel. Nun die Könige besiegt sind, muß er es mit den Völkern aufnehmen, und da findet er am andern Ende von Europa ein anderes, weit entlegenes, unfruchtbares, unermeßliches Spanien. Er staunt, wird unschlüssig und hält an.

Welchen Entschluß er in Witebsk auch fassen mochte, der Besitz von Smolensk war ihm unentbehrlich, darum scheint er auch seinen letzten Entschluß bis auf den Zeitpunkt verschoben zu haben, wo er in Smolensk sein würde. Hier kommt er also wieder in dieselbe Verlegenheit, die nur um so peinlicher ist, da dieser Brand, diese Seuche, diese Schlachtopfer, die ihn umgeben, alles verschlimmert haben. Die Unschlüssigkeit faßt und rüttelt ihn jetzt wie ein Fieber. Er wirft seine Blicke nach Kiew, Petersburg und Moskau.

Zu Kiew könnte er Tschitschakow und seine Armee einschließen, die rechte Flanke und den Rücken der Großen Armee frei machen, die an Menschen, Lebensmitteln und Pferden ergiebigsten polnischen Provinzen decken, während die festen Posten von Mohilew, Smolensk, Witebsk, Polozk, Dünaburg und Riga seine übrigen Eroberungen verteidigen würden. Hinter dieser Postenkette könnte er im Winter das ganze ehemalige Polen in Aufstand bringen und organisieren, um dasselbe im Frühjahr auf Rußland zu werfen, Nation gegen Nation ins Feld stellen und den Krieg mit gleichen Kräften führen.

Zu Smolensk befindet er sich indessen auf dem Scheidewege nach Petersburg und Moskau, neunundzwanzig Märsche von der ersten dieser Hauptstädte, fünfzehn Märsche von der andern entfernt. In Petersburg würde er den Mittelpunkt der Regierung, den Knoten, der alle Fäden der Verwaltung zusammenhält, das Gehirn von Rußland, seine Schiffswerften und Zeughäuser, endlich den einzigen Berührungspunkt von Rußland und England fassen. Der Sieg von Polozk, der ihm soeben gemeldet wird, scheint ihn nach dieser Richtung zu ziehen.

Wenn er in Übereinstimmung mit St. Cyr auf Petersburg losgeht, so wird Wittgenstein umzingelt und Macdonald in den Stand gesetzt, Riga zu nehmen.

In Moskau wird dagegen der Adel und die Nation in ihren Besitztümern, in ihrer altertümlichen Ehre angegriffen. Der Weg nach dieser Hauptstadt ist kürzer, weniger schwierig und an

Hilfsquellen ergiebiger. Die große russische Armee, die er nicht unbeachtet lassen darf, die er vernichten muß, die Aussicht auf eine Schlacht, die Hoffnung, die Nation durch einen Herzstoß zu erschüttern, befinden sich dort.

Von diesen drei Entwürfen hält er den letzten, trotz der vorrückenden Jahreszeit, allein für ausführbar. Dennoch hatte er die Geschichte Karls XII. vor sich liegen, nicht die von Voltaire, die er als romanhaft und untreu mißmutig beiseite legte, sondern das Tagebuch von Adlerfeld, das er las, ohne anderen Sinnes zu werden. In der Vergleichung beider Unternehmungen fand er vielfachen Unterschied und hielt sich an diesen; denn wer vermag in der eigenen Sache zu richten! Und wozu nützt das Beispiel der Vergangenheit in einer Welt, wo niemals zwei Menschen, zwei Dinge, zwei Lagen vollkommen dieselben sind?

Doch führte er zu jener Zeit oft den Namen Karls XII. im Munde.

DREIUNDZWANZIGSTES KAPITEL

Auf dem linken Flügel liefert St. Cyr Wittgenstein ein siegreiches Gefecht bei Polozk – Napoleon macht den Sieger von Polozk zum Marschall – Spannungen zwischen Murat und Davoust – der Kaiser hält die Zügel nicht mehr so straff wie früher in seiner Hand – Zwietracht innerhalb der französischen und innerhalb der russischen Vorhut – Verteilung, Stärke und Reserven der französischen Armee – Napoleon entschließt sich, Smolensk zu verlassen, erneut die Schlacht zu suchen und Moskau zu besetzen.

Aber die von allen Seiten her eingehenden Nachrichten spornten jetzt, wie vordem zu Witebsk, seine Kampflust. Seine Legaten schienen mehr getan zu haben als er selbst: die Gefechte von Mohilew, Molodeczno und Valutina waren eigentliche Schlachten gewesen, in denen Davoust, Schwarzenberg und Ney gesiegt hatten. Zu seiner Rechten schien seine Operationslinie gedeckt; vor ihm floh der Feind; zu seiner Linken war der Herzog von Reggio, am 17. August von Slowna nach Polozk zurückgeworfen, dort soeben wieder angegriffen worden. Wittgensteins Angriff, lebhaft und nachdrücklich, war mißlungen, aber seine offensive Stellung hatte der russische General denn doch behauptet, und Marschall Oudinot war verwundet worden. St. Cyr hat ihn im Kommando dieser Armee abgelöst, die ungefähr aus dreißigtausend Franzosen, Schweizern und Bayern bestand. Gleich den anderen Tag hat dieser General den Oberbefehl, indem er sich allein gefällt, benutzt, um dem Feinde und den Seinigen zu zeigen, wer er sei. Er hat dies in der Weise seines Charakters getan: kalt, besonnen, alles der Berechnung unterwerfend.

Vom ersten Anbruch des Tages an bis fünf Uhr abends täuschte er den Feind durch den Vorschlag eines Akkords zum Behuf der Fortschaffung der Verwundeten, besonders aber durch scheinbare Rückzugsanstalten. Zu gleicher Zeit sammelte er in der Stille seine streitbare Mannschaft, teilte sie in drei Kolonnen ab und verbarg sie hinter dem Dorf Spas und in einigen Falten des Terrains.

Um fünf Uhr abends, als alles bereit und Wittgenstein in Schlaf gewiegt ist, gibt er das Zeichen. Sein Geschütz knallt, seine Kolonnen stürmen vorwärts, die Russen, überrascht, widerstehen vergebens: erst wird ihr linker Flügel durchbrochen und bald darauf ihr Zentrum in die Flucht geschlagen. Sie verlieren tausend Gefangene, zwanzig Kanonen, ein Schlachtfeld, mit Toten bedeckt, und den Vorteil der Offensive, den St. Cyr nur zu ergreifen scheint, um sich desto besser zu verteidigen.

In diesem kurzen, aber gewaltigen und blutigen Strauß widerstand der rechte Flügel der Russen, an die Düna gelehnt, mit vieler Hartnäckigkeit. Man mußte sich in einem dichten Kartätschen-Hagel des Bajonetts bedienen: alles gelingt, aber in dem Augenblick, wo der Feind nur noch zu verfolgen war, schien auf einmal alles verloren. Russische Dragoner, berauscht, wie man sagt, wagten es, eine Batterie von St. Cyr anzugreifen; eine französische Brigade, zu ihrer Unterstützung aufgestellt, rückte vor, kehrte aber plötzlich wieder den Rücken und warf sich in der Flucht auf die Kanonen, die dadurch am Feuern gehindert wurden. Die Russen, unter die Flüchtlinge gemengt, säbelten die Kanoniere nieder und drängten unsere Reiter so lebhaft, daß diese alle Fassung verloren und in wilder Flucht den Befehlshaber mit seinem Stab über den Haufen warfen. General St. Cyr mußte sich zu Fuß flüchten und in eine Schlucht werfen, um diesem Windstoß zu entgehen. Schon kamen die russischen Dragoner bis an die Häuser von Polozk, als ein rasches und gewandtes Manöver des 4. französischen Kürassier-Regiments dem Unfug ein Ende machte. Die Russen verschwanden in den Wäldern.

Den anderen Tag ließ St. Cyr ihnen nachsetzen, aber nur um ihren Rückzug zu beleuchten, seinen Sieg zu beurkunden und noch einige Früchte desselben zu ernten. Während der zwei folgenden Monate bis zum 18. Oktober verhielt sich Wittgenstein ruhig, und der französische General begnügte sich, seinen Gegner zu beobachten, seine Gemeinschaft mit Macdonald, Witebsk und Smolensk zu unterhalten, seine Stellung von Polozk zu befestigen, besonders aber seine Verpflegung darin zu sichern.

An diesem Tag des 18. August waren vier Generäle, vier Obristen und viele andere Offiziere verwundet worden; unter ihnen bemerkte die Armee die zwei bayrischen Generäle Deroi und Sibein, die am 22. August starben. Diese Generäle waren von demselben Alter, sie hatten in demselben Regiment gedient, dieselben Feldzüge gemacht und beinahe gleichen Schritt auf der schlüpfrigen Bahn gehalten, die jetzt derselbe Tod in derselben Schlacht rühmlichst endete. Man wollte diese Krieger, die das Leben und selbst der Tod nicht hatte trennen können, auch noch nach dem Tode beisammen lassen. Dasselbe Grab nahm ihre Leichen auf.

Auf die Nachricht von diesem Sieg schickte der Kaiser dem General St. Cyr den Marschallstab, stellte eine große Anzahl von Legionskreuzen zu seiner Verfügung und bestätigte später größtenteils die von ihm vorgeschlagenen Beförderungen.

Ungeachtet dieser Vorteile war der Entschluß, über Smolensk hinauszugehen, viel zu gewagt, als daß sich Napoleon aus eigenem Antriebe dazu hätte bestimmen können, er mußte sich dazu fortreißen lassen. Nach dem Gefecht von Valutina war das ganz erschöpfte Korps Neys von dem des Marschalls Davoust abgelöst worden. Murat, als König, als Schwager des Kaisers und auf dessen Befehl sollte das Kommando führen. Ney hatte sich darein gefügt, nicht sowohl aus Nachgiebigkeit als wegen Verwandtschaft des Charakters: er und Murat waren beide von demselben Feuer beseelt.

Aber Davoust, dessen methodisches und zähes Wesen sehr gegen das Ungestüm von Murat abstach, und der durch das Andenken und den Zunamen von zwei großen Schlachten stolz geworden war, sträubte sich gegen diese Abhängigkeit. Diese stolzen Führer von gleichem Alter, die als Waffengefährten miteinander zu den höchsten Stellen aufgestiegen und durch den Umstand verwöhnt waren, daß sie nur einem großen Manne gehorcht hatten, konnten einer dem andern nicht wohl befehlen, besonders Murat nicht, der nur zu oft sich nicht selbst zu beherrschen wußte.

Doch gehorchte Davoust, aber ungerne und schlecht, wie eben der beleidigte Stolz zu gehorchen weiß. Er brach geflissentlich jede unmittelbare Korrespondenz mit dem Kaiser ab, und da dieser, darüber verwundert, dieselbe wieder fortzusetzen befahl und sich dabei auf sein Mißtrauen in die Berichte von Murat berief, nahm Davoust dies zum Anlaß, seine Selbständigkeit wieder geltend zu machen. Von dem an hatte der Vortrab zwei Chefs. Und so geschah es, daß der Kaiser ermüdet, leidend, von Sorgen aller Art überwältigt und genötigt, seine Legaten zu schonen, ganz im Widerspruch mit seinen Lehren und den früher gegebenen Beispielen, den Oberbefehl wie seine Armee zersplitterte. Die Umstände, denen er so oft geboten hatte, fingen an, ihn zu übermannen und ihm hinwiederum zu gebieten.

Da indessen Barclay ohne Widerstand bis nach Dorogobusch zurückgewichen war, so konnte Murat der Mitwirkung von Davoust entbehren und ihr Mißverständnis kam nicht zum Ausbruch. Allein einige Werste* von der genannten Stadt, am 23. August um elf Uhr des Morgens, fand der König bei einem nicht dichten Gehölze, das er rekognoszieren wollte, einen so hartnäckigen Widerstand, daß er dasselbe zweimal mußte nehmen lassen.

Durch einen solchen Widerstand, und zwar zu einer solchen Stunde, überrascht, ereiferte sich Murat, drang durch den Wald und sah jenseits desselben die russische Armee in Schlachtordnung aufgestellt. Der tiefe Grund der Luja trennte ihn von dieser. Es war Mittag, die Ausdehnung der russischen Linie, besonders rechts von uns, die Zurüstungen, die Stunde, der Ort, (derselbe, wo Barclay den Bagration eingeholt hatte), die Wahl eines zu einem großen Stoß ziemlich geeigneten Bodens, alles dies ließ ihn an eine Schlacht glauben, und er setzte den Kaiser eiligst davon in Kenntnis.

Zu gleicher Zeit befahl er Montbrun, rechts mit seiner Reiterei über die Luja zu gehen, um den linken Flügel des Feindes zu erkennen und zu überflügeln. Davoust befand sich mit seinen fünf Infanterie-Divisionen auf dieser Stelle, wo er die Bewegung von Montbrun unterstützen konnte. Diese Divisionen berief jetzt der König auf seinen linken Flügel, auf die große Straße, um, wie man sagt, den Flankenmarsch von Montbrun durch einige Schein-Angriffe in der Front zu sichern.

* altes russisches Längenmaß = 1066,78 m.

Aber Davoust antwortete: durch ein solches Manöver würde unser rechter Flügel preisgegeben; der Feind würde diesen durchbrechen, hinter uns die große Straße, unseren einzigen Rückzugsweg besetzen und uns dadurch zu einer Schlacht nötigen. Er, Davoust, habe Befehl, eine solche zu vermeiden, diesem Befehl werde er Folge leisten, da er zu schwach sei und in einer schlechten Stellung unter den Befehlen eines Chefs stehe, auf den er kein Vertrauen habe. Sofort schrieb er an Napoleon, er möge sich beeilen, zu kommen, wenn er nicht wollte, daß Murat ohne ihn eine Schlacht wage.

Auf diese ihm in der Nacht vom 24. auf den 25. August gewordene Nachricht schüttelte Napoleon voll Freude seine Unschlüssigkeit ab, die für einen so unternehmenden und entschiedenen Geist in Wahrheit eine Qual war. Er eilte mit seiner Garde herbei und legte zwölf Stunden in einem fort zurück. Aber der Feind war schon am Abend des vorigen Tages wieder verschwunden, diesen Rückzug schrieb man bei uns dem Manöver von Montbrun, bei den Russen dem General Barclay und einer falschen, vom Chef seines Generalstabes ohne Würdigung des Terrains gewählten Stellung zu. Bagration, der diesen Fehler zuerst bemerkte, geriet darüber in eine grenzenlose Wut und schrie laut über Verrat.

Wie in unserem Vortrab, so herrschte in dem russischen Lager die Zwietracht. Es fehlte dort das Vertrauen zu dem Anführer, diese wahre Stärke der Armeen, jeder Schritt erschien als ein Fehler, jede Maßregel als die schlechteste. Der Verlust von Smolensk hatte alles erbittert, die Vereinigung der beiden russischen Heere verschlimmerte das Übel. Je stärker sich diese russische Masse fühlte, je schwächer kam ihr der Oberbefehlshaber vor. Ein allgemeines Geschrei erhob sich, man forderte laut einen andern Führer. Indessen legten sich doch einige kluge Männer ins Mittel und verkündeten die Ankunft von Kutusow.

Der gebeugte russische Stolz erwartete diesen, um endlich einmal zu schlagen.

Schon zu Dorogobusch angekommen, besinnt sich seinerseits der Kaiser nicht länger: er weiß, daß er überall das Schicksal von Europa mit sich trage, daß an jedem Ort, wo er sich auch befinden möge, das Los der Nationen entschieden werden müsse, daß er also vorrücken könne, ohne sich um den Abfall der Schweden und der Türken zu bekümmern.

Demnach achtet er nicht auf die feindlichen Streitkräfte: bei

Riga unter Essen, vor Polozk unter Wittgenstein, vor Bobruisk unter Härtel, in Wolhynien unter Tschitschakow. Diese betrugen zusammen hundertundzwanzigtausend Mann und konnten sich mit jedem Augenblick verstärken. Dennoch geht er über dieselben hinaus und läßt sich von ihnen gleichgültig umringen, fest überzeugt, daß alle diese leeren Hindernisse der Politik wie des Kriegs auf die erste Nachricht von dem großen Streich, den er im Sinne hat, zerstieben werden.

Und doch ist seine Angriffskolonne, die bei seinem Abgang von Witebsk noch hundertfünfundachtzigtausend Mann stark war, auf hundertsiebenundfünfzigtausend Mann herabgeschmolzen, also um achtundzwanzigtausend Mann geschwächt, wovon die Hälfte Witebsk, Orcha, Mohilew und Smolensk besetzt hält, der Überrest aber verwundert ist oder in seinem Rücken herumschwärmt und unsere Alliierten und selbst die Franzosen plündert.

Es genügt aber an hundertsiebenundfünfzigtausend Mann, um die russische Armee durch einen vollständigen Sieg zu vernichten und Moskau zu nehmen. Die Operationslinie dieser Armee, wenngleich von hundertzwanzigtausend Russen bedroht, schien dennoch gesichert. Litauen, die Düna, der Dnjepr, Smolensk endlich waren entweder schon besetzt oder sollten es doch unverzüglich werden: in der Gegend von Riga und Dünaburg mit zweiunddreißigtausend Mann unter Macdonald, bei Polozk von dreißigtausend Mann unter St. Cyr, zu Witebsk, Smolensk und Mohilew durch vierzigtausend Mann unter Victor, vor Bobruisk von zwölftausend unter Dombrowsky, am Bug von Schwarzenberg und Regnier an der Spitze von fünfundvierzigtausend Mann. Noch zählte Napoleon auf die Divisionen Loison und Durutte, zusammen zweiundzwanzigtausend Mann, die schon von Königsberg und Warschau aufgebrochen waren, und dann auf achtzigtausend Mann Ergänzungstruppen, die alle bis Mitte November in Rußland eingetroffen sein mußten.

Mit Einschluß der litauischen und polnischen Aushebungen konnte man sich also auf zweihundertachtzigtausend Mann basieren, um mit andern hundertfünfundfünfzigtausend Mann eine Invasion auf eine Entfernung von dreiundneunzig Stunden zu versuchen, denn so weit ist Smolensk von Moskau entfernt.

Allein diese zweihundertachtzigtausend Mann standen unter sechs verschiedenen voneinander unabhängigen Chefs, von denen der höchste, der, im Mittelpunkt befindlich, einigen Einklang in die Operation der fünf anderen hätte bringen können, nur ein Minister des Friedens, nicht des Krieges war.

Und dann mußten dieselben Ursachen, welche die zuerst nach Rußland gedrungenen französischen Streitkräfte bereits um ein Drittel vermindert hatten, noch weit verderblicher auf die Ergänzungsmannschaften wirken, von denen die meisten, unter provisorischen Offizieren in Marschbataillons formiert, nicht durch Disziplin, nicht durch Gemeingeist, nicht durch Ehrgeiz gespornt, ein ausgezehrtes Land durchziehen sollten, das durch die vorgerückte Jahreszeit und durch das Klima mit jedem Tag nackter und unwirtsamer werden mußte.

Indessen sieht Napoleon Dorogobusch wie Smolensk in Asche gelegt, besonders das Quartier der Kaufleute, das heißt: derjenigen, die am meisten zu verlieren hatten, die, durch ihre Reichtümer unter uns festgehalten oder zu uns zurückberufen, gewissermaßen eine Zwischenklasse, den ersten Anfang eines dritten Standes, bildeten, den man durch die Freiheit gewinnen konnte.

Er fühlt, daß er Smolensk ebenso verläßt, wie er hingekommen ist, nämlich mit der Aussicht auf eine Schlacht, die durch die Unschlüssigkeit und die Zwietracht der russischen Generäle abermals vertagt worden ist. Allein sein Entschluß steht, er nimmt nichts mehr an, als was diesem zum Vorschub dient. Er heftet sich an die Fersen seiner Feinde, ihre Besonnenheit steigert seine Kühnheit, ihre Vorsicht ist ihm Kleinmütigkeit, ihr Rückzug Flucht. Er verachtet, um zu hoffen.

DRITTES BUCH

Von Smolensk nach Moskau

VIERUNDZWANZIGSTES KAPITEL

Die Findigkeit der Soldaten, sich aus dem verwüsteten Land immer noch notdürftig zu ernähren – ausschwärmende Streiftrupps müssen das Notwendige für ihre Marschkolonne beibringen – es fehlt vor allem an Brot – die Marschausrüstung eines französischen Soldaten – die Regimenter sind ›wandernde Kolonien‹.

Der Kaiser war so schnell nach Dorogobusch geeilt, daß er sich genötigt sah, daselbst zu verweilen, um die Ankunft seiner Armee zu erwarten, während Murat fortfuhr, den Feind zu verfolgen. Am 24. August ging er wieder von da ab. Die Armee marschierte in drei parallelen Kolonnen: der Kaiser, Murat, Davoust und Ney in der Mitte auf der Heerstraße von Moskau, Poniatowsky zur Rechten, die italienische Armee zur Linken.

Die Hauptkolonne, d. h. die des Zentrums, fand nichts auf einer Straße, wo schon ihre Vortruppen sich mit dem begnügen mußten, was ihnen die Russen übriggelassen hatten. Aus Mangel an Zeit konnte sie auf einem so eilfertigen Marsche nicht mehr von ihrer Richtung abweichen. Überdies zehrten die rechte und die linke Kolonne in ihrem Bereiche alles auf. Zum Behuf der Verpflegung hätte man jeden Tag später aufbrechen, bälder haltmachen und sich dann die Nacht über mehr seitwärts verbreiten müssen; allein dergleichen geht nicht an, wenn man den Feind so nahe vor sich hat.

Zu Smolensk war früher wie in Witebsk der Befehl gegeben worden, beim Abmarsch auf mehrere Tage Lebensmittel mitzunehmen.

Der Kaiser wußte wohl, wie schwierig dieses sei, allein er verließ sich auf die Betriebsamkeit der Anführer und ihrer Soldaten, man hatte sie davon benachrichtigt, und das war genug; sie wußten für sich zu sorgen, durch die Gewohnheit hatten sie es in diesem Stück zu einer großen Fertigkeit gebracht: die freiwilligen und ausdauernden Bestrebungen so vieler Menschen, einem einzigen Manne in so weiten Entfernungen zu folgen, gewährten in der Tat einen seltsamen Anblick. Das Bestehen der Armee war ein Wunder, das jeden Tag nur durch den lebhaften, betriebsamen und besonnenen Geist der französischen und polnischen Soldaten, durch ihre Fertigkeit, alle Hindernisse zu beseitigen, und durch ihren Geschmack an den Wagstücken und Mühsalen eines abenteuerlichen Lebens möglich wurde.

Jedes Regiment hatte in seinem Gefolge eine Menge jener kleinen zwergartigen Pferde, von denen es in Polen wimmelt, viele Bauernwagen, die unaufhörlich ausgebessert werden mußten, und eine Viehherde. Dieser ganze Troß wurde von Soldaten geführt, die sich gern zu allen Verrichtungen hergaben. Diese fehlten nun allerdings in den Schlachtreihen, allein der Mangel an Lebensmitteln und die Notwendigkeit, alles mit sich zu schleppen, rechtfertigte hier eine solche Einrichtung; man bedurfte sozusagen einer zweiten Armee, um das, was der ersten unentbehrlich war, fortzubringen.

Bei dieser in Eile und während des Marsches getroffenen Anstalt hatte man sich den Gebräuchen und allen örtlichen Schwierigkeiten gefügt. Die geringen Hilfsquellen, die das Land darbot, wurden von den Soldaten auf die klügste Weise benutzt. Was die Chefs betrifft, so hatte jeder von ihnen, da die höheren Befehle immer regelmäßige Austeilungen geboten, die jedoch niemals stattfanden, je nach dem Grade seines Eifers, seiner Einsicht und seiner Beharrlichkeit der Raubsucht Einhalt getan und die Plünderung des einzelnen in geregelte Lieferungen verwandelt.

Denn nur durch Abstecher zur Seite oder in das Innere eines unbekannten Landes konnte man sich noch einige Lebensmittel verschaffen. Des Abends, wenn der Marsch beendigt und das Nachtlager bezogen war, gingen Abteilungen, selten von den Divisionen, manchmal von den Brigaden, am öftersten von den Regimentern entsandt, auf Entdeckungen aus und durchsuchten das Land. Einige Werste von der Straße fanden sie alle Dörfer bewohnt und wurden eben nicht sehr feindlich empfangen. Da man sich aber gegenseitig nicht verstand, und sie überdies alles und auf der Stelle haben mußten, so gerieten die Bauern in Schrekken und flohen in die Wälder, aus denen sie bald wieder als wenig furchtbare Parteigänger hervorkamen.

Indessen trafen diese Streifkorps wohl gesättigt und beladen mit allem, was sie aufgetrieben hatten, einige Tage später wieder bei ihren Korps ein. Es geschah auch zuweilen, daß sie unterwegs von Soldaten aus andern Korps angefallen und wieder ausgeplündert wurden. Daraus entstand dann ein vielfacher Haß, der unfehlbar zu einem innerlichen sehr blutigen Kriege hätte führen müssen, wenn nicht alle in der Folge von demselben Schicksal betroffen worden und in eine Gemeinschaft des Elends und der Not geraten wären.

In Erwartung ihrer Streifkorps lebten die bei ihren Adlern zurückgebliebenen Soldaten von dem, was sie auf der Militärstraße fanden; meistens war es neuer Roggen, den sie zermalmten und kochten. Wegen des nachfolgenden Schlachtviehs fehlte es weniger an Fleisch als an Brot. Aber auf den so weiten und so schnellen Märschen gingen gar viele dieser Tiere zugrunde, vor Hitze verschmachtend, im Staub erstickend. Wenn sie alsdann Wasser antrafen, so stürzten sie mit solcher Wut darauf, daß viele ertranken; andere füllten sich so unmäßig damit an, daß sie aufschwollen und nicht mehr von der Stelle konnten.

Man machte hier, wie früher auf dem Marsche nach Smolensk, die Bemerkung, daß die Divisionen des ersten Korps am zahlreichsten blieben: ihre besser gezogenen Streifkorps kamen mit reicherer Beute zurück und taten doch den Einwohnern weniger zuleide. Diejenigen, die bei den Fahnen geblieben waren, lebten von dem Vorrate in ihren Tornistern, deren stattliche Haltung sich in der allgemeinen Unordnung sehr vorteilhaft ausnahm.

Ein solcher Tornister enthielt das Allernotwendigste an Kleidungsstücken, und zwar: zwei Hemden, zwei Paar Schuhe (mit Nägeln beschlagen), ein vorrätiges Paar Sohlen, ein Paar Überhosen, kurze Gamaschen von Leinwand, einige zur Reinlichkeit erforderliche Gerätschaften, eine Binde nebst Charpie, und sechzig Stück Patronen.

Auf beiden Seiten waren vier Zwiebacke, jeder sechzehn Unzen* schwer, unten auf dem Boden ein langer enger leinener Sack, mit zehn Pfund Mehl gefüllt, angebracht; der ganze auf diese Weise bepackte Tornister mit seinem Tragriemen und dem zusammengerollten, oben aufgeschnallten Mantel wog dreiunddreißig Pfund zwölf Unzen.

Über der Schulter trug der Soldat noch einen andern Sack von Leinwand mit zwei dreipfündigen Brotlaiben, so daß er mit seinem Säbel, seiner vollen Patronentasche, drei Feuersteinen, einem Schraubenschlüssel, der Banderole und dem Schießgewehr eine Last von achtundfünfzig Pfunden zu tragen hatte, auf vier Tage

* altes Gewicht, etwa 1/16 Pfund oder 31,25 g.

mit Zwieback, auf sieben Tage mit Mehl versehen war und sechzig Schüsse tun konnte.

Es wurden zwar noch Lebensmittel für sechs Tage auf Wagen nachgefahren, allein man konnte nicht mehr auf diese im Lande aufgebrachten Fuhrwerke zählen, die in einem andern Lande für eine kleinere Armee und in einem regelmäßigen Kriege so bequem gewesen wären.

Wenn der Mehlsack leer war, so füllte man ihn mit Getreide, das man fand und in der ersten Mühle, die man antraf, oder auch auf den Handmühlen mahlen ließ, die bei den Regimentern waren, oder die sich in den Dörfern befanden, denn die dortigen Völkerschaften kennen keine anderen. Sechzehn Mann konnten in der Zeit von zwölf Stunden in einer solchen Mühle so viel Korn mahlen, als für vierhundertdreißig Mann auf einen Tag erforderlich war.

Da in diesem Lande jedes Haus seinen Backofen hat, so fehlte es an diesen nicht. Bäcker gab es im Überfluß; denn die Regimenter des ersten Korps hatten Handwerker aller Art, so daß während des Marsches Lebensmittel und Kleidungsstücke, alles von ihnen zugerichtet oder ausgebessert werden konnte. Diese Regimenter waren zugleich zivilisierte und nomadische wandernde Kolonien. Man verdankt dem Kaiser diesen Gedanken, den der Fürst von Eckmühl aufzufassen und auszubilden wußte, wozu es ihm auch an Zeit, an Raum und an Menschen nicht gefehlt hat. Allein diese drei Bedingungen des Gelingens waren den übrigen Chefs nicht so zu Gebote gestanden. Vielleicht würden sie auch bei ihrem weit heftigeren, weniger methodischen Charakter nicht soviel geleistet haben. Weniger mit dem Talent der Organisation begabt, hatten diese also gegen größere Schwierigkeiten zu kämpfen, und diese Verschiedenheit, die von dem Kaiser unbeachtet geblieben war, mußte traurige Folgen nach sich ziehen.

FÜNFUNDZWANZIGSTES KAPITEL

Napoleons Machtwahn – unnütze Geplänkel von Murat – wieder einmal Streit zwischen Murat und Davoust – dieser schildert dem Kaiser drastisch die wahre Situation der Vorhut – Napoleon nimmt Murat in Schutz.

Von Slawkowo, einige Meilen von Dorogobusch, erließ Napoleon am 27. August an den Marschall Victor, der damals noch am Njemen stand, den Befehl, sich nach Smolensk zu begeben. Sein linker Flügel sollte Witebsk, sein rechter Mohilew und sein Zentrum Smolensk besetzen, um nach Erfordernis St. Cyr zu unterstützen, der Armee von Moskau zum Stützpunkt zu dienen und ihre Verbindungen mit Litauen zu unterhalten.

Aus eben diesem Hauptquartier machte er die Details seiner Heerschau von Valutina und seinen Entschluß bekannt, den gegenwärtigen und den künftigen Jahrhunderten sogar die Namen der gemeinen Soldaten aufzubewahren, die sich daselbst am meisten ausgezeichnet haben.

Auf diesem Marsch fand er Gefallen daran, mitten aus Altrußland eine Menge Beschlüsse zu erlassen, die zur Kenntnis selbst der geringsten französischen Dörfer kommen mußten, denn er wollte überall als zugleich gegenwärtig erscheinen und die Welt immer mehr mit seiner Macht erfüllen, zufolge jenes unbegreiflichen, immer mehr zunehmenden Strebens, für das der Ehrgeiz zuerst nur ein Spielwerk gewesen war, und das mit dem Gelüsten nach der Weltherrschaft endete.

Freilich herrschte zu derselben Zeit in Slawkowo zunächst um ihn herum so wenig Ordnung, daß seine Garde, um sich zu wärmen, in der Nacht die Brücke, die sie bewachen sollte, die einzige, über die er den andern Tag aus seinem Hauptquartier kommen konnte, verbrannte. Übrigens war dieser Unfug nicht wie so viele andere die Folge der Unbotmäßigkeit, sondern der Sorglosigkeit; man beeilte sich, dieses Versehen, sobald man es gewahr wurde, wieder gut zu machen.

An diesem nämlichen Tag trieb Murat den Feind bis über die Osma, einen schmalen aber tiefen und zwischen schroffen Ufern eingeengten Bach, wie die meisten Gewässer dieses Landes sind. Der russische Nachtrab, durch dieses Hindernis gedeckt, stellte sich auf den Höhen des jenseitigen Ufers. Murat ließ die diesseitigen Abhänge untersuchen; man fand eine Furt: durch dieses enge und unsichere Defilee nun wagte er es, auf die Russen loszugehen, zwischen dem Fluß und ihrer Stellung aufzumarschieren und ohne Rückzugsweg aus einem bloßen Scharmützel vielleicht ein verzweifeltes Gefecht zu machen. Die Feinde kamen auch wirklich mit Macht von ihrer Anhöhe herab, drängten ihn, warfen ihn bis an den steilen Rand des Grundes zurück und hätten ihn beinahe in denselben gestürzt. Aber Murat beharrte in seinem Fehler, übertrieb denselben und machte einen Vorteil daraus. Das 4. Regiment der Lanzenträger nahm die feindliche Stellung weg, und die Russen lagerten sich in geringer Entfernung von dem Punkte des Gefechts, zufrieden, uns die Strecke von einer Viertelstunde, die sie uns während der Nacht umsonst überlassen haben würden, so teuer verkauft zu haben.

In dem bedenklichsten Augenblicke des Gefechts hatte sich eine zum Armeekorps des Fürsten von Eckmühl gehörige Batterie zweimal geweigert zu feuern. Der Batterie-Chef berief sich auf seine Verhaltungsbefehle, die ihm bei Strafe der Absetzung verboten, ohne Befehl von Davoust an einem Gefecht Anteil zu nehmen. Dieser Befehl kam nach der Meinung der einen zu rechter Zeit, nach der Meinung anderer zu spät. Ich erwähne dieses Vorfalls, weil er am folgenden Tag der Gegenstand eines großen Streits zwischen Murat und Davoust wurde, der sich zu Semlewo in Gegenwart des Kaisers entspann.

Der König warf dem Fürsten eine langsame Bedächtigkeit und insbesondere eine Feindschaft vor, die sich von Ägypten herschreibe. Er vergaß sich so weit, ihm zu sagen, daß, wenn sie einen Streit miteinander abzumachen hätten, sie ihn Mann gegen Mann ausfechten müßten, die Armee aber dürfe nicht darunter leiden.

Davoust, erbost, beschuldigte den König der Tollkühnheit und behauptete, durch seine unüberlegte Hitze setze er seine Truppen ohne Unterlaß aus und verschwende nutzlos ihr Leben, ihre Kräfte und ihre Munition. Es sei einmal Zeit, daß der Kaiser erfahre, wie es täglich bei seinen Vortruppen zugehe. Jeden Morgen sei der Feind ihren Blicken entschwunden, aber diese Erfahrung ändere nichts an der Marschordnung; man breche spät auf, alles marschiere auf der Hauptstraße, eine einzige Kolonne bildend, und so rücke man bis zur Mittagsstunde ins Blaue fort.

Jetzt finde man den feindlichen Nachtrab hinter irgendeinem morastigen Bach, dessen jenseitiges Ufer das diesseitige überhöht und dessen Brücken abgetragen sind, schlagfertig aufgestellt. Sofort lasse man den Feind durch die Plänkler anschießen und bringe erst die nächsten besten Regimenter und dann die Artillerie ins Gefecht, aber die letztere meistens außerhalb der Schußweite oder gegen einzelne Kosaken, die keinen Kanonenschuß verdienten. Nach manchem blutigen, vergeblichen Versuche, die in der Front gemacht worden, entschließe sich endlich der König, die Stellung und Streitkräfte des Feindes genauer zu untersuchen; er fange an zu manövrieren und ziehe zu diesem Ende das Fußvolk heran.

Es vergehe immer eine geraume Zeit, bis die Regimenter sich aus dieser endlosen Kolonne entwickelt hätten; nun gehe man auf der rechten oder der linken Flanke des Feindes über den Bach, und dieser ziehe sich plänkelnd bis zu einer neuen Stellung zurück, wo der nämliche Widerstand und die nämliche Marsch- und Angriffsordnung uns denselben Verlust und dieselbe Verzögerung erfahren lassen.

So gehe es von Stellung zu Stellung fort, bis man auf einen stärkeren oder besser verteidigten Punkt treffe. Dies sei gewöhnlich etwa abends um fünf Uhr der Fall, manchmal später, selten früher, hier aber gebe die Hartnäckigkeit des Feindes und die vorgerückte Stunde des Tages hinlänglich zu erkennen, daß seine ganze Armee zugegen und entschlossen sei, da zu übernachten.

Denn man müsse gestehen, daß dieser Rückzug der Russen mit einer bewundernswürdigen Ordnung geschehe. Nur die Beschaffenheit des Bodens, nicht Murat bestimme ihre rückwärtige Bewegung; ihre Stellungen seien so gut gewählt, so zu rechter Zeit genommen, jede werde so sehr nach Maßgabe ihrer Streitkräfte und der Zeit, die der Feldherr gewinnen will, verteidigt, daß allerdings ihre Bewegungen auf einen längst vorgezeichneten und mit gewissenhafter Genauigkeit ausgeführten Plan hinzudeuten scheinen.

Jeder Posten werde von ihnen jedesmal nur in dem Augenblick verlassen, wo sie auf dem Punkte stünden, aus demselben zurückgeschlagen zu werden.

Am Abend bezögen sie noch bei guter Tagesstunde eine vorteilhafte Stellung und ließen nur die zu deren Verteidigung unumgänglich Notwendigen unter den Waffen, die übrigen aber ausruhen und essen.

Davoust sagte noch weiter: der König, weit entfernt, aus

diesem Beispiele nützliche Lehren zu ziehen, bringe weder die Tagesstunde noch die Stärke der Stellungen und des Widerstandes in Anschlag, er verharre starrköpfig in der Mitte seiner Plänkler, befühle den Feind von allen Seiten und mühe sich vor der feindlichen Linie ab; er erhitze sich, erteile seine Befehle mit laut rufender Stimme und schreie sich heiser, er erschöpfe alles – Patronentaschen, Munitionswagen, Menschen und Pferde, Streiter und Nichtstreiter, alles müsse unter den Waffen bleiben bis zur sinkenden Nacht.

Nun müsse man den Feind wohl fahren lassen und sich da lagern, wo man gerade sei; jetzt aber wisse man nicht, wo den nötigen Lebensunterhalt hernehmen. Es sei ein wahres Erbarmen, wie die Soldaten in der Dunkelheit umherirrten und gleichsam tappend Pferdefutter, Wasser, Holz, Stroh, Lebensmittel aufsuchten; hätten sie das Benötigte gefunden, so wüßten sie ihre Lagerstellen nimmer zu finden, sie müßten sich untereinander anrufen, sich zurechtweisen lassen und so fort, so gehe es die ganze Nacht durch. Es fehle ihnen die nötige Zeit, nicht bloß zum Ausruhen, sondern auch zur Bereitung ihrer Nahrungsmittel; unter solchen Lasten erliegend, verfluchen sie ihre Beschwerden, bis der anbrechende Tag und der Anblick des Feindes sie aufs neue in Bewegung setze.

Aber nicht der Vortrab allein leide auf diese Weise, sondern die gesamte Reiterei. Murat lasse jeden Abend zwanzigtausend Reiter auf der Heerstraße und unter den Waffen weit hinter sich zurück. Diese lange Kolonne marschiere den ganzen Tag im dicken Staub und unter den brennenden Strahlen der Sonne, ohne zu essen und zu trinken, sie wisse nicht, was vor ihr vorgehe; von Viertelstunde zu Viertelstunde rücke sie um einige Schritte vor, mache halt und marschiere mitten im Fruchtfelde auf, wage aber nicht, ihre halbverhungerten Pferde abzuzäumen und weiden zu lassen, weil sie von dem König beständig in Atem gehalten werde. Um fünf bis sechs Stunden Wegs zurückzulegen, brauche man auf diese Weise sechzehn tödlich lange Stunden. Besonders verdrießlich sei ein solcher Marsch für die Kürassierpferde, die mehr zu tragen haben als die andern und die nicht so dauerhaft sind, wie es gerade bei den größten Pferden, die mehr Nahrung bedürfen, der Fall zu sein pflege; diese großen abgemagerten Körper könnten sich nur noch schleppen, nicht mehr gehen, jeden Augenblick sehe man eines wanken und ein anderes unter seinem Reiter zusammenstürzen.

Davoust schloß mit der Bemerkung: daß auf diese Weise zuletzt die ganze Reiterei zugrunde gehen müsse. Über diese möge nun der König verfügen. Was aber die Infanterie des ersten Armeekorps betreffe, so werde er, solange er an ihrer Spitze stehe, ihre Kräfte nicht auf diese Weise verschleudern lassen.

Der König blieb dem Marschall die Antwort nicht schuldig. Während beide stritten, hörte ihnen der Kaiser ruhig zu, mit dem Fuß eine russische Kanonenkugel hin und her rollend; es schien, daß in diesem Streit zwischen seinen Generälen etwas lag, was ihm nicht mißfiel. Er setzte ihre Erbitterung bloß auf Rechnung des heftigen Eifers, denn er wußte aus eigener Erfahrung, daß der Ruhm die eifersüchtigste aller Leidenschaften ist.

Murats feuriger Mut, dem seinigen verwandt, mußte ihm gefallen. Da man nichts zu leben hatte, als was man vorfand, so war in einem Augenblick alles verzehrt, darum mußte man schnell zu Werke gehen und mit dem Feinde fertig zu werden suchen. Und dann war die allgemeine Krisis in Europa zu stark, die Lage, in der man sich befand, zu bedenklich, um darin zu verweilen, der Kaiser selbst ungeduldig, er wollte um jeden Preis sich aus dieser Lage reißen. Sonach entsprach das Ungestüm des Königs seinem angstvollen Zustande besser als die methodische Klugheit des Fürsten von Eckmühl.

Als er beide Feldherrn entließ, wendete er sich daher zu Davoust mit den milden Worten: man könne nicht alle Arten von Verdienst in sich vereinigen; er, Davoust, wisse besser eine Schlacht zu liefern als einen Nachtrab zu drängen; wenn dagegen Murat den General Bagration in Litauen verfolgt hätte, so würde er ihm vielleicht nicht entwischt sein.

Man versichert, er habe diesem Marschall auch noch einen unruhigen Geist vorgeworfen, durch den er verleitet werde, in allen Stücken den Oberbefehl anzusprechen, nicht sowohl aus Ehrgeiz als aus gutgemeintem Diensteifer, dieser Eifer habe aber dann doch seine Ungelegenheiten; sodann entließ er beide mit dem Befehl, sich künftig besser zu verstehen. Die beiden Anführer kehrten auf ihren Posten und zu ihrem Hasse zurück. Da der Krieg nur an der Spitze der Kolonnen geführt wurde, so stritten sie sich beide um dieselbe.

Napoleon versucht energisch, den Troß von der Truppe zu sondern – die Russen verbrennen die Stadt Wjasma – erneut Zwist zwischen Murat und Davoust – da die Russen seit Smolensk weniger die Dörfer als vornehmlich die Städte einäschern, findet die Armee in jenen gelegentlich noch Nahrungsmittel.

Am 28. August kam die Armee über die weiten Ebenen des Gouvernements Wjasma; sie marschierte mit geflügelten Schritten querfeldein, in der Breite von mehreren Regimentern, von denen jedes eine kurze geschlossene Kolonne bildete, die Hauptstraße blieb dem Geschütz, den dazu nötigen Fuhrwerken und den Krankenwagen.

Der Kaiser zu Pferd war überall sichtbar. Die Meldungen von Murat und die Nähe von Wjasma ließen ihn abermals eine Schlacht hoffen; man hörte ihn auf dem Marsch berechnen, wie viele tausende von Kanonenschüssen er dem Feind würde zusenden können.

Napoleon hatte dem Troß seinen Platz angewiesen und befohlen, jedes Fuhrwerk, das sich bei den Truppen zeigen würde, selbst mit Einschluß der Proviantwagen, zu verbrennen, weil sie die Bewegung der Kolonnen stören und im Fall eines Angriffes ihre Sicherheit gefährden konnten. Da er den Wagen des Generals Narbonne, seines Adjutanten, auf seinem Wege fand, ließ er in Gegenwart des Generals Feuer an denselben legen, ohne daß er vorher geleert werden durfte. Diese Maßregel, die nur streng war, hatte den Schein der Härte, weil er selbst den Anfang mit der Vollziehung gemacht hatte, die jedoch nicht ganz beendigt worden ist.

Der Troß von allen Korps war also hinter die Armee gewiesen. Von Dorogobusch an war es ein langer Zug von Packpferden und Kibitken*. Die Wagen waren mit Beute, mit Proviant, mit Feldgeräten, mit den zur Bedeckung bestimmten sowie mit kranken Soldaten und mit den rostenden Gewehren von beiden beladen. Man sah in dieser Kolonne viele von jenen hochstämmigen Kürassieren, ihrer Dienstpferde beraubt, auf Kleppern reitend, die nicht größer waren als unsere Esel. Gegen

* das kirgisische Wort für Jurte = Nomadenzelt aus Stangen, Filz und Fellen.

diesen bunten und verworrenen Haufen sowie gegen die meisten Marodeurs in unserer Flanke hätten die Kosaken manchen glücklichen Handstreich wagen und dadurch unsere Armee beunruhigen und ihren Marsch aufhalten können; allein es schien, als fürchtete Barclay, uns zu entmutigen; er focht nur gegen unseren Vortrab und nur soviel als nötig war, um unsern Marsch zu verzögern, ohne uns ganz mißmutig zu machen.

Dieser Entschluß Barclays, die Schwächung der Armee, die Händel ihrer Oberkommandierenden, das Herannahen des entscheidenden Augenblicks weckten die Besorgnisse Napoleons. Zu Dresden, zu Witebsk, selbst noch zu Smolensk hatte er vergebens auf eine Mitteilung von Alexander gehofft. Eine solche scheint er jetzt am 28. August von Ribky aus nachzusuchen; ein übrigens unbedeutender Brief von Berthier an Barclay schloß wie folgt: »Ich soll Sie auf Befehl des Kaisers ersuchen, dem Kaiser Alexander seine Grüße zu vermelden. Sagen Sie ihm, daß weder die Wechsel des Krieges noch andere Umstände der Freundschaft Eintrag tun können, die er ihm gewidmet hat.«

An eben diesem Tage des 28. August trieb der Vortrab die Russen bis nach Wjasma. Die Armee, vom Marsch, von der Hitze, vom Staub durstig geworden, fand kein Wasser. Man stritt sich um einige Pfützen, man raufte sich bei den Quellen, die bald getrübt und versiegt waren, der Kaiser selbst mußte sich mit flüssigem Schlamme begnügen.

Noch in der Nacht wurden die Brücken der Wjasma vom Feinde zerstört, die Stadt geplündert und in Brand gesteckt. Murat und Davoust rückten eiligst vor, den Brand zu löschen, den der Feind verteidigen wollte, allein die Wjasma hatte Furten in der Nähe der zerstörten Brücken; ein Teil des Vortrabs bekämpfte nun die Brandstifter, der andere den Brand, über den er endlich Meister wurde. Man fand in dieser Stadt einige Vorräte, die jedoch bald durch das Plündern verschleudert wurden.

Der Kaiser, der gerade durch die Stadt kam, ergrimmte über diesen Unfug, er ritt mitten in die Gruppe der Soldaten, schlug auf die einen, warf andere über den Haufen, ließ einen Marketender greifen und befahl, denselben auf der Stelle zu verurteilen und zu erschießen. Man kannte jedoch die Bedeutung dieser Worte in seinem Munde und wußte, daß er nach den heftigsten Ausbrüchen seines Zorns am meisten zur Verzeihung geneigt sei. Man ließ also den Unglücklichen in einer geringen Entfernung von da niederknien, stellte ihm eine Frau und einige

Kinder zur Seite und gab sie für die Seinigen aus; der Kaiser, schon wieder besänftigt, frug, was sie wollten, und ließ den Mann wieder auf freien Fuß stellen.

Er war noch zu Pferd, als er den General Belliard, der seit fünfzehn Jahren Murats Waffengefährte und damals Chef seines Stabs war, auf sich zukommen sah. Darüber betroffen, glaubte er schon, es sei ein Unglück geschehen, allein Belliard beruhigte ihn sogleich und meldete ihm: der Feind habe sich jenseits der Wjasma hinter einer Schlucht, in einer vorteilhaften Stellung, in bedeutender Stärke und schlagfertig gezeigt, von beiden Seiten sei hierauf die Reiterei zum Gefecht gekommen, und da die Infanterie gleichfalls nötig geworden, so habe sich der König an die Spitze der Division Compans gestellt und diese in Bewegung gesetzt. Davoust sei aber herbeigeeilt, habe dieses Manöver laut getadelt, dem König harte Vorwürfe darüber gemacht und seinen Generälen verboten, ihm Folge zu leisten. Murat habe sich vergebens auf seinen Rang, seinen Grad und auf die Dringlichkeit des Augenblicks berufen und lasse jetzt seinen Widerwillen gegen ein so bestrittenes Kommando dem Kaiser mit dem Ersuchen kund tun, zwischen ihm und Davoust eine Wahl zu treffen.

Bei dieser Nachricht ereifert sich Napoleon und sagt: Davoust setze alle Subordination beiseite und verkenne seinen Schwager, seinen ernannten Stellvertreter. Berthier muß sich nun sogleich auf den Weg machen und erhält die Weisung, für die Zukunft die Division Compans, über welche der Streit entstanden war, unter den Befehl des Königs zu stellen. Davoust bestand darauf, zwar nicht in den Formen, aber doch in der Sache selbst recht zu haben. Er tat dies entweder aus Trotz, oder weil ihm das verwegene Wesen des Königs zuwider war, oder endlich, weil er, wie es gar wohl möglich ist, das Terrain und das demselben angemessene Manöver richtiger beurteilt hatte.

Als aber das Gefecht beendigt war, dachte Murat, vom Feinde nicht länger beschäftigt, einzig an diesen Vorfall. Mit Belliard allein und in seinem Zelte wie versteckt, konnte er bei der Erinnerung an die von Davoust gebrauchten Ausdrücke sich vor Zorn und Scham kaum fassen.

Belliard versicherte, er sei Zeuge gewesen, wie dieser König seine Krone verwünscht und sich bemüht habe, den erlittenen Schimpf hinunterzuwürgen unter Tränen des Unmuts, die seinen Augen entfielen und sein Gewand benetzten. Während er sich aber solchergestalt abquälte, verhielt sich Davoust ganz ruhig in seinem Hauptquartier und sagte, auf seiner Meinung beharrend, der Kaiser werde betrogen.

Napoleon kehrte nach Wjasma zurück, wo er einige Zeit verweilen mußte, um seine neue Eroberung kennenzulernen und zu sehen, was daraus zu machen sei. Nach den Nachrichten, die er aus dem Innern Rußlands erhielt, eignete sich die feindliche Regierung die von uns erhaltenen Vorteile zu und bemühte sich, glauben zu machen, daß der Verlust von so vielen Provinzen die Folge eines allgemeinen, im voraus beschlossenen Rückzugsplans sei. Öffentliche Blätter, die man in Wjasma zu lesen bekam, besagten, es würden in Petersburg feierliche Lobgesänge wegen der angeblichen Siege von Smolensk und Witebsk angestimmt. Erstaunt rief er aus: »Was, Lobgesänge! So lügen sie dann vor Gott und den Menschen!«

Übrigens drückten die meisten aufgefangenen Briefe dasselbe Erstaunen aus: wenn unsere Städte auflodern, sagten sie, so hören wir nichts als Glockengeläut, Dankhymnen und Siegesbericht. Es scheint, man wolle uns Gott für die Siege der Franzosen Dank sagen lassen! So lügt man in den Lüften wie auf dem Boden, man lügt mündlich und schriftlich, man lügt vor der Erde und dem Himmel, man lügt überall. Unsere großen Männer behandeln Rußland wie ein Kind; es verrät aber viel Leichtgläubigkeit, uns für so leichtgläubig zu halten.

Während dieser Zeit drängte der Vortrab die Russen bis nach Ghiaz und wechselte einige Kanonenkugeln mit ihnen, wobei die Franzosen wie fast immer im Nachteil waren, weil die Russen sich längerer Feuerschlünde von größerer Schußweite zu bedienen pflegten. Eine andere Bemerkung, die sich aufdrang, war diese, daß die Russen es seit Smolensk versäumt hatten, die Dörfer und Schlösser in Brand zu stecken. Da sie zufolge ihres Charakters nach einem Effekt strebten, so mochte dieser obskure Schaden ihnen vielleicht unnütz scheinen; sie begnügten sich mit der auffallenderen Einäscherung ihrer Städte.

Dieses Versäumnis war ein Fehler, der wie alle Fehler ihren Feinden zustatten kam. Die französische Armee fand in diesen Dörfern Fourage, Getreide, Backöfen und ein Obdach. Andere haben in dieser Beziehung bemerkt, daß alle dergleichen Verwüstungen den Kosaken übertragen waren, und daß diese Horden aus Haß oder Abscheu gegen die Zivilisation Vergnügen daran fanden, vorzüglich die Städte zu verbrennen.

SIEBENUNDZWANZIGSTES KAPITEL

Murat nimmt Ghiaz – ein Franzose von dort berichtet, daß Barclay durch Kutusow ersetzt sei und daß die Absicht bestehe, sich bei Borodino den Franzosen entgegenzuwerfen – Würdigung des seitherigen russischen Oberbefehlshabers Barclay.

Am ersten September des Mittags war Murat von Ghiaz nur noch durch einen kleinen Fichtenwald geschieden. Da sich Kosaken zeigten, so ließ er einige Regimenter aufmarschieren, was ihm aber bald zu umständlich wurde. In seiner Ungeduld nahm er einige Reiter, vertrieb die Russen selbst aus dem Wald, folgte ihnen und fand sich plötzlich vor den Toren von Ghiaz. Bei diesem Anblick hitzig geworden, nahmen die Franzosen im ersten Anlauf die Stadt bis an den Bach, der durch dieselbe fließt und dessen Brücken schon im Feuer standen.

Sei es Zufall, sei es alte tatarische Sitte, der Markt oder Bazar befand sich hier wie zu Smolensk, wie zu Witebsk, auf der asiatischen Seite, auf dem jenseitigen Ufer. Durch den Bach gedeckt, hatte also der russische Vortrab Zeit, den ganzen jenseitigen Teil der Stadt in Brand zu stecken. Der diesseitige war nur durch die Schnelligkeit Murats gerettet worden.

Man ging über die Ghiaz wie man konnte, auf Balken, Flößen und durch Furten. Die Russen verschwanden hinter ihren Flammen, gefolgt von unsern Schützen, von denen die vordersten einen Mann auf sich zueilen sehen, der sich für einen Franzosen ausgab und durch seinen Jubel und seine Aussprache sich auch als ein solcher bewährte. Man führte ihn zu Davoust, der ihn sogleich ins Verhör nahm.

Nach der Aussage dieses Mannes war in der russischen Armee soeben eine große Veränderung vorgefallen. Aus ihrer Mitte hatte sich ein großes Geschrei gegen Barclay erhoben, in das der Adel, die Kaufleute und ganz Moskau einstimmten. Es hieß: dieser General, dieser Minister sei ein Verräter, er lasse alle ihre Divisionen im Detail aufreiben, er entehre die Armee durch eine endlose Flucht, und doch müsse man sich die Schmach einer Invasion gefallen lassen, und alle Städte stünden in Flammen. Wenn aber ein solches Opfer unvermeidlich sei, so wolle man es lieber selbst bringen, wenigstens hätte man doch Ehre davon, während man sich aber durch einen Fremden hinopfern lasse, gehe alles, selbst die Ehre des Opfers verloren.

Wozu aber dieser Fremde? Ob denn der Zeitgenosse, der Kriegsgefährte, der Nebenbuhler Suwarows nimmer am Leben sei; um Rußland zu retten, müsse man einen Russen haben! Und so war eine Schlacht und Kutusow allgemein verlangt worden. Der Franzose setzte hinzu: Alexander hätte nachgegeben, Bagrations Unbotmäßigkeit, das allgemeine Geschrei, endlich die eigene Überzeugung, daß, nachdem der Feind einmal so weit gekommen, ein großer Schlag geschehen müsse, hätten den moskowitischen Kaiser vermocht, das Verlangte zu bewilligen.

Er schloß mit der Versicherung: die am 29. August erfolgte Ankunft Kutusows und die Ankündigung einer Schlacht seien von der Armee mit Entzücken vernommen worden. Diese sei alsbald nach Borodino aufgebrochen, nicht mehr, um weiter zu fliehen, sondern um an dieser Grenze des Gouvernements von Moskau standzuhalten, sich an den Boden zu fesseln und ihn zu verteidigen, endlich, um dort zu siegen oder zu sterben.

Ein an sich nicht bedeutender Umstand schien diese Nachricht zu bestätigen. Es kam ein russischer Parlamentär, der aber so wenig zu sagen hatte, daß man bald sah, er sei nur gekommen, um zu beobachten. Seine Haltung mißfiel besonders Davoust, der darin etwas mehr als Zuversicht erkennen wollte. Auf die unbesonnene Frage eines französischen Generals, über welche Orte der Weg von Wjasma nach Moskau führe, antwortete der russische Parlamentär mit lakonischen Trotz: »Über Poltawa.«* Dieses Wort verkündete eine Schlacht und gefiel den Franzosen, die treffende Antworten lieben und sich freuen, wenn sie Feinde finden, die ihrer würdig sind.

Man brachte diesen Parlamentär wieder zurück, wie man ihn aufgenommen hatte: ohne alle Vorsicht. Er hatte gesehen, daß man ungehindert in unsere Hauptquartiere schleichen könne; er war durch unsere Vorposten gekommen, ohne auf eine Vedette zu stoßen, überall herrschte dieselbe Nachlässigkeit und jene den Franzosen und den Siegern so natürliche Vermessenheit. Alles schlief, es gab kein Losungswort, keine Patrouillen gingen: unsere Soldaten schienen diese Regeln als zu kleinlich zu versäumen. Wozu so viele Vorsichten? Sie waren die Angreifer und die Sieger. An den Russen war es, auf ihrer Hut zu sein. Dieser Offizier hat seitdem gesagt, er sei in die Versuchung

* Am 8. Juli 1709 war Karl XII. von Schweden bei Poltawa durch die Russen vernichtend geschlagen worden.

gekommen, noch in derselben Nacht unsere Unvorsichtigkeit zu benutzen, er habe aber in der Nähe kein russisches Korps mehr gefunden.

Der Feind, der sich beeilen mußte, die Brücken der Ghiaz abzubrennen, hatte einige Kosaken zurückgelassen, die man dem Kaiser, der zu Pferde herankam, zuschickte. Napoleon wollte sie selbst ausfragen, ließ seinen Dolmetscher kommen und sich rechts und links von zwei dieser durch ihren seltsamen Anzug und ihre wilden Gesichter ausgezeichneten Scythen* begleiten. So kam er nach Ghiaz und durch diese Stadt. Die Antworten dieser Barbaren stimmten mit den Aussagen des Franzosen überein und wurden in der Nacht vom 1. auf den 2. September durch von den Vorposten eingegangene Nachrichten bestätigt.

Barclay hatte also allein, im Widerspruch mit allen, jenen Rückzugsplan, den er schon im Jahre 1807 einem unserer Generäle als das einzige Rettungsmittel Rußlands gepriesen, bis zum letzten Augenblick geltend gemacht. Bei uns gereichte es ihm zum Lob, auf dieser klugen Defensive gegen einen so kampflustigen Feind trotz des Geschreies einer hochmütigen und erbitterten Nation beharrt zu haben.

Daß er sich zu Wilna hatte überfallen lassen und nicht in dem sumpfigen Bett der Beresina die wahre Grenze von Litauen erkannt hatte, muß allerdings getadelt werden. Von da an war er uns aber zu Witebsk und Smolensk zuvorgekommen, auch war sein Widerstand an der Lutzchecza, am Dnjepr und bei Valutina in Hinsicht auf Zeit und Ort ganz richtig berechnet, auch ist der Detailkrieg und der dadurch bei uns veranlaßte Verlust ihm sehr vorteilhaft gewesen, da jeder seiner rückwärtigen Schritte uns von unseren Hilfsquellen entfernen, ihn dagegen den seinigen näher bringen mußte. Er mochte nun wagen, verteidigen oder preisgeben, so geschah alles immer zur rechten Zeit.

Und doch hatte er sich allgemeinen Tadel zugezogen. Das war aber in unseren Augen gerade sein größtes Verdienst. Wir lobten an ihm, daß er mit Verschmähung einer irrigen öffentlichen Meinung jede Gelegenheit, uns Abbruch zu tun, geschickt benutzt und die Wahrheit erkannt hatte, daß man in den meisten Fällen die Nationen nur dadurch rettet, daß man ihnen durch den Sinn fährt.

* Skythen, hier gebraucht als Allgemeinbezeichnung für ›Asiaten‹.

In dem weiteren Verlaufe des Feldzuges zeigte sich Barclay noch größer. Er, der Obergeneral und Kriegsminister, dem man das Kommando abgenommen hatte, um es Kutusow zu geben, wollte unter diesem dienen; man sah ihn ebenso eifrig gehorchen, als er vordem geboten hatte.

ACHTUNDZWANZIGSTES KAPITEL

Die Schlacht bei Borodino steht bevor – die Persönlichkeit Kutusows – Murat ein ›König durch seine Tapferkeit‹ – die Geographie des Schlachtfeldes – Erstürmung einer wichtigen Schanze zwei Tage vor der Schlacht.

Die russische Armee stand endlich. Miloradowitsch, sechzehntausend Rekruten und eine große Anzahl von Bauern, mit dem Kreuze bezeichnet, kamen herbeigeeilt, um sich unter dem Rufe »*Gott will es*« in ihre Reihen zu stellen. Wir erfuhren, daß die Feinde die ganze Ebene von Borodino aufwühlten, den Boden mit starren Verschanzungen deckten und willens schienen dort einzuwurzeln, um nicht mehr weichen zu können.

Napoleon verkündete seiner Armee eine Schlacht und gab ihr zwei Tage Zeit, sich auszuruhen, ihre Waffen instand zu setzen und sich mit Lebensmitteln zu versehen. Er begnügte sich, den ausgesandten Streifkorps zu bedeuten, daß, wenn sie den andern Tag nicht wieder da wären, sie sich um die Ehre bringen würden, an dem Kampfe teilzunehmen.

Der Kaiser wollte alsdann seinen neuen Gegner kennenlernen. Man schilderte ihn als einen Greis, der seinen ersten Ruf einer sonderbaren Wunde verdanke. Seitdem hatte er die Umstände geschickt zu nutzen gewußt. Die Niederlage von Austerlitz, von ihm vorhergesehen, mußte zu seinem Ruhme beitragen, der durch seine letzten Feldzüge gegen die Türken soeben noch höher gestiegen war. Seine Tapferkeit unterlag keinem Zweifel, aber man warf ihm vor, daß er die Äußerungen derselben nach seinen persönlichen Interessen regelte, denn er unterwarf alles der Berechnung. Er war bedächtig, rachsüchtig, besonders aber verschmitzt, ein tatarischer Charakter! Er verstand es, mit einschmeichelnder, fügsamer und ausdauernder Politik einen unversöhnlichen Krieg einzuleiten.

Im übrigen war er mehr ein gewandter Höfling als ein

tüchtiger Feldherr, dennoch aber ein hochwichtiger Mann durch seinen Ruf und durch seine Kunst, denselben auch mit Beihilfe anderer zu vergrößern. Er hatte die ganze Nation und jedes Individuum, vom General an bis zum gemeinen Soldaten herab, zu gewinnen gewußt.

Man führte noch an, er habe in seiner Sprache, in der Art sich zu kleiden, in seinen abergläubischen Andachtsübungen, selbst in seinem Lebensalter einige Ähnlichkeit mit Suwarow, das Gepräge eines alten Moskowiten, einen Anstrich von Volkstümlichkeit, der ihn bei den Russen beliebt mache. Zu Moskau war die Freude über seine Ernennung bis zur Entzückung gestiegen, man hatte sich auf den Gassen umarmt und sich für gerettet gehalten.

Nachdem Napoleon diese Erkundigungen eingezogen und seine Befehle gegeben hatte, zeigte er in Erwartung des Ausgangs jene Seelenruhe, die nur außerordentlichen Menschen eigen ist. Er besichtigte ganz unbefangen die Umgegend seines Hauptquartiers und bemerkte dort die Fortschritte des Ackerbaues. Allein bei dem Anblick der Ghiaz, die sich in die Wolga ergießt, kann er sich seiner Gefühle nicht erwehren; er rühmt sich laut, an einem Flusse zu gebieten, der, Asien zuströmend, sein Verkünder und Vorläufer in diesem anderen Weltteil zu sein schien.

Am 4. September verließ die Armee, noch immer in drei Kolonnen abgeteilt, Ghiaz und die Umgegend; Murat war einige Stunden voraus. Seit der Ankunft Kutusows umschwärmten unablässig die Kosaken unsere Kolonnenspitzen zum großen Ärger für Murat, der seine Reiterei gegen einen so verachteten Feind nur ungerne aufmarschieren ließ. Man versichert, daß er an diesem Tage ganz in der Weise der alten Ritter allein auf ihre Linie vorgeprellt sei, einige Schritte davon gehalten und ihnen dann mit dem Degen in der Faust mit einer so gebieterischen Gebärde den Weg gewiesen habe, daß diese Barbaren voll Erstaunen ihm Folge geleistet und das Feld geräumt hätten.

Dieser uns sogleich berichtete Vorfall ward eben nicht in Zweifel gezogen. Das kriegerische Aussehen dieses Monarchen, der Glanz seines ritterlichen Anzugs, sein Ruhm, die Neuheit einer solchen Tat verschafften dieser augenblicklich geübten Gewalt trotz ihrer Unwahrscheinlichkeit dennoch Glauben; denn so war Murat: ein König für die Bühne wegen seines gesuchten Putzes, aber in Wahrheit ein König durch die Tapferkeit und rastlose Tätigkeit, keck wie der Angriff und immer mit seinem gebieterischen Wesen, jener drohenden Verwegenheit gerüstet, welche die gefährlichste aller Trutzwaffen ist.

Er mußte jedoch bald wieder haltmachen. Bei Gridnetoa, zwischen Ghiaz und Borodino, senkt sich die Hauptstraße auf einmal in einen tiefen Grund, aus dem sie sogleich wieder heraustritt, um eine weite Ebene zu gewinnen. Hier sollte Konownizin auf Befehl Kutusows Widerstand leisten, was er gegen die ersten Truppen von Murat mit ziemlichem Nachdruck tat; aber da die Armee diesem zunächst folgte, so ward der Angriff immer heftiger, die Verteidigung immer schwächer. Bald nahm auch der Vortrab gegenüber dem rechten Flügel der Russen teil am Gefecht, die italienischen Jäger machten dort einen Angriff auf die Kosaken, die einen Augenblick standhielten und, was sehr auffiel, sogar handgemein wurden.

Seitdem hat Platow selbst gesagt, es sei in diesem Gefecht ein Offizier in seiner Nähe verwundet worden; ungeachtet ihm dieses nun ganz begreiflich gewesen, so habe er nichtsdestoweniger den Zauberer, der ihn begleitete, vor allen seinen Kosaken peitschen lassen, zur Strafe dafür, daß er nicht, wie ihm aufgegeben war, die Kugeln durch seine Beschwörungen abgehalten hätte.

Der geschlagene Konownizin zog sich zurück. Am 5. September folgte man seiner blutigen Spur bis zu dem ungeheuren Kloster Kolozkoje. Rechts und links überflügelt, konnte er sich nirgends, weder zu Kolozkoje noch zu Golowino, behaupten; als aber der Vortrab aus diesem Dorfe hervorbrach, sah man die ganze Ebene und die Gehölze von Kosaken wimmeln, die Saatfelder zertreten, die Dörfer geplündert, eine allgemeine Verwüstung, und erkannte an diesen Zeichen das Schlachtfeld, das Kutusow für die Große Armee bereitete. Hinter diesen Schwärmen von Scythen gewahrte man drei Dörfer auf einer Linie von einer Stunde. Ihre von Schluchten durchschnittenen, von Wäldern durchzogenen Zwischenräume waren mit feindlichen Schützen bedeckt. In der ersten Hitze wagten sich einige französische Reiter mitten unter die Russen und zeigten sich nimmer. Napoleon erscheint alsdann auf einer Anhöhe, wo er die ganze Gegend übersieht und mit dem alles umfassenden, alles durchdringenden Adlerblick des Eroberers unter so vielen Nebenpunkten den Hauptpunkt entdeckt, den er als eine auserlesene Beute mit seiner ganzen Kraft und seinem ganzen Ungestüm anzufallen im Begriff steht.

Er weiß, daß die Kologha, ein Schluchtenbach, der ihm in der Strecke von einigen Wersten zur Seite geblieben ist, zu Borodino, eine Stunde von da, sich plötzlich links wendet, um sich in die Moskwa zu ergießen; er sieht ein, daß nur ein bedeutender Höhenzug ihrem Laufe diese veränderte Richtung geben kann. Die feindliche Armee hat ohne Zweifel diese Höhen besetzt, und in dieser Strecke wird ihr daher nicht beizukommen sein. Indem aber die Kologha das Zentrum und den rechten Flügel dieser Stellung verstärkt, läßt sie den linken Flügel derselben ungedeckt.

Die Karten geben keine genügende Auskunft; da aber das Gefälle des Bodens sich nach dem Lauf des bedeutendsten Wasserstroms richtet, der immer die tiefste Stelle einnimmt, so müssen sich die Seitenschluchten immer mehr verflachen, je weiter sie sich von der Kologha entfernen. Und dann muß die alte Straße von Smolensk, die man rechts liegen läßt, den Ursprung dieser Schluchten genugsam bezeichnen; denn wozu würde man sie in früheren Zeiten von dem bedeutendsten Wasserstrom, in dessen Nähe die Wohnorte ihre geeignetste Stelle finden, entfernt haben, wenn man nicht den Schluchten, ihren Ausläufen und Vorsprüngen hätte ausweichen wollen?

Mit diesen aus der Erfahrung abgeleiteten Folgerungen stimmen auch die Andeutungen der Feinde ganz gut überein. Vorwärts ihres rechten Flügels und ihres Zentrums lassen sich keine Vorsichtsmaßregeln, kein Widerstand wahrnehmen; vorwärts ihres linken Flügels aber bemerkt man viele Truppen, eine besondere Sorgfalt, jede Zufälligkeit des Bodens zu dessen Verteidigung zu benutzen, endlich auch eine furchtbare Redoute. Hier muß demnach die schwache Seite ihrer Stellung sein, da sie sich soviel Mühe geben, dieselbe zu verstärken. Und dann befand sich jene Redoute links der Straße und in der linken Flanke der großen Armee, sie mußte also genommen werden, wenn man weiter vorrücken wollte; und dies wird von Napoleon auch sofort befohlen.

Wieviel Worte muß doch der Geschichtsschreiber machen, wenn er von dem Scharfblick eines genialen Mannes einen Begriff geben will!

Man bemächtigte sich alsbald der Dörfer und der Gehölze. Auf dem linken Flügel und im Zentrum fochten die italienische Armee, die Division Compans und Murat; auf dem rechten Flügel Poniatowsky. Der Angriff war allgemein, indem die italienische und polnische Armee zu gleicher Zeit auf den Flügeln der großen kaiserlichen Kolonne erschienen. Durch diese drei Massen wurden die Abteilungen des russischen Nachtrabs nach Borodino geworfen, und hier konzentrierte sich der ganze Krieg auf einen einzigen Punkt.

Nachdem man diese Vorwerke genommen hatte, entdeckte man die erste russische Redoute, die, von dem linken Flügel der feindlichen Stellung zu weit vorgeschoben, diese verteidigte, ohne hinwiederum von ihr verteidigt zu werden; wegen der Zufälligkeiten des Bodens hatte man dieselbe solchergestalt isolieren müssen.

Compans wußte das wellenförmige Terrain zur vorteilhaften Stellung seines Geschützes und zur Bildung seiner Angriffskolonnen geschickt zu benutzen. Das 61. Regiment war an der Spitze. Die Redoute ward auf den ersten Anlauf mit dem Bajonett genommen, aber Bagration schickte frische Truppen, die dieselbe wieder nahmen. Das 61. Regiment hatte diese Schanze dreimal genommen und dreimal wieder verloren, bis es endlich bluttriefend und zur Hälfte aufgerieben im Besitze derselben blieb.

Als der Kaiser am folgenden Tage dieses Regiment musterte und wissen wollte, wo denn das dritte Bataillon desselben sei, antwortete der Obrist: »Es liegt in der Redoute.« Mit der Eroberung von dieser war aber die Sache noch nicht abgetan: der nächstgelegene Wald wimmelte noch von russischen Schützen, die alle Augenblicke aus diesen Schlupfwinkeln vorbrachen, um, von drei Divisionen unterstützt, ihre Angriffe zu erneuern. Erst der Angriff, den Morand auf Schewardino, Poniatowsky auf die Waldungen von Elnia machte, benahm den Truppen von Bagration die Lust zu ferneren Versuchen, und Murat reinigte hierauf mit seiner Reiterei die Ebene. Die Beharrlichkeit eines spanischen Regiments hatte eigentlich den Ausschlag gegeben; die Feinde wichen, und die Redoute, die ihr Vorposten gewesen, war jetzt der unsrige.

Der Kaiser wies zur gleichen Zeit jedem Korps seinen Platz an; der Rest der Armee fand sich allmählich ein. Ein allgemeines Schützenfeuer begann jetzt, das von beiden Seiten so lange unterhalten wurde, bis jeder Teil seine Grenze festgesetzt hatte, und erst mit der sinkenden Nacht eingestellt wurde.

Ein Regiment von Davoust wollte jetzt seinen Platz im ersten Treffen einnehmen, kam aber in der Dunkelheit über dasselbe hinaus und geriet mitten unter die russischen Kürassiere, die sogleich darüber herfielen, es in Unordnung brachten, ihm drei Kanonen abnahmen und dreihundert Mann töteten oder zu Gefangenen machten. Der Rest ballte sich nun in eine unförmige, feuersprühende und von Bajonetten starrende Masse zusammen, welcher der Feind nichts mehr anhaben konnte, und so gelang es diesem geschwächten Korps, das Lager zu erreichen[8].

NEUNUNDZWANZIGSTES KAPITEL

Die Nacht vom 5. auf 6. September – Napoleon rekognosziert in der Morgendämmerung das Schlachtfeld – die Aufstellung der Russen – Napoleons Schlachtplan.

Der Kaiser lagerte hinter der italienischen Armee links der großen Straße, die alte Garde bildete ein Viereck um seine Zelte. Als das Schützenfeuer aufgehört hatte, loderten die Wachfeuer auf. Bei den Russen erglänzten dieselben in einem ungeheuren Halbkreise, bei uns leuchteten sie nur mit mattem Scheine, in einer lückenvollen, übelgeordneten Linie, weil die spät eingetroffenen Truppen sich in der Gegend nicht mehr umsehen konnten und kein Holz fanden, was besonders in der Mitte und auf dem linken Flügel der Fall war.

In dieser Nacht fiel ein feiner und kalter Regen, und das Spätjahr verkündigte sich durch einen gewaltigen Wind. Es war dies ein Feind mehr, den man in Rechnung nehmen mußte; denn diese Jahreszeit entsprach dem Lebensalter, in das Napoleon eintrat, und man kennt den Einfluß der Jahreszeiten auf die Epochen des menschlichen Lebens.

Welche Verschiedenheit in den Mühen und in dem Treiben dieser Nacht! Die Soldaten und die Offiziere hatten es mit ihren Waffen und mit der Bekleidung zu tun und mit der Kälte und dem Hunger zu kämpfen, denn ihr Leben war ein unaufhörlicher Kampf. Die Generäle und selbst der Kaiser quälten sich mit dem Gedanken, daß die Russen, durch die neueste Schlappe entmutigt, sich in der Nacht davonschleichen würden. Es schien oft, als wollten ihre Feuer erbleichen, man glaubte den Lärm ihres Abmarsches zu hören, allein erst mit dem Tageslicht verschwand der Schein ihrer Wachfeuer.

Diesmal war man der Mühe enthoben, den Feind aufzusuchen. Die Sonne des 6. September fand die beiden Armeen auf demselben Fleck, auf dem sie nach dem Gefecht des vorigen Abends geblieben waren. Die Freude war allgemein. Dieser unbestimmte, schlaffe, unstete Krieg, der unsere Anstrengungen fruchtlos machte, in den wir uns alle endlos verwickelten, war endlich zum Stehen gekommen; man sah doch einmal einen Ausgang; bald mußte alles entschieden werden.

Der Kaiser benutzte die Dämmerung, um zwischen den beiden Linien, entlang der ganzen russischen Front, von einer Höhe zur anderen fortzugehen; er sieht die Russen in einem ungeheuren Halbkreis, in einer Erstreckung von zwei Stunden, von der Moskwa an bis zu der alten Straße von Moskau, alle Höhen krönen. Ihr rechter Flügel steht an der Kologha, von ihrer Ausmündung in die Moskwa bis nach Borodino; ihre Mitte in der Strecke von Gorka bis Semenowska bildet den vorspringenden Teil ihrer Stellung; ihr rechter und linker Flügel sind versagt, die Kologha macht den rechten Flügel unangreiflich.

Der Kaiser sieht dies auf den ersten Blick; und da dieser Flügel wegen seiner Entfernung gar keine offensive Bedeutung hat, so nimmt er keine Rücksicht auf denselben. Für ihn beginnt demnach die russische Stellung bei Gorka, einem an der großen Straße auf der höchsten Kuppe, welche Borodino und die Kologha beherrscht, gelegenen Dorfe. Dieser zugespitzte Vorsprung ist durch die Kologha und durch eine tiefe und sumpfige Schlucht gedeckt, der hohe Kamm desselben, an dem sich die große Straße, aus Borodino kommend, hinaufwindet, ist stark verschanzt und bildet ein eigenes abgesondertes Werk auf dem rechten Flügelpunkte des russischen Zentrums.

Links derselben und im Bereiche seines Feuers erhebt sich ein runder Hügel, der die Ebene beherrscht; eine furchtbare, mit einundzwanzig Kanonen bewaffnete Redoute krönt ihn, vorne und auf der rechten Seite ist er durch die Kologha und ihre Seitenschluchten gedeckt, seine linke Seite neigt sich und hängt mit einem langen und breiten Rücken zusammen, der aus einer morastigen Seitenschlucht der Kologha aufsteigt. Der von den Russen besetzte Kamm dieses Rückens fällt und tritt zurück, indem er sich nach dem linken Flügel hin, gegenüber der Großen Armee verlängert; hierauf erhebt er sich wieder bis zu den rauchenden Trümmern von Semenowska. Dieser vorragende Punkt begrenzt die Linie von Barclay, die Mitte der feindlichen Stellung und wird durch eine verschanzte Batterie verteidigt.

Hier beginnt die Linie von Bagration und der linke Flügel der Russen. Der wenig erhabene Kamm, den dieser besetzt, hat eine schiefe Richtung und tritt bis nach Utitza zurück. Bei diesem auf der alten Straße von Moskau gelegenen Dorfe endet das Schlachtfeld. Zwei Hügel, durch Redouten verteidigt und in der verlängerten Diagonale der Schanze von Semenowska gelegen, von der sie bestrichen werden, bezeichnen die Front von Bagration.

Von Semenowska bis zum Walde von Utitza zählt man etwa zwölfhundert Schritte. Die Beschaffenheit des Bodens hatte Kutusow bestimmt, seinen linken Flügel auf diese Weise zu versagen; denn hier, so nahe an ihrem Ursprung, ist die Schlucht, welche weiter unten die Mitte und den rechten Flügel des Feindes unangreiflich macht, kaum noch als Hindernis zu betrachten, indem sich ihre Seitenwände mit sanfter Böschung nur allmählich erheben. Hier war also die zugänglichste Seite, nachdem die zur Verteidigung derselben vorgeschobene Redoute vom 61. Regiment war genommen worden; ein hoher Tannenwald, der sich von dieser eroberten Redoute bis zu derjenigen erstreckt, die den linken Flügelpunkt der Russen zu bezeichnen scheint, begünstigt hier den Angriff.

Aber der linke Flügel hat noch entferntere Grenzen. Der Kaiser weiß, daß jenseits des genannten Waldes die alte Straße von Moskau sich um den linken Flügel der Russen herumwindet und im Rücken ihrer Armee diesseits Mojaisk in die neue Straße von Moskau einfällt. Nach seiner Ansicht muß diese Straße besetzt sein, und wirklich hat auch Tutschkow beim Eingang dieses Waldes auf dieser Straße eine durch Anhöhen und zahlreiches Geschütz gedeckte Stellung genommen.

Daran lag jedoch wenig, weil zwischen diesem abgesonderten Korps und der letzten russischen Redoute eine Lücke von sechshundert Klaftern* und ein bedecktes Terrain ist. Wenn man also auch Tutschkow nicht gleich anfangs überwältigen wollte, so konnte man ihn doch beschäftigen, zwischen ihm und der letzten Redoute von Bagration durchdringen und dann den linken Flügel des Feindes in die Flanke nehmen. Der Kaiser konnte sich aber hiervon nicht durch eigene Ansicht überzeugen, weil die russischen Vorposten und die Wälder hier im Wege standen.

Nachdem er mit seiner Rekognoszierung fertig ist, entwirft

* Klafter, altes Längenmaß = 1,90 m.

er seinen Plan: »Eugen ist der Drehpunkt, der rechte Flügel eröffnet die Schlacht. Sobald er unter Begünstigung des Waldes die ihm gegenüberliegende Redoute gewonnen haben wird, soll er die rechte Schulter vornehmen*, die Russen in der Flanke fassen und ihre ganze Armee auf ihren rechten Flügel hindrängen und in die Kologha werfen.«

Das ist die Idee. Zum Behuf ihrer Ausführung sollen während der Nacht drei Batterien, jede von sechzig Kanonen, aufgefahren werden: zwei dem linken Flügel des Feindes gegenüber, eine vor seiner Mitte. Bei Anbruch des Tages soll Poniatowsky mit seinen fünftausend Mann auf der alten Straße von Moskau vorrücken und den Wald, an welchen der rechte Flügel der französischen und der linke Flügel der russischen Armee sich anlehnt, umgehen und so die Flanke der ersten decken, die der zweiten bedrohen. Man wird abwarten, bis seine ersten Kanonenschüsse gefallen sind. Auf dieses Zeichen soll alles französische Geschütz auf den linken Flügel der Russen losdonnern, ihre Reihen und ihre Redouten öffnen und für Davoust und Ney den Weg bahnen. Junot mit seinen Westfalen, Murat mit seiner Reiterei, endlich der Kaiser selbst mit zwanzigtausend Mann seiner Garde werden folgen. Auf die beiden Redouten des Feindes soll der erste Angriff geschehen. Durch diese wird man in die feindliche Armee eindringen, die dadurch verstümmelt, in ihrer Mitte und auf ihrem rechten Flügel entblößt und beinahe umwickelt sein wird.

Da indessen die Russen hier große Massen zeigen und die Straße von Moskau, die einzige Operationslinie der Großen Armee, bedrohen; da ferner Napoleon, indem er seine Hauptmacht gegen den feindlichen linken Flügel verwendet, durch die Kologha von seinem einzigen Rückzugswege geschieden wird, so ist er darauf bedacht, die italienische Armee, die eben diesen Weg besetzt hält, mit zwei Divisionen von Davoust und der Reiterei von Grouchy zu verstärken. Was seinen äußersten linken Flügel betrifft, so glaubt er, daß eine italienische Division, die bayrische Reiterei und diejenige von Ornano hinreichen werden, denselben zu decken. Das sind die Entwürfe Napoleons.

* bedeutet hier ›rechts schwenken‹.

DREISSIGSTES KAPITEL

Gegenvorschläge von Davoust, die Napoleon ablehnt – kein Zweifel mehr an dem festen Willen der Russen, sich bei Borodino zu schlagen – die Stärken der sich gegenüberstehenden Armeen – ein Aufruf Napoleons an seine Truppen.

Auf den Höhen von Borodino übersah er noch einmal das ganze Schlachtfeld und bestärkte sich in seinem Vorsatz, als Davoust eiligst auf ihn zukam. Dieser Marschall hatte soeben den linken Flügel der Russen auf das genaueste untersucht, weil er gegen diesen fechten sollte und seinen Augen nicht traute.

Er bittet den Kaiser, ihm seine fünf Divisionen zu lassen und auch noch das Korps von Poniatowsky zuzuteilen, indem dieses zu schwach sei, für sich allein den Feind zu umgehen. Er will am folgenden Morgen diese Masse in Bewegung setzen, und, gedeckt durch die letzten Schatten der Nacht und durch den Wald, an den der linke russische Flügel sich lehnt, auf der alten Straße von Smolensk nach Moskau über diesen hinausgehen und dann durch ein rasches Manöver in der Flanke dieses Flügels und hinter demselben vierzigtausend Franzosen und Polen entwickeln. Während nun der Kaiser die Front der Moskowiten durch einen allgemeinen Angriff beschäftigt, gedenkt er, eine Redoute, eine Reserve nach der andern anzugreifen, vom linken nach dem rechten Flügel hin alles aufzurollen, auf die große Straße von Mojaisk zu drängen, dort der russischen Armee den Todesstoß zu geben und der Schlacht wie dem Krieg ein Ende zu machen.

Der Kaiser hört den Marschall aufmerksam an und antwortet ihm nach einigen Minuten eines stillen Nachdenkens: »Nein, das geht nicht! Diese Bewegung ist zu weitläufig, sie würde mich von meinem Ziel abführen und zu viel Zeit kosten.«

Aber der Fürst von Eckmühl beharrt auf seinem wohlerwogenen Vorschlag, er will sein Manöver noch vor sechs Uhr des Morgens ausgeführt haben und beteuert, daß eine Stunde später die Wirkung desselben größtenteils schon eingetreten sein werde. Allein Napoleon wird unwillig und unterbricht ihn plötzlich, indem er in barschem Tone ausruft: »Ha, Sie wollen den Feind immer nur umgehen, das ist ein zu gefährliches Manöver!« Der Marschall, abgewiesen, schwieg und kehrte auf seinen Posten zurück, murrend über eine Klugheit, die er nicht für zeitgemäß hielt, an die er nicht gewöhnt war, und die er sich nicht zu erklären wußte, wenn nicht etwa die zweideutigen Blicke der Alliierten, eine so zusammengeschmolzene Armee, die weite Entfernung von Frankreich und endlich das Alter Napoleon bedächtiger gemacht haben.

Der Kaiser, auf seinem Entschlusse beharrend, war in sein Lager zurückgekehrt, als Murat, der sooft schon von den Russen getäuscht worden, ihn beredet, daß sie noch einmal fliehen und die Schlacht vermeiden werden. Umsonst kommt Rapp, den Napoleon soeben ausgeschickt hatte, um die Fassung der Russen zu beobachten, mit der Nachricht zurück, daß sie sich immer mehr verschanzen, daß sie zahlreich und wohlgemut seien und daß sie eher entschlossen scheinen, uns anzugreifen, wenn man ihnen nicht zuvorkomme, als sich zurückzuziehen. Murat läßt nicht nach, der Kaiser wird unruhig und kehrt auf die Höhe von Borodino zurück.

Von dort aus sieht er lange schwarze Kolonnen auf der großen Straße, die in der Ebene aufmarschieren, eine große Menge von Proviant- und Munitionswagen, endlich alle Anstalten zu einem längeren Aufenthalt und zu einer Schlacht, und in diesem Augenblick wird er, der, um nicht die Aufmerksamkeit und das Feuer des Feindes auf sich zu ziehen, sich nur von wenigen hat begleiten lassen, von den russischen Batterien bemerkt, und die Stille dieses Tages wird durch einen Kanonenschuß unterbrochen.

Denn, wie es oft geschieht, nichts war so ruhig als der Tag, der dieser großen Schlacht voranging. Man hatte gleichsam stillschweigend eine Übereinkunft getroffen, denn warum sich einen unnötigen Schaden zufügen, da der folgende Tag doch alles entscheiden mußte?

Und dann war noch so manches zu tun. Die verschiedenen Korps mußten ihre Waffen und ihre Munition in Bereitschaft setzen und ihre innere Ordnung wiederherstellen, die durch einen Marsch allemal gestört wird. Die Generäle hatten das dringende Geschäft, ihre Angriffs-, Verteidigungs- und Rückzugs-Anstalten mit Rücksicht auf die Beschaffenheit des Bodens zu entwerfen, damit dem Zufall so wenig wie möglich überlassen bliebe.

Im Begriff, ihren schrecklichen Kampf zu beginnen, beobachteten sich diese beiden Kolosse mit Aufmerksamkeit, sie maßen einander mit den Augen und bereiteten sich schweigend zu einem furchtbaren Schlag.

Als der Kaiser nicht länger an einer Schlacht zweifeln kann, zieht er sich in sein Zelt zurück, um den Befehl zu derselben in die Feder zu geben. Dort überlegt er noch einmal die ganze Wichtigkeit der Umstände. Er weiß, daß die beiden Armeen von gleicher Stärke sind. Auf einer wie auf der anderen Seite stehen ungefähr hundertzwanzigtausend Mann und sechshundert Kanonen. Der Vorteil des Bodens, einer einzigen Sprache, eines einzigen Dienstrocks, einer einzigen für dieselbe Sache fechtenden Nation ist auf seiten der Russen; diese aber haben viele unregelmäßige Truppen, viele Rekruten. Die Franzosen zählen ebensoviele Köpfe, aber mehr Soldaten, denn man hat ihm soeben die Bestandslisten seiner Armeekorps vorgelegt, in welchen die Stärke jeder Division berechnet ist, und da jetzt nicht von einer Musterung, nicht von einer Austeilung, sondern von einer Schlacht die Rede ist, so sind diese Angaben nicht übertrieben. Seine Armee war allerdings zusammengeschmolzen, aber gesund, fügsam und nervig wie jene zur Mannheit gereiften Körper, die, nachdem sie die erste Fülle der Jugend verloren haben, männlichere und gediegenere Formen zeigen.

Doch hat er in derselben auf den letzten Märschen ein auffallendes Schweigen bemerkt, jenes Schweigen einer großen Erwartung oder einer großen Bestürzung, ähnlich der Stille, die in der Natur großen Stürmen vorangeht oder in zahlreichen Menschenhaufen im Augenblick der Gefahr eintritt.

Er sieht ein, daß diese Armee der Ruhe bedürfe, von welcher Art sie auch sein möge, daß aber nur entweder im Tod oder im Sieg Ruhe für dieselbe zu finden sei, denn er hat sie in eine Lage gebracht, in der sie um jeden Preis siegen muß.

Die Gefahren dieser Lage lassen sich nicht verkennen, allein er weiß auch, daß die Verwegenheit ein Fehler ist, den die Franzosen ihrem Führer am liebsten verzeihen, und daß sie endlich weder an sich noch an ihm, noch an dem allgemeinen Resultat verzweifeln, was auch der einzelne dabei leiden möge.

Und dann zählt er auch auf ihre Gewohnheit, auf ihr Bedürfnis, sich einen Namen zu erwerben, selbst auf ihre Neugierde; man will doch Moskau sehen, sagen, daß man dort gewesen sei, die verheißenen Belohnungen dort in Empfang nehmen, vielleicht auch plündern, vor allem aber dort Ruhe finden. Zwar ist der Enthusiasmus von ihnen gewichen, dafür haben sie aber etwas Bleibendes: einen völligen Glauben an seinen Stern, an sein Talent, das Bewußtsein ihrer Überlegenheit und jene stolze Zuversicht der Sieger im Angesicht der Besiegten.

Voll von diesen Gedanken diktiert er jetzt eine einfache, ernste und aufrichtige Proklamation, wie sie für solche Umstände und für Menschen geeignet war, die schon der ersten Schule entwachsen und nach so vielem Ungemach nicht mehr in Spannung gesetzt werden konnten.

Darum nimmt er auch nur den Verstand aller oder, was dasselbe ist, das wahre Interesse eines jeden in Anspruch und schließt mit dem Ruhm; denn dieser war wohl noch der einzige Hebel in jenen Wüsten, der letzte unter den edlen Beweggründen, durch die man auf stets siegreiche, durch eine fortgerückte Zivilisation und eine lange Erfahrung gebildete Soldaten wirken konnte, endlich der letzte schöne Wahn, der ihnen in dieser weiten Entfernung noch geblieben war. Man wird eines Tages diese Anrede bewundern, die, der Armee und ihres Führers gleich würdig, beiden zur Ehre gereichte.

»Soldaten«, sagte er, »da ist die Schlacht, die ihr so oft gewünscht habt. Von nun an hängt der Sieg bloß von euch ab. Wir bedürfen desselben, er wird uns Überfluß und gute Winterquartiere verschaffen und uns bald in unser Vaterland zurückführen! Tut, wie ihr zu Austerlitz, zu Friedland[9], zu Witebsk und zu Smolensk getan habt. Die entfernteste Nachwelt wird euer Benehmen an diesem Tage rühmen. Von jedem unter euch wird gesagt werden: er war bei der großen Schlacht unter den Mauern von Moskau.«

EINUNDDREISSIGSTES KAPITEL

Auch Kutusow appelliert an seine Soldaten – die Nacht vor der Schlacht – Napoleons innere Ruhelosigkeit – sein schlechter Gesundheitszustand.

In der Mitte eben dieses Tages hatte Napoleon eine außerordentliche Bewegung im feindlichen Lager bemerkt, und in Wahrheit, die ganze russische Armee stand unter den Waffen. Kutusow, mit dem größten militärischen und kirchlichen Gepränge umgeben, trat in ihrer Mitte auf.

Dieser General hat seinen Popen und Archimandriten* befoh-

* ursprünglich in der orthodoxen Kirche Klostervorsteher (Erzabt), später ein Ehrentitel für verdiente, ehelose Geistliche.

len, ihren reichen und majestätischen Ornat anzulegen, den sie von den Griechen ererbt haben. Sie gehen vor ihm her und tragen die ehrwürdigen Zeichen der Religion, besonders aber jenes hochwürdige Bild, das schützende Heiligtum von Smolensk, das, wie sie sagen, den Entweihungen durch die gottlosen Franzosen auf eine wundervolle Weise entgangen ist.

Als der Russe seine Soldaten durch dieses außerordentliche Schauspiel recht gerührt sieht, erhebt er die Stimme und spricht zu ihnen vorzüglich vom Himmel, dem einzigen Vaterland, das der Sklaverei geblieben ist. Im Namen einer Religion der Gleichheit, will er diese Leibeigenen zur Verteidigung des Eigentums ihrer Grundherren auffordern; auf das heilige Bild, das sich in ihre Reihen geflüchtet hat, hindeutend, feuert er ihren Mut an, regt er ihren Grimm auf. Napoleon sei, wie er sagt, ein Universaldespot, der tyrannische Störer des Weltfriedens, ein schlechter Wurm, ein Erzrebelle, der ihre Altäre umstürze, sie mit Blut beflecke, der die wahre Bundeslade des Herrn, durch das heilige Bild vorgestellt, den Entweihungen durch Menschen, der Unbill der Jahreszeiten preisgebe.

Alsdann zeigt er diesen Russen ihre in Asche gelegten Städte, erinnert sie an ihre Weiber und Kinder, gedenkt auch mit einigen Worten ihres Kaisers und schließt endlich mit einem Aufruf an ihre Frömmigkeit und ihren Patriotismus. Das sind gleichsam instinktartige Tugenden dieser noch rohen Völkerschaften, die, nur auf Empfindungen beschränkt, als Soldaten nur um so furchtbarer sind. Ihr noch unentwickelter Verstand sträubt sich nicht gegen den Gehorsam. Durch die Sklaverei in einen engen Kreis gebannt, kennen sie nur wenige Empfindungen, aus denen sich doch alle Bedürfnisse, alle Wünsche und alle Ideen entwickeln.

Aber durch dieses feierliche Schauspiel, durch diese Anrede, durch die Ermahnungen ihrer Offiziere, durch die feierlichen Einsegnungen ihrer Priester mußte ihr Mut endlich bis zum Fanatismus gesteigert werden. Alle, selbst die geringsten Soldaten, glaubten sich von Gott selbst berufen, die Sache des Himmels und ihren heiligen Boden zu rächen.

In dem französischen Lager gab es dagegen keine religiöse und keine militärische Feierlichkeit, nicht einmal eine Heerschau fand statt, kein Mittel der Aufmunterung ward versucht, selbst die Proklamation des Kaisers ward erst spät ausgeteilt und den andern Morgen so kurz vor der Schlacht abgelesen, daß mehrere

Korps ins Gefecht kamen, ohne dieselbe gehört zu haben. Während aber die Russen, die doch von so gewaltigen Motiven entflammt sein mußten, auch noch das Schwert des heiligen Michael anriefen und von den himmlischen Mächten ihre Kraft erborgten, suchten die Franzosen diese nur in der eigenen Brust, überzeugt, daß dort die himmlische Waffe zu finden sei.

Zufälligerweise hatte der Kaiser an diesem Tage das Bildnis des Königs von Rom* erhalten, dessen Geburt für ihn und ganz Frankreich ein Fest der Hoffnung gewesen war. Napoleon, der zu Paris im Innern seines Palastes dieses Kind täglich geliebkost hatte, sieht jetzt auf diesen entlegenen Feldern, unter soviel drohenden Vorkehrungen, das liebliche Bild voll zärtlicher Rührung. Er selbst stellt dasselbe vor seinem Zelte aus und beruft die Offiziere und sogar die Soldaten der alten Garde; er will diese alten Grenadiere an seiner Freude teilnehmen lassen, seinen Waffensöhnen das Bild seines leiblichen Sohnes und in der Mitte einer großen Gefahr ein glänzendes Symbol der Hoffnung zeigen.

Am Abend dieses Tages kam ein Adjutant von Marmont, von dem Schlachtfelde der Aropylen abgefertigt, auf demjenigen der Moskwa an. Es war derselbe Fabvier, der seitdem in unsern innerlichen Unruhen eine Rolle gespielt hat. Der Kaiser nahm den Adjutanten des geschlagenen Generals ganz gut auf. Am Vorabend einer so ungewissen Schlacht fühlte er sich zur Nachsicht gegen eine Niederlage geneigt. Er hörte alles an, was ihm über die Zersplitterung seiner Streitkräfte in Spanien, über die zu große Anzahl der kommandierenden Generäle gesagt wurde, gab alles zu, erklärte aber seine Motive, deren Anführung jedoch wohl nicht hierher gehört.

Die Nacht kam und mit ihr die Besorgnis zurück, daß die russische Armee dieselbe benützen würde, um das Schlachtfeld zu räumen. Diese Besorgnis störte den Schlaf Napoleons, er klingelte oder rief unaufhörlich, frug nach der Stunde und ob man keinen Lärm höre, und ließ nachsehen, ob der Feind noch da wäre.

Er zweifelte noch so sehr daran, daß er seine Proklamation mit dem Befehle hatte ausfertigen lassen, dieselbe erst den an-

* seines einzigen Sohnes aus der Ehe mit Marie-Louise, der Tochter des österreichischen Kaisers. Der in der Geschichte als Herzog von Reichstadt bekannte lebte von 1811–1832.

dern Tag und nur in dem Fall zu lesen, wenn es zur Schlacht kommen sollte.

Auf einige Augenblicke hierüber beruhigt, wird er von einer andern Sorge gequält: die Not seiner Soldaten erschreckt ihn. Wie mögen sie erschöpft und ausgehungert, wie sie sind, einen langen und schrecklichen Kampf bestehen? In dieser Gefahr verläßt er sich einzig auf seine Garde; es scheint, als ob sie ihm für beide Armeen Bürgschaft leiste. Er läßt Bessières kommen, denjenigen unter seinen Marschällen, dem er den Oberbefehl über sie am liebsten anvertraut; er will wissen, ob dieser auserlesenen Reserve nichts abgehe, er ruft ihn mehr als einmal zurück und erneuert seine dringenden Fragen; er will, daß diesen alten Soldaten auf drei Tage Reis und Zwieback ausgeteilt werde, den er aus seinen eigenen Vorräten hergibt; und da er zuletzt befürchtet, es möchte dies nicht geschehen, so steht er auf und fragt selbst die Grenadiere seiner Garde, die am Eingang seines Zeltes als Wache aufgestellt sind, ob sie diese Lebensmittel auch erhalten haben; auf ihre bejahende Antwort geht er wieder in sein Zelt zurück und schlummert ein.

Bald aber ruft er wieder, sein Adjutant findet ihn, den Kopf auf seine Hände stützend. Nach seiner Äußerung scheint er über die Eitelkeit des Ruhms nachzudenken. »Was ist«, sagte er, »der Krieg? ein Barbarenhandwerk, wo die ganze Kunst darin besteht, auf einem gegebenen Punkt der stärkste zu sein.« Dann klagt er über die Unbeständigkeit des Glücks, die er zu erfahren anfange. Hierauf scheint er wieder in eine ruhigere Stimmung überzugehen, wiederholt, was ihm über das langsame und sorglose Wesen von Kutusow gesagt worden ist, und verwundert sich, daß man ihm den Vorzug vor Bennigsen gegeben habe. Dann kommt er auf seine kritische Lage zurück, spricht von der bevorstehenden schrecklichen Schlacht und fragt Rapp, ob er an den Sieg glaube? »Ganz gewiß«, antwortete dieser, »aber an einen blutigen!«, und Napoleon erwidert: »Ich weiß es, allein ich habe achtzigtausend Mann, davon werde ich zwanzigtausend verlieren und mit sechzigtausend nach Moskau kommen, dort werden uns die Nachzügler und die Marschbataillons endlich einholen und uns stärker machen, als wir vor der Schlacht waren.«

In dieser Berechnung schien er auf seine Garde und seine Reiterei keine Rücksicht genommen zu haben. Jetzt wieder von seiner ersten Unruhe befallen, läßt er nochmals nach den Russen sehen. Man antwortet ihm, daß ihre Feuer noch ebenso hell brennen, und daß die große Anzahl derselben und die vielen beweglichen Schatten, von denen sie umgeben seien, glauben lassen, daß sie nicht von einem Nachtrab, sondern von der ganzen Armee geschürt werden. Die Gegenwart des Feindes beruhigte endlich den Kaiser, der jetzt einige Ruhe suchte.

Aber er ist durch die mit der Armee zurückgelegten Märsche, durch die Strapazen der vorigen Tage und Nächte, durch so viele Sorgen und eine so große Erwartung ganz erschöpft; die Erkältung der Atmosphäre hat ihm geschadet; ein Fieber aus Überreizung, ein trockener Husten, eine heftige Erschütterung verzehren ihn, vergebens sucht er in der noch übrigen Nacht seinen brennenden Durst zu löschen.

Es wird endlich fünf Uhr, und ein Offizier von Ney meldet ihm, daß der Feind noch da sei, und daß der Marschall um die Erlaubnis bitte anzugreifen. Bei dieser Nachricht scheint der Kaiser seine vom Fieber erschöpften Kräfte wiederzugewinnen, er rafft sich auf, ruft die Seinigen und verläßt das Zelt unter dem Ausruf: »Endlich fassen wir sie! Laßt uns gehen und uns den Weg nach Moskau bahnen!«

ZWEIUNDDREISSIGSTES KAPITEL

Am 7. September, morgens um 7 Uhr, bricht die Schlacht auf dem linken französischen Flügel los – entgegen Napoleons ursprünglichem, auf der schiefen Schlachtordnung aufbauendem Plan, beginnt die Schlacht als Frontalschlacht – blutiger Kampf um die russischen Redouten, die wiederholt ihren Besitzer wechseln – durch Murats Bravour wird der russische linke Flügel geschlagen – die Franzosen stürmen die Höhen von Semenowska.

Es war halb sechs Uhr des Morgens, als Napoleon bei der am 5. September eroberten Redoute ankam. Dort harrte er auf die ersten Strahlen des Tages und auf die ersten Flintenschüsse von Poniatowsky.

Der Tag erschien, und Napoleon sagte zu seinen Offizieren: »Seht da, die Sonne von Austerlitz!«, allein wir hatten sie im Gesicht, sie stieg bei den Russen auf, blendete und beleuchtete uns. Es zeigte sich jetzt, daß die Batterien in der Dunkelheit der Nacht außer der Schußweite waren gestellt worden, man mußte sie weiter vorwärts bringen; der Feind ließ es geschehen; es scheint, als nehme er Anstand, die fürchterliche Stille zuerst zu brechen.

Die Aufmerksamkeit des Kaisers war noch auf den rechten Flügel gerichtet, als um sieben Uhr die Schlacht auf einmal auf seinem linken Flügel losbrach. Bald erfährt er, daß ein Regiment von Eugen, das 106., das Dorf und die Brücke von Borodino, die es hätte zerstören sollen, genommen und hierauf, von seiner Hitze fortgerissen, ohne auf den Befehl des Generals zu achten, die jenseitigen Höhen von Gorki anzugreifen gewagt habe, wo es von den Russen mit furchtbarem Feuer empfangen worden sei.

Man fügte noch hinzu, daß der Brigade-General, unter dem das 106. Regiment gestanden, schon geblieben sei, und daß dieses Regiment ganz würde aufgerieben worden sein, wenn nicht das 92. Regiment aus freien Stücken herbeigeeilt wäre, um die Trümmer desselben aufzunehmen und zurückzubringen.

Napoleon selbst hatte seinem linken Flügel befohlen, so nachdrücklich anzugreifen. Es ist möglich, daß er nicht auf vollen Gehorsam rechnete, sondern nur die Aufmerksamkeit des Feindes hinziehen wollte. Er wiederholte jedoch und schärfte seine Befehle und eröffnete die Schlacht, seinem ersten, auf die Idee der schiefen Schlachtordnung gegründeten Entwurf zuwider, mit einem parallelen Angriff.

Da Poniatowsky seinerseits auch schon den Feind erreicht haben konnte, so säumt der Kaiser nicht länger, von seinem Standpunkt aus das Zeichen zum Angriff zu geben. Da dampfte und flammte es plötzlich auf den stillen Ebenen, auf den stummen Hügeln, und fast in demselben Augenblick ließ sich ein vielfacher Knall und das Flüstern der Kugeln hören, die in jeder Richtung die Luft durchschnitten. Und in diesem Getöse geht Davoust mit den Divisionen Compans und Dessair und dreißig Kanonen an ihrer Spitze rasch auf die erste feindliche Redoute los.

Das russische Gewehrfeuer beginnt, wird aber nur von den französischen Kanonen erwidert, denn die Infanterie rückt vor ohne zu schießen und beeilt sich, an den Feind zu kommen, um sein Feuer zu löschen. Aber Compans, der Führer der Kolonne und seine tapfersten Soldaten fallen verwundet, die übrigen bleiben bestürzt unter einem Kugelregen stehen, um auch zu feuern, aber Rapp kommt herangesprengt, um Compans zu ersetzen, und er reißt die Soldaten nochmals im Sturmschritt und mit gefälltem Bajonett vorwärts gegen die feindliche Redoute.

Schon hat er, von allen der Vorderste, dieselbe erreicht, als er auch getroffen wird. Es war seine zweiundzwanzigste Wunde. Ein dritter General hat dasselbe Los, auch Davoust wird getroffen. Rapp wird zum Kaiser getragen, der zu ihm sagt: »Nun, Rapp, schon wieder! Aber, was treibt man denn da oben?« Rapp antwortete: »Die Garde sollte eben dort sein, um zu vollenden.« »Nein«, antwortete der Kaiser, »das geht nicht, ich will sie nicht aufreiben lassen, ich denke die Schlacht ohne sie zu gewinnen.«

Jetzt wirft sich Ney mit seinen drei, auf zehntausend Mann herabgekommenen Divisionen in die Ebene und eilt Davoust zu Hilfe. Der Feind muß sein Feuer teilen, Ney beflügelt seine Schritte – das 57. Regiment, das sich unterstützt sieht, faßt neuen Mut; durch eine letzte Anstrengung hat es soeben die feindliche Schanze erreicht, es ersteigt sie, geht den Russen mit dem Bajonett auf den Leib, drängt sie und tötet die Hartnäckigsten, die übrigen fliehen, und das 57. Regiment setzt sich in seiner Eroberung fest. Zugleich stürzt sich Ney mit solcher Wut auf die andern Redouten, daß er sie dem Feinde entreißt.

Es war Mittag. Und jetzt, nachdem das erste russische Treffen durchbrochen und die Ebene geöffnet ist, erhält Murat von dem Kaiser den Befehl, sich mit seiner Reiterei dahin zu begeben, um zu vollenden. Ein Augenblick genügt diesem Fürsten, um sich auf den Höhen und mitten unter den zurückkehrenden Feinden wieder zu zeigen; denn das zweite russische Treffen, an das sich die von Kutusow geschickte und von Bagavout angeführte Verstärkung anschlossen, kam dem ersten zu Hilfe. Alle diese Truppen, die ihren Stützpunkt in Semenowska hatten, beeilten sich, ihre Redouten wieder zu nehmen. Die Franzosen, noch in der Unordnung des Sieges, stutzen und weichen zurück.

Die Westfalen, von Napoleon zur Unterstützung von Poniatowsky bestimmt, zogen damals durch den Wald, der diesen Fürsten von der übrigen Armee schied. Sie hielten unsere zurückweichenden Truppen, die sie im Staub und im Dampf nicht recht unterscheiden konnten, für Feinde und gaben Feuer auf sie. Durch dieses Versehen, auf dem sie beharrten, wurde die Unordnung noch vermehrt.

Die feindlichen Reiter verfolgten ihren Vorteil und umzingelten Murat, der zurückgeblieben war, um die Seinigen wieder zu sammeln; schon streckten sie die Hände nach ihm aus, um ihn zu greifen, als dieser Fürst ihnen nur dadurch entkam, daß er sich in die Redoute warf; hier fand er aber nur entmutigte Soldaten, die sich schon für verloren hielten und erschrocken an der Brustwehr hin und her liefen und zum Behuf ihrer Flucht einen Ausgang suchten.

Die Gegenwart des Königs und seine Ermahnungen brachten einige wieder zur Besinnung, er selbst ergreift eine Waffe, kämpft mit der einen Hand und schüttelt mit der andern seinen hochgehobenen wallenden Federbusch, er ruft den Seinigen zu und stählt von neuem ihre Tapferkeit durch die Gewalt, die das Beispiel übt.

Zu gleicher Zeit hat Ney die Ordnung in seinen Divisionen wieder hergestellt. Sein Feuer hält die feindlichen Kürassiere auf, verwirrt ihre Reihen und zwingt sie, von der Verfolgung abzulassen. Es gelingt endlich, Murat zu befreien und die Höhen wieder zu erobern.

Dieser Gefahr kaum entronnen, begibt sich der König sogleich in eine andere. Er führt die Reiterei von Bruyère und Nansouty gegen den Feind und durchbricht nach wiederholten hartnäckigen Angriffen die Linie der Russen, wirft sie auf ihr Zentrum zurück und vollendet in weniger als einer Stunde die Niederlage ihres linken Flügels.

Aber die Höhen des zerstörten Dorfes Semenowska, wo der linke Flügel des russischen Zentrums sich anlehnte, waren noch ganz in der Gewalt des Feindes. Dort sammelten und bildeten sich die Verstärkungen, die Kutusow unaufhörlich von seinem rechten Flügel heranzog; von dort aus sprühte ein heftiges Feuer auf Ney und Murat herab, ihren Sieg fesselnd. Diese Stellung mußte genommen werden. Maubourg säubert zuerst die Front derselben mit seiner Reiterei; Friand, ein General von Davoust, folgte ihm mit seiner Infanterie; Dufour und das 15. leichte Infanterie-Regiment hatten zuerst die steile Böschung erklommen, sie vertrieben die Russen aus diesem Dorfe, dessen Trümmer nur schlecht verschanzt waren; Friand, wenngleich verwundet, vollendete und sicherte diesen Vorteil.

›Noch nie gesehene Unschlüssigkeit‹ des Kaisers – er versagt Ney und Murat die notwendigen Verstärkungen – er zögert, seine Garde einzusetzen, obschon die Russen Terrain gewinnen – Apathie des Kaisers – seine Umgebung sucht Erklärungen hierfür – der Blutzoll der nicht weichen wollenden russischen Infanterie – schließlich gelingt es Ney, Davoust und Murat, sie niederzuringen und die Ebene zu beherrschen – die Schlacht konzentriert sich jetzt auf die von den Russen noch besetzt gehaltenen Höhen – vergeblich versucht man Napoleon zum Einsatz der Garde zu bewegen.

Diese entschlossene Tat bahnte uns den Weg zum Siege, den man auf das schleunigste verfolgen mußte. Aber Murat, Ney und Davoust sind erschöpft, sie machen halt und lassen, während sie ihre Truppen sammeln, um Verstärkung bitten. Jetzt bemerkte man an Napoleon eine noch nie gesehene Unschlüssigkeit. Nach einem langen Besinnen, nach vielen Befehlen und Gegenbefehlen meinte er endlich, der entscheidende Augenblick sei noch nicht gekommen, und Friand und Maubourg würden die Höhen schon behaupten können.

Allein Kutusow benutzt diesen ihm so unverhofft bewilligten Aufschub. Er zieht alle seine Reserven und selbst die russische Garde zur Deckung seines entblößten Flügels heran. Mit diesen Verstärkungen stellt Bagration seine Schlachtordnung wieder her. Sein rechter Flügel lehnt sich an die große, vom Prinzen Eugen angegriffene Batterie, sein linker an den Wald, der in der Gegend von Psarewo das Schlachtfeld begrenzt. Sein Feuer lichtet unsere Reihen, sein Angriff ist heftig, ungestüm, gleichzeitig; Infanterie, Artillerie und Reiterei, alles strengt sich an. Ney und Murat stemmen sich gegen diesen Sturm, ihre Aufgabe ist nicht mehr, den Sieg zu verfolgen, sondern diesen zu behaupten.

Die Soldaten von Friand, vor Semenowska aufgestellt, schlagen die ersten Angriffe ab, aber mit einem Hagel von Kugeln und Kartätschen überschüttet wanken sie; einer ihrer Kommandeure wird mißmutig und befiehlt den Rückzug. In diesem kritischen Augenblicke sprengt Murat heran, faßt ihn beim Kragen und schreit ihm zu: »Was machen Sie?« Der Oberst, auf den Boden deutend, der mit der Hälfte der Seinigen bedeckt ist, antwortet: »Sie sehen wohl, daß man hier nicht bleiben kann!« »Aber ich bleibe doch auch!«, schreit der König. Diese Worte wirkten, der Offizier sah den König starr an und erwiderte ganz gelassen: »Es ist wahr! Soldaten, sammelt euch, wir müssen uns hier töten lassen.«

Murat hatte den Kaiser soeben wieder durch Borelli, einen seiner Offiziere, um Hilfe bitten lassen. Dieser Offizier weist auf die Staubwolken hin, die durch die Angriffe der Reiterei zum erstenmal auf diesen Höhen aufgeweht wurden, auch rollen in demselben Augenblick einige matt gewordene Kugeln zum erstenmal bis zu den Füßen Napoleons. Es liegt am Tage, daß der Feind wieder näher kommt; Borelli wird dringender, und Napoleon verspricht endlich die junge Garde. Allein, kaum hat diese einige Schritte zurückgelegt, so befiehlt er ihr selbst wieder haltzumachen; dennoch läßt Graf Lobau dieselbe immer noch vorrücken – unter dem Vorwand, die Richtung wieder herzustellen; sobald Napoleon dies bemerkt, wiederholt er seinen Befehl.

Zum Glück rückte die Reserve-Artillerie in diesem Augenblicke vor, um ihre Stellung auf den eroberten Höhen zu nehmen. Lauriston hatte zu diesem Manöver soeben die Einwilligung des Kaisers erhalten, der dasselbe weniger befahl als zuließ, es aber bald für so wichtig erkannte, daß er die Ausführung mit einer Ungeduld betrieb, wie er sie sonst an diesem Tage nicht blicken ließ.

Man weiß nicht, ob die Ungewißheit über das, was auf dem linken Flügel unter Eugen und auf dem rechten unter Poniatowsky vorging, ihn unschlüssig gemacht hat. Gewiß ist es, daß er zu befürchten schien, der äußerste linke Flügel der Russen möchte den Polen entwischen und sich hinter Ney und Murat des Schlachtfeldes bemächtigen. Das ist wenigstens einer der Gründe, aus denen er hier seine Garde in Bereitschaft hielt. Diejenigen, die ihm Vorstellungen machten, wies er mit der Antwort ab: er wolle noch heller sehen, seine Schlacht habe noch nicht angefangen, man müsse auch warten können, die Zeit sei von allem die Bedingung und das Element, es sei noch nichts gehörig entwickelt; dann frug er nach der Zeit und setzte hinzu, die Zeit zu seiner Schlacht sei noch nicht gekommen, sie werde erst in zwei Stunden beginnen.

Sie begann aber nicht. Man sah ihn den ganzen Tag vorwärts und etwas links von der am 5. September genommenen Redoute am Rande einer Schlucht sitzen oder mit langsamen Schritten hin und her gehen, weit außer dem Bereich der Schlacht, die er, seitdem sie über die Höhen hinaus war, kaum noch sehen konnte. Wenn sie wieder näherrückte, zeigte er keine Besorgnis, keine

Ungeduld, weder über die Seinigen noch über den Feind; nur wenn ihm, wie es oft geschah, der Tod seiner besten Generäle gemeldet wurde, gab er durch einige Gebärden eine traurige Resignation zu erkennen. Er erhob sich öfters, um einige Schritte zu versuchen, ließ sich aber bald wieder nieder.

Die in seiner Nähe waren, staunten: bis dahin hatte man bei solchen Veranlassungen eine gelassene Tätigkeit an ihm bemerkt. Jetzt sah man eine schwerfällige Ruhe, ein weiches, schlaffes und mildes Wesen ohne Tätigkeit. Einige wollten darin jene Abspannung erkennen, die auf heftige Gemütsbewegungen folgt; andere meinten, er sei gegen alles, selbst gegen den Reiz der Schlachten abgestumpft; andere bemerkten, die den großen Männern eigene Standhaftigkeit und Kaltblütigkeit arte mit der Zeit in phlegmatische Schwerfälligkeit aus, wenn einmal das Alter ihre Springfedern gelähmt habe; seine eifrigsten Verehrer erklärten seine Unbeweglichkeit aus der Notwendigkeit, in der sich der Feldherr am Tage einer Schlacht befinde, seinen Standpunkt nicht so oft zu verändern, damit man ihn zu treffen wisse; es gab endlich auch einige, die mit mehr Grund alles seiner geschwächten Gesundheit und einer starken Unpäßlichkeit zuschrieben.

Die Generäle der Artillerie, gleichfalls erstaunt, daß man sie so lange müßig gelassen hatte, benutzten schleunigst die ihnen gewordene Erlaubnis zu fechten und krönten die Höhen mit ihren Batterien. Achtzig Geschütze donnerten gleichzeitig los, die russische Reiterei brach sich zuerst an dieser ehernen Mauer und zog sich hierauf hinter die Infanterie zurück.

Diese rückte jetzt in dichten Massen vor, in die unsere Kugeln alsbald breite und tiefe Öffnungen schlugen; dessenungeachtet schritten sie noch immer vorwärts, wo dann die französischen Batterien ihr Feuer verdoppelten und sie mit einem Hagel von Kartätschen überschütteten. Dadurch wurden ganze Züge auf einmal niedergestreckt, und man sah, wie ihre Soldaten in diesem schrecklichen Feuer ihre Ordnung zu erhalten suchten, wie sie, in jedem Augenblick durch den Tod auseinandergerissen, über Leichen schreitend alsbald wieder zusammenrückten.

Endlich hielten sie an, wagten sich nicht weiter vorwärts und wollten aber auch nicht zurück. Es mag sein, daß in dieser fürchterlichen Zerstörung starres Entsetzen ihre Glieder gefesselt hielt, oder daß gerade in diesem Augenblick Bagration verwundet worden ist, oder daß ihre Generäle nach dem Mißlingen ihres ersten Angriffs nicht wußten, was sie tun sollten, weil sie nicht wie Napoleon die große Kunst verstanden, solche Massen handzuhaben und ohne Verwirrung herumzuwerfen. Genug, diese trägen Massen ließen sich zwei Stunden lang von unseren Batterien zerschmettern und zeigten keine andere Bewegung als die des Niederstürzens. Das Blutbad war fürchterlich, und unsere Kanoniere, welche Einsicht mit Tapferkeit verbinden, konnten nicht umhin, den starren blinden und resignierten Mut ihrer Gegner zu bewundern.

Die Sieger bekamen zuerst genug; die Langsamkeit dieses Artilleriegefechts reizte ihre Ungeduld, auch fängt die Munition an auszugehen, sie fassen einen Entschluß. Ney setzt sich zuerst in Bewegung, nimmt schnell seinen rechten Flügel vor, um die neue Front, die ihm entgegentritt, abermals zu umgehen – Davoust und Murat unterstützten ihn, und die Trümmer von Ney werden endlich Sieger über die Reste von Bagration.

Jetzt endet die Schlacht auf der Ebene und konzentriert sich auf die noch vom Feinde besetzten Höhen und bei der Redoute, die Barclay mit der Mitte und dem rechten Flügel hartnäckig gegen Eugen verteidigt.

In der Mitte des Tages zeigen sich demnach Ney, Davoust und Murat – der ganze französische rechte Flügel – nach Überwältigung von Bagration auf der entblößten Flanke des noch übrigen Teils der feindlichen Armee; ihre ganze Stellung, ihre Reserven, ihr entblößter Rücken und selbst ihre Rückzugslinie liegen unverhüllt vor ihren Augen.

Da sie sich aber zu schwach fühlen, sich in den leeren Raum hinter einer noch immer furchtbaren Linie zu werfen, so rufen sie die Garde mit lautem Geschrei: die junge Garde soll kommen und ihnen von weitem folgen, sie soll sich nur zeigen, sie auf diesen Höhen ablösen, alsdann wollen sie schon fertig werden!

Sie haben Belliard an den Kaiser geschickt, dieser General meldet: man sehe von ihrer Stellung aus bis auf die Straße von Mojaisk, im Rücken der russischen Armee; diese Straße sei mit Flüchtlingen, mit Verwundeten und Wagen bedeckt; es lägen allerdings noch eine Schlucht und ein lichtes Gehölz zwischen ihnen und dieser Straße, aber die russischen Generäle hätten in ihrer Bestürzung noch nicht daran gedacht, diese zu benutzen; mit einem einzigen Anlauf könne man mitten in diese Verwirrung gelangen und der feindlichen Armee wie dem Kriege ein Ende machen.

Der Kaiser jedoch strauchelt, zweifelt und befiehlt diesem General, noch einmal nachzusehen und ihm wieder Bericht zu erstatten.

Belliard, überrascht, jagt fort und kommt plötzlich wieder mit der Meldung: daß der Feind anfange, sich zu besinnen und das Gehölz mit Schützen zu besetzen; daß kein Augenblick mehr zu verlieren sei, wenn man nicht eine zweite Schlacht liefern wolle, um die erste auszufechten.

Aber Bessières macht die Wichtigkeit der Garde geltend. Er meint, da man so weit von allen Verstärkungen entfernt sei, da Europa zwischen Napoleon und Frankreich liege, so solle man diese Handvoll Soldaten, die noch die einzige Bürgschaft seien, nicht aufopfern. Und der Kaiser sagt hierauf zu Belliard, es sei noch nichts gehörig entwirrt; um seine Reserve ins Gefecht zu schicken, müsse er erst noch deutlicher auf seinem Schachbrett sehen. Es war dies ein Ausdruck, den er oft wiederholte, indem er auf die Redoute hinwies, an der die Angriffe Eugens zerschellten.

Belliard begibt sich voll Bestürzung zum König zurück und berichtet ihm die Unmöglichkeit, den Kaiser zu bewegen. Er hat ihn, sagt er, auf demselben Platze sitzend gefunden, leidend und niedergeschlagen, mit welken Zügen und matten Blicken; mitten in diesem furchtbaren Getöse, dem er entfremdet zu sein scheine, erteile er seine Befehle mit gedämpfter Stimme. Bei diesem Bericht gerät Ney in Wut, der er sich zufolge seines hitzigen und unbändigen Charakters ganz überläßt: »Sind wir denn darum so weit hergekommen«, spricht er, »um uns mit einem Schlachtfeld zu begnügen? Was tut denn der Kaiser hinter der Armee? Dort kann er nichts recht beurteilen. Wenn er den Krieg nicht mehr selbst führen, nicht selbst General sein, überall nur den Kaiser machen will, so kehre er in die Tuilerien zurück und lasse uns für ihn das Kriegshandwerk treiben!«

Murat blieb ruhiger, er erinnerte sich, wie der Kaiser den Tag vorher, als er die russische Front besichtigte, öfters gehalten, vom Pferde gestiegen sei, den Kopf auf die Kanonen gelegt und sich wie ein Leidender benommen habe. Er wußte, wie unruhig seine Nacht gewesen, und daß ihm ein heftiger trockener Husten die Brust beklemme. Der König sah ein, daß die Erschöpfung und der erste Einfluß der Nachtgleiche seine geschwächte Konstitution angegriffen hatten, daß endlich in diesem kritischen Augenblick die Kraft seines Geistes durch die Leiden seines Körpers wie gefesselt sei.

Jedoch hatte es ihm an Aufforderungen nicht gefehlt; denn Belliard war kaum fort, als Daru, von Dumas und besonders von Berthier angestiftet, mit leiser Stimme zu dem Kaiser sagte: »Es heißt von allen Seiten, es sei jetzt Zeit, die Garde auftreten zu lassen.« Aber Napoleon erwiderte: »Und wenn es morgen eine zweite Schlacht gibt, mit was soll ich dann fechten?« Der Minister schwieg, überrascht, daß der Kaiser zum erstenmal in seinem Leben sein Glück vertagen wolle.

VIERUNDDREISSIGSTES KAPITEL

Die Entwicklung der Schlacht auf dem rechten französischen Flügel unter Prinz Eugen Beauharnais – die Russen gehen hier zum Angriff über – heldenhafter Widerstand der Franzosen – Murat erhält inzwischen keine Verstärkung, weil der Chef der Garde-Reiterei, Marschall Bessières, fast eine Stunde lang nicht zu finden ist – das Ende der Schlacht, nachdem die das Schlachtfeld begrenzenden Höhen den Russen entrissen sind – die Russen ziehen sich geordnet zurück und nehmen neue feste Stellungen ein.

Indessen wehrte sich Barclay mit der größten Hartnäckigkeit gegen Eugen, der gleich nach der Wegnahme von Borodino im Angesicht der großen Redoute über die Kologha gegangen war. Die Russen hatten sich hier vorzüglich auf die steilen Böschungen, die tiefen und sumpfigen Gründe, auf ihre mit großen Kalibern besetzten Verschanzungen, endlich auf die achtzig Feuerschlünde, die auf den Höhen standen, verlassen. Aber alle diese Mittel der Natur wie der Kunst halfen ihnen zu nichts: das erste Aufbrausen der berühmten französischen Furie brachte die Soldaten von Morand plötzlich in die Mitte derselben und trieb diese in die Flucht.

Fabvier, Adjutant von Marmont, erst am gestrigen Abend aus dem fernen Spanien angekommen, hatte sich hier als Freiwilliger und zu Fuß an die Spitze der vordersten Schützen gestellt; er schien die spanische Armee bei der Großen Armee vertreten und dieselbe, von heldenmütigem Wetteifer erfüllt, in den ersten Reihen zeigen zu wollen.

Er fiel verwundet bei dieser nur allzubekannten Redoute, denn dieser Sieg war nur vorübergehend. Der Angriff ermangelte der Einheit, sei es, daß die Vordersten sich zu sehr oder die Hintersten sich zu wenig beeilten. Der Weg führte durch eine tiefe Schlucht, in der, weil sie Sicherheit gegen das feindliche Feuer gewährte, manche zurückgeblieben sein sollen. So fand sich Morand allein gegenüber von mehreren russischen Linien.

Es war erst zehn Uhr, rechts von ihm hatte Friand den Angriff auf Semenowska noch nicht begonnen, links von ihm waren die Divisionen Gérard, Broussier und die italienische Garde noch nicht heran, überhaupt war dieser Angriff so dringend nicht. Es kam einzig darauf an, Barclay hier zu beschäftigen und festzuhalten. Der rechte Flügel mußte die Schlacht eröffnen und sich dabei um den linken Flügelpunkt drehen. So hatte es der Kaiser zuerst bestimmt, und man weiß nicht, warum er wieder davon abgegangen ist, denn er war es, der dem Prinzen Eugen Offiziere über Offiziere zugeschickt hatte, um seinen Angriff zu betreiben.

Von ihrer ersten Bestürzung zurückgekommen, eilten die Russen von allen Seiten herbei, geführt von Kutaisow und Yermolow, die dabei eine der Wichtigkeit des Umstandes angemessene Entschlossenheit bewiesen.

Das 30. Regiment wurde aus der Redoute vertrieben, wo es den dritten Teil seiner Soldaten und seinen General, von zwanzig Wunden durchbohrt, liegen ließ. Die Russen ermutigt, begnügten sich nicht mehr mit der Verteidigung; sie gingen in den Angriff über, und man sah jetzt auf diesem einzigen Punkt jede Kunst, jede Mühe, jede Wut des Krieges beisammen. Die Franzosen hielten es vier volle Stunden auf dem Abhang dieses Vulkans, mit Eisen und Blei überschüttet, aus. Dazu gehörte aber die beharrliche Geschicklichkeit des Prinzen Eugen und alles, was der Gedanke, sich für überwunden bekennen zu müssen, für sieggewohnte Truppen Unerträgliches hat.

Jede seiner Divisionen kam mehr als einmal unter einen andern General zu stehen. Der Vizekönig ging von einer zur andern, mit Bitten, mit Verweisen, mit Erinnerungen an vorige Siege auf die Gemüter wirkend. Der Kaiser, den er von seiner kritischen Lage in Kenntnis setzen ließ, antwortete ihm: er könne nichts dafür, an ihm sei es zu siegen; er solle sich nur noch besser zusammennehmen, vor ihm liege die Schlacht. Darauf sammelte der Prinz alle seine Streitkräfte, um einen allgemeinen Sturm zu versuchen, als sich plötzlich auf seinem linken Flügel ein wütendes Geschrei erhob, das seine Aufmerksamkeit dahin zog.

Uwarow war mit zwei Reiterregimentern und einigen tausend

Kosaken auf seine Reserve gefallen, die dadurch in Unordnung geriet. Allein der Prinz, von den Generälen Delzon und Ornano unterstützt, hatte diesen mehr lärmenden als gefährlichen Feind bald wieder vertrieben, sofort eilte er wieder an die Spitze des entscheidenden Angriffs zurück.

Gerade in diesem Augenblick hatte Murat, auf der Ebene, wo er gebot, in Untätigkeit versetzt, zum viertenmal an den Kaiser geschickt, um ihm vorzustellen: wie sehr seine Reiterei durch die Russen leide, die sich an die von dem Prinzen Eugen angegriffene Redoute lehnten. Er bittet nur um die Reiterei seiner Garde. Von dieser unterstützt, will er sodann die verschanzten Höhen umgehen, dieselben nehmen und die Armee, die sie verteidigt, in die Flucht schlagen.

Der Kaiser schien einzuwilligen und schickte nach Bessières, dem Chef dieser berittenen Garde. Unglücklicherweise war dieser Marschall nicht zu finden, denn er hatte sich entfernt, um den Gang der Schlacht näher zu beobachten. Der Kaiser wartete beinahe eine volle Stunde auf ihn, ohne alle Ungeduld, und ohne seinen Befehl zu wiederholen. Und als der Marschall endlich wieder zurückkam, empfing er ihn mit einer zufriedenen Miene, hörte ruhig seinen Bericht an und erlaubte ihm, so weit vorzurücken, als es ihm gut dünken würde.

Schon war es jedoch zu spät, man konnte nicht mehr daran denken, die ganze russische Armee und vielleicht ganz Rußland zu fassen, man mußte sich mit dem Schlachtfelde begnügen. Man hatte Kutusow Zeit gelassen, sich zu besinnen, die ihm noch übrigen weniger zugänglichen Punkte zu befestigen und seine Reiterei in der Ebene auszubreiten.

So hatten die Russen zum drittenmal einen Haken oder eine Flanke gegen Ney und Murat gebildet. Letzterer zieht jetzt die Reiterei von Montbrun, deren General gefallen war, heran. Caulaincourt, der Nachfolger von Montbrun, der die Adjutanten dieses unglücklichen Generals untröstlich sieht, sagt zu diesen: »Beweinen Sie ihn nicht länger! Folgen Sie mir, um ihn zu rächen!«

Der König zeigt diesem jetzt die neue Flanke des Feindes; in diese soll er bis zur Tiefe ihrer großen Batterie einen Keil treiben; während denn die leichte Reiterei diesen ersten Vorteil verfolgt, soll er, Caulaincourt, sich mit seinen Kürassieren plötzlich links wenden, um diese furchtbare Redoute, die von vorne her den Vizekönig zerschmettert, von hinten zu nehmen.

Caulaincourt antwortete: »Sire, Sie sollen mich dort sogleich tot oder lebendig sehen!« Hierauf jagt er fort, wirft alles, was ihm widerstehen will, über den Haufen, läßt dann seine Kürassiere plötzlich links schwenken und ist der erste in der Redoute, wo er, von einer Kugel getroffen, tot niederstürzt. Er hatte sich sein Grab erobert. Man eilte, dem Kaiser diesen Sieg und diesen Verlust zu melden. Der Oberstallmeister, Bruder des unglücklichen Generals, der zuhörte, zeigte sich im ersten Augenblick betroffen, stemmte sich aber bald wieder gegen das Unglück, und ohne die Tränen, die ihm über die Wangen herabflossen, hätte man ihn für ganz unempfindlich halten müssen.

Der Kaiser sagte ihm: »Sie haben es gehört, wollen Sie sich entfernen?«, und begleitete diese Worte mit einem Ausdruck des Schmerzes; allein gerade in diesem Augenblick war unsere Linie im Vorrücken, der Großstallmeister antwortete nichts und blieb, seinen Dank und seine Weigerung dadurch bezeugend, daß er den Hut zog.

Während dieses entscheidenden Angriffs der Reiterei war der Vizekönig im Begriff, mit seiner Infanterie die Mündung dieses Vulkans zu erreichen, jedoch mit einemmal ist sein Feuer erloschen, sein Dampf verweht, und von dem obersten Rande seines Kraters erglänzen die Helme und die Harnische unserer Kürassiere; diese Höhen sind endlich den Russen entrissen worden. Der Vizekönig beeilt sich, an diesem Siege teilzunehmen, ihn zu vollenden und sich in dieser Stellung festzusetzen.

Aber die Russen hatten noch nicht darauf verzichtet, sie ereifern sich und werden wie verstockt; unaufhörlich besiegt, werden sie von ihren Generälen immer wieder ins Feuer geführt und finden ihren Tod am Fuße der Verschanzungen, die sie selbst aufgeworfen haben.

Man konnte ihre Trümmer nicht verfolgen. Neue Schluchten und hinter diesen wohlbesetzte Redouten stützten ihren Angriff und beschützten ihren Rückzug; sie verteidigten sich darin bis in die sinkende Nacht mit der größten Wut und deckten die große Straße von Moskau, ihre heilige Stadt, ihr Magazin, ihr Depot, ihren Zufluchtsort.

Von diesen zweiten Anhöhen herab beschossen sie die ersten, die sie uns hatten überlassen müssen. Der Vizekönig sah sich genötigt, seine keuchenden, erschöpften und zusammengeschmolzenen Scharen in den Vertiefungen des Terrains und hinter halbzerstörten Verschanzungen zu verbergen; dort mußten diese

Soldaten, auf den Knien liegend oder gebückt, mehrere Stunden lang bleiben, um den Feind im Zaum zu halten, durch den sie selbst hinwiederum im Zaum gehalten wurden.

Dieser letzte Sieg war um vier Uhr erfochten worden, denn an diesem Tage gab es mehr als einen Sieg. Jedes Korps schlug nach und nach alles, was vor ihm stand, konnte aber, weil es an der Reserve fehlte, niemals einen Ausschlag geben. Endlich war doch die Hauptsache geschehen, der Lärm der Schlacht wurde schwächer und entfernte sich immer mehr vom Kaiser. Offiziere kamen von allen Seiten, auch Poniatowsky und Sebastiani hatten nach einem hartnäckigen Kampfe endlich gesiegt. Der Feind machte halt und verschanzte sich in einer neuen Stellung, der Tag war schon weit vorgerückt, unser Munitionsvorrat erschöpft, die Schlacht beendet.

Jetzt stieg der Kaiser mühsam zu Pferde und ritt auf die Höhen von Semenowska, wo er ein nicht ganz errungenes, vom Feind noch durch Artillerie- und selbst durch Infanteriefeuer bestrittenes Schlachtfeld fand.

In diesem Kriegsgetümmel und in Gegenwart von Ney und Murat, die von der Schlacht noch ganz erhitzt waren, blieb er derselbe, zeigte noch dieselbe Erschöpfung und war nur darauf bedacht, den Siegern mit kraftloser Stimme Klugheit zu empfehlen. Hierauf ritt er wieder im Schritt nach seinen Zelten zurück, die jetzt auf demselben Punkte aufgeschlagen waren, wo er sich den ganzen Tag über unter allen Wechseln dieser schrecklichen Schlacht aufgehalten hatte.

Unterwegs berief er noch Mortier zu sich und befahl ihm, die junge Garde vorrücken zu lassen, aber durchaus nicht die Schlucht, die Grenze der neuen feindlichen Stellung, zu überschreiten. Er sagte ihm ausdrücklich, er solle nur das Schlachtfeld besetzen, das sei alles, was er von ihm verlange; was hierzu nötig sei, solle er tun, aber nichts weiter. Er rief ihn noch einmal zu sich, um ihn zu fragen, ob er ihn auch recht verstanden habe, und ihm aufs neue zu empfehlen, daß er sich in kein Gefecht einlassen, besonders aber das Schlachtfeld bewachen solle. Eine Stunde nachher ließ er ihm den wiederholten Befehl zugehen, sich weder vorwärts noch rückwärts zu bewegen, es möge geschehen, was da wolle.

FÜNFUNDDREISSIGSTES KAPITEL

Die Schlacht bei Borodino ein Pyrrhussieg – Bedeutung der Garde – Kritik am Schlachtverlauf und an Napoleon – seine Krankheit als Ursache des unentschiedenen Ausgangs? – zwanzigtausend Verwundete – nur achthundert Gefangene – das Grauen des eroberten Schlachtfeldes.

Als er sich wieder in seinem Zelte befand, gesellte sich zu seiner körperlichen Erschöpfung eine große Niedergeschlagenheit des Geistes. Er hatte auf dem Schlachtfelde noch weit mehr gesehen, als man ihm hätte sagen können.

Dieser so mühsam aufgesuchte, so teuer erkaufte Sieg war unvollständig. Ihn, der gewohnt war, die erhaltenen Vorteile erschöpfend zu benutzen, fand jetzt das Glück, das ihm soeben wieder seine Gunst bewiesen hatte, kalt und untätig.

Der Verlust war auch in der Tat unermeßlich und ohne alles Verhältnis zu dem Resultat. Um ihn herum hatte jeder den Tod eines Verwandten, eines Freundes, eines Bruders zu beklagen, denn das Los der Schlacht war besonders gegen die angesehenen Häupter unerbittlich gewesen. Man zählte dreiundvierzig tote und verwundete Generäle. Welche Trauer in Paris! Welcher Triumph für seine Feinde! Welch ein Stoff zu gefährlichen Gedanken in Deutschland! In seiner Armee, selbst unter seinem Zelte ist der Sieg stumm, vereinzelt, sogar von Schmeichlern verlassen.

Diejenigen, die er rufen läßt, Dumas, Daru, hören ihn an und schweigen, aber ihre Haltung, ihre niedergeschlagenen Augen, ihr Schweigen sind beredt genug.

Es war zehn Uhr abends, und Murat, durch ein zwölfstündiges Gefecht noch nicht erschöpft, begehrt von ihm die Reiterei seiner Garde. Die feindliche Armee gehe in Eile und in der größten Unordnung über die Moskwa, er wolle sie überraschen und vollends aufreiben. Allein der Kaiser wies diesen übertriebenen Eifer zurück und diktierte jetzt den Bericht über diese Schlacht.

Es gefiel ihm, Europa zu benachrichtigen, daß weder er noch seine Garde an der Gefahr teilgenommen hätten. Einige wollten darin ein Übermaß von Eitelkeit sehen. Die besser Unterrichteten urteilten aber ganz anders, sie hatten an ihm noch nie etwas wahrgenommen, was ohne Bedeutung gewesen wäre, und meinten, daß er, der an der Spitze einer Armee von Fremdlingen stand, die nur durch den Sieg zusammengehalten wurde, die Erhaltung eines auserlesenen ihm ganz ergebenen Korps schlechterdings für notwendig erkannt haben müsse.

Für seine Feinde erblühte fortan keine Hoffnung mehr auf den Schlachtfeldern. Nicht die Hoffnung seines Todes, da er nicht nötig hatte, sich der Gefahr auszusetzen, nicht die des Sieges, da er diesen in der Ferne einzuleiten und herbeizuführen wußte, ohne daß seine Reserve ins Gefecht kam.

Solange daher seine Garde unversehrt blieb, war seine wirkliche Macht und die ihm von der Einbildungskraft geliehene dieselbe, er hatte an ihr eine Bürgschaft, sowohl in Beziehung auf seine Alliierten als auf seine Feinde; darum tat es ihm so not, Europa in Kenntnis zu setzen, daß diese furchtbare Reserve noch ganz da sei; und doch war sie nur zwanzigtausend Mann stark, und mehr als der dritte Teil davon bestand aus Rekruten.

Diese Beweggründe hatten allerdings ihr Gewicht, genügten aber denjenigen nicht, die da wissen, daß selbst die größten Fehler sich durch die trefflichsten Gründe beschönigen lassen. Diese sagten nun, die Schlacht sei gleich anfangs auf dem rechten Flügel gewonnen gewesen, sei aber dann auf dem günstigsten Punkte ins Stocken geraten und hätte sich hierauf über die ganze Front verbreitet; es fehle dieser Schlacht an Einheit, und der Sieg sei mehr ein Sieg der Soldaten als des Feldherrn. Warum mit einer keuchenden, erschöpften und geschwächten Armee dem Feind nachlaufen, den eingeholten Feind nicht ganz aufreiben, um blutig und verstümmelt unter einem wütenden Volk in unermeßlichen Wüsten, achthundert Stunden von allen Hilfsquellen entfernt, sich niederzulassen?

Murat sagte unverhohlen, er habe in dieser großen Schlacht des Genie Napoleons nicht mehr erkannt. Der Vizekönig gestand, daß er die Unschlüssigkeit desselben nicht begreife, und Ney wollte ihm sogar mit einer seltsamen Beharrlichkeit zum Rückzug raten.

Nur diejenigen, die ihn den ganzen Tag nicht verlassen hatten, wußten, daß der Besieger so vieler Nationen an diesem Tage von einem heftigen Fieber war besiegt worden. Diese beriefen sich jetzt auf jenes vor fünfzehn Jahren von ihm in Italien ausgesprochene Wort: »Die Gesundheit ist im Kriege unentbehrlich und durch nichts zu ersetzen.« Sie erinnerten sich auch, daß er auf dem Schlachtfelde von Austerlitz wie im prophetischen Geiste gesagt hatte: »Ordener* ist abgenützt, man taugt nur eine Zeitlang für den Krieg, auch ich werde nach sechs Jahren abtreten müssen.«

Während der Nacht taten die Russen einigemal durch ihr lästiges Geschrei ihre Anwesenheit kund. Den anderen Morgen entstand sogar Lärm bis im Zelte des Kaisers. Die alte Garde mußte ins Gewehr treten, was den Tag nach einem Siege für einen Schimpf galt. Die Armee blieb unbeweglich bis um Mittag; man hätte sagen sollen, daß es gar keine Armee mehr war, sondern nur noch einen Vortrab gebe; denn alle Mannschaft war auf dem Schlachtfelde zerstreut, um die Verwundeten, deren man zwanzigtausend zählte, fortzuschaffen. Man brachte sie zwei Stunden rückwärts in die große Abtei Kolozkoje.

Larrey, der Oberwundarzt der Armee, hatte aus allen Regimentern Gehilfen aufgeboten, die Krankenwagen waren eingetroffen, aber nichts wollte genügen. Er hat sich seitdem in einem gedruckten Berichte darüber beklagt, daß man ihm gar keine Mannschaft gelassen habe, um in den umliegenden Dörfern die notwendigsten Bedürfnisse aufzutreiben.

Der Kaiser besuchte das Schlachtfeld wieder, das mehr als je eines, einen gräßlichen Anblick gewährte. Alles trug dazu bei: ein finsterer Himmel, ein kalter Regen, ein heftiger Wind, abgebrannte Wohnungen, eine durchwühlte, mit Trümmern und Bruchstücken bedeckte Ebene, am Horizont das traurige, düstere Grün der nordischen Bäume, überall Soldaten, die unter den Leichnamen wandelten und selbst in den Tornistern ihrer gebliebenen Gefährten Nahrungsmittel suchten; scheußliche Wunden, weil die russischen Kugeln größer sind als die unsrigen; die stillen Biwaks ohne Gesang, ohne Erzählungen; ein trauriges Schweigen.

Bei den Adlern sah man noch die übrigen Offiziere und Unteroffiziere und kaum soviel Soldaten, als zu einer Fahnenwache nötig sind. Ihre Kleidungsstücke waren zerrissen, vom Pulver geschwärzt, mit Blut besudelt, und doch zeigten diese zerlumpten Menschen in ihrem Elend, in dieser allgemeinen Not, eine stolze Miene und ließen sogar beim Anblick des Kaisers ein hier und da vielleicht gebotenes Siegesgeschrei hören, denn in dieser der Beurteilung wie der Begeisterung fähigen Armee wußte jeder, was vom Ganzen zu halten sei.

* General Ordener (1755–1811) verhaftete 1804 auf Geheiß Napoleons den Herzog von Enghien.

Die französischen Soldaten, die einen richtigen Takt haben, sahen mit Befremden, daß der getöteten und verwundeten Feinde so viele, der Gefangenen so wenige, gar nur achthundert waren. Sie waren gewöhnt, die Größe des Erfolgs nach der Zahl der Gefangenen zu berechnen, denn durch die Toten wurde mehr der Mut der Besiegten als der Sieg selbst beurkundet. Wenn die übriggebliebenen sich in so guter Ordnung, stolz und sowenig entmutigt, zurückzogen, so hatte die Eroberung des Schlachtfeldes wenig zu sagen, denn konnte den Russen in so ungeheuren Ländern wohl je der Boden fehlen, um sich zu schlagen? Wir aber hatten des Bodens schon zu viel und weit mehr, als wir behaupten konnten. Ist aber das eine Eroberung zu nennen? Die lange und schmale Furche, die wir von Kowno an mit so vieler Mühe durch den Sand und durch die Asche zogen, mußte sie sich nicht hinter uns zusammenschließen wie die geteilten Wellen hinter dem Schiff auf dem Meere? Einige bewaffnete Bauern waren hinreichend, um die letzte Spur derselben zu vertilgen.

Um seinen Sieg zu berechnen, hatte der Kaiser kein anderes Element als die Toten. Es lagen so viele Franzosen in und auf den eroberten Redouten ausgestreckt, daß diese ihnen noch mehr anzugehören schienen als denen, die auf den Beinen waren; man hätte glauben sollen, die getöteten Sieger seien zahlreicher als die noch lebenden.

Unter der Menge von Leichnamen, über die man seinen Weg nehmen mußte, um dem Kaiser zu folgen, war einer, der, von dem Hufschlag eines Pferdes getroffen, noch ein Zeichen des Lebens und des Schmerzes zu geben schien. Napoleon, bis dahin stumm wie sein Sieg und von dem Anblick so vieler Schlachtopfer schmerzlich ergriffen, brach aus und erleichterte sich durch ein Geschrei des Unwillens und durch viele Hilfeleistungen, die er an dem Unglücklichen versuchen ließ. Als ihm jemand, um ihn zu beruhigen, bemerken wollte, daß dieser nur ein Russe sei, erwiderte er mit Heftigkeit, daß es nach dem Sieg keinen Feind mehr, sondern nur noch Menschen gebe. Hierauf schickte er die Offiziere seines Gefolges nach allen Richtungen aus, um denjenigen Hilfe zu leisten, die man überall schreien hörte.

Man fand deren gar viele in den Schluchten, in die die meisten der Unsrigen geworfen worden waren, und wo sich auch viele hingeschleppt hatten, um besser gegen den Feind und das Unwetter gesichert zu sein. Die einen nannten seufzend den Namen ihres Vaterlandes und ihrer Mutter; das taten vorzüglich die jüngeren; die älteren erwarteten den Tod mit gleichgültiger oder sardonischer Miene und verschmähten, um Hilfe zu bitten oder sich zu beklagen. Andere baten, daß man sie auf der Stelle töten möge; aber man beeilte sich, von diesen Unglücklichen wegzukommen, die man nicht retten konnte und die man auch nicht vollends töten wollte.

Einer von ihnen, der am meisten verstümmelte, denn es blieb ihm nur noch der Rumpf und ein Arm, schien noch so voll Lebenskraft, voll Hoffnung und selbst noch so heiter, daß man es unternahm, ihn zu retten. Als man ihn forttrug, bemerkte man, daß er über Schmerzen an den Gliedmaßen klagte, die er nicht mehr hatte; eine bei den Verstümmelten häufige Erscheinung und gewissermaßen ein Beweis, daß die Seele ungeteilt bleibt und daß die Empfindung ihr allein zukommt und nicht dem Körper, der ebensowenig denken als empfinden kann.

Man sah Russen sich dahinschleppen, wo die Toten am dichtesten aufgeschichtet waren, um dort eine gräßliche Sicherheitsstätte zu finden. Viele versichern, einer dieser Unglücklichen habe mehrere Tage in dem von einer Haubitzgranate aufgeschlitzten Bauche eines Pferdes gelebt und sich von den inneren Teilen ernährt. Man sah andere ihr zerschmettertes Bein wieder einrichten, indem sie dasselbe an einen Stab befestigten, und dann auf einen andern Stab sich stützend dem nächsten Dorfe zuschleichen, ohne einen Seufzer hören zu lassen.

Es mag sein, daß sie, von den Ihrigen entfernt, weniger auf Mitleid zählten. Allein gewiß ist es, daß sie den Schmerz besser ertrugen als die Franzosen; sie litten nicht mutiger, aber weniger als diese, weil sie dem Körper wie der Seele nach weniger empfindlich sind, was von ihrer minder vorgerückten Zivilisation und von ihrer Abhärtung durch ein rauheres Klima herrührt.

Während dieser traurigen Musterung ließ der Kaiser die wenigen Gefangenen mehr als einmal zählen und alle Kanonen, die auf dem Schlachtfelde lagen, zusammenbringen, hoffend, daß sich ein tröstlicheres Resultat ergeben würde: allein, sieben- bis achthundert Gefangene und etwa zwanzig beschädigte Kanonen waren die einzigen Trophäen dieses unvollständigen Sieges.

SECHSUNDDREISSIGSTES KAPITEL

Überflüssiges Vorhutgefecht Murats vor Mojaisk – verfrühter Herbstbeginn mit Wettersturz – Napoleon akut erkrankt? – Besetzung von Mojaisk, das die Russen dann in Brand schießen – die Russen ziehen sich zurück und gehen in eine uneinnehmbare Stellung bei Kremskoje – sinnloses Blutvergießen durch die Hitzigkeit Murats – zwei Tagemärsche vor Moskau.

In derselben Zeit trieb Murat den russischen Vortrab bis nach Mojaisk, fand aber die Straße frei und ganz aufgeräumt, denn die Russen hatten nichts zurückgelassen, auch ihre Toten bestattet, gewohnt, mit frommer Liebe diese Pflicht zu erfüllen.

Als Murat Mojaisk zu Gesicht bekam, glaubte er sich schon im Besitz desselben und ließ den Kaiser einladen, sein Nachtlager dort zu nehmen. Aber der russische Nachtrab hatte sich vorwärts der Stadt aufgestellt, und jenseits derselben sah man die ganze russische Armee, welche die Straßen von Moskau und Kaluga besetzt hielt.

Es kann sein, daß Kutusow noch unschlüssig war, welchen Weg er einschlagen sollte, oder daß der uns so lange wie möglich darüber in Ungewißheit erhalten wollte, was denn auch wirklich geschah. Die Russen setzten überdies eine Ehre darein, nur vier Stunden von unserm Siegesfeld zu übernachten, auch gewannen sie dadurch Zeit, die Straße hinter sich aufzuräumen und ihre Trümmer fortzuschaffen.

Sie zeigten noch dieselbe Entschlossenheit wie vor der Schlacht, was allerdings Bewunderung verdient, aber auch unserem langen Verweilen auf dem Schlachtfelde von Borodino und dem Umstande zugeschrieben werden muß, daß sich zwischen uns und ihnen eine tiefe Schlucht befand. Murat bemerkte dieses Hindernis nicht, aber General Dery, einer seiner Offiziere, ahnte es und wagte sich bis an die Mauern der Stadt, bis unter die russischen Bajonette, um das Terrain zu rekognoszieren.

Allein der König, noch ebenso hitzig wie zu Anfang des Feldzugs und wie in seinen ersten Kriegsjahren, nahm keine Rücksicht darauf, zog seine Reiterei heran und rief ihr wütend zu, vorzurücken, anzugreifen und auf diese Bataillons, diese Tore, diese Mauern einzuhauen. Es half nichts, daß ihm sein Adjutant die Unmöglichkeit vorstellte, ihm die russische Armee auf der jenseitigen, Mojaisk beherrschenden Höhe und die

Schlucht zeigte, in die sich unsere noch übrige Reiterei zu stürzen im Begriff stand. Er ereiferte sich immer mehr und wiederholte, daß sie vorrücken sollten, daß, wenn ein Hindernis da wäre, sie es sehen würden! Er erlaubte sich sogar Schimpfreden, um dieselbe vorzutreiben. Da schickte man sich endlich an, seine Befehle zu befolgen, aber so langsam wie möglich, um nach einer zur Regel gewordenen Sitte ihm Zeit zur Besinnung zu lassen und so einem Unglück vorzubeugen, was zwar nicht immer, aber doch diesmal gelang. Murat begnügte sich zuletzt, seine Munition gegen die trunkenen Kosaken, die ihn wild heulend umschwärmten und ihn beinahe schon umringt hatten, zu verschwenden.

Man hatte sich aber in dieses Gefecht schon so tief eingelassen, daß der gestrige Verlust noch vergrößert werden mußte. Belliard erhielt eine Wunde. Dieser General, den Murat seitdem sehr vermißte, hatte den linken Flügel der feindlichen Stellung erkundet und ihn zugänglich gefunden; dort hätte man angreifen sollen. Allein Murat war gewohnt, geradeaus auf alles loszustürmen, was ihm im Wege stand.

Was den Kaiser betrifft, so erschien er erst mit der Nacht auf dem Schlachtfelde, mit verhältnismäßig nur wenigen Truppen. Er ritt noch ebenso langsam wie gestern auf die Stadt zu und war so in sich versunken, daß er den Lärm des Gefechts und die Kugeln, die bis zu ihm flogen, gar nicht zu hören schien.

Man hielt ihn zurück, indem man ihm den feindlichen Nachtrab vor der Stadt und jenseits derselben die Feuer von fünfzigtausend Mann zeigte, ein Schauspiel, das, ob es gleich die Unvollständigkeit seines Sieges und die gute Fassung des Feindes bewies, doch gar keinen Eindruck auf ihn zu machen schien. Er hörte mit abwesender Miene die Meldungen an, ließ die Sache gehen und begab sich hierauf in das nur einige Schritte von da gelegene Dorf, um in dem Bereich des feindlichen Geschützes die Nacht zuzubringen.

Das russische Spätjahr hatte ihn besiegt. Ohne dieses wäre vielleicht ganz Rußland auf den Feldern an der Moskwa besiegt worden. Es war diesmal früher und unfreundlicher als gewöhnlich, und zwar am 6. September, am Vorabend der großen Schlacht, zum Schutze Rußlands eingetreten. Ein kalter Sturmwind, mit dem es sich anmeldete, erschütterte die Gesundheit Napoleons. Es ist bereits erwähnt worden, wie in der

Nacht, die dieser entscheidenden Schlacht voranging, ein heftiges Fieber ihn durchglüht und den ganzen folgenden Tag über seine Kräfte wie gelähmt hat. Dieses Übel verzögerte seine Schritte und fesselte sein Genie während der fünf folgenden Tage. Kutusow wurde dadurch von einem gänzlichen Untergange bei Borodino gerettet und instand gesetzt, die Trümmer seiner Armee zu sammeln und sie unserer Verfolgung zu entziehen.

Am 9. September fanden wir Mojaisk noch unversehrt und vom Feinde verlassen. Jenseits der Stadt stand aber sein Vortrab auf eben diesen Höhen, die gestern von der Armee besetzt waren. Man drang in die Stadt, die einen, um an den Feind zu kommen, die andern, um zu plündern und sich einzuquartieren; letztere fanden aber in den Häusern weder Einwohner noch Lebensmittel, sondern nur Tote, die man zu den Fenstern hinauswarf, um Platz zu gewinnen, und Sterbende, die man an einem Ort zusammenbrachte.

Diese waren überall und in so großer Anzahl vorhanden, daß die Russen es nicht gewagt hatten, die Häuser anzuzünden. Aber dieses Gefühl von Menschlichkeit, das man an ihnen gar nicht gewohnt war, verhinderte sie nicht, auf die ersten Franzosen, die sich in der Stadt zeigten, mit Haubitzen zu feuern, so daß die hölzerne Stadt bald in Brand geriet, und viele dieser Unglücklichen den Tod in den Flammen fanden.

Während man sich Mühe gab, dieselben zu retten, erstiegen fünfzig Voltigeurs vom 33. Regiment die Abhänge der Höhen, auf denen die Reiterei und das Geschütz des Feindes aufgestellt waren, und wagten es zum Erstaunen der noch bei Mojaisk zurückgebliebenen Armee, auf diesem offenen Terrain so viele tausend russische Reiter durch ihr Feuer zu reizen. Plötzlich geschah, was sich voraussehen ließ: mehrere Escadrons setzten sich in Bewegung und hatten in einem Augenblick diese Waghälse umzingelt, die sofort einen Klumpen bildeten, nach allen Seiten Front machten und Feuer gaben; allein, es waren ihrer so wenige auf dem weiten Felde, und Pferde so viele, daß bald nichts mehr von ihnen zu sehen war.

Einige Dampfwölkchen, die aus dieser schwarzen Masse von Pferden aufstiegen, verlängerten die Ungewißheit. Man schloß daraus, daß die Unsrigen noch feuerten, sich noch verteidigten, und daß noch nicht alles zu Ende sei. Es war auch wirklich ein russischer Kommandeur durch den Offizier dieser Schützen getötet worden. Seine Aufforderung, sich zu ergeben, hatte er durch einen Schuß erwidert. Man war schon seit einigen Minuten in einer bangen Erwartung, als die russische Reiterei mit einem Male, durch ein wohlunterhaltenes Feuer geschreckt, auseinandersprengte und uns den kleinen Haufen dieser Tapferen auf dem weiten Schlachtfelde wieder sehen ließ, auf dem sie kaum einige Quadratschuhe* einnahmen.

Sobald die Russen sich mit einem ernstlichen Angriff bedroht sahen, verschwanden sie spurlos wie bei Witebsk und Smolensk, was aber den zweiten Tag nach einer so großen Niederlage weit mehr auffallen mußte. Man wußte zuerst nicht, auf welcher Straße man ihnen folgen sollte, bis Murat und Mortier auf gut Glück die Straße nach Moskau einschlugen.

Sie marschierten zwei Tage lang, von Pferdefleisch und zerstoßenem Korn lebend, ohne einen Menschen oder irgend etwas zu finden, das ihnen von der russischen Armee hätte Kunde geben können. Denn diese Armee, obgleich ihre Infanterie nur noch eine unförmige Masse bildete, ließ nichts zurück.

So sehr war sie vom Nationalstolz und von einer guten Zucht durchdrungen, und so sehr mußten wir in diesem verödeten und ganz feindlich gesinnten Lande alle Nachrichten wie alle Hilfsquellen entbehren.

Die italienische Armee, die einige Stunden links der Großen Straße fortzog, überfiel einige bewaffnete Bauern, die sich jedoch nicht zu wehren wußten; aber ihr Grundherr fiel mit dem Dolch in der Hand wie ein Verzweifelter auf unsere Soldaten, indem er ausrief, daß er keinen Altar, kein Reich, kein Vaterland mehr habe, und daß ihm das Leben entleidet sei. Man wollte es ihm gleichwohl lassen. Da er aber die Soldaten, die ihn umgaben, zu töten versuchte, so trat der Zorn an die Stelle des Mitleids, und man tat ihm seinen Willen.

Am 11. September fand man die feindliche Armee in einer gutgewählten Stellung bei Kremskoje wieder. Sie befolgte von neuem ihre erste Methode, auf ihrem Rückzug mehr die Beschaffenheit des Bodens als den Feind zu berücksichtigen. Daß diese Stellung unangreiflich sei, mußte Murat selbst zugeben; allein der Pulverdampf berauschte diesen Monarchen bald wieder, er gab Blößen und mußte von Mortier, Dufour und ihrer Infanterie, die aus dem Reste der Division Friand und aus

* Schuh oder Fuß, alte Maßeinheit = 12 Zoll oder 36 cm.

der jungen Garde bestand, unterstützt werden. Man verlor für nichts und wieder nichts zweitausend Mann von dieser am Tage der großen Schlacht so zur Unzeit geschonten Reserve, und Mortier, darüber wütend, schrieb dem Kaiser, daß er Murat nicht mehr gehorchen werde.

Denn die Generäle des Vortrabs standen jetzt nur in schriftlichem Verkehr mit Napoleon, der seit drei Tagen in Mojaisk zurückgeblieben war, wo er noch immer vom Fieber verzehrt, von Geschäften überhäuft und von Sorgen gequält das Zimmer hüten mußte. Ein heftiger Katarrh hinderte ihn am Sprechen. Genötigt, sieben Sekretären gleichzeitig zu diktieren, schrieb er den kurzen Inhalt seiner Depeschen auf besondere Papierstreifen, und wenn es Anstände gab, so machte er sich durch Zeichen verständlich.

Bessières fand einen Augenblick, um ihm alle in der Schlacht verwundeten Generäle aufzuzählen. Dieses griff ihn so sehr an, daß er plötzlich seine Stimme wiederfand und den Marschall rasch mit den Worten unterbrach: »Acht Tage in Moskau werden alles wieder gutmachen.«

Obgleich er aber bis dahin seine ganze Zukunft auf diese Hauptstadt gesetzt hatte, so war doch seine Hoffnung durch einen so blutigen und so wenig entscheidenden Sieg sehr geschwächt worden. Sein Erlaß an Berthier vom 11. September bewies seine bedrängte Lage. Er sagt darin: »Der Feind im Herzen gefaßt, muß seine entfernteren Teile preisgeben. Schreiben Sie an den Herzog von Belluno, daß er alles, Bataillons, Escadrons, Artillerie und einzelne Soldaten nach Smolensk weisen soll, um von dort aus nach Moskau kommen zu können.«

Während er so an Geist und Körper litt, was er aber sorgfältig den Blicken der Armee verbarg, war Davoust bis zu ihm gedrungen, um sich, obgleich verwundet, zum Führer des Vortrabs mit dem Versprechen anzubieten, daß er Tag und Nacht marschieren wolle, um den Feind einzuholen und zum Gefecht zu bringen, ohne, wie Murat, die Kräfte und das Leben seiner Soldaten zu verschwenden. Napoleon antwortete darauf nur mit einer übertriebenen Lobrede, die er dem kühnen und unermüdlichen Eifer seines Schwagers hielt.

Er hatte soeben die Meldung erhalten, daß die feindliche Armee wieder gefunden sei, daß sie nicht, wie er besorgt hatte, in der Richtung von Kaluga, sondern in der von Moskau sich zurückziehe, von wo man nur zwei Tagemärsche entfernt sei.

Und dieser große Name, die große Hoffnung, die er darauf setzte, gaben ihm seine Kräfte wieder, so daß er sich am 12. September imstande sah, seinem Vortrab im Wagen zu folgen.

SIEBENUNDDREISSIGSTES KAPITEL

Die Maßnahmen Kaiser Alexanders – Schilderung Moskaus – seine gesellschaftliche Situation in Rußland – Alexander in Moskau – vaterländische Begeisterung und Opferwilligkeit der Moskauer.

Man hat gesehen, wie Kaiser Alexander, in Wilna mitten unter den Vorbereitungen zu seiner Verteidigung überfallen, seine gesprengte Armee erst hundert Stunden weiter rückwärts, zwischen Witebsk und Smolensk, wieder sammeln konnte.

Von Barclays übereiltem Rückzug mit fortgerissen, kam dieser Fürst nach Drißa, in ein übel gewähltes, mit großen Kosten befestigtes Lager, das, nur ein Punkt in dem unermeßlichen Raume Rußlands, einzig dazu dienen konnte, dem Feind das Objekt seiner Operationen zu bezeichnen. Doch schöpfte Alexander beim Anblick dieses Lagers und hinter der Düna wieder neuen Atem.

Hier war es, wo er einwilligte, einen englischen Agenten zu sehen; soviel Wert legte er darauf, bis zum letzten Augenblicke seinen Verträgen mit Frankreich treu zu erscheinen.

Ob dies wahre Gewissenhaftigkeit oder nur Verstellung gewesen, ist schwer zu bestimmen. Soviel ist übrigens gewiß, daß Alexander nach Napoleons Fall dem Grafen Daru in Paris auf seine Ehre versichert hat, daß trotz allen von Napoleon gegen ihn vorgebrachten Beschuldigungen er dort zum erstenmal den Vertrag von Tilsit verletzt habe.

Durch die Vernachlässigung der Beresina, der natürlichen Verteidigungslinie von Litauen, durch seinen exzentrischen Rückzug nach dem Norden, während der Rest seiner Armee dem Süden zufloh, ferner durch den Ukas von Drißa, der den Rekruten Sammelplätze anwies, die im nämlichen Augenblicke sich schon in den Händen der Franzosen befanden, hatte sich noch überdies der Kaiser Alexander eben nicht als ein Mann vom Fache gezeigt; erst nachdem er von der Armee abgegangen war, fing diese an, sich zu schlagen.

Was seine politischen Maßregeln in den alten und in den

neuen Gouvernements und die Proklamationen betrifft, die er an seine Armee und an seine große Nation von Polozk und von Moskau aus erließ, so waren sie offenbar für das Land und für die Bewohner berechnet.

In dem Gebrauch der politischen Mittel insbesondere ist eine steigende Energie nicht zu verkennen.

In Neu-Litauen hatte man, sei es aus Übereilung oder absichtlich, alles geschont, Felder, Häuser und Bewohner, überhaupt vom Lande gar nichts verlangt. Die einzige gewaltsame Maßregel bestand in der Wegführung der bedeutendsten Gutsbesitzer, die durch ihren Abfall ein zu gefährliches Beispiel gegeben und durch den Aufenthalt unter den Feinden sich nur verdächtig gemacht haben würden, auf diese Weise aber als Geiseln dienen konnten.

In dem schon früher mit Rußland vereinigten Teile von Litauen, wo eine milde Regierung, geschickt verteilte Gnadenbezeugungen und eine längere Gewohnheit die frühere Unabhängigkeit mehr in Vergessenheit gebracht hatten, sah man dagegen die Bewohner mit all ihrer beweglichen Habe der Armee folgen.

Das Verbrennen ihres übrigen Eigentums glaubte man Leuten nicht zumuten zu können, die sich zu einer andern Kirche bekannten, deren Vaterlandsliebe erst im Entstehen war. Alles, was man von ihnen forderte, war eine Rekrutenstellung von einem Prozent der männlichen Bevölkerung.

In Alt-Rußland aber, wo der Regierung alles zustatten kam: Religion, Aberglaube, Unwissenheit und Vaterlandsliebe, wurde, was fortzubringen war, mitgenommen, das übrige zerstört. Wer nicht Soldat in der Linie werden konnte, kam zu den Kosaken oder zu der Miliz.

Nun, da das Herz des Reiches bedroht war, mußte Moskau mit einem großen Beispiele vorangehen.

Diese Hauptstadt, von ihren Dichtern mit Recht »Moskau mit den goldenen Kuppeln« benannt, war eine große und seltsame Anhäufung von zweihundertfünfundneunzig Kirchen und tausendfünfhundert Palästen mit ihren Gärten und was sonst noch dazugehört.

Diese Paläste von Backsteinen nebst ihren Parks lagen zwischen hübschen Blockhäusern und armseligen Strohhütten auf mehreren Quadratmeilen eines unebenen Bodens zerstreut und umgaben eine etwas höher gelegene, im Dreieck erbaute Festung, die mit einer doppelten Mauer eingefaßt war, wovon die eine noch mehrere Paläste und Kirchen, unangebautes und steiniges Feld, die andere die Kaufmannsstadt oder den großen Bazar umschloß, wo die Reichtümer, von vier Weltreichen vereint, prangten.

Die Dächer all dieser Paläste und Gebäude, mit Einschluß der Kaufmannsbuden, waren mit geglättetem und farbigem Eisenblech überzogen. Jede Kirche stand auf einer Erhöhung und hatte mehrere Türme, mit vergoldeten Kuppeln überwölbt; auf diesen sah man den halben Mond zu den Füßen des Kreuzes Christi, zur Andeutung des Sieges der christlichen Religion über die mohammedanische und zur Erinnerung an die Geschichte dieses Volkes.

Diese prächtige Stadt spielte, von der Sonne bestrahlt, mit tausend Farben; von ihrem Zauberglanz geblendet, blieb der Wanderer stehen und gedachte der Wunder, womit morgenländische Dichter uns in der Jugend ergötzen. Wenn der Reisende das Innere der Stadt betrat, stieg seine Verwunderung. Hier hatte der Adel die Gebräuche, die Sitten und die verschiedensten Sprachen des gebildeten Europas sich zu eigen gemacht; hier fand man die reiche Eleganz der europäischen Tracht, den asiatischen Luxus der Kaufleute und das griechische Kostüm des langbärtigen Volkes auf eine überraschende Weise beisammen. Selbst der verschiedene Stil der Baukunst mußte auffallen, der übrigens einen besonderen, dem Moskowiterlande eigentümlichen Charakter hat.

Bei dem Anblicke der vielen herrlichen und reichlich ausgestatteten Paläste, der kostbaren Equipagen, der zahllosen Sklaven, der glänzenden öffentlichen Schauspiele; betäubt von dem Lärm aller der großen und kleinen Feste, in dem steten Wechsel kostspieliger Vergnügungen, glaubte man sich in der Residenz vieler Könige oder auf einem Kongresse von Fürsten, von denen jeder die Gebräuche und Sitten seines Landes und seinen eigenen Hof mitgebracht hatte.

Und doch waren es nur Untertanen, die man sah, aber reiche und mächtige Untertanen, Große des Reichs, stolz auf ihren alten Adel, stark durch ihre Anzahl und ihren Verein, überdies seit sieben Jahrhunderten, seit dem Entstehen dieser Stadt, durch ein allgemeines Verwandtschaftsband unter sich verbunden. Aller Grund und Boden in dem ganzen Gouvernement Moskau gehört ihnen; sie gebieten darin einer Million Sklaven.

Der Stolz dieser Edelleute war auf Vaterlandsliebe und Religion gegründet. Die Stadt Moskau, ihre Wiege und ihr Erbbegräbnis, schien ihnen die wahre Heimat und die echte Pflanzschule edler Geschlechter. Von hier aus betraten sie die Bahn des Ruhms und der Ehre. Hierher kehrten sie zurück, wenn sie mißvergnügt, der Welt überdrüssig und mit ihr zerfallen waren, um ihren Unmut oder ihren Abscheu gegen dieselbe laut werden zu lassen. Hierher flüchteten sie mit ihrem Ruhme, um ihn zu genießen und damit auf den jungen Adel zu wirken. Hier war es endlich, wo sie, fern von der obersten Gewalt, von der sie nichts mehr zu wünschen hatten, ihren am Throne gebeugten Stolz wiederfanden. Hier durften sie das beleidigte oder befriedigte Ehrgefühl im Schoße der Ihrigen und sozusagen außer dem Bereiche des Hofes freier äußern; zufolge eines Vorrechts, auf das sie strenge halten, das durch die Länge der Zeit geheiligt ist und selbst von ihrem Fürsten geachtet wird. Was sie einerseits als Hofleute verlieren, gewinnen sie auf der andern Seite als Staatsbürger wieder. Darum besuchen auch die Beherrscher Rußlands nur ungerne diese Stadt, das große Asyl des Ruhms und des Handels, den Vereinigungspunkt des Adels, den sie ihre Ungnade haben fühlen lassen, von dem sie nicht geliebt sind, der zum Teil alterswegen oder durch einen festgegründeten Ruf sich ihrer Herrschaft entzogen hat und von ihnen geschont werden muß.

Aber der eisernen Notwendigkeit folgend, reiste jetzt Alexander von Polozk dahin ab, durch seine Proklamationen verkündet, von dem Adel und der Geistlichkeit erwartet. Zuerst begab er sich in die Versammlung des Adels. Alles war hier großartig, die Umstände, die Versammlung, der Redner und die von ihm bewirkten Beschlüsse. Kaum hatte er mit bewegter Stimme geendet, als alle einstimmig ausriefen: »Herr, verlange alles! Nimm alles! Wir geben dir alles!«

In demselben Augenblick schlug einer vom Adel die Errichtung einer Miliz vor, zu der jeder von fünfundzwanzig Bauern einen stellen sollte. Hundert Stimmen unterbrachen ihn zumal mit dem Ruf: das Vaterland bedürfe ein Mehreres; von zehn Leibeigenen müsse einer fürs Vaterland gestellt werden, und zwar ganz bekleidet, bewaffnet und mit Lebensmitteln auf drei Monate versehen.

Auf diese Weise bot das einzige Gouvernement Moskau achtzigtausend Mann und viele Kriegsbedürfnisse zum Dienste des Vaterlandes an. Dieses Opfer ward auf der Stelle und ohne fernere Beratschlagung, von einigen sogar mit Enthusiasmus bewilligt und, solange die Gefahr ihnen nahe war, auch wirklich dargebracht. Andere haben in der Beistimmung dieser Versammlung zu einem so ausschweifenden Vorschlag bloß das Werk der Unterwürfigkeit sehen wollen, die der unumschränkten Gewalt gegenüber jedes andere Gefühl verstummen macht.

Dem sei übrigens, wie ihm wolle, der Beschluß dieser Versammlung bleibt immer hochherzig und einer großen Nation würdig. Einzelne Umstände kommen hier nicht in Betracht. Die Menschen sind überall dieselben, alles in der Welt verliert, wenn man es zu sehr in der Nähe besieht. Man muß die Völker nur in Masse und nach dem, was sie leisten, beurteilen.

Hierauf verfügte sich Alexander zur Kaufmannschaft, zu der er jedoch weniger weitläufig sprach. Er ließ ihr jene Proklamation vorlesen, worin Napoleon als ein Moloch und als ein treuloser Mensch geschildert ist, der, die Tugend im Munde führend und den Verrat im Herzen tragend, gekommen sei, Rußland von der Oberfläche der Erde zu vertilgen.

Bei diesen Worten wurden diese Männer von Zorn entbrannt; ihre Gesichter, denen der lange Bart ein antikes und zugleich wildes und imponierendes Ansehen gab, erglühten; ihre Augen sprühten Feuer; durch ein krampfhaftes Zucken der Arme, durch ihre geballten Fäuste, durch Zähneknirschen und durch dumpfe Töne gaben sie ihr empörtes Gefühl zu erkennen.

Die Wirkung entsprach der Erwartung; ihr von ihnen selbst erwählter Vorstand zeigte sich dieser Stelle würdig, indem er der erste war, der für seine Person fünfzigtausend Rubel unterzeichnete, zwei Drittel seines ganzen Vermögens. Des andern Tages erlegte er auch wirklich diese Summe bar.

In Rußland sind die Kaufleute in drei Klassen abgeteilt. Man schlug vor, einer jeden dieser Klassen ihren Beitrag zu bestimmen; da erklärte einer unter ihnen, der zur dritten Klasse gehörte, daß er seine Vaterlandsliebe keiner Schätzung unterwerfe, und verstand sich sofort zu einem weit höheren Beitrag als demjenigen, der für seine Klasse angesetzt worden war. Die anderen folgten mehr oder weniger seinem Beispiele.

Man benutzte diese erste Bewegung und versäumte nichts, um die Versammelten, ehe man sie wieder entließ und solange noch der einzelne durch den andern und durch die Worte des Kaisers aufgeregt war, unwiderruflich zu binden.

Dieses dem Vaterlande dargebrachte Geschenk soll sich auf zwei Millionen Rubel belaufen haben. Moskaus patriotischer Ruf widerhallte in den andern Gouvernements. Der Kaiser nahm alle Gaben an; aber nicht alles konnte auf der Stelle gegeben werden, und als er, um das angefangene Werk zu vollenden, die noch rückständigen Hilfsgelder verlangte, sah er sich genötigt, Gewalt zu gebrauchen; denn die Gefahr, welche einen Teil der Nation für die Sache des Vaterlandes erwärmt, den andern gegen die Regierung geschmeidiger gemacht hatte, war weniger dringend geworden.

ACHTUNDDREISSIGSTES KAPITEL

Rostopschins Aufruf an die Moskauer – der Gouverneur macht insgeheim Moskau zu einer einzigen ›großen Höllenmaschine‹ – Charakteristik Rostopschins – Beurteilung seiner Tat – zwielichtige Rolle Kaiser Alexanders dabei – Adel und Bürgertum verlassen freiwillig die Stadt – Moskau soll völlig geräumt werden.

Als bald darauf Smolensk fiel und Napoleon nach Wjasma kam, war große Bestürzung in Moskau. Noch hatten die Russen die große Schlacht nicht verloren, und doch fing man allgemein an, die Stadt zu verlassen.

In seinen Proklamationen an die Frauen Moskaus sagte der General-Gouverneur Rostopschin: er wolle sie nicht zurückhalten, denn je weniger Furcht, desto weniger sei auch Gefahr in Moskau. Dies gelte aber nicht von ihren Brüdern und Männern, diese müßten zurückbleiben, wenn sie sich nicht mit Schande bedecken wollten. Er ließ in Beziehung auf die französische Armee tröstliche Nachrichten folgen. Da hieß es dann, der Feind sei nur noch hundertfünfzigtausend Mann stark und müsse von Pferdefleisch leben; Alexander sei auf dem Wege nach seiner getreuen Hauptstadt Moskau, ein Korps von dreiundachtzigtausend Russen, sowohl Milizen als Rekruten, mit achtzig Kanonen auf dem Marsch nach Borodino, um sich mit Kutusow zu vereinigen.

»Sollte dies alles nicht hinreichen, meine lieben Freunde und Russen, so wollen wir dann selbst miteinander gegen den Feind ziehen. Wir bringen leicht hunderttausend Mann zusammen und mit unserer heiligen Jungfrau und hundertfünfzig Kanonen an der Spitze werden wir der Sache bald ein Ende machen.«

Als eine örtliche Sonderbarkeit verdient bemerkt zu werden, daß alle diese Proklamationen im biblischen Stile und in gereimter Prosa verfaßt waren.

Zur nämlichen Zeit ließ man in der Nähe von Moskau, auf Befehl des Kaisers, unter der Leitung eines deutschen Künstlers einen monströsen Luftballon verfertigen. Die erste Bestimmung dieses geflügelten Luftseglers soll die gewesen sein, über der französischen Armee zu schweben, den Anführer derselben herauszufinden und ihn durch einen Regen von Feuer und Eisen zu vertilgen. Man stellte verschiedene Proben damit an, die nicht glückten; immer waren es die Federn, die daran brachen. Rostopschin, der den Schein annahm, als lasse er dessenungeachtet nicht davon ab, betrieb indessen die Verfertigung einer Menge Brandraketen. Die Stadt Moskau selbst ward zur großen Höllenmaschine bestimmt; durch ihre nächtliche und plötzliche Entladung wollte man den Kaiser und seine Armee vertilgen und sie – wenn dies auch nicht gelingen sollte – wenigstens jedes Obdachs und aller Hilfsmittel berauben.

Der Greuel einer so unerhörten Verwüstung, den man dem Kaiser leicht aufzubürden hoffte, wie dies bereits bei Smolensk, Dorogobusch, Wjasma und Ghiaz geschehen war, mußte ganz Rußland gegen ihn empören. Dies war der schreckliche Plan des edlen Abkömmlings eines der größten Eroberer Asiens; er wurde ohne viel Bedenklichkeit entworfen, mit Sorgfalt ausgebildet und ohne Gewissensskrupel zur Ausführung gebracht. Späterhin hatte man Gelegenheit, diesen russischen Großen in Paris als einen sehr rechtlichen Mann, guten Gatten und vortrefflichen Vater kennenzulernen; zugleich ist er sehr geistreich und gebildet in gesellschaftlichem Umgang ein sanfter und sehr angenehmer Charakter, der aber, wie es bei vielen seiner Landsleute der Fall ist, die Bildung der neuesten Zeit mit der Kraft der alten zu vereinigen weiß. Von diesem Augenblicke an gehört sein Name der Geschichte. Auf jeden Fall gebührt ihm ein großer Teil der Ehre dieses großen, dem Vaterlande dargebrachten Opfers. Der Resignation*, die sich zuerst bei Smolensk kund tat, hat er die Krone aufgesetzt. Ein solcher Entschluß verdient, wie alles, was groß und vollendet ist, Bewunderung; besonders, wenn die Beweggründe dazu auch genügend und durch den Erfolg gerechtfertigt sind. Die Geschichte wird

* hier gemeint im Sinn von ›heroischer Selbstüberwindung‹.

Mühe haben, die Motive einer so unerhörten und beispiellosen Aufopferung aufzufinden, zu begreifen und zu würdigen.

Ein einzelner Mensch in einem am Abgrunde schwebenden großen Reiche hat den Mut, dessen Gefahr mit ruhigem festem Blick zu ermessen, und gelangt nach gehöriger Beachtung aller Umstände zu der Überzeugung, daß er der Rettung des Vaterlandes, die ihm zunächst nicht übertragen ist, einen großen Teil des öffentlichen und des Privatinteresses opfern müsse.

Selbst bloßer Untertan, wagt er über das Schicksal des Staates ohne Zustimmung des Herrschers zu entscheiden. Dem Adel angehörig, beschließt er die Vernichtung aller Paläste desselben, ohne die Eigentümer darüber zu fragen. Von Amts wegen Beschützer und Vorsteher einer zahlreichen Bevölkerung, einer Menge von reichen Kaufleuten, einer der größten Hauptstädte Europas, gibt er alle diese Reichtümer, alle diese Anstalten des Gewerbefleißes, die unermeßliche Stadt selbst den Flammen preis. Der reichste und schönste unter seinen eigenen Palästen bleibt nicht verschont. Stolz, mit sich selbst zufrieden, wagt er es fortwährend, an einem Orte zu verweilen, wo er so viele Interessen verletzt, zerrüttet oder vernichtet hat.

Was mag nun der großartige und gerechte Beweggrund gewesen sein, der ihm ein solch merkwürdiges Vertrauen zu sich selbst einflößen konnte? Indem er die Einäscherung von Moskau mit allem, was diese Stadt an Lebensmitteln und Hilfsquellen enthielt, beschloß, konnte seine Absicht nicht sein, die feindliche Armee durch Hunger aufzureiben und ihr jedes Obdach zu entziehen, denn es war nicht wohl denkbar, daß von achtzigtausend Häusern und Kirchen, welche so verstreut umherlagen, nicht wenigstens so viele vom Feuer verschont bleiben würden, als man nötig hat, um hundertfünfzigtausend Mann unterzubringen.

Und dann mußte er doch auch bedacht haben, daß er durch die Verbrennung von Moskau demjenigen Teil des Operationsplans, den man Alexander selbst zuschrieb, ganz entgegenhandelte:

Nach diesem Plane sollte nämlich Napoleon so weit als möglich in das Innere von Rußland gelockt und darin festgehalten werden, bis der Winter ihn von allen Seiten einschließen, überwältigen und dann verteidigungslos der bis dahin ganz wehrhaft gewordenen Nation überliefern würde. Wie leicht hätten diese Flammen dem Eroberer Licht geben und ihn belehren können, daß er den Zweck seines Einfalls nach Rußland für den Augenblick verfehlt habe. Er mußte dadurch bestimmt werden, die Ausführung seines Plans einstweilen zu verschieben, noch zu rechter Zeit nach Litauen zurückzugehen, dort die Winterquartiere zu nehmen und so einen zweiten, für Rußland weit gefährlicheren Feldzug einzuleiten.

In dieser großen Krise hatte aber Rostopschin nur zwei Gefahren im Auge: die eine bezog sich auf die Nationalehre und bestand darin, daß sein Kaiser wegen Moskau vielleicht bewogen werden könnte, einen schimpflichen Frieden einzugehen; die andere hatte mehr einen politischen als militärischen Charakter; er fürchtete nämlich des Feindes Verführungskünste mehr als dessen Waffen, und eine Revolution mehr als die Eroberung des Landes. Wenn er nichts vom Frieden hören wollte, so geschah es in der Voraussetzung, daß Napoleon in dem volkreichen Moskau, dem Orakel und Vorbild des Reichs, wie die Russen selbst sagten, seine Zuflucht zu der revolutionären Waffe nehmen würde als der einzigen, die ihm übrigblieb, um diesen Krieg schnell zu beenden. Dies war es, was ihn bestimmte, eine feurige Scheidewand zwischen diesem Eroberer und der Charakterschwäche aufzuführen, wo diese sich auch zeigen möchte, sei es auf dem Throne oder unter seinen adeligen Landsleuten und den Senatoren des Reichs. Durch diese Scheidewand wollte er insbesondere die Soldaten eines freien, Grund und Boden besitzenden Volks außer aller Berührung setzen mit einem Volke von Leibeigenen und mit jener vereinten Masse von Künstlern und Kaufleuten, die in Moskau den Kern eines Mittelstandes zu bilden anfangen, einer Klasse, zu deren Gunsten eigentlich die französische Revolution bewirkt worden war.

Alles wurde in der Stille vorbereitet, ohne Wissen des Volkes, der Eigentümer jeder Art und vielleicht des Kaisers selbst. Die Nation opferte alles, ohne daß sie selbst darum wußte.

Dies ist so wahr, daß, als der Augenblick der Ausführung gekommen war, wir die Einwohner, die sich in die Kirchen geflüchtet hatten, die Urheber dieser Zerstörung verfluchen hörten. Die reichsten Grundbesitzer, die den Brand Moskaus aus der Ferne sahen, hielten, wie ihre Bauern, uns für die Brandstifter. Die wahren Täter aber beschuldigten uns dieser Greueltat, um uns dadurch verhaßt zu machen. Ihnen war an den Verwünschungen so vieler Unglücklichen wenig gelegen, wenn sie nur die Tat selbst auf uns wälzen konnten.

Das tiefe Stillschweigen Alexanders läßt es im Zweifel, ob er diese große Maßregel billigte oder mißbilligte. Sein Anteil an dieser Katastrophe ist für die Russen ein Geheimnis. Entweder wissen sie wirklich nichts oder sie getrauen sich nicht, davon zu sprechen; eine notwendige Folge des Despotismus, der nur bei Unwissenheit und tiefem Schweigen sich wohlbefindet. Einige sagen, daß außer dem Kaiser kein Mensch im ganzen Reiche es gewagt haben würde, sich einer so furchtbaren Verantwortlichkeit auszusetzen. Alexanders Benehmen nach vollbrachter Tat beweist übrigens, daß sie ohne seine Einwilligung geschehen war, daß er sie aber darum nicht mißbilligt hat. Andere glauben, dies sei die Ursache seiner Entfernung von der Armee gewesen: um nicht das Ansehen zu haben, als geböte oder lasse er dergleichen zu, wollte er, wie sie sagen, auch nicht Augenzeuge davon sein.

Was die von Smolensk an beobachtete Räumung der Wohnorte betrifft, so war sie eine natürliche Folge davon, daß die Russen in den Dörfern und Städten auf der Heerstraße hartnäckigen Widerstand geleistet und uns als zerstörende Wüteriche geschildert hatten. Es kostete nur wenig Mühe, diese Auswanderung auf dem platten Lande durchzusetzen. Die rechts und links der Heerstraße angesessenen Bauern erreichten auf Seitenwegen leicht andere Dörfer, die demselben Grundherrn angehörten, und wo man sie gern aufnahm.

Die Räumung armseliger, aus übereinandergelegten Baumstämmen bestehender Hütten, zu deren Erbauung ein Beil hinreicht, und in denen sich nichts befand als eine Bank, ein Tisch und ein Heiligenbild, war eben kein großes Opfer für Leute, die auf der Welt kein Eigentum besitzen, die selbst nur eine käufliche Ware sind, und für deren Erhaltung ihre Herren unter allen Umständen sorgen müssen, da sie den einen Bestandteil ihres Vermögens ausmachen. Wenn sie ihren kleinen Wagen, ihr Handwerkszeug und ein bißchen Vieh fortgeschafft hatten, so war alles gerettet, was sie besaßen. Die meisten reichten damit aus, sich wieder Wohnung, Kleidung und die übrigen Bedürfnisse zu verschaffen. Denn diese Menschen stehen noch auf der untersten Stufe der Zivilisation und wissen noch nichts von der Teilung der Arbeit, auf der doch die Vervollkommnung und Ausbreitung des Handels und des gesellschaftlichen Lebens beruht.

Allein, wie sollte man in Städten, hauptsächlich in dem großen

Moskau, dieselbe Maßregel durchsetzen, wo so viele Anstalten für das Gewerbe und die Industrie, so viele Bequemlichkeiten, Gewohnheiten, ein so großer Reichtum an beweglichen und unbeweglichen Gütern zurückgelassen werden mußte? Und doch ging es damit in Moskau ebensoleicht, wie in dem kleinsten Landstädtchen. Hier, so wie in Wien, Berlin und Madrid, besann sich der hohe Adel keinen Augenblick, sich bei unserer Annäherung zu entfernen, indem man das Dableiben als einen Verrat an der guten Sache angesehen haben würde. Selbst die Kaufleute, die Künstler und Handwerker glaubten dem Beispiele des hohen Adels folgen zu müssen. Es war diesfalls nicht einmal ein Befehl nötig bei einem Volk, das nicht genug eigene Ideen hat, um den Unterschied in den Verhältnissen bemerken zu können.

Einige in Moskau zurückgebliebene Ausländer hätten es freilich eines andern belehren können. Aber ein Teil derselben wurde aus der Stadt gewiesen, und die andern zogen sich aus Schrecken gänzlich zurück. Übrigens war nichts leichter, als mit der Aussicht auf Entweihungen, Verheerung und Plünderung ein von andern Völkern so ganz isoliertes Volk, besonders aber die Bewohner einer Stadt zu schrecken, die in früheren Zeiten verbrannt und verwüstet worden war. Einen gottlosen und grausamen Feind mußte man wegen des eigenen zeitlichen und ewigen Wohls entweder mit den Waffen in der Hand erwarten oder seinen abscheulichen Anblick fliehen. Gehorsam, Ehre, Religion, Furcht geboten, sich mit allem, was man mit sich fortbringen konnte, zu entfernen.

Vierzehn Tage vor dem Einmarsch des Feindes zeigten die Flüchtung der Archive, der öffentlichen Kassen, des Schatzes, die Abreise des Adels und der ersten Großhändler den übrigen Einwohnern, was sie zu tun hätten. Der Gouverneur, der die gänzliche Räumung der Hauptstadt nicht erwarten konnte, betrieb die Auswanderung mit jedem Tage.

Am dritten September wagte es eine Französin, auf die Gefahr, von den wütenden Bauern ermordet zu werden, ihren Zufluchtsort zu verlassen. Lange irrte sie in diesen ungeheuren Straßen umher, durch die gänzliche Verödung derselben in Schrecken gesetzt, als ein entfernter Trauerton sie mit Schauder erfüllte. Es klang wie der Leichengesang dieser großen Stadt; sprachlos um sich her blickend, sieht sie eine unermeßliche Menge trostloser Weiber und Männer auf sich zukommen, beladen mit ihrem

Gepäck und ihren Heiligenbildern, ihre Kinder mit sich schleppend; die Geistlichen, die Heiligtümer ihrer Religion tragend, eröffnen den Zug und flehen zum Himmel mit Klagegesängen, die die Menge unter Weinen wiederholte.

An den Toren der Stadt angekommen, zogen diese Unglücklichen mit schmerzlichem Widerwillen durch dieselben; ihre nach Moskau gekehrten Blicke schienen der heiligen Stadt das letzte Lebewohl zu sagen, und nur nach und nach verhallten ihre Klagen und ihre Seufzer in der ungeheuren Ebene, welche die Stadt umgibt.

NEUNUNDDREISSIGSTES KAPITEL

Kutusow läßt die Schlacht bei Borodino als Sieg verkünden – Fortgang der Räumung Moskaus – die Bevölkerung wird über das wahre, Moskau zugedachte Schicksal getäuscht – die Franzosen verloren bei Borodino vierzigtausend Mann – Stärken der russischen und französischen Armee vor Moskau – der bevorstehende Brand wird nachts den verbliebenen Einwohnern mitgeteilt – nun geht die Räumung in regellose Flucht über – Greuelszenen – nur die Brandstifter-Gruppe bleibt zurück.

So flohen die Einwohner Moskaus, teils einzeln, teils in großen Haufen. In einer Strecke von vierzig Stunden waren die Straßen von Kasan, Wladimir und Jaroslaw mit Flüchtlingen zu Fuß und langen Reihen von Wagen aller Art bedeckt. Indessen hielten die von Rostopschin behufs der Ordnung und zur Verhütung einer allgemeinen Mutlosigkeit getroffenen Vorkehrungen viele dieser unglücklichen Einwohner bis zum letzten Augenblicke zurück.

Hierzu trug übrigens die Ernennung Kutusows zum kommandierenden General, die fälschlich verbreitete Nachricht von einem bei Borodino erfochtenen Siege, die natürliche Abneigung der minder Reichen, die einzige Wohnung, die sie besaßen, zu verlassen, vieles bei. Dazu kam noch der Mangel an Fuhrwerken, obgleich diese in Rußland zahlreicher sind als in irgendeinem andern Lande. Vielleicht hatten die vielen zur Armee gestellten Wagen die Zahl der noch disponiblen vermindert, vielleicht mochten diese Wagen, die wegen der schlechten Beschaffenheit der Wege dort nur klein sind, nicht als Lastwagen taugen.

Gerade zu dieser Zeit ließ der bei Borodino geschlagene

Kutusow überall verkünden, daß er gesiegt habe. Er betrog durch diese Nachricht nicht nur die Einwohner von Moskau und Petersburg, sondern sogar die kommandierenden Generäle der übrigen russischen Armeen. Alexander teilte diesen falschen Bericht sogar seinen Alliierten mit. Man sah ihn in der ersten Aufwallung seiner Freude die Kirchen von Petersburg nach der Reihe besuchen, die Armee und die Familie ihres Anführers mit Geld und Ehrenzeichen überhäufen, Feste anordnen, Gott für den Sieg danken und Kutusow zur Belohnung für seine Niederlage zum Feldmarschall ernennen.

Die meisten Russen gestehen ein, daß ihr Kaiser auf eine grobe Art durch diesen unwahren Bericht hintergangen worden sei. Noch ist man darüber nicht einig, was Kutusow zu einem so kühnen Schritt verleitet haben mag, der ihm im ersten Augenblicke eine reiche Ernte von Gnadenbezeigungen verschafft hat, die man auch in der Folge nicht wieder zurücknahm, obgleich sie ihm später fürchterliche Drohungen zugezogen haben sollen, die jedoch nicht in Erfüllung gegangen sind.

Wenn man mehreren seiner Landsleute, die vielleicht auch seine Feinde waren, trauen darf, so scheint er durch einen doppelten Beweggrund bestimmt worden zu sein: fürs erste wollte er den Kaiser Alexander, der, wiewohl mit Unrecht, allgemein im Rufe der Charakterschwäche stand, schonen und ihn durch eine so schlimme Nachricht nicht noch mehr beugen. Da er übrigens den Abgang seiner Depesche so sehr beschleunigte, daß sie am Geburtstag seines Herrn eintreffen konnte, so glaubt man, er habe zweitens die Belohnungen, die an diesem Tage gewöhnlich gespendet werden, erhaschen wollen.

In Moskau war indessen dieser Siegeswahn nur von kurzer Dauer. Die Nachricht von dem Verluste der halben Armee drang mit jener unerklärbaren Schnelligkeit dahin, mit der die Kunde von außerordentlichen Schicksalsschlägen unermeßliche Räume zu durchlaufen pflegt. Die Sprache der Befehlshaber, denen allein das Wort zustand, blieb stolz und drohend wie vorher; viele Einwohner glaubten daran und blieben, aber mit täglich steigender Angst, abwechselnd von Wut entflammt, von Hoffnung begeistert und von Schrecken gelähmt.

In einem jener Augenblicke, wo sie vor den Altären oder zu Hause vor ihren Heiligenbildern auf den Knien lagen und ihre Hoffnung allein auf Gott setzten, ertönte plötzlich ein allgemeines Freudengeschrei. Alles eilte sofort auf die Straßen und auf die öffentlichen Plätze, um die Ursache zu erfahren. Eine Menge freudetrunkenen Pöbels war dort versammelt und sah mit unverwandten Blicken nach dem Kreuze der Hauptkirche, wo in der von ihm herabhängenden Kette ein Geier sich verfangen hatte. Dies galt für eine untrügliche Vorbedeutung bei Menschen, deren natürlicher Aberglaube durch eine sehnliche Hoffnung gesteigert worden war. Es war für sie eine ausgemachte Sache, daß Gott ihnen Napoleon gefangen in ihre Hände liefern würde. Rostopschin benutzte alle diese Bewegungen, dieselbe entweder veranlassend oder unterdrückend, je nachdem sie seinen Absichten günstig oder entgegen waren. So suchte er unter den kriegsgefangenen Feinden diejenigen aus, die am elendesten aussahen, um sie dem Volke zu zeigen, das durch diesen Anblick ermutigt wurde. Bei allem dem fuhr er fort, alle Vorräte von Moskau wegzuschaffen, um dieselben den geschlagenen Russen zuzuwenden und den Siegern zu entziehen; eine Maßregel, die übrigens leicht auszuführen war, da Moskau sich nur dreimal im Jahre mit Lebensmitteln versieht, im Frühjahr und Herbst nämlich zu Wasser, im Winter durch die Schlittenbahn.

Noch erhielt er durch den Schein von Hoffnung, der übrigblieb, die so notwendige Ordnung bei dieser beispiellosen Flucht, bis endlich die Trümmer der Niederlage von Borodino sich zu zeigen anfingen. Diese langen Reihen von Wagen mit Verwundeten, das Wehklagen derselben, ihr von schwarzem Blute starrendes Gewand, vornehme Grundherren wie ihre Leibeigenen verwundet, all dies gewährte einen ganz neuen schrecklichen Anblick für eine Stadt, die so lange Zeit die Greuel des Krieges nicht mehr in ihrer Nähe gesehen hatte.

Zwar verdoppelte die Polizeibehörde ihre Tätigkeit; allein der Schrecken, den sie verbreitete, wurde von dem größeren Schrecken überwogen.

Jetzt wendet sich Rostopschin von neuem an das Volk und erklärt ihm, er sei entschlossen, Moskau bis auf seinen letzten Blutstropfen zu verteidigen, man werde sich von Straße zu Straße schlagen; zwar habe man die Gerichtshöfe geschlossen, allein daran sei nichts gelegen, es bedürfe deren nicht, um einem solchen vollendeten Verbrecher den Prozeß zu machen.

»In zwei Tagen«, fuhr er fort, »werde ich das Zeichen zum allgemeinen Aufstand geben. Bewaffnet euch mit Beilen und dreizackigen Gabeln, denn ein Franzose ist nicht schwerer als ein Bund Stroh. Was die verwundeten Russen anbelangt, meine Freunde, so wollen wir sogleich eine heilige Messe für sie bestellen und Wasser weihen lassen zu ihrer schnellen Genesung.« Des andern Tages machte er bekannt, er reise zu Kutusow, um mit ihm alle Maßregeln zu verabreden, diese ungebetenen Gäste in die Hölle zu senden, sie zu Staub zu zermahlen, mit einem Wort, sie gänzlich zu vertilgen.

Es schien auch in der Tat, als habe Kutusow die Sache des Vaterlandes noch nicht gänzlich aufgegeben. Bei Borodino hatte er sich der Milizen zum Herbeitragen der Munition und Wegschaffung der Verwundeten bedient, jetzt aber das dritte Glied aus ihnen gebildet. Bei Mojaisk war es ihm durch seine bewiesene Fassung gelungen, Ordnung in seinen Rückzug zu bringen und eine Auswahl unter den Verwundeten zu treffen, von denen er die Unheilbaren zurückließ, und sie dadurch der feindlichen Armee auf den Hals lud.

Alles ließ uns glauben, Kutusow würde aus Nationalstolz in einer gut befestigten Stellung eine zweite Schlacht wagen, um die Hauptstadt zu retten oder mit ihr zugrunde zu gehen. Er machte auch wirklich halt, überließ aber späterhin aus Klugheit oder Politik den Gouverneur von Moskau sich selbst und seiner eigenen Verantwortlichkeit.

In der Stellung vor Moskau zählte die russische Armee noch einundneunzigtausend Mann und darunter sechstausend Kosaken, fünfundsechzigtausend alte Soldaten als Überrest von der Armee von hunderteinundzwanzigtausend Mann, die in der Schlacht an der Moskwa gefochten hatte, und zwanzigtausend Rekruten, zur Hälfte mit Gewehren, zur Hälfte mit Lanzen bewaffnet.

Die französische Armee, die vor der großen Schlacht bei Borodino ungefähr noch hundertdreißigtausend Mann stark war und in dieser Schlacht vierzigtausend Mann verloren hatte, kam, durch die Divisionen Laborde und Pino sowie durch Marschbataillone verstärkt, wieder mit hunderttausend Mann vor Moskau an. Sechshundertundsieben Kanonen, zweitausendfünfhundert Artilleriewagen und fünftausend Troßwagen erschwerten ihren Marsch, sie war nur noch auf einen Schlachttag mit Munition versehen. Es kann sein, daß Kutusow seine wirklichen Streitkräfte im Verhältnis zu den unsrigen für zu schwach gehalten hat, doch ist dies bloße Vermutung, da er zur Rechtfertigung seines Rückzugs nur rein militärische Gründe angibt.

Soviel ist indessen gewiß, daß dieser alte General den Gouverneur bis zum letzten Augenblicke betrogen hat, denn während er diesem bei seinen weißen Haaren schwur, daß er mit ihm vor Moskau zu sterben entschlossen sei, war in einem im Lager abgehaltenen Kriegsrat der Beschluß gefaßt worden, Moskau aufzugeben.

Obgleich durch diese Nachricht mit Wut erfüllt, beharrte Rostopschin doch unerschütterlich auf seinem Beschlusse, sich und alles zu opfern. Die Zeit war kurz, man mußte eilen; das Schicksal, das der Stadt zugedacht war, blieb nun nicht länger ein Geheimnis, zumal da man die wenigen noch zurückgebliebenen Einwohner um ihrer eigenen Wohlfahrt willen zur Flucht zu bewegen suchen mußte.

In der Nacht läßt man deswegen durch besonders dazu bestellte Leute an allen Türen anklopfen und das nahe Anzünden der Stadt ansagen. In jede dazu geeignete Öffnung werden Brandraketen gebracht, besonders in die mit Eisen belegten Buden der Kaufmannsstadt, die Feuerspritzen werden weggeführt, der Jammer erreicht seinen höchsten Grad; jeder nach seinem individuellen Charakter verliert entweder den Kopf oder faßt seinen Entschluß. Ein großer Teil findet sich haufenweise auf den öffentlichen Plätzen ein, wo man sich umhertreibt, einer den andern ausfragt und zu Rate zieht, vor Schrecken außer sich oder in einem Zustande furchtbarer Erbitterung. Endlich verläßt sie auch die Armee, bis jetzt noch die einzige Hoffnung des Volkes. Schon beginnt sie ihren Zug durch die Stadt und nimmt den noch zahlreichen Rest der Bevölkerung mit sich fort. Die Armee zieht durch das Tor von Colomna aus der Stadt, umgeben von einer Menge trostloser Weiber und Greise. Diese fliehen nach allen Richtungen, auf allen Fußsteigen querfeldein, ohne Lebensmittel und mit solchen Gegenständen beladen, die ihnen in der Verwirrung zuerst unter die Hände gekommen waren. Man sah welche, die aus Mangel an Pferden selbst ihre Wagen zogen, worauf sie ihre kleinen Kinder, ihre kranken Frauen oder die betagten Eltern samt allem, was sie Kostbares hatten, fortbringen wollten. Der Wald diente ihnen zum Obdach, sie lebten nur von dem Mitleiden ihrer Mitbürger.

Ein schrecklicher Auftritt beschloß dies Trauerspiel. Als endlich der jüngste Tag Moskaus gekommen war, versammelte Rostopschin alles, was er hatte zurückbehalten und bewaffnen können, um sich her. Die Gefängnisse öffnen sich. Eine schmutzige, ekelerregende Horde dringt aus denselben und verbreitet sich mit wilder Freude durch die Straßen. Zwei Menschen, ein Russe und ein Franzose, wovon der eine des Verrats gegen das Vaterland, der andere der Unvorsichtigkeit in politischen Äußerungen beschuldigt war, werden von dieser Horde ausgeschieden und zu Rostopschin geschleppt, der dem Russen seine Verräterei vorwirft.

Der Sohn eines Kaufmanns, war er in dem Augenblick ergriffen worden, als er dem Volke Aufruhr predigte. Das Bedenkliche bei dieser Sache bestand in der gemachten Entdeckung, daß dieser Mensch zu einer Sekte deutscher Illuminaten gehörte[10], die man Martinisten nennt und ein Bund von unabhängigen, abergläubischen Menschen sind. Noch in den Fesseln zeigte er seine alte Kühnheit. Einen Augenblick glaubte man, der Geist der Gleichheit habe sich sogar in Rußland eingeschlichen. Indes hatte er keine Mitschuldigen angegeben. In diesem letzten Augenblick erschien sein Vater. Man glaubte, er wäre gekommen, sich für seinen Sohn zu verwenden; allein, er war es, der seinen Tod forderte. Der Gouverneur bewilligte ihm einige Augenblicke, um seinen Sohn zu sprechen und ihn segnen zu können. »Ich, einen Verräter segnen!« schrie der wütende Russe, indem er sich zu seinem Sohne wandte und mit gräßlicher Stimme und Gebärde ihm fluchte.

Dies war das Zeichen zur Hinrichtung. Er sollte durch das Schwert fallen, doch ein schlecht geführter Hieb verwundete ihn bloß, und er wäre vielleicht durch die Ankunft der Franzosen gerettet gewesen, wenn der Pöbel nicht bemerkt hätte, daß er noch lebe. Die wütende Menge durchbrach die Schranken, warf sich über ihn her und zerriß den Unglücklichen in Stücke.

Indessen stand der Franzose, von Schrecken erstarrt, da, als sich Rostopschin auch gegen ihn wendete: »Du für deinen Teil mußtest allerdings als Franzose die Ankunft deiner Landsleute wünschen; du bist frei, geh und sage ihnen, daß es in Rußland nur einen Verräter gegeben und daß dieser dafür mit dem Leben gebüßt hat.« Hierauf spricht er zu den Verbrechern, die ihn umgaben, nennt sie die Kinder Rußlands und befiehlt ihnen, ihre Fehler im Dienste des Vaterlandes abzubüßen. Er ist der letzte, der diese unglückliche Stadt verläßt und sich zur russischen Armee verfügt.

Von diesem Augenblicke an gehört das große Moskau weder

den Russen noch den Franzosen, sondern jener verworfenen Horde von Bösewichtern, deren Wut durch einige Offiziere und Soldaten der Polizei geleitet wird. Man organisierte sie förmlich und wies jedem seinen Posten an. Hierauf zerstreuten sie sich durch die ganze Stadt, damit die Plünderung, Verheerung und Verbrennung überall zu gleicher Zeit beginnen könne.

VIERZIGSTES KAPITEL

Am 14. September erreicht die französische Armee Moskau – ›welcher Tag des Ruhms!‹ – Napoleons Entzücken im Anblick der Stadt – Huldigung der Marschälle – Napoleon erwartet umsonst eine Übergabe-Deputation aus der Stadt – er vermag kaum zu fassen, daß Moskau leer ist – ›das Schweigen der Wüste‹.

Am nämlichen Tage (dem 14. September) traf Napoleon bei seinem Vortrab ein, da er sich überzeugt hatte, daß Kutusow sich nicht in unsere rechte Flanke geworfen habe. Einige Stunden diesseits Moskau stieg er zu Pferde, ließ ganz langsam und mit aller Vorsicht marschieren, jedes Holz und jeden Hohlweg sorgfältig untersuchen und alle Anhöhen abpatrouillieren, um etwas von der feindlichen Armee zu entdecken. Man war auf eine Schlacht gefaßt; das Terrain eignete sich zu einem Schlachtfeld, der Feind hatte auch angefangen, einige Werke anzulegen, aber wieder verlassen, so daß wir nirgends Widerstand fanden.

Zwischen uns und Moskau, dieses verhüllend und beherrschend, lag noch eine Anhöhe, der Heilsberg genannt. Auf dieser Anhöhe, von der aus man die heilige Stadt erblickt, werfen die Russen sich auf ihre Knie und bekreuzigen sich; daher ihr Name. Bald hatten unsere Plänkler sie besetzt. Es war zwei Uhr, und diese große Stadt schimmerte im Sonnenglanz mit tausend Farben. Bei diesem Anblick machten sie, von Erstaunen gefesselt, unwillkürlich halt unter dem Rufe: »Moskau, Moskau!«

Jeder beflügelt nun seine Schritte. Alles eilt in Unordnung aufwärts; die ganze Armee klatscht in die Hände, den Ruf: Moskau, Moskau! wiederholend. So rufen die Seeleute nach einer langen, mühevollen Fahrt: Land, Land!

Diese im Goldglanze funkelnde Stadt, der herrliche Vereinigungspunkt von Asien und Europa, der majestätische Zusammenfluß des Luxus, der Künste und Sitten der zwei schönsten Erdteile lag jetzt vor uns, ein Gegenstand unserer innigsten Blicke. Welcher Tag des Ruhms war dadurch für uns angebrochen! An ihm hatten wir die größte, glänzendste Erinnerung für unser übriges Leben. Von diesem Augenblick an waren die Blicke der erstaunten Welt auf uns gerichtet, jeder Schritt von uns erhielt nun historische Bedeutung. Wir betraten diesen unermeßlichen imponierenden Schauplatz unter dem Beifallsrufe aller Völker, stolz, unser Jahrhundert über alle verflossenen Jahrhunderte gestellt und durch unsern Ruhm verherrlicht zu haben.

Mit welcher an Ehrerbietung grenzenden Achtung werden wir bei unserer Zurückkunft, der wir jetzt schon mit Sehnsucht entgegensehen, von unseren Frauen, von unseren Landsleuten, selbst von unseren Vätern empfangen werden! So lange wir leben, wird man uns gleichsam als besondere Wesen ansehen, anstaunen und mit wißbegieriger Verwunderung anhören. Man wird sich herzudrängen, um uns vorüberziehen zu sehen und jedes unserer Worte als ein Heiligtum aufbewahren.

Die wunderähnliche Eroberung von Moskau wird uns mit einer Glorie von Ruhm umstrahlen, in unserer Nähe wird man in einem Kreise von Wundern und Rätseln zu leben glauben. Wenn nun dieser Gedankenschwung auch wieder nachließ, so konnten wir uns doch sagen, daß wir hier wenigstens am versprochenen Ziele unserer Anstrengungen seien und endlich einmal stillstehen würden, unfähig, uns selbst zu übertreffen nach einem so ruhmvollen Feldzuge, der dem ägyptischen und allen großen rühmlich geführten Kriegen des Altertums an die Seite gesetzt zu werden verdient.

In solchen Augenblicken hatten wir alle Gefahren und Entbehrungen vergessen. Konnte man wohl das stolze Bewußtsein zu teuer erkaufen, während des ganzen Lebens sagen zu dürfen: »Auch ich gehörte zur Armee von Moskau!«

Je nun, meine Waffenbrüder, selbst heute noch, in unserer tiefsten Erniedrigung, die sich von den Tagen von Moskau herschreibt, genügt dieser stolze Gedanke, uns zu trösten und unser durch Unglück gebeugtes Haupt wieder aufzurichten.

Endlich war auch Napoleon gekommen. Entzückt hielt er an und äußerte laut seine Freude. Seit der großen Schlacht hatten sich die Marschälle von ihm entfernt gehalten, aber bei dem Anblicke des kriegsgefangenen Moskau, und von der Ankunft eines Parlamentärs hörend, vergaßen sie ihren Groll, erstaunt über den großen Erfolg und trunken vom Enthusiasmus des Ruhms. Man sah, wie sie sich um Napoleon drängten, seinem Glücke huldigten und in Versuchung kamen, seine nicht erschöpfende Benutzung des Sieges vom 7. September als eine Voraussicht seines allumfassenden Genies gelten zu lassen.

Bei Napoleon waren alle Aufwallungen von kurzer Dauer. Er hatte zuviel zu denken, um lange seinen Empfindungen nachhängen zu können. Sein erster Ausruf war: »Das ist also die berühmte Stadt!« und sein zweiter: »Es war hohe Zeit!«

Von nun an drückte sein auf diese Hauptstadt geheftetes Auge bloß Ungeduld aus. In ihr glaubte er das ganze russische Reich zu sehen. Diese Mauern umschlossen alle seine Hoffnungen, den Frieden, die Kriegsunkosten und unsterblichen Ruhm. Seine gierigen Blicke bewachten gleichsam jeden Ausgang Moskaus. Wann werden sich endlich diese Tore öffnen und die Deputation auslassen, die ihm die Reichtümer, die Bevölkerung, den Senat und den vornehmsten Adel von Rußland zu Füßen legen wird? Dann erst wird diese gewagte Unternehmung, mit Glück und Kühnheit ausgeführt, als Folge einer tiefen Berechnung; seine Unbesonnenheit als Größe und der so unvollständige Sieg an der Moskwa als die Krone seiner Waffentaten erscheinen. So wird alles, was jetzt seinen Untergang nach sich ziehen müßte, zu seinem Ruhme ausschlagen. Dieser merkwürdige Tag begann zu entscheiden, ob er der größte oder der tollkühnste Mann auf Erden sei, ob er sich einen Altar errichtet oder sein Grab gegraben habe.

Schon fing die Unruhe an, sich seiner zu bemächtigen; denn rechts und links von ihm rückten Prinz Eugen und Poniatowsky allmählich über die Stadt hinaus, und vor ihm hatte Murat, von seinen Plänklern umgeben, bereits die Vorstädte erreicht, und doch wollte sich noch immer keine Deputation zeigen. Dagegen kam ein Offizier, von General Miloradowitsch gesendet, um zu erklären, daß er die Stadt anzünden würde, wenn man seinem Nachtrab nicht soviel Zeit ließe, die Stadt zu räumen.

Napoleon bewilligte alles, und die Truppen der beiden Armeen, die sich die nächsten waren, marschierten hierauf einige Zeit miteinander, wobei Murat von den Kosaken erkannt wurde. Diese, zutraulich wie alle Hirtenvölker und voll Gebärdensprache wie die Morgenländer, drängten sich um ihn her und bereiteten durch ihre Grüße seiner Eitelkeit ein köstliches Fest.

Er läßt sich Uhren von seinen Offizieren geben und verteilt sie unter diese noch barbarischen Krieger, von denen einer ihn seinen Hetman nennt.

Dieser kurze Waffenstillstand nährte unter den vorliegenden Umständen die Hoffnung Napoleons, der aus Bedürfnis, sich selbst zu täuschen, dadurch zwei Stunden lang sich hinhalten läßt. Indessen geht der Tag zu Ende, und über Moskau schwebt fortdauernd ein düsteres, tiefes Schweigen. Die Verlegenheit des Kaisers nimmt von Minute zu Minute zu. Die Soldaten wollen nicht länger warten. Einige Offiziere waren in die Stadt gedrungen und haben sie verlassen gefunden.

Auf diese Nachricht, die er übrigens voll Zorn zurückweist, verläßt er den heiligen Berg und rückt an das Tor von Dorogomilow und an die Moskwa vor. Umsonst macht er an dem Schlagbaume noch einmal halt. Murat wird dringender. »Wohlan«, antwortet er ihm, »rücken Sie ein, wenn Sie es denn nicht anders haben wollen!« Er empfiehlt ihm strengste Mannszucht: vielleicht, denkt er, verstehen sie nicht einmal, sich zu ergeben; denn hier ist alles neu, sie sind es für uns und wir für sie.

Gleich darauf folgt eine Meldung der andern; alle stimmen darin überein, daß Moskau gänzlich verlassen sei. Franzosen, Bewohner von Moskau, wagen es, ihre Freistätte zu verlassen, die sie seit einigen Tagen vor der Wut des Pöbels geschützt hatte, sie bestätigen diese verhängnisvolle Nachricht. Der Kaiser läßt Daru kommen und ruft ihm zu: »Moskau ist verlasssen! Welch ein unbegreifliches Ereignis! Lassen Sie es durchsuchen und bringen Sie mir die Bojaren her.« Er glaubt, daß diese Menschen, aus Stolz oder vom Schrecken gelähmt, unbeweglich zu Hause sitzen. Napoleon, dem bisher die Besiegten mit Unterwürfigkeit entgegengekommen, fordert sie jetzt selbst zum Vertrauen auf und kommt sogar ihren Bitten entgegen.

Wie sollte er sich auch überreden, daß so viele prachtvolle Paläste, so glänzend verzierte Kirchen und so reiche Geschäfte von ihren Besitzern sollten verlassen worden sein, gerade wie die elenden Dörfer, durch die er bis jetzt gekommen war. Indes hatte Daru seinen Auftrag nicht ausführen können. Nicht ein Moskowite zeigte sich; selbst aus dem kleinsten Kamine steigt kein Rauch auf; man hört nicht das mindeste Geräusch in dieser unermeßlichen, stark bevölkerten Stadt. Ihre dreimalhunderttausend Einwohner scheinen verzaubert, stumm und ohne Bewegung. Es ist das Schweigen der Wüste!

Doch in seinem Starrsinn will Napoleon die Hoffnung nicht fahrenlassen und wartet noch immer. Ein Offizier, der sich entweder empfehlen wollte oder fest an der Überzeugung hielt, daß alles, was der Kaiser wolle, geschehen müsse, kam endlich auf den Gedanken, in die Stadt zu sprengen, sich fünf bis sechs Landstreicher zu bemächtigen, die er vor seinem Pferde hertrieb und dem Kaiser vorstellte, in der Meinung, ihm eine Deputation zugeführt zu haben. Aber schon bei der ersten Antwort dieser Leute sah Napoleon wohl ein, daß er bloß armselige Handwerksleute vor sich habe.

Von nun an bezweifelte er die völlige Räumung Moskaus nicht länger und verlor eine Hoffnung, die er auf dessen Eroberung gegründet hatte. Er zuckte die Achseln und rief mit jener wegwerfenden Miene, womit er jeden zernichtete, der seinen Wünschen entgegen war: »Ha! die Russen wissen freilich noch nicht, was für Folgen die Eroberung der Hauptstadt für sie haben wird!«

VIERTES BUCH

In Moskau

EINUNDVIERZIGSTES KAPITEL

Eindruck Moskaus auf die einrückenden Franzosen – Empfindungen der Eroberer – die Unermüdlichkeit Murats, der sogleich die russische Nachhut jenseits Moskau verfolgen will.

Schon seit einer Stunde zieht Murat in Moskau ein. Dieser Riesenkörper, bis jetzt noch unversehrt, nimmt die endlose, dicht aufgeschlossene Kolonne seiner Reiter fortwährend in sich auf, ohne ein Zeichen des Lebens von sich zu geben. Die Grabesstille in den verödeten Straßen des neuen Theben macht tiefen Eindruck auf die Kommenden und wird von ihnen mit dem Schweigen des Erstaunens geehrt.

Es dünkte diesen Kriegern schauerlich, mitten unter verlassenen Palästen nur den Hufschlag ihrer Pferde, mitten unter so vielen menschlichen Wohnungen keinen andern Laut zu hören, als der von ihnen kam. Keiner dachte daran anzuhalten, noch weniger zu plündern – entweder aus Klugheit, oder aus Achtung für die Sitte der gebildeten Nationen, sich in ihren Hauptstädten, den Mittelpunkten der Zivilisation, gegenseitig zu ehren.

Aber wenngleich stumme, so waren sie doch keine müßigen Beobachter in dieser gewaltigen Stadt, die ihnen selbst in einem reichen und bevölkerten Lande aufgefallen wäre, in dem Lande der Wüsten aber als eine reiche und glänzende Oase erschien. In dem ersten Augenblick hatte sie die Menge prächtiger Paläste in Erstaunen gesetzt, doch war es ihnen nicht entgangen, daß diese Paläste mitten unter elenden Strohhütten standen. Daraus mußten sie schließen, daß in diesem Lande keine Abstufung unter den Ständen stattfinde, daß der Luxus dem Gewerbefleiß vorangeeilt sei, statt nach der natürlichen Ordnung der Dinge diesem zu folgen; ein Übelstand in vielen Staaten, der den anmaßendsten Stolz der bevorrechteten Klasse, die tiefste Erniedrigung des Volkes und endlich die Verdorbenheit beider herbeiführt.

Daß aber dieser ausschweifende, obgleich nur eingeimpfte Luxus den Adel doch noch nicht verweichlicht hatte, schien er durch die hochherzige Aufopferung seines Eigentums bewiesen zu haben.

So rückte man, bald von Mitleid, bald von Erstaunen, manchmal von edlem Enthusiasmus ergriffen, immer vorwärts. Viele riefen das Andenken an große Eroberungen, die uns die Geschichte überliefert hat, in ihr Gedächtnis zurück; nicht, um sich eine Lehre daraus ziehen, sondern um ihrem eigenen Stolze zu schmeicheln; wir stünden zu hoch, und nichts könne mit uns verglichen werden, selbst alle Eroberer der Vergangenheit seien weit hinter uns zurückgeblieben, meinten wir. Man fühlte sich durch den Ruhm begeistert, welcher nach der Tugend das höchste Gut des Menschen ist. Bei alledem konnten wir uns wehmütiger Empfindungen nicht erwehren; sei es aus Erschöpfung nach so vielen Gemütsbewegungen, oder weil wir uns auf unserem erhabenen Standpunkt, wo unser Blick ins Unendliche fiel, isoliert und wie vom Schwindel ergriffen fühlten; denn je höher der Mensch sich erhebt, desto mehr erweitert sich sein Gesichtskreis und desto mehr erkennt er sein eigenes Nichts.

Mitten unter diesen Betrachtungen, denen ein langsamer Marsch noch Vorschub gab, fielen mehrere Gewehrschüsse. Die Kolonne machte sogleich halt. Das äußerste Ende derselben befand sich noch auf den Feldern diesseits der Stadt, ihre Mitte in einer der längsten Straßen, ihre Spitze hatte den Kreml erreicht; die Tore dieser Festung schienen verschlossen zu sein. Aus ihrem Innern ertönte ein wildes Geheul; auf den Mauern zeigten sich Männer und Weiber bewaffnet und von scheußlichem Ansehen, in viehischer Trunkenheit schreckliche Verwünschungen ausstoßend. Murat ließ ihnen Worte des Friedens bieten, allein ohne Erfolg. Man mußte die Tore mit Kanonenschlägen öffnen.

So drang man, ohne ernstlichen Widerstand zu finden, mitten unter diese Elenden, von denen sich einer bis zu dem König vorwagte und einen Offizier in seinem Gefolge zu morden versuchte. Man hielt es für hinreichend, ihn zu entwaffnen, allein er warf sich von neuem auf sein erwähltes Opfer, wälzte sich mit dem Offizier auf die Erde und suchte ihn zu erdrosseln, und da man ihm hierauf die Arme festhielt, wollte er ihn mit den Zähnen zerfleischen. Das war also die einzige Klasse von Moskowitern, die man zu unserem Empfang zurückgelassen hatte, als die Repräsentanten und Organe eines rohen Nationalhasses.

Doch war eine brutale Planlosigkeit in dieser Wut nicht zu verkennen: fünfhundert Rekruten, die man auf dem großen

Platze im Kreml vergessen hatte, sahen diesen ganzen Auftritt ruhig mit an und gingen auf die erste Aufforderung auseinander. Mehrere tausend feindliche Nachzügler und Deserteure ließen sich freiwillig von dem Vortrab fangen. Dieser aber überließ die Sorge für die Gefangenen dem nachfolgenden Armeekorps, das sie wieder einem andern zuwies usw., so daß diese Leute mitten unter ihren Feinden frei herumgingen, bis Brand und Plünderung ihnen Beschäftigung und einen Vereinigungspunkt gaben, von dem aus sie ihre Armee wieder aufsuchten. Murat, den der Kreml nur einen Augenblick in seinem Vorrücken aufhalten konnte, trieb diesen verächtlichen Haufen auseinander.

Ebenso feurig und unermüdlich wie in Italien und Ägypten zieht er durch die stolze Hauptstadt, ohne sie eines Aufenthalts zu würdigen, obgleich er neunhundert Stunden zurückgelegt und sechzig Gefechte bestanden hatte, um nach Moskau zu kommen. Er ist einzig darauf bedacht, den russischen Nachtrab zu verfolgen. Mit Stolz betritt er die Straße nach Wladomir und Asien.

Viertausend Kosaken mit vier Kanonen zogen sich auf dieser zurück. Hier hörte auch der Waffenstillstand auf. Murat befahl sogleich, ihn mit Gewehrkugeln aufzukünden, denn dieser Friede eines halben Tages hatte ihm Langeweile gemacht. Aber unsere Reiterei glaubte den Krieg hier beendigt und hatte Moskau für das Ziel desselben gehalten. Sie weigerte sich, gleich den Vortruppen, die Feindseligkeiten von neuem zu beginnen.

Dieselbe Weigerung erfolgt auf den wiederholten Befehl, bis Murat selbst sich an die Spitze seiner Truppen setzt. Jetzt beginnt von neuem ein Feuer, das Asien zu bedrohen scheint und nach dem Beschluß des Schicksals erst an der Seine enden sollte.

ZWEIUNDVIERZIGSTES KAPITEL

Bereits in der ersten Nacht, 14. auf 15. September, beginnt der Brand von Moskau – Napoleon im Kreml – 16. September: Moskau steht in Flammen – der Kreml vom Feuer bedroht – höchste Gefahr für den Kaiser – noch glaubt man an eigenes Verschulden – der wirkliche Hergang wird offenbar – Wirkung auf Napoleon.

Erst mit einbrechender Nacht ging Napoleon nach Moskau und stieg in einem der ersten Häuser der Vorstadt Dorogomilow ab. Hier ernannte er den Marschall Mortier zum Gouverneur dieser Hauptstadt. »Verhüten Sie vor allen Dingen Plünderung!« sagte er zu ihm, »Sie stehen mir mit Ihrem Kopfe dafür! Verteidigen Sie Moskau gegen jeden, wer er auch sei!«

Dies war eine traurige Nacht: eine schlimme Botschaft folgte der andern. Es kamen Franzosen, Einwohner dieser Stadt, und selbst ein russischer Polizeioffizier, um uns zu sagen, daß die Stadt angezündet werden würde. Der russische Offizier konnte sogar die diesfalls getroffenen Vorkehrungen angeben. Der Kaiser war in einem sehr aufgeregten Zustand und suchte vergebens zu schlafen. Alle Augenblicke rief er, um diese traurige Neuigkeit von neuem anzuhören. Er verschanzte sich aber immer noch hinter seinem Unglauben, bis morgens um zwei Uhr die Nachricht einging, daß das Feuer ausgebrochen sei.

Es geschah dies in dem Palais marchand, mitten in der Stadt und in dem reichsten Quartier derselben. Er gibt sogleich Befehle und vervielfältigt dieselben unablässig. Mit Tagesanbruch begibt er sich selbst an Ort und Stelle und bedroht Marschall Mortier und die junge Garde. Mortier weist auf die mit Eisen gedeckten Häuser, aus denen dicker Rauch aufsteigt, obgleich sie alle geschlossen sind und keine Spur des Einbruchs zeigen. Napoleon geht, ganz in Gedanken vertieft, nach dem Kreml.

Beim Anblick dieses halb altertümlichen, halb modernen Palastes der Romanows und Ruriks und ihres dort noch stehenden Thrones; bei dem Anblick des Kreuzes des Großen Iwan und des schönsten Teils der Stadt, den eben dieser Kreml beherrscht, der den Flammen, die noch auf den Bazar beschränkt sind, Ehrfurcht zu gebieten scheint, schöpft er wieder neue Hoffnung. Sein Ehrgeiz findet sich durch diese Eroberung geschmeichelt, und man hört ihn ausrufen: »So bin ich denn endlich doch in Moskau und im Kreml, der alten Burg der Zare!« Er untersucht jetzt dort jede Kleinigkeit mit neugierigem und befriedigtem Stolz, läßt sich aber zugleich genauen Bericht erstatten über die Hilfsmittel, welche die Stadt noch darbietet. In diesem kurzen, noch mit Hoffnungen erfüllten Zeitraum schrieb er Worte des Friedens an Alexander. Ein russischer Stabsoffizier, der sich in dem vom Feinde zurückgelassenen Spital befand, erhielt den Auftrag, diesen Brief zu bestellen, den Napoleon bei dem traurigen Scheine des brennenden Bazars niedergeschrieben hatte. Dieser Offizier sollte seinem Kaiser zugleich die Nachricht von dieser Verheerung überbringen. Der Brand von Moskau war die einzige Antwort, die darauf erfolgte.

Der anbrechende Tag begünstigte die Anstrengungen des Herzogs von Treviso, der endlich Herr über das Feuer wurde. Die Mordbrenner hielten sich versteckt, man zweifelte an ihrem Dasein.

Nachdem die Ordnung durch die strengsten Befehle wiederhergestellt war, auch die allgemeine Unruhe in etwa aufgehört hatte, suchte jeder ein bequemes Haus oder auch einen prächtigen Palast auf, um nach so vielen unerhörten Mühsalen wieder einmal auszuruhen.

Zwei Offiziere hatten ihr Quartier in einem der Nebengebäude des Kreml genommen, von wo aus sie den ganzen nördlichen und westlichen Teil Moskaus übersehen konnten. Gegen Mitternacht wurden sie durch eine außerordentliche Helle aufgeweckt, und als sie aufschauten, stehen die Paläste im Feuer: ihre schöne Architektur, von den Flammen erleuchtet, ist bald die Beute derselben. Zugleich bemerken sie, daß der Nordwind das Feuer gerade nach dem Kreml hintreibt, wo der Kern der Armee mit ihrem Führer schläft. Sie fürchten für die den Kreml umgebenden Gebäude, wo unsere Soldaten, unsere Diener und Pferde, von Müdigkeit erschöpft, nachdem sie ihren Hunger gestillt, wahrscheinlich im tiefsten Schlafe liegen. Schon fliegen Funken und Feuerbrände bis auf die Dächer des Kreml, als der Wind, sich drehend, dem Feuer eine andere Richtung gibt. Hierdurch über das Schicksal seines Armeekorps nicht ferner beunruhigt, schlief einer der Offiziere mit der Äußerung wieder ein: »Mögen nun andere für sich sorgen; es geht uns nichts an.« So groß war die durch die häufigen Zufälle dieser Art, durch das Unglück und die übermäßigen Anstrengungen und Leiden bewirkte egoistische Abgestumpftheit, daß man, gegen alles andere ganz gleichgültig, nur so viel Kräfte und Gefühle übrigbehielt, als zur persönlichen Erhaltung unumgänglich notwendig waren.

Bald darauf wurden sie von neuem durch eine starke Helle geweckt und sahen die Flammen abermals gegen den Kreml herwogen. Da verwünschten sie den Mangel an Mannszucht und den französischen Leichtsinn, in der Meinung, diese seien schuld an dem Brande. Dreimal wechselt der Wind von Nord nach West; und dreimal scheint das feindliche Element hartnäckigerweise seine ganze Wut in der Richtung nach dem kaiserlichen Hauptquartier auslassen zu wollen.

Jetzt schöpfen sie Verdacht und sagen sich: Sollten wohl die Moskowiter, die französische, alles vernachlässigende Sorglosigkeit und Verwegenheit kennend, die Absicht haben, unsere von Wein, Schlaf und Ermüdung trunkenen Soldaten samt der Stadt zu verbrennen und Napoleon selbst in diesen Feuertod hineinzuziehen, in der Meinung, daß der Untergang dieses großen Mannes wohl den ihrer Hauptstadt aufwiege?

Man weiß nicht gewiß, ob die Russen bei der Verbrennung von Moskau diese Absicht hatten; allein es gehörte Napoleons Stern dazu, daß alles dieses nicht in Erfüllung gegangen ist. Denn nicht genug, daß sich im Kreml ein russisches Pulvermagazin befand, von dem wir nichts wußten, die schlecht ausgestellten und ganz schlaftrunkenen Wachen hatten auch noch in derselben Nacht einen ganzen Artilleriepark hereingelassen, der unter den Fenstern des Kaisers aufgefahren war, gerade in dem Augenblick, wo die wütenden Flammen von allen Seiten auf den Kreml zuströmten, getrieben vom Sturmwinde, der, vom Feuer angezogen, mit jedem Augenblick heftiger wurde. Der Kaiser und die Elite der Armee waren verloren, wenn von den Funken, die uns umsprühten, ein einziger auf einen Pulverkarren fiel. So hing das Schicksal der ganzen Armee mehrere Stunden lang von jedem Feuerfunken ab, der im Wirbelwind kreiste.

Endlich brach der Tag an als Zeuge dieser Greuelszene, die nun etwas erbleichte und an Glanz verlor. Viele Offiziere flüchteten sich in die Säle des Palastes. Die Marschälle und Mortier selbst, die während sechsunddreißig Stunden das Feuer vergebens bekämpft hatten, kamen nach dem Kreml, wo sie aus Erschöpfung und Verzweiflung niederfielen.

Niemand sprach eine Silbe. Jeder dachte im stillen, daß Mangel an Mannszucht und die Trunkenheit unserer Soldaten diese Verwüstung veranlaßt habe, die nun der Sturm vollende. Wir sahen einander gewissermaßen mit Widerwillen an. Der Schrei des Abscheues, der über diese Tat sich in ganz Europa erheben mußte, erfüllte uns mit Entsetzen. Alles schlug die Augen nieder, bestürzt über eine so fürchterliche Katastrophe, die unsern Ruhm befleckte, unsern Sieg nutzlos machte und unsere gegenwärtige wie unsere künftige Existenz gefährdete. Wir waren nur noch eine Armee von Verbrechern, an denen der Himmel und die zivilisierte Welt Rache nehmen mußten.

Dieser Entrüstung über die vermeintlichen Brandstifter, diesen bangen Besorgnissen tat nur die Begierde Einhalt, mit der man nach den neuen Nachrichten haschte, die jetzt allmählich darin übereinstimmten, daß die Russen die Täter seien.

Aus den einstimmigen Aussagen der von allen Seiten herbeikommenden Offiziere ergab sich folgendes: in der ersten Nacht (vom 14. auf den 15. September) hatte sich ein Feuerball auf den Palast des Fürsten Trubezkoi herabgelassen und diesen sogleich in Brand gesteckt. Dies schien das verabredete Zeichen zu sein. Gleich darauf war Feuer in der Börse eingelegt worden; man hatte Polizeisoldaten bemerkt, die dasselbe mit beteerten Lanzen anschürten. An andern Orten hatte man in mehreren Häusern tückischerweise Granaten in die Öfen versteckt, die, wenn sie sprangen, die um die Öfen befindlichen Soldaten töteten oder verwundeten. Wenn nun diese Zeugen, in andern vom Brand noch verschonten Straßen ein Obdach suchend, die verschlossenen Häuser betreten wollten, so ließ sich darin ein schwacher Knall hören und gleich darauf ein Rauch sehen, der, erst nur dünn, aber schnell dick und schwarz und hierauf rötlich, in kurzer Zeit zu einer alles verzehrenden Flamme erglüht war.

Alle wollten Menschen von wildem Aussehen, in Lumpen gehüllt, besonders aber wütende Weiber gesehen haben, die, zwischen den Flammen wandelnd, dies gräßliche Bild der Hölle vollendeten. Diese Elenden, von dem Gelingen ihres Frevels und vom Branntwein berauscht, hielten es nicht länger der Mühe wert sich zu verbergen; im Triumph durchrannten sie die brennenden Straßen, wo man sie, mit Fackeln bewaffnet und den Brand fortleitend, überraschte; man mußte ihnen mit dem Säbel die Hand abschlagen, um sie zu entwaffnen. Man sagte sich, diese Banditen wären von den russischen Großen losgelassen worden, um Moskau zu verbrennen; und ein so gewaltiger, das Äußerste wagender Entschluß habe nur vom Patriotismus gefaßt und vom Verbrechen ausgeführt werden können.

Sogleich wurde der Befehl gegeben, jeden Mordbrenner auf der Stelle niederzuschießen. Die ganze Armee war auf den Beinen. Die alte Garde, in einem Teil des Kreml ganz einquartiert, war ins Gewehr getreten; die Troßwagen und die Packpferde füllten den Hof; erstaunt, erschöpft und voll Verzweiflung mußten wir ein so reiches Quartier in Rauch aufgehen sehen. Herren von Moskau, sollten wir nun von allem entblößt vor seinen Toren unsere Biwaks beziehen.

Während unsere Soldaten noch mit dem Brand kämpften, und die Armee dem Feuer diese Beute streitig machte, war Napoleon, dessen Schlaf niemand während der Nacht zu stören gewagt hatte, bei der doppelten Klarheit des Tages und der Flammen erwacht. In seiner ersten Aufwallung wollte er diesem Element gebieten. Er ließ aber bald wieder ab, sich vor der Unmöglichkeit beugend. Gewohnt, in den Hauptstädten seiner Feinde nur Schrecken und Unterwerfung zu finden, war er überrascht, hier sich an Willensstärke übertroffen zu sehen.

Diese Eroberung, für die er alles aufgeopfert, die gleich einem Gespenst ihn verlockt hatte, steigt in dem Augenblick, wo er sie fassen will, als Rauch- und Feuersäule in die Lüfte und zerfließt in ein Nichts. Da ergreift ihn eine unbeschreibliche Unruhe; er scheint von dem Feuer durchglüht, das ihn umgibt. Alle Augenblicke fährt er auf, tut einige Schritte und setzt sich plötzlich wieder. Mit schnellen Schritten eilt er durch seine Zimmer, seine raschen und heftigen Gebärden zeigen eine große Bestürzung. Er legt ein dringendes Geschäft beiseite, nimmt es wieder vor und läßt es abermals fahren, um an das Fenster zu eilen und die Fortschritte der Feuersbrunst zu beobachten. Kurze und abgebrochene Ausrufungen drängen sich aus seiner beklemmten Brust: »Welch fürchterliches Schauspiel! Und sie selbst konnten so etwas tun! So viele Paläste, welch ein außerordentlicher Entschluß! Welche Menschen! Es sind Barbaren!«

Zwischen ihm und der Brandstätte war ein wüstes Feld und die Moskwa mit ihren beiden Quais, und doch glühten die Scheiben der Fenster, an die er sich lehnt, und die auf dem eisernen Dache des Palastes angestellten Arbeiter sind nicht mehr imstande, die vielen Funken und Feuerflocken, die dahin fliegen, wegzufegen.

In diesem Augenblick verbreitet sich das Gerücht, daß der Kreml unterminiert sei: das ist die Aussage der Russen und auch schriftlich bezeugt. Einige Bediente verlieren aus Schrecken die Besinnung. Die Soldaten erwarten ruhig, was der Kaiser und ihr Schicksal beschließen werden. Dieser aber erwidert den Lärm nur mit dem Lächeln des Unglaubens. Aber noch geht er in konvulsivischer Hast von einem Fenster zum andern und sieht, wie das schreckliche Element seine herrliche Eroberung siegreich verschlingt; wie es sich aller Brücken, aller Zugänge zu seiner Burg bemächtigt, ihn einschließt und gleichsam belagert; wie es von Minute zu Minute die nahe gelegenen Häuser ergreift, ihn immer mehr einengt und zuletzt auf die Ringmauer des Kreml beschränkt.

Schon atmen wir nur Rauch und Asche. Die Nacht kam allmählich heran, unsere Gefahren durch ihre Finsternis steigernd;

die Herbststürme, Rußlands getreue Verbündete, verdoppeln ihre Wut. In diesem Augenblick kommt der König von Neapel und der Prinz Eugen, sie vereinigen sich mit dem Fürsten von Neuchâtel und dringen vereint bis zum Kaiser, bestürmen ihn von allen Seiten und bitten ihn auf ihren Knien, diesen Ort der Verzweiflung zu verlassen. Aber vergebens!

Napoleon, Herr des Palastes der Zare, beharrt darauf, diese Eroberung selbst der Feuersbrunst nicht wieder abzutreten, als plötzlich der Ruf: »Es brennt im Kreml!« von Mund zu Mund geht und uns aus der Betäubung aufschreckt, in die wir versunken waren. Der Kaiser geht hinaus, um selbst nach der Gefahr zu sehen. Zweimal war das Feuer in dem Stockwerk unter seinen Zimmern eingelegt und wieder gelöscht worden; aber der Turm des Zeughauses brennt noch fort. Man hat dort soeben einen Polizeisoldaten aufgegriffen; man führt ihn her, und Napoleon läßt ihn in seiner Gegenwart verhören. Dieser Russe ist der Brandstifter; er hat auf das ihm von seinem Anführer gegebene Signal das Feuer eingelegt. Alles ist demnach dem Untergange geweiht, selbst der altertümliche und heilige Kreml.

Der Kaiser ließ hierauf ein Zeichen der Verachtung und des Unwillens blicken: man führte den Elenden in den ersten Hof des Schlosses, wo er unter den Bajonetten der wütenden Grenadiere den Tod fand.

DREIUNDVIERZIGSTES KAPITEL

Napoleon verläßt den Kreml – gefahrvolle Flucht durch das Flammenmeer – er bezieht Schloß Petrowsky – ›dies verkündet uns großes Unglück!‹ – Napoleon ratlos.

Durch diesen Umstand endlich bewogen, eilt Napoleon die durch die Niedermetzelung der Strelitzen[11] berüchtigte Treppe hinab und befiehlt, daß man ihn nach Petrowsky, einem eine Stunde von da auf der Petersburger Straße gelegenen Schlosse führe.

Wir waren aber von einem Feuermeer umgeben, die Flammen versperrten jeglichen Ausgang und vereitelten unsere ersten Versuche zur Flucht; lange aufs Geratewohl herumtappend, entdeckten wir endlich einen Gang, der, durch den Felsen gehauen, an die Moskwa führte. Durch diesen entkam Napoleon mit seinen

Offizieren und seiner Garde aus dem Kreml. Allein, was war damit gewonnen? Dem Feuer näher gekommen, konnten sie weder zurück, noch an Ort und Stelle bleiben. Wie sollten sie aber vorwärts, und durch dieses Feuermeer schreiten? Diejenigen unter uns, die die Stadt besucht hatten, waren vom Sturme betäubt und dergestalt vom Feuer und der umherfliegenden Asche erblindet, daß sie sich nicht mehr zu finden wußten, zumal da die Richtung der Straßen jeden Augenblick mehr unter Rauch und Trümmern verschwand.

Es galt indessen Eile, die Flammen brausten immer stärker, eine einzige Straße, eng und krumm und schon im Feuer stehend, blieb uns noch offen, schien aber mehr nach als aus der Hölle zu führen. Der Kaiser betrat zu Fuß und ohne zu straucheln die gefahrvolle Straße. Unter dem Knistern der Feuerbrände, dem Krachen der einstürzenden Gewölbe, herabfallender Sparren und glühender, eiserner Dächer schritt er vorwärts, durch die Trümmer zuweilen aufgehalten. Die Flammen, die rechts und links von ihm unter heftigem Geprassel die Häuser verzehrten und über die Firste hinaufschlugen, wölbten sich, jetzt vom Winde gefaßt, über unsern Köpfen. Wir gingen auf einem brennenden Boden zwischen zwei Feuerwänden und hatten ein Feuergewölbe über uns. Eine durchdringende Hitze verbrannte uns die Augen, und doch mußten wir sie der Gefahr wegen offen behalten. Eine glühende Luft, glimmende Asche, zurückgeworfene Flammen erschwerten unsern kurzen, trockenen, keuchenden und beinahe schon durch den Rauch allein erstickten Atem. Die Hände brannten uns, indem wir damit das Gesicht vor der unerträglichen Hitze schützen oder die Funken abwehren wollten, die ohne Unterlaß zündend auf unsere Kleider fielen.

In dieser unbeschreiblichen Not, aus der man sich nur durch eine schnelle Flucht retten konnte, blieb plötzlich unser Führer stehen, indem er seiner Sache nicht mehr gewiß war und selbst nicht mehr wußte, wo er sich befand. Und jetzt wäre es wahrscheinlich um unser abenteuerliches Leben geschehen gewesen, wenn nicht die Plünderer des ersten Korps den Kaiser mitten durch die Flammen erkannt hätten und herbeigeeilt wären, um ihn nach den noch rauchenden Trümmern eines schon des Morgens niedergebrannten Stadtviertels zu führen.

In diesem Augenblick begegnete man dem Fürsten von Eckmühl, der, obgleich an der Moskwa verwundet, sich mitten durch die Flammen tragen ließ, um den Kaiser zu retten oder mit ihm zu sterben. In seiner Freude warf er sich in die Arme des Kaisers, der ihn zwar gut, aber doch mit der Ruhe aufnahm, die ihn in der Gefahr nie verließ.

Um vollends aus diesem Gebiete des Schreckens zu kommen, mußte Napoleon erst noch die Spitze eines langen, durch die Brandstätte ziehenden Pulvertransports gewinnen. Das war zwar nicht die kleinste, jedoch für heute die letzte seiner bestandenen Gefahren; mit sinkender Nacht langten wir in Petrowsky an.

Den nächsten Morgen, am 17. September, warf Napoleon seine ersten Blicke auf Moskau in der Hoffnung, daß sich der Brand etwas gelegt haben werde; allein er sah ihn noch in seiner vollen Wut: die ganze Stadt erschien ihm als eine ungeheure Feuerhose*, die sich wirbelnd bis zum Himmel schwang und diesen hochrot färbte. In diesen schrecklichen Anblick versunken, brach er ein langes und tiefes Stillschweigen mit dem Ausrufe: »Dies verkündet uns großes Unglück!«

Für die Eroberung von Moskau hatte er alle seine Hilfsmittel verbraucht; Moskau war das einzige Ziel seines Strebens und seiner Hoffnungen gewesen, und jetzt verschwindet dieses Moskau unter seinen Augen von der Erde. Was soll er nun tun? Eine Frage, die der sonst so entschlossene Mann sich nicht zu beantworten weiß. Er, der im Jahre 1805 eine mit großen Kosten vorbereitete Landung plötzlich und gänzlich aufgegeben und von Boulogne aus die Überraschung und Zernichtung der österreichischen Armee, endlich alle Märsche dieses Feldzugs bis nach München geradeso vorgeschrieben hat, wie sie ausgeführt wurden[12]; er, der im Jahre darauf von Paris aus mit derselben Unfehlbarkeit alle Bewegungen seiner Armee bis zum Einmarsche nach Berlin, selbst den Gouverneur dieser Hauptstadt im voraus bestimmt hat, ist jetzt selbst hinwiederum in Verlegenheit gesetzt und unschlüssig geworden; er, der seine kühnsten Entwürfe auch seinen vertrautesten Ministern nie früher als mit dem Befehl, sie zu vollziehen, eröffnet hat, ist jetzt im Fall, sich Rat holen, die physischen und moralischen Kräfte seiner Umgebung in Anspruch nehmen zu müssen.

Um aber dabei dieselben Formen beizubehalten, erklärt er, daß er nach Petersburg marschieren wolle.

* Analoge Wortbildung zu ›Windhose‹: ein von Wirbel und Sog begleiteter Feuerorkan.

Schon ist dieser neue Feldzug in die bis dahin so prophetische Karte eingetragen und der Befehl an die verschiedenen Korps gegeben, sich marschfertig zu halten. Aber dies ist nicht ernstlich gemeint: er will nur eine bessere Fassung zeigen und seinen Schmerz über den Verlust von Moskau lindern. Berthier, besonders aber Bessières, überzeugen ihn bald, daß Zeit, Lebensmittel, Wege, mit einem Wort, daß alles ihm zu einer so großen Unternehmung fehle.

In demselben Augenblick erfährt er, daß Kutusow seine erste Richtung nach Osten verlassen, sich nach dem Süden gewendet und seine Stellung zwischen Moskau und Kaluga genommen habe. Dies ist ein Beweggrund mehr, die Operation nach Petersburg aufzugeben. Wenn man dagegen auf die geschlagene Armee losging, um sie vollends aufzureiben, so erreichte man einen dreifachen Zweck: unsere rechte Flanke und unsere Operationslinie ward dadurch gesichert, wir kamen in den Besitz von Tula und Kaluga, des Zeughauses von Rußland; wir eröffneten uns endlich eine neue, sichere, kurze und noch ganz unversehrte Rückzugsstraße nach Smolensk und Litauen.

Jemand schlug vor, nach Witebsk umzukehren und sich auf Wittgenstein zu werfen. Napoleon konnte über alle diese Pläne nicht mit sich einig werden. Die Eroberung von Petersburg allein sagte seinem Stolze zu. Alle übrigen dünkten ihm nur ein modifizierter Rückzug, das Geständnis eines begangenen Fehlers zu sein. Entweder aus Stolz oder aus Politik, die nicht gefehlt haben will, verwirft er alle.

Wo sollte er übrigens auch im Fall eines Rückzugs anhalten, da er, im Vertrauen auf den Abschluß des Friedens, in Moskau nicht einmal Vorkehrungen getroffen hatte, um in Litauen Winterquartiere beziehen zu können? Kaluga zog ihn nicht an. Warum neue Provinzen verheeren? Es ist denn doch besser, sie nur zu bedrohen, und den Russen etwas zu lassen, was sie verlieren können, um sie dadurch desto eher zu einem rettenden Frieden zu bewegen. Kann er sich wohl noch auf eine Schlacht und auf neue Eroberungen einlassen, ohne eine Operationslinie zu entblößen, die mit Kranken, Nachzüglern, mit Verwundeten und Zufuhren aller Art bedeckt ist? Moskau ist der große Sammelplatz für alles dies; wie ihn ändern, welch anderer Name würde eine Anziehungskraft ausüben? Wie soll er endlich eine Hoffnung aufgeben, der er so viele Opfer gebracht hat, nachdem sein Schreiben an Alexander bereits durch die russischen Vorposten gekommen ist, und er in acht Tagen Antwort darauf erhalten kann? Soviel Zeit braucht er ohnehin, um seine Armee wieder zu sammeln und instand zu setzen, um die Überbleibsel von Moskau einzuernten, dessen Plünderung durch das Abbrennen gesetzlich geworden, und um endlich seine Soldaten von diesem großen Jägerrecht nach und nach abzuziehen.

Indessen ist kaum noch der dritte Teil dieser Armee und dieser Hauptstadt vorhanden. Allein er und der Kreml sind noch da. Sein Ruf ist noch unverletzt, und er überredet sich, daß die beiden großen Namen: Napoleon und Moskau, hinreichen werden, um alles zu vollenden. Sonach entschließt er sich wieder, nach dem Kreml zurückzukehren, der unglücklicherweise durch ein Bataillon seiner Garde war erhalten worden.

VIERUNDVIERZIGSTES KAPITEL

Napoleon beschließt, in den Kreml zurückzukehren – die Lage in der verbrannten Stadt – allgemeine Plünderung – Auflösung der Manneszucht – Napoleon sucht die Ordnung wiederherzustellen – Bemerkungen des Verfassers.

Die verschiedenen Lager, durch die der Kaiser seinen Weg nahm, gewährten einen sonderbaren Anblick. Mitten auf dem durchweichten Felde waren große Feuer aufgemacht, die mit Mahagoni-Möbeln und vergoldeten Türen und Fensterrahmen unterhalten wurden. Um diese Feuer herum standen auf einer Lage feuchten Strohes, nur durch einige Bretter gegen das Wetter verwahrt, Armsessel und mit Seide überzogene Ruhebetten, auf denen die Offiziere und Soldaten, vom Kot bespritzt und vom Rauch geschwärzt, saßen oder ausgestreckt waren. Zu ihren Füßen lagen Kaschmir-Schals ausgebreitet oder in Ballen, das seltenste sibirische Pelzwerk, persische Goldstoffe, Geschirr von Silber, aus denen sie nichts zu essen hatten als einen schwarzen Teig, in der Asche gebacken, und halbgeröstetes, noch blutiges Pferdefleisch. Seltsame Verschwisterung von Überfluß und Mangel, von Reichtum und Schmutz, von Luxus und Elend!

Zwischen den Lagern und der Stadt traf man ganze Schwärme von Soldaten, ihre Beute schleppend oder mit dem Raub ihrer Hauptstadt beladene russische Bauern wie Lasttiere vor sich hertreibend; denn der Brand hatte zwanzigtausend Einwohner ans

Licht gezogen, die in dieser unermeßlichen Stadt bis dahin nicht bemerkt worden waren.

Mehrere dieser Moskowiter, sowohl Männer als Weiber, schienen wohlgekleidet; es waren Kaufleute. Sie flüchteten sich mit den Trümmern ihres Vermögens zu unsern Feuern, wo sie mitten unter unsern Soldaten lebten, von einigen derselben in Schutz genommen oder doch wenigstens geduldet, von andern kaum bemerkt wurden.

Es war derselbe Fall mit etwa zehntausend feindlichen Soldaten, die sich mehrere Tage, zum Teil noch bewaffnet, unter uns herumtrieben. Unsere Soldaten sahen diese Besiegten ohne alle Erbitterung und dachten gar nicht daran, sie gefangenzunehmen, sei es, weil sie glaubten, der Krieg sei hier zu Ende, sei es aus Sorglosigkeit oder Mitleid, oder weil der Franzose überhaupt nur im Gefechte Feinde kennen will. Sie ließen sie zu ihrem Feuer und duldeten sie sogar als Gefährten bei der Plünderung. Erst als die Unordnung etwas nachließ, oder vielmehr, als die Kommandeure anfingen, das Beutemachen als ein regelmäßiges Geschäft betreiben zu lassen, fiel diese große Menge russischer Nachzügler auf. Jetzt befahl man, sie zu greifen; es waren jedoch schon sieben- bis achttausend Mann entkommen, und wir hatten sie bald wieder in den feindlichen Reihen zu bekämpfen.

Als er in die Stadt kam, ward der Kaiser durch einen noch seltsameren Anblick überrascht: von dem großen Moskau waren nur einzelne Häuser unter den Ruinen stehengeblieben; von diesem zerstörten und verbrannten Koloß ging ein sehr unangenehmer Geruch aus; große Haufen von Asche, Stücke von Mauern, halbeingestürzte Pfeiler bezeichneten allein noch die Spuren der Straßen. In den Vorstädten sah man viele russische Männer und Weiber in halbverbrannten Kleidern. Wie Gespenster wandelten sie unter diesen Trümmern oder in den Gärten, wo einige die Erde aufscharrten, um etwas Gemüse zu finden, andere den Krähen die Reste toter Tiere streitig machten, die von der Armee waren zurückgelassen worden. Etwas weiter von da sprangen einige in die Moskwa, um das Getreide, das Rostopschin hinein hatte werfen lassen, herauszuholen und – so sauer und verdorben es auch war – ohne Zubereitung zu verschlingen.

Indessen hatte der Anblick der Beute in denjenigen Lagern, wo es noch an allem fehlte, die Soldaten aufgereizt, die, entweder durch den Dienst oder durch strengere Offiziere festgehalten, bei den Fahnen geblieben waren. Sie fingen an zu murren.

Es waren gerade die wackersten und bestgezogenen, die aufbegehrten, und man konnte sie nicht widerlegen. Nachdem man aber aus übertriebener Gewissenhaftigkeit die Plünderung zuerst nicht hatte gebieten wollen, so ließ man dieselbe in der Folge ohne Maß zu, wo dann, von der dringendsten Not getrieben, alles darüber herfiel, selbst die Eliten und sogar Offiziere. Die Befehlshaber sind genötigt, durch die Finger zu sehen; nur die notwendigste Wache bleibt bei den Adlern und Gewehren zurück.

Der Kaiser sieht seine Armee über ganz Moskau ausgegossen. Er kommt in ein Gedränge von Marodeurs, die sich Beute holen wollen oder mit der geholten zurückkehren; lärmende Soldatenhaufen, die sich um die Kellerlöcher oder um die Türen der zunächst vom Feuer bedrohten Paläste, Buden und Kirchen gruppiert haben, um sie zu sprengen, stehen ihm im Wege.

Er wird aufgehalten durch zerbrochene Möbel aller Art, die man aus den Fenstern geworfen hat, um sie vor dem Feuer zu retten, und durch Packen reicher Beute, die man weggeworfen hat, um nach andern zu greifen: denn so sind die Soldaten, sie wollen sich immer von neuem bereichern; erst nehmen sie alles ohne Unterschied weg, beladen sich über die Maßen, als ob sie alles fortschleppen könnten, und sind bald so ermüdet, daß sie nach und nach den größten Teil ihrer Ladung wieder wegwerfen.

Alle Straßen sind dadurch versperrt, die öffentlichen Plätze und die Lager sind zu Märkten geworden, wo jeder hingeht, um seinen Überfluß gegen das, was ihm abgeht, zu vertauschen. Hier werden die kostbarsten Sachen, die ihre Besitzer nicht zu schätzen verstehen, um den geringsten Preis verkauft; andere, von größerem Scheinwert, gehen um einen weit höheren Preis ab. Das Gold, als am leichtesten fortzubringen, wird mit ungeheuerm Verluste gegen Silber eingetauscht, das keinen Platz in den Tornistern gefunden hätte. Überall sieht man Soldaten auf Warenballen, auf Haufen von Zucker und Kaffee, mitten unter den feinsten Weinen und Likören sitzen, die alles dies für ein Stück Brot hergegeben hätten. Andere sind, nach einer langen Entbehrung gänzlich berauscht, in die Flammen geraten, wo sie ihren Tod finden.

Mitten durch diesen Wirrwarr kam Napoleon nach Moskau zurück, wo er die Sache gehen ließ, hoffend, daß seine Armee in diesem Schutthaufen zu etwas gelangen würde. Als er aber erfuhr, daß die Unordnung immer mehr wuchs und daß selbst die alte Garde daran teilnahm, daß die russischen Bauern, die sich mit Lebensmitteln einfanden und die er durch reichliche Bezahlung immer mehr anzulocken suchte, von unsern ausgehungerten Soldaten geplündert wurden; als er hören mußte, daß die verschiedenen Korps, von allem entblößt, im Begriff stünden, sich die Reste von Moskau mit Gewalt streitig zu machen, daß endlich alles, was noch da war, durch diese regellose Plünderung verschleudert werden würde, so gab er die strengsten Befehle und verbot seiner Garde, den Kreml zu verlassen. Die Kirchen, von unserer Reiterei als Obdach benutzt, wurden ihrer Bestimmung zurückgegeben. Das Plündern mußte fortan, wie jeder andere Dienst, nach Plan geschehen, auch dachte man endlich daran, die russischen Deserteure aufzubringen.

Allein es war zu spät. Diese Soldaten hatten die Flucht ergriffen, und die Bauern, scheu gemacht, kamen nicht wieder; viele Lebensmittel wurden verschleudert. Die französische Armee ist mehrmals in diesen Fehler verfallen; diesmal entschuldigt sie der Brand; man mußte eilen, um dem Feuer zuvorzukommen. Es bleibt immer noch merkwürdig, daß auf den ersten Befehl sich alles wieder in die Ordnung gefügt hat.

Einige Schriftsteller, und unter diesen auch französische, haben diesen Schutt aufgewühlt, um Spuren großer Ausschweifungen zutage zu fördern, allein dergleichen fanden nur wenige statt. Die meisten der Unsrigen zeigten sich großmütig gegen die kleine Zahl der Einwohner und gegen die vielen Feinde, auf die sie stießen.

Da seitdem großes Unglück über unsere Krieger gekommen ist, so hat man, wie dies immer zu geschehen pflegt, sich Vorwürfe gegen dieselben erlaubt. Wer weiß aber nicht, daß dergleichen Unordnungen immer die Schattenseite der großen Kriege, gleichsam die Schamteile des Ruhms gewesen sind, daß der Ruf der Eroberer, wie alles in der Welt, seinen Schatten wirft? Kann doch auch das kleinste Wesen von der großen Sonne nicht auf allen Seiten gleichzeitig beleuchtet werden; es ist nur ein Naturgesetz, daß große Körper von großen Schatten begleitet werden.

Im übrigen hat man von den Tugenden wie von den Fehlern dieser Armee mit Übertreibung gesprochen. Es waren die Tugenden und die Laster der Zeit, die, durch das Beispiel und durch die Umstände gleichsam geboten, das Lob oder den Tadel, die ihnen zuteil geworden sind, nicht ganz verdienten. So bewegt sich alles nur in Verhältnissen, bei aller Unwandelbarkeit der Grundsätze, von denen man ausgehen und auf denen man beharren muß. Hier aber handelt es sich zunächst um das Urteil, das man über diese Armee und ihren Feldherrn gefällt hat und das man nur fällen konnte, wenn man sich zugleich in ihre Lage versetzte. Nun ist aber ihre Stellung so erhaben, so außerordentlich und so verwickelt gewesen, daß wenige Geister fähig sein möchten, sich zu derselben aufzuschwingen, sie ganz zu überschauen und nach allen ihren Beziehungen gehörig zu würdigen.

FÜNFUNDVIERZIGSTES KAPITEL

Erwägungen und Stimmungen der Russen – Rede Alexanders – Fanatismus Rostopschins – Reitergefechte Murats – Hoffnungen Napoleons – vergebliches Warten auf eine Botschaft von Kaiser Alexander – Beratung mit den Marschällen – irreale Vorstellungen – Caulaincourt lehnt eine Mission nach Petersburg ab – Lauriston soll nach Petersburg gehen, um Friedensfühler auszustrecken.

Nach der Räumung von Moskau hatte Kutusow den König von Neapel auf der Straße von Colomna bis an den Punkt hinter sich hergezogen, wo dieselbe von der Moskwa durchschnitten wird. Von hier aus war er unter Begünstigung der Nacht schnell südwärts gegangen, um sich über Podol zwischen Moskau und Kaluga zu werfen. Dieser Nachtmarsch der Russen um Moskau, von dem ihnen ein heftiger Sturm Asche und Flammen zuführte, hatte etwas Schauerliches und Religiöses.

Sie marschierten unter dem Leuchten einer Feuersbrunst, die den Mittelpunkt ihres Handels, das Heiligtum ihrer Religion, die Wiege ihres Reiches verzehrte! Voll Entsetzen und Ingrimm beobachteten sie ein düsteres Schweigen, das nur durch den einförmigen und dumpfen Schall ihrer Tritte, durch das Brausen der Flammen und das Geheul des Sturmes unterbrochen wurde. Wenn alsdann aus der düsterroten Glut zuweilen plötzlich bläuliche Blitze aufzuckten, so zeigten sich die Gesichtszüge dieser Krieger krampfhaft vom Schmerze verzerrt, und das Feuer ihrer düstern und drohenden Blicke entsprach demjenigen, das sie für unser Werk hielten, und verriet schon jene wilde Rachsucht, die in ihrem Herzen glomm, sich durch das ganze Reich verbreitet und so vielen Franzosen den Untergang gebracht hat.

In einem dieser feierlichen Augenblicke meldete Kutusow in einem edlen und festen Tone seinem Herrn die Zerstörung seiner Hauptstadt. Er erklärte ihm, daß er, um die kornreichen Provinzen des Südens zu decken und seine Verbindung mit Tormasow und Tschitschakow herzustellen, genötigt worden sei, Moskau dem Feinde zu überlassen; aber geräumt von der Bevölkerung, die es belebte; daß das Volk überall die Seele des Reiches sei, daß, wo immer das russische Volk sich befinde, auch Moskau und das ganze russische Reich gegenwärtig sei.

Jetzt scheint er unter seinem Schmerze zu erliegen, indem er gesteht, daß diese Wunde tief und unvertilgbar sein werde; aber bald ermannt er sich wieder und sagt, nach dem Verluste von Moskau sei eben nur eine Stadt weniger in Rußland; der Verlust derselben sei zur Rettung des Ganzen nötig gewesen. Er stehe jetzt in der Flanke der langen Operationslinie des Feindes, die er durch seine abgesandten Korps gleichsam blockiere; er werde von hier aus alle Bewegungen des Feindes beobachten, die Hilfsquellen des Reiches decken und seine Armee ergänzen. Schon jetzt (am 16. September) verkündet er, daß Napoleon bald gezwungen sein werde, seine ihm verderblich gewordene Eroberung wieder aufzugeben.

Alexander soll diese Kunde in großer Bestürzung vernommen haben. Napoleon hoffte, die Russen fürchteten alles von der Schwäche dieses Fürsten; beide hatten unrecht. Der Zar zeigt sich so groß wie sein Unglück. Er spricht zu seinem Volke: »Weg mit jeder kleinmütigen Verzagtheit! Schwören wir, unsern Mut und unsere Standhaftigkeit zu verdoppeln. Der Feind ist in dem verlassenen Moskau wie in einem Grabe, ohne alle Mittel der Gewalt und selbst der Existenz.

Er, der mit einer Armee von dreihunderttausend Mann, die, in allen Ländern aufgerafft, durch kein Band der Nationalität oder der Religion zusammengehalten werden, nach Rußland gekommen ist, hat bereits die Hälfte davon durch das Schwert, den Hunger und die Desertion verloren und nur die Trümmer seiner Armee nach Moskau gebracht; dort, im Herzen von Rußland, sieht er keinen Russen zu seinen Füßen liegen.

Indessen mehren sich mit jedem Tag unsere Streitkräfte und schließen ihn ein. Mitten unter einem mächtigen Volke, von Armeen umgeben, die ihn aufhalten und erwarten, wird er bald, um dem Hunger zu entgehen, sich durch die dicht geschlossenen Reihen unserer tapferen Krieger Bahn brechen müssen. Sollten wir nun an uns selbst verzweifeln, wenn ganz Europa uns durch seine Blicke ermutigt? Geben wir ein Beispiel und segnen wir die Hand, die uns zu Vorfechtern für die Sache der Tugend und der Freiheit auserwählt hat!« Er schloß mit einer Anrufung des Allmächtigen.

Die Russen reden auf verschiedene Weise von ihrem Feldherrn und ihrem Kaiser. Wir als Feinde können nur nach Tatsachen urteilen und müssen bekennen, daß ihre Handlungen ihren Worten entsprochen haben. Lassen wir ihnen Gerechtigkeit widerfahren, meine Kriegsgefährten! Ihr Opfer war vollkommen, ohne Vorbehalt und ohne Reue.

Seitdem haben sie keine Entschädigung verlangt, auch nicht, als sie in der Hauptstadt ihrer Feinde geboten und dieselbe in Schutz genommen haben. Dadurch ist ihnen ein großer und unbefleckter Ruf zuteil geworden, und man muß gestehen, daß sie die wahre Ehre erkannt haben. Dereinst durch eine weiter vorgerückte Zivilisation ausgebildet, wird auch dieses zahlreiche Volk sein Jahrhundert der Größe haben und das Zepter des Ruhmes führen, das, wie es scheint, nach und nach von einer Nation auf die andere übergehen soll.

Durch die aus List oder aus Unschlüssigkeit veränderte Richtung seines Marsches hatte sich Kutusow der Verfolgung von Murat während drei voller Tage entzogen und benutzte jetzt diese, um sein Terrain zu studieren und zu verschanzen. Als sein Vortrab eben im Begriff war, Woronowo, eine der schönsten Besitzungen des Grafen Rostopschin, zu erreichen, ging dieser Gouverneur dahin voraus, um, wie die Russen glaubten, seinen Herd zum letztenmal zu sehen; diese waren daher sehr überrascht, als dieses Gebäude vor ihren Augen plötzlich im Rauche verschwand.

Sie wollen den Brand löschen, werden aber von Rostopschin zurückgewiesen, der selbst das Feuer anschürt, bei dem Einsturze des Prachtgebäudes lächelt und dann mit fester Hand auf die eiserne Tür der unversehrt gebliebenen Kirche folgende, den Franzosen schreckliche Worte schreibt: »Ich habe acht Jahre lang meine Freude daran gehabt, diesen Landsitz zu verschönern, und hier glücklich im Schoße meiner Familie gelebt. Franzosen! Eintausendsiebenhundert Einwohner verlassen bei eurer Ankunft ihren Herd, und ich stecke mein Haus in Brand, damit es nicht durch eure Gegenwart besudelt werde. Ich habe euch meine beiden Häuser in Moskau mit einer Ausstattung von einer halben

Million preisgegeben, auch hier sollt ihr nur einen Aschenhaufen finden!«

Nicht weit von hier holte Murat Kutusow wieder ein und hatte am 29. September bei Czerigowo und am 4. Oktober bei Winkowo ein sehr lebhaftes Reitergefecht zu bestehen. Miloradowitsch, zu sehr von ihm gedrängt, kehrte in voller Wut um und fiel mit zwölftausend Pferden auf Sebastiani, der dadurch in so große Gefahr geriet, daß Murat mitten im Feuer ein Schreiben an Kutusow diktierte, worin er einen Waffenstillstand vorschlug und ihm, da man gerade Lauriston erwartete, die Ankunft eines Parlamentärs verkündete; da er jedoch in diesem Augenblicke sich durch die Ankunft von Poniatowsky verstärkt sah, so ließ er dieses Schreiben nicht abgehen, sondern setzte das Gefecht bis in die Nacht fort und warf endlich Miloradowitsch zurück.

Indes hatte das in der Nacht vom 14. auf den 15. September zuerst entstandene, am 15. durch unsere Anstrengungen gedämpfte, in der folgenden Nacht wieder angefachte und den 16., 17. und 18. am heftigsten gewordene Feuer am 19. wieder nachgelassen und am 20. ganz aufgehört. An demselben Tage war Napoleon wieder in den Palast der Zare zurückgekehrt. Die Aufmerksamkeit von Europa fesselnd, will er dort seine Zufuhren, seine Verstärkungen und seine Nachzügler erwarten, überzeugt, daß alle die Seinigen durch seinen Sieg, durch die reiche Beute, durch eine so unerhörte Eroberung, besonders aber durch ihn werden angezogen werden, dessen Ruhm auf dieser großen Ruine wie ein Leuchtturm auf einer Klippe erglänzen mußte.

Zweimal jedoch (am 22. und 28. September) wird er durch die Meldungen Murats, die eine Schlacht verkündeten, versucht, diesen verhängnisvollen Aufenthalt zu verlassen; zweimal waren die Marschbefehle niedergeschrieben und wieder verbrannt worden. Es schien, als sei der Krieg für unsern Kaiser schon beendigt, und als erwarte er nur noch eine Antwort von Petersburg. Er stärkte seine Hoffnung durch die Erinnerungen an Tilsit und Erfurt. Sollte er denn in Moskau weniger über Alexander vermögen als damals? Übrigens ging es ihm wie allen Menschen, die durch das Glück verwöhnt sind: was sie wünschen, hoffen sie.

Und dann hat sein Geist die große Fähigkeit, seinen Ideengang nach Gefallen zu unterbrechen, entweder denselben zu verändern oder auch nur auszuruhen; denn sein Wille ist stärker als seine Einbildungskraft; in diesem Stücke herrscht er ebensosehr über sich als über andere.

Jetzt vergißt er Petersburg über Paris. Seine angewachsenen Geschäfte und die in den ersten Tagen ohne Unterlaß eintreffenden Kuriere ziehen ihn an. Aber die Schnelligkeit, mit der er arbeitet, hat den Stoff zu seiner Beschäftigung bald erschöpft, und die Stafetten, die anfangs in vierzehn Tagen aus Frankreich ihm zukamen, bleiben nach und nach länger aus. Einige in vier eingeäscherten Städten und in wenigen schlecht palisadierten hölzernen Gebäuden aufgestellte Militär-Posten konnten eine Straße von Polen bis Moskau nicht wohl decken; auf dieser langen Leiter waren der Sprossen zu wenige. Diese zu sehr verlängerte Operationslinie mußte brechen, wo immer der Feind sie berührte; Bauern, mit Kosaken untermischt, waren dazu schon hinreichend.

Indessen ist von Alexander noch keine Antwort gekommen. Napoleon wird unruhiger, während der Mittel zu seiner Zerstreuung weniger werden. Sein tätiger Geist, gewöhnt, sich mit ganz Europa zu befassen, ist auf die Administration einer Armee von hunderttausend Mann beschränkt, und die Organisation dieser Armee ist noch obendrein so vollkommen, daß sie fast keine Beschäftigung mehr gewährt. Alles hat darin seinen bestimmten Gang, und alle Fäden vereinigen sich in seiner Hand. Er hat Diener um sich, die ihm auf der Stelle und zu jeder Stunde des Tages über jeden einzelnen Mann Auskunft geben können, derselbe mag nun auf der Strecke von Moskau bis Paris isoliert sein oder bei den Fahnen oder im Spital sich befinden. So ausgebildet war damals das Fach der Militär-Verwaltung, so geübt und gut gewählt der Beamte, so genau die Aufsicht.

Aber schon sind elf Tage verstrichen, und Alexander schweigt immer noch! Und Napoleon, hoffend, seinen Gegner an Beharrlichkeit zu überbieten, verliert eine Zeit, die er hätte benutzen sollen, und die immer demjenigen zustatten kommt, der sich eines Angriffs zu versehen hat.

Von nun an will er die Russen, noch stärker als vordem zu Witebsk, überzeugen, daß ihr mächtigster Feind sich im Herzen ihres Reiches festzusetzen gesonnen sei. Das eingeäscherte Moskau erhält einen Intendanten und Stadträte. Es wird Befehl erteilt, sich mit Lebensmitteln auf den Winter zu versehen. Mitten unter den Ruinen erhebt sich ein Theater. Die ersten Pariser Schauspieler sind, wie man sagt, berufen, ein italienischer Sänger bemüht sich, die Abende von Paris nach dem Kreml zu versetzen. Napoleon meint damit eine Regierung irrezuführen, die, gewohnt, über ein unwissendes, in Irrtümern befangenes Volk zu herrschen, mit allen Künsten der Täuschung vertraut ist.

Er selbst fühlt die Unzulänglichkeit dieser Mittel, doch ist der September schon vorüber, und der Oktober beginnt, und Alexander hat ihn noch keiner Antwort gewürdigt! Das ist eine Beleidigung, über die er sich entrüstet. Am 3. Oktober, nach einer unruhigen, im Zorne durchwachten Nacht, entbietet er seine Marschälle zu sich. »Treten Sie ein«, sagt er zu ihnen, sobald er sie gewahr wird, »und hören Sie, welchen neuen Plan ich entworfen habe; lesen Sie, Prinz Eugen!« Sie hören: »Man muß Moskau vollends einäschern, über Twer nach Petersburg marschieren, wo sich Macdonald mit uns vereinigen wird! Murat und Davoust machen den Nachtrab!«, und der Kaiser, ganz belebt, heftet jetzt seine funkelnden Augen auf seine Generäle, deren kalte und schweigende Miene nur Erstaunen ausdrückt.

Dann, sich selbst begeisternd, um hinwiederum zu begeistern, fährt er fort: »Wie, meine Herren! Warum läßt Sie dieser Gedanke so kalt? Ist wohl je von einer größern Waffentat gehört worden? Fortan ist diese Eroberung allein unserer würdig! Welcher Ruhm für uns! Was wird die ganze Welt sagen, wenn sie hören wird, daß wir in Zeit von drei Monaten die zwei Hauptstädte des Nordens erobert haben?«

Aber Davoust und Daru berufen sich dagegen auf die vorgerückte Jahreszeit, den Mangel an Lebensmitteln, die unfruchtbare, verödete, künstliche Straße von Twer nach Petersburg, die hundert Stunden weit durch einen Morast führt und von dreihundert Bauern in einem Tage ganz gesperrt werden kann. Warum sich noch mehr in den Norden vertiefen, dem Winter entgegengehen, ihn herausfordern, ihm trotzen, da man ihm schon nahe genug sei? Was dann aus den sechstausend Verwundeten in Moskau werden solle: ob man sie an Kutusow überlassen wolle? Dieser würde der Armee auf den Fersen folgen! Man werde zu gleicher Zeit angreifen und sich verteidigen und fliehend zu einer Eroberung vorrücken müssen!

Diese Marschälle wollen hierauf andere Pläne vorschlagen; eine vergebliche Mühe bei einem Fürsten, dessen Genie der Einbildungskraft aller andern Menschen voraneilte, und der sich durch dergleichen Einwürfe von dem Marsche nach Petersburg nicht hätte abhalten lassen, wenn es ihm damit ernst gewesen wäre. Doch dieser Gedanke war nur im Zorne hingeworfen; ein Einfall der Verzweiflung, die er fühlte, als er sich genötigt sah, im Angesichte von Europa nachzugeben, seine Eroberung fahrenzulassen und den Rückweg einzuschlagen.

Er wollte durch diese Drohung besonders die Seinigen wie die Feinde in Schrecken setzen und eine Unterhandlung, die Caulaincourt anknüpfen sollte, einleiten und basieren. Dieser Groß-Offizier hatte Alexander gefallen und war unter den Großen des Hofes von Napoleon der einzige, der etwas über seinen Gegner vermochte. Aber seit einigen Monaten genoß er nicht mehr das frühere Vertrauen Napoleons, weil er den russischen Krieg nicht hatte gutheißen wollen.[13]

Zu ihm nun mußte Napoleon an diesem Tage seine Zuflucht nehmen und ihm seine Besorgnisse mitteilen. Er beruft ihn zu sich, gerät aber ihm gegenüber in einige Verlegenheit. Er geht eine Zeitlang hastig auf und ab und kann aus Stolz den Anfang nicht finden. Endlich muß es doch heraus: er will, daß man ihn um Frieden bitte, als ob er ihn zu geben hätte.

Nach einigen kaum verständlichen Worten sagt er: er stehe im Begriff nach Petersburg zu marschieren und wisse wohl, daß die Zerstörung dieser Hauptstadt seinem Großstallmeister Kummer machen werde. Rußland würde sich darüber gegen den Kaiser Alexander empören, eine Verschwörung würde ausbrechen und diesem Fürsten das Leben kosten, was allerdings ein großes Unglück wäre. Er schätze diesen Fürsten und würde ihn bedauern, sowohl um seiner selbst als um Frankreichs willen, da sein Charakter unsern Interessen zusage; kein anderer Fürst würde ihn auf eine vorteilhafte Weise für uns ersetzen. Um daher eine solche Katastrophe zu verhindern, sei er gesonnen, Caulaincourt an ihn zu schicken.

Allein der Herzog von Vicenza, mehr zum Starrsinn als zur Schmeichelei geneigt, ändert seine Sprache nicht und behauptet: diese Eröffnung würde zu nichts führen und Kaiser Alexander auf keinen Vorschlag hören, solange der russische Boden nicht ganz geräumt wäre; Rußland fühle in dieser Jahreszeit seinen ganzen Vorteil; ein solcher Schritt würde sogar nachteilig sein, insofern dadurch an den Tag käme, wie sehr Napoleon des Friedens bedürfe und in welcher Verlegenheit er sich befinde.

Er fügte noch hinzu: je auffallender die Wahl des Unterhändlers sei, desto mehr Besorgnis würde dadurch verraten. Er sei also weniger als irgendein anderer imstande etwas auszurichten, zumal da er diese Überzeugung mit sich bringen würde. Der Kaiser brach dieses Gespräch schnell mit den Worten ab: »Gut, so werde ich Lauriston schicken.«

Dieser will die angeführten Einwürfe, noch durch neue unterstützt und vom Kaiser aufgefordert, seine Meinung dahin geäußert haben, daß man noch an demselben Tage den Rückzug über Kaluga antreten müsse. Napoleon, darüber aufgebracht, erwiderte mit Bitterkeit, er liebe die einfachen Pläne, die kürzesten Straßen, die großen Heerstraßen, diejenige, auf der er gekommen sei, die er aber erst nach wiederhergestelltem Frieden einschlagen wolle. Hierauf zeigte er ihm, wie früher dem Herzog von Vicenza, den Brief, den er soeben an Alexander geschrieben hatte, und befahl ihm, sich zu Kutusow zu begeben und von ihm sicheres Geleit nach Petersburg zu verlangen.

Die letzten Worte des Kaisers an Lauriston waren: »Ich will den Frieden, ich muß ihn durchaus haben; retten Sie nur die Ehre!«

SECHSUNDVIERZIGSTES KAPITEL

Die Russen dupieren Lauriston, Murat und Napoleon – Waffenstillstand an den Fronten, nicht an den Flanken – wertvolle Zeit geht verloren, und die Lage der Franzosen verschlechtert sich weiter – Warnungen vor dem Winter – Napoleons Entschlußlosigkeit.

Der General reist ab und kommt am 5. Oktober auf den Vorposten an, wo sogleich die Feindseligkeiten eingestellt und ihm eine Unterredung bewilligt werden, bei der sich an der Stelle von Kutusow Bennigsen und Wolkonsky, Alexanders Adjutant, einfinden. General Kutusow hatte es nicht gewagt, sich aus dem Lager zu entfernen, weil sowohl Generäle als Offiziere über Verräterei geschrien und ihren Chef der Schwäche beschuldigt hätten.

Da Lauriston nach der ihm gewordenen Weisung sich nur an Kutusow wenden durfte, so verwarf er trotzig jede vermittelte Mitteilung und trat, ungeachtet aller Vorstellungen von Wolkonsky, ab, um nach Moskau zurückzukehren und so eine Unterhandlung abzubrechen, die er nicht billigen konnte. Wäre er wirklich zurückgekehrt, so würde Napoleon ohne Zweifel die noch unvollständige Armee von Kutusow rasch angegriffen, dieselbe aufs Haupt geschlagen und dadurch den Frieden erzwungen, wenigstens aber ohne große Opfer seinen Rückzug auf seine Verstärkungen gesichert haben.

Unglücklicherweise beeilte sich Bennigsen, bei Murat eine Unterredung nachzusuchen. Lauriston blieb deswegen noch. Der Chef des russischen Generalstabs, der sich besser auf Unterhandlungen als auf Schlachten verstand, gab sich alle Mühe, diesen neuen König durch ehrerbietige Formen zu bezaubern, durch Lobeserhebungen zu bestechen und durch heuchlerische, die Mühsale des Krieges verwünschende Worte des Friedens zu berücken. Und Murat, müde der Schlachten, besorgt über deren Ausgang und, wie es heißt, nach seinem Throne sich sehnend, weil er keinen bessern mehr zu hoffen hatte, ließ sich bezaubern, bestechen und berücken.

Er bewog Lauriston, in das russische Lager zurückzukehren, wo Kutusow ihn um Mitternacht erwartete. Diese Zusammenkunft begann auf eine unangenehme Weise, weil Bennigsen und Wolkonsky auch dabei sein wollten. Der französische General, den dies verdroß, verlangte, daß sie sich entfernen sollten, was dann auch geschah.

Sobald Lauriston mit Kutusow allein war, eröffnete er ihm den Grund und Zweck seiner Sendung und bat um sicheres Geleit nach Petersburg. Der russische General antwortete ihm, es stehe dies nicht in seiner Macht, das Schreiben könne aber durch Wolkonsky bestellt werden, und bis dieser Adjutant wieder zurück sei ein Waffenstillstand stattfinden. Er begleitete diese Worte mit Friedensversicherungen, die nachher von allen seinen Generälen wiederholt wurden.

Alle hatten – wie sie sagten – genug an diesem zwecklosen Kriege. Die beiderseitigen Nationen, wie ihre Kaiser, sollten sich achten, lieben und sich miteinander verbünden; sie hätten keinen andern Wunsch, als daß ein schleuniger Friede von Petersburg kommen möchte; Wolkonsky könne sich niemals genug beeilen. Sie drängten sich um Lauriston, zogen ihn beiseite, faßten ihn bei den Händen und überhäuften ihn mit Liebkosungen nach asiatischer Sitte.

Es zeigte sich bald, daß sie es besonders darauf anlegten, Murat und seinen Kaiser zum besten zu haben, was ihnen auch gelungen ist.

Napoleon war über alle diese Details entzückt. Gläubig aus Hoffnung, vielleicht auch aus Verzweiflung, hascht er begierig nach diesem Schein. Um sich von einem drückenden Gefühle zu befreien, sucht er sich durch die Äußerung einer überströmenden Freude zu betäuben. Triumphierend verkündet er seinen versammelten Generälen den baldigen Frieden, vierzehn Tage werden dazu hinreichen! Er allein hat die Russen gekannt; die Ankunft seines Briefes wird in Petersburg durch Freudenfeuer bezeichnet werden.

Dieser Waffenstillstand hatte das eigene, daß jeder Teil, um ihn wieder aufzuheben, denselben nur drei Stunden vorher aufkünden durfte; er galt nur auf der Front, nicht in den Flanken der beiderseitigen Lager, denn so legten wenigstens die Russen denselben aus. Man konnte weder eine Zufuhr beziehen noch auf Fouragierung ausgehen, ohne ein Gefecht zu bestehen, so daß der Krieg überall fortdauerte, nur auf dem Punkte nicht, wo er zu unserm Vorteile hätte geführt werden können.

In den ersten Tagen des Waffenstillstandes fand Murat Gefallen daran, sich bei den feindlichen Vorposten zu zeigen, wo er durch sein stattliches Aussehen, durch den Ruf seiner Bravour und durch seinen Rang aller Blicke auf sich zog. Die russischen Befehlshaber hüteten sich sehr, ihm etwas in den Weg zu legen. Sie bewiesen ihm im Gegenteil jede Aufmerksamkeit, die geeignet war, ihn in seinem Wahne zu bestärken. Er durfte den russischen Vedetten wie den französischen gebieten, und wenn irgendein Teil des Terrains ihm anständig war, so beeilte man sich, ihm denselben abzutreten.

Einige Kosakenführer gingen soweit, Begeisterung für ihn zu heucheln und zu erklären, daß sie nur den für ihren Kaiser erkennten, der in Moskau geböte, so daß Murat einen Augenblick glaubte, sie würden sich nicht mehr gegen ihn schlagen. Er ging noch weiter, so daß Napoleon bei Lesung seiner Briefe ausrief: »Was! Murat Kosaken-König! Welche Torheit!« Der Kaiser, den man nicht wohl hintergehen konnte, genoß nur wenige Augenblicke einer erkünstelten Freude. Er beklagte sich gar bald, daß ein neckender Kleinkrieg ihn umschwärme und trotz aller Friedensversicherungen Kosaken-Banden in seinem Rücken und seinen Flanken ihr Unwesen trieben. Waren doch hundertfünfzig Dragoner seiner alten Garde von ihnen überfallen, niedergemacht und ihr Offizier gefangengenommen worden; und zwar zwei Tage nach geschlossenem Waffenstillstande, auf der Straße von Mojaisk, seiner Operationslinie, durch welche die Armee mit ihren Magazinen, ihren Verstärkungen, ihren Depots, er selbst aber mit dem übrigen Europa in Verbindung stand.

Auf derselben Straße waren auch zwei beträchtliche Convoys* dem Feinde in die Hände gefallen; der eine durch die Nachlässigkeit seines Führers, der sich aus Verzweiflung selbst entleibte; der andere durch die Feigheit eines Offiziers, der gerade seine Strafe erleiden sollte, als der Rückzug begann, und also nur durch den Untergang der Armee gerettet ward.

Unsere Soldaten, und besonders unsere Reiter, mußten alle Morgen weit ins Land hineinstreifen, um sich ihre Nahrung für den Abend und den folgenden Tag zu holen. Da nun die Umgegend von Moskau und Winkowo mit jedem Tage weniger Hilfsquellen darbot, so waren sie genötigt, sich immer weiter zu entfernen. Mannschaft und Pferde kamen erschöpft zurück, wenn sie überhaupt zurückkamen, weil ihnen jedes Maß Korn, jedes Bund Heu streitig gemacht wurde. Es gab nichts als Überfälle, Gefechte und tägliche Verluste. Selbst die Bauern traten als Feinde auf und bestraften diejenigen unter sich mit dem Tode, die sich durch den Gewinn hatten verlocken lassen, Lebensmittel nach unsern Lagern zu bringen. Andere steckten ihre eigenen Dörfer in Brand, um unsere Fourageurs daraus zu verjagen und den herbeigerufenen Kosaken in die Hände zu treiben.

Vereja, ein Städtchen in der Gegend von Moskau, ward gleichfalls durch die Bauern genommen. Einer von ihren Geistlichen soll diesen Handstreich entworfen und ausgeführt haben. Am 10. Oktober vor Tagesanbruch machte er mit bewaffneten Landsleuten und einigen Truppen, die ihm Kutusow überlassen hatte, einen Scheinangriff auf einer Seite, während er auf der andern die Palisaden einriß, in das Städtchen drang und die ganze Besatzung niedermachen ließ.

So war der Krieg überall: vor uns, auf unsern Flanken, in unsrem Rücken; die Armee wurde dadurch täglich geschwächt, und der Feind immer unternehmender.

Murat selbst wird endlich besorgt, da er die Hälfte seiner noch übrigen Reiterei in diesen täglichen Gefechten zugrunde gehen sieht. Auf den Vorposten haben die russischen Offiziere, entweder aus Überdruß über den Krieg oder aus Eitelkeit oder aus übertriebener militärischer Offenherzigkeit, zu den Unsrigen über die Unfälle gesprochen, die ihnen bevorstünden. Sie zeigten uns jene Pferde von wildem Aussehen, die kaum gebändigt sind, und deren lange Mähne auf dem Boden schleift; daraus sollten wir

* bewaffnete Transporte.

schließen, daß ihnen täglich neue Reiterei zuströme, während die unsrige mit jedem Tage abnahm. Das ununterbrochene Gewehrfeuer innerhalb ihres Lagers sollte uns beweisen, daß dort, unter dem Schutze des Waffenstillstandes, täglich eine große Anzahl von Rekruten geübt werde.

Und in der Tat, diese Rekruten blieben nicht aus, so weit sie auch herkommen mochten. Man war diesmal nicht, wie in andern Jahren, genötigt, um ihrer Desertion vorzubeugen, ihre Einlieferung so lange zu verschieben, bis der Schnee alle Wege außer der Hauptstraße unbrauchbar gemacht hatte. Keiner entzog sich dem allgemeinen Aufgebot, ganz Rußland erhob sich.

Diese Russen drückten besonders ihr Erstaunen über die Gleichgültigkeit aus, mit der wir ihren gewaltigen Winter herannahen sahen. Dieser, sagten sie, sei ihr natürlicher Alliierter und der schrecklichste von allen, er werde von ihnen von Augenblick zu Augenblick erwartet. Sie bedauerten uns und beschworen uns zu fliehen. »In vierzehn Tagen«, riefen sie aus, »werden euch die Nägel abfallen, und eure erstarrten und halbtoten Hände das Gewehr nicht mehr fassen können.«

Dem Kaiser blieben diese Warnungen nicht unbekannt, er wies sie aber zurück, um nicht dadurch erschüttert zu werden. Die Unruhe, die ihn aufs neue wieder ergriffen hatte, tat sich durch zornige Befehle kund. Er ließ nun auch aus den Kirchen im Kreml alles dasjenige wegnehmen, was als Siegeszeichen für die Große Armee dienen konnte. Diese Gegenstände, von den Russen selbst der Zerstörung geweiht, gehörten, wie er sagte, den Siegern kraft des doppelten Rechts, das der Sieg und besonders die Brandstiftung gab.

Es kostete viele Zeit und Mühe, das riesenhafte Kreuz vom Turme des Großen Iwan herabzunehmen. Der Kaiser hatte es zu einer Zierde für den Invalidendom zu Paris bestimmt. Das russische Volk knüpfte die Wohlfahrt des Reiches an den Besitz dieses Denkmals. Als während der Arbeit eine Menge Raben dieses Kreuz ohne Unterlaß umkreisten, rief Napoleon, ungeduldig über ihr trauriges Gekrächze, aus: »Scheint es nicht, als wenn diese unheilverkündenden Vögel dasselbe verteidigen wollten!« Man weiß nicht, was er in dieser kritischen Lage alles gedacht haben mag, man wußte nur, daß er für jede Art von Ahnungen empfänglich war.

In seinen täglichen Ausflügen bei dem hellsten Schein der Sonne, in der er seinen Stern erkennen und erkannt wissen wollte, fand er keine Zerstreuung. Zu dem traurigen Schweigen des verödeten Moskau gesellte sich das Schweigen der umgebenden Wüste und das noch drohendere Schweigen des Kaisers Alexander. Der schwache Widerhall der Tritte unserer Soldaten auf diesem weiten Totenacker konnte freilich unsern Kaiser nicht aus dem Traume seines Nachdenkens wecken, ihn nicht seinen grausamen Erinnerungen und seiner noch grausameren Voraussicht entreißen. Besonders peinlich wurden ihm seine Nächte, von denen er einen Teil mit dem Grafen Daru zubrachte. Nur diesem gesteht er das Gefährliche seiner Lage.

Er handelt die verschiedenen Entschlüsse ab, die er noch fassen kann. Man meine, sagt er, er dürfe nur marschieren, bedenke aber nicht, daß zur Erholung seiner Armee und zur Räumung seiner Spitäler wenigstens ein Monat erforderlich sei; daß, wenn er seine Verwundeten zurückließe, die Kosaken mit jedem Tage über seine Kranken und seine Nachzügler triumphieren würden. Wenn er sich zurückziehe, werde er zu fliehen scheinen. Ganz Europa werde von dieser Nachricht ertönen! Dasselbe Europa, das ihn beneidet, das einen Führer sucht, an den es sich anschließe, und das diesen in Alexander wird gefunden zu haben glauben.

Wohl wissend, wie einträglich der Glaube an seine Untrüglichkeit für ihn ist, bebt er vor dem Gedanken zurück, sich selbst dieses Zaubers zu begeben. Wie viele gefährliche Kriege werden auf seinen ersten Rückschritt folgen! Man solle also seine Untätigkeit nicht länger tadeln. »Weiß ich etwa nicht«, setzte er hinzu, »daß Moskau in militärischer Hinsicht nichts taugt? Moskau ist keine militärische, es ist nur eine politische Stellung. Man glaubt, ich sei dort Feldherr, wo ich doch ausschließlich nur Kaiser bin!«

Dann behauptet er, man müsse in der Politik niemals Rückschritte tun und auf das vorige zurückkommen; sich wohl hüten, einen Fehler einzugestehen; dieses bringe um alle Achtung; habe man gefehlt, so müsse man darauf beharren, dadurch behalte man recht.

Darum zeigt er jetzt so viele Beharrlichkeit, die, sonst seine vorzüglichste Eigenschaft, in dem vorliegenden Falle sein größter Fehler ist. Denn mit den politischen Tugenden verhält es sich gerade wie mit den physischen Eigenschaften, die nur einen relativen, mehr in den Umständen als in den Dingen selbst gegründeten Wert haben.

Indessen wird seine Lage immer bedrängter. Er weiß, daß er auf die preußische Armee nicht zählen kann, und eine Warnung an Berthier, von sicherer Hand, benimmt ihm alles Vertrauen auf die österreichische Armee. Er weiß, daß ihn Kutusow hinzuhalten sucht; aber er hat sich so weit eingelassen, daß er weder vor- noch rückwärts, noch stehenbleiben, noch sich mit Ehre und Erfolg schlagen kann. So abwechselnd durch alles, was den Menschen bestimmen und wieder unschlüssig machen kann, fortgetrieben und wieder zurückgehalten, bleibt er auf diesem Aschenhaufen, nicht mehr hoffend und immer noch wünschend.

Sein Stolz, seine Politik und vielleicht auch der Zustand seiner Gesundheit bestimmen ihn, keinen Entschluß, das heißt, den schlimmsten aller Entschlüsse zu fassen, und die Zeit, seinen schlimmsten Feind, walten zu lassen. Daru staunt, wie die andern Großen aus seiner Umgebung, in ihm nicht mehr die rasche, lebendige Entschlossenheit zu finden, die mit den Umständen gleichen Schritt hält. Er weiß sich in diese nicht mehr zu fügen. Die Marschälle schreiben dies seiner angeborenen Beharrlichkeit zu, die, nachdem sie ihn so hoch gehoben hat, auch seinen Fall herbeiführen muß.

SIEBENUNDVIERZIGSTES KAPITEL

Napoleon versucht, sich und seine Umgebung über die wahre Lage zu täuschen – der erste Schnee – niedergedrückte Stimmung des Kaisers – Vorschläge Darus – Stimmung der Russen – zögernde Rückzugsvorbereitungen – Kritik an Berthier – Niederlage Murats – 18. Oktober: die Große Armee verläßt Moskau.

Aber Napoleon übersieht seine ganze Lage. Er glaubt alles verloren, wenn er im Angesicht des überraschten Europas wankt, alles gewonnen, wenn es ihm gelingt, Alexander an Ausdauer zu übertreffen. Er hat genau berechnet, was er noch vermag, um die Standhaftigkeit seines Gegners zu erschüttern. Er weiß, daß mit jedem Tag in Hinsicht auf seine Streitkräfte, auf seine Stellung und auf die Jahreszeit alles für ihn schlimmer wird. Aber er verläßt sich auf die Zauberkraft seines Namens, die ihm bis auf den heutigen Tag die wesentlichsten und treuesten Dienste geleistet hat. Darum versucht er auch jetzt noch, das Vertrauen der Seinigen und seine eigene schwache Hoffnung durch Scheingründe zu stärken.

Das verödete Moskau gewährt ihm allerdings keine Hilfsquelle mehr. Darüber sagt er: es sei dies freilich ein Unglück, aber als solches zu etwas gut; denn wie hätte er sonst in einer so großen Stadt die Ordnung handhaben, eine Bevölkerung von dreihunderttausend Seelen im Zaum halten und sicher im Kreml schlafen können? Sie haben uns nur einen Schutthaufen zurückgelassen; allein er gewährt uns doch einen ruhigen Aufenthalt. Wenn uns Millionen entgehen, so verliert dagegen Rußland Milliarden! Sein Handel ist für ein Jahrhundert dahin, das Volk um fünfzig Jahre zurückgebracht. Ein immer noch großes Resultat! Wenn die erste Hitze verflogen sein wird, muß ein ruhigeres Nachdenken in Schrecken setzen. Da zog er nun den Schluß, daß ein so heftiger Stoß Alexanders Thron erschüttern und diesen Fürsten nötigen werde, um Frieden zu bitten.

Seine verschiedenen Armeekorps musternd, kann er sich mit der kurzen, schnell abgeschrittenen Front seiner geschwächten Bataillons nicht befreunden. Um aber diese Schwäche entweder dem Feinde oder selbst den Seinigen zu verbergen, erklärt er, die bisherige Stellung in drei Gliedern sei ein Fehler gewesen, es genüge an zweien, die er sofort als Regel vorschreibt. Noch mehr, er will sogar, daß die unbestechlichen Bestandslisten sich nach diesem Wahne bequemen, und bestreitet deswegen die Richtigkeit derselben.

Doch klagt Murat so sehr über den schlechten Zustand seines Vortrabs, daß Berthier darüber in Schrecken gerät. Allein Napoleon beruft den Offizier, der die schlimme Botschaft gebracht hat, zu sich, bestürmt ihn mit seinen Fragen, setzt ihn durch seine Blicke in Verlegenheit und zeigt ihm einen solchen Unglauben, daß derselbe seine Aussagen in etwas zu mildern sucht. Napoleon benutzt dies, um Berthier zu beruhigen und ihn zu überzeugen, daß man noch länger zuwarten könne. Der hierauf wieder abgefertigte Offizier aber wird von selbst schon die Nachricht verbreiten, daß der Kaiser unerschütterlich sei, daß er hierzu seine guten Gründe haben, und demnach jeder seine Anstrengungen verdoppeln müsse.

Indessen entsprach die Stimmung der Armee seinen Wünschen. Die meisten Offiziere beharrten in ihrem Vertrauen. Die gemeinen Soldaten, die nur in der Gegenwart lebten, die, von der Zukunft nur wenig erwartend, sich um diese nicht viel bekümmerten, behielten ihre Sorglosigkeit, die köstlichste ihrer Eigenschaften. Freilich wurden die Belohnungen, die ihnen der Kaiser bei seinen täglichen Musterungen bewilligte, nur noch mit einer ernsten, durch Traurigkeit getrübten Freude angenommen. Die erledigten Stellen, in die man vorrückte, waren noch ganz blutig. In diesen Beförderungen lag etwas Drohendes.

Andererseits hatten von Wilna an viele Soldaten ihre wärmeren Kleidungsstücke weggeworfen, um sich mit Lebensmitteln zu beladen. Auf den Märschen hatten sie ihre Fußbekleidung und in den Gefechten und Biwaks ihre übrige Bedeckung abgenutzt. Bei alledem blieb jedoch ihre Haltung noch stolz! Sie verbargen ihre Blöße sorgfältig vor ihrem Kaiser und schmückten sich mit ihren glänzenden, in gutem Zustande befindlichen Waffen. Sie legten noch mehr Wert darauf, weil die Sache ihre Schwierigkeiten hatte; weil sie Bewunderung erregen wollten; wie denn der Mensch auf alles, was ihn Mühe gekostet hat, sich etwas zugute tut.

Der Kaiser sah dies sehr gerne, ihm gefiel alles, was seine Hoffnung stützen konnte. Als aber plötzlich der erste Schnee fiel, da zerstob der Wahn, den er sich geschaffen hatte. Von nun an denkt er nur noch auf den Rückzug, ohne jedoch dieses Wort auszusprechen, ohne einen Befehl zu geben, der davon ausdrücklich Erwähnung getan hätte. Er begnügt sich zu sagen, daß die Armee in Zeit von zwanzig Tagen ihre Winterquartiere bezogen haben müsse, und beschleunigt die Fortschaffung seiner Verwundeten. Hier, wie anderswo, kann er sich aus Stolz nicht entschließen, etwas freiwillig zurückzulassen. Es fehlt an Zugpferden für sein Geschütz, das für seine zusammengeschmolzene Armee jetzt viel zu zahlreich ist; allein er kehrt sich daran nicht und wird böse, als man ihm den Vorschlag macht, einen Teil davon in Moskau zurückzulassen: alles soll fort, dem Feinde darf keine Trophäe bleiben!

Seine Not verrät sich nur manchmal durch vorübergehende Anfälle übler Laune, besonders des Morgens bei seinem Lever. Hier, in der Mitte seiner versammelten Großen, die ihre besorgten und, wie er meint, vorwurfsvollen Blicke auf ihn richten, scheint er durch ein strenges Wesen, durch eine barsche, gellende, kurz abgebrochene Sprache sich gegen jede Zudringlichkeit waffnen zu wollen. Sein blasses Gesicht war ein Beweis, daß die Wahrheit, die sich in der Dunkelheit der Nacht am meisten vernehmen läßt, ihn durch ihre Gegenwart belästigt und der Ruhe beraubt hatte. In solchen Augenblicken macht sich sein gepreßtes Herz durch Äußerungen des Unwillens Luft. Dies dient aber seinem Kummer nicht zur Linderung; er zieht sich in sein Gemach zurück, gequält von dem Bewußtsein, sich Mißhandlungen erlaubt zu haben, die er später wiedergutzumachen sucht.

Nur dem Grafen Daru schließt er sich ganz auf, jedoch ohne Schwäche. Er sagt ihm: er stehe im Begriff, auf Kutusow loszugehen, ihn aufzureiben oder doch aus seinem Wege zu drängen, und sich sodann plötzlich nach Smolensk zu wenden. Daru, der bis jetzt derselben Meinung gewesen, erwidert ihm aber: es sei dies jetzt zu spät; die russische Armee sei nun wieder vollständig, die französische dagegen geschwächt, und ihr Sieg schon vergessen. Sobald sie einmal das Gesicht gegen Frankreich gekehrt habe, werde sie allmählich zerstieben; jeder einzelne Soldat werde vorauseilen, um seine Beute in Frankreich zu verkaufen.

»Was denn tun!« rief der Kaiser aus. – »Hier bleiben!« versetzte Daru, »Moskau zu einem großen verschanzten Lager machen und den Winter darin zubringen!« An Brot und Salz wird es nicht fehlen, dafür steht er, das übrige wird sich aus einer großen Fouragierung ergeben. Die Pferde, die man nicht mehr ernähren kann, will er schlachten und einsalzen lassen, und wenn die Häuser nicht hinreichen, die Armee unterzubringen, so werden auch die Keller benutzt. So wartet man auf den Frühling, wo dann unsere Verstärkungen mit allen waffenfähigen Litauern kommen werden, uns zu befreien und die Eroberung Rußlands zu vollenden. Auf diesen Vorschlag, der ihm zu denken gibt, verstummt der Kaiser einen Augenblick und sagt dann: »Das ist der Rat eines Löwen! Was würde aber Paris dazu sagen? Was würde dort geschehen? Was gibt es dort seit den drei Wochen, wo sie nichts mehr von mir wissen? Wer kann die Folgen einer sechsmonatigen Unterbrechung der Kommunikation voraussehen! Nein! Frankreich würde sich nicht an meine Abwesenheit gewöhnen, Preußen und Österreich würden sie zu benutzen wissen.«

Und doch ist Napoleon noch immer nicht entschlossen, ob er bleiben, ob er gehen wolle. In dem Wettkampf der Beharrlichkeit besiegt, verschiebt er das Geständnis seiner Niederlage von einem Tag zum andern. Er, von den Menschen und den Elementen mit einem schrecklichen Sturm zunächst bedroht, erörtert in diesen Tagen den Wert eines ihm zugesandten Gedichtes und die Bestimmungen eines Reglements für das französische Theater zu Paris, und verwendet drei Abende darauf. Seine Minister und seine Adjutanten, Zeugen hiervon, können nicht umhin, die Kraft seines Genies und die Leichtigkeit zu bewundern, mit der er seine volle Aufmerksamkeit auf jeden beliebigen Punkt richten oder auch abziehen kann.

Das einzige, was ihnen auffällt, ist, daß er seine bis dahin so einfachen und kurzen Mahlzeiten verlängert, um sich, wie es scheint, dadurch zu betäuben. Überfüllt und wie gelähmt, bringt er dann seine langen Stunden halb liegend, halb sitzend, mit einem Roman zur Hand zu, und scheint den Ausgang seiner schrecklichen Geschichte abzuwarten.

Indessen benutzte Kutusow die Zeit, die wir verloren. Nach seinen an Alexander erstatteten Meldungen lebt seine Armee im Überfluß; die ihr von allen Seiten zuströmenden Rekruten werden eingeübt; seine Verwundeten genesen im Schoße ihrer Familien; alle Bauern sind auf den Beinen, die einen unter den Waffen, die andern als Späher auf den Kirchtürmen oder in unsern Lagern; sie schleichen sich in unsere Wohnungen und selbst bis in den Kreml; jeden Tag erhält Rostopschin durch sie einen Bericht über Moskau, wie vor der Eroberung. Alles vereinigt sich, um unsere Armee zu schwächen und die seinige zu verstärken. Ihm hilft, uns verrät alles; der Feldzug, der für uns zu Ende ist, beginnt jetzt für sie.

Kutusow zieht aus allem Vorteil. Er läßt unsere Niederlage in Spanien auch in seinem Lager widerhallen. »Die Franzosen«, sagt er, »sind aus Madrid vertrieben. Die Hand des Allmächtigen lastet schwer auf Napoleon. Moskau wird sein und seiner Großen Armee Gefängnis und Grab sein. Frankreich wird in Rußland besiegt werden!«

So sprach der russische Feldherr zu der Armee und zu seinem Kaiser, während er gegen Murat noch Verstellung übte. Nach einigen Tagen der Täuschung verschwindet endlich der Zauber. Ein Kosake hat ihn vollends gelöst und auf Murat, als er sich auf den Vorposten zeigte, Feuer gegeben. Dieser, darüber erbost, erklärt Miloradowitsch, ein unaufhörlich gebrochener Waffenstillstand bestehe nicht länger, fortan müsse jeder Teil nur auf sich selbst vertrauen.

Zu gleicher Zeit läßt er dem Kaiser vorstellen, daß das bedeckte Terrain auf seinem linken Flügel seine Flanke und seinen Rücken Überfällen aussetze, daß sein erstes Treffen eine Schlucht im Rücken habe, in die es geworfen werden könne; daß endlich seine Stellung vorwärts eines Defilees gewagt sei und geräumt werden sollte. Jedoch Napoleon will nichts davon wissen, obschon er zuerst die Stellung von Woronowo selbst als nicht sehr vorteilhaft bezeichnet hat. In diesem Krieg, der für ihn mehr einen politischen als einen militärischen Charakter hatte, wollte er besonders jeden Schein der Nachgiebigkeit vermeiden und lieber alles wagen.

An demselben Tage des 13. Oktober schickt er Lauriston an Kutusow zurück, entweder um diesem am Vorabend eines Angriffs einzuschläfern, oder aber, weil er seine erste Hoffnung noch nicht aufgeben wollte, wie man denn in den Anstalten zum Abmarsch eine auffallende Nachlässigkeit bemerkt hat. Doch dachte er daran; denn an demselben Tag entwirft er noch den Plan zu seinem Rückzug über Woloklamsk, Zubtzow und Bieloy nach Witebsk. Einen Augenblick darauf diktiert er einen andern nach Smolensk. Junot erhält den Befehl, am 21. Oktober zu Kolozkoje die Gewehre der Verwundeten zu verbrennen und die Munitionswagen in die Luft zu sprengen. D'Hilliers soll Elnia besetzen und dort Magazine anlegen. Erst am 17. Oktober läßt Berthier, und zwar zum erstenmal, in Moskau Schuhleder unter die Truppen austeilen.

Dieser Generalstabschef hatte seinen Feldherrn in dieser kritischen Lage nur schlecht unterstützt. Auf diesem fremden Boden und in diesem neuen Klima hatte er gar keine neuen Vorsichtsmaßnahmen angegeben, in Erwartung, daß alles vom Kaiser würde befohlen werden. Es geschah aber nicht, und diese Versäumnis oder dieser Mangel an Vorsicht hatte die schlimmsten Folgen. In einer Armee, von der jedes Korps unter dem Befehl eines Marschalls, eines Fürsten oder gar eines Königs stand, verließ sich vielleicht einer zu viel auf den andern. Berthier befahl überdies nie etwas auf eigene Verantwortung, sondern begnügte sich, Napoleons Befehle buchstäblich zu wiederholen, ohne in den Geist dieser Befehle einzudringen; denn aus Verwöhnung, vielleicht auch durch zu viele Arbeiten erschöpft, wußte er in den ihm gewordenen Weisungen die wichtigen Bestimmungen von den zufälligen nicht immer gehörig zu unterscheiden.

Indes zieht Napoleon seine Armeekorps zusammen, hält häufige Musterungen im Kreml, bildet aus den unberittenen Reitern Infanterie-Bataillons und teilt viele Belohnungen aus. Die Division Claparède, die Trophäen und alle fahrbaren Verwundeten gehen nach Mojaisk ab. Die übrigen werden in das große Spital des Findelhauses gebracht, wo sie von französischen Chirurgen versorgt und mit russischen Verwundeten untermischt werden, um desto gesicherter zu sein.

Allein es war schon zu spät. Mitten unter diesen Vorkehrungen und in dem Augenblick, als Napoleon in dem Vorhofe des Kreml die Divisionen von Ney musterte, entsteht plötzlich das Gerücht, daß sich in der Richtung von Winkowo Kanonendonner hören lasse. Zuerst wollte ihm niemand dies sagen. Endlich entschließt sich Duroc dazu. Der Kaiser entfärbt sich im ersten Augenblick, faßt sich aber sogleich wieder und fährt mit der Musterung fort. Bald darauf kommt der junge Béranger, ein Adjutant Murats, und meldet, sein erstes Treffen sei überfallen und geworfen; sein linker Flügel unter Begünstigung des Waldes umgangen; seine Flanke gefaßt und sein Rückzugsweg abgeschnitten worden; zwölf Kanonen, zwanzig Munitionswagen, dreißig Rüstwagen seien genommen; zwei Generäle getötet, drei- bis viertausend Mann außer Gefecht gesetzt, das Gepäck verloren und der König selbst verwundet worden; er habe die Trümmer seines Vortrabs nur durch wiederholte Angriffe auf die zahlreichen Truppen des Feindes, die in seinem Rücken die große Straße, seinen einzigen Rückzugsweg, besetzt gehabt hätten, retten können.

Doch ist die Ehre gerettet. Der Frontalangriff, von Kutusow geleitet, war ohne Nachdruck. Auf dem rechten Flügel hat Poniatowsky glorreichen Widerstand geleistet, Murat und seine Karabiniers haben durch übermenschliche Anstrengungen den Angriff auf unsere linke Flanke abgeschlagen und das Gefecht wiederhergestellt. Das Defilee von Spaskaplia, zwei Stunden rückwärts unserer Stellung, schon von Platow besetzt, ist durch Claparède und Latour-Mauburg wieder geöffnet worden. Zwei russische Generäle sind auf dem Platz geblieben, andere verwundet. Der Verlust des Feindes ist bedeutend, aber es bleibt ihm der Vorteil des Angriffs, ein Teil unseres Geschützes, unsere Stellung, mit einem Worte, der Sieg.

Murat hat keine Truppen mehr. Während des Waffenstillstandes war die Hälfte seiner Reiterei zugrunde gegangen, und dies Gefecht hatte sie vollends aufgerieben. Die schwachen Reste, von Hunger und Anstrengungen erschöpft, konnten kaum noch ein Gefecht bestehen. Wir zählten den 18. Oktober, und der Krieg hatte soeben wieder begonnen.

Bei dieser Nachricht findet Napoleon das erste Feuer seiner Jugend wieder. Tausend Befehle, das Ganze und das Einzelne umfassend, alle verschieden und doch alle ineinandergreifend und zusammenstimmend, alle notwendig, sprudeln aus der Fülle seines Genies. Noch ist die Nacht nicht herangekommen, und schon ist die ganze Armee in Bewegung auf Winkowo. Broussier marschiert auf Fomiskoje und Poniatowsky auf Medin. Ehe der Tag des 19. Oktober anbricht, verläßt der Kaiser selbst Moskau unter dem Ausruf: »Auf nach Kaluga, wehe denen, die mir in den Weg kommen!«

FÜNFTES BUCH

Zurück nach Smolensk

ACHTUNDVIERZIGSTES KAPITEL

Abmarsch in Richtung auf Kaluga – die Armee gleicht einer ›Horde von Tataren‹ – Wechsel von der alten auf die neue Straße nach Kaluga.

In dem südlichen Teile von Moskau, nicht weit von einem seiner dortigen Tore, gabeln sich zwei Hauptstraßen, die beide nach Kaluga führen, und von denen die zur linken die ältere ist. Diese, dieselbe, auf der Kutusow den König von Neapel soeben geworfen hat, schlug Napoleon ein, als er am 19. Oktober Moskau verließ, und verkündete zugleich seinen Offizieren, daß er über Kaluga, Medin, Juknow, Elnia und Smolensk an die polnische Grenze zurückgehen wolle. Als ihm Rapp hierauf bemerkte, daß es schon spät sei und daß uns der Winter unterwegs leicht einholen könne, erwiderte der Kaiser: er habe seinen Soldaten und den vielen in Moskau, Mojaisk und Kolozkoje angehäuften Verwundeten Zeit lassen müssen, sich zu erholen oder sich allmählich nach Smolensk zu begeben. Dann auf den stets heiteren Himmel zeigend, frug er sie, ob sie in dieser glänzenden Sonne nicht seinen Glücksstern erkennten. Allein, diese Berufung auf sein Glück stimmte übel zu dem unglückverkündenden Ausdruck seines Gesichts.

Napoleon, mit neunzigtausend Streitern, zwanzigtausend Kranken und Verwundeten nach Moskau gekommen, zog aus dieser Stadt wieder mit mehr als hunderttausend Streitern und ließ nur zwölfhundert Kranke darin zurück. Ungeachtet der täglichen Verluste hatte ihm sein Aufenthalt denn doch dazu gedient, seine Infanterie ausruhen zu lassen, seine Munition zu ergänzen, seine Streitkräfte um zehntausend Mann zu vermehren und die Wiederherstellung oder aber die Fortschaffung eines großen Teils seiner Verwundeten zu sichern. Doch schon auf diesem ersten Marsch konnte er bemerken, daß seine Reiterei und seine Artillerie sich eher fortschleppten als marschierten.

Ein höchst mißlicher Umstand vermehrte noch die bangen

Ahnungen unseres Feldherrn. In dieser seit dem Abend des gestrigen Tages aus Moskau defilierenden Armee von hundertvierzigtausend Mann und etwa fünfzigtausend Pferden aller Art, erinnerten hunderttausend Streiter, die mit Sack und Pack voranzogen, mehr als fünfhundertfünfzig Geschütze und zweitausend Artilleriewagen zusammen noch an jenes furchtbare Heer der Welteroberer, der Überrest aber glich auf eine höchst auffallende Weise einer Horde Tataren, die von einer glücklichen Invasion zurückkehren.

In einer drei- oder vierfachen, unabsehlichen Reihe waren Halbkutschen, Munitionskarren, Luxuswagen und Fuhrwerke aller Art bunt durcheinander gemischt. Hier sah man russische, türkische und persische Fahnen, und jenes Riesenkreuz des Großen Iwan als Siegeszeichen: dort russische Bauern mit langen Bärten, die unsere Beute, zu der sie selbst gehörten, führten oder trugen. Andere zogen oder schoben den Ertrag ihrer Beute sogar auf Schubkarren fort. Die Toren werden auf diese Weise nicht den ersten Tagmarsch zurücklegen; in ihrer tollen Habsucht denken sie nicht an die achthundert Stunden Weges, auf denen sie sich werden durchschlagen müssen.

Man bemerkte besonders in diesem Armeegefolge eine Menge Menschen von allen Nationen ohne Kriegskleid und ohne Waffen, und Knechte, die, in allen Sprachen fluchend, mit Geschrei und Peitschenhieben zwergartige Pferde antrieben, die elegante Wagen an Stricken zogen. Diese sind mit Beute, die aus der Feuersbrunst gerettet wurde, oder mit Lebensmitteln beladen. Es befinden sich auch französische Frauen mit ihren Kindern darin. Diese Frauen, die früher vergnügt in Moskau lebten, fliehen jetzt vor dem Hasse der durch die Invasion gegen sie aufgebrachten Moskowiter. Die Armee ist ihr einziges Asyl. Auch einige russische Mädchen folgten als freiwillig Gefangene. Man glaubte eine Karawane, ein wanderndes Volk oder vielmehr eines jener Heere des Altertums zu sehen, das nach einer großen Verheerung mit vielen Sklaven und reicher Beute zurückkehrt. Man begriff nicht, wie die Spitze dieser Kolonne eine so schwerfällige Masse von Equipagen auf einem so langen Wege fortschleppen und sichern könnte.

Trotz der Breite des Weges und dem Geschrei seiner Bedeckung hatte Napoleon Mühe, sich durch dieses ungeheure Gewühl Bahn zu machen. Ein Engpaß, einige Gewaltmärsche oder ein Anfall von Kosaken reichten allerdings hin, uns von diesem Geschleppe zu befreien. Aber nur das Schicksal oder der Feind hatten das Recht, uns auf diese Weise zu erleichtern. Der Kaiser fühlte wohl, daß er seinen Soldaten diesen Erwerb so vieler Mühen weder nehmen noch vorwerfen durfte. Übrigens verbargen die Lebensmittel die Beute; und er, der den Seinigen die Verpflegung, die er ihnen schuldig war, nicht geben konnte, mußte doch zugeben, daß sie selbst dafür sorgten. Da endlich es an Militärfuhrwerken fehlte, so waren diese Wagen für die Kranken und Verwundeten das einzige Rettungsmittel. Napoleon arbeitete sich also schweigend durch diesen unermeßlichen Troß und rückte auf der alten Straße von Kaluga vor. Er folgte dieser Richtung einige Stunden lang und kündigte an, daß er Kutusow auf seinem Siegesfeld selbst schlagen wolle. Nachdem er aber um die Mittagsstunde die Höhe des Schlosses von Krasno-Pachra erreicht hatte, ließ er die Armee plötzlich mit Zügen rechts schwenken und gewann in drei Märschen querfeldein die neue Straße von Kaluga.

Während des Manövers überfiel ihn der Regen, verdarb die Querwege und zwang ihn anzuhalten. Dieses war ein großes Unglück. Nur mit Mühe zog man unser Geschütz aus dem Schlamm.

Doch hatte der Kaiser seine Bewegung durch das Korps von Ney und die Trümmer von Murat, die bei Woronowo geblieben waren, maskiert. Kutusow, durch dieses Blendwerk getäuscht, erwartete die Große Armee noch auf der alten Straße, während sie am 23. Oktober, schon ganz auf die neue versetzt, nur noch einen Marsch zurückzulegen hatte, um ruhig an ihm vorbei und vor ihm nach Kaluga zu kommen.

Ein Schreiben von Berthier an Kutusow, von dem ersten Tage dieses Flankenmarsches datiert, war zugleich ein letzter Friedensversuch und vielleicht auch eine Kriegslist, blieb aber ohne genügende Antwort.

NEUNUNDVIERZIGSTES KAPITEL

Die Schwerfälligkeit und Langsamkeit der Armee – Bericht über das blutige Gefecht bei Malo-Jaroslawez – Kritik am Feldherrn.

Am 23. war das kaiserliche Hauptquartier zu Borowsk. Der Kaiser hatte eine gute Nacht, denn er erfuhr, daß Delzon und seine Division abends um 6 Uhr, vier Stunden vorwärts von ihm, Malo-Jaroslawez und die Wälder, von denen es beherrscht wird, unbesetzt gefunden habe. Es war dies eine vorteilhafte Stellung in der Nähe von Kutusow, und die einzige, durch die er uns die neue Straße von Kaluga versperren konnte. Allein der Kaiser schlief über diesem Vorteil ein, statt sich desselben zu versichern, und erfuhr den andern Tag, daß man ihm denselben wieder streitig mache. Dies schien ihn wenig zu bekümmern, weil er entweder das Beste hoffte oder mit seinem Planen noch nicht im reinen war.

Er verließ daher Borowsk erst spät und ganz gemächlich. Als aber der Lärm eines lebhaften Gefechts zu ihm drang, ward er unruhig und eilte auf eine Anhöhe, um zu horchen. Waren ihm die Russen denn zuvorgekommen? War sein Manöver mißlungen? Hatte er seinen Marsch, der ihn über die linke Flanke von Kutusow hinausführen sollte, nicht genugsam beschleunigt?

Es war wirklich in dieser ganzen Bewegung etwas von jener Schlaffheit zu bemerken, die nach einer langen Ruhe einzutreten pflegt. Von Moskau bis Malo-Jaroslawez sind es nicht mehr als hundertsechs Werst, die in vier Tagen zurückgelegt werden können, wozu man aber deren sechs gebraucht hat. Die Armee, mit Lebensmitteln und Beute überladen, war schwerfällig und der Weg schlecht. Der Übergang über die Nara und ihren Sumpf und die Vereinigung der verschiedenen Korps hatte einen ganzen Tag weggenommen, weil ein solcher Flankenmarsch in der Nähe des Feindes nur mit großer Vorsicht geschehen durfte. Wie dem nun sei, soviel ist gewiß, daß unsere Unfälle mit diesem Aufenthalt anheben.

Indessen horcht Napoleon noch immer. Der Lärm nimmt zu. »Ist es denn eine Schlacht?« schrie er. Ein jeder Schuß dringt ihm bis in die Seele; denn es ist jetzt nicht um Eroberungen, sondern um Erhaltung zu tun. Davoust, der ihm folgt, muß seinen Marsch beschleunigen; aber er und der Marschall kamen erst mit sinkender Nacht, als das Gefecht nachgelassen hatte und alles schon entschieden war, in der Nähe des Schlachtfeldes an.

Hier erfuhr er endlich, was vorgefallen war, durch einen vom Prinzen Eugen an ihn abgefertigten Offizier, der folgendes vorbrachte: erst mußte man über die Luja, die in einem von Malo-Jaroslawez beherrschten Grunde fließt und dort eine Krümmung bildet, gehen und dann den jähen, durch senkrechte Vorsprünge abgeteilten Hügel erklimmen, auf welchem die Stadt erbaut ist; jenseits derselben ist eine hohe, mit Waldungen umgebene, von drei Straßen durchschnittene Ebene, wovon die eine geradeaus nach Kaluga, die beiden andern links nach Lektazowo, dem verschanzten Lager von Kutusow, führen.

Gestern sah Delzon noch keinen Feind auf dieser Ebene. Er hielt es aber nicht für angemessen, seine ganze Division in die hochgelegene Stadt, jenseits eines Flusses, eines Engpasses, auf den höchsten Rand eines Abgrundes zu verlegen, in den sie durch einen nächtlichen Überfall hätte geworfen werden können. Darum blieb er auf dem diesseitigen niederen Ufer der Luja und begnügte sich, die Stadt mit zwei Bataillons zu besetzen und die jenseitige Ebene durch diese beobachten zu lassen.

Die Nacht fing schon an zu weichen: es war 4 Uhr. Mit Ausnahme von einigen Schildwachen lag in den Biwaks von Delzon alles noch im Schlaf. Da brachen die Russen unter Doctorow mit fürchterlichem Geschrei aus ihren Wäldern hervor und warfen die Schildwachen auf die Vorposten, diese auf die Bataillons, und die Bataillons auf die Division zurück; und dies war nicht etwa ein Überfall, denn die Russen hatten Geschütz bei sich, das sie gleich bei dem ersten Angriff spielen ließen, und dessen Donner dem Vizekönig, drei Stunden von da, die erste Kunde von einem ernsthaften Gefecht brachte.

Der Prinz war mit einigen Offizieren sogleich herbeigeeilt und hatte seine Divisionen und seine Garde mit beschleunigten Schritten folgen lassen. Je näher er herankam, desto mehr breitete sich ein großes und belebtes Amphitheater vor ihm aus, das sich vom Ufer der Luja an erhob, wo bereits die russischen Schützen sich zeigten.

Hinter diesen, und von den Höhen der Stadt herab, überschüttete der russische Vortrab die Division Delzon mit seinem Feuer. Auf der hohen Ebene, jenseits der Stadt, rückte die ganze Armee von Kutusow in zwei langen und schwarzen Kolonnen auf den beiden Straßen von Lektazowo heran. Man sah, wie sie sich auf diesem flachen Abhang, der etwa eine Stunde breit ist, entwickelten, Schanzen aufwarfen und durch ihre Zahl und ihre Stellung alles beherrschten und umfaßten: schon hatten sie die neue Straße von Kaluga gefaßt, die, gestern noch frei und für uns noch zugänglich, fortan von Kutusow Schritt für Schritt verteidigt werden kann.

Zu gleicher Zeit hat die feindliche Artillerie die Höhen, die jenseits den Fluß begleiten, benützt, um den Grund zu bestreichen, in dem die Division Delzon sich gesammelt hat. In dieser

Stellung konnte sie nicht bleiben; sie mußte sich beeilen, schnell herauszukommen, entweder durch einen schleunigen Rückzug oder durch einen ungestümen Angriff; allein unser Rückzugsweg lag vor uns, und der Vizekönig befahl den Angriff.

Die große Straße von Kaluga führt auf einer schmalen Brücke über die Luja und von da, einer Schlucht folgend, nach dem Städtchen Malo-Jaroslawez. In diesen, mit Russen dicht angefüllten Hohlweg dringt Delzon mit seinen Franzosen stürmend ein; es gelingt ihm, sich Bahn zu machen, und unsere Bajonette glänzen bald auf den Höhen.

Delzon glaubte schon den Sieg in Händen zu haben und denselben verkünden zu können, denn er hatte nur noch eine Reihe von Häusern vor sich, aber seine Soldaten stutzten. Da er, der Vorderste von allen, sie jetzt durch seine Stimme, seine Gebärden und sein Beispiel ermutigen wollte, sank er, von einer Kugel am Kopf verwundet, zu Boden. Sein Bruder, der sich auf ihn warf, ihn mit seinem Körper bedecken, in seine Arme schließen und aus dem Gefecht tragen wollte, ward von einer zweiten Kugel getroffen, und die beiden Brüder gaben miteinander den Geist auf.

Durch diesen Verlust entstand eine große Lücke, die man ausfüllen mußte. Guilleminot, an die Stelle von Delzon getreten, warf sogleich hundert Grenadiere in eine Kirche und in den Kirchhof, dessen Mauern mit Schießscharten versehen wurden. Dieser Kirche, die links der Hauptstraße lag und diese beherrschte, verdankt man den Sieg. Die russischen Kolonnen, in der Verfolgung der Unsrigen begriffen, ließen an diesem Tage fünfmal diesen Posten hinter sich liegen und wurden ebensooft durch das zu rechter Zeit angebrachte Feuer desselben in der Flanke und im Rücken beschossen, dadurch in Unordnung gebracht und aufgehalten; als wir hierauf die Offensive wieder ergriffen, brachte sie dieser Posten zwischen zwei Feuer und sicherte den guten Erfolg unserer Angriffe.

Kaum hat dieser General diese Vorkehrung getroffen, als er von einem Schwarm Russen angefallen und nach der Brücke zurückgeworfen wird, wo der Vizekönig hielt, um den Gang des Gefechts zu beurteilen und seine Reserven bereitzuhalten. Zuerst konnte er nur wenige und nur nach und nach einige Verstärkungen schicken, die, wie das oft geschieht, zu einem kräftigen Schlag nicht ausreichten und ohne Erfolg einzeln aufgerieben wurden.

Endlich kommt die ganze 14. Division ins Gefecht, das sich hierauf wieder aufwärts zieht und zum drittenmal die Höhen gewinnt. Sobald aber die Franzosen sich über die Häuser hinauswagen und sich auf der Ebene zeigen, wo sie ganz unbedeckt sind, sind sie zu schwach. Vom Feuer einer ganzen Armee umfaßt, stutzen und wanken sie; frische russische Truppen eilen unaufhörlich herbei, und unsere gelichteten Reihen weichen und lösen sich auf; die Terrain-Hindernisse vermehren ihre Unordnung, und jetzt fliehen sie wieder eiligst von den Höhen herab.

Aber die hölzerne Stadt hinter ihnen war durch Haubitzen in Brand gesteckt worden; das Feuer hält die Fliehenden auf und weist sie wieder ins Feuer zurück; die fanatischen Rekruten der Russen ereifern sich; unsere Soldaten geraten in Wut; man schlägt sich Mann gegen Mann. Einer faßt den andern mit der Hand und schlägt mit der andern auf ihn zu, Sieger und Besiegte rollen in die Abgründe hinab oder in die Flammen, ohne voneinander zu lassen. Dort finden die Verwundeten, entweder vom Rauch erstickt oder von glühenden Kohlen verzehrt, ihren Tod. Ihre ausgebrannten schwarzen Gerippe gewähren einen gräßlichen Anblick, wenn das Auge noch die Spur einer menschlichen Form an ihnen entdeckt.

Die 15. Division war allein noch übrig. Vom Vizekönig berufen, rückt sie vor und wirft eine Brigade links in die Vorstadt und eine rechts in die Stadt. Es waren Italiener und Rekruten, die hier zum erstenmal ins Feuer kamen. Jubelnd erklimmen sie die Anhöhen, mit der Gefahr unbekannt oder sie verachtend. Der Stoß war fürchterlich. Alles wurde zum viertenmal wieder erobert und ebenso wieder verloren. Hitziger im Anfang als die älteren Soldaten, hatten sie bälder genug und warfen sich in der Flucht auf die alten Bataillons zurück, von denen sie unterstützt und wieder ins Feuer zurückgeführt werden mußten.

Die Russen, durch ihre immer zunehmende Anzahl und durch ihre erhaltenen Vorteile kühn gemacht, kommen jetzt auf ihrem rechten Flügel von den Anhöhen herab, um sich der Brücke zu bemächtigen und uns den Rückzug abzuschneiden. Prinz Eugen, der sich auf die letzte Abteilung seiner Reserve beschränkt sah, nahm hierauf mit seiner Garde selbst teil am Gefecht. Bei diesem Anblick und auf seinen Zuruf fassen die Überreste der 13., 14. und 15. Division neuen Mut, wagen einen letzten und gewaltigen Versuch, und das Gefecht schwingt sich zum fünftenmal auf die Höhen.

Oberst Peraldi und die italienischen Jäger schlugen zu gleicher Zeit mit dem Bajonett die Russen zurück, die schon gegen die linke Seite der Brücke Front gemacht hatten. Von dem Pulverdampf, dem Feuer, dem sie getrotzt, den Streichen, die sie geführt hatten, von ihrem Siege wie berauscht, dringen sie unaufhaltsam weit in die Ebene vor, um sich des feindlichen Geschützes zu bemächtigen, werden aber durch einen jener tiefen Erdrisse, die man auf dem russischen Boden so häufig findet, unter einem mörderischen Feuer aufgehalten, von der Reiterei angegriffen und bis in die Gärten der Vorstadt zurückgeworfen, wo sie sich festsetzen, und, vereint mit den Franzosen, die Zugänge so nachdrücklich verteidigen, daß endlich die Russen ablassen und sich rückwärts auf der Straße von Kaluga zwischen den Wäldern von Malo-Jaroslawez aufstellen.

So haben achtzehntausend Italiener und Franzosen, in einer tiefen Schlucht eingeengt, fünfzigtausend Russen besiegt, die hoch über ihren Köpfen standen und noch überdies durch eine auf einem steilen Abhang erbaute Stadt gedeckt waren.

Doch konnte man nur mit Wehmut dieses Schlachtfeld ansehen, wo sieben Generäle und viertausend Franzosen und Italiener geblieben waren oder geblutet hatten. Der Verlust des Feindes gewährte keinen Trost, da er noch nicht das Doppelte des unsrigen betrug, und weil die feindlichen Verwundeten doch gerettet waren. Besonders niederschlagend war aber der Gedanke, daß ein so blutiger Kampf hätte erspart werden können.

Durch die Feuer, die in der Nacht vom 23. auf den 24. links von uns erglänzten, war nämlich genugsam angedeutet, daß die Russen auf dem Marsch nach Malo-Jarolawez begriffen seien. Und doch hatte man unsern Marsch dahin nicht betrieben, nur eine einzige Division ohne alle Unterstützung auf drei Stunden in dieser Richtung vorgeschoben und die verschiedenen Armeekorps in ihrer auseinandergezogenen Stellung gelassen. Was war denn aus jenen raschen und entscheidenden Bewegungen von Marengo und Austerlitz geworden? Warum dieser schleichende und schwerfällige Marsch in einem so kritischen Augenblick? Waren wir durch unsere Artillerie und durch unseren Troß so gelähmt worden? Dies zeigte sich noch als das wahrscheinlichste.

Kutusow verlegt Napoleon in unangreifbarer Stellung den Weg nach Kaluga – Napoleon um ein Haar von Kosaken gefangengenommen – General Rapp rettet ihn – das grauenvolle Schlachtfeld von Malo-Jaroslawez.

Als dem Kaiser der Bericht über dieses Gefecht erstattet wurde, befand er sich einige Schritte rechts der großen Straße auf dem Boden einer Schlucht zunächst dem Bache und dem Dorfe von Ghorodinia, in der Hütte eines Webers, einem alten, zerfallenen, hölzernen Gebäude. Hier, eine halbe Stunde von Malo-Jaroslawez, da, wo die Krümmung der Luja ihren Anfang nimmt, in dieser wurmstichigen Wohnung, in einem schmutzigen, finstern und durch einen Vorhang in zwei Teile geteilten Zimmer, sollte das Schicksal der Armee und dasjenige von Europa entschieden werden.

In den ersten Stunden der Nacht gaben die eingehenden Meldungen Beschäftigung; sie stimmten alle darin überein, daß der Feind sich zu einer Schlacht auf den folgenden Tag rüste, die nach der Meinung aller vermieden werden sollte. Um 11 Uhr des Abends erschien Bessières, ein Marschall, der seine Erhebung langen Diensten und besonders der Zuneigung des Kaisers verdankte, der ihn wie das Werk seiner Hände liebte. Es gehörte allerdings etwas dazu, ein Günstling Napoleons zu sein. Man mußte ihn wenigstens begleitet und sich ihm nützlich erwiesen haben; denn auf das Angenehme legte er weniger Wert; man mußte mehr als nur Zeuge so vieler Siege gewesen sein; denn der Kaiser gewöhnte sich allmählich, durch Augen zu sehen, die er gebildet zu haben glaubte.

Er hatte dem Marschall den Auftrag gegeben, die Fassung der Feinde zu erkunden. Bessières hat dies getan, die ganze Front der russischen Stellung beritten und sie – wie er sagt – unangreiflich gefunden. »O Himmel!« rief der Kaiser, die Hände zusammenlegend, »haben Sie recht gesehen? Ist es auch wahr? Stehen Sie mir dafür?« – Bessières wiederholt seine Aussage und setzt noch hinzu, dreihundert Grenadiere könnten in dieser Stellung eine ganze Armee aufhalten. Napoleon stand mit gesenktem Haupt und verschlungenen Armen wie vernichtet da.

Von den peinlichsten Gedanken überwältigt, verfällt er in eine Art von Starrsucht, in der er keinen Laut von sich gibt und kaum mit einem Kopfnicken antwortet. Er will sich endlich ein wenig ausruhen, aber vergebens. Der Schlaf flieht ihn. Während der ganzen noch übrigen Nacht versucht er bald zu schlafen, bald steht er wieder auf, bald ruft er wieder, ohne jedoch durch ein einziges Wort die Fülle seines Jammers zu verraten.

Gegen 4 Uhr des Morgens brachte ihm Prinz Aremberg, einer seiner Ordonnanz-Offiziere, die Nachricht, daß die Kosaken, unter dem Schleier der Nacht, durch die Wälder und durch einige Vertiefungen begünstigt, zwischen ihn und seine Vorposten sich einschleichen. Der Kaiser, der soeben Poniatowsky rechts nach Kremenskoje geschickt und, von dieser Seite keinen Feind erwartend, alle Vorsichtsmaßregeln in seiner rechten Flanke versäumt hatte, achtete nicht auf die Meldung seines Ordonnanz-Offiziers.

Am 25. morgens, sobald sich die Sonne am Horizont zeigte, stieg er zu Pferd und folgte der Straße von Kaluga, die jetzt für ihn nur noch die Straße von Malo-Jaroslawez war. Sie führt dahin durch eine Ebene, die, eine halbe Stunde lang und breit, von der Luja umschlossen wird. Nur einige Offiziere folgten dem Kaiser, denn die vier Escadrons seiner Bedeckung, nicht zur rechten Zeit benachrichtigt, waren noch zurück. Die Straße war mit Spital- und Artillerie-Fuhrwerk und mit Luxuswagen bedeckt. Man fand sich hier im innern Raum der Armee und marschierte ohne alle Besorgnis.

Zuerst zeigten sich rechts der Straße in weiter Entfernung einzelne Trupps, dann große, schwarze, im Vormarsch begriffene Linien, jetzt erhob sich ein Geschrei, bald kamen Weiber und Fuhrknechte, schreckensvoll, sprach- und atemlos zurückgerannt. Zu gleicher Zeit geriet das Fuhrwerk ins Stocken, die einen wollten ihren Weg fortsetzen, die andern umkehren, die Wagen stießen aneinander und wurden umgeworfen, es entstand ein Getümmel und ein völliger Wirrwarr.

Der Kaiser lächelte darüber und ritt immer vorwärts, in der Meinung, es sei eben ein panischer Schrecken. Seine Adjutanten wollten Kosaken wahrnehmen, nur schienen ihnen diejenigen, die sie dafür ansahen, mit zuviel kunstgerechter Ordnung zu marschieren, daher zweifelten sie noch daran. Wenn diese Elenden beim Angriff nicht gebrüllt hätten, wie sie in der Gefahr allemal zu tun pflegen, so würde Napoleon ihnen vielleicht nicht entkommen sein. Daß man ihr Gebrüll zuerst mit einem Freudengeschrei und ihr Hurra mit dem Ruf: »Es lebe der Kaiser!« verwechselte, vermehrte noch die Gefahr.

Sechstausend Kosaken unter Platow hatten es gewagt, im Rükken unseres siegreichen Vortrabs über den Fluß zu setzen, über die Niederung und die Hauptstraße zu gehen und alles, was sie auf ihrem Weg fanden, mit sich zu schleppen. In dem Augenblick, wo der Kaiser in der Mitte seiner Armee und, wie es schien, durch die Krümmungen eines Schluchtenbaches gedeckt, sich sicher wähnte und nicht an einen so kühnen Streich glaubte, hatten sie denselben ausgeführt.

Einmal in Bewegung, kamen sie so schnell heran, daß Rapp kaum noch Zeit hatte, dem Kaiser zu sagen: »Sie sind es, kehren Sie um!«

Der Kaiser, der entweder nicht gut sah oder nicht fliehen mochte, achtete nicht darauf und war auf dem Punkt, umringt zu werden, als Rapp, den Zaum seines Pferdes fassend, dasselbe umdrehte mit den Worten: »Es muß sein!« Der Kaiser und Rapp fanden nur noch einen Augenblick, jener um durchzukommen, dieser, um den Barbaren die Stirne zu bieten. Einer von diesen stieß dem Pferd des Generals seine Lanze so gewaltig in die Brust, daß es rücklings fiel. Die übrigen Adjutanten und einige Reiter von der Garde befreiten hierauf den General.

In demselben Augenblick warf die Horde auf der Straße alles über den Haufen; Pferde, Menschen, Wagen; wer nicht floh, wurde niedergemacht oder verwundet und in die Wälder geschleppt, um dort ausgezogen zu werden. Die Pferde an den Kanonen wurden am Zügel ergriffen und quer über das Feld getrieben. Aber dieser Sieg dauerte nur einen Augenblick, es war der Triumph der Überraschung; als die Reiterei der Garde herbeikam, entflohen die Unholde; der Strom verlief sich nicht ohne Spuren der Verwüstung, aber doch mit Hinterlassung dessen, was er bereits mit sich fortgerissen hatte.

Doch hatten einige dieser Barbaren sich kühn bis zur Frechheit gezeigt. Sie zogen sich durch die Zwischenräume unserer Escadrons im Schritt zurück und luden ganz gelassen ihr Gewehr. Sie verließen sich dabei auf die Schwerfälligkeit unserer Reiter und auf die Leichtigkeit ihrer Pferde, die sie mit einer Peitsche antreiben. Sie kamen auf ihrer Flucht nicht in Unordnung, formierten sich sogar einige Male, jedoch außerhalb der Schußweite, so daß sie kaum einige Verwundete zurückließen. Sie hatten uns endlich nach Schluchten gelockt, die dicht mit Gesträuch bewachsen und wo ihre Kanonen aufgestellt waren, die unserer Verfolgung ein Ziel setzten. All dies gab zu denken: unsere

Armee war erschöpft, und der Krieg erstand wieder in voller Kraft.

Der Kaiser selbst, der wieder in sein Hauptquartier zurückgegangen war, verweilte dort eine halbe Stunde, erstaunt, daß man ihn den Tag nach einem Sieg anzugreifen gewagt und zur Flucht genötigt hatte. Er ließ seinen Zorn darüber an seiner Garde aus und begab sich, sobald er die Ebene für gesäubert hielt, wieder nach Malo-Jaroslawez, wo der Vizekönig ihm die am vorigen Tag besiegten Hindernisse zeigte.

Es bedurfte hier eigentlich keines Kommentars: nie hat ein Schlachtfeld ein schrecklicheres Zeugnis abgelegt! Seine grellen Formen, seine noch ganz blutigen Ruinen, die Gassen, deren Spur sich nur noch an einer langen Reihe von Leichen und den Schädeln erkennen ließ, die unter den Rädern der Kanonen zerquetscht worden waren; Verwundete, die mit versengten Kleidern und Haaren, mit halb verbrannten Gliedmaßen, unter kläglichem Geschrei zwischen den Schutthaufen vorschlichen, endlich der Trauerton bei der letzten Ehre, die die Grenadiere den Überresten ihrer gefallenen Obersten und Generäle erwiesen – alles dies zeugte von einem wütenden Gefecht. Der Kaiser, der, wie man sagt, einzig nur den Ruhm darin gesehen hat, erklärte, daß die Ehre dieses schönen Tages ganz allein dem Prinzen Eugen gebühre. Aber schon von einem traurigen Eindruck ergriffen, ward er durch diesen Anblick noch mehr erschüttert und begab sich sodann vorwärts auf die hohe Ebene.

EINUNDFÜNFZIGSTES KAPITEL

›Der große Schiffbruch des Glückes beginnt‹ – Kriegsrat: welche Rückzugsstraße soll eingeschlagen werden? – Napoleon entschließt sich, nach Norden zurückzuschwenken und auf der einstigen Vormarschstraße nach Smolensk zurückzugehen.

Erinnert ihr euch noch, liebe Kriegsgefährten, dieses schrecklichen Schlachtfeldes, wo die Eroberung der Welt ihr Ziel fand, wo die Zauberkraft von zwanzig Siegesjahren nichts mehr vermochte, wo der große Schiffbruch unseres Glückes begann? Habt ihr noch eine Vorstellung von dieser ganz zertrümmerten, bluttriefenden Stadt, von diesen tiefen Abgründen und den Wäldern, die diese Hochebene umschließen und wie zu einem eingezäunten

Felde machen? Auf der einen Seite sind die Franzosen, die vom Norden kommen, dem sie entgehen wollen; auf der andern Seite stehen die Russen am Eingange der Wälder, um den Süden zu bewahren und uns auf ihren gewaltigen Winter zurückzuwerfen; zwischen beiden Armeen, in der Mitte dieser Ebene, sieht man Napoleon, der seine Blicke vom Süden nach dem Westen wirft, auf die Straßen von Kaluga und von Medin, die ihm beide versperrt sind. Auf der von Kaluga scheint Kutusow bereit, ihm mit hundertzwanzigtausend Mann Defileen von zwanzig Stunden in der Länge streitig zu machen. In der Richtung von Medin sieht er eine zahlreiche Reiterei: Platow mit denselben Horden, die soeben in die Flanke seiner Armee gedrungen sind, dieselbe ganz durchschnitten und, mit Beute beladen, sich in seiner rechten Flanke, durch Geschütz und frische Mannschaft verstärkt, aufgestellt haben. Dorthin hat der Kaiser am längsten gesehen, über diese Gegend hat er seine Chefs befragt, seine Karten zu Rat gezogen. Hierauf ist er voll banger Besorgnisse wieder langsam in sein Hauptquartier zurückgegangen. Murat, Prinz Eugen, Berthier, Davoust und Bessières waren ihm gefolgt; und so fanden sich in der elenden Wohnung eines gemeinen Handwerkers ein Kaiser, zwei Könige und drei fürstliche Marschälle beisammen, um über das Schicksal von Europa und der Armee zu entscheiden, die diesen Weltteil erobert hatte. Smolensk ist das Ziel! Soll über Kaluga, Medin oder Mojaisk dahin marschiert werden? Napoleon sitzt an einem Tische, die Ellenbogen darauf stützend, das Gesicht, das seine Bedrängnis verraten könnte, mit den Händen bedeckend.

Man ehrte sein prägnantes Schweigen, bis Murat, der nur in Sprüngen sich bewegte, der zögernden Unschlüssigkeit müde wird und seinem kriegerischen, ganz durch sein heißes Blut bedingten Instinkte folgend, der ihm peinlichen Ungewißheit durch einen jener Anläufe zu entkommen sucht, durch die man sich entweder aufwärts schwingt oder in beschleunigtem Falle noch tiefer sinkt.

Er erhebt sich und sagt: man werde ihn abermals der Unvorsichtigkeit bezichtigen, aber im Kriege sei es an den Umständen, über alles zu entscheiden und jedem Ding seinen Namen zu geben; wo nichts übrigbleibe, als anzugreifen, da verwandle sich die Klugheit in Verwegenheit und diese in jene; wie man angefangen habe, müsse man fortfahren, trotz der drohenden Stellung der Russen und ihrer undurchdringlichen Wälder; er verachte sie.

Man solle ihm nur die Reste seiner Reiterei und diejenige der Garde geben, so werden die Wälder, diese Bataillons ihn nicht aufhalten; er werde bald damit fertig sein, der Armee die Straße von Kaluga bald geöffnet haben.

Napoleon, den Kopf aufrichtend, schlug all dieses Aufbrausen durch die Worte nieder: es sei jetzt der Verwegenheit genug, man habe für den Ruhm nur zuviel getan, fortan müsse man nur noch an die Rettung des noch übrigen Teils der Armee denken.

Bessières, der sich unterstützt fühlt, wagt es, nach dem Kaiser das Wort zu nehmen und sagt: zu solchen Versuchen fehle es in der Armee und selbst in der Garde an der gehörigen Schwungkraft; es heiße schon, wegen des Mangels an Transportmitteln müsse künftig jeder Verwundete dem Feinde in die Hände fallen, jede Wunde also tödlich werden; man würde also Murat nur ungerne folgen; und wohin? Und gegen welche Feinde? Man kenne die Festigkeit ihrer Stellung, und das Schlachtfeld des gestrigen Tages zeige zur Genüge die Todesverachtung der russischen Rekruten. Der Marschall schloß, indem er das Wort ›Rückzug‹ aussprach, das der Kaiser durch sein Schweigen genehmigte.

Hierauf erklärte der Fürst von Eckmühl, daß, wenn man sich zum Rückzug entschließe, man denselben über Medin und Smolensk nehmen müsse. Aber Murat fällt ihm in die Rede. Aus Feindschaft oder aus Kleinmut, der gewöhnlich auf eine zurückgewiesene Verwegenheit eintritt, will er nicht begreifen, wie man dem Kaiser eine solche Unklugheit vorschlagen könne. Ob denn Davoust der Armee den Untergang geschworen habe? Ob eine so lange und schwerfällige Kolonne ohne Führer, in einem unbekannten Lande, in der Nähe von Kutusow sich fortschleppen und allen seinen Streichen die Flanke bieten solle? Ob er, Davoust, die Verteidigung derselben übernehmen wolle? Warum, da Borowsk und Vereja hinter uns ohne Gefahr nach Mojaisk führen, diesen Rückzugsweg verschmähen?

Davoust, der seinem Zorn kaum gebieten kann, erwidert: der Rückzugsweg, den er vorschlage, führe durch ein fruchtbares, noch nie betretenes Land, über noch unversehrte Dörfer und in der kürzesten Richtung nach Smolensk; wenn man denselben nicht einschlage, so werde uns der Feind die von Murat bezeichnete Straße von Mojaisk ebendahin versperren, und welche Straße! Eine Sand- und Aschenwüste, wo die zahlreichen Transporte unserer Verwundeten das Gedränge vermehren, wo wir nichts finden werden als Blut, Gerippe und Hungersnot! Im übrigen sage er seine Meinung, weil es verlangt worden. Würde etwas anders befohlen, so sei er bereit zu gehorchen. Aber nur der Kaiser habe das Recht, ihm Stillschweigen zu gebieten, nicht Murat, der nicht sein Herr sei und es auch niemals werden solle.

Da der Streit heftiger wurde, legten sich Bessières und Berthier ins Mittel. Der Kaiser aber, noch immer gedankenvoll und an nichts teilnehmend, brach endlich sein Stillschweigen und schloß die Beratung mit den Worten: »Es ist gut, meine Herren! Ich werde mich entschließen!«

Er entschloß sich zum Rückzug, und zwar auf dem Wege, der ihn am schleunigsten vom Feinde entfernte. Aber ein für ihn so neuer Befehl kostete ihn noch den schrecklichsten Kampf, und er verlor darüber die Besinnung. Diejenigen, die ihm beistanden, sagten aus: die Nachricht von einem andern Scharmützel, das einige Stunden hinter der Armee, in der Gegend von Borowsk, mit den Kosaken vorgefallen, habe ihn vollends noch zu diesem unseligen Entschluß bestimmt.

Merkwürdig ist, daß er diesen Rückzug in der Richtung gegen Norden in demselben Augenblick befahl, in welchem Kutusow und seine Russen, durch das Gefecht von Malo-Jaroslawez mürbe gemacht, sich nach dem Süden zurückzogen.

ZWEIUNDFÜNFZIGSTES KAPITEL

Im russischen Lager – Auseinandersetzungen zwischen Kutusow und dem englischen Bevollmächtigten Wilson – Kutusow zieht sich nach Süden zurück, indes Napoleon nordwärts marschiert – herbe Kritik an Napoleon – Spekulationen.

In derselben Nacht hatte dieselbe Besorgnis auch die Russen ergriffen. Während des Gefechts von Malo-Jaroslawez war das Benehmen von Kutusow im höchsten Grade auffallend. Er näherte sich dem Schlachtfeld mit der größten Vorsicht, hielt jeden Augenblick an, um das Terrain zu sondieren, gleichsam aus Furcht, es würde unter ihm einbrechen. Die verschiedenen Verstärkungen, die er Doctorow zu Hilfe schickte, mußten ihm gewissermaßen abgedrungen werden. Erst zu der Stunde, wo eine allgemeine Schlacht nicht mehr zu befürchten war, wagte er es, seine Stellung auf der Straße zu nehmen, auf der Napoleon herankam.

Alsdann war Wilson, noch ganz vom Kampf erhitzt, auf ihn zugeeilt. Wilson, jener tätige, rührige Engländer, den man in Ägypten, in Spanien, überall als den Feind der Franzosen und Napoleons gesehen hat. In der russischen Armee die alliierten Mächte vertretend, war er, mitten in dem Machtgebiet Kutusows, ein unabhängiger Mann, ein Beobachter und selbst ein Richter, und dadurch notwendig ein Gegenstand des Widerwillens: seine Gegenwart war dem russischen Alten höchst verhaßt, und da Haß wieder Haß erzeugt, so haßten sich beide von ganzem Herzen.

Wilson wirft ihm unbegreifliche Langsamkeit vor, durch die sie fünfmal an demselben Tage um den Sieg betrogen worden waren, gerade wie in dem Gefecht am 18. Oktober bei Winkowo, an das er ihn erinnert. An diesem Tage wäre Murat auch wirklich verloren gewesen, wenn Kutusow die Front der Franzosen nachdrücklicher angegriffen und beschäftigt hätte, während Bennigsen ihren linken Flügel umging. Allein Kutusow hatte zu nachlässig und zu spät angegriffen und zu früh wieder aufgehört, entweder aus Altersschwäche, oder weil er – wie einige Russen sagen – Bennigsen noch mehr beneidete, als er Napoleon haßte.

Wilson fordert ihn auf und verlangt von ihm eine entscheidende Schlacht auf den andern Tag, und da er diese verweigert, so fragt er ihn: ob er denn Napoleon mit seinem Sieg entschlüpfen lassen und Petersburg, London, ganz Europa gegen sich aufbringen wolle? Ob er nicht schon das Murren seiner Armee höre?

Kutusow erbost, antwortet ihm: er würde allerdings dem Feinde lieber eine goldene Brücke bauen, als seine Armee und mit ihr das Schicksal des Reichs aufs Spiel setzen! Ob denn Napoleon nicht auf der Flucht sei? Warum denn ihn aufhalten, ihn zum Siege zwingen? Die Zeit werde schon mit ihm fertig werden; der Winter sei der beste Alliierte der Russen; er wolle seine Hilfe abwarten. Was die russische Armee betreffe, so stehe sie unter ihm und werde ihm gehorchen, trotz des Geschreis von Wilson; Alexander, recht berichtet, werde alles gutheißen. Was liege ihm an England? Vor allem sei er Russe und wolle Rußland befreien; dies könne geschehen ohne das Glücksspiel einer Schlacht. In Beziehung auf das übrige Europa sei es ihm gleichgültig, ob Frankreich oder England darin gebiete.

So wird Wilson abgewiesen, und doch sieht sich Kutusow, der

mit der französischen Armee in dieser Hochebene von Malo-Jaroslawez eingeschlossen ist, genötigt, die drohendste Fassung zu zeigen. Er entwickelt am 25. Oktober alle seine Divisionen mit siebenhundert Geschützen. In beiden Armeen zweifelt man nicht länger an einer letzten Schlacht.

Kutusow aber war nun einmal entschlossen, nach dem Süden zu fliehen, erst nach Gonczarewo, dann über Kaluga hinaus; selbst an der Oka waren schon alle Vorkehrungen zu seinem Übergang getroffen.

In demselben Augenblick befahl Napoleon den Seinigen, sich nordwärts auf Mojaisk zurückzuziehen. Beide Armeen kehrten sich also den Rücken zu, sich gegenseitig durch ihren Nachtrab täuschend.

Wenn Napoleon jetzt vorrückte, so war die auf dem Rückzug durcheinandergeratene russische Armee ohne Rettung verloren. Nachdem bei Malo-Jaroslawez die schwerste Arbeit schon getan war und durch ein bloßes Nachrücken alles vollendet werden konnte, zog er sich gerade zurück. Allein so geht es im Krieg; von zwei gegeneinander zu Feld liegenden Armeen weiß keine, was die andere tut; die Vorposten sind die Außenwerke dieser großen Körper, durch die sie sich gegenseitig imponieren, durch die sie wie durch eine Kluft voneinander geschieden werden.

Wenn es übrigens dem Kaiser hier an Kühnheit gefehlt hat, so rührt dies nur daher, daß es ihm zu Moskau an Klugheit gefehlt hatte: er fühlte sich erschöpft, die beiden Kosakengefechte, seine Verwundeten, so viele Greuel hatten ihn mißmutig gemacht, erweicht, entwaffnet; keinen vollständigen Sieg mehr hoffend, die Extreme liebend, mußte er sich zu einem übereilten Rückzug entschließen.

Von diesem Augenblick an war, wie früher Moskau, Paris wieder sein Ziel. Am 26. Oktober traten wir unsern unglückseligen Rückzug an. Während Davoust, der den Nachtrab befehligt, mit seinen fünfundzwanzigtausend Mann einige Schritte vorrückt und, ohne es zu wissen, Schrecken unter die Russen bringt, bietet die Große Armee diesen den Rücken und schlägt auf dem Marsche, wie beschämt und gedemütigt, die Augen nieder. Still und düster scheint ihr Anführer seine Verbindungslinie mit der Weichsel zu messen. Auf einer Strecke von mehr als zweihundertfünfzig Stunden zählt er nur zwei Anhalts- und Ruhepunkte: zuerst Smolensk und dann Minsk. Er hat diese zwei Städte zu seinen Hauptdepots gemacht und große Vorräte dort angehäuft. Allein Smolensk wird von Wittgenstein, der immer noch vor Polozk steht, Minsk von Tschitschakow, der schon Brest Litowsk erreicht hat, bedroht. Wittgenstein verstärkt sich mit jedem Tag durch Rekruten und neuerrichtete Korps, während St. Cyr mit jedem Tag schwächer wird.

Napoleon aber rechnet auf den Herzog von Belluno und seine sechsunddreißigtausend Mann frischer Truppen, die seit den ersten Tagen des September bei Smolensk stehen; er rechnet auf die Depot-Mannschaft, auf die wiederhergestellten Kranken und Verwundeten, auf die Nachzügler, die man in Wilna gesammelt und in Marsch-Bataillons abgeteilt hat. Alle werden allmählich in die Linie einrücken und die durch das Schwert, den Hunger und die Krankheiten entstandenen Lücken ausfüllen. Sonach wird es ihm gelingen, die Stellung an der Düna und am Dnjepr wieder zu gewinnen, wo er, wie er zu verstehen gibt, in Verbindung mit Victor, St. Cyr und Macdonald Wittgenstein in Schranken halten, Kutusow zum Stehen und Alexander in seiner zweiten Hauptstadt bedrohen wird.

Um diesen Glauben zu wecken, läßt er bekannt machen, daß er an der Düna eine Stellung nehmen werde. Allein mit dieser Stellung an der Düna und an dem Dnjepr ist es ihm nicht Ernst. Er sieht ein, daß er mit einer erschöpften und geschwächten Armee den Raum zwischen diesen beiden Flüssen und diese selbst, über die der Frost bald Brücken legen wird, nicht behaupten kann. Er rechnet nicht auf einen sechs Fuß tiefen Schnee, da dieser, durch den Frost fest gemacht, dem Feind überall den Weg nach seinen, auf einer Grenzstrecke von zweihundert Stunden zerstreuten, leicht verbrennlichen Kantonierungs-Quartieren bahnen kann.

Wenn er, zufolge des bei seiner ersten Ankunft in Witebsk gefaßten Planes, dort stehengeblieben wäre; wenn er dort seine Armee erhalten und wiederhergestellt hätte; wenn Tormasow, Tschitschakow und Härtel aus Wolhynien gejagt worden wären; wenn er in diesen reichen Provinzen hunderttausend Kosaken ausgehoben hätte, alsdann wären seine Winterquartiere gesichert gewesen. Aber jetzt ist gar keine Vorkehrung getroffen; er ist nicht nur zu schwach; Tschitschakow, der hundert Stunden rückwärts von ihm steht, kann auch noch seine Verbindungen mit Deutschland und Frankreich und selbst seinen Rückzug bedrohen. Darum muß er, noch hundert Stunden rückwärts von Smolensk, in einer gedrängteren Stellung hinter den Morästen der

Beresina, in der Gegend von Minsk, von wo er noch vierzig Märsche entfernt ist, seine Winterquartiere aufsuchen.

Wird er aber auch noch zeitig genug dort ankommen? Er muß es glauben. Dombrowsky und seine Polen, die Bobruisk beobachten, sind stark genug, um Härtel im Zaum zu halten. Was Schwarzenberg betrifft, so ist er im Vorteil; er steht an der Spitze von zweiundvierzigtausend Österreichern, Sachsen und Polen, die durch die Division Durutte, die von Warschau herbeieilt, nächstens auf mehr als fünfzigtausend Mann gebracht werden. Er hat Tormasow bis an den Styr verfolgt.

Freilich sind die Reste der Armee von Wolhynien durch die russische Moldauarmee wieder verstärkt worden, und Tschitschakow, ein tätiger und entschlossener General, führt jetzt den Befehl über diese fünfundfünfzigtausend Mann. Der Österreicher hat haltgemacht und am 23. September sich sogar genötigt gesehen, wieder über den Bug zurückzugehen, aber er muß bei Brest-Litowsk wieder über diesen Fluß vorgerückt sein, und Napoleon hat keine neueren Nachrichten.

Wenn anders keine Verräterei im Spiel ist, der sich jetzt nicht mehr vorbeugen läßt und die nur durch eine schleunige Rückkehr verhindert werden kann, so glaubt er, sich mit der Hoffnung schmeicheln zu dürfen, daß Schwarzenberg, Regnier, Durutte, Dombrowsky und zwanzigtausend Mann zu Minsk, Slonim, Grodno und Wilna, zusammen siebzigtausend Mann, seine Magazine und seinen Rückzug gegen sechzigtausend Russen werden sichern können.

DREIUNDFÜNFZIGSTES KAPITEL

Sprengung des Kreml und Zerstörung der Überreste von Moskau durch Marschall Mortier – General Winzingerode wird gefangengenommen – Brutalisierung des Krieges – Ausbruch Napoleons gegen Winzingerode.

Als Napoleon, auf ein so gewagtes Kalkül beschränkt, gedankenvoll in Vereja ankam, ließ sich Mortier bei ihm melden.

Allein ich bemerke jetzt erst, daß ich, von dem Strome der Begebenheiten gleich den übrigen Zeugen derselben fortgerissen, eine merkwürdige Tatsache noch nicht erwähnt habe. Am 23. Oktober, um halb ein Uhr des Morgens, war die Luft durch eine furchtbare Explosion erschüttert worden, über die sich die beiden Armeen einen Augenblick verwunderten, obgleich man, auf alles gefaßt, nicht leicht auf etwas achtete.

Mortier hatte seinen Auftrag erfüllt: der Kreml war nicht mehr. Fässer mit Pulver gefüllt waren in alle Gemächer des Palastes der Zare, und hundertdreiundachtzigtausend Pfund Pulver in die Gewölbe unter denselben gelegt worden. Auf diesem Vulkan, den eine einzige russische Granate hätte entzünden können, blieb Marschall Mortier einstweilen noch mit achttausend Mann, um den Marsch der Armee nach Kaluga und den Rückzug der verschiedenen Convoys, die nach Mojaisk gewiesen waren, zu decken.

Unter diesen achttausend Mann befanden sich etwa nur zweitausend, auf die sich Mortier verlassen konnte. Die andern, aus unberittenen Reitern, aus Leuten von verschiedenen Regimentern und Ländern, unter neuen Kommandeuren, ohne Gemeinschaft der Sitten und der Erinnerungen, ohne irgendein Band zusammengesetzt, bildeten eher einen zusammengelaufenen Haufen als ein organisiertes Korps und mußten daher bald wieder zerstieben.

Dieser Marschall galt für einen aufgeopferten Mann. Die übrigen Befehlshaber, seine alten Waffengefährten, nahmen mit Tränen von ihm Abschied, und der Kaiser entließ ihn mit den Worten: »Ich rechne auf Ihr Glück; übrigens muß man im Kriege wohl auch dem Feuer seinen Teil lassen.« Mortier, der in sein Schicksal sich fügte, hatte den Befehl, den Kreml zu verteidigen, dann bei seinem Rückzug denselben in die Luft zu sprengen und die noch übrigen Gebäude der Stadt in Brand zu stecken. Aus dem Schlosse Krasno-Pachra hatte ihm der Kaiser am 21. Oktober seine letzten Befehle geschickt, nach deren Vollziehung er nach Vereja abrücken und den Nachtrab der Armee bilden sollte.

In diesem Schreiben empfahl ihm Napoleon ganz besonders, die noch in den Spitälern befindlichen Leute auf den Wagen der jungen Garde, auf denen der unberittenen Reiterei und auf allen, die er aufbringen könnte, fortzuschaffen. Er solle sie auf seine Pferde, auf alle diejenigen, die noch da seien, nehmen. Er solle dies um so mehr tun, als man diesem Transport bei der Armee die durch die verminderte Fourage entbehrlichen Pferde und Wagen werde geben können. Der Kaiser hoffe, dem Herzog von Treviso seine Zufriedenheit über die Rettung von fünfhundert Mann bezeugen zu können. Erst müsse er bei den Offizieren, dann bei den Unteroffizieren anfangen, und den Franzosen den Vorzug geben.

Nach dem Abzug der Großen Armee aus Moskau waren sofort Kosaken in die Vorstädte gedrungen, und Mortier hatte sich nach dem Kreml zurückgezogen, wie der letzte Lebensrest sich nach dem Herzen zieht, wenn die äußeren Enden der Gliedmaßen schon erkaltet sind. Diese Kosaken waren der Vortrab eines Korps von zehntausend Mann, das Winzingerode befehligte.

Dieser Ausländer, von Haß gegen Napoleon entflammt, von dem Wunsche begeistert, Moskau wieder zu nehmen und sich durch dieses Heldenstück in Rußland das Heimatrecht zu verdienen, war den Seinigen vorangeeilt. Durch die Georgische Kolonie nach der Chinesischen Stadt und nach dem Kreml an den Vorposten vorbeijagend, fällt er in einen Hinterhalt und wird in der Stadt, die er nehmen will, gefangengenommen. Aber dies verblüfft ihn nicht: er vertauscht seine Rolle, schwingt sein Sacktuch in die Luft und gibt sich für einen Parlamentär aus.

Vor den Herzog von Treviso geführt, beruft er sich trotzig auf das Völkerrecht, das man, wie er sagt, in seiner Person verletze. Mortier antwortete ihm: ein kommandierender General, der sich auf diese Weise benehme, könne allenfalls für einen verwegenen Soldaten, aber nie für einen Parlamentär gelten; er solle unverzüglich seinen Degen abgeben. Als der russische General sah, daß nichts mehr zu machen sei, fügte er sich in sein Schicksal und gestand seine Unvorsichtigkeit ein.

Nach viertägigem Widerstand verlassen endlich die Franzosen für immer diese unselige Stadt und nehmen vierhundert Verwundete mit sich. Die Abziehenden legen noch ein künstlich gearbeitetes, langsam brennendes, schon glimmendes Feuerwerk an einen geheimen und sicheren Ort. Die Fortschritte des Feuers waren berechnet, man wußte genau, wann dasselbe die Pulvermasse ergreifen würde, die in den Gewölben dieser der Zerstörung geweihten Paläste aufgehäuft war

Während Mortier seine Schritte beflügelt, treibt die Sucht nach Beute, wie man behauptet, gierige Kosaken und schmutzige Bettler nach dem Orte des Verderbens. Sie nahen sich und horchen; durch die tückische Stille, die in der Festung herrscht, ermutigt, wagen sie in dieselbe zu dringen, eilen die Treppen hinauf in die Gemächer und greifen schon nach der Beute, als sie mit einem Schlag mit den Trümmern der Mauern und der dreißigtausend Gewehre, die man dort zurückgelassen hatte, hoch in die Lüfte geschleudert werden; ihre zerstümmelten und zerrissenen Gliedmaßen regnen weit von da mit den Mauersteinen und den Gewehrsplittern wieder auf den Boden herab.

Die Erde bebte unter den Tritten von Mortier. Zehn Stunden von da, zu Femiskoje, hörte der Kaiser diese Explosion. Er selbst verkündet am folgenden Tag von Borowsk aus in jenem zornigen Tone, in dem er zuweilen zu Europa sprach: der Kreml, das Zeughaus, die Magazine, alles sei vernichtet; diese Burg, so alt wie die Monarchie, dieser erste Palast der Zare, sei nicht mehr; fortan sei Moskau nur noch ein Schutthaufen, eine unreine, ungesunde Kloake ohne alle politische und militärische Bedeutung; er überlasse es den Bettlern und russischen Räubern, um gegen Kutusow zu ziehen, seine Flanke zu fassen, ihn zurückzuwerfen und dann ruhig die Ufer der Düna zu gewinnen und dort zu überwintern.

Er erklärt noch ferner, er habe sich geweigert, den Befehl zur Verwüstung des Landes zu geben, das er verlasse; es widerstrebe seinem Gefühl, das Unglück dieser Bevölkerung noch zu vergrößern; um den russischen Mordbrenner und hundert Mitschuldige, die den Krieg wie Tataren führen, zu bestrafen, wolle er nicht hunderttausend Gutsbesitzer zugrunde richten, nicht zweimalhunderttausend Leibeigene, die an diesen Greueln nicht schuld seien, ganz hilflos lassen.

Damals war er noch nicht durch das Unglück erbittert; aber in drei Tagen hatte sich alles geändert. Eben dieses Borowsk ward durch Feuer vertilgt, sobald er dasselbe, von seinem Zuge gegen Kutusow zurückkehrend, zum zweitenmal verlassen hatte. Fortan soll alles hinter ihm in Asche gelegt werden. Als Eroberer hatte er das Land geschont, auf seinem Rückzug will er es verwüsten, entweder weil die Notwendigkeit, das oberste Gesetz im Krieg, es so gebietet, oder um Repressalien zu üben, wozu die gewählte Art der Verteidigung ihm ein schreckliches Recht gibt.

Übrigens fällt die Initiative in dieser gräßlichen Art der Kriegführung dem Kaiser Napoleon nicht zur Last. Am 19. Oktober hatte Berthier Kutusow schriftlich eingeladen, »die Feindseligkeiten dergestalt zu regeln, daß das moskowitische Reich nur die von dem Kriege unzertrennlichen Übel zu leiden habe, indem die Verwüstung des Landes demselben ebenso verderblich als schmerzlich für Napoleon sei.« Kutusow hatte aber darauf erwidert: »daß es ihm unmöglich sei, den russischen Patriotismus in Schranken zu halten.« Dadurch ward der Tatarenkrieg, den seine Milizen gegen uns führten, gutgeheißen und uns gewissermaßen das Recht eingeräumt, Gleiches mit Gleichem zu vergelten.

Dasselbe Los der Einäscherung traf jetzt auch Vereja, wo Mortier soeben den Kaiser eingeholt und ihm Winzingerode vorgeführt hatte.

Bei dem Anblick dieses deutschen Generals fing der geheime Schmerz Napoleons Feuer, sein Gram verwandelte sich in Zorn, und er entlud auf diesen Feind all den Kummer, der ihm das Herz preßte. »Wer sind Sie?« rief er ihm zu, indem er die Arme mit Heftigkeit übereinander schlug, als wollte er sich selbst fassen und zurückhalten. »Noch einmal! Wer sind Sie? Ein Mensch ohne Vaterland! Sie waren immer mein persönlicher Feind! Als ich Österreich bekriegte, fand ich Sie in den Reihen der Österreicher! Österreich wurde mein Verbündeter, und sogleich nahmen Sie russische Dienste! Sie waren einer der hitzigsten Verfechter des gegenwärtigen Krieges! Sie sind aber, in den Provinzen des Rheinbundes geboren, mein Untertan und nicht ein gewöhnlicher Feind. Sie sind ein Aufrührer! Ich habe das Recht, Sie vor ein Kriegsgericht zu stellen! Gensd'armes, greift mir diesen Menschen da!« Die Gensd'armes blieben unbeweglich wie Menschen, die daran gewöhnt sind, solche heftigen Auftritte wirkungslos vorübergehen zu sehen, und überzeugt, ihr Gehorsam bestehe in einem solchen Fall darin, nicht zu gehorchen.

Der Kaiser begann aufs neue: »Sehen Sie da, mein Herr, diese verwüsteten Felder, diese brennenden Dörfer! Wer ist schuld an allem diesem Unglück? Fünfzig Abenteurer, wie Sie einer sind, von England gemietet und auf den Kontinent geworfen; aber dieser Krieg wird auf diejenigen zurückfallen, die dazu herausgefordert haben. In sechs Monaten werde ich in Petersburg sein, und dann will ich für all diesen Unfug Rechenschaft fordern.«

Hierauf wendet sich Napoleon an den mitgefangenen Adjutanten von Winzingerode: »Was Sie betrifft, Graf Narischkin, so habe ich Ihnen nichts vorzuwerfen. Sie sind Russe, Sie tun Ihre Schuldigkeit. Aber wie konnte ein Mann aus einer der ersten Familien Rußlands der Adjutant eines fremden Mietlings werden? Seien Sie der Adjutant eines russischen Generals; dieser Dienst wird um vieles ehrenvoller sein.«

Bis dahin vermochte General Winzingerode auf diese heftigen Worte bloß durch seine Haltung zu antworten: sie war ruhig wie seine Gegenrede. Er erwiderte: Kaiser Alexander sei sein und seiner Familie Wohltäter. Alles, was er besitze, habe er von ihm. Die Dankbarkeit habe ihn zu seinem Untertan gemacht. Von seinem Wohltäter auf seinen Posten gestellt, habe er nur seine Pflicht getan.

Napoleon fügte noch einige Drohungen hinzu, die schon milder waren, und ließ es bei den Worten bewenden, sei es, daß er seinen Zorn auf einmal entladen hatte, oder daß er die Deutschen, die geneigt sein möchten, ihn zu verlassen, nur schrecken wollte. So erklärte wenigstens seine Umgebung seine Heftigkeit, die nicht gebilligt und nicht ferner beachtet wurde. Alles drängte sich im Gegenteil herbei, um den gefangenen General zu beruhigen und zu trösten. Man bewies ihm dieselbe Aufmerksamkeit bis nach Litauen, wo Winzingerode und sein Adjutant durch die Kosaken befreit wurden. Der Kaiser hatte den letzteren, einen russischen Großen, mit ausgezeichneter Güte behandelt, während er gegen seinen General loszog. Dieses beweist, daß selbst dieser sein Zorn berechnet war.

VIERUNDFÜNFZIGSTES KAPITEL

In zehn Tagen nur drei Tagemärsche von Moskau entfernt – der Winter tritt ein – grauenvolles Wiedersehen mit dem Schlachtfeld von Borodino – das Spital in dem Kloster Kolozkoje – Unmenschlichkeiten – wieder in Ghiaz.

Den 28. Oktober sahen wir Mojaisk wieder, wo sich noch viele Verwundete befanden. Von diesen wurden die einen mitgenommen, die andern zusammengebracht und, wie zu Moskau, dem Edelmut der Russen überlassen. Napoleon ging noch einige Werst über diese Stadt hinaus, und der Winter trat ein. Nach einem schrecklichem Gefecht, nach zehntägigen Märschen und Gegenmärschen war also die Armee, die sich zu Moskau nur auf vierzehn Tage mit Mehl versehen hatte, nur drei Märsche rückwärts gekommen. Es fehlte ihr an Lebensmitteln, und der Winter hatte sie ereilt.

Schon erlagen einige Leute. Gleich in den ersten Tagen des Rückzugs hatte man die Proviantwagen verbrannt, deren Bespannung nicht mehr fortkommen konnte. Als jetzt der Befehl kam, hinter sich alles zu verbrennen, vollzog man denselben dadurch, daß man die Munitionswagen, deren Bespannung nichts mehr taugte, in den Häusern auffliegen ließ. Da sich indessen noch immer kein Feind zeigte, so schienen wir nur eine beschwerliche Reise wieder angetreten zu haben, und der Kaiser beruhigte sich schon beim Anblick einer ihm bereits bekannten Straße, als Davoust ihm gegen Abend einen gefangenen russischen Jäger zuschickte.

Anfangs frug er diesen nur nachlässig aus; allein der Moskowite, der zufälligerweise etwas von den Straßen, den Namen und Entfernungen wußte, antwortete, die ganze russische Armee habe die Straße von Medin nach Wjasma eingeschlagen. Jetzt wurde der Kaiser aufmerksam. Wollte Kutusow ihm etwa wie bei Malo-Jaroslawez zuvorkommen, ihm die Straße von Smolensk wie jene von Kaluga versperren und ihn in dieser Wüste, ohne Lebensmittel, ohne Obdach, mitten in einem allgemeinen Aufstand einschließen? Anfangs schien er geneigt, diese Warnung zu verachten; denn, sei es Stolz, sei es lange Erfahrung, er hatte sich nun einmal daran gewöhnt, seinen Gegnern nicht dieselbe Geschicklichkeit unterzulegen, die er an ihrer Stelle gehabt haben würde.

Hier hatte er aber noch einen andern Beweggrund, eine solche Verachtung blicken zu lassen: seine Zuversicht war nur ein Blendwerk, denn es war offenbar, daß die russische Armee die Straße von Medin eingeschlagen hatte, dieselbe, die von Davoust für die französische Armee in Vorschlag gebracht worden war. Und Davoust hatte aus Eigenliebe oder aus Versehen sich nicht begnügt, eine so erschütternde Nachricht seiner Depesche allein anzuvertrauen. Napoleon, der davon einen schlimmen Eindruck auf die Seinigen befürchtete, schien eben darum nichts aus der Sache zu machen, befahl aber zu gleicher Zeit, daß seine Garde den andern Tag in aller Eile bis nach Ghiaz marschieren sollte, wo er diesem auserlesenen Korps einen Rasttag und Lebensmittel geben, sich genauer nach dem Marsch von Kutusow erkundigen und ihm zuvorkommen wollte.

Allein das Wetter, das man nicht in die Beratung gezogen hatte, schien sich zu rächen. Der Winter war uns so nahe, daß er, durch einen Windstoß in Zeit von wenigen Minuten herbeigeführt, herbe, schneidend und als Gebieter über uns kam. Man fühlte es alsbald, daß er in diesem Lande zu Hause, wir aber Fremdlinge seien. Alles veränderte sich; die Wege, die Gesichter, der Mut; die Armee wurde trübselig, der Marsch beschwerlich; eine allgemeine Bestürzung trat ein.

Einige Stunden von Mojaisk mußte man über die Kologha gehen. Sie ist nichts weiter als ein großer Bach; zwei Baumstämme, einige Querbalken und Bretter wären hinreichend gewesen, den Übergang zu sichern, aber die Unordnung und die Sorglosigkeit waren so groß, daß der Kaiser dadurch aufgehalten wurde. Mehrere Kanonen, die man durch eine Furt bringen wollte, versanken. Es schien, daß jedes Armeekorps auf eigene Rechnung marschiere, daß endlich gar nichts mehr vorhanden sei, was alle Armeekorps zu einem Ganzen verbinde. Und in Wahrheit, der hohe Rang jedes Anführers der verschiedenen Korps machte sie allzu unabhängig voneinander. Der Kaiser selbst hatte sich so hoch gestellt, daß er sich in einer unverhältnismäßigen Entfernung von den Details seiner Armee befand; und Berthier, der Vermittler zwischen ihm und seinen Unterfeldherren, die sämtlich Könige, Fürsten oder Marschälle hießen, war zu allzu vielen Rücksichten genötigt und übrigens auch dieser Stelle nicht gewachsen.

Der Kaiser, durch das geringste Hindernis einer zerbrochenen Brücke aufgehalten, begnügte sich, eine Gebärde der Unzufriedenheit und der Verachtung zu machen; worauf Berthier bloß durch die Miene der Resignation antwortete. Dieser Detailbefehl war ihm von dem Kaiser nicht erteilt worden; er hielt sich daher für schuldlos, denn Berthier war weiter nichts als ein getreues Echo, ein Spiegel, der die empfangenen Strahlen wieder zurückwarf; immer bereit zu jedem Geschäft, bei Tag und bei Nacht, wiederholte er die Befehle des Kaisers, ohne jedoch das mindeste selbst hinzuzufügen.

Von der Kologha zog man nachdenklich weiter fort, als plötzlich einige von uns einen Schrei des Entsetzens ausstießen und dadurch die Aufmerksamkeit eines jeden weckten. Ein eingestampftes, nacktes, verwüstetes Feld lag vor uns! Alle Bäume waren einige Schuh vom Boden abgehauen, die Kuppen der Hügel im Hintergrunde zum Teil abgestreift. Der höchste von allen schien am meisten entstellt und glich einem ausgebrannten, geborstenen Vulkan. In seinem Bereich war der Boden mit Stücken von Helmen und Kürassen, von Trommeln und Gewehrschäften, mit blutbefleckten Fetzen von Krieggewändern und Fahnen besäet.

Auf diesem verheerten Felde lagen dreißigtausend halbverweste Leichname. Einige Gerippe auf dem Geröll eines Hügels überragten das Ganze; der Tod schien dort seinen Herrschersitz aufgeschlagen zu haben. Es war dies jene furchtbare Redoute, die Eroberung und das Grabmal von Caulaincourt. Der Ruf »der Walplatz der großen Schlacht!« scholl jetzt in einem traurigen und langen Gemurmel. Der Kaiser sputete sich; von der Kälte, dem Hunger und dem Feinde getrieben, hielt sich niemand auf; im Gehen warf man noch einen letzten traurigen Blick rückwärts auf dieses ungeheure Grab so vieler Waffengefährten, die, zwecklos hingeopfert, zurückgelassen werden mußten.

Hier hatten wir mit blutigem Schwert ein großes, großes Blatt unserer Geschichte beschrieben. Einige schnell vergängliche Trümmer zeugten noch davon. Gleichgültig könnte vielleicht der Wanderer einst über dieses Feld ziehen, das aussieht wie jedes andere. Wenn er aber erfährt, daß hier die große Schlacht geschlagen worden, so verweilt er gewiß, um dasselbe genau zu besehen, um jede Zufälligkeit des Bodens sich in das Gedächtnis zu prägen. Dann ruft er ohne Zweifel aus: welche Menschen! welcher Anführer! welches Schicksal! Dieselben Menschen hatten dreizehn Jahre früher von Süden her über Ägypten den Krieg nach dem Orient getragen und nichts gegen die Pforten desselben vermocht! Nach diesem haben sie Europa erobert und hierauf vom Norden her Asien zu fassen gesucht, wo ihre Macht zum zweitenmal zerronnen ist! Wer hat sie denn in das Elend eines so unsteten und abenteuerlichen Lebens verstoßen? Welche Notwendigkeit, oder was hat sie denn getrieben? Das Vertrauen in einen bis dahin unfehlbaren Führer, der Ehrgeiz, ein rühmlich begonnenes Werk zu vollenden; der Siegesrausch; jene unersättliche Ruhmsucht; der gewaltige Trieb, der den Menschen im Tod die Unsterblichkeit suchen läßt.

Ernst und schweigend ging die Armee über dieses Leichenfeld, als plötzlich eine Stimme des Jammers an das Ohr der Vorübergehenden schlug. Man läuft hinzu und findet einen französischen Soldaten, dem eine Kanonenkugel in der Schlacht die beiden Beine weggerissen, und den man unter den Toten hatte liegenlassen. Der Körper eines durch eine Haubitzgranate ausgeweideten Pferdes war vorerst sein Obdach, und von dem schlammigen Wasser der Schlucht, in die er gerollt war, in dem halbverwesten Fleische der Leichname fand er während fünfzig langer Tage das Mittel, sein Leben zu fristen und seine Wunden zu verbinden. Diejenigen, die dieses unglückliche Wesen gefunden haben wollen, versichern, daß sie es glücklich gerettet hätten.

Weiter von da sah man die Abtei oder das Spital von Kolozkoje wieder, wo des Gräßlichen noch weit mehr war als auf dem Schlachtfelde. Im Bereich von Borodino herrschte der Tod, aber auch die Ruhe: jeglicher Kampf hatte dort aufgehört. Aber zu Kolozkoje dauerte er noch immer fort: der Tod schien hier diejenigen, die ihm auf dem Schlachtfelde entgangen waren, unerbittlich zu verfolgen; er drang durch jedes ihrer Organe in sie ein. Um seine Gewalt zu brechen, dazu fehlte es an allem, nur nicht an Befehlen, die in diesen Wüsten unausführbar waren und auch zu weit her und zu hoch herab kamen und durch zu viele Hände gingen, um vollzogen zu werden.

Ungeachtet des Hungers, der Kälte und der Entbehrungen aller Art waren jedoch noch viele Verwundete durch die rastlosen Bemühungen einiger hochverdienter Ärzte und durch den Balsam der Hoffnung in diesem verpesteten Orte dem Leben erhalten worden. Als sie aber die Armee zurückkommen und mit ihr jede Hoffnung verschwinden sahen, schleppten sich die kräftigeren an die Schwelle des Tores, lagerten sich längs der Straße und streckten flehend die Hände nach uns aus.

Der Kaiser befahl, daß jeder Wagen ohne alle Ausnahme einen von diesen Unglücklichen aufnehmen, und daß man die Schwächsten, wie zu Moskau, unter dem Schutze derjenigen russischen Offiziere zurücklassen solle, die ihre Heilung unserer Sorgfalt und Pflege zu verdanken hatten. Er hielt an, um die Vollziehung dieses Befehls zu betreiben, und wärmte sich mit den Offizieren seines Gefolges an der Flamme der im Stich gelassenen Munitionskarren. Seit dem Morgen dieses Tages bezeugten die vielfachen Explosionen, die man hören mußte, zu wie vielen Opfern der Art man sich bereits hatte entschließen müssen.

Während dieses Halts geschah eine Greueltat. Die Marketender, deren Fuhrwerk mit der Beute von Moskau schon überladen war, hatten die ihnen zugewiesenen Verwundeten nur ungern und mit Murren aufgenommen. Bald blieben die Schurken geflissentlich hinter ihren Korps zurück und benutzten den ersten Augenblick, um diese Unglücklichen in den Graben zu werfen. Einer von ihnen, und zwar ein General, der von den später Folgenden noch gerettet werden konnte, zeigte dieses Verbrechen an. Entsetzen durchschauderte die ganze Marschkolonne und drang bis zum Kaiser vor; denn noch war die Not nicht groß, nicht verbreitet genug, um jedes Mitleid zu ersticken, jede Brust zu stählen und einzig nur den Trieb der Selbsterhaltung übrig zu lassen.

Am Abend dieses langsam hinschleichenden Tages nahte sich die kaiserliche Kolonne Ghiaz und war nicht wenig überrascht, auf ihrem Wege die Leichen ganz frisch getöteter Russen zu finden.

Einer wie der andere war durch den Kopf geschossen, sein blutiges Gehirn lag verschüttet daneben. Man wußte, daß zweitausend gefangene Russen, von Spaniern, Portugiesen und Polen bewacht, vorausmarschierten. Jedermann schalt, billigte oder blieb gleichgültig, je nach seinem Charakter. In der nächsten Umgebung des Kaisers fanden diese verschiedenen Eindrücke keine Sprache. Nur Caulaincourt konnte sich nicht halten und rief aus: welche abscheuliche Grausamkeit! Das sei also die Zivilisation, die wir nach Rußland brächten. Welchen Eindruck diese Barbarei auf den Feind machen müsse? Ob wir nicht unsere Verwundeten und eine Menge Gefangener in seiner Gewalt zurückließen? Ob es ihm also an Gelegenheit fehlen könne, schreckliche Repressalien zu üben?

Napoleon beobachtete ein düsteres Stillschweigen. Aber den folgenden Tag hatten diese Mordtaten aufgehört. Man begnügte sich, diese Unglücklichen die Nacht über, wie das Vieh eingepfercht, verhungern zu lassen. Das war allerdings auch wieder eine Grausamkeit, aber was konnte man tun? Sie auswechseln? Der Feind wollte nicht. Sie entlassen? Da würden sie unsere Not bekannt gemacht haben und bald, mit andern vereinigt, zurückgekommen sein, um Rache an uns zu nehmen. In diesem Vertilgungskriege ihnen das Leben schenken, war soviel, als das eigene hingeben; man war grausam aus Not; das wahre Übel lag darin, daß man sich in eine so schreckliche Alternative gesetzt hatte.

Endlich erreichte man Ghiaz mit der sinkenden Nacht nach einem schweren Tag: der Anblick des Schlachtfeldes und der preisgegebenen Spitäler, die vielen in die Luft gesprengten Munitionswagen, die hingerichteten Russen, die ungeheure Länge des Weges, die Erstlinge des Winters, all dies hatte den heutigen Marsch verderblich gemacht. Der Rückzug ging in Flucht über. Es war etwas ganz Neues, Napoleon weichen und fliehen zu sehen.

Unter unsern Alliierten freuten sich manche insgeheim darüber, mit jener Freude, welche die Unterwürflinge empfinden, wenn sie ihre Gebieter von einer größeren Macht auch hinwiederum überwältigt sehen. Aber diese tückische Freude erlosch bald in dem Qualm des allgemeinen Elends.

Napoleon mochte ahnen, daß dergleichen Gedanken in manchen aufstiegen. Es zeigte sich dies bei einem Halt des heutigen Tages. Auf einem erstarrten, mit französischen und russischen Kriegstrümmern besäten Felde wollte er durch die Macht seiner Rede sich der ihm unerträglichen Verantwortlichkeit für ein so großes Unglück entledigen. Den Urheber dieses, von ihm allerdings gefürchteten, Krieges gab er den Verwünschungen der ganzen Welt preis; als solchen nannte er ...[14], »dieser russische, an die Engländer verkaufte Minister hat den Krieg angezettelt und treuloserweise Alexander und mich hineingeführt!«

Diese Worte, in Gegenwart von zweien seiner Generäle gesprochen, wurden mit alter, gewohnter und auch mit der neuen Ehrfurcht angehört, die man bereits dem Unglück schuldig war. Der Herzog von Vicenza aber, vielleicht zu ungeduldig, geriet in Zorn, gab seinen Unwillen und seinen Unglauben durch eine Gebärde zu erkennen und entzog sich plötzlich einem so peinlichen Gespräche.

FÜNFUNDFÜNFZIGSTES KAPITEL

Ney bleibt bei Wjasma zurück, um Davoust im Kommando der Nachhut abzulösen – Kritik an Davoust – das Fortkommen auf den vereisten oder verschlammten Straßen wird täglich schwerer – der ›russische Murat‹.

Von Ghiaz kam der Kaiser in zwei Märschen nach Wjasma, wo er verweilte, um den Prinzen Eugen und Davoust zu erwarten und den Weg von Medin zu beobachten, der bei diesem Ort in die große Straße von Smolensk einfällt und der die russische Armee von Malo-Jaroslawez her auf seinen Rückzugsweg führen konnte. Da er aber am 1. November, nach sechsunddreißigstündigem Warten, noch keinen Vorläufer dieser Armee entdeckt hatte, so setzte er seinen Marsch fort, hoffend, daß Kutusow eingeschlafen sei, aber auch fürchtend, daß der Russe Wjasma rechts habe liegen lassen, um ihn, zwei Märsche von da bei Dorogobusch einzuholen. Doch ließ er Ney bei Wjasma zurück, um das erste und vierte Korps aufzunehmen und Davoust, den er ermüdet glaubte, im Kommando des Nachtrabs abzulösen.

Er beklagte sich über die Langsamkeit dieses letzteren und warf ihm vor, statt drei gar fünf Märsche zurückgeblieben zu sein. Er hielt das Genie dieses Marschalls für zu methodisch, um einen unregelmäßigen Marsch gehörig zu leiten.

Die ganze Armee, und besonders das Korps des Prinzen Eugen, stimmte in diese Klagen ein und sagte: Davoust, eigensinnig und voll übertriebener Ordnungsliebe, habe sich schon bei der Abtei Kolozkoje vom Feinde einholen lassen und elende Kosaken durch einen Rückzug, Schritt für Schritt in Bataillonsvierecken, geehrt, als wenn sie Mamelucken wären; erst nachdem Platow diese dichten Massen von weitem her angeschossen, habe der Marschall dem Feinde einige dünnere, leichtbewegliche Linien und mit augenblicklichem Erfolg auch einiges leichte Geschütz entgegengestellt, durch dergleichen Manöver und durch regelmäßige Fouragierungen aber viel Zeit verloren, die auf dem Rückzug immer kostbar sei, besonders in einem verwüsteten Lande, wo das beste Manöver darin bestehe, daß man so schnell wie möglich von der Stelle komme.

Davoust berief sich dagegen auf seinen Abscheu gegen alle Unordnung. Bestimmt durch diesen, hatte er zuerst versucht, Ordnung in die Flucht zu bringen, alle Trümmer zu retten und dieselben, als gefährliche Zeugen unserer Not, dem Feinde zu entziehen.

Er fügte bei: man bedenke nicht genug, mit welchen Hindernissen er zu kämpfen habe. In dem völlig verwüsteten Lande seien alle Häuser und selbst die Bäume bis auf die Wurzel abgebrannt. Nicht ihm, dem Zuletztkommenden, habe man den Befehl gegeben, alles zu zerstören: die Brandstifter seien ihm vorausgegangen. Man scheine den Nachtrab vergessen zu haben, so wie den beeisten, spiegelglatten Weg, die grundlos gewordenen Furten, die abgebrochenen, nicht wiederhergestellten Brükken. Jedes Korps bekümmere sich außer dem Gefecht eben nur um sich selbst.

Man scheine zu vergessen, wie sehr alles verschlimmert werde durch die Nachzügler von allen Korps, die zu Pferd, zu Fuß, zu Wagen in großer Anzahl bei dem Nachtrab zurückbleiben. Jeden Tag marschiere er zwischen diesen Unglücklichen und den Kosaken, von diesen getrieben und jene treibend.

So habe er diesseits Ghiaz die Pfütze von Czarewo-Zaimicze ohne Brücke und mit Wagen aller Art angefüllt gefunden und diese im Angesicht des Feindes bei dem Scheine seiner Feuer und unter den Wirbeln seiner Trommeln aus dem Schlamme gerettet.

Denn dieser Marschall und seine Generäle konnten sich noch immer nicht entschließen, dem Feinde so viele Trophäen zu überlassen. Sie taten dies nur nach den größten vergeblichen Anstrengungen und im äußersten Notfall, der jeden Tag mehr als einmal eintrat. Die Straße war nämlich an vielen Stellen von sumpfigen Gründen durchschnitten, deren steile Ränder, mit Glatteis überzogen, das Fortkommen der Fuhrwerke ungemein erschwerten. Auf dem diesseitigen Rand hinabgleitend, kamen die Wagen schnell in die Tiefe, wo sie im Sumpf steckenblieben und von den erschöpften Pferden, deren Hufeisen ganz abgeschliffen waren, den jenseitigen Rand oft nicht mehr hinaufgebracht werden konnten. Wenn von diesen armen Tieren eines fiel, so waren alsbald ausgehungerte Soldaten da, die ihm das Fleisch vom Leibe schnitten und dasselbe an einem aus Trümmern der Wagen aufgemachten Feuer rösteten und noch blutig verschlangen.

Aber die Artilleristen, eine auserlesene Mannschaft, und ihre Offiziere, sämtlich in der ersten Schule der Welt gebildet, taten das Äußerste. Sie nahmen die Pferde von den eigenen Kaleschen und den Rüstwagen, die sie im Stich ließen, um ihre Kanonen zu retten. Sie spannten ihre eigenen Pferde, sie spannten sich selbst daran. Die Kosaken, die diese Not von weitem sahen, wagten sich nicht heran und begnügten sich, ihr leichtes, auf Schlitten angebrachtes Geschütz spielen zu lassen, wodurch dann das Unglück noch vermehrt wurde.

Das erste Korps hatte schon zehntausend Mann verloren. Dessenungeachtet waren der Vizekönig und der Fürst von Eckmühl nach unsäglichen Anstrengungen und Opfern den 2. November zwei Stunden diesseits von Wjasma angekommen. Es unterliegt keinem Zweifel, daß sie an diesem Tage noch über diese Stadt hätten hinauskommen, sich mit Ney vereinigen und dadurch ein nachteiliges Gefecht hätten vermeiden können. Eugen soll dies auch gewollt haben, aber wegen Davoust, der seine ermüdeten Truppen nicht weiterbringen zu können glaubte, seiner Pflicht sich opfernd, stehengeblieben sein, um die Gefahren die er voraussah, zu teilen. Die Generäle von Davoust sagen dagegen, der Prinz, schon gelagert, habe seinen Soldaten nicht zumuten wollen, ihr Feuer und ihr Mahl, zu dem die immer so weitläufigen Anstalten schon getroffen waren, wieder zu verlassen.

Wie dem nun sei, während der trügerischen Ruhe dieser Nacht kam der russische Vortrab von jenem Malo-Jaroslawez an, wo unser Rückzug dem russischen ein Ende gemacht hatte. Er marschierte den beiden französischen Korps und jenem von Poniatowsky zur Seite über ihre Biwaks hinaus und richtete seine Angriffskolonnen gegen die linke Seite der Straße, in dem Zwischenraum von zwei Stunden, den Davoust und Eugen zwischen sich und Wjasma gelassen hatten.

Miloradowitsch, derselbe, den man den russischen Murat nannte, befehligte diesen Vortrab. Er ist nach dem Zeugnis seiner Landsleute ein unermüdlicher, übermütiger, ungestümer Krieger wie jener gekrönte Soldat, ebenso stattlich gebaut, vom Glück ebenso begünstigt. Er blieb immer unverletzt, obgleich Offiziere und Soldaten neben ihm, um ihn, und die Pferde unter ihm oft genug getötet oder verwundet wurden. Alle Grundsätze der Kriegskunst verachtend, setzte er seine Kunst darein, die Regeln derselben nicht zu befolgen, und erwartete alles von der Überraschung des Feindes. Schnell in seinem Entschluß, verschmäht er alle vorbereitenden Maßregeln, nimmt nur von Ort und Umständen Rat und folgt jedesmal den Eingebungen seines Genies. Übrigens ist er nur auf dem Schlachtfelde General; in allem, was die Verwaltung betrifft, unwissend, als übler Wirtschafter bekannt, ein Verschwender und, was selten ist, zugleich ein rechtlicher Mann.

Mit diesem General, mit Platow und zwanzigtausend Mann sollte man jetzt zu tun bekommen.

SECHSUNDFÜNFZIGSTES KAPITEL

Angriffe der russischen Vorhut auf Davoust und Eugen – Kämpfe in Wjasma – mangelhafte Koordination zwischen den einzelnen Befehlshabern – hohe Verluste erzwingen Neuorganisation der Armee.

Prinz Eugen, der am 3. November seinen Marsch nach Wjasma fortsetzt und sein Geschütz und seine Rüstwagen dahin vorausgeschickt hat, sieht sich, sobald es hell geworden ist, links von einer Armee bedroht, seinen Nachtrab bereits abgeschnitten, und auf der Ebene rechts eine Menge von Nachzüglern und Wagen, die den feindlichen Lanzen entgehen wollen. Zu gleicher Zeit hört er in der Gegend von Wjasma das Geschütz donnern, und er erfährt dadurch, daß Ney, der ihn unterstützen sollte, selbst angegriffen ist.

Der Prinz war keiner von jenen durch die Gunst emporgehobenen Generälen, die sich durch alles verblüffen lassen, weil sie keine Erfahrung haben. Er erkennt sogleich das Übel und das Mittel zur Abhilfe. Er läßt haltmachen und seine Divisionen rechts der Straße gegenüber den russischen Kolonnen aufmarschieren, die ihn davon abschneiden wollten.

Schon hatten die ersten Truppen des Feindes, nach Umgehung des rechten Flügels der Italiener, diese Straße gefaßt, als sie von einem Regiment, das Ney von Wjasma her sandte, im Rücken genommen wurden und wieder davon ablassen mußten.

Zu gleicher Zeit vereinigt Compans, ein General von Davoust, seine Division mit dem italienischen Nachtrab; beide schlagen sich durch und schließen sich an den Vizekönig an. Indessen geht Davoust, die Straße links lassend, mit seiner Kolonne zurück und hinter dem Vizekönig wieder über diese, um rechts derselben seinen ihm nach der Schlachtordnung gebührenden Platz auf dem rechten Flügel einzunehmen, wo er sich zwischen Wjasma und den Russen befindet.

Der Prinz Eugen räumt ihm das Terrain ein, das er verteidigt hat, und begibt sich auf die andere Seite der Straße. Hierauf fängt der Feind an, sich vor ihnen auszubreiten und sie rechts und links zu überflügeln.

Durch das Gelingen dieses ersten Manövers hatten das italienische und französische Korps sich noch nicht das Recht errungen, ihren Rückzug fortzusetzen, sondern nur die Möglichkeit, denselben zu verteidigen. Sie zählten zusammen noch dreißigtausend Mann. Aber das erste Korps, jenes von Davoust, war in Unordnung. Dieses übereilte Manöver, diese Überraschung, so großes Elend und besonders das unselige Beispiel einer Menge unberittener, entwaffneter Reiter, die, außer sich vor Schrecken, hin und her liefen, hatten nachteilig auf dasselbe gewirkt.

Dieses Schauspiel ermutigte den Feind; er glaubte eine Niederlage zu sehen. Seine Artillerie, an Zahl überlegen und im Galopp manövrierend, beschoß in schiefer Richtung unsere Linien und nahm sie in die Flanke, während die französischen Kanonen, die schon zu Wjasma waren und nun in Eile zurückgeholt wurden, kaum fortgeschleppt werden konnten. Doch hatten Davoust und seine Generäle ihre besten Soldaten noch bei sich. Mehrere Chefs, an der Moskwa verwundet, der eine mit dem Arm in der Schlinge, der andere mit verbundenem Kopfe, unterstützten die besseren Soldaten, hielten die verzagteren zurück, gingen auf die feindlichen Batterien los, brachten sie zum Weichen, nahmen ihnen sogar drei Kanonen ab, flößten zugleich den Feinden und den Flüchtlingen Bewunderung ein und bekämpften ein schlimmes Beispiel durch die edelste Aufopferung.

Miloradowitsch, der seine Beute sich entschlüpfen sah, forderte jetzt Hilfe. Aber Kutusow, der sich durch die Drohungen des englischen Bevollmächtigten nicht schrecken ließ, beharrte auf seiner Untätigkeit. Er schien noch, wie bei Malo-Jaroslawez, zu glauben, daß der moskowitische Winter allein Napoleon verderben könne; daß dieser Sieger über Menschen von der Natur noch nicht genugsam besiegt sei, und daß man dem Klima die Ehre des Sieges, dem russischen Himmel die Rache überlassen müsse.

Miloradowitsch, auf sich selbst beschränkt, bemühte sich hierauf, die französische Schlachtordnung zu durchbrechen; allein er konnte nur mit seinem Geschütz etwas ausrichten und tat damit auch großen Schaden. Eugen und Davoust, die zu gleicher Zeit hinter ihrem rechten Flügel ein Gefecht hörten, glaubten die ganze übrige russische Armee sei auf dem Wege von Juknow, dessen Ausgang von Ney verteidigt werden sollte, im Anzug auf Wjasma.

Es war nur ein Vortrab; aber das Getöse dieser Schlacht, rückwärts der Ihrigen, mußte sie besorgt machen. Da das Gefecht schon sieben Stunden gedauert hatte, und das Fuhrwesen schon einen großen Vorsprung gewonnen haben mußte, auch die Nacht herannahte, so glaubten die französischen Generäle, ihren Rückzug antreten zu müssen.

Als die Feinde das gewahr wurden, drangen sie um so heftiger auf. Das Korps von Davoust hatte seine Rettung bloß der heldenmütigen Anstrengung des 25., 57. und 85. Regiments und dem zufälligen Schutz, den eine Schlucht gewährte, zu verdanken. Prinz Eugen, nicht so lebhaft angegriffen, konnte seinen Rückzug durch Wjasma schneller bewerkstelligen, doch folgten ihm die Russen und waren schon in diese Stadt gedrungen, als Davoust, von zwanzigtausend Mann gedrängt, von achtzig Kanonen beschossen, auch durchziehen wollte.

Die Division Morand stieß in der Stadt zuerst auf den Feind. Im Glauben, daß das Gefecht zu Ende sei, marschierte sie ohne Mißtrauen, als die Russen, die man wegen der krummen Straßen nicht sogleich wahrgenommen hatte, plötzlich über sie herfielen.

Die Überraschung war vollständig, und die dadurch bewirkte Unordnung groß. Doch gelang es dem General Morand, die Seinigen wieder zu sammeln, aufs neue gegen den Feind zu führen und sich endlich Bahn zu machen.

Compans kam mit seiner Division zuletzt. Da die besten Truppen von Miloradowitsch zu sehr auf ihn eindrangen, kehrte er um, ging selbst auf die kecksten los, warf sie zurück und setzte hierauf, nachdem er sich solchergestalt Achtung verschafft hatte, ruhig seinen Rückzug fort. Dies Gefecht war rühmlich für jeden, sein Resultat mißlich für alle. Ordnung und Übereinstimmung hatten gefehlt. Zum Behuf des Sieges wären der Soldaten genug gewesen, wenn nicht zu viele befohlen hätten. Erst um zwei Uhr waren die Chefs zusammengetreten, um sich ins Einverständnis zu setzen; dennoch wurden die beschlossenen Manöver ohne Einklang ausgeführt.

Als endlich der Bach, die Stadt Wjasma, die Nacht, die beiderseitige Erschöpfung und Marschall Ney der Verfolgung ein Ende gemacht und die Gefahr vertagt hatten, auch die Biwaks bezogen waren, nahm man eine Zählung vor. Es fehlten mehrere beschädigte Kanonen und Wagen und viertausend Tote oder Verwundete. Viele Soldaten wurden als Versprengte vermißt. Man hatte die Ehre gerettet, allein in den Reihen waren unermeßliche Lükken. Man mußte alles enger zusammenziehen, alles beschränken, um einigen Zusammenhang in dasjenige zu bringen, was übrigblieb. Jedes Regiment stellte kaum ein Bataillon, jedes Bataillon kaum einen Zug vor. Die Soldaten hatten nicht mehr ihre Plätze, ihre Gefährten, ihre gewohnten Offiziere.

Diese neue Organisation wurde bei dem Scheine des Brandes von Wjasma und unter dem Kanonendonner von Ney und Miloradowitsch, der in den Wäldern widerhallte, vorgenommen. Diese braven Soldaten glaubten sich mehr als einmal angegriffen und schleppten sich zu ihren Waffen. Als sie den andern Tag ins Gewehr traten, staunten sie über ihre geringe Anzahl.

SIEBENUNDFÜNFZIGSTES KAPITEL

Wettersturz und Schneefall am 6. November – die Katastrophe setzt mit voller Wucht ein – Auflösung der Disziplin.

Doch hielten das Beispiel der Chefs, die Hoffnung, in Smolensk wieder alles zu finden, besonders aber der Anblick einer glänzenden Sonne den Mut aufrecht. Diese Sonne, die Quelle aller Hoffnung und alles Lebens, schien allen den Auftritten von Verzweiflung und Tod, die uns bereits umgaben, zu widersprechen und dieselben zu verleugnen.

Aber am 6. November ändert sich der Himmel. Sein Blau verschwindet; die Armee, auf dem Marsche begriffen, wird in kalte Dünste gehüllt; diese verdichten sich und bilden bald eine ungeheure Wolke, die in großen Schneeflocken auf die Armee herabfällt. Es scheint, als steige der Himmel auf diese Erde und zu diesen feindlichen Völkern nieder, um unsern Untergang zu vollenden. Es läßt sich nichts mehr unterscheiden, alles wird unkenntlich, die Gegenstände gestalten sich anders. Man geht, ohne zu wissen wo und wohin. Alles wird zum Hindernis. Während der Soldat sich abmüht, um durch diese Dunst- und Windwirbel zu kommen, häufen sich die Schneeflocken, vom Sturmwinde gepeitscht, in allen Vertiefungen an und decken dieselben tückisch zu. Der Soldat fällt in diese ihm unbekannten Schlünde, wo die Schwächsten ihr Grab finden.

Die Nachfolgenden weichen aus, aber der Sturm jagt ihnen den vom Himmel fallenden und den vom Boden aufgewehten Schnee ins Gesicht. In seiner Wut scheint er sich ihrem Fortkommen schlechterdings widersetzen zu wollen. Unter dieser neuen Gestalt setzt ihnen der moskowitische Winter von allen Seiten zu. Er dringt durch ihre leichte Bekleidung, durch ihre abgerissene Fußbedeckung; ihre durchnäßten Kleider gefrieren ihnen auf dem Leibe; ihre Glieder erstarren in dieser Eishülle; ein schneidender, heftiger Wind benimmt ihnen den Atem und schlägt ihren Hauch in Eiszapfen nieder, die sich an ihren Bart und um ihren Mund hängen.

Noch schleppen sich die Unglücklichen fort, bis der Schnee, der sich an ihren Sohlen zu Stein verhärtet, ein Trümmer, die Wurzel eines Baumes oder der Körper eines Gefährten sie stolpern und fallen macht. Hier seufzen und stöhnen sie vergebens, der Schnee hat sie bald zugedeckt, leichte Erhöhungen bezeigen den Ort, der ihre Grabstätte ist. Die Straße ist wie ein Totenfeld mit solchen Hügeln besät. Die Unerschrockensten und Gleichgültigsten gehen so schnell sie können mit weggewandten Blicken vorüber. Aber vor ihnen, hinter ihnen ist alles Schnee, der Blick verliert sich in dieser unermeßlichen und traurigen Einförmigkeit. Die Einbildungskraft staunt: die Natur hat ein großes Leichentuch über die Armee gelegt. Die riesenhaften düsteren Tannen, die daraus hervorstarren, vollenden die jammervolle Anschauung einer Wildnis und einer Armee, die in einer erstorbenen Natur dahinstirbt.

Alles, mit Einschluß ihrer bis Malo-Jaroslawez noch offensiven, von da an nur noch defensiven Waffen, brachte ihnen Verderben. Diese Waffen wurden ihren von Kälte erstarrten Armen zu einer unerträglichen Last. Sooft die Träger niederfielen, glitten sie aus ihren Händen, brachen in Stücke oder gingen im Schnee verloren. Wenn sie wieder aufstanden, so geschah es ohne Waffen; sie hatten diese nicht freiwillig weggeworfen, der Hunger und die Kälte hatten sie ihnen entrissen. Andern froren die Finger an den wärmeleitenden Gewehren fest.

Bald sah man eine Menge Soldaten, einzeln oder in Haufen, die nicht aus Feigheit, sondern vom Hunger und der Kälte überwältigt, ihre Fahnen verlassen, sich von ihren Gefährten getrennt hatten. Jetzt, entwaffnet, besiegt und ohne Führer, gehorchen sie einzig noch dem dringenden Trieb der Selbsterhaltung.

Von einigen Seitenwegen angezogen, gehen die meisten von der Straße ab, in der Hoffnung, Brot und ein Obdach zu finden. Da aber auf ihrem Vormarsch alles Land in der Breite von sieben bis acht Stunden verwüstet worden ist, so stoßen sie nur auf Kosaken oder auf erboste, bewaffnete Bauern, von denen sie umringt, verwundet, nackt ausgezogen und unter gräßlichem Gelächter sterbend im Schnee zurückgelassen werden. Diese Völker, von Alexander und Kutusow aufgeboten, die damals nicht, wie seitdem, ihr Vaterland, das sie nicht zu verteidigen verstanden, auf eine edle Art zu rächen wußten, begleiten die Armee unter Begünstigung der Wälder zu beiden Seiten der unwirtsamen, verödeten Heerstraße, auf die sie jeden, den sie mit ihren Piken und Beilen nicht haben umbringen können, zurücktreiben.

Die Nacht kommt endlich, eine Nacht von sechzehn Stunden! Aber wo soll man auf dieser allgemeinen Schneedecke anhalten, sich niederlassen und ausruhen? Wo auch nur eine Wurzel zur Stillung des Hungers und trockenes Holz zur Feuerung finden? Indessen werden diejenigen, die durch ihre moralischen und physischen Kräfte und durch die Bemühungen der Kommandeure noch zusammengehalten worden sind, durch ihre Ermüdung, durch die Dunkelheit und durch wiederholte Befehle bewogen haltzumachen. Man sucht sich einzurichten, allein der immer noch tobende Sturm setzt große Hindernisse entgegen. Die Tannen, mit Reif überzogen, widerstehen beharrlich den Flammen. Der Schnee, der von ihren Zweigen und vom Himmel noch in großen Flocken herabfällt, derjenige, der den Boden bedeckt und unter den Tritten der Soldaten bei dem ersten Auflodern des Feuers schmilzt, will keine Flamme aufkommen lassen und nimmt den Arbeitenden Kraft und Mut.

Wenn endlich die Flamme doch Meister ward, so bereiteten die Offiziere und Soldaten ihr ärmliches Mahl, das aus mageren Stücken noch blutigen Pferdefleisches und, für wenige, etwa noch aus einigen Löffeln Roggenmehl, die mit Schneewasser gekocht wurden, bestand. Den Tag darauf bezeichneten alsdann kreisförmige Reihen von erfrornen Soldaten die Stelle der Biwaks. In der Nähe lag es voll toter Pferde.

Von diesem Tag an wich das gegenseitige Vertrauen, man zählte weniger aufeinander. In dieser lebhaften, für jeden Eindruck empfänglichen, durch eine vorgerückte Zivilisation zum vorlauten Plaudern sehr aufgelegten Armee riß die Unordnung schnell ein. Die Mutlosigkeit und Unbotmäßigkeit machten reißende Fortschritte, weil die Einbildungskraft im Schlimmen wie im Guten nicht Maß hält. Von da an löste sich auf jedem Biwak, bei jeder schlimmen Stelle, in jedem Augenblick von den noch organisierten Korps ein Teil ab, der keine Zucht mehr kannte. Doch gab es auch noch manche, die dieser großen Ansteckung widerstanden. Es waren dies die Offiziere, die Unteroffiziere und die vorzüglichsten unter den Soldaten. Diese in Wahrheit außerordentlichen Männer ermutigten sich gegenseitig durch die öftere Wiederholung des Namens von Smolensk, dem sie allmählich näher kamen, und wo ihnen alles versprochen worden war.

Seit dem gewaltigen Schneegestöber und der dadurch verkündeten größeren Kälte behauptete oder verlor auf diese Weise jeder, der Offizier wie der Soldat, seine Seelenstärke, je nach Maßgabe seines Charakters, seines Alters und seines Temperaments.

Derjenige unter unsern Chefs, der bis dahin am strengsten auf Zucht und Ordnung gehalten hatte, war nicht mehr der Mann, wie die Umstände ihn forderten. Einmal aus den gewohnten Ideenkreisen von Regel, Ordnung und Methode gerissen, fiel er bei dem Anblick einer so allgemeinen Unordnung in Verzweiflung, und indem er, früher als andere, alles für verloren hielt, fühlte er sich versucht, alles im Stich zu lassen.

Von Ghiaz bis nach Mikalewska, einem Dorfe zwischen Dorogobusch und Smolensk, fiel in der Kolonne des Kaisers nichts Bedeutendes vor, ausgenommen, daß man die Trophäen von Moskau in den See von Semlewo werfen mußte: Kanonen, mittelalterliche Rüstungen, Verzierungen des Kreml und das Kreuz des Großen Iwan wurden hier versenkt. Diese Siegeszeichen, dieser Ruhm, alle die Güter, denen wir alles aufgeopfert hatten, wurden uns zur Last: es war nicht mehr die Rede davon, sein Leben zu verschönern, zu schmücken, sondern es zu retten. In diesem großen Schiffbruch warf die Armee, gleichsam wie ein vom Sturm gefaßtes Schiff, ohne weiteres alles über Bord, was ihren Marsch erschweren oder aufhalten konnte.

ACHTUNDFÜNFZIGSTES KAPITEL

Illusionen des Kaisers – Nachricht von einem Putschversuch in Paris – Ney läßt Napoleon seine verzweifelte Situation melden – Haltung und Leiden Napoleons – Heldentum des Marschalls Ney.

Den 3. und 4. November hatte Napoleon zu Sawkowo gerastet. Die Ruhe und der Gedanke, daß er zu fliehen scheine, erhitzten seine Einbildungskraft. Man hörte ihn Befehle in die Feder geben, nach welchen die Armee scheinbar in Unordnung zurückweichen und die Russen in einen Hinterhalt locken sollte, wo er sie selbst erwarten wollte. Allein dieser eitle Plan verschwand mit der Täuschung, die ihn veranlaßt hatte. Zu Dorogobusch, wo er am 5. sein Nachtquartier nahm, fand er die für diesen Feldzug bestellten Handmühlen, die jetzt zu spät und zwecklos ausgeteilt wurden. Die Kantonierungs-Quartiere von Smolensk kamen auch zur Sprache.

Den andern Tag, am 6. November, bei dem Dorfe Mikalewska, in dem Augenblick, wo das Schneegewölke sich über der Armee entlud, sah man Daru herbeieilen und einen Kreis von Vedetten um ihn und den Kaiser sich bilden.

Eine Stafette, die erste, die seit zehn Tagen bis zu uns dringen konnte, hatte soeben die Nachricht von jener sonderbaren Verschwörung gebracht, die ein unberühmter General in seinem Gefängnis in Paris angezettelt hatte[15]. Die erdichtete Nachricht von unserem Untergang und ein falscher Befehl zur Verhaftung des Polizei-Ministers, des Präfekten und des Kommandanten von Paris, waren die Hebel, deren er sich bediente. Alles war durch den Impuls des ersten Augenblicks, durch die allgemeine Unkunde und Bestürzung gelungen. Es hatte aber auch auf die erste Nachricht hiervon ein einziger Befehl genügt, um den Anführer mit seinen Mitschuldigen oder seinen betörten Anhängern wieder ins Gefängnis zurückzuwerfen. Der Kaiser erfuhr zugleich ihr Verbrechen und ihre Hinrichtung. Diejenigen, die in der Ferne in seinen Gesichtszügen lesen wollten, was sie denken sollten, sahen darin nichts. Er nahm sich zusammen. Seine ersten und einzigen Worte an Daru waren: »Stellen Sie sich vor, wenn wir in Moskau geblieben wären!«

Sobald er mit seinen vertrautesten Offizieren allein war, gab sich seine Bestürzung, seine Beschämung und sein Zorn durch Worte kund. Einige Augenblicke darauf ließ er noch mehrere Offiziere kommen, um zu sehen, welchen Eindruck eine so auffallende Nachricht auf sie machen würde. Er sah schmerzliche Besorgnisse, Bestürzung und das Vertrauen in den Bestand seiner Regierung erschüttert. Einige freuten sich über dieses Ereignis, in der Hoffnung, daß der Kaiser dadurch würde bewogen werden, seine Rückkehr nach Frankreich zu beschleunigen, dort zu bleiben und bei der Unsicherheit des innern Zustandes jeden auswärtigen Krieg zu vermeiden.

Den andern Tag setzten die Leiden des Augenblicks dergleichen Mutmaßungen ein Ziel. Was Napoleon betrifft, so war er mit seinen Gedanken schon in Paris und folgte maschinenmäßig dem Wege nach Smolensk, als er durch die Ankunft eines Adjutanten von Ney zunächst an den gegenwärtigen Ort und Augenblick wieder erinnert wurde.

Seit Wjasma war dieser Marschall der Schild dieses Rückzugs geworden, der so vielen den Untergang, ihm aber unsterblichen Ruhm bereitet hat. Bis Dorogobusch hatte er es nur mit einigen Kosakenhaufen zu tun gehabt, die wie ein lästiges Geschmeiß von unseren Sterbenden und unseren im Stich gelassenen Wagen angezogen, wo man Hand anlegte, sich davonmachten, aber durch ihr stetes Wiederkommen beschwerlich wurden.

Dieses war nicht das, was Ney dem Kaiser vermeldete. In der Nähe von Dorogobusch hatte er Spuren der Unordnung gefunden, in welche die Korps, denen er folgte, geraten waren. Er konnte nichts dagegen tun, er selbst hatte sich bis jetzt dazu verstanden, seine Packwagen aufzuopfern, aber bei dem Anblick der ersten, vor Dorogobusch zurückgelassenen Kanonen war er schamrot geworden.

Der Marschall war hier stehengeblieben. Hier hatte ihm der im Biwak immer so sehnlich erwartete Morgen nach einer furchtbaren Nacht ein Unwetter und den Feind zugeführt und ihm den vernichtenden Anblick eines fast gänzlichen Abfalls seiner vom Sturm, vom Schnee und vom Hunger von ihren Feuern verjagten Soldaten bereitet. Mit den wenigen, ihm noch übriggebliebenen Soldaten und Offizieren hatte er vergebens den Feind bekämpft und sich genötigt gesehen, eiligst hinter den Dnjepr zurückzugehen: und hiervon wollte er den Kaiser in Kenntnis setzen.

Dieser sollte alles erfahren. Sein Adjutant, Oberst Dalbignac, war beauftragt, ihm zu sagen: durch die rückgängige Bewegung von Malo-Jaroslawez an, für so viele Soldaten die erste in ihrem Kriegsleben, sei die Armee außer Fassung gebracht und durch das Gefecht von Wjasma erschüttert worden; und jetzt vollende das heftige Schneegestöber, der Vorbote einer gesteigerten Kälte, ihre Auflösung.

Schon schlössen sich Offiziere, nachdem sie alles eingebüßt, Kompanien, Bataillons, Regimenter, sogar Divisionen, an die herumirrenden Haufen an. Man sehe Trupps von Generälen, Obersten und Offizieren von allen Graden, mit den Soldaten vermischt, auf gut Glück marschieren, bald mit dieser, bald mit einer andern Kolonne; und da die Ordnung nicht vor der Unordnung bestehen könne, so fange dieses Beispiel schon an, auf die alten Kader der Regimenter, die die ganzen Revolutionskriege durchgemacht haben, nachteilig zu wirken. Man höre die besten Soldaten sich fragen, warum denn sie allein fechten und die Flucht der andern decken sollten, und wie man glauben könne, ihnen Mut einzuflößen, wenn sie den Schrei der Verzweiflung jener unglücklichen Verwundeten hören müßten, die man unnützerweise von Moskau mitgeschleppt habe und nun im nächsten Walde rettungslos liegen lasse? Dieses sei also das Schicksal, das ihrer warte. Was sie denn für einen Gewinn von ihrem Ausharren bei den Fahnen hätten? Den Tag über stete Beschwerden und Gefechte, in der Nacht den Hunger. Nie fände sich ein Obdach, die Biwaks seien noch mörderischer und verheerender als die Gefechte. Der Hunger wie die Kälte verhindere den Schlaf; und wenn auch die Ermüdung einen Augenblick die Oberhand behalte, so bringe die Ruhe, welche stärken sollte, vollends den Tod. Kurz, der Adler beschütze nicht mehr, er töte.

Warum also hartnäckig bei demselben bleiben und massenweise erliegen? Es wäre doch besser auseinanderzugehen, und da nichts mehr übrigbleibe als die Flucht, diese soviel wie nur möglich zu beschleunigen: dann würden nicht mehr die Besseren unterliegen, und die Feigen nicht mehr hinter ihnen die Überreste auf der Hauptstraße auffressen. Mit einem Wort, der Adjutant sollte dem Kaiser die schreckliche Lage seines Generals ganz enthüllen. Ney sagte sich von aller Verantwortlichkeit für diese los.

Allein Napoleon konnte aus dem, was er selbst sah, auf das übrige schließen. War ihm ja doch ein Teil der Flüchtlinge schon vorausgeeilt. Er fühlte wohl, daß nichts mehr übrigbleibe, als die Armee nach und nach aufzuopfern, einen Teil derselben nach dem anderen: das äußerste Ende zuerst, um die vorderste Spitze womöglich zu retten. Als daher der Adjutant anfangen wollte, unterbrach er ihn mit den Worten: »Oberst, ich will nichts von diesen Details hören!« Dieser schwieg, überzeugt, daß bei diesem nunmehr unabwendbaren Unglück, wobei jeder seiner ganzen Kraft bedürfe, der Kaiser Klagen befürchtete, die den, der sie anhörte, wie den, der sie vorbrachte, erschüttern mußten.

Er beobachtete die Haltung Napoleons, die während des ganzen Rückzugs dieselbe geblieben ist: sie war ernst, still und ergeben. Er litt weniger körperlich als die andern, dagegen weit mehr geistig, und fügte sich gelassen in sein Unglück. Er ließ

Ney sagen: er solle sich solange halten, daß er, Napoleon, einige Zeit in Smolensk verweilen könne; dort würde die Armee essen, ausruhen und wieder organisiert werden.

Allein, wenn diese Hoffnung die einen in ihrer Pflicht erhielt, so ließen viele andere alles im Stich, um dem ihnen versprochenen Ziel ihrer Leiden entgegenzueilen. Was Ney betrifft, so sah er ein, daß ein Schlachtopfer nötig und er zu einem solchen bestimmt sei. Er ist bereit und übernimmt bedingungslos eine Gefahr, die so groß war als sein Mut. Fortan knüpft er seine Ehre nicht mehr an die Rettung von Rüstwagen, selbst nicht von Kanonen, die ihm doch nur der Winter entreißt; bei einer Krümmung des Borysthenes wird ein Teil davon durch die beeisten Abhänge festgehalten: er opfert sie ohne Bedenken auf, geht darüber weg, formiert sich und macht den Fluß, der die Straße durchschneidet, zu seiner Verteidigungslinie.

Unter dem Schutz eines Waldes und der von uns zurückgelassenen Wagenburg rücken die Russen dennoch an, um durch ihr Gewehrfeuer unsere Soldaten zu vertreiben. Die Hälfte von diesen, deren Hände an den eiskalten Waffen erstarrt sind, läßt den Mut sinken und flieht, weil sie gestern geflohen war, und tut darum, was sie früher für unmöglich gehalten hatte. Aber Ney wirft sich unter die Fliehenden und führt sie wieder ins Feuer, wo er, mit dem Gewehr eines der Flüchtlinge bewaffnet, wie ein schlichter Soldat sein Leben wagt, ganz wie zu der Zeit, als er noch nicht Gemahl und Vater, noch nicht zu Macht und Ansehen gelangt war; gerade als ob er, der alles zu verlieren hatte, alles erst gewinnen müßte. Wieder Soldat geworden, bleibt er zugleich noch General: er benützt den Boden, lehnt sich an eine Anhöhe und deckt sich durch ein palisadiertes Haus; seine Generäle und Obersten, unter denen er Fezenzac genannt hat, unterstützten ihn, und der Feind läßt von der beabsichtigten Verfolgung ab.

Durch diese Waffentat verschaffte Ney der Armee einen Aufschub von vierundzwanzig Stunden, dessen sie sich bediente, um nach Smolensk zu entweichen. Den anderen Tag und alle folgenden Tage sah man denselben Heldenmut: von Wjasma bis Smolensk schlug er sich zehn ganze Tage.

NEUNUNDFÜNFZIGSTES KAPITEL

Auflösung der italienischen Armee des Prinzen Eugen – immer wieder Heroismus einzelner – der Disziplinverfall greift weiter um sich – die italienische Armee nahezu ganz vernichtet.

Er hatte diese Stadt, die er erst am andern Tag betreten sollte, am 13. November beinahe schon erreicht und formierte sich eben, um den nachrückenden Feind abzuhalten, als er auf der Anhöhe, an die er seinen linken Flügel stützen wollte, ein großes Gewimmel von Flüchtlingen sah, die in ihrem Schrecken sofort auf dem gefrorenen Schnee, den sie mit ihrem Blute färbten, zu ihm herabglitten, um einer Kosakenbande, die dicht hinter ihnen folgte, zu entgehen. Nachdem der Marschall die Unholde verjagt hatte, erblickte er die italienische Armee, die ohne Gepäck, ohne Kanonen, ganz ausgeplündert zurückkam.

Seit Dorogobusch von Platow angegriffen, hatte Prinz Eugen bei dieser Stadt die große Straße verlassen und diejenige eingeschlagen, auf der er vor zwei Monaten von Smolensk gekommen war. Der Wop, damals ein kaum bemerktes Wasser, jetzt ein bedeutender Bach, floß auf einem schlammigen Grund zwischen zwei steilen Rändern. Die mit Eis überzogenen Abhänge derselben diesseits und jenseits des Baches sollten durch eine Brücke verbunden werden, zu der man das Holz von einigen noch stehenden Häusern verwenden wollte. Allein diejenigen, die darin ein Obdach gefunden hatten, widersetzten sich dieser Maßregel. Der Vizekönig, mehr geschätzt als gefürchtet, fand keinen Gehorsam. Die Pontonniers wurden der Sache überdrüssig, und als der Tag mit den Kosaken wieder erschien, war die zweimal gebrochene Brücke aufgegeben.

Fünf- bis sechstausend Mann, noch organisiert und wehrhaft, zweimal so viele Nachzügler, Kranke und Verwundete, mehr als hundert Kanonen mit den dazugehörigen Wagen und eine Menge von Troßwagen standen am feindlichen Ufer, wo sie eine Strecke von einer Stunde einnahmen. Man versuchte eine Furt durch den Grundeis treibenden Bach. Die ersten Kanonen erreichten das andere Ufer; aber von einem Augenblick zum andern stieg das Wasser, während die Furt durch die Räder und die Anstrengungen der Pferde sich vertiefte. Ein Wagen blieb im Kies stecken; anderen ging es ebenso. Bald geriet alles ins Stocken.

Indessen verstrichen allmählich die Stunden. Man erschöpfte

sich in vergeblichen Anstrengungen; der Hunger, die Kälte und die Kosaken wurden dringender; und der Vizekönig sah sich endlich zu dem Befehle gezwungen, daß sein Geschütz und all sein Gepäck im Stiche gelassen werden sollen. Es kam jetzt zu einer Szene der Verzweiflung: die Besitzer dieser Habe hatten kaum noch Zeit, sich davon zu trennen; während sie ihre unumgänglich nötigen Effekten herauswählen und sie auf Pferde laden, wimmelt es in dieser Wagenburg von Soldaten, die sich besonders auf die Luxuswagen werfen, wo sie alles einschlagen und zertrümmern und ihre Not an diesen Reichtümern, ihre Entbehrung an diesen Genüssen rächen und solche den Kosaken, die von weitem zusehen, nicht gönnen.

Den meisten ist es nur um Lebensmittel zu tun; ein paar Handvoll Mehl sind ihnen lieber als die gestickten Kleider, die schönen Gemälde, der Zierat aller Art und die reich vergoldete Bronzearbeit. Am Abend dieses Tages sah man alle diese Herrlichkeiten von Paris und Moskau, den Luxus der zwei größten Hauptstädte, in einer Wildnis auf dem Schnee zerstreut umherliegen.

Zu gleicher Zeit vernageln die meisten Artilleristen in der Verzweiflung ihre Kanonen und zerstreuen ihr Pulver. Andere streuen eine Pulverbahn von den Packwagen bis zu den entfernteren Munitionswagen. Sie warten ab, bis die gierigsten Kosaken heran, in Menge beisammen und mit Plündern beschäftigt sind, dann schleudern sie einen Feuerbrand auf das Pulver; das Feuer läuft und hat sein Ziel in einem Augenblick erreicht: die Munitionswagen fliegen auf, die Granaten springen, und diejenigen Kosaken, die nicht getroffen sind, jagen schreckensvoll davon.

Einige hundert Mann, noch die 14. Division genannt, wurden diesen Horden entgegengestellt und genügten, dieselben bis zum andern Tag außerhalb der Schußweite zu halten. Alles übrige: Soldaten, Verwalter, Weiber und Kinder, Kranke und Verwundete, drängte sich, von den feindlichen Kanonenkugeln gescheucht, an das Ufer des Baches. Allein, bei dem Anblick seiner angeschwollenen Wasser, des dichten, scharfkantigen Treibeises, bei dem Vorgefühl einer noch herberen Kälte, die in diesen Eisfluten auf sie wartete, zauderten alle.

Ein Italiener, der Oberst Delfanti, mußte das Beispiel geben und zuerst den Sprung ins Wasser wagen. Die Soldaten folgten, der große Haufe schloß sich an. Nur die Schwächsten, die Unschlüssigsten und die Geizigsten blieben zurück. Jene, die von ihrer Beute, von ihrem Götzen nicht lassen wollten, wurden überfallen, als sie sich noch besannen, und, wie es sich am andern Tage zeigte, von den viehischen Kosaken, denen an so reicher Beute noch nicht genügte, auch ihrer armseligen, schmutzigen Kleidungsstücke beraubt und herdenweise, nackt, mit Schlägen über das Schneefeld fortgetrieben.

So von ihren Verteidigungsmitteln entblößt, vom Wasser des Wop durchnäßt, brachte die italienische Armee ohne Lebensmittel und ohne Obdach die Nacht auf dem Schnee zunächst bei einem Dorfe zu, das ihre Generäle vergebens für sich in Beschlag zu nehmen suchten. Ihre Soldaten berannten diese hölzernen Häuser. Die Unglücklichen drangen scharenweise wie Verzweifelte auf jede Wohnung zu, unter dem Schutze der Finsternis, in der sie ihre Offiziere nicht erkennen und nicht von ihnen erkannt werden konnten. Alles, Türen, Fenster, selbst das Dachgebälk rissen sie weg, unbekümmert, andere, wer sie auch sein mochten, gleich ihnen in die Notwendigkeit des Biwakierens zu setzen. Sie wurden von den Generälen vergebens zurückgewiesen; ließen sich schlagen, ohne zu klagen, ohne sich zur Wehr zu setzen, aber auch ohne von ihrem Geschäft abzulassen. Das taten sogar die Soldaten von der königlichen und der kaiserlichen Garde; denn in der ganzen Armee fanden jede Nacht ähnliche Auftritte statt. Schweigend und mit der größten Tätigkeit arbeiteten diese Unglücklichen an der Abtragung und Zerlegung dieser hölzernen Wände, die endlich von ihren Chefs aufgegeben werden mußten, damit sie nicht über ihnen zusammenstürzten. Es war eine sonderbare Mischung von Beharrlichkeit in ihrem Vorhaben und von Achtung gegen ihre zürnenden Generäle.

Nachdem die Feuer angezündet waren, trockneten sie sich während der übrigen Nacht unter dem Geschrei, dem Fluchen und dem Stöhnen derjenigen, die noch nach und nach über den Bach kamen oder an seinem steilen Rande herabglitten und unter dem Eise desselben verschwanden.

Es bleibt eine Schande für den Feind, daß in dieser großen Not und bei dem Anblick einer so reichen Beute einige hundert Mann, eine halbe Stunde vom Lager des Vizekönigs auf dem andern Ufer des Wop aufgestellt, zwanzig Stunden lang nicht nur den Mut, sondern auch die Raubgier der Kosaken von Platow gelähmt haben.

Vielleicht glaubte der Hetman, den unvermeidlichen Untergang des Vizekönigs für den andern Tag schon eingeleitet zu haben. Und in der Tat, seine Anstalten waren so gut getroffen, daß in dem Augenblick, wo die italienische Armee, nach einem gefährlichen und unordentlichen Marsche, Dukowtchina, eine noch unversehrte Stadt, zu Gesicht bekam und freudig ihre Schritte beschleunigte, um dort Quartier zu nehmen, einige tausend Kosaken, die Kanonen mit sich führten, aus derselben auf sie vorrückten, und Platow zu gleicher Zeit mit allen seinen Horden auf ihren Nachtrab und auf ihre beiden Flanken fiel.

Nach der Aussage mehrerer Zeugen entstand alsdann eine völlige Unordnung, ein gänzlicher Wirrwarr. Die Nachzügler, die Weiber, die Fuhr- und Reitknechte rannten gegeneinander und durch die Reihen und Glieder der noch wehrhaften Soldaten. Während eines Augenblicks war diese unglückliche Armee ein unförmlicher Haufen, ein verächtliches Gesindel, das sich wirbelnd um sich selbst drehte.

Alles schien verloren. Aber durch die Kaltblütigkeit des Prinzen und durch die Anstrengungen der Offiziere ward alles gerettet. Die wackersten Soldaten machten sich los, und die Reihen wurden wiederhergestellt. Man rückte vor, tat einige Flintenschüsse, und der Feind, der alles für sich hatte, nur den Mut nicht, der uns als unser einziges Gut noch geblieben war, wich zurück und begnügte sich mit einer leeren Andeutung.

Man nahm seinen noch ganz warmen Platz in dieser Stadt ein, außerhalb welcher er seinen Biwak bezog und ähnliche Überfälle bis an die Tore von Smolensk vorbereitete. Hier faßten sich diese Horden ein Herz und umzingelten die 14. Division. Als der Prinz Eugen diese befreien wollte, blieben die Soldaten und ihre Offiziere, durch eine Kälte von 20 Grad, die durch den Wind noch schneidender wurde, erstarrt, auf der warmen Asche ihrer Feuerstätten ausgestreckt liegen. Vergebens zeigt man ihnen ihre umzingelten Gefährten, den eilig anrückenden Feind, die kleinen und großen Kugeln, die schon vor ihnen aufschlugen. Sie wollten durchaus nicht aufstehen und versicherten, daß sie den Tod so grausamen, ganz unerträglichen Übeln vorzögen. Selbst die Vedetten hatten ihre Posten verlassen; und doch gelang es dem Prinzen Eugen, seinen Nachtrab zu retten.

Da er mit diesem nach Smolensk zurückging, waren seine Nachzügler auf die Soldaten von Ney geworfen worden. Sie teilten diesen ihren Schrecken mit, und alle eilten nach dem Dnjepr, wo sie sich beim Eingang der Brücke drängten, ohne an eine Verteidigung zu denken, bis endlich durch einen Angriff des 4. Regiments der Feind abgehalten wurde.

Der Oberst desselben, der junge Fezenzac, wußte diese halberfrorenen Menschen von neuem zu beleben. Hier, wie in allen Fällen, wo gehandelt werden muß, zeigte sich die Überlegenheit des moralischen Elements über alle sinnlichen Gefühle, denn diese trieben hier alle zur Flucht an, die Natur selbst riet dazu mit hundert ihrer dringendsten Stimmen; und doch genügten einige Worte, die sich auf die Ehre bezogen, um die heldenmütigste Aufopferung zu bewirken. Die Soldaten des 4. Regiments stürmten wie Wütende auf den Feind, den Schnee- und Eisberg, auf dem er stand, hinan, und dem Nordwind entgegen; denn gegen alles dies hatten sie zu kämpfen; Ney selbst mußte sie mäßigen.

Ein Vorwurf ihres Obersten hatte dies vermocht. Diese gemeinen Soldaten opferten sich aus Selbstgefühl, weil der Mann tapfer sein soll, und endlich aus Liebe zum Ruhm. Fürwahr, ein glänzendes Wort in einer so niedern Sphäre! Denn was ist der Ruhm eines Schützen, der ohne Zeugen stirbt, der nur von einer Korporalschaft gelobt, getadelt, oder vermißt wird? Aber jedem genügt sein Kreis. Ein kleiner Verein hat ebenso viele Leidenschaften als ein großer. Der Umfang der Organismen ist verschieden, aber ihre Bestandteile sind dieselben. Dieselbe Seele lebt in allen, und das Urteil einer Kompanie ist für den Soldaten eben das, was das Urteil einer Armee für den Feldherrn ist.

SECHZIGSTES KAPITEL

Smolensk schließt seine Tore vor den vorausgeeilten, derangierten Haufen – die Garde muß für Ordnung sorgen und zieht zuerst in Smolensk ein – Wut auf die Garde – die Stadt kann keine Verbesserung der Lage bieten – ›ein Abgrund von Leiden‹ – moralischer Zusammenbruch häufig, aber nicht allgemein – Napoleon vom 9. bis 14. November in Smolensk.

Die Armee hat endlich Smolensk wieder erblickt, endlich das so oft verheißene Ziel ihrer Leiden erreicht. Die Soldaten zeigen sich einander die Stadt. Da ist endlich das ersehnte Land, wo ihr Hunger Sättigung, ihr erschöpfter Körper Ruhe finden wird, wo sie in gut geheizten Zimmern die Biwaks bei 19 Grad Kälte vergessen und einen erquickenden Schlaf genießen werden. Hier können sie ihre Kleidungsstücke ausbessern, neue Schuhe und andere, dem Klima angemessene Kleider in Empfang nehmen.

Bei dem Anblick von Smolensk sind nur die Elite-Korps, die Kaders und einige Soldaten bei den Fahnen geblieben; der übrige Teil war mit beschleunigten Schritten dahin vorausgegangen. Tausende von Menschen, größtenteils unbewaffnet, haben die beiden steilen Ufer des Dnjepr bedeckt und in dichten Haufen die hohen Ringmauern und alle Tore gleichsam berannt; aber ihre Ordnungslosigkeit, ihre abgemagerten, von Kot und Rauch geschwärzten Gesichter, ihre abgerissenen Monturen, oft durch die seltsamste Tracht ersetzt, endlich ihr auffallendes, scheußliches Aussehen und ihr gieriges Wesen haben Schrecken erregt. Überzeugt, daß, wenn man den Einbruch dieser vor Hunger wütenden Menge nicht verhinderte, sie alles plündern würde, hat man ihr die Tore verschlossen.

Man hoffte auch, durch diese strenge Maßregel die Nachzügler wieder zu ihren Fahnen zurückzuweisen. Hierauf ist in den Überbleibseln dieser unglücklichen Armee ein arger Kampf zwischen der Ordnung und der Unordnung entstanden. Vergebens haben die einen gebeten, geweint, beschworen, gedroht und die Tore aufzusprengen versucht; vergebens sind sie sterbend zu den Füßen ihrer Gefährten niedergefallen, die beauftragt waren, sie abzuhalten; sie haben sie unerbittlich gefunden und die Ankunft der ersten, noch organisierten Truppe abwarten müssen.

Es war dieses die alte und junge Garde. Die aus ihren Einheiten gelösten Soldaten wurden erst hinter diesen in die Stadt zugelassen. Sie und die andern Korps, die seit dem 8. bis zum 14. nach und nach einrückten, glaubten, daß man ihren Einzug nur darum verzögert habe, um dieser Garde mehr Ruhe und Lebensmittel zu verschaffen. Durch ihre Leiden bis zur Ungerechtigkeit erbittert, verwünschten sie dieselbe: ob sie denn unaufhörlich dieser bevorrechteten Klasse aufgeopfert werden müßten, diesen Prunk-Soldaten, die nur noch bei Musterungen, bei Festen und besonders da, wo es etwas zu fassen gebe, die ersten seien? Ob denn die Armee immer nur mit dem, was sie übriglassen, vorliebnehmen, immer warten müsse, bis sie gesättigt seien? Man durfte ihnen nicht antworten, daß durch den Versuch, alles zu retten, alles zugrunde gehen würde; daß man wenigstens ein Korps in seiner Ganzheit erhalten und jenem den Vorzug geben müsse, welches im äußersten Fall eine stärkere Anstrengung machen könnte.

Indessen befinden sich diese Unglücklichen in dem ersehnten Smolensk. Auf den steilen Zugängen des Dnjepr sind die schwächsten unter ihnen sterbend zurückgeblieben und durch ihre Ungeduld und das Harren von einigen Stunden vollends getötet worden, andere sind auf der jähen Eisbahn nach der oberen Stadt liegengeblieben. Die noch übrigen eilen nach den Magazinen, wo auch wieder welche an der Türe verscheiden, denn auch hier hat man sie zurückgewiesen, ihnen zugerufen: wer, von welchem Korps sie denn seien? wie man sie erkennen solle? Die Verpflegungsbeamten seien verantwortlich und dürften nur an dazu ermächtigte Offiziere gegen Empfangscheine die in diesen benannte Anzahl von Rationen abgehen. Sie, die Fordernden, hätten keine Offiziere und wüßten nicht einmal, wo ihre Regimenter seien. Zwei Drittel befanden sich aber in diesem Fall.

Die Unglücklichen zerstreuten sich sofort in den Straßen, wo das Plündern noch ihre einzige Hoffnung ist. Aber Körper von Pferden, bis auf die Knochen abgeschält, bezeugen überall die Hungersnot. Die Türen und die Fensterrahmen sind zur Feuerung auf den Biwaks verwendet worden, es gibt kein Obdach, keine Winterquartiere, kein Holz. Die Kranken und Verwundeten bleiben in den Straßen auf den Karren liegen, auf denen sie gekommen sind. Man ist eigentlich noch immer auf jener unheilbringenden Heerstraße, die nur dem Namen nach durch eine Stadt führt. Man ist auf einem neuen Biwak, unter trügerischen Ruinen, die noch weit kälter sind als die Wälder, die man soeben erst verlassen hat.

Jetzt erst suchen diese auseinandergelaufenen Soldaten ihre Fahnen auf, an die sie sich für den Augenblick anschließen, um Lebensmittel zu erhalten. Allein alles Brot, was man backen konnte, war schon ausgeteilt. Zwieback und Fleisch waren ausgegangen. Man gab Roggenmehl, trockenes Gemüse und Branntwein an sie ab. Es kostete unglaubliche Mühe zu verhindern, daß die Detachements der verschiedenen Korps vor den Türen der Magazine sich untereinander totschlugen. Als nach langen Förmlichkeiten diese elenden Lebensmittel endlich abgegeben waren, weigerten sich die Soldaten, dieselben ihren Regimentern zu bringen. Sie warfen sich auf die Säcke und nahmen einige Pfund Mehl heraus, die sie an einem abgelegenen Orte verzehrten. Mit dem Branntwein ging es ebenso. Den folgenden Tag fand man die Häuser mit den Leichen dieser Unglücklichen angefüllt.

In dieser als das Ziel unserer Leiden ersehnten Stadt sollte, mit einem Wort, unsere Not erst recht beginnen. Ein Abgrund von Leiden tat sich vor uns auf, noch vierzig Tage lang sollten wir dieses eiserne Joch tragen. Einige, schon von der Gegenwart übermannt, gaben sich selbst den Tod und unterlagen vor dieser erschrecklichen Zukunft. Andere empörten sich gegen ihr Verhängnis. Einzig nur auf sich selbst Rücksicht nehmend, entschlossen sie sich, um welchen Preis es auch sei, zu leben.

Von nun an wurden sie, je nachdem sie die stärkeren oder schwächeren waren, zu Räubern oder Dieben an ihren sterbenden Gefährten, denen sie mit Gewalt oder mit List Lebensmittel, Kleidungsstücke, Geld, alles abnahmen. Durch die Verzweiflung zum Verbrechen geführt, warfen diese Elenden ihre Waffen weg, um ihren schändlichen Raub in Sicherheit zu bringen, wobei ihnen die gemeinsame Not, ein unbekannter Name, ein unkenntlich gewordener Anzug, die Nacht, mit einem Wort, alles, was der Feigheit und dem Verbrechen behilflich sein kann, Vorschub leisten mußte. Wenn nicht andere, bereits erschienene Schriften diese Greuel übertrieben hätten, so würde ich dieselben mit Stillschweigen übergangen haben; denn solche Schändlichkeiten kamen nur selten vor, und die Schuldigsten wurden zur Strafe gezogen.

Der Kaiser kam am 19. November mitten in diese Jammerszene und schloß sich in einem der Häuser auf dem neuen Platze ein, das er erst am 14. wieder verließ, wo er seinen Rückzug fortsetzte. Er hatte auf einen vierzehntägigen Vorrat von Lebensmitteln und Fourage für eine Armee von hunderttausend Mann gerechnet, und nicht die Hälfte davon an Mehl, Reis und Branntwein war vorhanden. Das Fleisch fehlte ganz. Man hörte sein Toben gegen einen der Verpflegungsbeamten, der, lange auf den Knien liegend, um sein Leben flehen mußte. Vielleicht haben die von ihm angebrachten Gründe mehr bewirkt als sein inständiges Bitten. Bei seiner Ankunft hatten, wie er sagte, ganze Schwärme von Nachzüglern Smolensk mit Schrecken und Verwüstung überzogen. Man starb dort Hungers wie auf der Heerstraße. Nachdem die Ordnung wiederhergestellt worden, hatten die Juden allein sich erboten, die fehlenden Lebensmittel zu liefern. Aus edleren Beweggründen waren in der Folge auch einige litauische Grundherren ins Mittel getreten. Endlich war auch die Spitze der großen Zufuhren aus Deutschland eingetroffen. Sie bestand aus burgundischen Wagen, die allein in dem litauischen Sande fortkommen konnten, aber doch nur zweihundert Zentner Mehl und Reis mitbrachten. Einige hundert deutsche und italienische Ochsen hatten sich angeschlossen.

Indessen verpesteten die vielen, in den Häusern, den Höfen und den Gärten aufgeschichteten Leichname die Luft mit ansteckenden Dünsten. Die Toten töteten die Lebenden. Die Verpflegungsbeamten und viele Militärs erkrankten. Einige, wie blödsinnig geworden, weinten oder sahen mit trüben, starren Augen zur Erde und fielen unter schrecklichen Konvulsionen tot nieder.

Zu gleicher Zeit mußte man schleunigst den größten Teil der aus Deutschland und Italien gebrachten Ochsen schlachten. Diese Tiere wollten nicht mehr gehen und nicht mehr fressen. Ihre tief in die Augenhöhlen zurückgedrückten Augen waren trüb und unbeweglich. Sie ließen sich totschlagen, ohne dem Streich auszuweichen. Noch andere Unglücksfälle haben sich ereignet: mehrere Zufuhren wurden aufgefangen und Magazine genommen. Ein Park von achthundert Ochsen war soeben erst in Krasnoje weggenommen worden.

Dieser Beamte fügte noch bei, wie man auch auf die große Anzahl von Detachements Rücksicht nehmen müsse, die durch Smolensk gekommen seien; sowie auf das Standquartier des Marschalls Victor mit achtundzwanzigtausend Mann und etwa fünfzehntausend Kranken; desgleichen auch auf die vielen Marodeurs, die durch den Aufstand des Landes und bei der Annäherung des Feindes sich in die Stadt flüchten mußten. Alle hatten aus den Magazinen gelebt; man hatte täglich etwa sechzigtausend Rationen abgeben müssen. Endlich hatte man Lebensmittel und Herden von Schlachtvieh gegen Moskau, Mojaisk, gegen Kaluga und Elnia vorgeschickt.

Manche von diesen Angaben waren gegründet. Noch andere Magazine befanden sich staffelweise von Smolensk an bis Minsk und Wilna. Diese beiden Städte waren noch mehr als Smolensk die Mittelpunkte der Verpflegung, wovon die Plätze an der Weichsel die erste Linie bildeten. Der ganze Betrag der auf dieser Strecke verteilten Lebensmittel läßt sich gar nicht berechnen. Mit riesenhaften Anstrengungen zusammengebracht, nützten sie nur wenig und verschwanden gleichsam in dem unermeßlichen Raume.

So erliegen die großen Unternehmungen unter ihrer eigenen Last. Die der Menschheit gesetzten Schranken waren überschritten worden. Napoleons Genie, das die Zeit, das Klima und die

Entfernungen meistern wollte, hatte sich im Medium des Raums wie verloren.

Übrigens erzürnte er sich gewollt. Er hatte sich in Beziehung auf diesen Mangel nicht getäuscht und sich nur in dem Kaiser Alexander verrechnet. Gewöhnt, durch den Schrecken seines Namens und durch die Gewalt, die ihm seine Kühnheit lieh, überall zu siegen, hatte er die ganze Armee, sich selbst, sein Glück, alles auf die Willfährigkeit Alexanders basiert. Er war noch immer derselbe Mann wie in Ägypten, bei Marengo, Ulm und Eßlingen: ein Ferdinand Cortez; jener mazedonische Held, der seine Schiffe verbrannte, und der, gegen den Willen seiner Soldaten, noch tiefer in das unbekannte Asien eindringen wollte*; endlich jener Cäsar, der sich und sein ganzes Glück einem Kahn anvertraut hat.

* gemeint ist Alexander der Große.

SECHSTES BUCH

Bis zur Beresina

EINUNDSECHZIGSTES KAPITEL

Die Gefahr der allgemeinen Lage – Vorgänge bei den rückwärtigen Verbindungen – Marschall St. Cyr muß sich an der Düna gegen überlegene russische Kräfte wehren – Polozk geht verloren.

Das Gefecht von Winkowo, dieser unerwartete Angriff von Kutusow, war nur der Funke eines allgemeinen Brandes gewesen. An demselben Tag, zu derselben Stunde hatte ganz Rußland die Offensive ergriffen, hatte der Operationsplan der Russen sich auf einmal entwickelt. Die Verhältnisse wurden äußerst bedenklich.

An demselben Tage des 18. Oktober, wo das Geschütz von Kutusow den Sieges- und Friedens-Träumen Napoleons ein Ende machte, eilte Wittgenstein, der bis dahin hundert Stunden rückwärts seiner linken Flanke aufgestellt war, gegen Polozk; und Tschitschakow, noch weiter rückwärts, hinter der rechten Flanke Napoleons befindlich, benützte seine Überlegenheit über Schwarzenberg; beide Generäle, der eine von Norden, der andere von Süden kommend, bemühten sich, ihre Vereinigung in der Gegend von Borizow zu bewerkstelligen.

Dies war der schwierigste Punkt auf unserem Rückzugsweg. Schon zielten diese beiden feindlichen Generäle dahin, als Napoleon noch durch eine Entfernung von zwölf Märschen, durch den Winter, den Hunger und die große russische Armee davon getrennt war.

Zu Smolensk ahnte man nur die Gefahr, von der Minsk bedroht war; aber die Offiziere, die Augenzeugen von dem Verluste von Polozk gewesen waren, erzählen jetzt die näheren Umstände hiervon, und man hörte ihnen begierig zu.

Seit seinem Gefecht vom 18. August war Marschall St. Cyr Herr des russischen Dünaufers, von Polozk und von dem verschanzten Lager bei dieser Stadt geblieben.

Dieses Lager zeigte, wie leicht es gewesen wäre, mit der ganzen Armee an den Grenzen Litauens zu überwintern. Die von unseren Soldaten erbauten Baracken waren geräumiger und ebenso warm wie die russischen Bauernhäuser; sie bildeten schöne, verschanzte, militärische Dörfer und gewährten Schutz, sowohl gegen den Winter als gegen den Feind.

Die beiden Armeen führten seit zwei Monaten nur eine Art von Kleinkrieg: die Franzosen, um sich im Lande auszubreiten und Lebensmittel aufzutreiben; die Russen, um dieses zu verhindern. Dieser Krieg fiel ganz zum Vorteil der letzteren aus, weil die Unsrigen das Land, die Sprache und selbst die Namen der Ortschaften nicht kannten, wo etwas zu holen war, auch überdies noch von den Einwohnern und selbst von den Wegweisern unaufhörlich verraten wurden.

Diese Drangsale, der Hunger und die Krankheiten hatten die Streitkräfte des Marschalls St. Cyr um die Hälfte vermindert, während Wittgenstein die seinigen durch Nachschub verdoppelt hatte. In der Mitte des Oktober war die russische Armee auf mehr als zweiundfünfzigtausend Mann angewachsen, und die unsrige auf siebzehntausend Mann herabgesunken. In dieser Zahl sind noch die von zweiundzwanzigtausend Mann auf eintausendachthundert heruntergekommenen Bayern und zweitausend damals abwesende Reiter mitbegriffen. St. Cyr hatte nämlich letztere, aus Mangel an Fourage, auf dem linken Ufer der Düna, aufwärts und abwärts, auf Streiferei entsendet, um sie leben zu machen und zugleich Erkundigungen vom Feinde durch sie einzuziehen.

Denn er fürchtete, rechts von Wittgenstein und links von Steinheil, der an der Spitze von zwei Divisionen der finnländischen Armee vorgerückt und soeben in Riga angekommen war, umgangen zu werden. Es ist ein Schreiben von diesem Marschall an Macdonald vorhanden, worin er von diesem verlangt, sich dem Marsche der Russen, die vor seiner Armee vorbeiziehen mußten, zu widersetzen und ihm eine Verstärkung von fünfzehnhundert Mann zu senden; oder, wenn er nicht detachieren wolle, mit dieser Unterstützung selbst zu kommen und sein Kommando zu übernehmen. In dem nämlichen Brief unterwirft er sich Macdonalds Meinung in jeder Beziehung: er möchte nun angriffs- oder verteidigungsweise verfahren wollen.

Macdonald hielt sich zu einer so großen Bewegung nicht für ermächtigt, auch traute er dem General York nicht und hatte ihn vielleicht im Verdacht, daß er den Russen das Belagerungsgeschütz habe überliefern wollen. Er antwortete daher, daß er vor allem daran denken müsse, dieses zu verteidigen, und blieb unbeweglich in seiner Stellung.

Unter solchen Verhältnissen wurden die Russen mit jedem Tage dreister, bis sie endlich die Vorposten von St. Cyr in sein Lager zurückwarfen und alle Ausgänge der Wälder, von denen Polozk umgeben ist, besetzten. Wittgenstein drohte mit einer Schlacht, in der Meinung, daß wir sie nicht annehmen würden.

Der französische Marschall, von seinem Kaiser ohne Befehle gelassen, hatte sich zu spät entschlossen, seine Stellung zu verschanzen. Die nur flüchtig aufgeworfenen Werke konnten der Besatzung durchaus keinen Schutz gewähren, sondern höchstens die Punkte bezeichnen, die man hartnäckig behaupten mußte.

Der linke Flügel dieser Stellung, an die Düna gelehnt und durch Batterien auf dem linken Ufer des Flusses verteidigt, war der stärkste.

Der rechte Flügel war schwächer. Die Polota, die sich in die Düna ergießt, trennte beide voneinander.

Wittgenstein ließ die weniger zugängliche Seite durch Yacthwil bedrohen. Er selbst stellte sich den 18. Oktober gegen die andere; und zwar anfänglich mit einiger Verwegenheit: als die zwei französischen Schwadronen, die einzigen, die St. Cyr zurückbehalten hatte, sich auf die Spitze seiner Kolonne stürzten und seine Artillerie genommen hatten, machten sie ihn selbst zum Gefangenen, jedoch ohne ihn zu erkennen, so daß sie, durch die Überzahl zum Weichen gezwungen, diesen kommandierenden General als eine unbedeutende Beute wieder fahren ließen.

Die Russen kamen hierauf aus ihren Waldungen und zeigten ihre ganze Macht. Sie warfen sich mit Ungestüm auf den Marschall, der bei dem ersten Feuer einen Streifschuß erhielt, aber doch bei den Seinigen blieb, obgleich er sich nicht mehr aufrecht halten konnte, sondern sich tragen lassen mußte.

Wittgensteins Angriff auf diesen Punkt dauerte einen ganzen Tag. Siebenmal wurden die von Maisons verteidigten Redouten genommen und wieder genommen. Siebenmal glaubte sich Wittgenstein Sieger, bis ihn endlich St. Cyr entmutigte. Legrand und Maisons behaupteten sich im Besitz ihrer Verschanzungen, die nun von dem Blute der Russen getränkt waren.

Während aber auf dem rechten Flügel alles gewonnen war, schien auf dem linken alles verloren. Hier standen die Schweizer und Kroaten, und ihre Hitze war die Ursache dieses Unfalls.

Ihrem Wetteifer hatte bis jetzt die Gelegenheit gefehlt. Eifersüchtig, sich der Großen Armee würdig zu zeigen, wurden sie tollkühn. Sie waren unvorsichtig aus ihrer Stellung vorgerückt, um Yacthwil herbeizulocken. Statt ihm aber ein Terrain zu überlassen, das zu seinem Verderben eingerichtet war, fielen sie auf seine Massen und wurden von der Überzahl beinahe aufgerieben. Die französischen Kanoniere vermochten nichts für sie zu tun, weil sie in den Haufen, wo Feind und Freund untereinander gemengt war, nicht schießen durften. Unsere Verbündeten wurden bis in die Stadt Polozk zurückgetrieben.

Nun hatten die Batterien auf dem linken Ufer der Düna den Feind allein vor sich und konnten ihr Feuer beginnen; aber anstatt denselben vorher näher kommen zu lassen, verhinderten sie seinen Anmarsch.

Die Russen unter Yacthwil warfen sich jetzt, um unsern Schüssen zu entgehen, mit aller Gewalt in die Schlucht der Polota, durch welche sie in die Stadt einzudringen suchten, bis sie endlich durch drei Kanonen, welche man in der Eile gegen die Spitze ihrer Kolonne gebracht hatte, und durch die Schweizer, die wieder vorgerückt waren, zurückgetrieben wurden. Um fünf Uhr war alles zu Ende; vierzehntausend Mann hatten über fünfzigtausend gesiegt.

Die Nacht war für alle und selbst für St. Cyr ruhig, nachdem ihm seine Reiterei berichtet hatte, daß kein Feind, weder oberhalb noch unterhalb seiner Stellung, über die Düna gegangen sei. Dem war aber nicht so: Steinheil hatte diesen Fluß bei Drissa mit dreizehntausend Russen passiert und marschierte schnell an dem linken Ufer herauf, um den Marschall im Rücken zu nehmen und ihn zwischen sich, der Düna und Wittgenstein einzuschließen.

Am Tage des 19. Oktober zeigte sich letzterer mit allen seinen Streitkräften zum Kampfe bereit, den er jedoch nicht eröffnen zu wollen schien. Aber St. Cyr erriet seine Absichten; denn er sah ein, daß seine schwachen Verschanzungen einen so unternehmenden und zahlreichen Feind nicht abhalten könnten, sondern daß derselbe ohne Zweifel eine Bewegung, einen anderweitigen Angriff abwarte, der nur auf seinen Rücken gerichtet sein könne.

Und so war es auch. Gegen zehn Uhr vormittags kam ein Adjutant an dem andern Ufer des Flusses herangesprengt und brachte die Nachricht, daß eine andere feindliche Armee (eben die unter Steinheil) schnell auf das litauische Ufer übergegangen sei und die französische Reiterei zurückdrücke. Er verlangte schleunige Hilfe, ohne welche diese neue Armee sehr bald hinter dem Lager erscheinen und es einschließen würde.

Man vernahm jetzt das Getöse des Gefechtes mit Freude in den Reihen von Wittgenstein, mit Schrecken in dem Lager der Franzosen.

Die Lage der letzteren wurde äußerst bedenklich; denn man denke sich diese tapferen Männer von einem dreimal stärkeren Feinde umfaßt, im nächsten Bereich einer hölzernen Stadt, an einen großen Fluß gedrängt, über den nur eine einzige Brücke führte, die in jedem Augenblick von einem anderen feindlichen Korps genommen werden konnte.

Vergebens schwächte sich jetzt St. Cyr um drei Regimenter, die er, ungesehen vom Feinde, auf das andere Ufer entsandte, um Steinheil aufzuhalten. Der Kanonendonner des letzteren ließ sich immer deutlicher hören.

Schon kehrten die auf dem linken Ufer zum Schutz des französischen Lagers bestimmten Batterien ihre Kanonen um und machten sich fertig, diesen neuen Feind zu empfangen.

Als die Wittgensteinsche Armee dieses sah, erhob sie auf ihrer ganzen Linie ein Freudengeschrei. Dennoch blieb Wittgenstein noch untätig; um loszubrechen, mußte ihm wohl nicht genügen, Steinheil bloß zu hören, er wollte ihn wahrscheinlich auch sehen.

Trotz dieses allerdings günstigen Umstandes waren die Generäle von St. Cyr doch so bestürzt, daß sie zu ihm kamen und ihn aufforderten, einen Rückzug anzutreten, der bald nicht mehr möglich sein würde. Allein St. Cyr weigerte sich; denn er sah ein, daß die fünfzigtausend Russen, die schlagfertig vor ihm standen, bei der ersten rückwärtigen Bewegung über ihn herfallen würden; darum blieb er unbeweglich und benutzte ihre unbegreifliche Untätigkeit, hoffend, daß die Nacht noch vor der Ankunft Steinheils Polozk in ihre Schatten hüllen werde.

Man hat ihn nachher sagen hören, daß er sich niemals in einer peinlicheren Lage befunden habe. In diesen drei bangen Stunden sah er wohl tausendmal nach der Zeit und nach der Sonne, als wollte er ihren Lauf beflügeln.

Steinheil, nur noch eine halbe Stunde von Polozk entfernt, hätte mit leichter Mühe die Ebene gewinnen und die Einschließung von St. Cyr vollenden können; er blieb aber stehen und getraute sich nicht weiter. Bald kam auch der Abend und mit ihm ein Nebel, der, von den Franzosen als ein Geschenk des Himmels begrüßt, die drei Armeen einander unsichtbar machte.

Dies war der von St. Cyr ersehnte Augenblick; sein Geschütz wurde sofort in aller Stille über die Brücke gebracht, und seine Divisionen bereiteten sich, diesem zu folgen, als die Soldaten von Legrand, sei es aus Gewohnheit oder aus Ärger, dem Feinde ihr Lager unversehrt zu überlassen, dasselbe anzündeten. Die zwei andern Divisionen, in der Meinung, es sei ein verabredetes Zeichen, taten desgleichen, und in einem Augenblicke stand das ganze Lager in Flammen.

Durch diesen Brand von dem, was vorging, unterrichtet, beeilte sich Wittgenstein, sein Geschütz spielen, seine Angriffskolonnen vorrücken zu lassen. Seine Haubitzen schleuderten Feuer in die Stadt, wo man sich beim Scheine der Flammen, wie am hellen Tag, Schritt für Schritt verteidigen mußte. Der Rückzug, für beide Teile blutig, geschah dennoch in guter Ordnung. Erst am 20. Oktober, des Morgens um 3 Uhr, nahm der russische Adler wieder Besitz von Polozk.

Das Glück wollte, daß Steinheil bei dem Lärmen des Gefechtes ruhig schlief, obgleich er das Geheul der russischen Milizen hören konnte. Er unterstützte Wittgenstein während dieser Nacht ebensowenig, als er von diesem den vorigen Tag war unterstützt worden.

Erst als Wittgenstein auf dem rechten Ufer fertig, als die Brücke von Polozk abgebrochen, und St. Cyr, ganz auf dem linken Ufer, jetzt so stark war als Steinheil, fing dieser General an sich zu rühren. Aber Wrede und sechstausend Franzosen überraschten ihn schon in seiner ersten Bewegung, warfen ihn mehrere Stunden weit, mit einem Verlust von zweitausend Toten oder Gefangenen, in die Wälder zurück, aus denen er hatte vorbrechen wollen.

ZWEIUNDSECHZIGSTES KAPITEL

Geordneter Rückzug St. Cyrs – Unzuverlässigkeit des bayrischen Generals Wrede – Hiobsbotschaften von allen Seiten an Napoleon – die Große Armee, in Moskau noch 180 000 Mann stark, zählt in Smolensk noch 25 000 – Napoleons Seelenstärke – seine Unbeugsamkeit – von 37 000 Reitern noch 800 da – schwache Organisationsversuche in Smolensk – zu langer Aufenthalt – Stärke der Armee beim Verlassen von Smolensk.

Diese drei Tage waren rühmlich, Wittgenstein zurückgeworfen, Steinheil geschlagen, zehntausend Russen, sechs Generäle tot oder verwundet oder außer Gefecht gesetzt. Dagegen war St. Cyr verwundet, die Offensive verloren, der Stolz, der Jubel und der Überfluß im feindlichen Lager, Trauer und Mangel in dem unsrigen; man wich zurück. Die Armee mußte einen Chef haben. Wrede wollte als solcher auftreten; aber die französischen Generäle verschmähten sogar, sich mit diesem Bayern ins Einverständnis zu setzen; sie beriefen sich auf seinen Charakter und behaupteten, daß mit ihm nicht auszukommen sei; ihre Ansprüche waren im Widerstreit, und so mußte St. Cyr, obgleich außer Gefecht gesetzt, das Kommando über diese beiden Korps fortführen.

Der Marschall befahl sofort den Rückzug nach Smoliany, auf allen Straßen, die dahin führen konnten; er blieb in der Mitte, um den Marsch der verschiedenen Kolonnen gehörig zu leiten; ein Rückzugssystem, das dem von Napoleon befolgten ganz entgegengesetzt war.

Der Zweck von St. Cyr war, so eher Lebensmittel zu finden, ungehinderter und mit mehr Übereinstimmung zu marschieren, endlich jene Unordnung zu vermeiden, die gewöhnlich eintritt, wenn zu viele Menschen, Kanonen und Packwagen auf derselben Straße zusammengedrängt werden. Es gelang ihm. Zehntausend Franzosen, Schweizer und Kroaten zogen langsam in vier Kolonnen zurück, ohne eine Blöße zu geben, und so, daß Wittgenstein und Steinheil in acht Tagen nur drei Märsche zurücklegen konnten.

Indem sie solchergestalt in einer südlichen Richtung zurückwichen, deckten sie die rechte Seite der Straße von Orcha nach Borizow, auf welcher der Kaiser von Moskau zurückkam. Nur die linke Kolonne erlitt eine Schlappe; es war diejenige von Wrede: fünfzehnhundert Bayern mit einer französischen Reiterbrigade, die Wrede, dem Befehle von St. Cyr zuwider, nicht abgeben wollte. Er marschierte nach Gutdünken; sein beleidigter Stolz verschmähte den Gehorsam, was er jedoch mit dem Verlust seines ganzen Gepäckes büßen mußte. Unter dem Vorwand, der gemeinschaftlichen Sache durch die Verteidigung der Operationslinie von Wilna nach Witebsk, die doch der Kaiser schon aufgegeben hatte, besser zu dienen, trennte er sich hierauf von dem 2. Korps, zog sich über Glubokoje nach Wileika zurück und machte sich unnütz.

Wrede grollte schon seit dem 19. August, überzeugt, daß man in dem Bericht dieses Tages seinen Anteil an dem Siege vom 18. August verkümmert habe. Seitdem hatte ihn diese unangenehme Erinnerung und der Rat eines Bruders, der, wie man sagt, in der österreichischen Armee diente, immer mehr erbittert. Man will auch noch behaupten, er sei in den letzten Augenblicken des Rückzuges von dem sächsischen General Thielemann in das Befreiungswesen von Deutschland hineingezogen worden.

Sein Abfall wurde kaum bemerkt. Der Herzog von Belluno kam mit fünfundzwanzigtausend Mann von Smolensk und vereinigte sich am 31. Oktober bei Smoliany mit St. Cyr, in demselben Augenblicke, als Wittgenstein, der von diesem Umstand nichts wußte und sich auf seine Überlegenheit verließ, über die Lukolmia ging und, unklugerweise ein Defilee im Rücken lassend, unsere Vorposten angriff. Wenn die beiden französischen Korps zumal auf ihn losgingen, so war er verloren. Die Soldaten und die Generäle des 2. Korps glühten von Kampflust; voll Siegesglauben erwarteten sie das Zeichen zum Angriff, als Victor den Rückzug gebot.

Man weiß nicht, ob diese Vorsicht, die man für unzeitig hielt, dem Mißtrauen zuzuschreiben ist, das er in einem ganz unbekannten Terain in seine noch ungeprüften Truppen setzen mochte. Vielleicht hat er auch eine Schlacht nicht wagen wollen, deren Verlust allerdings den Untergang der Großen Armee und ihres Führers nach sich gezogen haben würde.

Er nahm hinter der Lukolmia eine Stellung, die er den Tag über verteidigte und in der Nacht wieder verließ, um sich nach Sienno zu begeben. Der russische General erkannte jetzt erst die Gefahr seiner Stellung, die ihm so dringend schien, daß er unsere rückgängige Bewegung und die dadurch bei uns entstandene Mutlosigkeit nur zur Sicherung seines Rückzugs zu benutzen wußte.

Nach Versicherung der Offiziere, die uns diese Details mitteilten, war Wittgenstein von diesem Augenblick an auf nichts anderes bedacht, als Witebsk wieder zu nehmen und sich zu verteidigen; die Beresina an ihren Quellen zu umgehen und sich mit Tschitschakow zu vereinigen, hielt er wahrscheinlich für zu gewagt; denn nach einem dunkeln, sich allmählich verbreitenden Gerüchte waren wir mit dem Vorrücken dieser südlichen Armee nach Minsk und Borizow und mit dem Abfall von Schwarzenberg bedroht.

Die Nachricht von der Vereinigung des 2. und 9. Korps und dem nachteiligen Gefechte von Zschasniki war dem Kaiser zu Mikalewka an demselben unglücklichen Tage des 6. November zugekommen, wo er auch diejenige von der Verschwörung von Malet erhalten hatte. Er zürnte dem Herzog von Belluno und ließ ihm sagen, er solle Wittgenstein sogleich wieder über die Düna zurückwerfen, indem das Heil der Armee davon abhänge. Er verhehlte diesem Marschall auch nicht, daß er mit einer übel zugerichteten Armee und ohne Reiterei nach Smolensk zurückkäme.

So waren die glücklichen Tage vorüber. Von allen Seiten gingen die schlimmsten Nachrichten ein. Auf der einen Seite ist Polozk, die Düna, Witebsk verloren, und Wittgenstein nur noch vier Märsche von Borizow entfernt. Auf der anderen Seite ist d'Hilliers in der Gegend von Elnia über den Haufen geworfen worden. Dieser General hat sich die Brigade Augereau, Magazine und jene Straße von Elnia nehmen lassen, auf der uns Kutusow bei Krasnoje wie früher bei Wjasma zuvorkommen kann.

Schwarzenberg, hundert Stunden vorwärts von uns befindlich, vermeldet zu gleicher Zeit dem Kaiser, daß er Warschau decke; das bedeutet, daß er Minsk und Borizow, das Magazin und den Rückzugspunkt der Großen Armee entblößt, und daß vielleicht der Kaiser von Österreich seinen Schwiegersohn an Rußland ausliefert.

In demselben Augenblicke hat sich hinter uns und in unserer Mitte großes Unglück begeben: Prinz Eugen ist durch den Wop besiegt; die nach Smolensk bestellten Zugpferde sind von den Soldaten verzehrt, diejenigen von Mortier auf einer Fouragierung aufgehoben, die Herden von Krasnoje weggeführt worden. Schreckliche Krankheiten sind in der Armee ausgebrochen. Und in Paris scheint die Zeit der Verschwörung wieder eingetreten zu sein. Alles endlich vereinigte sich zum Untergang Napoleons.

Die Bestandslisten, die er täglich von jedem seiner Korps erhält, sind fast nur ein Verzeichnis von Sterbenden. Nach denselben ist seine Armee, die in Moskau geboten hat, von hundertachtzigtausend Mann auf fünfundzwanzigtausend noch organisierte Streiter herabgekommen*. Und allen diesen auf ihn eindrängenden Übeln kann er nichts entgegensetzen als einen trägen Widerstand, eine unempfindliche Festigkeit, eine unerschütterliche Haltung. Sein Gesicht bleibt dasselbe; er ändert nichts von seinen Gewohnheiten, nichts an der Form seiner Befehle, die ganz so abgefaßt sind, als hätte er noch über ganze Armeen zu gebieten.

Er beschleunigt nicht einmal seinen Marsch und begnügt sich, dem zur Unzeit vorsichtigen Victor nochmals die Weisung zu geben, daß er Wittgenstein, durch den sein Rückzug bedroht ist, angreife und entferne. Was d'Hilliers, der von einem Offizier verklagt worden ist, betrifft, so läßt er ihn vorfordern und schickt ihn nach Berlin zurück, wo er, von den Mühsalen des Feldzugs erschöpft, vom Gram gebeugt, stirbt, noch ehe er sich hatte verteidigen können.

Diese unerschütterliche Festigkeit, die Napoleon fortwährend zeigte, ziemte sich für eine so große Seele und für ein so unheilbares Unglück. Was auffiel, war, daß er sich vom Schicksal alles entreißen ließ und sich nicht entschließen konnte, einen Teil aufzuopfern, um wenigstens das übrige zu retten. Wenn die Chefs das Gepäck ihrer Korps verbrannten und ihre Artillerie unbrauchbar machten, so taten sie es ohne seinen Befehl; er ließ es bloß geschehen. Ähnliche Befehle sind ihm nur abgedrungen worden; er schien einzig darauf zu halten, daß nichts seine Niederlage bezeuge; sei es, daß er dadurch seinem Unglück Achtung verschaffen und durch diese Unbeugsamkeit den Seinigen einen unbeugsamen Mut zur Pflicht machen wollte; sei es, daß die durch ein langes Glück verwöhnten Menschen vom Stolz, der ihr Verderben beschleunigt, nicht mehr lassen können. Doch war dieses für die Armee zweimal verderblich gewordene Smolensk wenigstens für einige ein Ruhepunkt.

Der Kaiser versuchte jedoch noch eine Anordnung, die nicht ganz ohne Erfolg geblieben ist. Ich meine die Vereinigung der ganzen noch übrigen Reiterei unter einem Chef. Von den siebenunddreißigtausend Reitern, die über den Njemen gegangen

* Ségurs Bericht ist in seinen Zahlenangaben bisweilen unzuverlässig.

waren, fanden sich aber nur noch achthundert Berittene, die jetzt Napoleon unter den Befehl von Latour-Maubourg stellte. Niemand tat Einsprache, entweder aus Scheu vor dieser Bürde oder aus Achtung für Latour-Maubourg.

Dieser nahm die lästige Ehre an, ohne Freude und ohne Betrübnis. Er stand einzig da; immer bereit, ohne sich je anzubieten, gelassen und tätig; auffallend streng in seinen Sitten, aber ohne alle Ziererei, ganz in Gemäßigkeit seiner edleren Natur; einfach und wahr in allen seinen Verhältnissen, suchte er den Ruhm nur in Handlungen, nicht in Worten. In der allgemeinen Unordnung ging er seinen Weg in steter Ordnung mit gleichen Schritten fort und kam doch – zur Ehre unserer Zeit sei es gesagt – so schnell und so bald vorwärts und aufwärts als irgendein anderer.

Dieser schwache Organisationsversuch, die Austeilung eines Teils der Lebensmittel, die Plünderung des andern Teils, die Rast des Kaisers und seiner Garde, die Vernichtung eines Teils der Artillerie und des Gepäcks, endlich die Ausfertigung vieler Befehle waren ungefähr das Ergebnis dieses verderblichen Aufenthalts. Im übrigen trat all das Unheil ein, das man vorausgesehen hatte. Man konnte nur einige hundert Nachzügler auf einen Augenblick zusammenbringen. Durch das Auffliegen der Minen wurden nur einige Öffnungen in die Mauer gesprengt, und am letzten Tage diejenigen Nachzügler aus der Stadt verwiesen, die man nicht hatte in Bewegung setzen können.

Mutlose Männer, Weiber und einige tausend Kranke und Verwundete wurden zurückgelassen. Obgleich die Niederlage von Augereau bei Elnia deutlich bewies, daß Kutusow, auf der Verfolgung begriffen, sich nicht mehr ausschließend an die Heerstraße halte und von Wjasma an über Elnia geradezu auf Krasnoje vorrücke; obgleich ferner nicht zu verkennen war, daß man sich durch die russische Armee werde durchschlagen müssen – so brach die Große Armee, jetzt noch eine Masse von sechsunddreißigtausend Streitern, erst am 14. November von Smolensk auf.

Die alte und die neue Garde zählten nur noch neun- bis zehntausend Bajonette und zweitausend Reiter; das 1. Korps unter Davoust acht- bis neuntausend; das 3. Korps unter Ney fünf- bis sechstausend; die italienische Armee unter dem Prinzen Eugen fünftausend; das Korps von Poniatowsky achthundert; das westfälische Korps unter Junot siebenhundert; die noch übrige Reiterei unter Latour-Maubourg fünfzehnhundert; dazu kamen noch tausend Mann von der leichten und fünfhundert Mann von der Linien-Reiterei, die unberitten waren und die man zu einem Korps vereinigt hatte.

Diese Armee, bei dem Abmarsch von Moskau noch hunderttausend Mann stark, war in Zeit von fünfundzwanzig Tagen auf sechsunddreißigtausend Mann herabgeschmolzen*. Die Artillerie hatte schon dreihundertfünfzig Geschütze verloren, und doch waren diese schwachen Überreste noch immer in acht Armeen abgeteilt und mit sechzigtausend entwaffneten Nachzüglern und einem langen Zuge von Kanonen und Troßwagen überladen.

Man weiß nicht, ob dieses Gedränge von Menschen und Wagen oder nicht vielmehr eine übel angebrachte Sorglosigkeit den Kaiser zur Wahl seiner Marschordnung bestimmt hat. Zufolge derselben gingen er, Eugen, Davoust und Ney nur nach und nach von Smolensk ab, so daß jedes Korps von dem nächsten einen Tagmarsch entfernt blieb. Ney sollte erst am 16. oder 17. abgehen; er hatte den Auftrag, die zurückgelassenen Kanonen unbrauchbar zu machen, zu verscharren und ihre Munition verderben zu lassen, alle Nachzügler vor sich herzutreiben und die Türme an den Ringmauern zu sprengen.

DREIUNDSECHZIGSTES KAPITEL

Die zurückmarschierenden Armee-Reste Napoleons auf allen Seiten von Massen russischer Truppen bedroht – der Kaiser wird von Prinz Eugen, Davoust und Ney abgeschnitten.

Den 14. November, um 5 Uhr des Morgens, zog endlich die kaiserliche Kolonne aus Smolensk, noch in fester Haltung, aber düster und schweigend wie die stumme, entfärbte Natur, von der sie umgeben war. Diese Stille ward nur durch den Knall der Peitschenhiebe, mit denen man die Pferde antrieb, und durch kurze, derbe Flüche unterbrochen, wenn man an Schluchten kam, wo Menschen, Pferde und Kanonen auf den beeisten, steilen Abhängen in der Finsternis übereinanderfielen.

* der Widerspruch in den Zahlenangaben (vgl. S. 304) erklärt sich wohl daraus, daß einmal die Zahlen beim Erreichen von Smolensk, das andere Mal beim Verlassen gelten.

Dieser erste Tagmarsch betrug nur fünf Stunden Wegs, die von der Artillerie der Garde erst in zweiundzwanzig Stunden Zeit zurückgelegt wurden.

Doch kam diese erste Kolonne ohne bedeutenden Verlust an Menschen nach Korythnia, über das Junot mit seinen siebenhundert Westfalen noch hinausging; ein Vortrab war bis nach Krasnoje vorgeschoben worden. Ein Haufen von Verwundeten und Ausreißern war sogar schon in der Nähe von Lyadi.

Korythnia ist fünf Stunden von Smolensk; Krasnoje fünf Stunden von Korythnia; Lyadi vier Stunden von Krasnoje. Von Korythnia nach Krasnoje fließt der Borysthenes, zwei Stunden rechts der Straße. In gleicher Höhe mit Korythnia nähert sich eine andere Straße, diejenige von Elnia nach Krasnoje, der großen Heerstraße. Auf dieser Parallelstraße war Kutusow mit neunzigtausend Mann im Anzug, Napoleon zur Seite begleitend und ihn überlangend. Auf den Querwegen, die von einer Straße zur andern führen, kamen einzelne Korps, um sich uns in den Weg zu stellen. Eines, wie man sagt, von Ostermann befehligt, erschien zu derselben Zeit wie der Kaiser in der Gegend von Korythnia, wo es zurückgeworfen wurde.

Ein zweites Korps – Miloradowitsch mit zwanzigtausend Mann – nahm seine Stellung drei Stunden weiter vorwärts, bei Merlino und Nikulina, hinter einer Schlucht, links der Straße, wo es, zunächst auf der linken Flanke unseres Marsches, wie im Hinterhalt auf unsern Rückzug lauerte.

In demselben Augenblick kam ein drittes Korps in der Nacht unversehens nach Krasnoje, wo es von Sebastiani, der soeben dort eingerückt war, wieder verjagt wurde.

Ein viertes, noch weiter vorgeschobenes Korps nahm seine Stellung zwischen Krasnoje und Lyadi und hob auf der Heerstraße mehrere Generäle und andere Militärs auf, die einzeln marschierten.

Zu gleicher Zeit war Kutusow mit der Hauptarmee im Anmarsch, um hinter diesen Korps, im Bereiche von allen, zu bleiben und ihre Manöver zu unterstützen, die wegen seiner Langsamkeit, bei aller unserer Unvorsichtigkeit, doch nicht gelingen sollten; denn auf beiden Seiten wurden große, und insbesondere von uns solche Fehler begangen, die uns den Untergang hätten zuziehen müssen. Zufolge seiner getroffenen Anordnungen mußte der russische General uns für verloren halten. Und doch entkamen wir, weil der alte Mann seinen geschickt entworfenen Plan nicht mit dem gehörigen Nachdruck auszuführen wußte.

Während alle diese Massen die ihnen angewiesenen Stellungen bezogen, blieb Napoleon ganz ruhig in seinem elenden Quartier zu Korythnia und schien, was um ihn her vorging, nicht zu wissen oder zu verachten. Wenigstens ließ er den drei Korps, die noch in Smolensk zurück waren, keinen Befehl zugehen, ihren Marsch zu beschleunigen. Er selbst erwartete den Tag, um seinen Marsch fortzusetzen.

Seine Kolonne beobachtete keine Vorsichtsmaßregeln und folgte auf einen zahlreichen Schwarm von Marodeurs, die sich beeilten, nach Krasnoje zu kommen. Zwei Stunden herwärts von dieser Stadt sahen diese eine Linie von Kosaken, die sich von den links gelegenen Höhen an quer über die Heerstraße fortzog. Sie hielten erschrocken an und glaubten im ersten Augenblick, daß diese lange, schwarze und unbewegliche Linie auf dem Schneefelde von ihrem Verhängnis als die äußerste Grenze ihrer Hoffnung gezogen worden sei.

Einige, durch das Elend blödsinnig geworden, nach ihrem Vaterland hinsehend, gingen maschinenmäßig und beharrlich in derselben Richtung fort, hörten auf keine Warnung und schienen nicht zu begreifen, daß sie dem Feind in die Hände fallen mußten. Die andern hielten an, rückten zusammen, um sich in Trupps zu bilden. Und so sah man auf beiden Seiten einander an. Einige Offiziere, die jetzt dazukamen, brachten etwas Ordnung in diese Leute und hatten durch sieben bis acht Schützen, die sie vorschickten, die drohende Linie bald auseinander getrieben.

Die Franzosen lächelten über eine so gehaltlose Drohung, als plötzlich auf den Höhen links eine Batterie zu spielen anfing, so daß ihre Kugeln über die Straße flogen. Zu gleicher Zeit zeigten sich auf derselben Seite dreißig Escadrons und bedrohten das westfälische Korps, das auf dem Marsch begriffen war und dessen Chef in seiner Bestürzung gar keine Anstalten traf.

Ein verwundeter Offizier, den diese Deutschen nicht kannten, und den der Zufall herbeiführte, stellte sich jetzt an ihre Spitze, gebot ihnen im Tone der Entrüstung, und sie, wie ihr bisheriger Chef, gehorchten ihm sofort. In dieser so dringenden Gefahr war jede konventionelle Scheidewand eingesunken; der wahrhaft überlegene Mann hatte sich gefunden, die Soldaten schlossen sich an ihn an, und ihr Marschall, stumm und bestürzt, folgte blindlings seinem Impuls und erkannte dadurch eine Überlegenheit an, die er nach der Gefahr wieder bestritt, ohne daß er sich jedoch, wie nur zu oft geschieht, deshalb zu rächen suchte.

Dieser verwundete Offizier war kein anderer als Excelmans! Er versah in diesem Gefechte die Funktionen eines Generals, eines Offiziers, eines Soldaten, sogar eines Artilleristen; denn er bemächtigte sich einer zurückgelassenen Kanone, lud, richtete und feuerte sie noch einmal auf den Feind ab. Was den Chef der Westfalen betrifft, der seitdem eines traurigen und frühzeitigen Todes gestorben ist, so läßt sich vermuten, daß schon damals seine Kraft durch die Strapazen des Feldzugs und durch seine frühern Wunden gebrochen war.*

Als der Feind diese kleine Kolonne in so guter Fassung und Ordnung fortrücken sah, wagte er nicht anzugreifen, sondern begnügte sich, ihr mit seinen Kugeln Abbruch zu tun, die aber verachtet wurden und bald keine Wirkung mehr taten.

Als endlich die Reihe an die Grenadiere der alten Garde kam, unter dem Feuer der feindlichen Batterie zu defilieren, umgaben sie Napoleon wie eine bewegliche Festung, stolz darauf, ihn zu beschützen. Dieser Stolz offenbarte sich in ihrer Musik, die im Schwalle der Gefahr das bekannte Lied spielte: »Wo kann man besser sein als in dem Schoß der Seinen!« Der Kaiser, dem nichts entging, fiel ein und sagte: »Spielt lieber ›Laßt uns wachen für das Heil des Reiches!‹«, ein Thema, das der gegenwärtigen Lage angemessen war.

Als ihm das Feuer der Feinde zu lästig wurde, ließ er dasselbe zum Schweigen bringen und kam sodann in zwei Stunden nach Krasnoje, wo die feindliche Infanterie bei dem Anblick von Sebastiani und der ersten Grenadiere gewichen war. Napoleon, der nicht wußte, mit wem er es zu tun gehabt, und dem es an Reiterei fehlte, um die Gegend gehörig beobachten zu lassen, war nicht ohne Besorgnisse. Er ließ Mortier mit der jungen Garde eine Stunde hinter sich zurück, um dadurch in Verbindung mit seiner Armee zu bleiben, die er zu erwarten entschlossen war.

Seine Kolonne hatte vom Feinde nur wenig gelitten, aber das Terrain nicht wie die Menschen besiegen können. Auf der über Hügel führenden Straße blieben mehrere Kanonen unvernagelt stehen; auch Packwagen, die man leerte, ehe man sie preisgab. Von ihren Höhen herab sahen die Russen das innerste Wesen

* diese Bemerkung bezieht sich auf die Tatsache, daß Junot geisteskrank wurde. Er starb 1813 an den Folgen eines Fenstersturzes.

unserer Armee, ihre Schwächen, ihre Häßlichkeiten, mit einem Worte alles, was man gewöhnlich mit der größten Sorgfalt zu verbergen sucht.

Doch schien es, als hätte Miloradowitsch auf seinem Berge sich begnügt, dem Kaiser und seiner alten Garde, die so lange der Schrecken von ganz Europa gewesen war, einen Schimpf anzutun. Er wagte es nicht eher, ihre Trümmer aufzulesen, als bis sie schon ganz an ihm vorüber war, dann faßte er Mut, stieg von den Höhen herab und nahm mit seinen zwanzigtausend Mann eine feste Stellung quer über die Heerstraße. Dadurch trennte er den Kaiser von Eugen, Davoust und Ney und versperrte diesen drei Befehlshabern den Weg nach Europa.

VIERUNDSECHZIGSTES KAPITEL

Prinz Eugen verliert seine Kolonne – ein russischer Parlamentär wird abgewiesen – Heldentat eines versprengten Haufens – das Opfer der dreihundert Freiwilligen – Eugen und seine viertausend Mann retten sich wie durch ein Wunder nach Krasnoje.

Während er seine Vorkehrungen traf, war Prinz Eugen bemüht, seine zerstreuten Truppen in Smolensk zu sammeln. Es hielt schwer, dieselben von den Magazinen, wo sie plünderten, wegzubringen und am 15. November bei schon vorgerückter Tageszeit etwa achttausend Mann zu vereinigen. Er mußte ihnen Lebensmittel versprechen und Litauen zeigen, um sie zur Fortsetzung ihres Marsches zu vermögen. Die Nacht überfiel den Prinzen drei Stunden von Smolensk, nachdem schon die Hälfte seiner Soldaten wieder davongelaufen war; den andern Tag zog er mit denjenigen weiter, die der Tod in der kalten Nacht noch verschont hatte.

Der Kanonendonner, den man gestern gehört hatte, war verstummt; die königliche Kolonne schleppte sich mühsam fort, wie ihre Vorgänger manches zurücklassend. Der Prinz und der Chef seines Generalstabs, in traurige Gedanken versunken, ließen ihre Pferde gehen, wie sie mochten, und kamen dadurch allmählich und ohne es zu merken, von ihrer Kolonne ab, weil es auf der Straße von Leuten wimmelte, die nach Gefallen marschierten und nicht mehr in Ordnung gehalten werden konnten.

Sie waren noch zwei Stunden von Krasnoje entfernt, als ein

sonderbarer Vorfall ihre Blicke auf sich zog: von den versprengten Leute hatten einige plötzlich haltgemacht; die ihnen folgten, waren zu ihnen getreten, ihre Vorgänger zu ihnen zurückgekehrt, bald hatte sich eine Masse gebildet. Der Vizekönig überrascht, bemerkt jetzt, daß er schon eine Stunde über seine Kolonne hinausgekommen ist und sich bei einem regellosen, nicht organisierten, schlecht bewehrten Haufen von etwa fünfzehnhundert Mann befindet, der, aus Individuen von allen Nationen, von allen Graden und Waffen zusammengesetzt, keinen Führer hat; zugleich erfährt er, daß er aufgefordert wird, sich zu ergeben.

Diese Aufforderung hat man soeben mit einem allgemeinen Geschrei der Entrüstung beantwortet, allein der russische Parlamentär, der ohne Begleitung gekommen ist, hat nicht abgelassen und gesagt: »Napoleon und seine Garde sind geschlagen; zwanzigtausend Russen umringen euch; es bleibt euch nichts übrig, als die ehrenvollen Bedingungen, die Miloradowitsch euch vorschlägt, anzunehmen!«

Guyon, einer von den Generälen, die alle ihre Soldaten verloren haben, ist hierauf vorgetreten und hat dem Parlamentär mit fester Stimme zugerufen: »Fort mit Ihnen! Sagen Sie Ihrem General, daß wir seinen zwanzigtausend Mann achtzigtausend entgegenstellen können.« Der bestürzte Russe hat sich hierauf wieder zurückgezogen.

All dieses war die Sache eines Augenblickes; schon dampfte und blitzte es auf den Höhen, ein Hagel von Granaten und Kartätschen fiel auf die Heerstraße, drohende Angriffskolonnen zeigten ihre Bajonette.

Der Vizekönig, dem es wehe tat, diesen unglücklichen Haufen zu verlassen, besann sich einen Augenblick, ließ ihm dann den Chef seines Generalstabs und begab sich zu seinen Divisionen, um sie ins Gefecht zu führen und über das Hindernis, ehe es unübersteiglich wurde, zu bringen oder zu sterben; denn er, mit einer Krone beehrt und durch so viele Siege berühmt, durfte nicht an Übergabe denken.

Indessen beruft Guilleminot die Offiziere zu sich, die in diesem Haufen sich unter den Soldaten befinden. Generäle, Obersten und viele andere Offiziere treten vor, ernennen ihn zu ihrem Chef und teilen sich in diese Masse, die sogleich in Kompanien zerlegt und dadurch beweglicher gemacht wird.

Diese Organisation geschah unter dem heftigen Feuer des

Feindes; Stabsoffiziere traten als gemeine Soldaten in diese Kompanien, von denen jede einen General zum Chef hatte. Einige Seesoldaten wollten aber nur unter einem ihrer Offiziere stehen. Bis jetzt war der Kaiser ihr Oberster gewesen, dieses Vorrecht wollten sie in der Nähe des Todes nicht vergessen, nicht aufgeben, und man ließ es gelten.

So geordnet setzten diese braven Männer ihren Marsch nach Krasnoje fort und waren schon über die Batterien von Miloradowitsch hinausgekommen, als sie, von dessen Kolonnen bedrängt, Front machen und sich zur Wehr setzen mußten, und zwar ein Mann gegen zehn, und doch trotzten diese fünfzehnhundert Franzosen und Italiener, die nichts hatten als ihren Mut und einige noch brauchbare Feuergewehre, zu ihrem ewigen Ruhm sei es gesagt, eine Stunde lang ihrem so überlegenen Feinde.

Aber der Vizekönig und seine locker gewordenen Divisionen zeigten sich noch nicht, ein längerer Widerstand schien unmöglich, und der Feind wiederholte unablässig seine Aufforderungen. In den kurzen, dadurch bewirkten Stillständen hörte man, sowohl vorwärts als rückwärts, einen entfernten Kanonendonner. Demnach, so dachte man, war die ganze Armee angegriffen; von Smolensk bis Krasnoje war es nur eine Schlacht! Wenn man Hilfe bedurfte, so mußte man sie nicht abwarten, sondern aufsuchen. Aber wo? Nicht zu Krasnoje; dahin war es zu weit; nach allem Anschein schlug man sich auch dort, und dann müßte man den Rückzug fortsetzen, was nicht anging, weil man den Russen des Miloradowitsch viel zu nahe stand, als daß man ihnen den Rükken hätte bieten können. Da man Front nach Smolensk machte, wo der Prinz Eugen herkam, so war es tunlicher, nach Rußland zurückzukehren, mit dicht aufgeschlossener Kolonne die Russen zu durchbrechen, sich mit dem Vizekönig zu vereinigen, Miloradowitsch über den Haufen zu werfen und endlich Krasnoje zu gewinnen.

Mit einhelliger Stimme genehmigten alle diesen Vorschlag ihres Anführers, und die dicht geschlossene Kolonne wirft sich alsbald im Sturmschritt auf die Russen, die erstaunt diese kleine Schar fast wehrloser Krieger ganz nahe herankommen lassen und sogar Platz machen. Als sie endlich den Entschluß dieser Tapferen begreifen, rufen sie ihnen zu haltzumachen; von Mitleid oder Bewunderung ergriffen, bitten und beschwören sie dieselben, sich doch zu ergeben; allein man kehrt sich nicht daran und schreitet mit grimmigem Schweigen und vorgehaltener Waffenspitze immer vorwärts. Jetzt geben die Russen versammelt Feuer, das aus solcher Nähe die Hälfte dieser Helden tötet oder verwundet.

Die übriggebliebenen zogen weiter, ohne daß einer seine Truppe verlassen oder ein Moskowite es gewagt hätte, ihnen zu nahen. Nur wenige von diesen Unglücklichen sahen den Vizekönig wieder, der mit seinen Divisionen vorgerückt war. Jetzt erst trennten sie sich, um in die Lücken derselben einzutreten.

Seit einer Stunde standen diese im Feuer der russischen Batterien. Miloradowitsch hatte nämlich die eine Hälfte seines Korps zur Verfolgung von Guilleminot verwendet und die andere Hälfte zu gleicher Zeit dem Vizekönig entgegengestellt. Eine unten mit Wald bewachsene, oben kahle und dicht mit Geschütz besetzte Anhöhe war der Stützpunkt seines rechten Flügels; sein linker, zurückgezogen und behutsam versagt, lehnte sich an die Heerstraße. Prinz Eugen hatte sich nach dem Feinde gerichtet und seine Stellung rechts der Straße genommen, seinen rechten Flügel vorgeschoben, den linken versagt, so daß der linke Flügel von beiden Armeen an der für beide Teile wichtigen Straße stand.

In einer so offensiven Stellung beschränkten sich die Russen auf die Defensive und bedienten sich nur ihres zahlreichen Geschützes, dem das unsrige kaum antworten konnte. Eugen entschließt sich. Er läßt die 14. französische Division kommen, weist sie auf die linke Seite der Straße, zeigt ihr den Stützpunkt des feindlichen rechten Flügels, den stärksten Punkt, den Schlüsselpunkt der feindlichen Stellung, der genommen werden muß, wenn dem Gefecht ein Ende werden soll. Er hoffte nicht, daß dieses gelingen werde, allein die Aufmerksamkeit des Feindes und seine Streitkräfte mußten doch dadurch auf jenen Punkt gezogen werden, die Straße mußte frei werden, und man konnte diesen Umstand benutzen.

Dreihundert Soldaten, in drei Trupps abgeteilt, waren die einzigen, die diesen Sturm wagen wollten. Mit vieler Entschlossenheit gingen diese dem Tod geweihten Männer auf einen so zahlreichen Feind und seine furchtbare Stellung los; eine Batterie von der italienischen Garde, die zu ihrer Unterstützung vorrücken mußte, war bald zusammengeschossen und von der feindlichen Reiterei genommen.

Die dreihundert Franzosen, wenngleich mit Kartätschen behagelt, ließen doch nicht ab und waren nahe daran, die feindliche

Stellung zu erreichen, als zu beiden Seiten des Waldes zwei Reitermassen im Galopp ansprengen, auf sie einbrechen und sie in Stücke hauen. Alle kamen um, und mit ihnen erlosch vollends der letzte Funke von Disziplin und Mut in ihrer Division.

Um eben diese Zeit ließ sich auch General Guilleminot wieder sehen. Daß Prinz Eugen mit seinen viertausend erschöpften Soldaten, dem Überrest von zweiundvierzigtausend Mann, nicht verzweifelt ist; daß er noch eine kühne Fassung gezeigt hat, ist für diejenigen, die ihn kannten, begreiflich genug. Daß aber die Russen, bei dem Anblick unserer Not, im Gefühl ihres Glücks und ihrer Überlegenheit, sich nicht nachdrücklicher benommen und die Beendigung des Gefechts der Nacht überlassen haben – darüber müssen wir heute noch staunen.

Der Sieg war für sie etwas so Neues, daß sie ihn, den sie schon in Händen hatten, nicht zu benutzen wagten und die Sache auf den andern Tag verschoben.

Als aber der Vizekönig sah, daß die meisten von diesen Moskowiten, durch seine Andeutungen angezogen, sich auf die linke Seite der Straße gezogen hatten, so wartete er den Zeitpunkt ab, wo die Nacht, die Beschützerin der Schwachen, ihre Bewegungen gefesselt haben würde. Den Feind durch seine Feuer täuschend, tritt er alsdann in der größten Stille seinen Marsch an und umgeht den äußersten linken Flügel der Stellung von Miloradowitsch, der, seiner Sache schon gewiß, von der Ehre träumen mochte, den andern Tag den Degen eines Sohnes von Napoleon in Empfang zu nehmen.

Während dieses gewagten Marsches gab es einen schrecklichen Moment. Als diese Krieger, die Überreste von so vielen Gefechten, mit angehaltenem Atem, mit leisen Tritten entlang der russischen Front hinschlichen, und ihr ganzes Schicksal von einem einzigen Blick oder Laut abhing, trat der Mond plötzlich aus einer dichten Wolke hervor und goß sein Licht auf ihren Marsch herab. Sogleich ruft eine russische Stimme, sie sollen halten und sagen, wer sie seien. Sie glauben sich schon verloren, aber Klisky, ein Pole, läuft zu dem Russen hin und sagt ihm auf russisch mit leiser Stimme: »Schweig, Dummkopf! Siehst du denn nicht, daß wir zum Korps von Ouwarow gehören und auf eine geheime Unternehmung ausgehen?« Der getäuschte Russe schwieg.

Es zeigten sich aber mit jedem Augenblick Kosaken auf den Flanken der Kolonne, als ob sie dieselbe auskundschaften wollten, und zogen sich dann wieder auf ihre Haupttruppe zurück.

Mehrere Male rückten ihre Escadrons wie zum Angriff vor, doch begnügten sie sich damit, entweder weil sie nicht wußten, was eigentlich vorgehe, oder geschreckt durch die drohende Front, die man sie öfters sehen ließ.

Endlich nach zwei Stunden eines qualvollen Marsches kam man wieder auf die Hauptstraße, und der Vizekönig war schon in Krasnoje, als Miloradowitsch am 17. November von seinen Höhen herabstieg, um ihn zu fassen. Aber er fand nichts auf dem Schlachtfelde als Nachzügler, die in der letzten Nacht ihre Feuer um keinen Preis hatten verlassen wollen.

FÜNFUNDSECHZIGSTES KAPITEL

Napoleon will für Ney, Davoust und Eugen, von denen er nichts weiß, einen Entsatzversuch unternehmen – ein Gefecht bringt Zeitgewinn, so daß Eugen den Kaiser in Krasnoje erreichen kann – im russischen Lager – Napoleon wagt seine Existenz daran, Ney und Davoust zu retten – seine Kaltblütigkeit und Todesverachtung – Wiedervereinigung mit Davoust, aber keine Spur von Ney.

Der Kaiser hatte seinerseits den Vizekönig den ganzen vorigen Tag erwartet und den Lärm seines Gefechts mit banger Teilnahme gehört. Ein Versuch, wieder bis zu ihm durchzudringen, war fruchtlos gewesen. Jetzt, da die Nacht ohne den Prinzen kam, stieg seine Unruhe. Eine Hoffnung blieb noch dem Kaiser, die nämlich, daß der Vizekönig, auf Smolensk zurückgeworfen, sich mit Ney und Davoust vereinigt haben könnte, und daß alle drei den andern Tag zusammen einen entscheidenden Versuch wagen würden.

In seiner Angst versammelt der Kaiser die noch übrigen Marschälle Berthier, Bessières, Mortier und Lefèbvre; sie sind gerettet, sie haben das Hindernis besiegt; Litauen ist ihnen offen; sie dürfen ihren Rückzug nur fortsetzen: aber werden sie ihre Gefährten wohl in der Mitte der russischen Armee verlassen? Nein, gewiß nicht; sie entschließen sich vielmehr, nach Rußland zurückzukehren, um sie zu retten oder mit ihnen umzukommen.

Nach diesem gefaßten Entschluß traf Napoleon kalt die nötigen Anordnungen. Das Treiben um ihn her focht ihn nicht an. Es lag am Tage, daß Kutusow vorrücke, um ihn einzuschließen und in Krasnoje aufzuheben. Seit der vorigen Nacht, vom 15. auf den 16. November, hatte er sogar erfahren müssen, daß ihn Ojarowsky mit einem Infanteriekorps umgangen und bei Maliewo, einem Dorfe hinter seiner linken Flanke, Stellung genommen habe.

Durch sein Unglück nur erbost, nicht gebeugt, hatte er Rapp zu sich beschieden und gegen ihn geäußert, es sei nötig, sogleich aufzubrechen und diese Infanterie im Dunkel der Nacht mit dem Bajonett anzugreifen; die Frechheit, die diese sich zum erstenmal erlaube, müsse bestraft und ihr für immer verleidet werden, seinem Hauptquartier so nahe zu kommen. Rapp war kaum abgetreten, als er sich wieder eines andern besann, ihn zurückrief und zu ihm sagte: »Roguet und seine Division mögen allein marschieren! Du bleibe, ich will dich hier nicht verlieren, ich brauche dich noch in Danzig.«

Als Rapp diesen Befehl dem General Roguet brachte, wunderte er sich, daß sein Kaiser, umgeben von achtzigtausend Feinden, die er den andern Tag angreifen wollte, so viel auf sein Glück vertraue, um an Danzig denken zu können, eine Stadt, die durch den Winter, zwei andere feindliche Armeen, die Hungersnot und hundertachtzig Meilen* von ihm getrennt war.

Der nächtliche Angriff von Chirkowa und Maliewo gelang. Roguet beurteilte die Stellung des Feindes nach seinem Feuern. Derselbe hielt zwei Dörfer auf der Höhe jenseits einer Schlucht besetzt. Der französische General bildet aus seiner Mannschaft drei Angriffskolonnen; die linke und rechte Kolonne sollen ohne Geräusch sich dem Feind so viel wie möglich nahen und dann auf das Zeichen, das er selbst von der Mitte aus geben wird, ohne einen Schuß zu tun mit dem Bajonett in die Reihen der Russen einbrechen.

Die beiden Flügel der jungen Garde eröffneten sofort das Gefecht. Während nun die Russen überrascht und unschlüssig zwischen ihren beiden Flügelpunkten hin und her schwankten, faßte Roguet sie plötzlich in ihrer Mitte und drang zu gleicher Zeit mit ihnen in ihr Lager ein, wo sie in der Eile ihre größeren und kleineren Waffen in einen nahen See warfen und ihre Hütten in Brand steckten. Das half ihnen aber zu nichts, die Flammen beleuchteten bloß ihren Untergang.

Das Resultat dieses nächtlichen Angriffs war, daß die russische Armee ihre Bewegung einen vollen Tag einstellen mußte, daß der

* Gemeint ist hier die Landmeile zu 7,5 km.

Kaiser noch in Krasnoje bleiben und Prinz Eugen ihn dort in der folgenden Nacht einholen konnte.

Um uns herum ging es im Lager der Russen noch ebenso zu wie früher bei Winkowo, Malo-Jaroslawez und Wjasma. Alle Abende wurden bei dem Zelte des Generals die Reliquien von moskowitischen Heiligen, von unzähligen Kerzen beleuchtet, zur Verehrung ausgesetzt. Während die Soldaten diese nach ihrer Gewohnheit durch unaufhörlich wiederholte Bekreuzigung und Kniebeugungen bezeigten, wurden sie von ihren Geistlichen durch Predigten angestachelt, die den zivilisierten Völkern lächerlich und barbarisch vorkommen würden.

Ungeachtet dieser gewaltigen Mittel, ungeachtet der großen Überlegenheit der Russen und der Schwäche der Franzosen war Kutusow, als Eugen sich vor Miloradowitsch verblutete, zwei Stunden von dem Ort dieses Gefechts dennoch ganz ruhig stehengeblieben. In der darauf folgenden Nacht bemühte sich Bennigsen, von dem feurigen Wilson angestiftet, vergebens, den russischen Greis in Bewegung zu setzen. Er wollte die Fehler seines Alters als Tugenden, seine Langsamkeit, sein sonderbares, bedächtliches Wesen als Weisheit, Menschlichkeit und Klugheit geltend machen und meinte, er müsse enden, wie er angefangen habe.

Er rechnete es sich zum Verdienste an, nur kleine Tagmärsche zurückzulegen, seine Soldaten jeden dritten Tag rasten zu lassen; er versicherte, daß er sich schämen und sogleich haltmachen würde, wenn es ihm auch nur ein einziges Mal an Brot und Branntwein fehlen sollte; er rühmte sich, daß er die französische Armee als kriegsgefangen behandle und dieselbe, wenn sie sich aufhalten oder von der Heerstraße abgehen wolle, sogleich züchtige. Er meinte, es sei ganz zwecklos, diesen Gefangenen eine Blöße zu geben; es genüge an den Kosaken, an einem Vortrab und einem Heer von Kanonen, ihnen den Rest zu geben und sie nach und nach unter das Joch zu beugen; dazu sei Napoleon gar sehr behilflich. Warum denn von dem Glück erkaufen, was es großmütig spende? Ob denn das Verhängnis Napoleons nicht unwiderruflich entschieden sei? In den Sümpfen der Beresina werde dieser Meteor erlöschen; von ihm, Wittgenstein und Tschitschakow eingeschlossen, werde dieser Koloß im Angesicht der russischen Armee zusammenstürzen. Er werde ihn diesen Armeen geschwächt, entwaffnet, sterbend überliefert haben; das sei genug für seinen Ruhm.

Man versichert, ein Spion habe ihm berichtet, Krasnoje sei von der kaiserlichen Garde dicht besetzt, und der alte Marschall habe Bedenken getragen, seinen Ruf gegen dieselbe aufs Spiel zu setzen. Aber Bennigsen hatte bei dem Anblick unserer Not Mut gefaßt. Dieser General-Quartiermeister vermochte Stroganow, Gallizin und Miloradowitsch zu dem Entschluß, mit ihren fünfzigtausend Russen und hundert Kanonen, gegen den Willen von Kutusow, bei Tagesanbruch vierzehntausend ausgehungerte und halberfrorene Franzosen anzugreifen.

Napoleon erkannte diese dringende Gefahr in ihrem ganzen Umfang. Noch konnte er sich derselben entziehen, da der Tag noch nicht gekommen war. Es stand bei ihm, dieses verderbliche Gefecht zu vermeiden, mit seiner Garde und Eugen schnell Orcha und Borizow zu gewinnen, wo er sich durch die dreißigtausend Mann von Oudinot und Victor, durch Dombrowsky, Regnier, Schwarzenberg und seine Depot-Mannschaften verstärken und im folgenden Jahr wieder furchtbar auftreten konnte.

Am 17. vor Tagesanbruch erteilt er seine Befehle und stellt sich zu Fuß an die Spitze seiner Garde, die er selbst in Marsch setzt. Aber sein Weg geht nicht nach dem verbündeten Polen, nicht nach Frankreich, wo er noch immer das Haupt einer aufblühenden Dynastie, der Kaiser des Okzidents wäre. Den Degen ziehend, hat er gesagt: »Ich habe lange genug den Kaiser vorgestellt, es ist Zeit, daß ich wieder General bin!« Er kehrt in die Mitte von achtzigtausend Feinden zurück, um ihre Streiche aufzufangen und von Ney und Davoust abzulenken. Er will diese zwei Marschälle aus dem russischen Abgrund ziehen, der sich über ihnen geschlossen hat.

Der jetzt anbrechende Tag zeigt auf der einen Seite die russischen Bataillons und Batterien vorwärts, rechts und rückwärts von uns, an der Grenze des Horizonts; auf der anderen Seite Napoleon und seine sechstausend Garden festen Trittes auf diese schreckliche Einfassung zuschreitend. Zu gleicher Zeit entwickelt Mortier, einige Schritte vorwärts seines Kaisers, im Angesicht der russischen Hauptarmee die fünftausend Mann, die ihm noch geblieben sind.

Ihr Auftrag war, die rechte Seite der Straße von Krasnoje an bis zu der großen Schlucht in der Richtung von Stachowa zu verteidigen. Ein Jägerbataillon von der alten Garde, unweit der Straße wie eine Burg im Viereck aufgestellt, sollte dem linken Flügel dieser jungen Soldaten zum Stützpunkt dienen. Rechts von ihnen, auf dem Schneefelde von Krasnoje, standen die noch vorhandene unberittene Mannschaft der Garde-Reiterei, die vierhundert Pferde, die Latour-Maubourg seit Smolensk noch beisammen hatte, und einige Kanonen, als Stellvertreter der Bataillons, Escadrons und Batterien da, die der französischen Armee abgingen.

Claparède blieb in Krasnoje zurück, wor er mit einigen wenigen Soldaten die Verwundeten, das Gepäck und den Rückzugsweg verteidigen sollte. Prinz Eugen setzte seinen Rückzug nach Lyadi fort. Das gestrige Gefecht und der Nachtmarsch hatten sein Armee-Korps vollends zugrunde gerichtet. Es war noch einiger Zusammenhang in seinen Divisionen, die sich zwar sterbend fortschleppen, aber nicht mehr fechten konnten.

Indessen war Roguet von Maliewo auf das Schlachtfeld berufen worden; der Feind, mit Kolonnen durch dieses Dorf dringend, dehnte sich immer weiter über unsern rechten Flügel hinaus, um uns einzuschließen. Die Schlacht begann jetzt; aber welche Schlacht? Jener Flammenblick des kriegerischen Genies, jene Eingebungen des Kriegsgottes, jene gewichtigen, unerwarteten Schläge, durch die man sich das Glück dienstbar macht und den Sieg erzwingt und durch die Napoleon so oft seine Feinde betäubt, gelähmt und zu Staub gerieben hatte, vermochten hier nichts. Der Feind konnte sich nach Gefallen bewegen, wir dagegen waren wie gefesselt. Der Heros des Angriffs sah sich auf Verteidigung beschränkt.

Auch hat es sich hier gezeigt, daß der Ruhm, das Ergebnis großer Taten, kein leerer Schatten, sondern in Wahrheit eine Macht ist und doppelt wirkt; einmal durch die Unbeugsamkeit, mit der er seine Günstlinge ausstattet, und dann durch die Scheu, die er den Gegnern einflößt. Die Russen durften nur geradezu vorrücken, ohne zu manövrieren, selbst ohne zu feuern. Ihre Masse genügte, um Napoleon und seine kleine Schar zu erdrücken. Allein sie wagten sich nicht bis zu ihm heran; der Anblick des Eroberers von Ägypten und von Europa schreckte sie. Die Pyramiden, Marengo, Austerlitz, Friedland, ein ganzes Heer von Siegen schien sich, wie ein erstes Treffen, zwischen Napoleon und diese Russen einzuschieben.

Es war, als wähnten diese unterwürfigen, abergläubischen Menschen ein übernatürliches Wesen vor sich zu sehen; als glaubten sie, daß diese alte Garde, diese lebendige Burg, dieser Granitfels, wie ihr Gebieter sie genannt hatte, für Menschenhände unverletzbar, nur durch Kanonen zerstört werden könne.

Diese schlugen auch breite und tiefe Lücken in die Reihen von Roguet und der jungen Garde; sie schleuderten den Tod, aber sie gaben den Sieg nicht. Diese jungen Soldaten, von denen die Hälfte noch nicht gefochten hatte, ließen sich drei Stunden lang den Tod zusenden, ohne zu wanken, ohne ihm auszuweichen, ohne ihn zu erwidern, da ihr Geschütz zertrümmert war, und die Russen sich außer dem Gewehrschuß hielten.

Allein jeder Augenblick verstärkte den Feind und schwächte Napoleon. Der Kanonendonner und die Meldungen von Claparède verkündeten ihm, daß Bennigsen, hinter ihm und Krasnoje, die Straße von Lyadi, seinen Rückzugsweg, fasse; im Osten, im Süden, im Westen zuckten Blitze; nur die nördliche Seite des Schlachtfeldes, zunächst dem Dnjepr, war noch frei. Napoleon stand dort auf der Straße, am Fuß einer von dieser aufsteigenden Anhöhe, auf der man bald feindliches Geschütz wahrzunehmen glaubte. Dort, über dem Scheitel Napoleons aufgestellt, mußte es ihn, wenn es abgefeuert wurde, zerschmettern. Als man ihn darauf aufmerksam machte, warf er einen flüchtigen Blick hin und begnügte sich zu sagen: »Es muß eben ein Jägerbataillon hinauf!« Dann, nicht mehr darauf achtend, heftete er seine Blicke und seine Aufmerksamkeit ausschließlich auf die Gefahr, in der sich Mortier befand.

Jetzt zeigte sich endlich Davoust hinter einem Schwarm von Kosaken, die durch seinen schleunigen Anmarsch bald auseinandergetrieben wurden. Bei dem Anblick von Krasnoje zerstoben die Truppen dieses Marschalls, um über das Feld zu laufen und schnell über die feindliche Linie hinauszukommen, hinter welcher sie ankamen. Davoust und seine Generäle konnten dieselben erst wieder bei Krasnoje zum Stehen und in Ordnung bringen.

Das erste Korps war jetzt gerettet. Allein man erfuhr zu gleicher Zeit, daß unser Nachtrab sich in Krasnoje nicht länger behaupten könne, daß Ney vielleicht noch in Smolensk zurück sei, und daß man darauf verzichten müsse, seine Ankunft abzuwarten. Doch schwankte Napoleon noch, es tat ihm weh, ein so großes Opfer bringen zu müssen.

Da es aber immer mehr das Ansehen gewann, daß alles bald vollends zugrunde gehen müsse, so entschließt er sich, läßt Mortier kommen, drückt ihm voll schmerzlicher Rührung die Hand und sagt, er habe keinen Augenblick mehr zu verlieren, der Feind überlange ihn bereits auf allen Seiten, Kutusow könne schon vor ihm Lyadi selbst, Orcha und die letzte Krümmung des Dnjeprs gewinnen; er wolle also mit seiner alten Garde nach diesem Punkt eilen, Davoust werde ihn, Mortier, ablösen, beide aber sollen Krasnoje bis zur Nacht behaupten und hierauf zu ihm stoßen. Tief gerührt über das Unglück von Ney und voll Verzweiflung, die Rettung desselben aufgeben zu müssen, verläßt er jetzt langsam das Schlachtfeld, geht durch Krasnoje, wo er nochmals verweilt, und erreicht endlich Lyadi.

Mortier wollte gehorchen, aber die Holländer von der Garde hatten soeben einen wichtigen Posten und den dritten Teil ihrer Leute verloren, und der Feind hatte diese Stellung sofort mit einer zahlreichen Artillerie besetzt. Roguet, der durch das Feuer derselben sehr litt, glaubte demselben ein Ende machen zu können. Ein Regiment, das er auf die russische Batterie losließ, wurde zurückgeworfen, ein anderes, das 1. Voltigeur-Regiment, kam mitten unter die Russen und hielt zwei Angriffe der Reiterei aus. Unter dem heftigsten Kartätschenfeuer immer noch vorwärts schreitend, ward es endlich bei einem dritten Angriff von der Reiterei zusammengehauen, nur fünfzig Soldaten und elf Offiziere entkamen.

Roguet hatte die Hälfte seiner Leute verloren. Es war zwei Uhr, und doch hielt er durch seine unerschütterliche Fassung die Russen noch immer ab, bis sie, durch die Entfernung des Kaisers ermutigt, so gewaltig aufdrangen, daß die junge Garde bald weder stehenbleiben, noch zurückweichen konnte.

Zum Glück hatten einige Pelotons, von Davoust zusammengerafft, und ein Haufen Nachzügler, der sich ebenfalls zeigte, die Aufmerksamkeit der Russen auf sich gezogen. Mortier, dies benützend, befiehlt jetzt den dreitausend Soldaten, die ihm noch geblieben sind, sich vor diesen fünfzigtausend Feinden Schritt für Schritt zurückzuziehen. »Hört ihr es, Soldaten?« ruft General Laborde, »der Marschall befiehlt den gewöhnlichen Schritt! Im gewöhnlichen Schritt, Soldaten!« Und diese brave und unglückliche Truppe, die unter einem Hagel von Kartätschen und Kugeln einige ihrer Verwundeten mit sich schleppt, zieht sich auf diesem blutigen Schlachtfelde langsam wie auf einem Übungsplatze zurück.

SECHSUNDSECHZIGSTES KAPITEL

Minsk von den Russen genommen – nächtliche Verwirrung in Dombrowna – Napoleon gelangt nach Orcha – vergebliche Versuche, in den Trümmern der Armee die Ordnung wiederaufzurichten.

Einmal über Krasnoje hinausgekommen, war Mortier gerettet. In der Strecke von dieser Stadt bis nach Lyadi wirkte der Feind bloß mit seinen Batterien, die, auf den Höhen links der Straße aufgestellt, von Colbert und Latour-Maubourg in Schranken gehalten wurden. Auf diesem Marsch sah man einen seltsamen Fall: eine Haubitzengranate zersprang in dem Körper eines Pferdes, ohne daß der Reiter Schaden nahm; das Pferd verschwand unter ihm, er blieb aufrecht stehen und konnte seinen Weg fortsetzen.

Der Kaiser, der zu Lyadi, vier Stunden von dem Schlachtfeld, geblieben war, erfährt bei einbrechender Nacht, daß Mortier, den er hinter sich glaubt, schon vorausgegangen sei. Darüber betrübt und unruhig geworden, läßt er diesen kommen und sagt ihm mit bewegter Stimme: er habe allerdings auf das rühmlichste gefochten und viel gelitten, warum er aber seinen Kaiser zwischen sich und den Feinden lasse, warum er ihn der Gefahr aussetze, aufgehoben zu werden?

Der Marschall hatte dies getan, ohne es zu wissen. Er erklärte sich jetzt darüber und erwiderte: er habe zuerst Davoust, der seine Truppen wieder zu sammeln suchte, in Krasnoje gelassen und nicht weit von da eine Stellung genommen, bis er durch den Andrang des in die Flucht getriebenen ersten Korps genötigt worden sei, seine rückgängige Bewegung fortzusetzen. Kutusow folge übrigens nur schläfrig und scheine sich mit seiner ganzen Armee nur deswegen auf unserer Flanke gezeigt zu haben, um sich an unserem Elend zu weiden und unsere Trümmer aufzuheben.

Den andern Tag hatte der Marsch einen unschlüssigen, zaudernden Charakter. Die Nachzügler wurden ungeduldig und gingen voraus. Alle kamen an Napoleon vorüber, der zu Fuß, mit einem Stab in der Hand, mühsam und ungern fortschritt und jede Viertelstunde anhielt, als könnte er sich nicht von diesem Alt-Rußland losreißen, über dessen Grenzen er jetzt kam und wo er seinen unglücklichen Waffengefährten zurückließ.

Des Abends kam man nach Dombrowna, in eine Stadt, die von Holz erbaut und, wie Lyadi, noch bewohnt war; ein neues

Schauspiel für diese Armee, die seit drei Monaten nichts als Ruinen gesehen hatte. Man war endlich außerhalb Alt-Rußland, außerhalb dieser Schnee- und Aschenwüste; man trat in ein bewohntes, befreundetes Land, dessen Sprache man verstand. Zu gleicher Zeit wurde der Himmel milder, das Tauwetter fing an, man erhielt etwas Lebensmittel.

So verschwand auf einmal der Winter, der Feind, die Wüste; für einige hörten sogar die Biwaks und die Hungersnot auf; es war aber zu spät. Der Kaiser sah seine Armee zugrunde gerichtet; jeden Augenblick entschlüpfte der Name Ney seinen Lippen unter Ausrufungen des Schmerzes.

Ein polnischer Offizier brachte ihm die Nachricht, daß dieses Minsk, sein Magazin, sein Rückzugspunkt, seine einzige Hoffnung, soeben in die Gewalt der Russen gefallen sei. Tschitschakow war am 16. dort eingerückt. Durch diesen letzten Schlag schwer getroffen, blieb Napoleon zuerst stumm, faßte sich aber bald wieder und sagte kalt: »So bleibt uns denn nichts übrig, als uns mit den Bajonetten Luft zu machen!«

Um aber diesen neuen Feind, der Schwarzenberg entgangen war, oder den dieser vielleicht hatte durchschlüpfen lassen – man wußte nichts Bestimmtes – zu erreichen und um Kutusow und Wittgenstein zu entkommen, mußte man bei Borizow über die Beresina gehen: darum sendet Napoleon auf der Stelle, am 19. November, zu Dombrowna an Dombrowsky den Befehl, sich mit Härtel nicht weiter abzugeben, sondern Borizow schleunigst zu besetzen. Den Herzog von Reggio weist er an, schnell nach eben diesem Punkt zu eilen und sofort auch Minsk wieder zu nehmen. Der Herzog von Belluno soll seinen Marsch decken. Nach Ausfertigung dieser Befehle wird er ruhiger und fühlt sich geistig erschöpft.

Der Tag war noch fern, als ein sonderbarer Lärm ihn aus seinem Schlummer weckte. Einige sagen, man habe zuerst mehrere Flintenschüsse gehört; es hätten nämlich einige von unsern Soldaten ihre Gewehre abgefeuert, um diejenigen, die sich in den Häusern einquartiert hatten, herauszulocken und dann ihre Stelle einzunehmen. Andere behaupten, daß, zufolge eines auf unsern Biwaks nur zu gewöhnlichen Unfugs, der Name Hausanne, eines Grenadiers, in der Stille der Nacht plötzlich so stark ausgerufen worden sei, daß man ihn mit dem Ruf: »Zu den Waffen!« (aux armes), der einen Überfall und den Feind verkündet, verwechselt habe.

Wie dem nun sei, alle sahen oder glaubten Kosaken zu sehen, und ein gewaltiges Kriegs- und Schreckensgeschrei drang bis zu Napoleon, der deshalb ganz gelassen zu Rapp sagte: »Sehen Sie einmal, es sind gewiß einige elende Kosaken, die unsern Schlaf stören wollen!« Es entstand aber bald ein völliger Wirrwarr, wo der eine unter die Waffen treten, der andere fliehen wollte, und wo in der Finsternis einer den andern für einen Feind hielt.

Napoleon glaubte einen Augenblick an einen ernstlichen Angriff. Ein kleiner Bach floß in einem tief eingeschnittenen Bette durch die Stadt; er fragt, ob sein noch übriges Geschütz hinter dieser Schlucht aufgestellt worden sei? Und da er die Antwort erhält, daß man dieses versäumt habe, so eilt er an die Brücke und läßt seine Kanonen schnell über dieses Defilee zurückschaffen.

Hierauf kehrt er wieder zu seiner alten Garde zurück, hielt bei jedem Bataillon und redet es an: »Grenadiere, wir ziehen uns zurück, ohne von dem Feinde besiegt worden zu sein. Tun wir uns diesen Schimpf nicht selbst an! Geben wir der Armee ein Beispiel! Schon haben mehrere unter euch ihre Adler und selbst ihre Waffen im Stiche gelassen. Ich will diesen Unordnungen nicht durch die militärischen Gesetze Einhalt tun. Ich will mich an euch selbst wenden. Tut den Schuldigen unter euch ihr Recht an. Euer Ehrgefühl soll mir für eure Disziplin bürgen!«

Seinen übrigen Truppen ließ er auf dieselbe Weise zusprechen. Diese wenigen Worte genügten den alten Grenadieren, die deren vielleicht nicht einmal bedurften. Die übrigen Soldaten erwiderten dieselben mit einstimmigem Zuruf, hatten sie aber eine Stunde darauf, als man den Marsch antrat, schon wieder vergessen. Was aber den Nachtrab betrifft, dem Napoleon schuld an dem argen Lärm gab, so ließ er Davoust darüber seinen Unwillen durch harte Worte bezeugen.

Zu Orcha fand man ziemlich reichliche Vorräte von Lebensmitteln, einen Brückenzug von sechzig Pontons mit allem Geräte, die sofort verbrannt wurden, auch sechsunddreißig bespannte Kanonen, in die sich Davoust, Eugen und Maubourg teilten.

Hier sah man zum erstenmal wieder Offiziere und Gensd'armes, beauftragt, die Menge von Nachzüglern an den beiden Brücken über den Dnjepr anzuhalten, um sie zu ihren Fahnen zurückzuweisen. Aber diese Adler, an die sich vordem alle Hoffnungen knüpften, wurden jetzt als drohende Zeichen geflohen.

Schon war die Unordnung in ein System gebracht. Es gab

Menschen, die sich nur zu sehr darauf verstanden. Nachdem sich eine unermeßliche Menge bei der Brücke gehäuft hatte, schrien einige Elende: »Die Kosaken kommen!« Ihr Zweck war, den Marsch der Vordern zu beschleunigen und dadurch die Unordnung zu vermehren, die sie alsdann benutzten, um denjenigen, die nicht auf ihrer Hut waren, ihre Lebensmittel und ihre Bündel abzunehmen.

Die Gensd'armes, die diese Armee seit ihrem Unglück zum erstenmal wiedersahen, staunten über so vieles Elend, erschraken über die fürchterliche Unordnung und ließen den Mut sinken. Tobend drang man auf dieses befreundete Ufer, das ohne die alte Garde und ohne die paar hundert Mann, die Eugen noch hatte, geplündert worden wäre.

Napoleon brachte nach Orcha noch sechstausend Mann von fünfunddreißigtausend seiner Garde; Eugen achtzehnhundert Mann von zweiundvierzigtausend; Davoust viertausend von siebzigtausend.

Dieser Marschall selbst hatte alles verloren, sogar seine Wäsche. Er war ganz ausgehungert und griff gierig nach einem Stück Brot, das ihm einer seiner Waffengefährten anbot. Man gab ihm ein Sacktuch, damit er sein mit Reif behängtes Gesicht abwischen konnte. Er rief aus, nur Menschen von Eisen seien imstande, dergleichen auszuhalten; es sei rein unmöglich, dabei zu bestehen; die menschlichen Kräfte hätten ihre Grenzen, und diese seien insgesamt überschritten worden.

Er hatte zuerst den Rückzug bis Wjasma gedeckt. Noch jetzt blieb er, der letzte von seinem Armeekorps, bei jedem Defilee zurück, um jeden an seinen Ort zu weisen und die Unordnung zu bekämpfen. Er trieb seine Soldaten an, diejenigen ihrer Gefährten, die ihre Waffen wegwarfen, zu beschimpfen und ihrer Beute zu berauben; das einzige Mittel, die einen zurückzuhalten und die andern zu bestrafen. Doch hat man ihm, der zufolge seines methodischen und strengen Wesens sich in einer so ungeheuren Unordnung nicht recht auf seinem Platze befand, den Vorwurf gemacht, daß er dadurch sich allzusehr habe außer Fassung bringen lassen.

Der Kaiser versuchte vergebens, dieser Mutlosigkeit Einhalt zu tun. So sehr er auch im engeren Kreise die Leiden seiner Soldaten beklagte, so wollte er doch öffentlich auch in dieser Hinsicht als unbeugsam erscheinen und ließ deswegen verkünden, jeder solle sich wieder zu seinen Fahnen stellen; wenn nicht, so werde er die

Offiziere absetzen und die Soldaten mit dem Tode bestrafen lassen.

Diese Drohung blieb ohne alle Wirkung auf Menschen, die, unempfindlich und hoffnungslos geworden, nicht die Gefahr, wohl aber die Leiden scheuten und den angedrohten Tod weniger fürchteten als ein Leben, wie es ihnen geboten wurde.

Die Festigkeit Napoleons wuchs aber mit der Gefahr. In seinen Augen war diese Handvoll Menschen in dieser Eiswüste, in diesem Kot immer noch die Große Armee und er immer noch der Eroberer von Europa! Und diese Festigkeit war keine Verblendung: es zeigte sich dies, als er in eben dieser Stadt eigenhändig alle diejenigen seiner Effekten verbrannte, die dem Feinde als Siegeszeichen dienen konnten, im Fall er unterlag.

Und hier wurden leider auch alle die Papiere verbrannt, die er als Materialien zur Geschichte seines Lebens gesammelt hatte. Diese zu schreiben, war sein Vorsatz gewesen, als er in diesen unglücklichen Krieg zog. Sein erster Plan war, als Sieger eine drohende Stellung an eben jener Düna, an eben jenem Borysthenes zu nehmen, die er jetzt fliehend und entwaffnet wiedersah. Damals erschien ihm die Langeweile der sechs Wintermonate, die er an diesen Flüssen zugebracht haben würde, als sein ärgster Feind; um ihn zu bekämpfen, hätte dieser neue Cäsar hier seine Commentarien in die Feder gesagt.

SIEBENUNDSECHZIGSTES KAPITEL

Kriegsrat in Orcha – Entschluß, bis an die Beresina zurück und über diese zu gehen bei Borizow – Napoleon an den Flanken bedroht – verzweifelte Sorge um das Schicksal Neys – er taucht wieder auf am jenseitigen Ufer des Borysthenes – das 4. Korps unter Eugen holt das 3. Korps Ney nach Orcha ein.

Es hatte sich jedoch alles geändert: zwei feindliche Armeen schnitten ihm den Rückzug ab. Die Frage war, durch welche von beiden er sich Bahn machen solle. Da er diese litauischen Wälder, in die er eindringen mußte, nicht kannte, so berief er diejenigen von den Seinen zu sich, die durch diese Wälder gekommen waren, um ihn aufzusuchen.

Jomini nahm teil an der Beratung. Um diese gleichsam einzuleiten, sagte der Kaiser, wenn man sich durch das Glück verwöhnen lasse, müsse man oftmals durch große Unglücksfälle dafür büßen; doch wolle er sich nicht auf eine Erörterung der begangenen Fehler einlassen.

Er sprach hierauf von dem Verluste von Minsk, ließ den beharrlichen Manövern Kutusows gegen seine linke Flanke Gerechtigkeit widerfahren und erklärte, er wolle seine Operationslinie von Minsk aufgeben, sich mit den Herzögen von Belluno und Reggio vereinigen, Wittgenstein zu Boden werfen und, die Beresina an ihren Quellen umgehend, Wilna wiedergewinnen.

Jomini widersprach diesem Vorhaben. Dieser Schweizer behauptete, Wittgenstein könne uns in den Defileen, die er besetzt habe, auf jeden Fall lange genug aufhalten, um unsern Ruin zu vollenden. Er fügte hinzu, daß in dieser Jahreszeit und bei einer so großen Unordnung eine Änderung des Weges unsere Armee vollends zugrunde richten würde; daß sie sich auf diesen Seitenwegen, mitten in unfruchtbaren und sumpfigen Wäldern, verirren müßte; daß sie nur auf der großen Straße noch einigen Zusammenhang behalten könne; daß, da Borizow und die dortige Brücke über die Beresina noch frei seien, es genüge, dahin zu kommen.

Er versicherte, von einem Wege zu wissen, der rechts der Stadt über hölzerne Brücken durch die litauischen Wälder führe. Dies war nach seinem Zeugnis der einzige Weg, auf dem die Armee über Zembin und Molodetschno – Minsk und die dortige von Tschitschakow besetzte, längere, durch fünfzig abgebrochene Brücken unbrauchbar gemachte Straße links lassend – Wilna erreichen konnte. Auf solche Art würde man zwischen den beiden feindlichen Armeen durchgehen und beide vermeiden.

Der Kaiser wankte; da es aber seinem Stolze zuwider war, ein Gefecht zu vermeiden, da er Rußland nur als Sieger verlassen wollte, so ließ er den General Dodde vom Geniekorps rufen. Er rief dem Kommenden schon von weitem zu: die Frage sei, ob man über Zembin fliehen oder Wittgenstein bei Smoliany schlagen solle? Da nun Dodde vòn dieser Stellung herkam, so fragte er ihn, ob dieselbe angreifbar sei?

Dieser antwortete, Wittgenstein habe eine Höhe besetzt, welche diese ganze sumpfige Gegend beherrsche. Um an diese Stellung zu kommen, müsse man im Angesicht des Feindes und im Bereich seines Geschützes auf dem geschlängelten Weg marschieren und den feindlichen Batterien auf einer großen Strecke zuerst die linke und dann die rechte Flanke bieten. Diese Stellung sei demnach in der Front nicht angreifbar. Wolle man dieselbe umgehen, so müsse man bis Witebsk zurück und einen großen Umweg nehmen.

Napoleon, dieser letzten Siegeshoffnung beraubt, entschied sich jetzt für Borizow und befahl dem General Eblé, mit acht Sapeurs- und Pontoniers-Kompanien an die Beresina zu gehen und dort alle Vorkehrungen zu einem Übergang zu treffen. Jomini sollte sein Wegweiser sein. Er konnte jedoch nicht umhin zu sagen, es sei doch hart, sich zurückzuziehen, ohne sich zu schlagen, gleichsam zu fliehen.

Jede Täuschung, jeder Wahn war jetzt für ihn verschwunden. Zu Smolensk, wo er zuerst angekommen und zuerst wieder abgegangen war, hatte er sein Unglück mehr erfahren als gesehen; zu Krasnoje, wo sich unser Elend nach und nach unter seinen Augen entwickelt hatte, wirkte die Gefahr als Zerstreuungsmittel; in der Muße von Orcha konnte er aber sein Unglück ganz und gar übersehen.

Zu Smolensk blieben uns noch fünfundzwanzigtausend Streiter, hundertfünfzig Kanonen, der Schatz und die Hoffnung, hinter der Beresina Lebensmittel und Ruhe zu finden. Hier waren es kaum noch zehntausend Soldaten, fast nackt und unbeschuht, in einem Gedränge von Sterbenden, einige Kanonen und ein ausgeplünderter Schatz.

In fünf Tagen hatte sich alles verschlimmert. Die Zerstörung und die Auflösung hatten reißende Fortschritte gemacht. Minsk war genommen. Nicht Ruhe, nicht Überfluß, sondern neue Kämpfe gegen eine frische Armee sollte man hinter der Beresina finden. Endlich schien der Abfall Österreichs keinem Zweifel mehr zu unterliegen, und vielleicht war derselbe ein Signal für ganz Europa.

Napoleon wußte selbst nicht einmal, ob er zu Borizow die neue Gefahr würde erreichen können, die ihm das Zaudern von Schwarzenberg bereitet zu haben schien. Man hat gesehen, daß eine dritte russische Armee, diejenige von Wittgenstein, zu seiner Rechten den Raum bedrohte, durch den er noch von dieser Stadt getrennt war. Man weiß, daß er dieser Armee den Herzog von Belluno entgegengesetzt und diesem Marschall befohlen hatte, das am 1. November Versäumte nachzuholen und die Offensive wieder zu ergreifen.

In Gemäßheit dieses Befehls hatte Victor am 14. November, dem Tage des Abmarsches Napoleons von Smolensk, in Verbindung mit dem Herzog von Reggio die Vorposten von Wittgenstein nach Smoliany zurückgeworfen und dadurch die Schlacht eingeleitet, die sie den andern Tag liefern wollten.

Die Franzosen waren dreißigtausend, die Russen vierzigtausend Mann stark. Hier wie zu Wjasma wären es der Soldaten genug gewesen, wenn nicht zu viele befohlen hätten.

Die beiden Marschälle waren nicht einig. Victor wollte gegen den feindlichen linken Flügel manövrieren und Wittgenstein durch einen Marsch über Botscheikowo, Kamen, Puichna und Beresino mit den beiden französischen Korps überflügeln. Oudinot tadelte dieses Vorhaben mit Bitterkeit und behauptete, man würde sich dadurch von der Großen Armee, die unterstützt werden wolle, trennen.

Da nun solchergestalt der eine Marschall manövrieren, der andere in der Front angreifen wollte, so geschah keines von beiden. Oudinot zog sich in der Nacht nach Czereia zurück, und Victor, der dieses bei Tagesanbruch inne ward, sah sich genötigt, dasselbe zu tun.

Er ging bis auf einen Tagmarsch von der Lukolm gegen Senno zurück, wo Wittgenstein ihn nur wenig beunruhigte. Endlich mußte aber der Herzog von Reggio der zu Dombrowna ausgefertigte Befehl zukommen, sich nach Minsk zu begeben, so daß Victor es fortan allein mit Wittgenstein zu tun hatte. Es war also möglich, daß dieser sein Übergewicht fühlen würde, und der Kaiser, der seinen Nachtrab hat preisgeben müssen, der seine linke Flanke von Kutusow bedroht, die Spitze seiner Kolonne an der Beresina von Tschitschakow aufgehalten sieht, muß jetzt am 20. November zu Orcha erfahren, daß Wittgenstein und seine vierzigtausend Mann nicht geschlagen, sondern im Gegenteil bereit sind, seine rechte Flanke zu fassen.

Aber Napoleon kommt nur langsam zu dem Entschluß, den Borysthenes zu verlassen, den unglücklichen Ney zum zweitenmal preiszugeben und auf diesen unerschrockenen Waffengefährten für immer zu verzichten. Hier, wie in Lyadi und Dombrowna, läßt er alle Augenblicke, sowohl bei Tag als bei Nacht, sich erkundigen, ob man nichts von diesem Marschall erfahren hat; aber keine Kunde von seinem Dasein dringt durch die russische Armee. Dieses Todesschweigen dauert nun schon vier Tage, und der Kaiser hofft noch immer.

Am 20. November endlich genötigt, Orcha zu verlassen, läßt er Eugen, Mortier und Davoust daselbst zurück und macht zwei

Stunden von da wieder halt, nach Ney sich sehnend und ihn noch erwartend.

Alles, was von der Armee in Orcha noch übrig war, teilte diesen Schmerz. Sobald nur die dringendsten Sorgen einen ruhigen Augenblick gewährten, waren alle Gedanken, alle Blicke auf das russische Ufer gerichtet. Man horchte, ob nicht irgendein Kriegsgetöse die Ankunft von Ney oder seine letzten Seufzer verkünde; man sah aber nur Feinde, die schon die Brücken des Borysthenes bedrohten!

Einer von den drei Chefs wollte diese jetzt abtragen lassen, aber die andern litten es nicht, denn sie hätten sich dadurch noch mehr von ihrem Waffengefährten getrennt und bewiesen, daß sie an seiner Rettung verzweifelten. Sie konnten sich aber in den Gedanken an seinen Untergang noch immer nicht finden.

Doch mit diesem vierten Tag mußte die Hoffnung erlöschen. Die Nacht brachte nur eine lästige Ruhe. Man gab sich die Schuld am Unglück von Ney, als ob es möglich gewesen wäre, in den Ebenen von Krasnoje noch länger auf das dritte Korps zu warten. Man hätte dort noch achtundzwanzig Stunden länger fechten müssen, wo doch die Kräfte und die Munition nur noch für eine Stunde ausreichten.

Schon hielt man sich, wie bei jedem schmerzlichen Verluste, an die Erinnerungen. Von Davoust, der den unglücklichen Marschall zuletzt verlassen hatte, wollten Eugen und Mortier wissen, was seine letzten Worte gewesen seien?

Nach den ersten Kanonenschüssen, die am 15. November gegen Napoleon gefallen waren, hatte Ney vorgeschlagen, Smolensk gleich nach dem Vizekönig zu räumen. Davoust, auf die Befehle des Kaisers, nach welchen die Ringmauern der Stadt gesprengt werden sollten, sich berufend, hatte sich widersetzt. Die beiden Marschälle gerieten aneinander, und da Davoust darauf bestand, noch bis auf den andern Tag zu bleiben, so war Ney, der den Marsch schließen mußte, genötigt, noch länger zu warten.

Zwar hatte Davoust am 16. November ihn auf seine Gefahr aufmerksam gemacht. Aber Ney, entweder anderer Meinung geworden oder aus Ärger gegen Davoust, ließ ihm antworten, daß alle Kosaken der Welt ihn nicht verhindern würden, seine Instruktionen zu befolgen.

Nachdem diese Erinnerungen und alle Mutmaßungen erschöpft waren, versank man wieder in ein noch traurigeres Schweigen, als auf einmal die Tritte von einigen Pferden und das Freudengeschrei sich hören ließen: »Der Marschall Ney ist gerettet, er kommt wieder, hier sind polnische Reiter, die ihn ansagen!« In der Tat, es kam einer seiner Offiziere mit der Nachricht, daß der Marschall auf dem rechten Ufer des Borysthenes anrücke und Hilfe verlange.

Die Nacht begann und mit ihr das einzige Mittel, das dem Prinzen Eugen und dem Herzog von Treviso geblieben war, um ihre Soldaten, die bis dahin immer unter freiem Himmel gelagert hatten, wieder zu beleben und zu erwärmen. Diese Unglücklichen hatten seit Moskau zum erstenmal hinreichende Lebensmittel erhalten, die sie jetzt zurichten wollten, um dann wieder einmal ruhig und unter einem warmen Obdach zu schlafen. Wie sollte man sie jetzt wieder unter das Gewehr bringen und der süßen Ruhe entreißen, die sie bereits zu kosten anfingen? Wer wird sie bereden, aus den Armen des Schlafs in die russische Nacht und Kälte zurückzukehren?

Eugen und Mortier stritten sich um die Ehre dieses Opfers, die dem ersten nur dadurch blieb, daß er sich auf seinen höheren Rang berief. Die Quartiere und die bessere Verpflegung waren wirksamer gewesen als die Drohungen; die Nachzügler hatten sich wieder gestellt.

Eugen gebot wieder über viertausend Mann, die alle den Marsch antraten. Es war aber dies ihre letzte Anstrengung. Sie gingen in der Finsternis auf unbekannten Wegen fort und legten aufs Geratewohl etwa zwei Stunden zurück, wobei sie jeden Augenblick anhielten, um zu horchen. Schon stieg die Furcht. Hatte man sich verirrt? War es schon zu spät? Waren die unglücklichen Gefährten schon unterlegen? In dieser Ungewißheit ließ der Prinz Eugen durch einige Kanonenschüsse ein Zeichen geben. Sofort glaubte man auf diesem Schneemeer Notschüsse zu hören; sie kamen vom 3. Korps, das aus Mangel an Geschütz die Kanonenschüsse des 4. Korps mit Pelotonfeuer erwiderte.

Die beiden Korps gingen hierauf dem Schall nach und trafen sich. Ney und Eugen, die sich zuerst erkannten, eilten einander in die Arme. Eugen weinte; Ney stieß Worte des Zorns aus. Der eine fühlte sich glücklich, gerührt und voll Begeisterung für den Helden, den er mit ritterlichem Sinn zu retten gesucht hatte; der andere war noch vom Gefecht erhitzt, noch erbost über die Gefahr, die der Ehre der Armee in seiner Person gedroht hatte, und schalt auf Davoust, den er mit Unrecht beschuldigte, ihn verlassen zu haben.

Als dieser, einige Stunden nachher, sich entschuldigen wollte, erhielt er von Ney die mit einem unfreundlichen Blick begleitete Antwort: »Ich, Herr Marschall, werfe Ihnen nichts vor: Gott sieht uns und wird Sie richten!«

Sobald sich aber einmal beide Korps erkannt hatten, waren sie aus ihren Gliedern getreten, Soldaten, Offiziere, Generäle waren aufeinander zugeeilt. Diejenigen von Eugen drückten denen von Ney die Hand, sahen sie mit Verwunderung an und umarmten sie mit innigem Mitleiden. Alles, was sie an Lebensmitteln und Branntwein eben erst erhalten hatten, teilten sie ihnen mit und bestürmten sie mit Fragen. Sie marschierten jetzt zusammen nach Orcha. Die einen wollten hören, die andern erzählen.

ACHTUNDSECHZIGSTES KAPITEL

Erzählung von den Schicksalen Neys und seines Korps während der vergangenen vier Tage (16. bis 20. November) – Kutusow forderte Ney zur Übergabe auf – Ney entschlossen, sich durchzuschlagen – mit dreitausendvierhundert Mann gegen achtzigtausend – er erreicht den Dnjepr.

Sie erzählen, wie sie nach Zurücklassung von fünftausend Kranken am 17. November noch mit zwölf Kanonen, sechstausend Bajonetten und dreihundert Pferden aus Smolensk gezogen seien; und wie ihr Marschall ohne den Kanonendonner von Platow und die Explosion der Minen nicht imstande gewesen wäre, siebentausend unbewaffnete Nachzügler dem Schutze dieser Stadt, wo sie sich eingerichtet hatten, zu entreißen. Sie erzählen, wie groß die Sorgfalt ihres Anführers für die Verwundeten, für die Frauen, für ihre Kinder gewesen, und daß diesmal der Tapferste sich auch als der Menschlichste gezeigt habe.

An den Toren der Stadt hat sie eine Schandtat mit einem Abscheu erfüllt, den sie noch jetzt fühlen. Eine Mutter hat ihren fünfjährigen Sohn im Stich gelassen und ihn trotz seines Geschreis und seiner Tränen von ihrem zu sehr beladenen Schlitten zurückgestoßen. Sie selbst schrie dabei wie im Wahnsinn, er habe Frankreich nicht gesehen; er werde es nicht vermissen! Sie aber kenne Frankreich! Sie wolle es wiedersehen! Zweimal ließ Ney das unglückliche Kind in die Arme seiner Mutter legen, und diese hat es zweimal wieder auf den eisigen Schnee geworfen.

Sie haben aber dieses Verbrechen der Selbstsucht, das unter tausend Taten der erhabensten Selbstverleugnung einsam dasteht, nicht unbestraft gelassen. Man hat dieses unnatürliche Weib auf demselben Schnee zurückgelassen, den unglücklichen Knaben dagegen aufgehoben und der Sorge einer andern Mutter anvertraut. Sie zeigten dieses Waisenkind, das man seitdem an der Beresina, dann zu Wilna, selbst zu Kowno wiedergesehen hat, und das endlich allen Greueln des Rückzugs entkommen ist.

Von ihren Zuhörern gemahnt, kommen jetzt die Offiziere von Ney auf ihren Marsch nach Krasnoje, wo sie, einen trostlosen Haufen hinter sich herschleppend und einem andern, vom Hunger vorwärts getriebenen folgend, unsere zahllosen Trümmer sehen mußten.

Sie erzählen, wie sie in jeder Schlucht eine Menge von Helmen, Tschakos und umhergeworfenen Kleidungsstücken, eingeschlagene Reisekoffer, Wagen und Kanonen gesehen haben, wovon die einen umgestürzt, die andern aber noch mit halbtoten oder mit toten und schon zum Teil aufgezehrten Pferden bespannt waren.

Wie sie, als sie am Ende ihres ersten Tagmarsches bei Korythnia eine starke Explosion und das Sausen von Kugeln über ihren Köpfen hörten, an ein nahes Gefecht geglaubt haben. Die Schüsse waren, zunächst vor ihnen, auf der Straße gefallen, und doch war kein Feind zu sehen. Die Division Ricard, die jetzt auf Rekognoszierung vorausgeschickt wurde, fand in einer Vertiefung der Straße zwei zurückgelassene französische Batterien mit ihren Munitionskarren und sah zugleich die erschrockenen Urheber dieses Lärms, eine Bande armseliger Kosaken, eiligst über das Feld fliehen.

Die Offiziere von Ney ihrerseits fragen nun, was denn vorgefallen sei, woher denn die allgemeine Mutlosigkeit komme? Warum man dem Feinde noch ganz brauchbare Waffen überlassen, ob man nicht Zeit gehabt habe, die Kanonen zu vernageln oder doch wenigstens ihre Munition zu verderben?

Bis jetzt hatten sie, wie sie sagten, nur die Spuren eines unglücklichen Marsches gesehen. Den folgenden Tag war alles ärger. Sie leugnen nicht, auf jenem mit Blut geröteten, mit Waffentrümmern und verstümmelten Leichen besäten Schneefelde von bangen Ahnungen ergriffen worden zu sein. Die Schlachtordnung und ihre Reihen waren durch die Toten unverkennbar bezeichnet. Man zeigte sich diese. Wo die 14. Division, wo die italienische Garde gestanden, war an den Regiments-Nummern, an den

Montierungen zu sehen. Was aber war aus den noch am Leben gebliebenen Soldaten dieses Korps geworden? Und das blutige Erdreich, diese unbelebten Formen, dieses starre und kalte Schweigen der Einöde und des Todes gaben den Fragenden keine Auskunft. Diese konnten weder das Schicksal ihrer Gefährten, noch dasjenige, was ihnen bevorstand, ergründen.

Von Ney schnell über all diese Ruinen weggeführt, waren sie ohne Hindernis bis zu der Stelle gelangt, wo die Straße in eine tiefe Schlucht hinabsinkt und, wieder aufsteigend, das breite Plateau von Kolowa, dasselbe Schlachtfeld gewinnt, wo sie vor drei Monaten auf ihrem Vormarsch Newerowskoi besiegt und Napoleon aus den dem Feinde abgenommenen Kanonen begrüßt hatten. Sie haben, sagten sie, dieses durch den Schnee entstellte Terrain wiedererkannt.

Auf die Bemerkung der Offiziere von Mortier, daß dieses dieselbe Stellung sei, in der ihr Korps gefochten und der Kaiser das dritte Korps erwartet habe, erwidern die Offiziere von Ney: Kutusow, oder besser, Miloradowitsch war an die Stelle des Kaisers getreten, denn der alte Russe hatte Dobroe noch nicht verlassen.

Schon kehrten die vorausgegangenen versprengten Leute ihrer Korps wieder zurück, indem sie auf den Feind zeigten, der in schwarzen Massen auf dem mit Schnee bedeckten Plateau stand. Bald darauf trat ein russischer Parlamentär vor den Marschall, um ihn aufzufordern, sich zu ergeben, was er aus Achtung für das Unglück ihres Befehlshabers oder aus Furcht, ihn zur Verzweiflung zu bringen, vielleicht auch, um die Zivilisation seines Volks zu beweisen, in den glimpflichsten Ausdrücken tat.

Kutusow hat ihn geschickt: dieser Feldmarschall würde es nicht wagen, einem so großen General, einem so berühmten Krieger einen so harten Antrag zu machen, wenn dessen Lage nicht so verzweifelt wäre. Es stehen aber achtzigtausend Russen vor ihm und zunächst um ihn herum, und wenn er daran zweifelt, so stellt es Kutusow ihm frei, nachsehen und seine Truppen abzählen zu lassen.

Der Russe hatte noch nicht geendet, als vierzig Kartätschenschüsse, von dem rechten Flügel seiner Armee kommend, in unsere Reihen schlugen, ihn außer Fassung und seine Rede ins Stocken brachten.

Zu gleicher Zeit geht ein französischer Offizier auf ihn los und will ihn als einen Verräter töten. Indem Ney dieser Aufwallung

Einhalt tut, überläßt er sich der seinigen und fährt den Russen mit den Worten an: »Ein Marschall ergibt sich nicht; man parlamentiert nicht im Feuer. Sie sind mein Gefangener!« Und der unglückliche Offizier wird entwaffnet und muß das Feuer der Seinigen aushalten. Er ist erst zwei Tage später wieder frei geworden, entweder, weil man nicht auf ihn acht gab, oder weil man es für billig hielt, besonders aber, weil man müde war, ihn zu hüten.

Als der Feind jetzt sein Feuer verdoppelte, wurden alle diese Hügel, die einen Augenblick vorher noch stumm und kalt waren – wie sie sagen – zu ebenso vielen tobenden Vulkanen. Ney aber ist dadurch erst recht in Schwung gesetzt worden. Dieser Draufgänger – fügten sie hinzu, denn so oft sie den Namen ihres Marschalls aussprechen, geraten sie in Begeisterung – habe sich in diesem Feuer so recht in seinem Elemente gefühlt.

Kutusow hat wahr gesprochen: man sieht auf der einen Seite achtzigtausend Mann; vollzählige, massive Bataillons, mehrere Treffen, zahlreiche Escadrons, ein unermeßliches Geschütz in einer furchtbaren Stellung, auf der andern Seite fünftausend Soldaten, eine auseinandergezogene, zersplitterte Kolonne, einen unsichern, schwankenden Marsch, unvollständige, zum Teil nicht mehr brauchbare Waffen, von schwachen Händen getragen.

Und doch will der französische General weder sich ergeben noch sterben, sondern durchdringen und sich Bahn machen; und es fällt ihm nicht einmal ein, daß er einen erhabenen Versuch wage. Allein, auf nichts sich stützend, eine Stütze für alle, folgt er dem Triebe seiner kräftigen Natur. Er, der so oft gegen alle Wahrscheinlichkeit gesiegt hat, hält nichts für unmöglich.

Sie mußten sich am meisten über ihre eigene Folgsamkeit wundern, denn alle haben sich ihres Führers würdig gezeigt. Sie wollen sich dort überzeugt haben, daß der große Mann sich als solcher nicht bloß durch Beharrlichkeit, Entschlossenheit und Kühnheit, sondern vorzüglich auch durch die Gewalt bewährt, mit der er auf andere zu wirken weiß.

Ney läßt die fünfzehnhundert Soldaten von Ricard, die die Spitze seiner Kolonne bilden, auf die feindliche Armee los und will mit dem Überrest ihnen folgen. Kaum hat diese Division, die gerade auf der Straße fortgerückt ist, den jenseitigen Rand der Schlucht erstiegen, so wird sie von dem ersten Treffen der Russen mit großem Verlust wieder in dieselbe zurückgeworfen.

Unverzagt und nicht gestattend, daß jemand verzage, sammelt

der Marschall die Trümmer dieser Division, teilt sie der Reserve zu und tritt an ihre Stelle ins erste Treffen; vierhundert Illyrier* müssen die feindliche Armee in der linken Flanke fassen, er mit dreitausend Mann stürmt ihre Front; er hält keine Rede, er geht voran und gibt das Beispiel; denn das ist die echte Beredsamkeit eines Helden. Es hat auch gewirkt, alle sind ihm gefolgt; sie haben das erste Treffen der Russen angegriffen, durchbrochen und geworfen und wollen es dem zweiten ebenso machen, als sie mit einem Regen von Eisen und Blei überschüttet wurden. In einem Augenblicke waren alle Generäle verwundet, der größte Teil der Soldaten getötet; ihre Reihen sind gelichtet, die verstümmelte Kolonne dreht sich im Wirbel, schwankt und weicht endlich, ihren Führer mit sich fortreißend, zurück.

Ney, der jetzt einsieht, daß er das Unmögliche versucht hat, wartet nur, bis die Seinigen durch die Schlucht wieder von dem Feinde geschieden sind, um dieselben unter dem Schutze dieses schwachen Hindernisses wieder zum Stehen und in Ordnung zu bringen. Ohne Hoffnung wie ohne Furcht stellt er zweitausend Mann gegen achtzigtausend auf, das Feuer von zweihundert Geschützen erwidert er mit sechs Kanonen, und so beschämt er das Glück, einen so hohen Mut verraten zu haben.

Doch ist es ohne Zweifel einzig dem Glücke zu verdanken, daß Kutusow sich nicht mehr gerührt hat, daß dieser russische Ultra-Fabius**, zum größten Erstaunen seiner Gegner, angeblich aus Menschlichkeit und Klugheit, mit allen seinen pomphaften Tugenden auf seinen Höhen stehengeblieben ist, unbesiegt, aber den Sieg scheuend und durch seine Übermacht wie verblüfft. Er sah Napoleon durch seine Verwegenheit besiegt und floh diesen Fehler, bis er in den entgegengesetzten verfiel.

Wenn auch nur ein einziges russisches Korps sich ereifert hätte, so wäre die Sache bald im reinen gewesen; aber keines wollte einen entscheidenden Schritt tun.

Kutusow, der sich mehr auf seine Kanonen als auf seine Soldaten verließ, versuchte indessen nur aus der Entfernung zu siegen. Seine Batterien beherrschten so sehr das ganze von den

* Soldaten aus den sog. ›illyrischen Provinzen‹ (= Dalmatien), die Napoleon 1809 Frankreich einverleibt hatte.

** d. i. »übergroße Zauderer«, ein noch größerer als der in die Geschichte als »Cunctator« (=Zauderer) eingegangene römische Konsul Fabius Maximus († 203 v. Chr.), der im Zweiten Punischen Krieg gegen Hannibal stand.

Franzosen eingenommene Terrain, daß dieselbe Kugel, die einen Mann im vordersten Glied wegriß, auch noch in den hintersten Wagen der von Moskau geflüchteten Frauen Verwüstungen anrichtete.

Unter diesem mörderischen Feuer sahen die Soldaten bestürzt und unbeweglich auf ihren Marschall und erwarteten von ihm die Entscheidung, ob sie sich für verloren halten sollten, hofften dabei aber noch immer, ohne zu wissen warum, oder vielmehr, weil sie, nach der Bemerkung eines ihrer Offiziere, in dieser äußersten Gefahr an Ney die größte Fassung und Seelenruhe sahen. Mit aufmerksamer Miene beobachtete er die feindliche Armee, die, durch die neuerliche List des Prinzen Eugen gewitzigt, in immer größerer Front sich entwickelte, um ihm jeden Rettungsweg zu versperren.

Der Winter, nur in diesem einzigen Stück unserm Rückzug günstig, führte bald die Nacht herbei. Aber Ney, der dieselbe erwartet hatte, benutzt den ihm dadurch gewordenen Aufschub nur dazu, daß er den Befehl erteilt, sofort den Rückmarsch nach Smolensk anzutreten. Alle staunten – wie sie sagen – bei diesen Worten. Selbst sein Adjutant verstummte, seinen Ohren nicht trauend, und sah seinen Chef mit bestürzter Miene an. Als aber der Marschall seinen Befehl bestimmt und in gebieterischen Worten wiederholt, so erkennen sie darin einen gefaßten Entschluß, ein aufgefundenes Rettungsmittel, jenes Vertrauen in sich selbst, das auch andern hinwiederum Vertrauen einflößt, endlich jene Seelenstärke, die auch den schwierigsten Umständen gebietet. Alle gehorchten jetzt; ohne sich zu besinnen, ließen sie die Armee, Napoleon und Frankreich hinter sich, um in das heillose Rußland zurückzukehren! Ihre rückgängige Bewegung dauerte eine Stunde. Sie kamen wieder über das durch die Trümmer der italienischen Armee bezeichnete Schlachtfeld, machten dann halt und wurden von ihrem Marschall, der allein bei dem Nachtrab zurückgeblieben war, wieder eingeholt.

Er war der Gegenstand ihrer gespanntesten Aufmerksamkeit. Was wird er wohl tun? Was er aber auch vorhaben mag, wie will er ohne Führer in einem unbekannten Lande fortkommen? Da stellt er sich, von seinem kriegerischen Genie beraten, an den Rand einer Schlucht, in der allem Anschein nach ein Bach fließen mußte; er läßt den Schnee wegräumen und das Eis aufbrechen; nachdem er den Lauf des Wassers untersucht hat, ruft er: »Es ist ein Seitenbach des Dnjepr, wir müssen ihm folgen, er wird uns an den Fluß bringen! Wir werden über diesen gehen und auf dem jenseitigen Ufer in Sicherheit sein.« Hierauf setzt er ungesäumt den Marsch in dieser neuen Richtung fort.

Doch hält er in einer kleinen Entfernung von der soeben verlassenen Hauptstraße nochmals in einem Dorfe an. Sie wissen den Namen nicht bestimmt anzugeben, glauben aber, es sei Fomina, oder besser, Danikowa gewesen. Dort sammelt er seine Truppen und läßt Feuer aufmachen, als wenn er übernachten wollte.

Die Kosaken, die ihm gefolgt waren, dadurch betrogen, haben sich ohne Zweifel beeilt, Kutusow von dem Orte zu benachrichtigen, wo den andern Tag ein französischer Marschall das Gewehr vor ihm strecken würde, denn das feindliche Geschütz ließ sich alsbald hören.

Ney horchte auf. »Ist es endlich Davoust,« rief er aus, »der sich meiner erinnert?« Und er horcht weiter. Die Schüsse erfolgten aber nach gleich großen Pausen; es war eine Salve. Jetzt überzeugt, daß man im russischen Lager im voraus seine Gefangennehmung feiere, schwört er, ihre voreilige Freude Lügen zu strafen, und setzt sich wieder in Marsch.

Seine Polen, die zu gleicher Zeit die ganze Gegend durchsuchten, brachten einen hinkenden Bauern, den einzigen Bewohner, den sie hatten auftreiben können. Es war dies ein köstlicher Fund, ein unverhofftes Glück. Er sagte aus: der Dnjepr sei nur eine Stunde von da, habe aber keine Furt und könne nicht gefroren sein. »Er wird es sein!« erwiderte der Marschall, und auf die Bemerkung, daß Tauwetter eintrete, setzte er noch hinzu: es liege nichts daran, man müsse hinübergehen, es bleibe nichts anderes übrig.

Gegen acht Uhr endlich kam man durch ein Dorf; man war am Ausgang der Schlucht. Der hinkende Wegweiser an der Spitze der Kolonne blieb stehen und zeigte auf den Fluß. Sie vermuten, es sei dieses zwischen Syrikorenje und Gusinoje gewesen. Ney und die ihm zunächst folgten, liefen herbei. Der Fluß war zugefroren und trug. Sein Treibeis, durch eine plötzliche Wendung des Ufers aufgehalten, war ins Stocken geraten und durch die Kälte vollends festgemacht worden; aber nur an diesem Vorsprung des Ufers; oberhalb und unterhalb dieses Punkts hatte er noch seinen Lauf.

Wegen dieses Umstandes trat auf die erste Freude die Besorgnis ein, daß dem vielleicht nur scheinbar zugefrorenen feindlichen

Fluß nicht zu trauen sein dürfe. Ein Offizier, der es übernahm, die Sache zu untersuchen, erreichte nur mit Mühe das jenseitige Ufer und kam von da wieder zurück, um zu melden, daß die Menschen und etwa auch einige Pferde durchkommen könnten, daß man aber alles übrige im Stich lassen und sich beeilen müsse, da das Eis in dem Tauwetter bereits zu schmelzen beginne.

Aber in dieser aus erschöpften und verwundeten Soldaten, aus Frauen und Kindern bestehenden Kolonne hatte man in der Nacht und querfeldein nicht so geschlossen marschieren können, daß man nicht auseinandergekommen wäre und nicht die Spur voneinander verloren hätte. Ney bemerkte, daß er nur einen Teil der Seinigen bei sich habe: doch hätte er immerhin über den Fluß gehen, sich dadurch retten und am andern Ufer warten können. Dies war ihm jedoch nicht eingefallen, und als ihm ein anderer diesen Vorschlag machte, so verwarf er ihn. Er bestimmte zur Sammlung der Seinen eine Frist von drei Stunden, die er trotz der Gefahr, die aus dem Verzug haftete, in seinen Mantel gehüllt, am Ufer des Flusses ausgestreckt, im tiefsten Schlaf zubrachte. So sehr hatte er jenes Temperament der großen Männer, eine starke Seele in einem rüstigen Körper und jene kraftvolle Gesundheit, ohne die es kaum einen Helden gibt.

NEUNUNDSECHZIGSTES KAPITEL

Neys Übergang über den Dnjepr unter den erschwerendsten Umständen – Szenen der Verzweiflung – hohe Verluste – Verfolgung durch die Kosaken – Ney erreicht schließlich mit eintausendfünfhundert Mann Orcha.

Um Mitternacht endlich begann der Übergang. Aber die ersten, die sich vom Ufer entfernen, schreien, daß das Eis unter ihnen weiche und versinke und daß sie bis an die Knie im Wasser stehen. Bald bricht diese schwache Stütze unter einem fürchterlichen, weit verbreiteten Krachen wie bei einem Eisgang. Alle bleiben betroffen stehen.

Ney befiehlt, daß nur einer nach dem andern hinübergehen soll. Man tut dies mit aller Vorsicht, da man in dieser Finsternis leicht einen Fehltritt tun konnte; denn es gab Stellen, wo man über breite Spalten setzen und von einer Eisscholle auf die andere springen mußte, in steter Gefahr, in den Zwischenraum zu fallen und für immer zu verschwinden. Die Vordersten zögerten; man rief ihnen aber von hinten zu, sich zu sputen.

Nachdem man endlich sich durch alle diese Schrecknisse bis zum jenseitigen Ufer durchgearbeitet hatte und sich schon gerettet glaubte, verhinderte das senkrecht abgeschnittene, mit Glatteis überzogene Ufer, festen Fuß zu fassen. Viele glitten im beschleunigten Fall auf das Eis zurück und wurden zerschmettert. Nach der Angabe der Zeugen schienen dieser russische Fluß und sein Ufer nur gleichsam mit Widerwillen, aus Überraschung und gezwungenerweise ihre Rettung vermittelt zu haben.

Nur mit Schaudern sprachen diese Zeugen von der fast sinnlosen Bestürzung der Frauen und der Kranken, als sie mit dem Gepäcke ihre noch übrige Habe, ihre Lebensmittel, mit einem Wort, alle ihre Hilfsquellen für die Gegenwart wie für die Zukunft im Stiche lassen mußten; sie plünderten sich jetzt selbst, wählten von ihrem Besitztum bald dieses, bald jenes, warfen es wieder weg, um es sogleich wieder aufzuheben, und sanken, von ihrem Jammer und ihren Anstrengungen überwältigt, auf das beeiste Ufer des Flusses. Was aber den gräßlichsten und bleibendsten Eindruck auf die Zeugen gemacht hat, war die Hilflosigkeit so vieler auf einem Abgrund zerstreuter Menschen; das widerhallende Getöse, wenn sie, was alle Augenblicke geschah, auf der schlüpfrigen Eisbahn fielen; das Geschrei derer, die versanken; und mehr als alles die Tränen und die Verzweiflung der Verwundeten, die von ihren Wagen herab mit aufgehobenen Händen ihre Gefährten beschworen, sie doch nicht im Stiche zu lassen.

Man versuchte es, einige Wagen, mit diesen Unglücklichen beladen, auf das jenseitige Ufer zu schaffen. Aber auf der Mitte des Flusses brach und barst die Eisdecke klaffend auseinander. Jetzt hörte man am Ufer zuerst ein herzzerreißendes Angstgeschrei, dann ein immer schwächeres Stöhnen und Winseln. Bald war auch dieses verstummt und alles verschwunden.

Ney, der auf den Wasserschlund sah, glaubte im Dunkel etwas wahrzunehmen, das sich noch rührte. Es war einer dieser Unglücklichen, Briqueville, ein Offizier, der wegen einer tiefen Wunde in der Weiche sich nicht aufrichten konnte. Eine breite Eisscheibe hatte ihn auf die Oberfläche gehoben. Bald bemerkte man sehr deutlich, wie er von Eisscholle zu Eisscholle auf den Knien und Händen fortrutschte und näherkam. Ney selbst griff ihn auf und rettete ihn.

Seit dem gestrigen Tage waren viertausend Nachzügler und dreitausend Soldaten entweder tot oder vermißt, die Kanonen und alles Gepäck verloren. Kaum dreitausend Streiter und ebenso viele vereinzelte Soldaten waren dem Marschall geblieben, der jetzt mit allem, was er hatte retten können, von dem besiegten Fluß geführt und beschützt seinen Marsch fortsetzte.

Man ging, ohne zu wissen wo und wohin, bis einer, der zu Boden gefallen war, eine gebahnte Straße erkannte. Es war nur zu wahr, denn die Vordersten, die jetzt erschrocken anhielten, sich bückten und den Weg auch mit den Händen untersuchen, bemerken ganz frische Spuren von vielen Kanonen und Pferden. Sie waren demnach einer feindlichen Armee nur ausgewichen, um einer andern in die Hände zu fallen. Kaum noch imstande zu gehen, sollen sie sich von neuem schlagen. Der Krieg ist also überall! Aber Ney trieb sie vorwärts und folgte unverzagt diesen drohenden Spuren.

Sie führten in ein Dorf, namens Gusinoje, in das man schnell einrückte; wo man alles wegnahm und alles fand, was seit Moskau gefehlt hatte: Kleidungsstücke, Lebensmittel, Ruhe, warme Wohnungen und gegen hundert Kosaken, die als Gefangene erwachten. Ihre Aussagen und das Bedürfnis, sich in etwa zu erholen, um wieder weiterzukommen, bestimmten Ney, hier einige Augenblicke zu verweilen.

Gegen zehn Uhr hatte man zwei andere Dörfer erreicht und schon der Ruhe gepflogen, als es in den Wäldern auf einmal zu wimmeln anfing. Während man sich zuruft, nachsieht und in dem dem Dnjepr zunächst gelegenen Dörfchen sich konzentriert, kommen Tausende von Kosaken zwischen den Bäumen hervor und umringen mit ihren Lanzen und Kanonen die unglückliche Schar.

Es waren die Horden von Platow, die insgesamt dem rechten Ufer des Dnjepr folgten. So leicht es ihnen auch gewesen wäre, das Dorf zu verbrennen, die Schwäche Neys zu benutzen und ihn vollends aufzureiben, blieben sie doch drei Stunden lang unbeweglich stehen und schossen nicht einmal; man weiß nicht warum. Sie haben seitdem versichert, sie hätten keinen Befehl gehabt, und ihr Kommandeur sei damals außerstande gewesen, dergleichen zu geben, und in Rußland dürfe man nichts auf sich nehmen.

Ney hielt sie durch seine gute Fassung im Zaum; er und einige Soldaten genügten, die übrigen mußten auf seinen Befehl ihr Mahl bis zur Nachtzeit fortsetzen. Hierauf ließ er den Befehl umlaufen, ohne Geräusch aufzubrechen, sich gegenseitig und mit leiser Stimme auf dem Marsch anzurufen und stets geschlossen zu bleiben. Sofort traten alle zumal ihren Marsch an; allein ihr erster Schritt war gleichsam ein Zeichen für den Feind, der all sein Geschütz auf sie spielen und alle seine Schwadronen zu gleicher Zeit vorrücken ließ.

Dieser Lärm brachte großen Schrecken in den noch etwa drei- bis viertausend Mann starken Haufen der Nachzügler. Diese unbewaffneten Menschen, nicht wissend wohin, suchten Schutz in den Reihen der Soldaten, wurden aber von diesen zurückgewiesen. Ney wußte es so einzurichten, daß sie immer zwischen ihm und den Russen blieben und also zunächst deren Feuer auf sich zogen, so daß gerade die Verzagtesten zum Schutze der Mutigsten dienen mußten.

Während der Marschall seine rechte Flanke durch diese Unglücklichen verwahrt, erreicht er das Ufer des Dnjepr und gewinnt dadurch eine Deckung für seine linke Flanke. So rückt er von Wald zu Wald, von einer Terrainfalte zur andern fort, unter steter Benutzung jeder Zufälligkeit des Bodens. Doch kommt er mehr als einmal in die Lage, sich von dem Fluß entfernen zu müssen, und alsdann ist Platow gleich wieder da, um ihn von allen Seiten einzuschließen.

So haben sechstausend Kosaken eine bis auf fünfzehnhundert noch wehrhafte Soldaten herabgeschmolzene Kolonne zwei volle Tage auf einer Strecke von zwanzig Stunden begleitet, umschwärmt und wie berannt; so oft diese sich zur Wehr setzen wollte, verschwanden sie, kamen aber im nächsten Augenblick wieder zum Vorschein, ganz wie die Skythen, ihre Vorfahren, nur mit dem Unterschied, daß sie auf der Flucht Geschütz und Munition ebenso fertig zu gebrauchen wußten als ihre Väter einst Bogen und Pfeile.

Die Nacht brachte einige Milderung, und man ließ sich die Finsternis derselben anfangs gerne gefallen. Wenn man aber nur einen Augenblick anhielt, um von denen, die nicht mehr weiter konnten oder verwundet waren, für immer Abschied zu nehmen, so verlor man die Spur voneinander. Es gab manchen trostlosen, manchen Augenblick der Verzweiflung. Indessen ließ der Feind doch von der Verfolgung ab.

Als hierauf die unglückliche Kolonne, im Finstern tappend, sich durch einen dichten Wald arbeitete, ward ihre Spitze plötzlich von einem hellen Lichte geblendet und ganz in der Nähe mit einigen Kanonenschüssen begrüßt. Erschrocken sinken die vordersten Reihen nieder, in der Meinung, daß es jetzt um sie geschehen und ihnen jeder Weg versperrt sei; die übrigen geraten in die größte Unordnung. Ney, der alles verloren sieht, läßt den Sturmmarsch schlagen und ruft, als hätte er diesen Angriff vorausgesehen, den Seinigen zu: »Vorwärts! vorwärts! Der Augenblick ist da, jetzt sind sie unser!« Diese Worte wirken; diejenigen, die geglaubt hatten, überfallen worden zu sein, glauben, es sei an ihnen, den Feind zu überfallen. Die Besiegten erstehen als Sieger, gehen auf den Feind los, finden ihn aber nicht mehr und hören nur seine eilige Flucht durch die Wälder.

Man sputete sich so viel wie möglich, aber gegen zehn Uhr abends kam man an einen kleinen Bach, der in einem tief eingeschnittenen Bette floß, und über den man – wie über den Dnjepr – nur einzeln gehen konnte. Die Kosaken, auf diese Unglücklichen erpicht, fanden sich auch wieder ein und benutzten diesen Augenblick; aber Ney und einige Flintenschüsse wiesen dieselben zurück. Man kam nur mit vieler Mühe über dies Hindernis, und eine Stunde darauf mußte man, der Erschöpfung und des Hungers wegen, zwei Stunden lang in einem großen Dorfe verweilen.

Den andern Tag, es war der 19. November, zeigte sich von Mitternacht an bis morgens um zehn Uhr kein anderer Feind als ein der Berge wegen schwieriges Terrain. Zu jener Stunde jedoch kamen auch die Kolonnen von Platow wieder zum Vorschein und wurden von Ney nur dadurch in Schranken gehalten, daß er den Saum eines Waldes besetzte. In dieser Stellung mußten die Soldaten den ganzen Tag über das Feuer des feindlichen Geschützes aushalten, weil dieses durch Flintenschüsse, das einzige noch übrige Verteidigungsmittel, nicht weiter zurückgewiesen werden konnte.

Sobald es Nacht geworden, gab der Marschall das Zeichen zum Aufbruch, und man trat den Marsch nach Orcha an. Schon am vorigen Tag war Pchebendowsky mit fünfzig Pferden dahin vorausgeschickt worden, um Hilfe zu verlangen. Er mußte bereits dort sein, wenn anders der Feind nicht die Stadt schon besetzt hatte.

Die Offiziere von Ney schlossen ihre Erzählung mit der Bemerkung, daß, obgleich sie während des übrigen Teils ihres Marsches noch grausame Hindernisse zu bekämpfen gehabt hätten, solche dennoch nicht angeführt zu werden verdienten. Doch nannten sie ihren Marschall nie anders als mit Begeisterung, man teilte ihre Bewunderung. Selbst diejenigen, welche mit ihm auf derselben Dienststufe standen, fühlten keine Anwandlung von Eifersucht. Man hatte ihn zu sehr vermißt, die Rührung war zu groß, als daß man den Neid in sich hätte aufkommen lassen können. Ney hatte sich überdies außer dem Bereich desselben gestellt. Bei all seinem Heroismus war er so wenig aus seinem natürlichen Charakter herausgetreten, daß er nimmer geglaubt haben würde, ein erhabenes Heldenstück verrichtet zu haben, wenn ihm nicht sein Ruhm aus aller Augen entgegengeglänzt, nicht in den Gebärden und in dem Zuruf aller sich offenbart hätte.

Und ein solcher Enthusiasmus war nicht etwa das Werk der Überraschung, denn jeder von diesen letzten Tagen hatte einen hochverdienten Mann aufzuweisen: so der 16. November den Prinzen Eugen, der 17. den Marschall Mortier; aber von nun an galt Ney allgemein für den Heros des Rückzugs.

Als Napoleon, zwei Stunden von Orcha, erfuhr, daß Ney wieder zum Vorschein gekommen sei, war sein Jubel groß, er hüpfte und schrie: »So sind denn meine Adler gerettet! Ich hätte dreihundert Millionen aus meinem Schatze gegeben, um mir einen solchen Mann zu erhalten!«

SIEBZIGSTES KAPITEL

Plötzliches Tauwetter bringt neue Schwierigkeiten und Gefahren – auf der Suche nach Gründen und Schuldigen für die Katastrophe – Mißtrauen gegen Österreich und Schwarzenberg – Verteidigung Schwarzenbergs.

So hatte die Armee zum dritten und letzten Male den Dnjepr-Strom überschritten, der, halb russisch, halb litauisch, moskowitischen Ursprungs ist. Er fließt von Osten nach Westen bis Orcha, wo ihm die Höhenzüge Litauens das Eindringen in Polen verwehren, indem sie ihn zwingen, sich plötzlich nach dem Süden zu wenden und solchergestalt die Grenze zwischen beiden Reichen zu bilden.

Die achtzigtausend Russen unter Kutusow wurden durch dieses unbedeutende Hindernis aufgehalten. Bis dahin waren sie mehr die Zuschauer als die Urheber unseres Unglücks gewesen. Wir sahen sie nicht wieder, und die Armee wurde von der Marter befreit, ihren Jubel noch ferner vernehmen zu müssen.

In diesem Kriege ist der russische Feldherr durch seinen Charakter besser unterstützt worden als durch seine Talente. So lange es sich darum handelte, zu täuschen und Zeit zu gewinnen, taten seine Verschlagenheit, seine Trägheit, sein hohes Alter das nötige von selbst; da war Kutusow ganz der rechte Mann. Er hörte auf, es zu sein, sobald es darauf ankam, sich schnell zu bewegen, den Feind zu verfolgen, ihm zuvorzukommen oder ihn anzugreifen.

Aber schon zu Smolensk war Platow auf die rechte Seite der Heerstraße gegangen, als wollte er sich mit Wittgenstein vereinigen. Der Krieg zog sich jetzt ganz nach dieser Seite.

Den 22. November zog man mühsam von Orcha nach Borizow, auf einer breiten, mit einer doppelten Reihe großer Birken eingefaßten Straße.

Der Schnee war geschmolzen, und das Tauwetter hatte diese Straße, zum Verderben der Schwachen und Abgematteten, grundlos gemacht. Alle Verwundeten, die im Vertrauen auf die Dauer der kalten Witterung in Smolensk ihre Fuhren gegen Schlitten umgetauscht hatten, konnten nicht weiter kommen und fielen den Kosaken in die Hände.

Mitten in dieser Ohnmacht sah man eine Tat von antiker Kraft. Zwei Seesoldaten von der Garde wurden durch eine Bande Tataren, die wütend auf sie eindrangen, von ihrer Kolonne abgeschnitten. Der eine verlor den Mut und wollte sich ergeben; der andere, immer fechtend, drohte ihm mit dem Tode, wenn er sich so feig benehmen würde; und als dieser dessenungeachtet das Gewehr wegwarf und die Arme flehentlich nach dem Feinde ausstreckte, so erschoß er ihn, unter den Händen der Kosaken, dann lud er schnell sein Gewehr wieder, indem er die Überraschung des Feindes benützte, hielt die Kühnsten von sich ab, zog sich von Baum zu Baum zurück, gewann Terrain und gelangte endlich wieder zu seiner Truppe.

In diesen ersten Tagen des Marsches gegen Borizow verbreitete sich in der Armee die Nachricht, daß Minsk genommen sei. Nunmehr warfen die Anführer selbst trübe Blicke umher; ihre Einbildungskraft, durch eine so lange Reihe fürchterlicher Bilder aufgeregt, sah eine noch schrecklichere Zukunft vor sich. Mehrere von ihnen äußerten sich in ihren vertrauten Gesprächen: wie Karl XII. in der Ukraine, so hätte Napoleon in Moskau seiner Armee den Untergang bereitet.

Andere hingegen schrieben dieser Invasion unser jetziges Unglück nicht zu. Ohne die Opfer entschuldigen zu wollen, die man in der Hoffnung gebracht hatte, den Krieg schnell in einem einzigen Feldzuge zu beendigen, behaupteten sie, diese Hoffnung sei allerdings begründet gewesen. Napoleon habe seiner so weit vorgeschobenen Kolonne auch eine hinlänglich ausgedehnte und feste Basis gegeben.

Diese Basis, in der Strecke von Riga bis Bobruisk durch die Düna, den Dnjepr, die Ula und die Beresina gebildet, sei von Macdonald, St. Cyr und Wrede, von Victor und Dombrowsky besetzt gewesen; auf diese Weise hätten sich, mit Einschluß von Schwarzenberg und Augereau, der mit fünfzigtausend Mann den Raum zwischen der Elbe und dem Njemen bewachte, mehr als dreihunderttausend Soldaten in der Richtung von Norden nach Süden auf der Defensive befunden und den Angriff der nach Osten vorgedrungenen Armee von hundertfünfzigtausend Mann basiert. Die Spitze nach Moskau, so abenteuerlich sie auch scheinen möge, sei also nicht nur gehörig vorbereitet, sondern auch des Genies Napoleons würdig gewesen. Die Operation hätte gelingen müssen, wenn nicht einzelne Fehler eingetreten wären.

Hierbei erinnerten sie an unsern zwecklosen Verlust vor Smolensk, an die Untätigkeit Junots bei Valutina, und behaupteten, daß dessenungeachtet das ganze russische Reich dennoch auf dem Schlachtfeld an der Moskwa würde erobert worden sein, wenn man die ersten glücklichen Fortschritte des Marschalls Ney gehörig benutzt hätte.

Daß endlich, nachdem die Unternehmungen in militärischer Hinsicht durch diese Unschlüssigkeit, in politischer durch den Brand von Moskau mißlungen war, die Armee immer noch wohlbehalten hätte zurückkehren können, da ihr der russische Feldherr und der russische Winter seit ihrem Einzug in diese Hauptstadt, jener eine Frist von vierzig, dieser von fünfzig Tagen gelassen habe, um auszuruhen und ihren Rückzug zu bewerkstelligen.

Jetzt das verwegene Verweilen in Moskau und das unselige Zaudern bei Malo-Jaroslawez beklagend, zählen sie ihre erlittenen Unfälle auf. Seit Moskau haben sie alles Gepäck, fünfhundert Kanonen, einunddreißig Adler, siebenundzwanzig Generäle, vierzigtausend Gefangene, sechzigtausend Tote verloren. Es bleiben nur noch vierzigtausend Nachzügler ohne Waffen und achttausend Streiter.

Aber nun, da ihre Angriffs-Kolonnen gesprengt sind, fragen sie: welches unglückliche Schicksal trägt die Schuld, daß diese Trümmer, indem sie sich an einer kräftigen Basis vereinigen, nimmer wissen, wo sie halten oder Atem schöpfen sollen? Warum konnten sie sich nicht zu Minsk oder Wilna, hinter den Sümpfen der Beresina zusammenziehen, den Feind aufhalten, wenigstens für einige Zeit, den Winter zu ihrem Vorteil benutzen und so die Schlagfertigkeit wiedergewinnen?

Aber nein, alles ist verloren, auf einer andern Seite und durch einen einzigen Fehler verloren. Man hat die Hut der Magazine und der Rückzugswege so vieler tapferer Heere einem Österreicher anvertraut und sowohl zur Unterstützung als zur Beobachtung der österreichischen Armee, in Minsk oder in Wilna, keinen Militärchef, keine hinreichende Macht aufgestellt.

Denen, die auf diese Weise ihren Tadel äußerten, war die Anwesenheit des Herzogs von Bassano in Wilna wohl bekannt, sie ließen den Talenten dieses mit dem Vertrauen des Kaisers beehrten Ministers auch Gerechtigkeit widerfahren, meinten aber, daß er, dem Kriegswesen fremd, durch eine große Administration und die ganze Politik schon zu sehr beschäftigt, mit der Leitung militärischer Angelegenheiten nicht hätte beauftragt werden sollen.

Auf diese Weise äußerten sich übrigens nur diejenigen, denen die allgemeine Not noch Muße zu Betrachtungen gelassen hatte. Ein Fehler war ohne allen Zweifel begangen worden, aber anzugeben, wie er hätte vermieden werden können, die Gründe abzuwägen, die ihn veranlaßten, erscheint wegen der Größe des Mannes und der Verhältnisse als eine transzendente Aufgabe. Man weiß ferner, daß bei so abenteuerlichen und riesenhaften Unternehmungen alles zum Fehler wird, wenn einmal der Hauptzweck verfehlt ist.

Auf jeden Fall war der Verrat Schwarzenbergs nicht so offenbar, und doch klagte die ganze Große Armee, mit Ausnahme der drei französischen Generäle, die sich bei ihm befanden, ihn an. Sie sagte: Walpole sei in Wien nur ein geheimer Agent Englands; er und Metternich seien die Verfasser der treulosen Vorschriften, die Schwarzenberg befolge; darum ist dieser Marschall, seit dem 20. September durch Tschitschakow und das Gefecht von Luzk am Styr in seinem Siegeslauf gehemmt, wieder über den Bug zurückgegangen, wo er Warschau gedeckt, Minsk dagegen preisgegeben hat.

Schwarzenberg, auf diesem falschen Manöver beharrend, hat darum, nach seinem schwachen Versuch gegen Brest-Litowsk, die Zeit in unbedeutenden Märschen gegen Briansk, Bialystok und Wolkowiz verloren, statt, wie er konnte, die Untätigkeit Tschitschakows zu benutzen und sich zwischen ihn und Minsk zu werfen.

Dem Admiral ist dadurch die nötige Zeit geworden, sich auszuruhen, seine sechzigtausend Mann zu versammeln, die Hälfte davon unter Sacken den Österreichern entgegenzustellen, und mit der andern Hälfte sich der Städte Minsk und Borizow, des Magazins und der Straße Napoleons und seiner Winterquartiere zu bemächtigen.

Jetzt erst hat sich Schwarzenberg erhoben, um einer Bewegung zu folgen, der er, in Gemäßheit des erhaltenen Befehls, hätte zuvorkommen sollen. Regnier zur Beobachtung von Sacken zurücklassend, hat er seinen Marsch so wenig beschleunigt, daß der Admiral ihm schon in den ersten Tagen einen Vorsprung von fünf Märschen abgewinnen konnte.

Den 14. November hat Sacken den General Regnier in Wolkowiz getroffen, ihn von dem Österreicher abgeschnitten und so gedrängt, daß er Schwarzenberg zu Hilfe rufen mußte, der sofort, als hätte er es erwartet, zurückgegangen ist und Minsk seinem Schicksal überlassen hat. Wahr ist es, er macht Regnier frei, schlägt Sacken und verfolgt ihn bis an den Bug; ja, er reibt ihm sogar die Hälfte seines Heeres auf: aber an eben diesem Tage seines glücklichen Erfolges, am 16. November, ist Minsk von Tschitschakow genommen worden. Dies ist ein doppelter Sieg für Österreich: der Schein ist gerettet, Rußland, eine für Österreich gleichfalls feindliche Macht, ist geschwächt, Napoleon verraten. Dies war das Geschrei beinahe der gesamten Großen Armee. Der Kaiser schwieg dazu, vielleicht weil er nicht mehr Eifer von einem Verbündeten erwartete oder aus Politik oder endlich, weil er glaubte, Schwarzenberg habe durch seinen, sechs Wochen früher nach Moskau erstatteten, gewissermaßen warnenden Bericht seine Ehre genugsam gewahrt.

Er unterließ jedoch nicht, dem Feldmarschall wegen seines Benehmens Vorwürfe zu machen. Dieser berief sich dagegen auf die ihm gewordene, sich widersprechende Weisung, Warschau und Minsk zugleich zu decken, und auf die falschen, ihm von dem Herzog von Bassano zugekommenen Nachrichten.

Dieser Minister hatte ihm, wie er sagte, die Große Armee auf ihrem Rückzug stets als gesund und wohlbehalten, in guter Ordnung und immer furchtbar geschildert und ihn durch jene Bulletins zum besten gehabt, die für die Müßiggänger der Hauptstadt berechnet waren. Daß er seine Vereinigung mit der Großen Armee nicht stärker betrieben hat, war eine Folge seiner Überzeugung, daß diese sich selbst genüge.

Er führte ferner die Schwäche seines Heeres an. Wie konnte man verlangen, daß er mit achtundzwanzigtausend Mann so lange sechzigtausend abhalten solle? Daß Tschitschakow ihm einige Märsche abgewonnen hat, war unter solchen Umständen wohl nicht zu verwundern. Er hat aber doch nicht gezaudert, ihm zu folgen, sich von seinem Stützpunkt, von Galizien, von seinen Magazinen, von seinen Vorräten zu trennen, und diese Bewegung nur darum nicht weiter verfolgt, weil Regnier und Durutte, zwei französische Generäle, ihn dringend um Hilfe gebeten hätten. Sie und er durften hoffen, daß Maret, Oudinot oder Victor für die Erhaltung von Minsk gesorgt haben würden.

EINUNDSIEBZIGSTES KAPITEL

Versagen des Gouverneurs von Minsk – Kriegsrat in Toloczine – Ratlosigkeit, wo und wie die Beresina zu überschreiten sei – nächtliches Gespräch mit Napoleon – verzweifelte Lage.

Man hatte in Wahrheit kein Recht, andere des Verrats zu beschuldigen, da man sich selbst verraten hatte; denn strenggenommen war von allen gefehlt worden.

In Wilna schien man ohne Mißtrauen geblieben zu sein. So leicht es auch gewesen wäre, zwischen der Beresina und der Weichsel aus den Besatzungen, den Depots, den Marsch-Bataillons, den Divisionen Durutte, Loison und Dombrowsky, unabhängig von den Österreichern, eine Armee von dreißigtausend Mann zur Deckung von Minsk zusammenzubringen, hatte Tschitschakow dort nur mit einem wenig bekannten General und dreitausend Mann zu tun gehabt, und diese wenigen jungen Soldaten waren noch obendrein dicht vor einem Fluß aufgestellt worden, in den sie gesprengt werden mußten, statt daß sie, hinter demselben aufgestellt, dem Admiral länger hätten widerstehen können.

Denn auch hier hatten, wie es oft zu geschehen pflegt, die in der Hauptanordnung gemachten Fehler wieder andere in der einzelnen Ausführung zur Folge.

Der Gouverneur von Minsk, ohne große Vorsicht gewählt, war, wie man sagt, einer von jenen Menschen, die alles übernehmen, für alles stehen und nichts leisten.

Am 16. November hatte er diese Hauptstadt mit viertausendsiebenhundert Kranken, mit Munitions-Vorräten und zwei Millionen Rationen an den Feind verloren. Schon seit fünf Tagen war das Gerücht hiervon nach Dombrowna gekommen, und man sollte noch ein größeres Unglück erfahren.

Derselbe Gouverneur hatte sich auf Borizow zurückgezogen, von wo Oudinot nur zwei Märsche entfernt war, und wohin Dombrowsky von Bobruisk und Igumen eilte, und doch hatte er jenen nicht von dem Vorgefallenen in Kenntnis gesetzt, diesen nicht unterstützt. Dombrowsky kam erst in der Nacht vom 20. auf den 21. November bei dem Brückenkopf an, als der Feind schon da war. Doch vertrieb er den Vortrab von Tschitschakow aus demselben, stellte sich darin auf und verteidigte sich mit der größten Tapferkeit bis zum 21. November abends, wo er, von dem russischen Geschütz in die Flanke genommen, von einer doppelt so starken Macht angegriffen, über den Fluß und die Stadt hinaus bis auf die Straße von Moskau geworfen wurde.

Napoleon war auf diesen Unfall nicht gefaßt. Er glaubte, demselben durch seine von Moskau an Victor am 6. Oktober erlassenen Instruktionen vorgebeugt zu haben. Diese, für den Fall eines lebhaften Angriffs entweder von Wittgenstein oder von Tschitschakow berechnet, enthielten die Weisung an Victor, im Bereich von Polozk und Minsk zu bleiben, einen vorsichtigen, verschwiegenen und einsichtsvollen Offizier bei Schwarzenberg zu lassen, einen regelmäßigen Briefwechsel mit Minsk zu unterhalten und andere Agenten nach verschiedenen Richtungen abzuschicken.

Als aber Wittgenstein vor Tschitschakow angriff, so zog die nächste und dringendste Gefahr die ganze Aufmerksamkeit von Victor auf sich: die klugen Instruktionen vom 6. Oktober, die Napoleon nicht erneuert hatte, schienen von seinem Stellvertreter vergessen worden zu sein. Als endlich der Kaiser in Dombrowna den Verlust von Minsk erfuhr, glaubte er selbst Borizow in keiner so dringenden Gefahr, indem er den andern Tag, bei seinem Durchzug durch Orcha, seinen ganzen Brückenzug verbrennen ließ.

Überdies beweist sein Schreiben an Victor vom 20. November

sein Vertrauen: er glaubte, Oudinot würde auf den 25. November in Borizow eintreffen, während doch diese Stadt schon seit dem 21. November in die Hände Tschitschakows gefallen war.

Napoleon erfuhr diese Unglücksbotschaft drei Märsche von Borizow auf der großen Straße durch einen Offizier. Er schlug darüber mit seinem Stock auf den Boden, sah erzürnt gegen Himmel und sagte: »So ist es denn da oben geschrieben, daß wir fortan nur Fehler machen sollen!«

Unterdessen hatte Marschall Oudinot, schon auf dem Marsch nach Minsk begriffen, ohne etwas zu besorgen den 21. November zwischen Bober und Kroupki haltgemacht, als um Mitternacht General Brownikowsky ihm seine Niederlage, jene von Dombrowsky, die Wegnahme von Borizow und die nahe Ankunft der Russen meldete.

Den 23. traf er drei Stunden vorwärts Borizow auf den russischen Vortrab, warf ihn, nahm ihm neunhundert Mann und fünfzehnhundert Wagen ab und jagte ihn mit Kanonensalven, mit Säbelhieben und Bajonettstichen bis an die Beresina, über die sich die Trümmer von Lambert retteten und die Brücke abbrachen.

Napoleon, damals in Toloczine, ließ sich die Stellung von Borizow beschreiben. Man bestätigte ihm, daß auf diesem Punkt die Beresina nicht ein gewöhnlicher Fluß, sondern ein See von beweglichen Eisschollen sei, daß ihre dreihundert Toisen* lange Brücke nicht wiederhergestellt, an einen Übergang nicht gedacht werden könne.

Ein General vom Geniekorps, der vom Korps des Herzogs von Belluno zurückkam, trat in diesem Augenblick ein. Von Napoleon aufgefordert, erklärt dieser General, er sehe keine Rettung mehr als mitten durch die Armee von Wittgenstein. Der Kaiser antwortet: da sei eine Richtung, in der er einem jeden den Rücken kehre, Kutusow, Wittgenstein und Tschitschakow, und zeigt, mit dem Finger auf seiner Karte den Lauf der Beresina unterhalb Borizow; hier will er diesen Fluß überschreiten.

Auf die Einrede des Generals, daß Tschitschakow hier spuke, bezeichnet der Kaiser einen andern Übergangspunkt unterhalb des ersten, sodann einen dritten, noch näher am Dnjepr. Hierauf fühlend, daß er sich dem Lande der Kosaken nahe, hält er an und ruft aus: »Ah, so! Poltawa ...! Wie Karl XII.«

In der Tat war auch alles, was Napoleon Unglückliches vor-

* Toise, französisches Längenmaß: 2 m.

aussehen konnte, eingetroffen: auch wirkte die traurige Ähnlichkeit seiner Lage mit der des schwedischen Eroberers so erschütternd auf ihn, daß sein Geist und selbst seine Gesundheit noch stärker davon litten als früher bei Malo-Jaroslawez.

Dessenungeachtet war der Kammerdiener, der ihn bediente, der einzige, der seine Niedergeschlagenheit bemerkte. Duroc, Daru, Berthier wollen nichts an ihm bemerkt, ihn unerschütterlich gesehen haben, was auch, menschlich gesprochen, seine Richtigkeit hatte; denn er blieb genug Herr seiner selbst, um seine Besorgnisse zu unterdrücken, und die Kraft des Menschen besteht meistens nur darin, seine Schwäche zu verbergen.

Übrigens zeigt eine der Aufmerksamkeit werte Unterredung, die man in derselben Nacht hörte, wie kritisch seine Lage war und wie er sie ertrug. Die Nacht rückte vor, Napoleon lag zu Bett. Duroc und Daru, die sich noch in seinem Zimmer befanden, überließen sich mit leiser Stimme den trübsten Mutmaßungen, indem sie den Kaiser eingeschlafen glaubten. Aber er war noch wach; und als er das Wort »Staatsgefangener« zu hören bekam, rief er aus: »Wie, ihr glaubt, sie würden es wagen?«

Daru, zuerst überrascht, antwortete schnell genug, wenn man gezwungen wäre, sich zu ergeben, müsse man auf alles gefaßt sein; er setze in die Großmut eines Feindes kein Vertrauen. Man wisse zu gut, daß die große Politik sich selbst für die Moral halte und keinem Gesetze folge. – »Aber Frankreich«, erwiderte der Kaiser, »was würde Frankreich sagen?« – »Was Frankreich betrifft«, fuhr Daru fort, »so kann man tausend mehr oder weniger verdrießliche Mutmaßungen in dieser Beziehung aufstellen, aber keiner von uns kann wissen, was sich daselbst zutragen würde.«

Er fügte noch bei, daß es für die ersten Offiziere des Kaisers wie für den Kaiser selbst am glücklichsten wäre, wenn er durch die Lüfte oder auf irgendeine andere Weise, weil die Erde gesperrt sei, nach Frankreich kommen könne, von wo aus er sie sicherer retten würde, als wenn er mitten unter ihnen bliebe. »Ich bin euch also zur Last!« antwortete der Kaiser lächelnd. – »Ja, Sire!« – »Und ihr wollt keine Staatsgefangenen werden?« – Daru antwortete im nämlichen Tone, es genüge ihm, Kriegsgefangener zu sein. Hierauf beobachtete der Kaiser einige Zeitlang ein tiefes Stillschweigen, worauf er wieder mit ernsthafterem Tone begann: »Sind alle Berichte meiner Minister verbrannt?« – »Sire, bis jetzt haben Sie es nicht erlauben wollen.« – »Nun denn, man vernichte sie, denn es ist nicht zu leugnen, wir sind in einer traurigen Lage.« Dieses war das einzige Bekenntnis, das diese Lage ihm entriß, und mit diesen Gedanken schlief er ein, indem er, wenn es sein mußte, alles auf den folgenden Tag verschieben konnte.

Er zeigte in seinen Befehlen dieselbe Festigkeit. Oudinot hat ihm soeben seinen Entschluß gemeldet, Lambert zu werfen; er billigt ihn und dringt in ihn, sich eines Übergangspunktes zu versichern, sei es oberhalb oder unterhalb Borizow. Er will, daß bis 24. November die Wahl dieses Punktes getroffen sei, das Nötige eingeleitet und er davon benachrichtigt werde, um seinen Marsch danach einzurichten. Weit entfernt von dem Gedanken, aus der Mitte dieser drei feindlichen Armeen zu entschlüpfen, denkt er einzig daran, Tschitschakow zu besiegen und Minsk zu nehmen.

Wahr ist es indessen, daß er acht Stunden darauf in einem zweiten Schreiben an den Herzog von Reggio sich dazu versteht, die Beresina in der Gegend von Weselowo zu überschreiten und sich unmittelbar über Wileika, dem russischen Admiral ausweichend, auf Wilna zurückzuziehen.

Aber am 24. November erfährt er, daß dieser Übergang nur bei Studjanka versucht werden könne, wo der Fluß vierundfünfzig Toisen breit, sechs Fuß tief und das jenseitige Ufer sumpfig und von einer Stellung beherrscht sei, die der Feind mit Macht besetzt habe.

ZWEIUNDSIEBZIGSTES KAPITEL

Inmitten von drei russischen Armeen muß die Beresina überquert werden – Napoleon trifft die letzten Anordnungen hierfür – jede Spur von Ordnung verschwindet während des Marsches zur Beresina – aber nach wie vor ist der Kaiser der Heros seiner Soldaten.

Die Hoffnung, zwischen den russischen Heeren durchzukommen, war verschwunden. Von Kutusow und Wittgenstein gegen die Beresina gedrängt, mußte man über diesen Fluß gehen, dessen jenseitiges Ufer von Tschitschakow besetzt war.

Seit dem 23. November rüstete sich Napoleon zu dieser Unternehmung wie zu einem verzweifelten Beginnen. Er ließ sich die Adler aller seiner Korps bringen und dieselben vertilgen. Aus der unberittenen Mannschaft der alten Garde bildete er zwei Infanterie-Bataillons, die zusammen achtzehnhundert Mann stark und zum Teil mit Musketen und Karabinern bewaffnet waren.

Die Reiterei der Armee von Moskau war dermaßen aufgelöst, daß Latour-Maubourg nur noch hundertfünfzig Pferde übrig hatte. Der Kaiser bot jetzt alle noch berittenen Offiziere dieser Waffe auf und nannte diese Truppe von ungefähr fünfhundert Reitern seine heilige Schwadron. Grouchy und Sebastiani erhielten den Befehl darüber, Divisions-Generale dienten darin als Hauptleute.

Napoleon befahl ferner, alle unnötigen Wagen zu verbrennen und keinem Offizier mehr als einen zu lassen, auch die Hälfte der Deckel- und anderer Wagen der Regimenter soll verbrannt und die Bespannung an die Artillerie der Garde abgegeben werden. Die Offiziere dieser Waffe sind ermächtigt, eher alles Zugvieh, das sie auftreiben können, wegzunehmen, als eine Kanone oder einen Munitionswagen im Stich zu lassen, selbst die Pferde des Kaisers sind hiervon nicht ausgenommen.

Und nun drang er rasch in den dunkeln und ungeheuern Wald von Minsk, den nur einige Dörfer und elende Wohnungen an einzelnen Stellen mit Mühe gelichtet haben. Der Donner des Geschützes von Wittgenstein widerhallte darin.

Dieser Russe eilte in der rechten Flanke unserer sterbenden Kolonne herbei. Er kam vom hohen Norden und hatte den Winter in seinem Gefolge, der uns mit Kutusow bereits verlassen hatte; der drohende Donner seiner Geschütze beflügelte unsere Schritte. Vierzig- bis fünfzigtausend Menschen, Männer, Weiber und Kinder, schlüpften durch das Dickicht des Waldes, so schnell, als es ihre Kräfte und das Glatteis gestatteten, das sich wieder zu bilden begann.

Diese Gewaltmärsche, mit dem Tage beginnend und nur mit ihm endend, zerstreuten alles, was noch bisher in Masse beisammen geblieben war. Man verlor sich in der Finsternis dieser ungeheuren Waldungen und dieser unendlichen Nächte. Des Abends machte man halt, des Morgens setzte man sich wieder in Marsch, in der Dunkelheit dem Zufall preisgegeben, ohne die Signale zu hören; die letzten Trümmer der Regimenter lösten sich nunmehr vollends auf, alles geriet durcheinander, jede Spur von Ordnung verschwand.

In diesem Zustand äußerster Schwäche und Verwirrung vernahm man in der Nähe von Borizow vorwärts ein großes Geschrei. Viele glaubten an einen Angriff und eilten hin. Es war die Armee von Victor, die Wittgenstein allmählich bis an die rechte Seite unserer Straße gedrängt hatte. Diese Armee, die noch ganz und wohlbehalten war, sah jetzt ihren Kaiser wieder und begrüßte ihn mit dem hergebrachten Zuruf, der aber bei uns schon lange in Vergessenheit geraten war.

Sie wußte nichts von unsern Unfällen, die man sogar ihren Offizieren sorgfältig verschwiegen hatte. Wie groß war daher ihre Überraschung, als statt einer wohlgeordneten, siegreichen Kolonne hinter Napoleon in langem, aufgelockertem Zuge, jämmerliche Gespenstergestalten folgten, die seltsam vermummt, in Lumpen, Frauenpelze, in Teppiche oder schmutzige, vom Feuer gerötete und beschädigte Mäntel gehüllt waren und aus Mangel an Schuhen die Füße mit Lappen jeglicher Art umwickelt hatten. Mit Entsetzen sah man die abgemagerten, erdfarbigen Gesichter, die struppigen Bärte dieser unglücklichen Krieger, die ohne Waffen, ohne alle Ordnung, ohne sich zu schämen, mit gebeugtem Nacken, mit stieren, auf den Boden gehefteten Blicken, schweigend wie eine Herde Gefangener vorüberschlichen.

Die auffallendste Erscheinung waren die vielen vereinzelten Obersten und Generäle, die, einzig mit sich selbst beschäftigt, nur ihre noch übrige Habe und ihre Person zu retten suchten. Unter die Soldaten gemischt, wurden sie von diesen nicht einmal bemerkt, konnten ihnen nichts mehr befehlen, nichts mehr von ihnen erwarten; so sehr hatte das Elend jedes Band gelöst, jeden Unterschied des Standes und Ranges verwischt.

Die Soldaten von Victor und Oudinot wollten ihren Blicken nicht trauen. Ihre Offiziere, vom Mitleid bis zu Tränen gerührt, hielten jene ihrer früheren Gefährten, die sie in der Menge erkennen konnten, zurück, halfen ihnen mit ihren Lebensmitteln, mit Kleidungsstücken aus und frugen sie dann, wo denn ihr Armeekorps sei? Wenn nun die Befragten auf ein schwaches Häuflein von Offizieren und Unteroffizieren, die einem Chef folgten, hinwiesen, so konnten diejenigen, die gefragt hatten, dergleichen nicht begreifen.

Das 2. und 9. Armeekorps wurden durch den Anblick so großen Unglückes gleich am ersten Tage mächtig erschüttert. Die Unordnung, von allen Übeln das ansteckendste, ergriff sie, denn die Ordnung scheint eine Anstrengung gegen die Natur zu sein.

Es war nur noch der Schatten einer Armee, aber der Schatten der Großen Armee.

Nur von der Natur besiegt, vertraute diese Armee noch immer auf ihren Kaiser. Seit langer Zeit war sie daran gewöhnt, nicht mehr auf ihn zu zählen, wenn es galt, für ihren Unterhalt zu sorgen, sondern nur dann, wenn es darauf ankam, sie zum Siege zu führen.

Dies war der erste unglückliche Feldzug, und der glücklichen waren es viele gewesen. Es kam nur darauf an, ihm ausdauernd zu folgen. Nur er, der seine Krieger so hoch hatte stellen und so tief hatte herunterbringen können, er allein war auch imstande, sie zu retten. Wie die Hoffnung im Herzen des Menschen, so befand er sich in der Mitte seines Heeres.

Darum wandelte er auch ohne alle Furcht unter so vielen Wesen, die ihm ihr Unglück vorwerfen konnten, und sprach ganz unbefangen zu den einen wie zu den andern, sicher, geachtet zu werden, so lange noch Achtung für den Ruhm besteht; wohl wissend, daß er uns ebenso angehöre, wie wir ihm; daß der Ruf seines Namens ein Nationaleigentum sei. Man hätte eher, wie es manche getan haben, die Waffen gegen sich selbst gekehrt und dadurch den geringeren Selbstmord begangen.

Es gab welche, die zu seinen Füßen starben und auch im furchtbarsten Delirium nur Klagen, aber keine Vorwürfe über die Lippen brachten. Und in Wahrheit, teilte er nicht die allgemeine Gefahr? Für wen stand so viel auf dem Spiel? Wer verlor mehr durch dieses Unglück?

Wurden Verwünschungen ausgestoßen, so geschah es nicht in seiner Gegenwart. Ihm zu mißfallen, schien unter so vielen Übeln noch immer als das größte zu gelten. So fest stand das unterwürfige Vertrauen aller auf diesen Mann, der ihnen die Welt unterworfen hatte, dessen großer Geist bisher immer siegreich und untrüglich für sie dachte und wählte; der endlich in dem großen Buch der Militär-Grade, der Ehrenstellen und der Geschichte reichliche Mittel fand, nicht nur gierigen Gemütern, sondern auch allen großartigen Herzen Genüge zu leisten.

SIEBENTES BUCH

Der Übergang über die Beresina

DREIUNDSIEBZIGSTES KAPITEL

Oudinot betreibt die Vorkehrungen zum Übergang über die Beresina bei Studjanka – gleichzeitig Ablenkungsmanöver für Tschitschakow – ungeheure Schwierigkeit des Brückenbaues – Verdienst des Pioniergenerals Eblé.

So rückte man dem kritischen Augenblicke näher: Victor war mit fünfzehntausend Mann noch am weitesten zurück, Oudinot stand mit fünftausend Mann schon an der Beresina, der Kaiser befand sich zwischen beiden mit siebentausend Mann, vierzigtausend Nachzüglern und einem ungeheuren Troß, der größtenteils zum 2. und 9. Korps gehörte.

Als er am 25. November auf dem Punkte war, die Beresina zu erreichen, bemerkte man ein Zögern in seinem Marsche. Er hielt alle Augenblicke, um mit Hilfe der Nacht seine Ankunft dem Feinde zu verbergen und dem Herzog von Reggio die nötige Zeit zur Räumung von Borizow zu lassen.

Dieser Marschall sah, als er am 23. November in diese Stadt einrückte, eine Brücke von dreihundert Toisen, die, an drei Stellen abgebrochen, wegen der Gegenwart des Feindes unmöglich wiederhergestellt werden konnte. Er hatte erfahren, daß zu seiner Linken, zwei Meilen unterhalb der Stadt, bei Oukoholda, eine tiefe und wenig sichere Furt durch den Fluß führe; daß eine Meile oberhalb dieser Stadt, bei Stadhof, eine andere, aber wenig brauchbare, Furt gegeben sei; er wußte endlich seit zwei Tagen, daß Studjanka, zwei Meilen oberhalb Stadhof einen dritten Übergangspunkt darbiete.

Er verdankte die Kenntnis davon der Brigade Corbineau, derselben, die Wrede von dem 2. Korps nach Smoliany entführt hatte. Dieser bayrische General hatte sie bis nach Dokzizi bei sich behalten und von da dem 2. Korps über Borizow wieder zurückgeschickt. Aber Corbineau fand die Stadt schon von Tschitschakow besetzt. Genötigt, an der Beresina hinaufzugehen und sich in den angrenzenden Wäldern zu verbergen, einen

Übergang suchend, hatte er einen litauischen Bauern bemerkt, dessen Pferd, noch naß, soeben aus dem Flusse zu kommen schien. Von diesem Manne geführt, war er, gegenüber von Studjanka, glücklich durch den Fluß und zu Oudinot gekommen, dem er sofort von diesem gefundenen Rettungsweg Anzeige machte.

Da es in der Absicht Napoleons lag, sich geradezu auf Wilna zurückzuziehen, so sah der Marschall leicht ein, daß dies der kürzeste und am wenigsten gefährliche Weg sei. Überdies war er bereits untersucht worden, und wenn auch schon die Infanterie und Artillerie, zu sehr von Wittgenstein und Kutusow gedrängt, nicht mehr Zeit finden sollten, um auf Brücken über den Fluß zu kommen, so war doch die Gewißheit gegeben, daß der Kaiser und die Reiterei durch die Furt hinüberkommen und also doch nicht alles verloren sein würde wie in dem Fall, wenn Napoleon selbst in feindliche Hände fiele. Darum hatte auch der Marschall sogleich seine Anstalten getroffen und den Artilleriegeneral, eine Pontonierskompanie, ein Infanterieregiment und die Brigade Corbineau in der Nacht vom 23. auf den 24. nach Studjanka abrücken lassen.

Zu gleicher Zeit waren die beiden andern Übergangspunkte rekognosziert und vom Feinde sorgfältig besetzt gefunden worden. Es kam also darauf an, denselben zu täuschen und ihn zu veranlassen, seine Stellung aufzugeben. Da hier mit Gewalt nichts auszurichten war, so bediente man sich der List: schon am 24. November mußten dreihundert Mann und einige Nachzügler sich nach Oukoholda begeben und dort mit großem Lärmen alles zu dem Bau einer Brücke notwendige Material zusammentreiben. Man ließ ferner die ganze Kürassierdivision im Angesicht des Feindes auf eine pomphafte Weise ebendahin defilieren.

Man tat noch mehr: General Lorencé, Chef des Generalstabs*, ließ mehrere Juden vor sich bringen, um sie mit wichtiger Miene über die Beschaffenheit der Furt und der von da nach Minsk führenden Wege auszufragen. Mit ihren Antworten dem Schein nach höchst zufrieden und die Überzeugung heuchelnd, daß es keinen besseren Übergangspunkt gebe, behielt er einige von diesen Verrätern als Wegweiser zurück und ließ die übrigen durch die Vorposten bringen. Um aber gewiß zu sein, von ihnen verraten zu werden, nahm er ihnen den Eid ab, daß sie in der

* Gemeint ist: des Stabes des Korps Oudinot

Richtung von Nieder-Beresino uns entgegenkommen und Nachrichten vom Feinde bringen würden.

Während man auf diese Weise die ganze Aufmerksamkeit von Tschitschakow auf unsern linken Flügel zu ziehen suchte, traf man zu Studjanka insgeheim alle Vorkehrungen zum Übergang. Erst am 25. November, abends 5 Uhr, kam Eblé an, brachte aber nur zwei Feldschmieden, zwei Kohlenwagen, sechs Wagen mit Handwerkszeug und Nägeln und einige Pontonierskompanien mit sich; früher in Smolensk hatte er jedem Arbeiter ein Werkzeug und einige Klammern geben lassen.

Aber die Brückenböcke, welche man seit dem Anbruche des Tages aus den Balken von polnischen Hütten zusammengefügt hatte, wurden zu schwach befunden, und man mußte wieder alles von vorne anfangen. Jetzt war es nicht mehr möglich, die Brücke in der Nacht zustande zu bringen, sie mußte den 26. November am hellen Tag unter dem Feuer des Feindes geschlagen werden, und es galt Eile. Beim Anbruch dieser entscheidenden Nacht überläßt Oudinot dem Kaiser die Besetzung von Borizow und bereitet sich mit dem Rest seines Korps, eine Stellung bei Studjanka zu nehmen. Man ging in einem tiefen Dunkel ohne Geräusch dahin ab und ermahnte sich gegenseitig zum tiefsten Stillschweigen.

Um acht Uhr des Abends stellten sich Oudinot und Dombrowsky auf den den Übergangspunkt beherrschenden Höhen auf, zu derselben Zeit, als Eblé von da herabstieg. Dieser General begab sich mit seinen Pontonieren an das Ufer des Flusses. Er hatte früher im Stich gelassene, mit Radschienen beladene Deckelwagen aufgefunden und aus diesen für jeden Fall Klammern schmieden lassen, die, seitdem sorgfältig von ihm verwahrt, jetzt zur Rettung der Armee dienten.

Zu Ende dieser Nacht vom 25. auf den 26. ließ er den ersten Brückenbock setzen. Unglücklicherweise war aber das Wasser gestiegen und die Furt ganz verschwunden. Es bedurfte der größten Anstrengungen, und unsere armen Sappeurs, bis an den Mund im Wasser stehend, mußten mit dem Treibeis kämpfen. Mehrere erfroren, andere ertranken in dem sturmbewegten Wasser. Alles setzte ihnen zu, nur nicht der Feind. Die Temperatur der Luft war gerade so beschaffen, daß der Übergang über den Fluß erschwert, sein Lauf aber nicht gehemmt, und der morastige Boden auf dem jenseitigen Ufer nicht fester gemacht wurde. Bei dieser Gelegenheit erwies sich der Winter noch mehr russisch, das heißt, feindlicher als die Russen selbst. Diese verstanden die Beihilfe, die ihnen die Jahreszeit anbot, nicht zu benutzen.

Die Franzosen arbeiteten die ganze Nacht bei dem Scheine der feindlichen Feuer, die auf der Höhe des entgegengesetzten Ufers glänzten, im Bereich der Geschütze und der Gewehre der Division des Generals Tschaplitz, der, als er nicht mehr an unserm Vorhaben zweifeln konnte, seinen Oberkommandierenden davon in Kenntnis setzen ließ.

VIERUNDSIEBZIGSTES KAPITEL

Eine nach menschlichem Ermessen hoffnungslose Lage – Napoleon verwirft Murats Ansinnen, sich persönlich durch Flucht zu retten – die Russen räumen unerwartet das jenseitige Beresina-Ufer bei Studjanka – die ersten Soldaten überqueren auf einer leichten Infanteriebrücke den Fluß – Bau einer zweiten Brücke für Wagen und Artillerie – Tschitschakow marschiert in der falschen Richtung – am 27. November überschreitet Napoleon mit sechstausend Mann die Beresina.

Das Dasein einer feindlichen Division benahm alle Hoffnung, den russischen Admiral getäuscht zu haben. In jedem Augenblick konnte das feindliche Geschütz auf unsere Arbeiter zu spielen anfangen. Sollten unsere Arbeiten auch erst am Tage entdeckt werden, so waren sie doch noch nicht weit genug gediehen, und das jenseitige Ufer, nieder und sumpfig, war von der Stellung, die Tschaplitz inne hatte, zu sehr beherrscht, als daß der Übergang hätte erzwungen werden können.

Auch glaubte Napoleon, als er Borizow des Abends um zehn Uhr verließ, zu einem verzweifelten Angriffe auszuziehen. Er nahm mit den sechstausendvierhundert Mann, die ihm von seiner Garde noch geblieben waren, seine Stellung bei Staroje-Borizow, einem Schlosse, das dem Fürsten Radziwil gehört, rechts der Straße von Borizow nach Studjanka gelegen und von diesen beiden Punkten gleichweit entfernt ist.

Er blieb den Rest dieser entscheidenden Nacht auf den Füßen, ging jeden Augenblick hinaus, bald um zu horchen, bald um sich an den Ort zu begeben, wo sein Schicksal in Erfüllung gehen sollte. Denn bei dem Andrang so vieler Besorgnisse enteilten ihm die Stunden der Nacht so sehr, daß er von jeder glaubte, sie sei die letzte. Diejenigen, die um ihn waren, mußten mehr als einmal diesen Irrtum berichtigen.

Kaum war die Finsternis verschwunden, so vereinigte er sich mit Oudinot. Jetzt in der Nähe der Gefahr, ward er, wie das immer der Fall war, ruhiger; aber bei dem Anblicke der Feuer der Russen und ihrer Stellung riefen seine entschlossenen Generäle, wie Rapp, Mortier und Ney, aus, daß, wenn der Kaiser dieser Gefahr entkomme, man gezwungen sei, an seinen Stern zu glauben! Murat selbst meinte, es sei Zeit, nur noch auf die Rettung Napoleons zu denken. Einige Polen hatten ihm diesfalls ihre Dienste angeboten.

Der Kaiser erwartete den Tag in einem der dem Ufer zunächst gelegenen Häuser, auf einer steilen Anhöhe, wo das Geschütz von Oudinot stand. Murat kommt und erklärt seinem Schwager, er halte den Übergang für unausführbar. Er dringt in ihn, seine Person zu retten, solange es noch Zeit sei. Er sagt ihm, daß er einige Stunden oberhalb Studjanka ohne Gefahr über die Beresina kommen könne; daß er in fünf Tagen in Wilna sein werde; daß tapfere und ergebene, mit allen Wegen bekannte Polen sich zu seiner Begleitung anböten und für seine Rettung bürgten.

Aber Napoleon verwarf diesen Vorschlag als einen schändlichen Ausweg, als eine feige Flucht, unwillig, daß man habe denken können, er würde seine Armee verlassen, solange sie noch in Gefahr sei.

In diesem Augenblick erbleichten und verschwanden mit dem Anbruch des Tages die moskowitischen Feuer. Unsere Truppen griffen zu den Waffen, die Artilleristen stellten sich zu ihrem Geschütze, die Generäle beobachteten, kurz, alle hatten ihre Blicke auf das jenseitige Ufer gerichtet, mit jenem prägnanten Schweigen der Erwartung, das großen Gefahren vorangeht.

Seit dem gestrigen Abend mußte jeder von unsern Pontoniers geführte Streich, in den Wäldern auf den Anhöhen widerhallend, die ganze Aufmerksamkeit des Feindes auf sich gezogen haben. Die ersten Strahlen des Tages mußten uns also seine Bataillons und sein Geschütz vor dem zerbrechlichen Gerüst aufgestellt zeigen, zu dessen Vollendung Eblé noch acht Stunden bedurfte. Ohne Zweifel hatten sie nur den Tag erwartet, um ihr Feuer desto besser anzubringen. Er erschien, und wir sahen die Feuer verlassen, das Ufer geräumt und auf den Höhen dreißig Geschütze im Rückzug begriffen. Eine einzige Kugel hätte hingereicht, das einzige Rettungsband zu vernichten, mit dem man die beiden Ufer verknüpfen wollte; aber dieses Geschütz zog sich in dem Maße zurück, als das unsere in Batterien auffuhr.

In einer etwas weiteren Entfernung ward das Ende einer langen Kolonne bemerkt, die, ohne umzusehen, gegen Borizow zog. Doch blieb noch ein Infanterieregiment mit zwölf Kanonen zurück, nahm aber keine Stellung, auch ließ sich am Saum des jenseitigen Waldes eine Kosakenbande sehen. Es war dies der Nachtrab der Division Tschaplitz, die, sechstausend Mann stark, sich auf eine Art entfernte, als hätte sie uns den Übergang freigeben wollen.

Die Franzosen wagten es kaum, ihren Augen zu trauen, bezeugten aber endlich ihre Freude durch Geschrei und Händeklatschen. Rapp und Oudinot treten eiligst vor den Kaiser mit den Worten: »Sire, der Feind hat soeben sein Lager aufgehoben und seine Stellung verlassen!« – »Das ist nicht möglich!« erwiderte der Kaiser, aber Ney und Murat bestätigen sofort die Nachricht. Hierauf eilt Napoleon aus seinem Hauptquartier, sieht sich um und bemerkt noch die letzten Rotten der russischen Kolonne, die sich entfernen und in dem Walde verschwinden. Entzückt ruft er jetzt aus: »Ich habe den Admiral geprellt!«

Als hierauf wieder zwei feindliche Kanonen erschienen und Feuer gaben, wurden sie durch eine einzige Salve des diesseitigen Geschützes zurückgewiesen. Letzteres durfte nun nicht mehr feuern, damit nicht Tschaplitz veranlaßt würde, wieder umzukehren, denn es war erst acht Uhr und die Brücke kaum angefangen; man war noch daran, die ersten Brückenböcke zu setzen.

Aber der Kaiser, ungeduldig, vom jenseitigen Ufer Besitz zu nehmen, zeigt es den Tapfersten. Der französische Adjutant Jacqueminot und der litauische Graf Predzieczky warfen sich zuerst in den Fluß und kamen, trotz der Eisstücke, wodurch die Brust und die Flanken ihrer Pferde verletzt wurden, auf das andere Ufer. Dreißig bis vierzig Reiter, von denen jeder einen Voltigeur hinter sich aufsitzen ließ, folgten ihnen, sowie auch zwei schwache Flöße, die in zwanzig Fahrten vierhundert Mann übersetzten.

Gegen ein Uhr war das Ufer von den Kosaken gereinigt und die Brücke für die Infanterie hergestellt. Die Division Legrand ging schnell mit ihrem Geschütz unter dem Rufe: »Es lebe der Kaiser!« und in seiner Gegenwart hinüber, der bei dem Übergang der Artillerie selbst half und diese tapferen Soldaten durch seine Stimme und sein Beispiel ermunterte.

Als er diese endlich im Besitz des jenseitigen Ufers sah, rief er aus: »Sehet da, das Walten meines Sternes!« Denn er war Fatalist wie alle Eroberer, die, wohl wissend, wieviel sie dem Glück zu verdanken haben, demselben am liebsten in letzter Instanz vertrauen.

In diesem Augenblick kam ein litauischer Edelmann, als Bauer verkleidet, von Wilna an und brachte die Nachricht vom Siege Schwarzenbergs über Sacken. Napoleon beeilte sich, dieses günstige Ereignis mit lauter Stimme zu verkünden, und setzte hinzu, Schwarzenberg sei sogleich auf die Spur von Tschitschakow zurückgekehrt und käme uns zu Hilfe. Eine Vermutung, die durch das Verschwinden von Tschaplitz wahrscheinlich wurde.

Indessen war diese soeben vollendete Brücke nur für die Infanterie bestimmt. Man schritt sogleich zur Errichtung einer zweiten, hundert Toisen oberhalb der ersten, die, für das Geschütz und das übrige Fuhrwesen brauchbar, erst des Abends um vier Uhr fertig wurde. Zu gleicher Zeit folgte der Herzog von Reggio mit dem Rest des 2. Korps und der Division Dombrowsky dem General Legrand. Dies waren im ganzen ungefähr siebentausend Mann.

Des Marschalls erste Sorge war, sich der Straße von Zembin durch eine Truppenabteilung zu versichern, den Feind gegen Borizow zu drücken und ihn soweit als möglich von dem Übergangspunkt von Studjanka abzuhalten.

Tschaplitz ging, in Gemäßheit des vom Admiral erhaltenen Befehls, bis nach Stakhowa, einem Dorfe in der Nähe von Borizow. Hier stellte er sich auf, um den ersten Truppen von Oudinot die Spitze zu bieten. Beide Teile hielten an; die Franzosen, weil sie schon weit genug gegangen waren und nur Zeit gewinnen wollten, der russische General, um neue Befehle zu erwarten.

Tschitschakow war in eine jener schwierigen Lagen gekommen, wo man durch eine irrige Voraussetzung von einem Fehler zum andern geführt wird.

Sein Marsch von Minsk nach Borizow in drei Kolonnen bewies, daß zuerst seine ganze Aufmerksamkeit auf den Lauf der Beresina oberhalb Borizow gerichtet war. Seitdem fühlte er, stark auf seinem linken Flügel, die Schwäche seines rechten, der von nun an alle seine Besorgnisse in Anspruch nahm.

Er war noch durch andere Gründe bestimmt, diese falsche Richtung zu nehmen. Die Befehle von Kutusow machten ihn diesfalls verantwortlich. Härtel, der zwölftausend Mann in der Gegend von Bobruisk befehligte, weigerte sich, seine Kantonierungen zu verlassen, Dombrowsky zu folgen und die Verteidigung jenes Teils des Flusses zu übernehmen; er berief sich auf die Gefahr einer Viehseuche; ein unerhörter, unwahrscheinlicher, aber wahrer und von Tschitschakow selbst bestätigter Vorwand.

Der Admiral führt noch an, eine von Wittgenstein erhaltene Nachricht habe ihn wegen Unter-Beresino noch besorgter gegemacht; auch habe er ganz natürlich auf den Gedanken kommen müssen, daß Napoleon, von Wittgenstein oberhalb Borizow in der rechten Flanke gefaßt, unterhalb dieser Stadt an den Fluß gedrängt werden würde.

Auch die Erinnerung an die Übergänge von Karl XII. und von Davoust bei Beresino mag auf ihn gewirkt haben. Wenn Napoleon dieser Richtung folgte, so vermied er nicht nur Wittgenstein, sondern er nahm auch Minsk wieder und vereinigte sich mit Schwarzenberg. Ein wichtiger Umstand für Tschitschakow, da Minsk seine Eroberung und Schwarzenberg sein erster Gegner war. Endlich und hauptsächlich mußte er durch die Scheinangriffe von Oudinot bei Ucholota und wohl auch durch die Berichte der Juden bestimmt werden.

Der Admiral, völlig enttäuscht, hatte sich also am 25. November abends entschlossen, an der Beresina hinabzurücken, in demselben Augenblicke, wo Napoleon den Entschluß gefaßt hatte, an derselben hinaufzugehen. Es war, als ob der französische Kaiser dem feindlichen General seinen Entschluß, die Stunde, wo er diesen fassen sollte, die Zeit und die Art der Ausführung vorgeschrieben hätte. Beide waren zu derselben Zeit von Borizow abgegangen: Napoleon nach Studjanka, Tschitschakow nach Szabaszawiczy. Sie kehrten sich, wie einverstanden, den Rücken, und der Admiral zog alle Truppen, die er oberhalb Borizow hatte, mit Ausnahme eines schwachen Beobachtungskorps, an sich und versäumte noch obendrein, die Wege verderben zu lasen.

Und doch war er zu Szabaszawiczy nur fünf bis sechs Stunden von dem Übergangspunkt Napoleons entfernt. Seit dem 26. November morgens mußte er von diesem Übergang wissen, die Brücke von Borizow war keine drei Stunden von dem

Angriffspunkte entfernt. Da er fünfzehntausend Mann vor derselben gelassen hatte, so konnte er für seine Person dahin zurückkommen, sich mit Tschaplitz bei Stachowa vereinigen und noch an demselben Tag angreifen oder am 27. morgens mit achtzehntausend Mann die siebentausend Soldaten von Oudinot und Dombrowsky über den Haufen werfen und endlich vor dem Kaiser und vor Studjanka die am vorigen Abend von Tschaplitz verlassene Stellung wieder einnehmen.

Aber große Fehler werden selten mit solcher Schnelligkeit wieder gutgemacht, sei es, daß man zuerst gerne daran zweifelt und sie erst dann eingesteht, wenn sie sich nicht mehr in Abrede stellen lassen, oder daß man dadurch verblüfft, mißtrauisch auf sich selbst und unschlüssig wird und dann des Beistandes anderer bedarf.

Der Admiral verlor auch wirklich den Rest des 26. und den ganzen 27. November mit Beratschlagungen, Versuchen und Vorbereitungen.

Die Gegenwart Napoleons und seiner Großen Armee, von deren Schwäche er sich schwer einen Begriff machen konnte, verblendete ihn. Er sah den Kaiser überall: vorwärts seines rechten Flügels wegen der scheinbaren Anstalten zu einem Übergang; seinem Zentrum gegenüber in Borizow, weil in der Tat unsere ganze Armee, die nach und nach in die Stadt einrückte, dieselbe belebte; endlich in Studjanka vor seinem linken Flügel, wo sich der Kaiser in der Tat befand.

Den 27. war er noch so wenig von seinem Irrtume zurückgekommen, daß er Borizow durch Jäger, die über die Balken der verbrannten Brücke stiegen, rekognoszieren und angreifen ließ. Diese Jäger wurden jedoch durch die Soldaten der Division Partonneaux zurückgetrieben.

An demselben Tage und während dieses Versuches ging Napoleon mit ungefähr sechstausend Garden und dem Korps von Ney, das auf sechshundert Mann herabgeschmolzen war, des Nachmittags um zwei Uhr über die Beresina. Er stellte sich als Reserve von Oudinot auf und deckte die Brücken gegen einen möglichen Angriff von Tschitschakow.

Eine große Anzahl von Wagen und Nachzüglern war ihm vorangegangen; viele folgten ihm, solange der Tag dauerte. Die Armee von Victor hatte die Garde auf den Anhöhen von Studjanka abgelöst.

FÜNFUNDSIEBZIGSTES KAPITEL

Wittgenstein besetzt die Höhen zwischen Borizow und Studjanka – die Division Partonneaux wird aufgerieben und muß sich ergeben.

Bis dahin war alles gut gegangen. Bei seinem Durchmarsche durch Borizow hatte aber Victor den General Partonneaux mit seiner Division dort zurückgelassen, mit dem Befehle, den Feind von dieser Stadt abzuhalten, die zahlreichen Nachzügler, die sich daselbst eingenistet hatten, vor sich herzutreiben und, ehe es Nacht würde, wieder zu ihm zu stoßen. Partonneaux sah zum erstenmal die Unordnung der Großen Armee. Wie Davoust im Anfange des Rückzugs wollte er die Spuren davon den Kosaken Kutusows, die ihm folgten, verbergen. Dieses vergebliche Streben, die Angriffe von Platow auf der Straße von Orcha sowie jene von Tschitschakow auf die abgebrannte Brücke von Borizow hielten ihn bis zum Ende des Tages in dieser Stadt fest.

Er schickte sich an, sie zu verlassen, als er den Befehl erhielt, dort zu übernachten. Dieser Befehl kam vom Kaiser, der ohne Zweifel die Aufmerksamkeit der drei russischen Generale auf Borizow ziehen, sie durch Partonneaux beschäftigen lassen und dadurch die nötige Zeit zu seinem Übergang über die Beresina gewinnen wollte.

Aber Wittgenstein, der Platow der französischen Armee auf der Hauptstraße nachgeschickt und sich mit seinen übrigen Truppen mehr rechts gezogen hatte, entwickelte diese denselben Abend noch auf den Höhen, welche die Beresina zwischen Borizow und Studjanka begleiten, unterbrach auf diese Weise die Straße, die diese beiden Punkte verbindet und bemächtigte sich alles dessen, was er hier vorfand. Eine Menge Nachzügler, auf Partonneaux zurückgeworfen, sagten diesem, daß er von der übrigen Armee abgeschnitten sei.

Partonneaux zauderte nicht. Obgleich nur über drei Geschütze und dreitausendfünfhundert wehrhafte Soldaten verfügend, faßte er auf der Stelle den Entschluß, sich durchzuschlagen, und trat sofort seinen Marsch an. Er hatte mit den größten Hindernissen zu kämpfen: der glatte und schlüpfrige Weg war mit Wagen und Flüchtlingen bedeckt, ein heftiger Wind blies ihm aus der dunkeln eisigen Nacht ins Gesicht, auf den Höhen rechts loderten die Feuer von vielen tausend Feinden. Solange er nur von dieser Seite angegriffen wurde, setzte er seinen Weg fort. Bald ward er aber auch von vorne aufgehalten, und zwar von zahlreichen, vorteilhaft aufgestellten Truppen, deren Kugeln seine Kolonne in ihrer ganzen Tiefe durchdrangen.

Diese unglückliche Division stak jetzt in einem tiefen Grunde; eine lange Reihe von fünf- bis sechshundert Wagen hemmte alle ihre Bewegungen; siebentausend Nachzügler, vor Angst und Verzweiflung heulend, warfen sich auf dieselbe, brachten sie in Unordnung und rissen bei ihrem Durchbruch immer mehr Soldaten, die den Mut verloren hatten, mit sich fort. Es blieb nichts übrig, als alles wieder in einer rückwärtigen Stellung zu sammeln; aber während dieses Rückzugs stieß man auf die Reiterei von Platow.

Schon war die Hälfte unserer Streiter außer Gefecht gesetzt, und die fünfzehnhundert Soldaten, die noch übrigblieben, sahen sich von drei Armeen und einem Flusse eingeschlossen.

Unter diesen Umständen erschien ein Parlamentär, der im Namen Wittgensteins den Franzosen gebot, sich zu ergeben. Partonneaux weist diese Aufforderung zurück. Er ruft die noch bewaffneten Nachzügler in seine Reihen; er will das Äußerste wagen und nach der Brücke von Studjanka sich eine blutige Straße bahnen; aber seine Leute, noch vor kurzem so tapfer, jetzt von dem Elende besiegt, zerschlugen feigerweise ihre Gewehre.

Zu gleicher Zeit benachrichtigt ihn der General seines Vortrabs, die Brücken von Studjanka stünden im Feuer. Ein Adjutant namens Rochex hatte die Meldung davon gemacht und wollte sie brennen gesehen haben. Partonneaux glaubte diese falsche Nachricht; denn im Punkt der Unfälle ist der Unglückliche leichtgläubig.

Er hielt sich für verlassen und preisgegeben; und da die Nacht, das Gedränge und die Notwendigkeit, nach drei Seiten Front zu machen, seine schwachen Brigaden voneinander getrennt hatten, so ließ er einer jeden insbesondere sagen, sie möge, von der Finsternis begünstigt, längs der Flanken des Feindes zu entschlüpfen suchen. Er selbst ersteigt mit einer dieser Brigaden, die auf vierhundert Mann zusammengeschmolzen war, die steilen waldigen Anhöhen zu seiner Rechten, hoffend, in der Finsternis durch die Armee von Wittgenstein zu entkommen, sich mit Victor zu vereinigen oder die Beresina an ihren Quellen zu umgehen.

Aber überall, wo er sich zeigt, trifft er auf feindliche Feuer;

indem er diesen ausweichen will, muß er sich aufs Geratewohl mehrere Stunden lang unter einem gewaltigen Sturme auf den Schneefeldern herumtreiben und bei jedem Schritte, den er tut, seine vor Kälte erstarrten, vom Hunger und der Müdigkeit erschöpften Soldaten halbtot in die Hände der russischen Reiterei fallen sehen, die ihn ohne Unterlaß verfolgte.

Dieser unglückliche General rang noch mit dem Himmel, mit den Menschen und mit seiner eigenen Verzweiflung, als vollends auch der Boden noch unter seinen Füßen zu weichen anfing. Er war nämlich, vom Schnee getäuscht, auf die noch nicht ganz feste Eisdecke eines Sees geraten und in Gefahr, darin zu versinken; jetzt erst entschließt er sich, das Gewehr zu strecken.

Während dieses Unglück sich zutrug, verloren seine drei andern Brigaden, auf der Straße immer mehr eingeengt, den freien Gebrauch ihrer Bewegungen. Sie hielten sich noch bis zum andern Morgen, zuerst fechtend, dann durch Unterhandlungen; endlich erlagen auch sie und wurden durch dasselbe Unglück wieder mit ihrem General vereinigt.

Von dieser ganzen Division entkam nur ein einziges Bataillon. Man erzählt, der Kommandeur desselben habe seinen Leuten erklärt, sie müßten ihm auf allen seinen Schritten folgen, und er werde den ersten, der davon spreche, sich zu ergeben, niedermachen. Alsdann ging er von der unheilbringenden Straße ab, schlich sich an das Ufer des Flusses, folgte allen seinen Krümmungen. Das Gefecht seiner weniger glücklichen Gefährten, die Dunkelheit und selbst die Schwierigkeiten des Terrains halfen ihm durch; er entschlüpfte dem Feinde und bestätigte Victor die Niederlage von Partonneaux.

Als Napoleon diese Nachricht erfuhr, rief er von Schmerz ergriffen aus: »Mußte denn, als alles schon wie durch ein Wunder gerettet schien, dieser Abfall wieder alles verderben!«

Der Ausdruck war allerdings nicht recht gewählt, aber ihm vom Schmerz entrissen; vielleicht weil er voraussah, daß Victor, durch diesen Verlust zu sehr geschwächt, den folgenden Tag nicht lange genug würde Widerstand leisten können; vielleicht weil er darauf als auf einen Ehrenpunkt hielt, auf seinem Rückzuge nur Nachzügler, aber kein noch bewaffnetes und organisiertes Korps aufzuopfern; wie denn auch diese Division die erste und einzige gewesen ist, die das Gewehr gestreckt hat.

Durch ein zweimaliges Brechen der Wagen-Brücke Verzögerungen beim Übergang – zum drittenmal bricht die Brücke am 27. November – Chaos und Panik breiten sich aus – am 28. November wird der Übergang über die Beresina zur Katastrophe.

Durch diesen Vorteil ward Wittgenstein ermutigt. Zu gleicher Zeit hatte ein zweitägiges Herumtappen, die Aussage eines Gefangenen, besonders aber die Wiedereinnahme von Borizow durch Platow dem Admiral Tschitschakow die Augen geöffnet. Von jetzt an sahen sich die drei russischen Armeen des Nordens, des Westen und des Südens vereinigt. Die Befehlshaber derselben traten in unmittelbaren Verkehr miteinander. Wittgenstein und Tschitschakow waren aufeinander eifersüchtig, aber sie haßten uns noch weit mehr; der Haß gegen uns, nicht ihre gegenseitige Freundschaft band sie zusammen. Sonach waren diese drei Generäle bereit, die Brücken von Studjanka auf beiden Ufern des Flusses gleichzeitig anzugreifen.

Man zählte den 28. November. Die Große Armee hatte zwei Tage und Nächte zu ihrem Übergang verwenden können; allem Anschein nach mußten daher die Russen zu spät kommen. Aber die Unordnung herrschte unter den Franzosen, und es hatte an Materialien für die beiden Brücken gefehlt. In der Nacht vom 26. auf den 27. war die für die Wagen bestimmte Brücke zweimal gebrochen, und der Übergang dadurch sieben Stunden lang ins Stocken geraten. Am 27. um vier Uhr des Abends brach sie zum drittenmal. Andererseits hatten die in den Wäldern und umliegenden Dörfern zerstreuten Nachzügler die erste Nacht unbenutzt gelassen und sich dann am 27., nachdem es Tag geworden, alle zugleich bei der Brücke eingefunden. Sie richteten sich nach der Garde; als diese sich in Bewegung setzte, war es für sie wie ein Signal; sie strömten von allen Seiten herbei, drängten sich an das Ufer hin; bald bildete sich zunächst an der Brücke eine ungeheure, dichte und verworrene Masse von Menschen, Pferden und Wagen. Die Vordersten, von den Hintersten vorwärtsgetrieben, von den Wachen und den Pontonieren zurückgestoßen oder vom Fluß aufgehalten, wurden erdrückt, mit Füßen getreten oder in die Beresina gestürzt, die mit Grundeis ging. Aus diesem unermeßlichen und greulichen Haufen erhob sich bald ein dumpfes Getöse, bald ein lautes

Geschrei, mit Seufzern und fürchterlichen Verwünschungen vermischt.

Die Bemühungen Napoleons und seiner vornehmsten Offiziere, Ordnung in diese sinnlosen Menschen zu bringen und sie dadurch zu retten, wollten lange nicht gelingen. Die Unordnung war so hoch gestiegen, daß, als der Kaiser um zwei Uhr übergehen wollte, man ihm mit Gewalt einen Weg öffnen mußte.

Das kaiserliche Hauptquartier kam nach Zaniwki, einem kleinen Walddörfchen, eine Stunde von Studjanka. Eblé, der soeben eine Zählung der Wagen, mit denen das Ufer bedeckt war, veranstaltet hatte, meldete dem Kaiser, daß sechs Tage zu deren Fortschaffung nicht hinreichen würden. Ney, der gegenwärtig war, schlug vor, dieselben auf der Stelle zu verbrennen. Aber Berthier, von dem schlimmen Genius, der an den Höfen waltet, verführt, widersetzte sich und versicherte, daß man noch lange nicht zu diesem Äußersten gebracht sei. Der Kaiser glaubte ihm gerne, bestochen durch die Meinung, die ihm am meisten zusagte, und aus Schonung für so viele, durch ihn unglücklich gewordene Menschen, die ihre Lebensmittel und ihr ganzes Vermögen auf diesen Wagen führten.

In der Nacht vom 27. auf den 28. November machte diese Unordnung einer andern Wahnsinnshandlung Platz. Die Brükken wurden verlassen, alle diese Nachzügler warfen sich auf das Dorf Studjanka, das im Augenblick niedergerissen und verschwunden war und sofort in eine unzählige Menge Biwaks verwandelt wurde. Kälte und Hunger hielten hier alle diese Unglücklichen fest. Es war unmöglich, sie davon wegzubringen, und so blieb auch diese Nacht für ihren Übergang unbenützt.

Sie wurden indessen noch von Victor und seinen sechstausend Mann gegen Wittgenstein verteidigt. Als sie aber am 28. mit den ersten Strahlen des Tages diesen Marschall sich zu einem Gefechte rüsten sehen, als sie den Kanonendonner von Wittgenstein über ihren Köpfen rollen und auf dem andern Ufer auch das Geschütz von Tschitschakow schon donnern hörten, erhoben sich alle zu gleicher Zeit und strömten in wilder Flucht von den Höhen herab auf die Brücke zu.

Ihr Schrecken hatte guten Grund. Für viele war der letzte Tag gekommen. Wittgenstein und Platow griffen mit vierzigtausend Russen von der Nord- und Ostarmee die Höhen des linken Ufers an, die Victor nur noch mit sechstausend Mann verteidigen konnte. Zugleich brach Tschitschakow auf dem rechten

Ufer mit seinen siebenundzwanzigtausend Russen von der Südarmee aus Stachowa gegen Oudinot, Ney und Dombrowsky vor, die in ihren Reihen kaum achttausend Mann zählten und keine andere Reserve hatten als die alte und junge Garde, die jetzt zusammen noch zweitausendachthundert Bajonette und neunhundert Säbel aufweisen konnte.

Die beiden russischen Armeen wollten sich zu gleicher Zeit der beiden Ausgänge der Brücken und alles dessen bemächtigen, was nicht schon über die Sümpfe von Zembin hinaus war. Mehr als sechzigtausend Mann, wohlgekleidet und genährt, fielen über achtzehntausend Mann her, die halb nackt, schlecht bewaffnet und fast verhungert, durch einen Fluß getrennt, zwischen Morästen eingeschlossen, mit mehr als fünfzigtausend Nachzüglern, Kranken oder Verwundeten und mit einem ungeheuren Troß überladen waren. Seit zwei Tagen war die Kälte und das Elend so hoch gestiegen, daß die alte Garde ein Drittel ihrer streitfähigen Leute verloren hatte.

Dieser Umstand und die Niederlage der Division Partonneaux erklären die entsetzliche Schwäche des Korps von Victor, und doch hielt dieser Marschall den ganzen Tag des 28. November Wittgenstein auf. Tschitschakow aber ward sogar geschlagen. Marschall Ney und seine achttausend Franzosen, Schweizer und Polen waren siebenundzwanzigtausend Russen gewachsen.

Der Angriff des Admirals war langsam und ohne Nachdruck. Er bestrich mit seinem Geschütz die Straße, wagte aber nicht, seinen Kugeln zu folgen und in die Lücken einzudringen, die diese in unsere Reihen schlugen. Vorwärts seines rechten Flügels konnte jedoch die Legion Weichsel dem Angriff einer starken Kolonne nicht widerstehen. Oudinot, Dombrowsky und Albert wurden hier verwundet; es sah schlimm aus. Aber Ney war sogleich da; er warf Dumerc und seine Reiterei mitten durch den Wald auf die Flanke dieser russischen Kolonne, wo sie einbrachen, zweitausend Mann gefangennahmen, den Rest niederhieben und durch diesen gewaltigen Streich den zweifelhaften Kampf entschieden.

Tschitschakow, von Ney geschlagen, sah sich nach Stachowa zurückgeworfen. Die meisten Generäle vom 2. Korps wurden verwundet. Denn je weniger Mannschaft sie hatten, um so mehr mußten sie sich selber wagen.

Viele Offiziere fochten mit den Gewehren und auf den Plätzen ihrer verwundeten Soldaten.

Unter den Opfern dieses Tages ward vorzüglich auch der junge Noailles, Adjutant von Berthier, bemerkt. Eine Kugel streckte ihn tot nieder. Er war einer von jenen ausgezeichneten, aber zu hitzigen Offizieren, die sich überall zudrängen, und die man daher hinlänglich belohnt zu haben glaubt, wenn man sie zu etwas verwendet.

Während dieses Treffens blieb Napoleon an der Spitze seiner Garde zu Brilowa in Reserve. Er deckte hier den Ausgang der Brücken und stand zwischen den beiden Schlachten, aber näher bei Victor. Dieser Marschall, in einer so gefährlichen Stellung, von einem viermal stärkeren Feind angegriffen, verlor nur wenig Terrain. Der rechte Flügel seines durch die Niederlage von Partonneaux verstümmelten Armeekorps war an den Fluß gelehnt und durch eine Batterie des Kaisers, die auf dem andern Ufer aufgestellt war, unterstützt. Seine Front hatte er durch eine Schlucht gedeckt, sein linker Flügel hing in der Luft ohne Stützpunkt und wie verloren auf der Hochebene von Studjanka.

Wittgenstein griff am 28. erst um zehn Uhr des Morgens an. Er kam über die Straße von Borizow und an dem Ufer der Beresina herauf, um auf dem kürzesten Weg die Brücken zu erreichen; er konnte jedoch hier nicht durchdringen und ward von dem französischen rechten Flügel lange außer dem Bereich der Brücken gehalten.

Er versuchte hierauf einen Angriff auf die ganze Front von Victor, aber ohne Erfolg; eine seiner Angriffskolonnen, die durch die Schlucht dringen wollte, ward sofort angegriffen und aufgerieben.

Gegen Mittag benutzte der Russe endlich seine Überlegenheit, um den französischen linken Flügel zu umgehen. Ohne die Anstrengung von Fournier und die Hingebung von Latour-Maubourg wäre jetzt alles verloren gewesen. Letzterer, der mit seiner Reiterei gerade über die Brücken defilierte, bemerkte die Gefahr, kehrte schnell wieder auf das Schlachtfeld zurück und tat dem Feind durch einen blutigen Angriff noch einmal Einhalt. Die Nacht kam, ehe die vierzigtausend Russen von Wittgenstein die sechstausend Mann des Herzogs von Belluno hatten in Unordnung bringen können. Dieser Marschall behauptete sich auf den Höhen von Studjanka, wo er die Brücken noch gegen die russischen Bajonette, aber nicht mehr gegen das Feuer der feindlichen Batterien schützen konnte.

Entsetzliche Szenen menschlichen Elends – als letzter geht Marschall Victor mit seinem Korps am 29. November über die Beresina – die Brücke wird von General Eblé in Brand gesteckt – abermals gehen Tausende bei dem Versuch, noch das andere Ufer zu gewinnen, zugrunde – der Rest fällt den Russen in die Hände.

Diesen ganzen Tag über befand sich das 9. Korps in einer wahrhaft kritischen Lage, weil ihm kein anderer Rückzugsweg blieb als die schwache, schmale Brücke, deren Zugänge noch überdies durch zahllose Wagen und Nachzügler versperrt waren.

Je mehr vorne das Gefecht entbrannte, desto ärger ging es hinten bei diesen zu. Durch den ersten Lärm eines ernsthaften Gefechts, durch den Anblick der Verwundeten, durch die feindlichen Kugeln, die allmählich nach der Brücke flogen, wurden für sie ebenso viele Perioden des Schreckens und der Verwirrung herbeigeführt.

So viele Menschen, Pferde und Wagen durch die Angst nach einem Punkte getrieben und gehetzt, sich gegenseitig treibend und hetzend, mußten, am Ufer aufgestaut, ein entsetzliches Gedränge bilden. Gegen Mittag fielen die ersten feindlichen Kugeln in diesen Wirrwarr und brachten alles in Verzweiflung.

Wie in allen außerordentlichen Fällen, so zeigte sich auch hier das menschliche Herz in seiner ganzen Nacktheit. Man sah die gräßlichsten Schandtaten und die schönsten, erhabensten Handlungen. Je nach ihrem Charakter öffneten sich die einen entschlossen und wütend mit dem Säbel in der Faust einen schrecklichen Pfad. Andere waren grausam genug, ihr Fuhrwerk durch das Gedränge dieser Unglücklichen zu treiben, die, zu Boden geworfen, von den Pferden zertreten, von den Rädern zerquetscht wurden; in ihrem abscheulichen Geiz trugen sie kein Bedenken, zur Rettung ihres Gepäcks ihre Unglücksgefährten hinzuopfern. Andere äußerten ihre Verzagtheit auf eine ekelhafte Weise: sie weinten, flehten und erlagen vor Angst. Man sah andere, besonders unter den Kranken und Verwundeten, auf ihr Leben verzichten, sich wegschleichen und auf den Schnee niederlassen, der bald ihr Grab werden sollte.

Viele von diesen Verzweifelten, die im ersten Anlauf die Brücke nicht hatten erreichen können, wollten an der Seite hinaufklettern, wurden aber größtenteils in den Fluß zurückgestoßen.

Hier sah man mitten unter den Eisschollen Frauen, die ihre Kinder in den Armen trugen und sie, so lange sie konnten, über dem Wasser hielten; bald waren sie verschwunden.

Es war des Gräßlichen noch nicht genug: die Artilleriebrücke brach und riß auseinander. Diejenigen, die schon darauf staken, konnten sich nicht retten; sie und diejenigen, die ihnen zunächst folgten, wurden durch den Stoß der stets anwogenden Menge, die nicht wußte, was vorgefallen war, und auf das Geschrei der Vorderen nicht achtete, ins Wasser geschleudert.

Alles strömte hierauf der anderen Brücke zu. Schwere Rüstwagen, Kanonen und andere Fuhrwerke, von gehetzten Pferden auf einer schiefen Fläche, in einem dichten Menschengewühle mit beschleunigter Geschwindigkeit fortgerissen, fuhren zermalmend über alles weg und erschlugen, wenn sie durch das Zusammenstoßen umgeworfen wurden, alles, was in ihrem Bereich war. Diese umgeworfenen Wagen waren sodann ein neues Hindernis und die Veranlassung, daß ganze Reihen von Flüchtlingen zu Boden fielen, von den unablässig nachstürzenden Massen ereilt und zertreten wurden.

So drängte sich eine Welle dieser Elenden auf die andere hin. Man hörte nur das Geschrei des Schmerzes und der Wut. In diesem gräßlichen Gewühl wehrten sich die Getretenen und Erstickenden unter den Füßen ihrer Gefährten, an diese mit ihren Nägeln und Zähnen sich anklammernd, aber von ihnen wie Feinde ohne Erbarmen abgestoßen.

Unter ihnen riefen Frauen und Mütter mit herzzerreißender Stimme vergebens ihre Gatten, ihre Kinder, von denen sie ein Augenblick auf immer getrennt hatte; sie streckten die Arme nach ihnen aus, sie baten um Gotteswillen, man möge sie doch zu ihnen durchlassen; aber von der Menschenflut hin und her geschwemmt und überspült, mußten sie erliegen, ohne daß man sie auch nur bemerkt hätte.

Das Brausen eines heftigen Sturmes, der Donner des Geschützes, das Heulen des Windes, das Pfeifen der Kugeln, der Knall der berstenden Granaten, das Gewimmer, das Schelten und das greuliche Fluchen ließen diesen sinnlosen Haufen die Klagen der Opfer nicht hören, die er verschlang.

Die Glücklichsten und Kräftigsten erreichten endlich die Brücke, nachdem sie fühllos über Haufen von Verwundeten, Weibern, halbtoten Kindern gestiegen waren. Wenn sie sich nun in dem engen Defilee für gerettet hielten, sahen sie sich mit jedem Augenblick durch ein gestürztes Pferd, durch ein gebrochenes oder aus der Stelle gerücktes Brett wieder aufgehalten.

Unglücklicherweise war auf dem andern Ufer, zunächst am Ausgang der Brücke, ein Sumpf, in dem viele Pferde und Wagen stecken blieben, wodurch dann das Fortkommen der Übergehenden auch wieder verzögert wurde.

Zwischen diesen verzweifelten, auf dem einzigen Rettungsweg zusammengedrängten Menschen entbrannte sofort ein höllischer Kampf, wo die Schwächsten und Gefährlichstgestellten von den Stärksten und Rohesten über die Brücke ins Wasser geworfen wurden. Ohne sich umzusehen, von dem Trieb der Selbsterhaltung gespornt, verfolgten diese Unmenschen unaufhaltsam ihr Ziel, taub für die Ausbrüche der Wut und der Verzweiflung ihrer hingeopferten Gefährten und Vorgesetzten.

Die Nacht von dem 28. auf den 29. November vermehrte noch alle diese Greuel. Ihre Dunkelheit schützte nicht gegen die russischen Batterien, die sich auf der mit Schnee bedeckten Fläche, durch den Lauf des Flusses, durch diese ganze schwarze Masse von Menschen, Pferden und Wagen und durch das Geschrei, das davon aufstieg, leicht orientieren konnten.

Es ward noch ärger gegen neun Uhr abends, wo Victor seinen Rückzug antrat, und seine Divisionen sich mitten durch diese Unglücklichen, die sie bis dahin verteidigt hatten, einen gräßlichen Laufgraben öffneten. Da jedoch bei Studjanka noch ein Nachtrab stehenblieb, so weigerte sich der große Haufe, von der Kälte erstarrt, oder weil er von seinem Gepäcke nicht lassen wollte, diese letzte Nacht zum Behuf seines Übergangs zu benutzen. Vergebens ließ man Feuer an die Wagenburg legen, die Unglücklichen waren nicht fortzubringen. Erst der Tag führte sie wieder, aber zu spät, an die Brücke, die sie aufs neue berannten. Um 9½ Uhr ließ Eblé diese, als er die Russen herannahen sah, in Brand stecken.

Das Unglück hatte nun seine äußerste Grenze erreicht. Eine Menge Wagen, drei Kanonen und mehrere tausend Männer, Weiber und einige Kinder blieben auf dem feindlichen Ufer zurück, wo sie in Verzweiflung truppweise herumirrten. Einige versuchten hinüberzuschwimmen, andere wagten sich auf das Treibeis, andere warfen sich blindlings auf die brennende Brücke, die unter ihnen einbrach; halb verbrannt und halb erfroren, mußten sie eines zweifachen Todes sterben. Bald häuften sich die Leichname der einen wie der andern an den Brückenböcken, wohin sie mit den Eisschollen getrieben wurden. Die Übriggebliebenen erwarteten die Russen. Nachdem Eblé bereits eine Stunde fort war, erschien Wittgenstein auf den Höhen und sammelte die Früchte des Sieges, ohne denselben erfochten zu haben.

ACHTUNDSIEBZIGSTES KAPITEL

Nur der Nachlässigkeit und Halbheit aller russischen Maßnahmen verdanken die überlebenden Franzosen ihr Davonkommen – in der Umgebung Napoleons – die gesamte Große Armee zählt noch sechzigtausend Mann, aber ohne organisierten Zusammenhang – der Kaiser erreicht am 3. Dezember Molodetschno und ist damit in Sicherheit – er entschließt sich, die Armee zu verlassen und nach Paris zu reisen – Oberbefehl an Murat.

Während dieses erfüllt ward, rückten die Überreste der Großen, jetzt zu einer unförmlichen Masse gewordenen Armee auf dem andern Ufer allmählich nach Zembin ab. Dieses ganze Land, ein waldiges Plateau von großer Ausdehnung, wird durch die Flüsse, die fast kein Gefälle haben, zu einem Moor gemacht. Über dieses sind in einer Strecke von dreihundert Klaftern* drei Brücken hintereinander gelegt, die jetzt von der Armee mit freudigem Erstaunen benutzt wurden.

Diese herrlichen Brücken, aus harzigem Tannenholz erbaut, waren nur einige Werst von dem Übergangspunkte entfernt und von Tschaplitz einige Tage lang besetzt gewesen. Ein Verhau und einige Bündel Reisig von leicht verbrennlichem und ganz trokkenem Holze lagen an ihrem Eingange, gleichsam zur Andeutung, was er zu tun habe. Das Feuer aus der Pfeife eines seiner Kosaken hätte schon genügt, um diese Brücken in Brand zu stecken. Alle unsere Anstrengungen und der Übergang über die Beresina wären alsdann umsonst gewesen. Zwischen diesen Sümpfen und dem Fluß in einem engen Raume, ohne Lebensmittel, ohne Obdach gegen das abscheuliche Wetter eingeschlossen, hätten die Große Armee und ihr Kaiser sich ohne Gefecht ergeben müssen.

In dieser verzweifelten Lage, wo es schien, ganz Frankreich

* Klafter, altes Längenmaß = 6 Fuß = 1,9 m.

müsse in Rußland gefangen werden, wo alles gegen uns und für die Russen war, taten diese doch alles nur halb. Kutusow erreichte zu Kopis den Dnjepr erst an demselben Tage, an welchem Napoleon an die Beresina kam. Wittgenstein ließ sich, so lange es nötig war, im Zaum halten. Tschitschakow wurde geschlagen, und es gelang Napoleon, von achtzigtausend Mann sechzigtausend zu retten.

Er war bis zum letzten Augenblick in dieser öden Gegend bei den Ruinen von Brilowa ohne Obdach und an der Spitze seiner Garde, von der das Unwetter ein Drittel aufgerieben hatte, geblieben. Bei Tage ergriff diese die Waffen und blieb in Schlachtordnung aufgestellt; des Nachts biwakierte sie im Viereck um ihren Herrn: hier schürten diese alten Grenadiere ohne Unterlaß ihre Feuer. Auf ihrem Tornister sitzend, die Ellenbogen auf die Knie, den Kopf auf die Hände gestützt, empfingen sie die Gabe des Schlafes und erreichten durch diese Kontraktion ihres Körpers, daß sie die Wärme besser bewahrten und die Leere ihres Magens weniger fühlten.

In diesen drei Tagen und drei Nächten, die Napoleon mitten unter seiner Garde zubrachte, war er sehr beschäftigt: das 2. Korps stand zunächst unter seinen Befehlen. Er bediente sich seines Geschützes, um die Stellung des 9. Korps und den Übergang zu beschützen, und bemühte sich mit Eblé, soviel Trümmer als möglich aus diesem Schiffbruch zu retten. Er selbst führte endlich diese Überbleibsel nach Zembin, wo Prinz Eugen sich bereits befand.

Es fiel auf, daß er seinen Marschällen, die keine Soldaten mehr hatten, noch immer auftrug, Stellungen auf diesem Wege zu nehmen, wie wenn sie noch Armeen unter ihren Befehlen gehabt hätten. Einer von ihnen wollte dieses rügen und fing schon an, seinen Verlust herzurechnen; aber Napoleon, entschlossen alle Meldungen zurückzuweisen, aus Furcht, sie möchten in Klagen ausarten, unterbrach ihn lebhaft mit den Worten: »Warum wollen Sie mich um meine Ruhe bringen?«, und da dieser dennoch darauf bestand, so schloß er ihm den Mund, indem er mit verweisendem Tone wiederholte: »Herr! ich frage, warum Sie mich um meine Ruhe bringen wollen?« – ein Wort, das die Fassung andeutet, deren er sich in seinem Unglück befliß, und die er auch von andern forderte.

Während dieser tödlichen Tage gab es auf jedem Biwak zunächst um ihn viele Tote. Hier fanden sich Männer von allen

Ständen, von allen Graden und von allen Altern, Minister, Generäle, Verwaltungsbeamte zusammen. Man bemerkte unter andern vorzüglich einen vornehmen alten Herrn aus jener, schon weit hinter uns liegenden Zeit, wo eine leichte und glänzende Grazie unbedingt herrschte. Dieser sechzigjährige General nahm auf einem Baumstamme sitzend, sobald der Tag kam, mit unerschütterlichem Frohsinn die Details seiner Toilette vor; mitten in diesem Sturme ließ er seine Haare auf eine zierliche Art ordnen und sorgfältig einpudern, und trieb so mit allem Unglück und allen entfesselten Elementen, die auf ihn einstürmten, sein Spiel.

In seiner Nähe gaben sich einige Offiziere von den gelehrten Waffen* noch mit wissenschaftlichen Erörterungen ab. In unserm Jahrhundert, das, durch einige Entdeckungen ermutigt, alles zu erklären unternimmt, forschten diese Offiziere, denen der Nordwind so wehe tat, nach den Ursachen seiner unveränderlichen Richtung. Sie wiesen nach, wie die Sonne, dem Winterpunkte näher rückend, durch Erwärmung der südlichen Halbkugel die Dünste auf derselben verflüchtige und erhebe und gewissermaßen einen leeren Raum erzeuge, in den die dichteren Dünste unserer Zone eindringen müssen; wie sofort aus derselben Ursache der russische Pol, seit dem letzten Frühjahr mit Dünsten überladen, die erkälteten in derselben Richtung in einem heftigen Strom über Rußland zur Ertötung alles Lebens entlade.

Einige andere von diesen Offizieren bemerkten mit neugieriger Aufmerksamkeit die regelmäßige und sechseckige Kristallisation der Schneeteilchen, die auf ihre Kleider fielen.

Das Phänomen der Nebensonnen (die gleichzeitige Erscheinung mehrerer Bilder der Sonne), von nadelförmigen Eisteilchen, die in der Atmosphäre schwebten, in ihre Augen geworfen, war ebenfalls ein Gegenstand ihrer Beobachtungen und gewährte ihnen einige Zerstreuung in ihren Leiden.

Den 29. November verließ der Kaiser das Ufer der Beresina. Eine Menge zerstreuter Flüchtlinge vor sich hertreibend, zog er mit dem 9. Korps, das auch schon zerrüttet war. Den Tag zuvor hatten das 2. und das 9. Korps und die Division Dombrowsky noch eine organisierte Masse von vierzehntausend Mann gebildet,

* Gemeint sind die Artillerie und die ›Genietruppen‹, die wegen ihrer besonderen Mathematik- und Ingenieurkenntnisse für ›gelehrt‹ galten.

und schon war, mit Ausnahme von ungefähr sechstausend Mann, bei den übrigen alle Einteilung in Divisionen, Brigaden oder Regimenter verschwunden.

Die Nacht, der Hunger und die Kälte, der Abgang vieler Offiziere, der Verlust des Gepäckes, das auf der andern Seite des Flusses zurückgeblieben war, das Beispiel so vieler Flüchtlinge und das noch abschreckendere der Verwundeten, die man auf den beiden Ufern hilflos verlassen hatte, und die sich noch in Verzweiflung auf dem mit Blut getränkten Schnee wälzten: dies alles mußte zu ihrer Auflösung beitragen; sie hatten sich in der Masse der zerstreuten Flüchtlinge, die von Moskau kamen, verloren.

Es waren noch sechzigtausend Mann, aber ohne Zusammenhang. Alle marschierten durcheinander, Reiterei, Fußgänger, Kanoniere, Franzosen und Deutsche. Es gab weder Flügel noch Zentrum. Das Geschütz und die Wagen fuhren mitten durch diese verworrene Menge, ohne andern Befehl als den, soviel wie möglich vorwärts zu kommen.

Auf dieser bald eingeengten, bald steil aufsteigenden Straße entstand bei jedem Defilee ein entsetzliches Gedränge. Jenseits desselben verlief man sich wieder nach allen Richtungen hin, wo man eine Unterkunft oder einige Lebensmittel zu finden hoffte. So kam Napoleon nach Kamen, wo auch die Gefangenen des vorigen Tages eingepfercht die Nacht zubrachten. Diese Unglücklichen starben beinahe alle vor Hunger und Kälte, nachdem sie selbst ihre Toten aufgezehrt hatten.

Den 30. November kam er nach Pletschenizi, wo der verwundete Herzog von Reggio mit etwa vierzig Offizieren und Soldaten sich seit dem vorigen Tage befand. Der Marschall hatte sich da in Sicherheit geglaubt, als plötzlich der Russe Landskoy mit hundertfünfzig Husaren, vierhundert Kosaken und zwei Kanonen in diese Stadt eindrang und alle Straßen anfüllte.

Die schwache Bedeckung Oudinots war nicht beisammen, und der Marschall mußte sich mit siebzehn Gefährten in einem hölzernen Hause verteidigen. Er tat dies mit soviel Kühnheit und Glück, daß der erstaunte Feind besorgt wurde, die Stadt verließ und sich auf einer Anhöhe aufstellte, von wo er ihr nur noch mit seinem Geschütze zusetzte. Das allzu beharrliche Geschick dieses tapferen Anführers wollte aber, daß er in diesem Scharmützel noch einmal von einem Holzsplitter verwundet wurde.

Zwei westfälische Bataillons, die vor dem Kaiser vorauszogen, erschienen endlich und befreiten ihn, aber spät und erst, nachdem diese Deutschen und die Bedeckung des Marschalls, die sich zuerst nicht erkannt, sich lange ungewiß und mit lebhafter Angst betrachtet hatten.

Den 3. Dezember morgens kam Napoleon in Molodetschno an. Es war dies der letzte Punkt, auf dem Tschitschakow ihm hätte zuvorkommen können. Man fand daselbst einige Lebensmittel, Fourage im Überfluß; der Tag war schön, die Sonne schien hell und die Kälte war erträglich. Endlich kommen die Kuriere, die schon lange Zeit ausgeblieben waren, alle zugleich daselbst an. Die Polen wurden alsobald über Olita nach Warschau gewiesen, und die unberittenen Reiter über Merez an den Njemen; der Rest sollte die große Straße verfolgen, die man hier wieder erreicht hatte.

Bis dahin schien Napoleon noch nicht den Entschluß gefaßt zu haben, seine Armee zu verlassen. Aber jetzt, um die Mittagsstunde, eröffnete er plötzlich Daru und Duroc sein Vorhaben, ungesäumt nach Paris abzugehen.

Daru wollte die Notwendigkeit hiervon nicht einsehen und bemerkte ihm, die Kommunikationen seien wieder frei, die größten Gefahren überstanden, bei jedem rückwärtigen Schritt werde man auf Verstärkungen treffen, die aus Frankreich und Deutschland kämen. Der Kaiser erwiderte aber, er fühle sich nicht mehr stark genung, Preußen zwischen sich und Frankreich zu lassen. Er wisse nicht, warum er diese Flucht noch ferner mitmachen solle. Es genüge an Murat und Eugen, dieselbe zu leiten, und an Ney, sie zu decken. Es sei unumgänglich notwendig, daß er nach Frankreich gehe, um von da aus die Deutschen in ihrer Treue zu erhalten; endlich, um mit neuen und hinreichenden Kräften dem Rest seiner Großen Armee zu Hilfe zu kommen. Um aber dieses Ziel zu erreichen, müsse er in dem Gebiete seiner Alliierten vierhundert Stunden Wegs zurücklegen. Die Aufgabe sei, überall sicher, noch ehe sein Unglück ruchbar werde und schlimme Folgen hervorbringen könne, durchzukommen. Er habe demnach keine Zeit mehr zu verlieren, und der Augenblick seiner Abreise sei bereits gekommen.

Nur über die Wahl eines Anführers für die Armee besann er sich noch. Er schwankte zwischen Murat und Eugen. Er schätzte die Klugheit und die Ergebenheit des letzteren; aber Murat verbreitete mehr Glanz, und man mußte imponieren. Eugen sollte mit diesem Monarchen zurückbleiben; seine Botmäßigkeit war durch sein jugendliches Alter und seinen geringeren Rang, sein Diensteifer durch seinen Charakter verbürgt; die andern Marschälle konnten ein Beispiel an ihm nehmen.

Endlich sollte Berthier, solange schon der Kanal aller kaiserlichen Befehle und Belohnungen, ebenfalls bei ihnen bleiben. So ward weder in der Form noch in der Einrichtung das Mindeste geändert, und diese Anordnung mußte, da sie ein Zeichen seiner schnellen Rückkehr war, zugleich die Ungeduldigsten unter den Seinigen in ihrer Pflicht und seine heftigsten Feinde in einer heilsamen Furcht erhalten.

Dies waren Napoleons Gründe. Caulaincourt erhielt sogleich Befehl, die nötigen Vorkehrungen zu dieser heimlichen Abreise zu treffen, die zu Smorgony in der Nacht vom 5. auf den 6. Dezember angetreten werden sollte.

Obgleich Daru Napoleon nicht begleiten durfte und die schwere Last der Armeeverwaltung fortwährend tragen sollte, so schwieg er doch, weil er nichts gegen so mächtige Beweggründe einzuwenden wußte. Berthier benahm sich anders. Dieser geschwächte Greis, der seit sechzehn Jahren Napoleon nicht verlassen hatte, erbebte bei dem Gedanken an diese Trennung.

Es kam jetzt zu einem heftigen Auftritt zwischen ihm und dem Kaiser, der ihn in seiner Entrüstung an alles, was er ihm zu verdanken habe, erinnerte. Die Armee, sagte er, bedürfe seines Namens, der sein, des Kaisers, Werk sei, er möge sich besinnen, und, wenn er in vierundzwanzig Stunden nicht anderen Sinnes sei, sich auf seine Güter begeben und sich nie wieder in Paris, nie wieder vor ihm sehen lassen. Den andern Tag bezeugte hierauf Berthier seine Unterwerfung, seine frühere Weigerung mit seinem Alter und seiner geschwächten Gesundheit entschuldigend.

Plötzliche Verschärfung der Winterkälte – Ney befehligt wieder die Nachhut – er erreicht heil, aber nur mit sechshundert Mann Molodetschno – dort von Tschaplitz mit mehrfach überlegenen Kräften angegriffen – mit Hilfe von Victor wird Ney gerettet – am nächsten Morgen findet er sich mit sechzig Mann allein in dem Ort – der Kaiser überträgt das Nachhut-Kommando an Victor und ruft Ney nach Smorgony.

Aber in demselben Augenblick, wo Napoleon seine Abreise beschloß, wurde der Winter schrecklich. Es schien, als wolle der moskowitische Himmel den Entweichenden überwältigen und uns vollends aufreiben. Bei einer Kälte von 26 Grad kamen wir am 4. Dezember nach Bienitza.

Der Kaiser hatte den Grafen von Lobau mit mehreren hundert Mann von seiner alten Garde in Molodetschno zurückgelassen, wo der Weg von Zembin in die Hauptstraße von Minsk nach Wilna einfällt. Man mußte diesen Vereinigungspunkt bis zur Ankunft von Victor behaupten, der hinwiederum von Ney abgelöst werden sollte.

Denn diesem Marschall und dem 2. Korps, unter dem Befehle Maisons, war die Führung des Nachtrabs abermals übertragen. Am 29. November, am Abend desselben Tages, wo Napoleon die Ufer der Beresina verlassen hatte, war Ney mit dem 2. und 3. Korps, die auf dreitausend Mann zusammengeschmolzen waren, über die großen Brücken, die nach Zembin führen, gegangen. Maison war mit einigen hundert Mann zurückgeblieben, um dieselben zu verteidigen und zuletzt in Brand zu stecken.

Tschitschakow griff erst spät, aber sehr lebhaft und selbst mit dem Bajonett an, wurde aber zurückgewiesen. Während des Angriffs ließ Maison die langen Brücken mit denselben Reisigbündeln belegen, die Tschaplitz vor einigen Tagen zu benutzen versäumt hatte. Sobald alles fertig, die Nacht da war, und der Feind, vom Gefecht ermüdet, seine Biwaks bezogen hatte, ging er schnell über das Defilee zurück und ließ Feuer anlegen. In wenigen Augenblicken war dieses lange Gerüst über dem Sumpf, den der Frost noch nicht gangbar gemacht hatte, in Asche gewandelt. Der Feind mußte jetzt einen Umweg nehmen, so daß er am folgenden Tag den Marsch von Ney und Maison nicht stören konnte. Aber den zweiten Tag, am 1. Dezember, sehen sie bei Pletschenizi die ganze feindliche Reiterei, die Kürrassiere von Dumerc vor sich her treibend, auf sich zukommen. Sie werden sofort überflügelt und von allen Seiten angegriffen.

Zu gleicher Zeit bemerkt Maison, daß das Dorf, das zunächst auf seinem Rückzugsweg liegt, ganz von Nachzüglern angefüllt ist. Er läßt ihnen sagen, sie möchten sich eiligst davonmachen; aber diese ausgehungerten Unglücksgefährten hören und sehen nichts, wollen ihr angefangenes Mahl nicht verlassen, und Maison wird bald nach Pletschenizi auf sie geworfen. Nun erst geraten diese Unglücklichen bei dem Anblick des Feindes und mit Granaten beworfen in Schrecken; alles läuft in die Hauptgasse, die dadurch versperrt wird.

Maison und seine Mannschaft sahen sich von diesem erschrokkenen Haufen plötzlich umringt, gedrängt und beinahe des Gebrauchs ihrer Waffen beraubt. Es blieb nichts übrig, als geschlossen zu bleiben und zu warten, bis diese Flut sich verlaufen haben würde. Die feindliche Reiterei, die jetzt diese Masse einholte, blieb gleichsam darin stecken und konnte sich nur allmählich durchhauen.

Als sich endlich dieser Schwarm verloren hatte, fanden sich die Russen gegenüber von Maison und seinen Soldaten, von denen sie stehenden Fußes erwartet wurden. Doch hatten die Flüchtlinge schon einige von unsern Streitern mit fortgerissen. Maison mit siebenhundert Mann in einer Ebene, von vielen tausend Feinden bedroht, gab alle Hoffnung auf und suchte nur einen Wald zu erreichen, um sein Leben so teuer wie möglich zu verkaufen. Da brachen aus demselben auf einmal achtzehnhundert Polen, eine ganz frische Truppe, hervor, die Ney auf seinem Wege gefunden und ihm zur Hilfe gesandt hatte. Diese Verstärkung hielt den Feind auf und sicherte den Rückzug bis nach Molodetschno.

Den 4. Dezember, gegen vier Uhr des Abends, erblickten Ney und Maison diesen Ort, den Napoleon an demselben Morgen verlassen hatte. Tschaplitz folgte ihnen auf dem Fuße nach. Ney hatte nur noch sechshundert Mann. Die Schwäche dieses Nachtrabs, die Annäherung der Nacht und der Anblick eines Obdachs spornten den Eifer des russischen Generals, der alsbald heftiger aufdrang. Ney und Maison, die wohl einsahen, daß sie auf der Heerstraße erfrieren würden, wenn sie sich noch über diesen Ort hinauswerfen ließen, beschlossen, denselben aufs äußerste zu verteidigen.

Sie machten am Eingange halt, und da ihre Artilleriepferde

nicht mehr weiterkonnten, so dachten sie nicht mehr daran, ihre Kanonen zu retten, sondern dieselben noch einmal tüchtig zu gebrauchen. Sie ließen daher all ihr übriges Geschütz auffahren und gegen den Feind spielen. Die Angriffskolonne von Tschaplitz, dadurch mürbe gemacht, geriet ins Stocken; allein dieser General, seine Überlegenheit benützend, griff auch noch auf andern Punkten an, und schon hatten seine ersten Truppen die äußeren Umzäunungen von Molodetschno erstiegen, als sie plötzlich noch in ein anderes Gefecht verwickelt wurden.

Das Glück wollte, daß Victor diesen Ort mit viertausend Mann, dem Rest des 9. Korps, noch besetzt hatte. Man schlug sich hier mit der äußersten Erbitterung; die ersten Häuser wurden mehr als einmal genommen und wieder genommen; es war beiden Teilen nicht sowohl um den Ruhm als um ein Obdach gegen die mörderische Kälte zu tun. Erst um elf Uhr des Nachts verzichteten die Russen darauf und gingen, halb erfroren, sich eine andere Unterkunft in den umliegenden Dörfern zu suchen.

Den andern Tag, am 5. Dezember, glaubten Ney und Maison, daß der Herzog von Belluno sie ablösen und statt ihrer den Nachtrab übernehmen würde; sie sahen aber, daß sich dieser Marschall infolge seiner Instruktionen zurückgezogen hatte, und daß sie sich allein mit sechzig Mann in Molodetschno befanden.

Alles übrige war geflohen: ihre Soldaten, noch im letzten Augenblick von den Russen unbesiegt, waren durch das Klima besiegt worden; die Kälte hatte sie entwaffnet und zu Boden gestreckt.

Maison, der mit vieler Seelenstärke große Körperkraft in richtigem Verhältnis verband, zauderte nicht und setzte seinen Rückzug nach Bienitza fort, unaufhörlich bemüht, die Leute, die ihm jeden Augenblick entschlüpften, wieder zu sammeln, das Dasein eines Nachtrabs zuletzt noch mit einigen Bajonetten bezeichnend. Dies genügte indes; denn die Russen, selbst erfroren und gezwungen, noch vor Einbruch der Nacht in den weit auseinander liegenden Dörfern ein Obdach zu suchen, wagten sich erst am hellen Tage wieder heraus. Alsdann erst setzten sie ihre Verfolgung fort, ohne jedoch anzugreifen; denn in dieser strengen Kälte konnte man keinen Augenblick still stehen, sich weder zum Angriff noch zur Verteidigung rüsten.

Unterdessen hatte Ney, durch den Abzug von Victor überrascht, denselben wieder eingeholt und ihn aufzuhalten versucht; jedoch vergebens, weil der Herzog von Belluno sich auf seine Instruktionen berief, nach denen er sich zurückziehen sollte. Ney hatte hierauf seine Truppen von ihm verlangt und sich erboten, ihn in seinem Kommando abzulösen; aber Victor wollte weder seine Soldaten abgeben noch ohne Befehl den Nachtrab übernehmen. Der Fürst von der Moskwa soll in diesem Streit die größte Heftigkeit gezeigt haben, ohne daß jedoch Victor dadurch erschüttert worden wäre. Schließlich schritt der Kaiser mit einem Befehle ein, wonach Victor die Deckung des Rückzugs übernehmen mußte, und Ney nach Smorgony gerufen wurde.

ACHTZIGSTES KAPITEL

Nirgends Anzeichen einer Empörung – Napoleon trifft die letzten Anordnungen vor seiner Abreise – das 29. und letzte Bulletin – die Marschälle werden instruiert – Duroc, Lobau und Caulaincourt begleiten den Kaiser – Abschied.

Napoleon war soeben dort angekommen, wo er, von Sterbenden umröchelt, den Gram seines Herzens verbarg, keine Rührung blicken ließ und hinwiederum keine Klage vernahm. Eine Empörung der Armee war allerdings nicht denkbar, denn diese wäre eine Anstrengung mehr gewesen, und jeder brauchte den Rest seiner Kraft, um den Hunger, die Kälte und so viele Mühsale zu bekämpfen. Es hätte dazu einer Besprechung, einer Verständigung, einer Verschwörung bedurft. Der Hunger und so viele andere Plagen wirkten aber isolierend und beschränkten jeden einzelnen auf sich selbst. Weit entfernt, andere aufzuhetzen oder auch nur zu klagen, ging man schweigend seinen Weg, alle Kraft gegen eine feindselige Natur aufbietend, durch unaufhörliches Tun und Leiden von jedem anderen Gedanken abgezogen. Durch die physischen Bedürfnisse waren auch die moralischen Kräfte gebunden. So lebte man maschinenmäßig im Kreise seiner Empfindungen, noch festgehalten in der Unterwürfigkeit durch Erinnerungen, durch Eindrücke aus einer früheren, besseren Zeit, besonders aber durch eine in zwanzig Siegesjahren ausgebildete Liebe zum Ruhm, die immer noch glimmte und wärmte.

Zudem war das Ansehen der Befehlshaber ganz und geachtet geblieben, weil es immer väterlich, weil die Gefahren, die Siege, die Mühen stets gemeinschaftlich gewesen. Man sah eine unglückliche Familie, deren Haupt vielleicht am meisten zu bedauern war. So beobachteten der Kaiser und die Große Armee gegenseitig ein trauriges und edles Schweigen: aus Stolz wollte man nicht klagen und wußte auch zu gut, daß damit nichts auszurichten sei.

Napoleon eilt jetzt, sein letztes kaiserliches Hauptquartier zu betreten, um seine letzten Instruktionen und das 29. und letzte Bulletin seiner hinsterbenden Armee vollends abzufassen. In seinem innern Gemach waren Vorkehrungen getroffen, damit bis zum andern Tag nichts verlauten konnte, was darin vorging.

Aber das Vorgefühl eines letzten Unglücks hatte alle seine Offiziere ergriffen. Alle hätten ihn begleiten mögen, alle sehnten sich aus dem abscheulichen Klima nach Frankreich und in den Schoß ihrer Familien zurück. Doch von Pflicht und Ehre zurückgehalten, wagte keiner, seinen Wunsch zu äußern.

Während sie dem Scheine nach der Ruhe pflegten, kam die Nacht und mit ihr der Augenblick heran, den der Kaiser bestimmt hatte, um den Marschällen der Armee seinen Entschluß zu verkünden. Alle wurden gerufen. Sowie einer eintrat, nahm er ihn beiseite, um ihn bald durch Gründe, bald durch Beweise seines Zutrauens für seinen Plan zu gewinnen.

Als Davoust kam, ging er ihm entgegen und frug ihn, warum er sich nicht mehr sehen lasse, ob er ihn aufgegeben habe? Als dieser antwortete, er glaube ihm zu mißfallen, erklärte er sich gegen ihn auf die mildeste Weise, ließ sich seine Antworten gefallen, vertraute ihm sogar an, welchen Weg er zu nehmen gedenke und verlangte diesfalls seinen Rat.

Er zeigte sich liebenswürdig gegen alle, zog sie zur Tafel und lobte ihre vorzüglichen Taten während dieses Feldzugs. Von sich selbst und seiner verwegenen Tat sprach er nur mit den Worten: »Wäre ich auf dem Throne geboren, wäre ich ein Bourbon, so wäre es mir leicht gewesen, keine Fehler zu begehen.«

Nach aufgehobener Tafel mußte Prinz Eugen das 29. Bulletin vorlesen.[16] Hierauf wiederholte er allen laut, was er jedem schon im Vertrauen mitgeteilt hatte. Er sagte, er werde noch in dieser Nacht mit Duroc, Caulaincourt und Lobau nach Paris abreisen. Seine Gegenwart daselbst sei für Frankreich wie für den Rest seiner unglücklichen Armee unumgänglich notwendig. Nur von dort aus könne er die Österreicher und Preußen im Zaume halten. Diese Völker würden ohne Zweifel Bedenken tragen, ihm den Krieg zu erklären, wenn sie ihn an der Spitze der französischen Nation und einer Armee von zwölfhunderttausend Mann wüßten.

Er sagte ferner, er schicke Ney nach Wilna voraus, um dort alles wieder in Ordnung zu bringen. Rapp werde ihn unterstützen und sodann nach Danzig gehen, Lauriston sei nach Warschau, Narbonne nach Berlin bestimmt. Seine Dienerschaft bleibe bei der Armee. In Wilna müsse man sich noch einmal zusammennehmen, um den Feind aufzuhalten. Man werde dort Loison, Wrede, Verstärkungen, Lebensmittel und Vorräte aller Art finden; dann könne man hinter dem Njemen die Winterquartiere beziehen. Er hoffe, daß die Russen vor seiner Rückkehr die Weichsel nicht überschreiten würden.

»Ich übertrage«, setzte er noch hinzu, »den Befehl über die Armee dem König von Neapel. Ich hoffe, man wird ihm gehorchen wie mir und sich der größten Eintracht befleißigen.«

Es war zehn Uhr des Abends, er stand auf, drückte allen bewegt die Hände, umarmte jeden und reiste von dannen.

ACHTES BUCH
Das Ende der Großen Armee

EINUNDACHTZIGSTES KAPITEL

Napoleons Abreise – er gelangt unangefochten am 19. Dezember nach Paris – Murat vermag Napoleon nicht zu ersetzen – die Abfahrt des Kaisers löst die letzten Reste von Zusammenhalt auf – die Kälte erreicht ein Maximum.

Nachdem Napoleon von seinen Offizieren mit einem traurigen und gezwungenen Lächeln Abschied genommen hatte, bestieg er, von ihren stummen, nur durch eine ehrerbietige Gebärde bezeugten Wünschen begleitet, mit Caulaincourt einen geschlossenen Wagen. Sein Mameluck und Wukasowich, Hauptmann seiner Garde, setzten sich auf den Vordersitz, Duroc und Lobau folgten im Schlitten.

Zuerst gaben ihm Polen und später Neapolitaner von der königlichen Garde das Geleit. Dieses Korps, das, sechs- bis siebenhundert Mann stark, von Wilna aus dem Kaiser entgegengezogen war, ging auf dieser kurzen Reise völlig zugrunde; der Winter war sein einziger Feind gewesen. Noch in derselben Nacht kamen die Russen auf einen Augenblick nach Jupranowi, andere sagen, nach Osmiana, einer Stadt auf dem Wege, den die Bedeckung nehmen mußte. Eine Stunde später, so wäre Napoleon in diesen Strudel geraten.

Zu Miedniki traf er den Herzog von Bassano, dem er sogleich sagte, er habe keine Armee mehr. Seit einigen Tagen zöge er in der Mitte von Soldaten, die alles durchsuchten, um Lebensmittel zu finden. Es sei noch möglich, dieselben wieder zusammenzubringen, wenn man Brot, Schuhe, Kleidungsstücke und Waffen unter sie verteilte; aber seine Militär-Administration habe nichts vorgesehen, seine Befehle seien nicht vollzogen worden. Als nun Maret hierauf mit Aufzählung der ungeheuern, in Wilna befindlichen Vorräte antwortete, rief er aus, Maret gebe ihm das Leben wieder. Er trug ihm auf, an Murat und Berthier den Befehl zu übermitteln, acht Tage in dieser Stadt zu verweilen, die Armee wieder zu sammeln, ihren Mut und ihre Kräfte wieder soweit herzustellen, daß sie ihren Rückzug auf eine weniger klägliche Weise fortsetzen könne.

Den noch übrigen Teil seines Weges legte Napoleon ohne ferneres Hindernis zurück. Er umging Wilna durch seine Vorstädte, kam durch Wilkowiski, wo er seinen Wagen gegen einen Schlitten vertauschte, brachte den 10. Dezember in Warschau zu, um von den Polen ein Aufgebot von zehntausend Kosaken zu verlangen und ihnen dagegen einige Subsidien zu bewilligen und seine baldige Rückkehr an der Spitze von dreihunderttausend Mann zu versprechen. Von da eilte er durch Schlesien nach Dresden, wo er den König sprach, dann über Hanau, Mainz usw. nach Paris, wo er am 19. Dezember, zwei Tage nach der Bekanntmachung seines 29. Bulletins, unerwartet erschien.

Von Malo-Jaroslawez bis Smorgony war dieser Herrscher von Europa nur noch der General eines sterbenden, aufgelösten Heeres; von Smorgony bis an den Rhein ein unbekannter Flüchtling in einem feindlich gesinnten Land; jenseits dieses Flusses galt er plötzlich wieder als der Herrscher und Besieger Europas. Der letzte Hauch eines günstigen Windes schwellte noch einmal sein Segel.

Seine Generäle hatten indessen in Smorgony seine Abreise gebilligt; weit entfernt, dadurch entmutigt zu werden, setzten sie vielmehr ihre ganze Hoffnung darauf.

Von nun an hinderte nichts mehr die Flucht der Armee, die Straße war frei, die russische Grenze nicht mehr weit entfernt. Man befand sich in der Nähe eines Ergänzungskorps von achtzehntausend Mann, im Bereich einer großen Stadt und unermeßlicher Magazine. Murat und Berthier, sich selbst überlassen, glaubten demnach, diese Flucht regeln zu können. Aber in diesem Chaos hatte es der Anziehungskraft eines Kolosses bedurft, und dieser war soeben verschwunden; in dem dadurch entstandenen leeren Raum wurde Murat kaum bemerkt.

Es ward nun sichtbar, wie unersetzlich ein großer Mann ist, sei es, daß die Seinigen aus Stolz keinem anderen gehorchen wollen; sei es, daß er, gewöhnt, selbst an alles zu denken, alles vorzusehen und anzuordnen, wohl tüchtige Werkzeuge, taugliche Gehilfen, aber keinen selbständigen Vertreter gebildet hat.

Gleich in der ersten Nacht verweigerte einer der Generäle den Gehorsam, und der Marschall, der den Nachtrab befehligte, kam beinahe ohne Mannschaft in das königliche Hauptquartier zurück. Dreitausend Mann von der alten und der jungen Garde waren dort noch beisammen als die Repräsentanten der Großen

Armee, als das Haupt dieses hingeschwundenen Riesenkörpers. Jedoch auf die Nachricht von der Abreise Napoleons fingen auch diese Veteranen an zu wanken und ließen sich bald von der allgemeinen Unordnung mit fortreißen. Gewohnt, nur von dem Bezwinger Europas befehligt zu werden, nicht mehr gehalten durch die Ehre, ihm unmittelbar zu dienen, verschmähten sie es, die Leibwächter eines andern zu sein.

Die meisten Obersten, bis dahin ein Gegenstand der Bewunderung, weil sie auf dem Marsch noch mit vier bis fünf Offizieren oder Soldaten bei ihrem Adler, auf ihrem Schlachtposten geblieben waren, nahmen fortan nur von sich selbst Befehle an. Jeder, auf die eigene Rettung bedacht, vertraute diesfalls nur auf sich selbst; es gab Menschen, die zweihundert Stunden Wegs zurücklegten, ohne sich auch nur umzusehen, das ›Rette sich, wer kann‹ war zum allgemeinen Losungswort geworden.

Übrigens waren das Verschwinden des Kaisers und das Unvermögen Murats nicht die einzigen Ursachen dieser völligen Auflösung. Die Kälte, die jetzt den höchsten Grad erreichte, trug das meiste dazu bei; der Winter verschlimmerte alles, er schien sich mit allen seinen Schrecken zwischen Wilna und der Armee gelagert zu haben.

Bis nach Molodetschno und bis zum 4. Dezember, dem Tag, wo die strengste Kälte eintrat, waren auf den noch fortwährend beschwerlichen Märschen weniger Menschen zugrunde gegangen als jenseits der Beresina. Man verdankte dies den kräftigen Anstrengungen von Ney und Maison, die den Feind abhielten, der gelinden Witterung, den Hilfsmitteln, die ein weniger verheertes Land gewährte, so wie endlich dem Umstande, daß es gerade die rüstigsten Leute waren, die sich über die Beresina gerettet hatten.

Es hatte sich eine Art von Ordnung in der allgemeinen Unordnung gebildet und befestigt. Die Masse der Flüchtlinge war in eine Menge kleiner Vereine von acht bis zehn Mann verfallen. Mehrere dieser Banden besaßen sogar noch ein Pferd, das ihre Lebensmittel trug und, wenn diese ausgingen, selbst aufgezehrt wurde. Alte Lumpen, einiges Gerät, ein Quersack und ein Stock waren die ganze Ausstattung und Rüstung dieser unglückseligen Menschen, die ohne Waffen, ohne Dienstrock nicht mehr Soldaten glichen und keinen andern Feind mehr als den Hunger und die Kälte bekämpfen wollten; aber sie hatten noch die feste Beharrlichkeit der mit der Gefahr und allen Drangsalen vertrauten Menschen, und jenes behende und gewandte Wesen, das den geringsten Vorteil zu benutzen weiß.

Aber von Molodetschno an und nach der Abreise Napoleons, wo der entfesselte Winter mit verdoppelter Wut jeden einzelnen von uns anfiel, lösten diese Vereine, alle diese Bündnisse sich auf. Der roheste Naturzustand trat ein, jeder kämpfte einzeln gegen die anwachsende Not. Die Besten hörten auf, sich selbst zu achten; nichts hielt sie mehr zurück; sie kannten keine Scheu mehr; dem Unglück blieb keine Hoffnung, selbst kein Mitgefühl; die Verzagtheit hatte keine Richter, keine Zeugen. Alle sahen sich geopfert.

Von nun an keine Brüderschaft, kein Verein, kein Band mehr! Das Übermaß des Elends, der Hunger, der nagende Hunger, hatte zum Tier abgestumpft und diesen Unglücklichen nur noch den Instinkt der Selbsterhaltung gelassen, von dem auch die reißenden Tiere beseelt sind und der ihr einziges Gesetz ist. Eine rauhe und wilde Natur schien ihnen ihre ganze Wut mitgeteilt zu haben; wie bei den Wilden wurde der Schwächere vom Stärkeren ausgezogen; sie liefen zu den Sterbenden hin und warteten oft nicht einmal, bis diese ihre letzten Seufzer ausgehaucht hatten. Wenn ein Pferd fiel, so glaubte man ein Rudel hungriger Hunde zu sehen; sie fielen darüber her, zerrissen und zerfleischten es, und stritten sich um die blutigen Fetzen wie gefräßige Bestien.

Indessen gab es immer auch eine große Anzahl solcher, die noch soviel moralische Stärke bewahrt hatten, daß sie ihr Heil nicht auf Kosten anderer suchten; aber dies war die letzte Anstrengung ihrer Tugend. Wer neben ihnen fiel oder unter das Rad einer Kanone geriet, gleichviel ob Kamerad oder Vorgesetzter, rief vergebens um Hilfe, sie würdigten ihn keines Blicks, selbst wenn er sie im Namen des einen Vaterlandes, der Religion und der gemeinschaftlichen Sache beschwor. Die starre Unerbittlichkeit des Klimas hatte ihr Herz gestählt und jedes Mitgefühl in ihnen getötet. Mit Ausnahme einiger Befehlshaber war alles durch unerträgliche Leiden abgestumpft. Der Schrekken ließ kein Erbarmen aufkommen.

So erzeugte das Übermaß des Unglücks den Egoismus, der sonst nur die Frucht eines übermäßigen Glücks ist; aber dieser Egoismus war erzwungen, im Instinkt gegründet, körperlich bedingt und daher verzeihlich; es war wirklich mit Lebensgefahr verbunden, einen Augenblick stillzustehen. In diesem allgemeinen Schiffbruche seinem Vorgesetzten oder Kameraden die Hand zu reichen, war eine bewundernswerte Tat der Großmut; die geringste Regung der Menschlichkeit wurde zur erhabenen Handlung.

Und so sah man Menschen, die es mit dem Himmel und der Erde aufnahmen, sich der Schwachen erbarmten und ihnen Hilfe leisteten; aber sie waren selten.

ZWEIUNDACHTZIGSTES KAPITEL

Massensterben – Greuel.

Am 6. Dezember, dem Tage nach der Abreise Napoleons, zeigte sich der Himmel noch schrecklicher. Die Luft war von Eisflocken angefüllt, die Vögel fielen aus den Lüften tot zu Boden. Die ganze Atmosphäre war unbeweglich und stumm. Alles Leben, alle Bewegung in der Natur, selbst der Wind schien gebunden, gefesselt, durch den allgemeinen Tod erstarrt. Jetzt hörte man keine menschlichen Stimmen mehr, düsteres Schweigen herrschte, die Verzweiflung malte sich auf allen Gesichtern.

Wie Schatten der Unterwelt wallten wir durch dieses Gebiet des Todes. Nur der dumpfe und eintönige Schall unserer Schritte, das Krachen des Schnees und die schwachen Seufzer der Sterbenden unterbrachen diese unermeßliche Todesstille. Jetzt keine Ausbrüche des Zorns, keine Verwünschungen mehr, nichts von allem, was einen Rest von Lebenswärme voraussetzt. Kaum entfloh den bebenden Lippen noch ein leises Gebet. Die meisten sanken hin, ohne auch nur einen Klagelaut auszustoßen, der niemanden gerührt haben würde.

Jetzt begannen auch die zu unterliegen, die bisher die größte Ausdauer bewiesen hatten. Bald brach die Schneedecke unter ihren Tritten, bald glitten sie auf der spiegelglatten Oberfläche bei jedem Schritte aus, und so ging es von Fall zu Fall, bis ihnen die Kraft zum Wiederaufstehen gebrach. Dieser feindliche Boden schien sie nur mit Widerwillen zu tragen, ihnen Fallstricke zu legen, um ihren Marsch zu verzögern und sie den nacheilenden Russen oder ihrem noch furchtbareren Klima zu überliefern.

Denn die aus Erschöpfung auch nur einen Augenblick verweilten, wurden sofort von der eisigen Hand des Winters erfaßt und festgehalten. Vergebens versuchten diese Unglücklichen, sich wieder vom Boden zu erheben, ihren Marsch fortzusetzen; schon hatte sie die Kälte durchdrungen, sprachlos und erstarrt tun sie gleich Automaten einige Schritte, das Blut in ihren Adern stockt wie das Wasser in den Bächen, die Lähmung pflanzt sich vom Herzen bis ins Hirn fort, schon taumeln diese Sterbenden gleich Betrunkenen, ihre durch den beständigen Anblick des blendenden Schnees, durch Entbehrung des Schlafs und den Rauch der Lagerfeuer geröteten und entzündeten Augen weinen wahrhafte Bluttränen; sie seufzen aus tiefer Brust, sehen mit stierem irren Blick bald den Himmel, bald die Erde, bald die Gefährten ihrer Leiden an – gleichsam Abschied nehmend von dieser unerbittlichen Natur, die sie zu Tode foltert. Jetzt sinken sie auf die Knie, dann auf die Hände, einen Augenblick noch wankt ihr Haupt hin und her, jetzt neigt es sich zur schneebedeckten Erde, ein schwärzliches Blut entströmt dem offenen Munde; sie röcheln, sie haben ausgelitten.

Die noch Lebenden schreiten über die Sterbenden hin, ohne auszuweichen, denn ihr Bart und ihr Haupthaar starrt von Eis, und jede Bewegung ist schmerzlich. Die Toten wurden nicht einmal beklagt, denn was hatten sie verloren? Um was waren sie gekommen? Man litt so sehr, war noch so ferne von der Heimat, so entfremdet durch den Anblick des Elends um sich her, daß jede freundliche Erinnerung in den Hintergrund getreten, fast jede Hoffnung vernichtet war; darum waren auch die meisten gegen den Tod gleichgültig geworden, aus Not, aus Gewohnheit, ihn zu sehen. Zuweilen sprach man ihm sogar Hohn, meistens aber genügte beim Anblick der Unglücklichen, die der Tod hingestreckt hatte, der Gedanke, daß ihnen jetzt nichts mehr fehle, daß sie Ruhe gefunden und nichts mehr zu leiden hätten. In einer dauerhaften, einförmigen und behaglichen Lage mag der Tod allerdings überraschend, schreckend, furchtbar sein; aber in einem solchen Tumult, in den raschen Wechseln des bewegtesten Lebens, im Schwalle der Gefahr, bei dem Andrang so vieler Leiden erschien er nur als ein Übergang, als eine Veränderung, als eine kaum bemerkbare Versetzung.

So waren die letzten Tage der Großen Armee. Ihre letzten Nächte waren noch gräßlicher: diejenigen, welche die Nacht ferne von jeder menschlichen Wohnung überfiel, machten halt am Saum eines Waldes. Hier zündeten sie Feuer an, vor denen sie die ganze Nacht aufrecht und unbeweglich wie Gespenster stehen blieben. Sie konnten der Wärme nicht satt werden und hielten sich dem Feuer so nahe, daß ihnen die Kleider auf dem Leibe verbrannten und ihre erfrorenen Gliedmaßen von der Hitze angesengt wurden. Jetzt, von ungeheurem Schmerz zerrissen, sanken sie nieder und standen nicht wieder auf.

Diejenigen, die fast unversehrt vom Winter noch einigen Mut bewahrt hatten, bereiteten inzwischen ihr trauriges Mahl. Es bestand, wie in der Gegend von Smolensk, aus Schnitten von geröstetem Pferdefleisch und aus Roggenmehl, das mit Schneewasser zur Suppe eingekocht oder zu einer Art Kuchen geknetet wurde; in Ermangelung des Salzes mußte das Schießpulver zur Würze dienen.

Der Glanz dieser Feuer zog während der ganzen Nacht neue Gerippe herbei, die von den zuerst gekommenen zurückgestoßen wurden. Nun irrten diese Unglücklichen von einer Feuerstätte zur anderen, bis sie, von der Kälte und der Verzweiflung überwältigt, sich hinter den Kreis ihrer glücklicheren Gefährten auf den Schnee legten und den Geist aufgaben. Andere, ohne Kraft und ohne Werkzeug, die hohen Tannen des Waldes zu fällen, versuchten umsonst, den Stamm anzuzünden, sie wurden, um Bäume gruppiert, jeder in seiner Stellung vom Tod überrascht.

In den geräumigen Schuppen, die hie und da an der Straße erbaut sind, sah man noch größere Greuel. Soldaten und Offiziere, wie wilde Tiere aufeinandergedrängt, suchten dort Platz bei einigen Feuerstellen zu gewinnen. Da die Lebenden die Toten nicht von der Stelle zu schaffen vermochten, so setzten sie sich auf sie hin, bis auch sie vom Tode erfaßt neuen Opfern hinwiederum zum Sterbelager dienten. Bald zeigten sich noch andere Haufen von Nachzüglern, und da sie nicht in diese Wohnungen des Jammers eindringen konnten, so belagerten sie dieselben.

Manchmal rissen sie die Bretter und Balken los, um damit ihre Feuer zu unterhalten, manchmal, zurückgetrieben und entmutigt, begnügten sie sich, ihre eigenen Feuer zunächst bei dem Gebäude aufzumachen. Bald stand dieses in Flammen und diejenigen, die sich darin befanden, schon halb tot vor Kälte, wurden nun die Beute des Feuers.

Diejenigen von uns, die diesen Zufluchtsorten ihre Rettung verdanken, sahen den andern Morgen ihre erfrorenen Kameraden um die erloschenen Feuer aufgeschichtet. Um aus diesen

Todeshöhlen zu entkommen, mußten sie mit schrecklicher Anstrengung über diese Unglücklichen hinklettern, von denen noch einige atmeten.

In demselben Jupranowi, wo der russische Parteigänger Seslawin den Kaiser um eine Stunde verfehlt hatte, zündeten die Soldaten ganze, noch stehende Häuser an, um sich dabei zu wärmen. Der Schein dieses Brandes zog die Unglücklichen an, die vor Kälte und Schmerzen wahnsinnig geworden waren. Wütend liefen sie hinzu und stürzten sich zähneknirschend und mit höllischem Gelächter in die Lohe, wo sie unter fürchterlichen Zuckungen den Geist aufgaben. Ihre verhungerten Gefährten sahen diesem Auftritt ohne Schaudern zu; ja einige unter ihnen zogen die entstellten und halb gerösteten Körper zu sich, und es ist nur zu wahr, daß sie es wagten, diese empörende, unmenschliche Speise an den Mund zu bringen.

Das war also nun jene Große, aus der gebildetsten Nation Europas hervorgegangene Armee, jene vor kurzem noch so glänzende Armee, die, bis zu ihrem letzten Augenblick Siegerin über die Menschen, noch in so vielen eroberten Hauptstädten durch den Schrecken ihres Namens gebot. Ihre erprobtesten Krieger, noch vor wenigen Monaten die stolzen Sieger auf so vielen Schlachtfeldern, hatten ihre edle Haltung verloren: in elende Lumpen gehüllt, barfuß, an den Füßen wund, auf Tannenäste gestützt, schleppten sie sich mühsam fort, das ganze Kapital ihrer noch übrigen physischen und moralischen Kraft, früher dem Siege gewidmet, jetzt einzig auf die Flucht verwendend.

Jetzt hatten wir wie die abergläubischen Völker unsere Vorzeichen, unsere Weissagungen. Einige behaupteten, ein Komet habe mit düsterer Fackel zu unserem Übergang über die Beresina geleuchtet. Sie meinten, die großen Weltbegebenheiten würden durch solche Kometen zwar nicht verkündet, aber vielleicht denn doch modifiziert; wenn man annehme, daß dieselben auf unseren Erdkörper einen materiellen Einfluß äußern, so lasse sich auch denken, daß der an materielle Organe gebundene Geist des Menschen dadurch gleichfalls affiziert werde.

Andere führten alte Prophezeiungen an, nach denen, wie sie sagten, zu dieser Zeit die Tataren bis an die Ufer der Seine kommen sollten. Und diese waren nach der Niederlage der französischen Armee in Wahrheit durch nichts verhindert zu erfüllen, was geschrieben stand.

Wieder andere erinnerten sich gegenseitig an den gewaltigen und verheerenden Sturm, der unsern Eintritt in das russische Gebiet bezeichnet hatte. »Er war eine Warnung des Himmels, jetzt verstehen wir seine Bedeutung! Die Natur selbst hatte ihre Kraft aufgeboten, um diese Katastrophe von uns abzuwenden! Warum hatte unser hartnäckiger Unglaube sie nicht verstanden!«

So sehr erschien ihnen dieser gleichzeitige Untergang von viermalhunderttausend Menschen als ein in der Geschichte einziges, unerhörtes Ereignis, das alle himmlischen und irdischen Gewalten beschäftigt haben mußte. So sehr ist unser Geist geneigt, alles auf sich zu beziehen; wie wenn die Vorsehung, aus Erbarmen über unsere Schwäche, gewollt hätte, daß der Mensch, dieser Punkt im Raum, um nicht in der Anschauung des Unendlichen zu erliegen, sich selbst für den Mittelpunkt des Alls halte.

DREIUNDACHTZIGSTES KAPITEL

Am 9. Dezember wird Wilna erreicht – durch die vollständige Auflösung der Truppe entsteht dort ein Chaos – vierzigtausend Tote in den vier Tagen zwischen Molodetschno und Wilna – empörende Zustände in Wilna – die Russen vor der Stadt – Murat kopf- und autoritätslos – übereilte Räumung Wilnas – am 10. Dezember verläßt Ney die Stadt, und die Kosaken rücken ein – zwanzigtausend Gefangene – die Katastrophe von Ponari.

So übel zugerichtet war die Armee, als ihre vordersten Flüchtlinge Wilna erreichten. Wilna! Seine Magazine, seine Depots! Die erste reiche und bevölkerte Stadt, die sie bei ihrem Einmarsche in Rußland betreten hatten! Ihr Name und ihre Nähe allein hielten den Mut noch etwas aufrecht.

Den 9. Dezember erblickten endlich die meisten dieser Unglücklichen die Hauptstadt Litauens. Indem nun alle mit möglichst beschleunigter Geschwindigkeit dahin zu kommen suchten, entstand in der Vorstadt ein entsetzliches Gedränge; Menschen, Pferde und Wagen, durcheinandergeschoben, bildeten dort eine starre Masse, die keiner Bewegung mehr fähig war.

Die Entleerung dieses Haufens, gleichsam durch einen engen Trichter, wurde fast unmöglich. Jeder später folgende schloß sich tierisch der großen Herde an. Keinem fiel es ein, auf anderen

Wegen, deren es doch mehrere gab, in die Stadt zu gelangen. Die Auflösung war aber auch so groß, daß an diesem ganzen grausamen Tage kein einziger Offizier vom Generalstabe erschienen ist, um diese Wege zu zeigen.

Zehn Stunden lang standen so Tausende von Soldaten bei einer Kälte von 27 und selbst 28 Grad harrend da und fielen erfroren oder erdrückt zu Boden, wie vor den Toren von Smolensk, wie an der Beresina. Sechzigtausend Mann waren noch über diesen Fluß gekommen, und seitdem hatten sich zwanzigtausend Rekruten mit ihnen vereinigt. Von diesen achtzigtausend Mann war die Hälfte umgekommen und zwar größenteils in den vier letzten Tagen zwischen Molodetschno und Wilna.

Noch wußte die Hauptstadt Litauens nichts von unserem Unglück, als sie solchergestalt von vierzigtausend ausgehungerten Menschen überfallen wurde. Durch diesen unerwarteten Anblick in Schrecken gesetzt, verschlossen die Einwohner ihre Häuser diesen Unglücklichen, die nun – ein herzzerreißender Anblick! – wütend, verzweifelnd, flehend, drohend, haufenweise auf den Straßen herumirrten und die Türen der Häuser und der Magazine einzusprengen versuchten oder sich nach den Spitälern schleppten, aber überall abgewiesen wurden. Bei den Magazinen insbesondere durch ganz zur Unzeit angebrachte Förmlichkeiten; denn da alle Korps aufgelöst und die Soldaten untereinander gemischt waren, so konnte eine regelmäßige Ablieferung gar nicht stattfinden.

Hunderttausend Mann konnten aus diesen Magazinen vierzig Tage lang mit Mehl oder Brot, sechsunddreißig Tage lang mit Fleisch verpflegt werden. Allein nicht ein Marschall wagte es, den Befehl zur Abgabe von Lebensmitteln an jeden, der sich melden würde, zu erteilen. Die Verpflegungsbeamten beriefen sich auf ihre Verantwortlichkeit, andere fürchteten die Ausschweifungen, denen sich der ausgehungerte Soldat überläßt, wenn er nur zugreifen darf; auch kannten diese Beamten das Elend der Armee nicht in seinem ganzen Umfang. So kam es, daß, während kaum Zeit zur Plünderung blieb, man Stunden verstreichen ließ, in denen viele unserer unglücklichen Gefährten, ganz nahe bei den aufgehäuften Lebensmitteln, die tags darauf dem Feinde in die Hände fielen, Hungers sterben mußten.

Der Zutritt in die Kasernen und in die Spitäler ward nicht durch die Lebenden verwehrt, denn hier gebot nur der Tod. Die wenigen, die hier noch lebten, klagten, daß sie seit langer

Zeit ohne Betten, ja selbst ohne Stroh und fast ganz verlassen wären. In den Höfen, in den Gängen und selbst in den Sälen lagen die Leichen aufgeschichtet. Man befand sich in einer Halle der Verwesung.

Die Verwendungen einiger Befehlshaber wie Eugen und Davoust, das Mitleiden der Litauer und die Gewinnsucht der Juden öffneten endlich einige Zufluchtsörter. Merkwürdig war jetzt das Staunen dieser Unglücklichen, als sie sich endlich wieder in bewohnten Häusern sahen. Welch köstliche Speise war ihnen ein Stück ausgebackenes Brot, welch unbeschreiblichen Genuß fanden sie darin, es sitzend zu verzehren! Und welche Bewunderung fühlten sie endlich bei dem Anblick eines schwachen Bataillons, das noch bewaffnet und gleichförmig gekleidet war!

Sie schienen von dem äußersten Ende der Welt zu kommen, so sehr hatte sie die Heftigkeit ihrer Leiden aus allen ihren Gewohnheiten herausgegriffen, so tief war der Abgrund, aus dem sie auftauchten.

Aber kaum fingen sie an, diese Seligkeit zu schmecken, als der Donner des russischen Geschützes über ihren Häuptern und über der Stadt erscholl. Dieses drohende Getöse, das Rufen der Offiziere, der Lärm der Trommeln, die zu den Waffen riefen, das Angstgeschrei einer Menge von Unglücklichen, die eben erst eintrafen, brachten neue Verwirrung nach Wilna! Es war der Vortrab von Kutusow und von Tschaplitz. Er griff die Division Loison an, die zugleich die Stadt und den Marsch einer Kolonne unberittener Reiter, die über Newtroky nach Olita gewiesen war, deckte.

Anfangs versuchte man Widerstand zu leisten. Wrede und seine Bayern hatten sich ebenfalls über Naroc-Zwiransky und Niamentschin mit der Armee vereinigt. Ihnen folgte Wittgenstein, der von Kamen und Wileika uns auf unserer rechten Flanke begleitet hatte, während Kutusow und Tschitschakow uns verfolgten. Wrede hatte keine zweitausend Mann. Was die Division Loison und die Garnison von Wilna betrifft, die uns bis nach Smorgony zu Hilfe gekommen waren, so hatte sie die Kälte in den drei letzten Tagen von fünfzehntausend Mann auf dreitausend heruntergebracht.

Wrede, der Wilna auf der Seite von Rukony verteidigte, ward nach einem rühmlichen Widerstande zum Rückzug gezwungen. Loison und seine Division, näher bei Wilna aufgestellt, hielten ihrerseits den Feind auf. Man hatte es dahin gebracht, daß eine neapolitanische Division zu den Waffen griff und gegen den Feind auszog; aber die Gewehre entfielen den Händen dieser aus dem heißen Klima des Südens in eine Eisregion versetzten Menschen. In weniger als einer Stunde kehrten alle ohne Waffen und der größte Teil verkrüppelt zurück.

Vergebens schlug der Generalmarsch durch die Straßen. Niemand zeigte sich, selbst die alte Garde, bis auf einige Pelotons herabgeschmolzen, blieb aus, alle fürchteten den Hunger und die Kälte mehr als den Feind. Jetzt aber ertönte der Ruf: »Die Kosaken! die Kosaken!« Dies war seit langem schon das einzige Signal, dem die große Masse gehorchte. Der Ruf widerhallte alsbald in der ganzen Stadt, und die Flucht begann aufs neue.

Der Schrecken ergriff selbst Murat, der, da er sich nicht mehr Herr der Armee glaubte, auch seiner selbst nicht mehr mächtig blieb. Man sah ihn sich durch den dichten Haufen drängen und allein zu Fuß aus seinem Palaste und aus Wilna fliehen, ohne einen andern Befehl zu geben als sein Beispiel, und dem Marschall Ney die Sorge für das übrige überlassend. Doch hielt er an dem letzten Hause der Vorstadt auf der Straße nach Kowno an, um den Tag und die Armee zu erwarten.

Man hätte sich vierundzwanzig Stunden länger in Wilna halten und dadurch noch viele Menschen retten können. In dieser Unglücksstadt blieben gegen zwanzigtausend Mann zurück, darunter dreihundert Offiziere und sieben Generäle. Der größte Teil hatte mehr durch den Winter als durch den Feind gelitten, der jetzt über sie triumphierte. Mehrere andere waren wenigstens dem Scheine nach wohlbehalten, aber ihre moralische Kraft war dahin. Nachdem sie den Mut gehabt hatten, so viele Schwierigkeiten zu besiegen, verloren sie denselben so nahe dem Hafen, durch die noch übrigen vier Märsche außer Fassung gebracht. Sie hatten endlich wieder eine zivilisierte Stadt gefunden, konnten sich nicht entschließen, wieder in die Wüste zurückzukehren, und überließen sich lieber ihrem Schicksale, das grausam ausfiel.

Wahr ist es, daß die Litauer, die wir nun verließen, nachdem wir sie so stark kompromittiert hatten, einige von ihnen hilfreich aufnahmen; aber die Juden, die wir beschützt hatten, wiesen alle zurück.

Am 10. Dezember verließ Ney, der abermals freiwillig den Befehl über den Nachtrab übernommen hatte, die Stadt, wo sofort die Kosaken von Platow eindrangen und alle die Unglücklichen niedermachten, die ihnen von den Juden zugeworfen wurden.

Wie in Moskau, so hatte Napoleon auch in Wilna wegen des Rückzug nicht das mindeste befohlen. Unsere Flucht sollte ohne alle Vorläufer sich allein durch sich selbst ankündigen. Unsere Alliierten sollten dadurch überrascht und durch diese Überraschung verhindert werden, die Flucht zu gefährden und, an die Russen sich anschließend, uns vollends zu verderben.

Aus diesem Grunde sind die Litauer, die Fremden, alle, die sich in Wilna befanden, selbst sein eigener Minister über den Stand der Dinge getäuscht worden. Sie glaubten erst an unser Unglück, als sie es mit leiblichen Augen sahen.

Wenn nun Napoleon solchergestalt aus dem allgemeinen, fast abergläubischen Vertrauen auf die Untrüglichkeit seines Genies Vorteil gezogen hat, so mußten dagegen die Seinigen durch eben dieses Vertrauen in Sicherheit gewiegt werden, wie dann keiner von diesen in Wilna auf irgendeinen Wechsel gefaßt war.

Ein großer Teil des Fuhrwesens, die Kriegskasse, die Magazine der Armee, große, mit dem Gepäck des Kaisers beladene Rüstwagen, ein zahlreiches Geschütz und viele Verwundete befanden sich in dieser Stadt.

Unsere Flucht war wie ein unvermutetes Gewitter über sie gekommen. Bei diesem plötzlichen Schlag hatte der Schrecken die einen gelähmt, die Schritte der andern beflügelt. Befehle, Menschen und Wagen hatten sich gekreuzt, alles war bunt durcheinandergeworfen.

Mitten in diesem Getümmel hatten mehrere Kommandeure alles, was sie in Bewegung setzen konnten, aus der Stadt hinaus gegen Kowno getrieben. Aber eine Stunde vorwärts auf dieser Straße mußte diese schwerfällige und bestürzte Kolonne auf die Höhe und das Defilee von Ponari stoßen.

Auf unserem siegreichen Vormarsch war dieser buschige Hügel von unseren Husaren als ein geeigneter Punkt benutzt worden, wo sie die ganze Ebene von Wilna übersehen und die Stärke des Feindes beurteilen konnten; im übrigen war sein steiler, aber kurzer Abhang kaum bemerkt worden. Bei einem regelmäßigen Rückzuge würde derselbe eine gute Stellung dargeboten haben, um den Feind aufzuhalten; aber bei einer ungeregelten Flucht, wo alles, was nützen könnte, schadet, wo man in der Übereilung, in der Unordnung sein eigener Feind wird, wurde dieser Hügel und sein Defilee ein unübersteigliches Hindernis, eine Mauer von Eis, an der alle unsere Anstrengungen scheiterten. Alles: Gepäck, Kriegskasse, Verwundete wurde hier aufgehalten. Das Übel war groß genug, um selbst in dieser langen Reihe von Unglücksfällen Epoche zu machen.

Und in der Tat: Geld, Ehre, was noch von Kriegszucht und Wehrhaftigkeit übrig war – alles ging hier vollends zugrunde. Als nach fünfzehnstündiger Anstrengung die Fuhrknechte und die Bedeckungsmannschaft, seitwärts, rückwärts und vorwärts blickend, sehen mußten, wie der König von Neapel mit allen Flüchtlingen den Hügel umging; wie Marschall Ney, der sich mit dreitausend Mann, dem Reste der Divisionen Wrede und Loison zurückzog, vom Feinde gedrängt, ihnen immer näher kam; wie endlich der ganze Hügel mit zerbrochenen Wagen und Lafetten, mit übereinandergestürzten Menschen und Pferden bedeckt war, dachten sie nicht weiter daran, irgend etwas zu retten, sondern selbst zu plündern, um der Habgier der Feinde zuvorzukommen.

Ein Geldwagen, der sich öffnete, gab gleichsam das Zeichen. Alles warf sich sofort auf die Wagen, man schlug sie zusammen und riß Gegenstände von Wert heraus. Die Soldaten des Nachtrabs, die im Augenblick dieser Schande vorüberzogen, warfen ihre Waffen weg, um sich mit Beute zu beladen; ihre Gier war so groß, daß sie weder das Pfeifen der Kugeln noch das Geheul der Kosaken mehr hörten, die ihnen auf dem Fuße folgten.

Man behauptet sogar, daß sich diese Kosaken unbemerkt unter die Plünderer mischten. Einige Augenblicke waren Franzosen und Tataren, Freunde und Feinde, derselben Geldgier frönend untereinander gemischt. Man sah Russen und Franzosen, des Krieges vergessend, gemeinschaftlich denselben Wagen plündern. Zehn Millionen von Gold und Silber waren in einem Nu verschwunden.

Neben diesen Greueln aber erglänzten auch einzelne Züge der edelsten Hingebung: man sah Menschen, die alles stehen und liegen ließen, um auf ihren Schultern unglückliche Verwundete zu retten; andere, die ihre halb erfrorenen Waffengefährten nicht aus diesem Wirrwarr fortzubringen vermochten, kamen um, indem sie dieselben gegen den Zudrang ihrer Landsleute und gegen die Hiebe ihrer Feinde zu schützen suchten.

Auf der Seite des Berges, die dem Feuer des Feindes am meisten ausgesetzt war, hielt ein Offizier des Kaisers, der Oberst Graf von Turenne, die Kosaken im Zaume und verteilte, ungeachtet ihres wütenden Geschreis und ihrer Schüsse, unter ihren Augen Napoleons Privatschatz an die Garden, die zunächst standen. Es gelang diesen Tapferen, die sich mit einer Hand schlugen und mit der andern die Verlassenschaft ihres Kaisers empfingen, diese zu retten. Lange Zeit nachher, als man ganz außer Gefahr war, brachte jeder gewissenhaft zurück, was ihm anvertraut worden war – nicht ein einziges Goldstück fehlte.

VIERUNDACHTZIGSTES KAPITEL

Würdigung des Marschalls Ney – die Methode seiner Nachhut-Führung – lächerliches Verhalten Berthiers – auch die russischen Armeen sind dezimiert – am 13. Dezember überschreitet die Nachhut unter Ney die russische Grenze bei Kowno – Ney, der eigentliche Heros des Rußlandfeldzuges.

Diese Katastrophe von Ponari war um so schmählicher, da man sie leicht voraussehen und noch leichter vermeiden konnte, wenn man den Hügel auf beiden Seiten umging. Nun dienten die zurückgelassenen Trümmer wenigstens dazu, die Kosaken im Vorrücken aufzuhalten. Während sie die Beute aufgriffen, deckte Ney mit einigen hundert Franzosen und Bayern den Rückzug nach Eve. Da dies die letzte Anstrengung dieses Marschalls war, so ist hier der Ort, seiner Rückzugsmethode, wie er sie seit Wjasma, seit dem 3. November, während siebenunddreißig Tagen und siebenunddreißig Nächten befolgt hatte, zu erwähnen.

Jeden Tag um 5 Uhr abends nahm er Stellung, hielt die Russen auf, ließ seine Soldaten abkochen und ausruhen und brach nachts um 10 Uhr wieder auf, die ganze Nacht hindurch trieb er den Haufen der Nachzügler durch Zureden, Bitten und Schläge vor sich her. Mit Tagesanbruch gegen 7 Uhr machte er halt, nahm wieder Stellung und ruhte unter dem Gewehr wieder bis 10 Uhr. Um diese Stunde zeigte sich der Feind wieder, und nun mußte man sich schlagen bis zum Abend und rückwärts so viel Boden gewinnen, als eben angehen mochte. Im Anfang geschah dies nach der allgemeinen Marschordnung, später aber nach Erfordernis der Umstände.

Denn schon lange war dieser Nachtrab nur zweitausend, dann eintausend, dann fünfhundert, zuletzt gar nur sechzig

Mann stark; gleichwohl aber hatte Berthier, sei es Berechnung, sei es Gewohnheit, nichts an seinen Formen geändert und seine Befehle fortwährend an ein Korps von fünfunddreißigtausend Mann gerichtet; ohne sich im geringsten stören zu lassen, gab er in seinen Verhaltungsvorschriften alle die verschiedenen Stellungen an, welche Divisionen und Regimenter, die gar nicht mehr vorhanden waren, nehmen und bis zum andern Morgen besetzt halten sollten. Und jede Nacht, wenn er, durch die dringenden Meldungen von Ney veranlaßt, den König aufwecken mußte, damit er sich wieder auf den Weg mache, zeigte er darüber jedesmal die gleiche Verwunderung.

Auf diese Art deckte Ney den Rückzug von Wjasma an bis auf einige Werst jenseits Eve. Hier hatte dieser Marschall, wie er pflegte, den Vortrab der Russen aufgehalten und widmete die ersten Stunden der Nacht der Ruhe, als gegen zehn Uhr abends er und General Wrede gewahr wurden, daß sie allein geblieben waren. Ihre Soldaten hatten sie verlassen sowie ihre Waffen, die man bei den noch brennenden Lagerfeuern in Pyramiden noch glänzen sah.

Glücklicherweise hatte die strenge Kälte nicht bloß uns vollends entmutigt, sondern auch den Feind gelähmt. Nur mit Mühe erreichte Ney seine Kolonne wieder, die nichts mehr war als ein Haufen von Flüchtlingen, den einige Kosaken vor sich hertrieben, ohne daß sie versucht hätten, sie gefangenzunehmen oder niederzumachen; sei es, daß das Übermaß unseres Elends selbst die Russen gerührt und ihre Rachgier erschöpft hatte, wie denn viele von ihnen sich edelmütig zeigten; sei es endlich, daß sie der Beute genug hatten. Vielleicht auch bemerkten sie es in der Dunkelheit nicht, daß sie es mit Leuten ohne Waffen zu tun hatten.

Der Winter, dieser furchtbare Bundesgenosse der Moskowiter, hatte ihnen seinen Beistand teuer verkauft. Wir waren aufgelöst, sie in Unordnung. Wir sahen Gefangene wieder, die schon mehr als einmal ihren erstarrten Händen und Blicken entkommen waren. Sie marschierten anfänglich mitten unter der sich mühsam hinschleppenden Kolonne, ohne bemerkt zu werden. Einige von ihnen wagten es nun, einen Augenblick benutzend, einige russische Soldaten anzugreifen und ihnen ihre Lebensmittel, ihre Montierungen und selbst ihre Waffen abzunehmen.

So verkleidet mischten sie sich unter ihre Sieger; und so groß war die Zerrüttung, die dumme Sorglosigkeit und Erschlaffung auch jener Armee, daß diese Gefangenen einen ganzen Monat in ihrer Mitte marschierten, ohne erkannt zu werden.

Die einhundertzwanzigtausend Mann von Kutusow waren bis auf fünfunddreißigtausend herabgeschmolzen. Von den fünfzigtausend Russen unter Wittgenstein waren kaum noch fünfzehntausend übrig. Wilson versichert, daß von einer Verstärkung von zehntausend Mann, die mit allen Vorsichtsmaßregeln, die sie gegen den Winter zu nehmen wissen, aus dem Innern Rußlands abgegangen waren, bloß eintausendsiebenhundert zu Wilna angekommen seien. Aber gegen unsere entwaffneten Soldaten war eine Kolonnenspitze schon hinreichend. Vergebens versuchte Ney, einige derselben wieder zu sammeln, und er, der bis dahin fast allein die Flucht beherrscht hatte, war nun selbst gezwungen, ihr zu gehorchen.

So kam er nach Kowno. Dies war die letzte Stadt des russischen Reiches. Endlich am 13. Dezember, nachdem man sechsundvierzig Tage mit dem furchtbarsten Elend gekämpft hatte, war man wieder auf einem befreundeten Boden. Alsdann warfen sich die meisten, ohne anzuhalten, ohne rückwärts zu blikken, in die Wälder von Preußisch-Polen. Es gab aber auch welche, die, auf dem befreundeten Ufer angekommen, noch einmal einen Blick auf dieses Land der Schmerzen warfen, dem sie soeben entronnen waren. Hier, auf demselben Flecke, wo vor fünf Monaten ihre unzähligen Adler ihren Siegesflug begonnen hatten, sollen sie Tränen vergossen haben und in Klagen ausgebrochen sein.

Zwei Könige, ein regierender Fürst, acht Marschälle, denen einige Offiziere folgten, Generäle zu Fuß, vereinzelt, ohne alles Gefolge, endlich einige hundert Mann von der alten Garde, noch bewaffnet, waren die Reste, die einzigen Repräsentanten der Großen Armee.

Aber nein, diese Armee atmete noch, sie lebte noch ganz in dem einzigen Marschall Ney! Waffenbrüder! Alliierte! Feinde! Ich rufe euch hier alle zu Zeugen auf! Laßt uns dem Andenken eines hochverdienten, unglücklichen Helden die Huldigung darbringen, die ihm gebührt! Die Tatsachen sprechen. Alles floh, und Murat selbst, Kowno gleich Wilna hinter sich lassend, bestimmte erst Tilsit, dann wieder Gumbinnen zum Sammelplatz der Armee. Jetzt erschien Ney zu Kowno, er allein mit seinem Adjutanten, denn alles um ihn war entweder gefallen oder geflohen. Seit Wjasma war dies der vierte Nachtrab, der unter seinen Händen zerrann, mehr durch den Winter und den Hunger als durch die Russen zugrunde gerichtet.

Zum viertenmal allein dem Feinde gegenübergeblieben, sieht sich der Unerschütterliche nach einem fünften Nachtrab um. Er findet in Kowno eine Artilleriekompanie, dreihundert Deutsche als Besatzungsmannschaft und den General Marchand mit vierhundert Mann und nimmt diese Truppen sofort unter seinen Befehl. Zuerst durcheilt er die Stadt, um ihre Lage zu untersuchen und noch einige Streitkräfte aufzuraffen, findet aber nichts als Kranke und Verwundete, die weinend versuchen, unserer Flucht zu folgen. Zum achtenmal seit Moskau hat man sie massenweise in den Spitälern zurücklassen müssen, wie man es mit den einzelnen auf der ganzen Straße, auf allen Schlachtfeldern und auf allen Lagerplätzen eben auch gemacht hat.

Tausende von Soldaten lagen auf dem Markt und den umliegenden Straßen, vor den Branntweinmagazinen ausgestreckt, wo sie lebensdurstig den Tod getrunken hatten. Das ist die einzige Verstärkung, die Murat dem Marschall hinterlassen hat. Er sieht sich allein mit siebenhundert fremden Rekruten auf russischem Gebiete. Wie nach den Unfällen von Wjasma und Smolensk, an der Beresina und bei Wilna, wird ihm jetzt zu Kowno abermals die Aufgabe, die Ehre der Armee zu retten und die Gefahr des letzten Schrittes auf unserer Flucht zu übernehmen, und er unterzieht sich derselben.

Am 14. Dezember mit Tagesanbruch beginnt der Angriff der Russen. Während eine ihrer Kolonnen keck auf der Straße von Wilna anrückt, geht eine andere oberhalb der Stadt auf dem Eis über den Njemen, faßt Fuß auf preußischem Boden und marschiert, stolz darauf, zuerst die Grenze überschritten zu haben, auf die Brücke von Kowno zu, um dem Marschall diesen Ausgang und somit jeden Rückzug abzuschneiden.

Die ersten Schüsse fielen an dem Tore von Wilna*. Ney, der sogleich da ist, will das Geschütz von Platow mit dem seinigen zurückweisen; aber bereits sind seine Kanonen vernagelt und seine Artilleristen auf der Flucht. Grimmig springt er mit gezücktem Degen auf den kommandierenden Offizier und würde ihn durchbohrt haben, wenn nicht sein Adjutant sich dazwischengeworfen und die Flucht dieses Unglücklichen beschützt hätte.

* Mißverständlich: Gemeint ist ›am Wilna-Tor in Kowno‹.

Ney ruft jetzt seine Infanterie herbei; aber von den zwei schwachen Bataillons, aus denen sie bestand, hatte nur ein einziges – die dreihundert Deutschen – zu den Waffen gegriffen. Er stellt sie auf, ermahnt sie und wollte eben auf den anrückenden Feind Feuer geben lassen, als eine russische Kanonenkugel, über die Palisaden streichend, dem Bataillonschef den Schenkel zerschmetterte. Dieser Offizier fiel, und ohne zu zaudern, da er sich verloren sah, nahm er seine Pistole zur Hand und schoß sich durch den Kopf. Ob dieser verzweifelten Tat entsetzen sich die Soldaten, werfen die Gewehre weg und laufen auseinander.

Ney von allen, nur nicht von seinem eigenen Mute verlassen, bleibt fest auf seinem Posten. Nachdem er vergebens die Flüchtlinge zurückzuhalten gesucht, rafft er ihre geladenen Gewehre vom Boden auf, wird wieder Soldat und stellt sich mit vier andern Tausenden von Russen entgegen. Seine Kühnheit hält ihren Marsch auf; einige Artilleristen schließen sich, beschämt durch dieses Beispiel, an ihren Marschall an; der Adjutant Heymes und General Gerard gewinnen Zeit, dreißig Soldaten zusammenzuraffen und drei leichte Kanonen ins Feuer zu bringen. Inzwischen sammelt General Marchand das einzige noch übrige Bataillon.

Aber in diesem Augenblick beginnt jenseits des Njemen und gegen die Brücke von Kowno der zweite Angriff der Russen; es war 2 Uhr 30 nachmittags; Ney schickte den General Marchand mit seinen vierhundert Mann nach diesem Punkt, um die Brücke zu decken. Er selbst, ohne einen Schritt zu weichen, ohne sich um das, was in seinem Rücken vorgeht, zu bekümmern, verteidigt mit dreißig Mann das Tor von Wilna bis zum Anbruch der Nacht. Jetzt zieht er sich langsam und fechtend, weichend, aber nicht fliehend, durch Kowno und über den Njemen zurück, immer der letzte des letzten Zugs, die Ehre der französischen Waffen bis zum letzten Augenblick verfechtend und zum hundertsten Male seit vierzig Tagen und vierzig Nächten sein Leben und seine Freiheit wagend, um einige Franzosen mehr zu retten. Er verläßt endlich, der letzte Mann der Großen Armee, dieses unselige Rußland – der Welt ein Beispiel, daß selbst das Glück nichts vermag gegen hohen Mut, und daß alles, selbst das größte Unglück, dem Ruhme der Helden dienen muß.

Es war abends 8 Uhr, als er auf dem befreundeten Ufer ankam. Jetzt, als er die große Katastrophe vollendet, Marchand bis zur Brücke zurückgedrängt und die Straße von Wilkowisky, auf der sich Murat zurückgezogen, von Feinden besetzt sah, warf er sich rechts und verschwand in den Wäldern.

FÜNFUNDACHTZIGSTES KAPITEL

Murat in Gumbinnen – sein späterer Abfall von Napoleon kündigt sich an – in Königsberg – jäher Temperaturanstieg bringt neue Verluste durch Krankheit.

Als Murat nach Gumbinnen kam, war er sehr überrascht, Ney dort schon zu treffen und von ihm zu vernehmen, daß die Armee seit Kowno ohne Nachtrab marschiere. Zum Glück hatten die Russen nach Wiedereroberung ihres Gebiets in unserer Verfolgung nachgelassen. An der preußischen Grenze angelangt, schienen sie sich noch zu besinnen, ob sie dieses Land als Bundesgenossen oder als Feinde betreten sollten. Murat benutzte dieses, um einige Tage in Gumbinnen zu verweilen und die Überreste der Korps nach den verschiedenen Städten am Ufer der Weichsel zu weisen.

Aus Veranlassung dieser Truppenverlegung berief er die Chefs derselben zu sich. Man weiß nicht, welcher böse Geist ihn bei dieser Beratung beseelte, und fühlt sich versucht zu glauben, daß Verlegenheit wegen seiner übereilten Flucht oder Mißvergnügen über den Kaiser, der ihm eine solche Verantwortlichkeit aufgebürdet hatte, oder aus Scham, unter diesen durch uns am meisten mißhandelten Völkern als besiegt zu erscheinen, ihn verstimmt habe. Da aber seine Worte einen weit schlimmeren Charakter hatten, durch seine Handlungen nicht widerlegt und als das erste Symptom seines nachmaligen Abfalles anzusehen sind, so darf die Geschichte dieselben nicht verschweigen.

Dieser Krieger, einzig durch das Recht des Siegers auf den Thron gehoben, kehrte aus Rußland als Besiegter zurück und meinte, der Boden unter ihm, die Krone auf seinem Haupte wanke schon. Er, der tausendmal in diesem Feldzuge sich den größten Gefahren ausgesetzt, als König wie ein Schütze des Vortrabs dem Tode getrotzt hatte, konnte den Gedanken nicht ertragen, ohne Krone zu leben, und wagt es jetzt, mitten unter den Befehlshabern, die an ihn gewiesen sind, den Ehrgeiz ihres

Herrn, seines Schwagers, einen Ehrgeiz, den er doch geteilt hat und den er nun verleugnet, anzuklagen.

Er sagt: es sei nicht länger möglich, einem Unsinnigen zu dienen, seine Sache sei verloren. Kein Fürst in Europa messe weder seinen Worten noch seinen Verträgen Glauben bei. Hätte er, Murat, was er schmerzlich bereue, die Anträge der Engländer nicht abgewiesen, so wäre er noch ein großer König wie der Kaiser von Österreich und der König von Preußen.

Ein Schrei von Davoust unterbrach ihn: »Der König von Preußen und der Kaiser von Österreich,« erwiderte er mit barschem Tone, »sind Herrscher von Gottes Gnaden, durch die Länge der Zeit und die Gewohnheit der Völker. Aber Sie sind ein König nur durch die Gnade Napoleons und durch das Blut der Franzosen. Nur durch Napoleon und durch den Bund mit Frankreich können Sie es bleiben. Es ist der schwärzeste Undank, der Sie verführt!« Sofort erklärt er ihm, daß sein Kaiser alles erfahren solle. Die andern Marschälle schwiegen, dem aufwallenden Schmerz des Königs, seiner unbesonnenen Hitze die Ausdrücke zuschreibend, die der Haß und der Argwohn Davousts nur zu gut gewürdigt hatten.

Murat war außer Fassung gebracht. Er fühlte sich schuldig. So wurde der erste Funken eines Verrats erstickt, der späterhin Frankreich verderben sollte. Die Geschichte spricht nur ungern davon, seitdem Reue und Unglück das Verbrechen gesühnt haben.

Bald mußten wir auch unsere Erniedrigung in Königsberg zur Schau tragen. Die Große Armee, die seit zwanzig Jahren im Triumphe durch alle Haupstädte Europas gezogen war, erschien nun zum erstenmal verstümmelt, entwaffnet, flüchtig in derjenigen dieser Städte, die sie durch ihren Ruhm am meisten gedemütigt hatte. Ihre Bewohner strömten herbei, um unsere Wunden zu zählen und nach der Größe unseres Elends ihre Hoffnungen zu ermessen. An diesen, an ihrer Schadenfreude, an ihrem Haß hatten wir schwer zu tragen.

Die Deutschen nahmen uns aus Trägheit oder aus Furcht mit zahmer Fügsamkeit auf. Ihr Haß hielt sie innerhalb der Grenze des Kaltsinns, und da sie selten aus eigenem Antriebe handeln, mußten sie, in Erwartung eines Signals, unser Elend erleichtern helfen. Bald konnte Königsberg nicht alles fassen. Der Winter, der uns bis dahin verfolgt hatte, verließ uns hier plötzlich. Das Thermometer stieg in einer Nacht um 20 Grad.

Dieser rasche Wechsel brachte uns Verderben. Viele Soldaten und Generäle, bis jetzt durch den steten Reiz der Kälte in Spannung erhalten, erkrankten am Nervenfieber. Auch Eblé, die Zierde der Armee, erlag; Lariboissière, kommandierender General der Artillerie, folgte ihm. Täglich, stündlich hatte man neue Verluste zu beklagen.

In dieser allgemeinen Trauer brachte ein Aufstand und ein Schreiben von Macdonald noch die Schrecken der Verzweiflung zu diesen Schmerzen. Die Kranken mußten auf die Hoffnung verzichten, in Freiheit zu sterben. Der Freund mußte seinen sterbenden Freund, der Bruder den Bruder verlassen oder den in den letzten Zügen liegenden nach Elbing schleppen. Der Aufstand, nur als Symptom beunruhigend, ward unterdrückt; aber die Nachricht, die Macdonald verkündete, war entscheidend.[17]

SECHSUNDACHTZIGSTES KAPITEL

Schlußbetrachtung des Verfassers – prophetische Bemerkungen über Rußland – Versuch einer Sinndeutung des Rußlandfeldzuges.

So ist dem Stern des Nordens* über den Stern Napoleons der Sieg geworden. Ist es denn aber das Los des Südens, vom Norden besiegt zu werden? Kann er diesen hinwiederum nicht auch bändigen? Muß ein solcher Angriff notwendig mißlingen? Und ist der schreckliche Ausgang unserer Invasion ein neuer Beweis hiervon?

Allerdings bewegt sich das Menschengeschlecht nicht in dieser Richtung. Seine Bahn ist nach dem Süden geneigt; es kehrt dem Norden den Rücken und sehnt sich nach dem Süden. Von diesem fühlt es sich angezogen. Man versucht es nicht ungestraft, sich diesem gewaltigen Andrange entgegenzustemmen. Die Menschen in der entgegengesetzen Richtung zurückdrängen und in ihrer Eiswüste festhalten zu wollen, ist ein riesenhaftes Beginnen, dem schon die Römer nicht gewachsen waren. Karl der Große, der erst auftrat, als eine der schrecklichsten dieser Fluten schon im Abnehmen war, konnte sie doch nur einige Augenblicke aufhalten; die Wogen, an der östlichen Grenze seines Reiches

* Im folgenden bezeichnet Ségur Rußland als »Norden«; für uns, die wir es mit dem »Osten» gleichsetzen, ungewohnt.

gebrochen, drangen durch die nördliche ein und vollendeten die Überschwemmung.

Tausend Jahre sind seitdem verflossen, eine Zeit, deren die Völker des Nordens bedurften, um nach einer so großen Wanderung neue Kräfte zu gewinnen und diejenigen Kenntnisse zu erwerben, die einem eroberten Volke heutzutage unentbehrlich sind. In der Zwischenzeit widersetzten sich die Hansestädte, nicht ohne Grund, der Einführung der Künste des Krieges in dieses große Standlager der skandinavischen Stämme. Der Erfolg hat ihre Besorgnisse gerechtfertigt. Kaum war die neuere Kriegskunst zu ihnen gedrungen, so sah man schon russische Armeen an der Elbe und bald darauf in Italien. Bis jetzt haben sie das Land nur erst erkundet, eines Tages werden sie kommen, um sich niederzulassen.

Im vergangenen Jahrhundert ließ sich Europa aus Menschenliebe oder aus Eitelkeit angelegen sein, die Zivilisation dieser nordischen Menschen zu fördern, die Peter I. bereits zu furchtbaren Kriegern gebildet hatte. Europa tat wohl daran, insofern es dadurch für sich die Gefahr verminderte, noch einmal in die Barbarei zu versinken, wenn anders ein zweiter Rückfall in die Finsternis des Mittelalters möglich ist, nachdem die Kriegführung durch die wissenschaftliche Ausbildung des Kriegswesens einen geistigen Charakter gewonnen hat und Kenntnisse vorausgesetzt, die nur den zivilisierten Völkern zugänglich sind.

Durch die beschleunigte Zivilisation dieser Nordmänner ist aber vielleicht auch ein früheres, wiederholtes Anwogen derselben eingeleitet. Denn man wolle doch ja nicht glauben, daß ihre prächtigen Städte, ihr ausländischer und erkünstelter Luxus sie zurückhalten, an den Boden fesseln, verweichlichen und weniger furchtbar machen werden. Dieser Luxus, dieses üppige Wohlleben, das man einem barbarischen Klima abtrotzt, kann doch nur wenigen Bevorrechteten zuteil werden. Die Massen, von einer immer heller sehenden Verwaltung fortwährend vermehrt, werden immer durch ihr Klima leiden und, barbarisch wie dieses, immer begehrlicher werden, und die Überziehung des Südens durch den Norden, von Katharina II. aufs neue versucht, wird fortdauern.

Fürwahr! wer könnte wohl glauben, daß dieser große Kampf des Nordens gegen den Süden ausgefochten sei? Ist er nicht in seiner vollen Bedeutung und im größeren Maßstab der Krieg der Entbehrung gegen den Genuß, der ewige Krieg des Armen gegen den Reichen, der Krieg, der im Innern jeden Reichs wütet?

Gefährten! was auch der Beweggrund unseres Unternehmens gewesen sein mag, in dieser Beziehung ist es für Europa wichtig gewesen! Der Zweck desselben war, dem russischen Reiche Polen zu entreißen und dadurch die Gefahr einer neuen Flut dieser Nordmänner weiter hinauszuschieben, die Gewalt der Anströmenden zu brechen, ihnen einen neuen Damm entgegenzusetzen. Und welcher Mann, welche Umstände hatten sich nicht zum Behuf des Gelingens wunderbar zusammengefunden!

Nach einer Siegesperiode von eintausendfünfhundert Jahren war die Revolution des vierten Jahrhunderts, die der Könige und der Großen gegen die Völker, durch die Revolution des neunzehnten Jahrhunderts, eine Reaktion der Völker gegen die Großen und die Könige, besiegt worden[18]. Aus dem Konflikt der dadurch entfesselten gewaltigen Kräfte war Napoleon, ihren Antagonismus versöhnend, hervorgegangen. Er beherrschte die Revolution, wie wenn er der Genius dieses schrecklichen Elementes gewesen wäre. Die von ihm Gebändigte schämte sich ihrer Ausschweifungen und bewunderte sich in ihm. Im Dienste seines Ruhmes erglühend, hatte sie bald ganz Europa unter sein Zepter gebeugt. Auf seinen Wink erhob sich dann dieses, um Rußland in seine alten Grenzen zurückzuwerfen. Es schien, als müsse der Norden hinwiederum bis zum starren Pol hin besiegt werden.

Und doch hat dieser große Mann in seinem größten Streben die Natur nicht bezwingen können. Auf der schroffen Höhe, die er erklimmen mußte, hat ihm die Kraft letztlich gefehlt. So hoch er gestiegen war, so tief ist er gefallen. Und dieser Norden, Sieger im Verteidigungskrieg, wie er es im Mittelalter auf seinen Eroberungszügen war, hält sich jetzt für unangreiflich und unwiderstehlich.

Glaubt solches nicht, meine Gefährten! Ihr hättet diesen Boden, diese Räume, diese rohe Riesenkraft der nordischen Natur ebensogut besiegen können, wie ihr die nordischen Krieger besiegt habt.

Aber einige begangene Fehler sind durch schwere Unglücksfälle bestraft worden. Ich habe die einen wie die anderen aufgezählt. Einen Ozean von Jammer habe ich mit dem blutroten Scheine einer Leichenfackel zu beleuchten versucht und wenigstens die Trümmer unseres Schiffbruches sichtbar gemacht, damit die kommenden Geschlechter die Gefahr erkennen und vermeiden mögen.

Gefährten, ich habe vollendet! An euch ist es nun, die Wahrheit dieser Darstellung zu bezeugen. Vielleicht werdet ihr, in noch frischem Andenken an das Erlittene, die Farben nicht lebendig genug finden. Allein wer von euch sollte nicht wissen, daß die Tat stets beredter ist als das Wort, und daß, wenn große Geschichtsschreiber von großen Männern ins Dasein gerufen werden, sie noch seltener sind als diese?

ANMERKUNGEN

1) Schon im Jahre 1798 beschäftigte Napoleon, der zum ›Oberbefehlshaber gegen England‹ ernannt worden war, der Plan einer Invasion. Nachdem er sich jedoch von der Undurchführbarkeit überzeugt hatte, bestimmte er das Direktorium zu einer ›Mittelmeerdiversion‹. Dieser Ägypten-Feldzug stellte zwar ein politisch sinnloses und ein militärisch von vornherein aussichtsloses Abenteuer dar, trug aber viel zu der legendären Aura des jungen Befehlshabers Bonaparte bei. Die Schlacht an den Pyramiden (21. Juli 1798), ein voller Sieg des französischen Expeditionsheeres, entzündete die damals erregbare Phantasie der durch die turbulente Zeit aufgewühlten Menschen. Irgendein dauernder Erfolg war natürlich nicht zu erringen, und Napoleon verließ denn auch, nach einem gescheiterten Vorstoß in Syrien, rechtzeitig Ägypten und die Armee und kehrte nach Frankreich zurück (21. August bis 9. Oktober 1799), wo schon die Konstellation für seine Machtergreifung sich ausbildete.
Im zweiten Koalitionskrieg (1799–1802) gelang es den Österreichern und Russen, das 1796/97 von Napoleon eroberte Oberitalien den Franzosen wieder zu entreißen. Nachdem verschiedene französische Generäle geschlagen waren, eilte der Erste Konsul selber herbei und eroberte binnen zweiunddreißig Tagen Oberitalien zurück. Die Entscheidung brachte die Schlacht bei Marengo (14. Juni 1800), in der General Desaix fiel. Marengo gehört neben Austerlitz zu den glänzendsten Siegen Napoleons.
Der vierte Koalitionskrieg (1806/1807) sah Preußen zunächst ganz allein Frankreich gegenüber. Innerhalb von fünfundzwanzig Tagen wurde der Staat Friedrichs des Großen vollständig niedergeworfen. Am 1. Oktober hatte Friedrich Wilhelm III. ultimativ den Abzug der Franzosen aus Deutschland gefordert – am 25. Oktober marschierte Napoleon ohne Kampf in Berlin ein. In der Doppelschlacht von Jena und Auerstädt (14. Oktober 1806) waren die Preußen unter dem Prinzen Hohenlohe von Napoleon und Davoust vernichtend geschlagen worden.

2) Napoleon hatte seine Verwandten und Kriegsgefährten reich mit Titeln und Ehren bedacht. Der ›Vizekönig‹ (von Italien) ist der Stiefsohn Napoleons, Eugen Beauharnais, Sohn Josephines aus erster Ehe; der ›König von Westfalen‹ ist Jérôme Bonaparte, Napoleons jüngster Bruder; der ›König von Neapel‹ ist Joachim Murat, Schwager Napoleons, Gemahl seiner Schwester Caroline. Der

›Fürst von Eckmühl‹ ist Jean Nicolas Davoust, auch Davoût und Davout geschrieben, der begabteste von Napoleons Marschällen. Zu Herzögen erhoben wurden Lefebvre (Herzog von Danzig), Bessières (Herzog von Istrien), Oudinot (Herzog von Reggio), Ney (Herzog von Elchingen und, nach der Schlacht bei Borodino, auch noch Fürst von der Moskwa).

3) Der Friede von Bukarest (28. Mai 1812) beendete den fünften türkisch-russischen Krieg. Rußland erhielt von der Türkei das Moldaugebiet zwischen Dnjestr und Pruth. (Ostmoldau, seitdem ›Bassarabien‹, heute ›Bessarabien‹ genannt.)

4) Die polnischen Pläne Napoleons setzten den unwürdigen Schacher fort, der seit 1772 mit dieser Nation getrieben wurde. Damals war auf den Vorschlag Rußlands, im Einverständnis mit Preußen und Österreich – aber gegen den Willen Maria Theresias – die erste Teilung Polens vorgenommen worden. Preußen erhielt in Westpreußen (ohne Danzig und Thorn), dem Bistum Ermland und dem Netzedistrikt Gebiete mit einem starken Anteil deutschsprachiger Bevölkerung. – Polnische Uneinigkeit führte zum militärischen Eingreifen Rußlands und 1793 zur zweiten polnischen Teilung, durch die Danzig, Thorn, Gnesen, Posen und Kalisch an Preußen kommen. Ein heldenhafter Aufstand wurde 1794 niedergeworfen; seine Folge war die Tilgung des Staates Polen von der Landkarte durch die dritte Teilung, 1795, zwischen Rußland, Österreich und Preußen, das dem Teilungsabkommen beitrat. Erst durch diese dritte Teilung erhielt Preußen mit Warschau, einem Teil von Krakau und dem Gebiet zwischen Weichsel, Bug und Memel fast rein polnisches Gebiet. Die meisten dieser ›Erwerbungen‹ gingen 1807 im Frieden von Tilsit Preußen wieder verloren; Danzig wurde Freie Stadt. Die Polen aber setzten von 1795 ab ihre Hoffnungen auf die jeweiligen Feinde der Teilungsmächte und kämpften seit 1797 auf seiten Frankreichs. Napoleon schuf 1807 das Großherzogtum Warschau in Personalunion mit Sachsen. Er dachte nicht daran, Polen wiederherzustellen, und 1815 wurde auch dieses Rumpfpolen wieder aufgelöst und verteilt.

5) Über den schlechten Gesundheitszustand Napoleons kursierten schon zu Lebzeiten des Kaisers allerlei Gerüchte. Man sagte ihm sogar die ›cäsarische Krankheit‹, die Epilepsie, nach. Mit Sicherheit war Napoleon kein Epileptiker, allerdings muß er an narkoleptischen Störungen – das ist ein jähes, dem Willen entzogenes Verfallen in ›Absencen‹ von Sekunden- bis Minutendauer – gelitten haben. Ein klares Bild im Sinne heutiger medizinischer Begriffe ist kaum noch zu gewinnen. Auch Apathie, Blasenleiden, Magenkrämpfe werden berichtet. Gerhard Venzmer hat sich in seinem Buch ›Krankheit macht Weltgeschichte‹ (Stuttgart 1956) mit diesen Fragen ausführlich beschäftigt, insbesondere geht er

auf das von Ségur erzählte seltsame Verhalten während der Schlacht bei Borodino ein. Lethargie, Entschlußlosigkeit – ob durch körperliche Schmerzen bedingt, bleibt unsicher – haben den Sieg von Borodino ›verschenkt‹ und zu einem Pyrrhus-Sieg gemacht.

6) Emanuel Comte de Grouchy gehörte zum zweiten Schub von Marschallsernennungen (zusammen mit Victor, Macdonald, Oudinot, Poniatowsky u. a.). Stefan Zweig hat ihn durch seine historische Miniatur ›Die Weltminute von Waterloo‹ unsterblich gemacht. Ob freilich des Dichters Darstellung, Grouchy sei ob seiner Mittelmäßigkeit ein stets Zuspätkommender gewesen, stimmt, muß aus historischer Sicht bezweifelt werden.

7) Ségurs Einstellung zu den Deutschen, wie sie zwischen den Zeilen seines Buches hervorleuchtet, ist nicht sehr wohlwollend. Damit teilte er nur die allgemeine Auffassung seiner Kameraden, die für die Deutschen im allgemeinen und für die Rheinbunddeutschen im besonderen eine herzliche Geringschätzung empfanden. Hinzu kam ein ausgeprägter nationaler Hochmut, hervorgerufen durch die Tatsache, daß Frankreich ein Vierteljahrhundert lang in jeder Hinsicht die ›erste Nation‹ und zwischen 1800 und 1813 Herr in Deutschland war.

8) Den Karree-Bildungen im Rußland-Feldzug von 1812 entsprach im deutsch-russischen Krieg 1941–1945 das ›Einigeln‹. Inmitten des feindlichen Ansturms, oft lange ohne Verbindungen, mußte eine nach allen Seiten kampfbereite und kampffähige Rund-Stellung eingenommen werden.

9) Die Schlacht bei Austerlitz, die ›Dreikaiserschlacht‹, nach den Kaisern Alexander I. und Franz II. (ab 1806 als Kaiser von Österreich Franz I.) auf der einen und Napoleon auf der anderen Seite so benannt, beendete den dritten Koalitionskrieg. Es war Napoleons strahlendster Sieg; an einem frostklaren, sonnigen Wintertag (›die Sonne von Austerlitz‹), dem 2. Dezember 1805, Jahrestag seiner Krönung, schlug er mit achtundsiebzigtausend Franzosen die fünfundachtzigtausend Russen und Österreicher vernichtend. Wie die Schlacht von Austerlitz den dritten, so beendete die Schlacht bei Friedland (14. Juni 1807), in der die russische Armee vernichtet wurde, den vierten Koalitionskrieg zwischen Frankreich einer- und Rußland und Preußen andererseits. Über den anschließenden Vertrag von Tilsit vgl. die Einleitung.

10) Bei den ›Illuminaten‹ und ›Martinisten‹ handelte es sich um der Freimaurerei verwandte Bünde, die im achtzehnten Jahrhundert in Mode waren und überall in ähnlicher Weise entstanden. Die Illuminaten wurden von einem Ingolstädter Professor Weishaupt 1776 als eine ›deistische, der sittlichen Vervollkommnung dienende‹ Loge gegründet, ähnlich dem ›Gold- und Rosenkreuzer-

Orden‹, mit dem sie in Feindschaft geriet. Beide Bünde fanden um die Jahrhundertwende ihr Ende.

11) Die Strelitzen waren die von Iwan dem Schrecklichen gegründete Garde des altmoskowitischen Zarentums. Sie bestanden aus zwanzig Regimentern zu je tausend Mann. Bei einem wüsten, blutigen Aufstand im Jahre 1682 erzwangen sie, daß Peters des Großen schwachsinniger Stiefbruder mit ihm zusammen Zar unter der Regentschaft von beider Schwester Sophie wurde. Auf der sogenannten ›Roten Treppe‹ des Kreml spielten sich Szenen von besonderer Scheußlichkeit ab; sie hieß seitdem die ›Strelitzen-Treppe‹. Der damals nur mit knapper Not gerettete Peter rottete 1698 bei einer erneuten Revolte diese Prätorianergarde aus: sämtliche an der Empörung beteiligten Strelitzen wurden mit unvorstellbarer Grausamkeit zu Tode gebracht.

12) Am 14. Juli 1804 schrieb Napoleon an den Admiral Latouche-Tréville: ›Beherrschen wir auf sechs Stunden den Ärmelkanal, so sind wir die Herren der Welt.‹ Am 22. August 1805 jedoch sah sich der Kaiser gezwungen, den Invasionsplan aufzugeben, da die französische Flottenführung versagt hatte. Er warf die in Boulogne versammelte Invasionsarmee gegen die Österreicher nach Süddeutschland.

13) Armand Marquis de Caulaincourt, Herzog von Vicenza und Großstallmeister des Kaisers, ist eine der nobelsten Erscheinungen des Empire gewesen. Geboren 1773, gehörte er, obwohl dem alten Adel entstammend, zu den treuesten Paladinen Napoleons, dem er ununterbrochen bis an das Ende der Hundert Tage, während welcher er Außenminister war, diente. Bemerkenswert dabei ist, daß Caulaincourts Bewunderung für den Imperator und seine Größe keineswegs mit Liebe einherging. Er kritisierte die politische Maßlosigkeit seines Herrn schonungslos und bekannte sich auch als scharfer Gegner des Präventivkrieges gegen Rußland, von dem er als Botschafter am Zarenhof ein richtigeres Bild gewonnen hatte, als Napoleon es sich machte oder machen wollte. Er stand in Verbindung mit Talleyrand und war am ›Erfurter Verrat‹ (vgl. Einleitung) nicht unbeteiligt.
Berühmt wurden seine »Denkwürdigkeiten«, die von 1807 bis zur ersten Abdankung in Fontainebleau 1814 reichen. Höhepunkt dieser Berichte ist die Schilderung der Schlittenreise von Smorgon nach Paris (5. Dezember bis 18. Dezember 1812), bei der Napoleon als Sekretär Rayneval des Herzogs von Vicenza auftrat, und der mit dem Kaiser geführten Schlittengespräche. (Deutsche Ausgabe ›Unter vier Augen mit Napoleon‹, Stuttgart, 1956.) Da Caulaincourt ungewollt in die Ermordung des Herzogs von Enghien (1804) verwickelt war, hatte er es nur der Fürsprache Alexanders I., der ihn als Botschafter schätzen gelernt hatte, zu

verdanken, daß er nach 1815 von der ›Liste der zu bestrafenden Personen‹ wieder gestrichen wurde. Er starb tief verbittert 1827 in Paris.

14) Gemeint ist hier der Freiherr vom Stein, den der Übersetzer nicht nennen wollte, da er noch lebte (bis 1831). Stein, Haupt der preußischen Reformpartei und -regierung nach der Katastrophe von 1806, mußte 1808, von Napoleon, dem unvorsichtige Briefe Steins in die Hände gefallen waren, geächtet, nach Wien flüchten, wo er zum Kriege von 1809 ebenso antrieb, wie später, nach neuerlicher Flucht, am Zarenhof, wo er auf Alexander einwirkte, den Kampf gegen den französischen Koloß unerbittlich fortzuführen.

15) General Malet gehörte von Anfang an zur Opposition gegen Napoleon und wurde auf Grund von Putschverdacht schon seit 1807 in Haft gehalten. Dieser entkam er im Oktober 1812 und ›die Nachricht vom Tode Napoleons‹ verbreitend, gewinnt er unter Vorweisung eines gefälschten Senatsbeschlusses, nach welchem eine provisorische Regierung unter Moreau ihn zum Gouverneur von Paris ernannt habe, die Unterstützung einiger Kompanien der Nationalgarde. Die eingekerkerten Generäle Lahorie und Guidal werden befreit; Savary wird im Polizeiministerium verhaftet und der Kommandant der Pariser Nationalgarde zum Anschluß bewogen. Auch der Präfekt von Paris genehmigt die Installierung der provisorischen Regierung im Stadthause. Malet selbst schießt den widerstrebenden Kommandanten von Paris nieder, wird aber von dessen Adjutanten, Hauptmann Laborde, festgenommen. Eine Militärkommission verurteilt Malet und elf Offiziere zum Tode. Auf die Frage, ob er Komplizen gehabt habe, erwidert Malet: ›Ganz Frankreich und Sie selbst, wenn ich Erfolg gehabt hätte!‹ (Alexander von Randa in ›Handbuch der Weltgeschichte‹, Sp. 2063.) Napoleon zeigte sich darüber, daß Malets Anfangserfolge überhaupt möglich gewesen waren und daß niemand an die Nachfolge des Königs von Rom gedacht hatte, sehr verstimmt und beunruhigt, da ihm dies Versäumnis zeigte, auf wie unsicheren Füßen sein Imperium stand.

16) Das berühmte 29. Bulletin vom 3. Dezember 1812 aus Molodetschno, in dem Napoleon den Zusammenbruch der Großen Armee der Welt mitteilte, ist wegen des Schlußsatzes ›Die Gesundheit Seiner Majestät war nie besser‹ oft als ein Musterdokument des herausfordernden Zynismus gewertet worden. Doch stellt dies eine Verkennung dar: Napoleon war sich wohl bewußt, daß ausschließlich noch seine Person, ihr Nimbus, ihr Mythos, jetzt das Reich zusammenhalten und vor dem sofortigen Zusammenbruch retten konnte. Seine Gesundheit – das heißt: seine Aktionsfähigkeit! – war in der Tat sein einziges ihm im Moment

verbliebenes ›Kapital‹, als er den Schlitten bestieg, um nach Paris zu eilen. Der Satz im Bulletin sollte den Unterworfenen und Vasallen sagen: Hütet euch, von mir abzufallen oder wider mich aufzustehen, ich bin *gesund* und also nach wie vor euer Meister.

17) Das Ende des Rußland-Feldzugs sah folgendermaßen aus: Murat, der nur wenige tausend Mann über die preußische Grenze retten konnte, gab seinen Oberbefehl an Eugen Beauharnais ab und reiste schleunigst, ohne Napoleons Genehmigung einzuholen, in sein Königreich Neapel ab.

Eugen zog sich mit den ihm verbliebenen Heerestrümmern über Oder und Elbe bis nach Sachsen zurück.

Napoleons derzeitige militärische Reserven lagen nun nur noch bei der südlichen, rechten Flügelarmee, die aus Österreichern unter Schwarzenberg bestand, und bei der nördlichen, linken Flügelarmee, die großenteils aus Preußen gebildet war und unter dem Befehl Macdonalds operierte. Diese beiden Armeen waren vom Zusammenbruch verschont geblieben, aber sie bestanden überwiegend aus Nichtfranzosen, deren Verhalten jetzt für den Kaiser schicksalhafte Bedeutung gewann. Schwarzenberg, im Einvernehmen mit Wien, führte langsam und geschickt die allmähliche Ablösung sowohl vom russischen Feind wie vom französischen Verbündeten durch und half so, seinem Lande wieder einige politische und militärische Bewegungsfreiheit zu verschaffen. Die Nordarmee, welche im Laufe des Feldzugs Riga erreichte, hatte sich mit dem Hauptheer zugleich zurückgezogen. Das preußische Korps unter Yorck konnte sich nicht auf Berliner Anweisungen stützen, da König Friedrich Wilhelm III. dort unter den Bajonetten der französischen Besatzung ein halber Gefangener war. Da aber Yorck vom Zaren unterrichtet wurde, Rußland werde den Krieg bis zur vollen Befreiung Preußens und Europas fortsetzen, schloß er auf eigene Verantwortung am 30. Dezember 1812 in der Poscheruner Mühle bei Tauroggen mit dem russischen General von Diebitsch, welcher Clausewitz in seinem Stabe hatte, die welthistorisch bedeutende Neutralitätskonvention, nach der die preußischen Truppen den Küstenlandstrich von Memel bis Tilsit besetzten und bis zur Entscheidung des Königs neutral bleiben sollten. Würde dieser das Abkommen verwerfen, war freier Abzug zugestanden, freilich mit der Verpflichtung, bis 1. März 1813 nicht mehr gegen die Russen zu kämpfen. Selbstverständlich mußten die Franzosen in Yorcks Handlungsweise Verrat sehen, aus deutscher Sicht aber war es eine Tat von höchstem persönlichem Verantwortungsbewußtsein, die den Auftakt zu den Befreiungskriegen gab. Der ganze linke Flügel brach nun zusammen, die Franzosen mußten eiligst fliehen und Ostpreußen sowie das gesamte Gebiet bis zur Weichsel preisgeben.

18) Diese Bemerkung ist in ihrem Sinn dunkel. Möglicherweise will Ségur damit ausdrücken, daß zu früheren Zeiten die Völker entscheidend durch die Entschlüsse und Willensakte ihrer Herrscher geprägt und erzogen worden seien. Von Konstantin über Chlodwig und Karl den Großen bis zu den Regenten der Renaissance, des Reformationszeitalters und des Absolutismus haben einzelne durch ›Befehl‹ von oben das Schicksal ihrer Nationen bestimmt. Erst mit der Aufklärung und der Französischen Revolution wurden die Völker mündig und lenkten durch eigene, aus sich selbst gebildete Organe ihr Geschick – und das ihrer einstigen Beherrscher.

WORT-ERLÄUTERUNGEN

Banderole: das französische Wort ›banderole‹ bedeutet ›Wimpel‹ und kann die Fahne eines Truppenteils bezeichnen; ferner: Spruchband; im Steuerwesen: Stempelstreifband

Belagerungs-Park: die Gesamtheit aller Waffen und Geräte, die für die Belagerung einer Festung notwendig sind, sowie deren Aufbewahrungsort. Vgl. auch Bezeichnungen wie ›Geschützpark‹, ›Fuhrpark‹ u. ä.

Brücken-Park: im Pionierwesen der Vorrat an Teilen und Werkzeugen, die zur Errichtung von Brücken erforderlich sind

Bulletin: eigentlich der Wahlzettel, aber auch Bericht, Zeugnis; in der Militärsprache das, was einst der ›Wehrmachtsbericht‹ war

Chef: im vorliegenden Text gebraucht für ›Kommandeur‹

Compagnie: Kompanie, etwa hundert bis hundertfünfzig Mann

Defilé: eigentlich in der militärischen Sprache meist für Vorbeimarsch, Parade gebraucht; hier: Engpaß

Deploiement: die Entfaltung eines Truppenkörpers, der Aufmarsch

deployieren: aufmarschieren lassen

Detachement: ein für eine bestimmte Aufgabe abkommandierter, kleiner Truppenteil

detachieren: abkommandieren

Escadron: Schwadron, die unterste Kampfeinheit der Kavallerie, entspricht bei der Infanterie der Kompanie

Feuerstein: Hornstein, festes Kieselgestein, als ›Flintstein‹ austauschbarer Bestandteil des seit dem 16. Jh. verwendeten Feuerstein-Gewehrschlosses

Flügel versagen: bei einer Truppenbewegung den (oder die) Flügel stehen lassen, Gegensatz also zu ›Flügel schwenken‹

Fourage: Verpflegung der Truppe, Futter für die Pferde

Fourageur: mit der Beibringung und Verteilung der ›Fourage‹ befaßter Soldat, dazu das Verbum ›fouragieren‹, das auch die Bedeutung von ›plündern‹ haben kann

Geniecorps, Genietruppen: im neunzehnten Jahrhundert Truppenteile, denen technische Aufgaben zufielen, vor allem Pioniere

Gens d'armes: Feldpolizei

Haubitze: ein Geschütz, welches eine Mittelstellung einnimmt zwischen der Kanone, die auf weite Entfernungen Flachfeuer, und dem Mörser, der auf kurze Entfernungen Steilfeuer gibt, also eine Art von ›Vielseitigkeitsgeschütz‹, besonders für dicht hinter Verschanzungen gelegene Ziele geeignet

Kantonierung: die Unterbringung einer Truppe in einem bestimmten Bezirk, wo sie dann ihr ›Kantonnement‹, ihr vorübergehendes Quartier, hat

Kartätsche: ein mit Bleikugeln oder Eisenstücken gefülltes Artilleriegeschoß, das auf kurze Entfernung abgefeuert wurde und wie eine ›Schrotkugel‹ im großen wirkte

Kürassiere: den ›Küraß‹, einen früher ledernen, später metallenen Brustpanzer tragende ›schwere Reiter‹; vom Ende des 15. Jh. bis zum Anfang des 19. Jh.

Lanzenreiter: Ulanen, die lange Lanze führende Reiter; vom 16. Jh. (erstmalig in Polen) bis zum Ausbruch des Weltkriegs 1914

Lever: wörtlich ›das Aufstehen‹, bei den Monarchen des Absolutismus und bis ins 19. Jh. hinein zeremonieller Akt des morgendlichen Empfangs

Marodeur: Plünderer

Meile: ein heute nur noch in den angelsächsischen Ländern gebräuchliches Wegemaß; die sog. ›geographische Meile‹ 7420,439 m; die deutsche Landmeile 7,5 km; die englische Landmeile 1,6 km

Nachtrab: berittene Nachhut

Peloton: Truppeneinheit in Zugstärke, aus Schützen bestehend, sog. ›Plänklern‹

Pontonnier: französische Bezeichnung für Pionier

Redoute: eine geschlossene Schanze

Rüstwagen: Transportwagen für Munition und Heeresgerätschaften

Sappeur: Soldat zum ›Sappenbau‹, d. h. zur Anlage von Lauf- und Annäherungsgräben

Scharmützel: kleines Gefecht

Streifparteien: hier gebraucht im Sinne von ausschwärmenden Fouragiertrupps; gelegentlich auch Erkundungstrupps

Stunde: im vorliegenden Text als Entfernungsmaß gebraucht, etwa 5–6 km

Treffen: Gefecht

Vedette: vorgeschobener Reiterposten, Feldwache

Voltigeur: Plänkler, das Gelände durchstreifende berittene Trupps, die zwar Feindberührung haben können, sich aber nicht auf Kämpfe einlassen sollen

Vortrab: berittene Vorhut